陕西师范大学史学丛

丛书主编／何志龙

世界史背景下
中西古典史学的比较与诠释

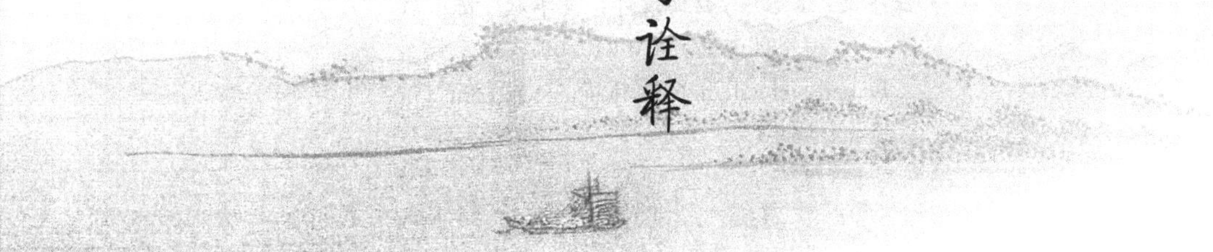

王成军／著

科学出版社
北京

图书在版编目(CIP)数据

世界史背景下中西古典史学的比较与诠释/王成军著. —北京：科学出版社，2015.12

（陕西师范大学史学丛书）

ISBN 978-7-03-047022-5

Ⅰ.①世… Ⅱ.①王… Ⅲ.①史学—对比研究—中国、西方国家—古代 Ⅳ.①K092.2 ②K095

中国版本图书馆 CIP 数据核字（2015）第 318353 号

责任编辑：陈　亮　任晓刚/责任校对：何艳萍
责任印制：张　伟/封面设计：黄华斌　陈　敬

编辑部电话：010-64026975

E-mail：chenliang@mail.sciencep.com

科学出版社 出版
北京东黄城根北街 16 号
邮政编码：100717
http://www.sciencep.com

北京建宏印刷有限公司 印刷

科学出版社发行　各地新华书店经销

*

2015 年 12 月第　一　版　开本：720×1000　1/16
2022 年 1 月第四次印刷　印张：29 1/2
字数：510 000

定价：98.00 元

（如有印装质量问题，我社负责调换）

丛书总序

在高等院校，教学与科研是一般教师关注的主要对象，教师们不仅关注自身的教学与科研，也关注他人的教学与科研，但对于学校和学院，高度关注的则是学科，即我们通常讲的学科建设。所谓学科建设，一般包含学科平台建设、师资队伍建设、科学研究和人才培养四个方面。学科平台建设，主要指硕士学位授权点和博士学位授权点的设置和建设，博士后科研流动站的设置和建设，另外也包括教育部人文社会科学重点研究基地的设置和建设，以及其他各类研究平台的设置和建设。师资队伍建设，主要指师资队伍的规模、职称结构、学历结构、年龄结构、学缘结构等方面。科学研究，主要指师资队伍成员从事学术研究所产出并公开发表和出版的学术论文、著作以及研究报告等。人才培养，主要指硕士学位授权点和博士学位授权点所培养的硕士研究生和博士研究生的数量、质量及其在学术界的影响和社会各行业的影响。学科建设的四个方面相互依托，相互促进，相辅相成，共同构成了学科建设的有机整体。其中，学科平台是基础，有了学科平台，有利于引进人才和加强队伍建设，有了学科平台，才能招收研究生，进行人才培养。队伍建设是核心，拥有一支合理的师资队伍，才能支撑和维持学科平台，才能有进行科学研究和人才培养的主体。科学研究是关键，科学研究的成果体现学科平台的力量，也是培养人才的前提和基础，没有较强的科学研究能力，不可能培养出合格的人才。人才培养是目标，人才培养必须依托学科平台，同时，人才培养不仅必须要有师资队伍，而且必须要有具备科学研究能力的师资队伍，才能完成合格的人才培养。

与国内大多数高校的历史学科一样，陕西师范大学的历史学科建设，在2012年之前，主要进行的是学科的外延建设。所谓外延建设，就是指增加学科的数量和规模，如拥有几个一级博士学位授权点，几个国家重点学科以及几个教育部人文社会科学重点研究基地等。随着我国改革开放的深化和综合国力的增强，民众对高等教育有更高期待，党的“十八大”明确提出推动高等教育的内涵发展，走以质量提升为核心的内涵发展道路，高校学科建设进入了一个新的时期，学科建设的重点由外延建设转向内涵建设。外延建设主要强调量，而内涵建设则更加注重质，外延建设为内涵建设奠定了坚实的基础。也就是说，在已有学科平台的基础上，凝练高水平的队伍，产出高水平的成果，培养高质量的人才，将成为学科发展的关键所在，而统领这三方面的正是学科特色。凡大学都应该有自己的特色，大学的特色集中体现在学科特色上。所谓学科特色，主要指在某一学科的某一领域，凝练一支高水平的研究团队，产出一系列有影响的研究成果，同时培养出一批在学术界和相关行业有影响的人才。为什么说学科特色是学科内涵建设的灵魂，原因有三：一是从人力资源配置看，很难有一个高校有能力支撑一个学科（一级学科）所包含的所有学科领域。二是从财物资源配置看，很难有一个高校有能力支持一个学科（一级学科）所包含的所有学科领域发展所需要的财力和物力。支持学科建设不仅要有研究团队，而且要有为研究团队提供从事科学研究所必需的财力和物力，如从事历史学研究所必需的场所设施、网络环境和图书资料等，只有满足人、财、物的合理配置，才能进行科学研究。三是只有发展学科特色，资源配置才能实现成本最低，效率最高。如果学科领域广泛，需要配置的文献资源也必然广泛，相应地如果学科领域相对集中，需要配置的文献资源也相对集中，成本低而利用率高。另外，发展学科特色，易于承传学术传统，易于形成内部合作，易于产出系列成果，易于团队培养人才，易于形成学术影响，也易于保持学术影响。

发展学科特色需要考虑诸多因素。作为历史学科建设，要充分考虑地方历史文化，形成自己的学科优势，这种优势既能更好地服务地方，也能充分彰显自己的学科特色。要注重已有学术传统，顺应国家长期发展的重大战略目标，着眼未来，长远规划学科特色。要充分考虑学校的实力地位，谋划学校能够实现的规划，因为学科建设规划只有在人、财、物的可持续投入基础上才能实现。

陕西师范大学的历史学科，依托地处周秦汉唐历史文化中心，考古资源丰富，出土文物规格高和数量大的优势，经过几代历史人 70 多年的不懈努力，逐步形成了以周秦汉唐历史为主要研究领域的学科特色，中国古代史国家重点学科的获批，也是对这一学科特色的充分肯定。随着国家对历史学科精细化分类管理，原来既是门类也是一级学科的历史学一分为三，调整为中国史、世界史、考古学三个一级学科。根据学校地位的变化和学校对历史学科人、财、物的持续投入状况，面对三个一级学科的评估和建设，在国家一流大学和一流学科建设中，我们面临着前所未有的巨大挑战。在严峻的挑战面前，思路必须明确，决策必须正确，行动必须快捷。环顾国内外高等院校学科建设成功者，无不具有显著特色。我们在学科内涵建设中，特色发展是唯一选择。作为中国史一级学科，其统属的中国古代史和历史地理学两个国家重点学科，是我校的特色学科，也是我校的优势学科，在国内学科建设的激烈竞争中，只有加大建设力度，才能保持优势地位。而要保持传统优势学科的地位，除了加大已有建设的力度，还必须不断探索新的学科增长点，才能进一步强化学科优势，彰显学科特色。中央提出的“一带一路”建设，是我国发展的大战略，为地处丝绸之路起点的我校历史学科发展迎来了难得的发展机遇，学院“丝绸之路历史文化研究中心”的建立，不仅顺应了国家重大战略需求，同时也是我院探索新的学科增长点的体现。中国史升格为一级学科后，发展中国近现代史学科势在必行，而从时间和空间上看，中国近现代史学科的研究领域同样极为广泛，我们也必须选择某一领域，重点建设，特色发展。西北地区的近现代史研究是中国近现代史研究的重要组成部分，把西北地区的近现代史作为我校中国近现代史学科的发展方向，同样具有明显的地域优势，也必将成为我校的学科特色和新亮点。

此外，文物与博物馆学也是学院谋求学科建设发展特色的一大发力点。2008 年 1 月 23 日，中宣部、财政部、文化部和国家文物局联合下发《关于全国博物馆、纪念馆免费开放的通知》，根据该通知，全国各级文化文物部门归口管理的公共博物馆、纪念馆，全国爱国主义教育示范基地将全部实行免费开放，博物馆已成为国民素质教育的重要基地。在全国范围内，博物馆如雨后春笋，发展迅猛，但博物馆学的专业人才却明显不足，这就为高等院校博物馆学人才培养提出了新的要求。陕西是考古大省、文物大省，更是博物馆大省，博物馆的人才需求也相对较大。基于地缘优势和省内学科建设差异化发展的思路，我校在考古学学科下重点发展博物馆学，经过十多年的发展，取得了一定成就，陕西省文物局与我校签订战略合作框架协议，国家文物局在我校设立文博人才培训示范基地，充分说明我校重点发展博物馆学符合陕西省和国家对博物馆人才培养的需求，特色建设博物馆学的思路得到了肯定和支持。我们将在国内博物馆学研究的基础上，学习、借鉴、吸收国外博物馆学的理论和方法，深入探索努力构建我国博物馆学的学科理论体系，彰显我校博物馆学的学科特色。

彰显学科特色的要素很多，但产出颇具影响的系列研究成果尤为重要。为此，学院设计出版《陕西师范大学史学丛书》。本丛书首批17本，均为学院教师近年新作，每本书的内容不少于三编，作者自序。丛书的内容广泛，涉及中国古代史、中国近现代史、世界史等。希望通过出版本套丛书，集中展现学院教师近年来学术关注的领域和成就。鉴于本丛书是在我校大力推进一流学科建设的开启之年规划完成的，故以一流学科建设的思路代为本套丛书之总序。

何志龙

陕西师范大学长安校区文汇楼C段209室

2015年12月25日

自序

黑格尔认为历史是一种反思，或者是后思；克罗齐则认为“一切历史都是现代史”，上述大家都强调的是历史的研究与现代的人们，与历史学家的思想有着重要的关系，其所反映的一方面是过去的历史，但另一方面也反映了历史学家有个人的历史。美国历史学家贝克就曾说过，“人人都是自己的历史学家”。其实这一观念对于这本书稿而言也是如此，它一方面是我对世界历史，对中西史学比较，对诠释学与中西史学比较的关联的认识；另一方面也反映了我自己历史观念的产生和深化的过程。正如柯林武德的名言，“一切历史都是思想史”。

我是1979年来到陕西师范大学历史系学习历史专业的，刚开始对历史的研究并没有多少想法，只是对历史有兴趣，当时所设想的蓝图就是毕业后像我的恩师——中学历史老师薛竹林一样，到中学去做一个好教师就可以了，因为自己读的是师范大学嘛。那么，什么是好的中学教师呢？当时我的想法就是只要能给学生讲好课，受学生欢迎就可以了。为了达到这一目的，到大学的学习任务就是全力学习中学生所不知道的历史知识，使自己有一桶水，然后再给学生一瓢一瓢地舀。总的来说，当时我所认为的高校学习相较于中学的学习而言，最主要的差距就是知识总量的增加。

但入学后的实际情况对我的思想却有很大的触动，甚至有不适应之感。因为上学后所接触的大量的知识和我原先设想的有很大出入。记忆很清楚的就是入学不久，系里搞了一个教师学术年会，让同学们去旁听，在报告会上看到诸多学术名家，如朱本源、胡锡年、斯维至等先生们依此上台，对自己的议题进行阐述。当时的感受就是多位先生所讲的内容都很高深，自己没有听懂多少，但有一点很清楚，那就是先生们所讲的许多内容都和自己原先所了解的知识不尽相同，甚至有些内容不但和中学教材的观点相对立，就是和大学教材的观点也相去甚远；后来还有学校里组织的许多学术报告，做报告的名家都在讲述自己长期的研究心得，用各种方法和理论来证明自己的观点的正确性，努力想使学生们避开们以往长期以来形成的知识的误区，用心良苦。当然，自己对这些学者讲的内容同样听得不甚明白，感觉仍是困惑不安，准确地讲就是无所适从。这些困惑表现在：众多学者所讲述的他们的研究心得究竟哪些是对，哪些是错呢？哪些观点和知识以后应该给中学生讲，哪些知识以后不应该给中学生讲呢？更进一步的问题是，如果有些真正的知识不能讲给中学生，那么这些知识的价值和作用如何表现呢？还有，听到了众多不同的观点，我都不知道历史的教材该看还是不该看，历史的普通的知识是对还是不对？我于是就向老师们求教，记得当时几个老师听了我的问题后，都是一笑，然后就给我了一个需要终身思考和努力的方向："这些都是学术讨论嘛，不要着急，你们把该看的书好好看看，看得多了，就慢慢有了想法，也可以像老师们一样，进行学术讨论了"。从那个时候起，自己就开始思考"学术"这个概念的内容了，但又想不明白，记得当时有一个突出的新感受，觉得这个"历史"和原先所认为的大不一样，不那么生动有趣了，还挺难学的，看来，真要想学好历史，仅凭兴趣是远远不够的，还需要超出于兴趣的能力。比如，同一个问题，有许多不同的观点，每个观点其实都有它的道理，问题是你自己觉得那一种观点更具有说服力，这就需要自己的知识，需要自己的判断力了。

这样一来，我原先的一些想法就开始逐渐发生了变化，觉得当一个老师其实也挺不容易的，不仅要了解大量的历史知识，而且还得对这些知识进行进一步的研究。也就是说，仅从量上来学习历史是不够的，还需要对历史进行分辨，要在量的基础上进行质的提升。有了这样的认识之后，在学习基础知识的同时，我也慢慢开始思考自己以后的历史研究的领域和方向。

我们那时的专业课程设置是这样的，整整三年是两大门基础课，只是到了四年级才开始开设选修课，我大约是在三年级时逐渐对世界史有了兴趣。为什么我会对世界史感兴趣呢？一个重要原因就是当时我国社会进入了改革开放的新时期，人们的目光已经关注到整个世界，特别是对西方文明的进程和其现代化成果产生了强烈的兴趣。那么如何研究世界史呢？换言之，我将世界史的那一段作为自己的研究重点呢？现在回想起来，似乎当时也没有一个明确的方向，就在我还十分苦恼的时候，受到恩格斯学术观念的启发，即只有从源头来追溯才能真正了解历史发生的来龙去脉，并对历史的原因才能够真正加以解释。记得当时自己的决心也挺大，可以说是不知天高地厚，只是知道要对历史有深刻的理解，必须从源头开始，于是我就从世界上古史开始学起。这样一来，就和教授这门课程任凤阁先生有了较多的接触。在较长的时间里，我经常就世界上古史的一些问题向任先生请益，任先生在认真解答的同时刻意保护我的兴趣，四年级选导师时我就请求任先生作我的本科论文指导教师，任先生愉快地接受了我的这一请求，而我的毕业论文也就选定了世界上古史的罗马史部分。经过多次的请教，最后论文的具体题目为《论格拉古兄弟改革失败的原因》，试图从罗马共和国末期的改革为我国当时的改革提供一些历史的借鉴。但在题目选定后不久，任先生却生病住院了，当时负责世界史教学工作的郑庆云老师亲自去找朱本源先生，让朱本源先生作了我的论文指导教师，记得之前朱先生多次讲过他已不再指导本科生的毕业论文了，但由于中间的这个变故，朱先生就接着任先生又继续指导我的本科毕业论文，由此我又和朱本源先生有了较多的接触。当然，对于朱先生，我们并不陌生，本科时也曾给我们讲授过史学方法的课程。我早知他是学术大家，但当时我都是在听课，和先生交往并不多，真正较为密切的接触就始于本科四年级他指导我论文写作的这一时期。在朱本源先生的具体指导下，我的毕业论文初稿写成了，我一直记着朱本源先生审阅我毕业论文的初稿时的那种认真态度，当时的情景直到今天仍历历在目：朱先生是用 300 字一张的稿纸写了近十页的意见，将论文的长处和不足之处，以及如何解决不足的方法和内容都写出来了，然后一条一条地说给我听。时我的心里颇受震撼——学术大家就是有大家风范，干啥都这样严谨认真，他较真负责的精神让我十分感动。

本科毕业后我受学校的分配到了陕西工学院（今陕西理工大学）马列教研室从事中国革命史的教学工作，在那里杨一凡老师、李俊良老师、王坚老师、吴成功老师，都给我了很大的帮助。在陕西工学院的两年中，各方面进展都比较顺利，环境挺好，学校和教研室对我也很关心。但从事世界史研究的想法一直在涌动，期间虽然工作很忙，但准备考研的工作并没有停止。两年后，我如愿考上了陕西师范大学朱本源先生和任凤阁先生联合招收的世界古代史研究生，和圣云仁兄、克俭贤弟一起正式从事世界古代史的学习和研究工作了。在这三年的学习过程中，任先生给我们开设了“世界上古史专题”、“原始社会史”、“人类婚姻史”等课程；朱先生为我们开设了“史学的理论”课程。由此，我其后的研究都在两位先生的学术领域之内，两位先生的学术成果不仅当时对我影响很大，而且对我以后的学习和研究生涯影响深远。事实上，其后我的学术研究都在两位先生执教指导的范围之中。在攻读硕士研究生期间，通过对两位先生的了解，深刻地发现了两位导师各有特点，任先生主要是从材料着手，研究一些具体的问题，侧重点在原始社会史，而朱先生则侧重于进行史学理论和方法的探讨，显然，两位导师的风格和特点以后就成为自己治学的基础和宝贵的财富了。但在那时候，我们也经常在底下自不量力的探讨，如何才能将两位导师的学术特点统一起来，以促进我们更好地学习和研究，以做出更多更好的学术成果，从而达到为二位导师争光的目的。现在看来，要达到这一目的，谈何容易，这实际上是自己一生努力也难以完成的任务。

经过三年的学习，1988 年我留校进行世界上古史的教学和研究工作，开始了我在陕师大历史系的教学和研究的新时期。在这时期，我在过教学关的同时，先着手从事的是原始社会史的研究，写作了一些关于原始社会史的文章，这在论文集中当然是属于第一部分的内容。其实，在那一时期我对朱先生的研究领域很有兴趣，也注意到朱先生的史学理论和中西史学比较问题，但总觉得史学理论和中西史学比较的难度极大，自己不敢轻易涉足，后来有一个机会，终于使我迈出了中西史学比较的一步。那是在 1994 年，陕西司马迁研究会在陕西师范大学召开纪念司马迁诞辰 2140 周年国际学术研讨会，在徐兴海老师的鼓励下，我尝试从中西比较的角度进行司马迁的史学思想的研究。为了写好这篇文章，我反复阅读朱本源先生关于中西史学比较的一些重要文章，比如《“〈诗〉亡然后〈春秋〉作”论》，还从箱子里翻出原先朱先生给我们上课时我做的课堂笔记，对史学比较的同与异的理论问题思考了好长时间，在很不自信的心态下，竟然顺利完成了这一篇文章，虽然现在看来这一篇文章是那样的稚嫩，但它却是我从事中西史学比较研究的第一步，从此之后，我就正式踏上了中西史学比较之路。其后也写了一些史学比较的文章，但随着学习和研究的不断深入，也暴露出自己的一个突出弱点：即自己是搞世界史的，但自己对西方世界，对世界历史的情况并不了解，没有亲身的感受，心里老有发虚的感觉。所以，能够争取到国外进行考察和学习就成为我的下一个学术目标，于是，在学校的帮助下，我于 97 年底到美国伯克利大学进修，通过国外学习和研究的亲身经历，大大加深了我对西方的文化和历史的认识，这对于我从事中西史学比较的研究，乃至于世界史的研究有着重要的帮助。在这一问题基本解决后，新的问题又出现了，我发现我是从世界史的角度来进行中西史学的比较，对中西史学的理论和中国历史的底尚不丰足，亟需加强，只有这样才有可能进一步搞好中西史学的比较，才能真正教好和研究好世界史。于是，为了进一步提高自己的学术水平，在同朱本源先生和任凤阁先生商议后，我即向我仰慕已久的我国著名史学家刘家和先生请教，并考取了中外古史方向的博士研究生，由此跟随刘先生学习中西史学比较的理论，并在理论的指导下进行中西史学研究的具体实践。刘家和先生学贯中西，博古通今，是我国史学研究，特别是中西史学比较的一面旗帜。跟随刘先生学习，自己在学问上有了突破性的进展。在跟随刘先生学习期间，我深深受益于刘先生的治学途径与方法，它是在中国传统的治学基础上，又融入了现代的学术理念。即从中国史学进入西方的史学，而由西方的史学又回归于中国的史学，中西融会贯通，而其中心目的，则是以现代学者开放的心胸和强烈的民族责任感而弘扬中国的史学观念。

根据我自己的学习体会，刘先生特别强调和重视运用“通”的观念以治史。刘先生认为张之洞的治学格言，即由小学入经学者，其经学可信。由经学入史学者，其史学可信。即将历史的研究建立在材料的基础上，史论结合；同时，刘先生又与时俱进，注意在中西史学的比较研究中融入现代的学术理念，换言之，刘先生要求我们学生，在治史的过程中必须紧紧同世界历史，特别是西方的近现代以来的历史观念和成果联系起来，重视哲学方法、重视历史理论成果在史学比较研究中的重要指导作用。

正是在刘先生的指导下，我在中西史学比较的领域中进行了较为长期的研究，取得了一些成果，这些成果构成了本论文集的核心部分。

在进行中西史学比较研究的过程中，自己也深深感到，中西史学比较是一个较为崭新的学术研究领域，对其理论和方法的探讨是这一研究进一步发展的基础和前提。在刘先生的指导下，我又从哲学诠释学的角度开始探讨中西史学比较的可能性、重要性和现实性等问题，而且我还准备在这一领域中继续研究，争取获得更多的学术成果。因此，这一部分成果同样也成为我论文集的一个组成部分。

当然，在长达三十年的教学研究过程中，我也撰写了相当数量的与学术研究相关的心得体会和教学研究方面的文章，因为限于篇幅，也抽取了其中的几篇作为代表。这些短小的文章构成了我论文集的最后部分。

总之，本书可以说真实地记述了我在学术发展的这一道路上前进的足迹，现在回过头来看这些问题的话，里面的许多研究是相当青涩的，但不管怎样讲，它却是我学术成长的真实的历史，而对这些真实学术历程的回顾和再回顾，对于我之后继续的学术研究当然有重要的意义，而对于一些年轻学子也许同样会有一些启示。

屈指一算，自己进入历史学的领域进行学习并从事研究已经三十多年了，对自己学术道路的反思，使我深深地认识到，其一，如果说自己在学术的发展道路有一些成绩的话，全赖这一征程中的众多的老师和多位恩师的教导和栽培，这些恩师和老师的帮助和提携不但成就了我今天的学术，而且塑造了我今天的人生。其二，仔细审阅自己的学术论文，深深感受到和诸位恩师对我的期望尚有较大的距离，也深深地怀念在我历史学研究道路上给我以重大帮助和引导的诸位恩师和众多的老师。唯有把对恩师的愧疚之情化作继续前进的动力方可稍为缓解我内心的不安；其三，学海无涯，学无止境，唯有不断进取，方有可能获得某些进步。因此，回馈恩师们栽培之恩的最好的方式就是沿着这一发展的道路不断走下去，努力取得更多的学术成果。最后，衷心感谢在我学术发展进程中给我以各种帮助的老师们和朋友们。

衷心感谢已经仙逝的我的中学恩师薛竹林先生，大学导师朱本源先生、任凤阁先生，我将以努力的工作态度来告慰诸位先生的在天之灵。

衷心感谢我的博士生导师刘家和先生，先生已年近九旬，仍在为学术尽心竭力，乐在其中，唯愿先生身体康健，诸事胜意，这不仅是学生之心愿，也为学界之所盼也。

衷心感谢陕西师范大学的赵世超教授、房喻教授、张建祥教授、白建才教授、萧正洪教授、贾二强教授长期以来对我的重要支持和帮助。

衷心感谢中国社会科学院世界史研究所的于沛研究员，江南大学的徐兴海教授，清华大学的梅雪芹教授，北京师范大学的杨共乐教授、蒋重跃教授、易宁教授长期对我的帮助和提携。

衷心感谢陕西师范大学历史文化学院院长何志龙教授对进一步提升历史文

化学院所做出的重要努力和成绩，祝愿学院在教学和科研两条战线上佳绩不断。

还要感谢我众多的博士生、硕士生和许多本科生在我多年学术发展道路上对我的不懈关心、支持和期望，并感谢他们在这本论文集出版过程中的辛勤工作。

王成军

2015 年 10 月于西安

目录

第一编

中西史学比较的实践与探索

国际长安学的史学比较理论探析

引言

国际长安学是在古城西安走向世界的进程中出现的一个既年轻而又古老的学科，它既有过去以汉唐为突出代表的国际化大都市的客观历史进程，又有着正在走向世界的现代国际化大都市的当代历史实践。因此，从国际化的视野出发，运用比较史学的研究方法，通过中外、古今两个维度，对国际长安学进行深入的历史探讨，不但有利于更为清晰地了解古都长安昔日国际化发展的真实历史，更重要的是有利于促进现代西安国际化大都市的建设进程。

比较史学是现代国际史学研究的一个重要理论和方法。其创始人法国著名历史学家马克·布洛克，20 世纪初在比较史学方面做出了一系列的重大成果，他系统地阐明了比较史学的理论和方法，为比较史学的形成和进一步发展奠定了坚实的理论基础，为比较史学的研究做出了巨大贡献。随着世界国际化发展进程的不断深入，比较史学在现代史学研究中发挥着越来越重要的作用，因而日益被历史学界所看重。显然，运用比较史学的理论和方法无疑将会为国际长安学的研究开辟一个新的学术领域，将会取得一系列重要的学术成果。基于此种考虑，本文拟立足于长安国际化古今的历史实际，在探讨比较史学与国际长安学两者关联的基础上，着重探讨应该如何正确运用比较史学的理论和方法，以发挥其应有的作用，从而达到更好地为国际长安学的研究服务这一学术目的。

一、比较史学与国际长安学的内在关联是国际长安学进行史学比较的前提

现代史学意义上的“比较史学”是法国“年鉴学派”创立的具有浓厚现代

史学特色的理论，也是风靡全球的重要史学研究方法论。其诞生的主要标志就是马克·布洛克于1928年在欧洲中世纪史年会上发表的那篇重要的长文《比较史学之方法——论欧洲社会的历史比较》[①]，该文被学者誉为“是对比较方法理解得最透彻，在理论上最令人信服的文章。”[②] 显然，以现代比较史学的奠基人马克·布洛克的比较史学的理论为依据，阐述比较史学的史学内涵及其与国际长安学在观念和方法之间所存在的深刻关联，不仅对于探讨比较史学的特点具有重要意义，更重要的是对于国际长安学的研究也具有极其重大的理论及现实意义。

首先，从现代史学理论来看，比较史学的突出特征在于它正确揭示了复杂多样的历史现象和发展变化的历史过程之中所存在的客观的内在联系。这种客观联系集中表现在，纷纭多姿的历史现象之间是通过“同”与“异”联系起来的，从而形成了一个庞大而细密的历史系统。同时，必须指出，在“年鉴学派”的“问题史学”视域之下，对“同”与“异”的发现和探讨不但是建立在客观事物的运动基础之上，而且也与我们对于现实问题的关注有着重要关系，并通过我们的历史思维，对历史发展的内在联系加以理性的探讨，进而形成一种历史的认识方式——比较认识。这种比较认识方法的特点在于运用“同”与“异”这一对认识范畴，去探讨历史进程中历史现象之间存在的某些相同性或统一性，并在相同性的基础上进一步探讨历史现象之间的差异性。更为重要的是，在揭示出历史现象的“同”与“异”的内容之后，历史比较还特别强调要着力运用历史的研究方法，客观而真实地揭示不同历史“同”与“异”现象所产生的深沉而厚重的历史原因，从而紧紧地将这种与我们现实相关联的历史比较研究建立在客观的历史发展进程之中，而不是之外。因而从观念上来讲，历史的比较研究是一种将历史的古今结合起来的历史研究，在具有突出的共时性特点的同时，也具有明显的历时性。用马克·布洛克的话来讲，历史研究的要义在于既要以今知古，又要以古知今。因此，我们对现实问题的关注成为比较史学得以存在的基础。归根结底，比较的历史研究是一个与现实相关联的历史性的比较研究。

---

① 该文的汉译名称稍有不同，但内容完全一致。

② （美）小威廉·西威尔：《马克·布洛克与历史比较的逻辑》，庞卓恒：《比较史学》，北京：中国文化书院，1987年，第504页。

其次，在国际长安学的学术研究实践中，比较史学与国际长安学的理论关联尤为凸显。不言而喻，长安历史进程所具有的国际性是一个不争的客观事实，但它首先是客观的历史运动的产物，因而对这一问题的研究也应该具有历史性的态度。换言之，我们不能基于自身的主观想象去探讨国际长安学研究的内容和方法，特别是比较研究的方法，相反地，我们应从长安国际性的历史进程中去了解其所存在的“同”与“异”之间的历史关联，并从这种真实的“同”与“异”之间的历史关联中去探讨其赖以存在的复杂而多样的历史原因；当然，对这种“同”与“异”内在关系的探讨，不仅是要着眼于长安国际性历史的产生原因，还要考虑到这种国际性长安历史发展的漫长进程，更要考虑到国际长安学历史发展的结果；特别重要的是，还必须把这种结果与现实存在的重要问题结合起来，最终将这种历史关联建立在古今相通的坚实历史观念基础上。毫无疑问，发生在古长安历史土壤之上的国际长安学的历史内容，从时间来讲，它是由源远流长、古今紧密相关的重大历史现象所组成的历史长河；从空间来讲，它是由驳杂多变且相互影响的内容所构成的多彩历史画卷。这一切，不仅提供了从比较史学的角度进行研究的可能性，也为从比较史学的角度进行研究提供了重要的现实必要性。由此看来，在此基础上的历史比较研究，其“同”与“异”不仅是一种客观的历史结构，同时也是一种将主客观相统一的辩证的历史认识方式。

再次，比较史学的理论和方法将极大地丰富国际长安学的研究成果，为当代西安的国际化发展提供历史借鉴。从国际长安学的客观历史发展进程来看，不管是古代通过“丝绸之路”与亚欧之间所产生的重要而悠远的经济与文化往来，还是与东瀛日本，或是与朝鲜半岛等其他国家和地区之间的密切往来，古长安都在其中都扮演了一个联系东西方枢纽的重要角色，对中外不同国家的历史、经济和文化的发展发挥了重要作用，产生了极其深远的历史影响。因此，国际长安学汇聚了中华古代文明的优秀成果，它是一笔积淀丰厚、光华四射的珍贵历史遗产。这一历史遗产在新时代的辉映下，表现了突出的现实意义，即国际长安学研究的重要任务就是要从现代史学视域和所面对的现实重要问题出发，恰当地运用比较研究这一重要的方法，正确地揭示出国际长安学不同时期多样化历史的内容以及这些历史内容的相同点和不同点之所在，并在此基础上，进一步探寻产生这些历史现象的相同点和不同点的具体历史原因。其目的是要从昔日的国际长安学的历史进程中汲取宝贵的经验和教训，以发挥历史比较的经世治用的突出功效，以资今日的国际化大西安的发展。

综上所述，比较研究是一种现代史学的理论和研究方法。而在此视域下的国际长安学的比较研究，目的不仅仅在于表现其所具有的丰富历史内容和对昔日中外历史所产生的重要国际影响力；更为重要的是，国际长安学的比较研究迫切需要从昔日的历史发展进程中来揭示、彰显、强化现代西安与古代长安之间所存在的历史、文化和国际化等方面的紧密联系，并从这种紧密的历史联系中获取其进一步发展的强劲动力和发展趋向，使昔日国际化长安历史发展中的有益启示，源源不断地汇集并丰富于现代西安国际化大都市的构建之中，最终使现代西安国际化大都市的建设牢牢地同昔日国际化的长安历史建立起一种既具有内在联系性又具有现代创新性的真实的历史发展关系。

二、可比性原则是实现国际长安学比较意义和特色的关键

对于比较史学而言，可比性原则是其得以进行比较的基础。同样，在国际长安学的历史比较进程中，从历史的可比性原则出发，正确选择历史的比较对象，不但是体现国际长安学研究的意义和特色之所在，也是其比较研究得以进行的关键。

其一，要正确认识国际长安学历史比较的对象，突出其本身的问题意识。如上所述，国际长安学是应运而生的重要研究领域，其所面临的重要现实问题是如何建设西安的国际化大都市、如何在国家的发展中发挥其传统的优势等重大现实问题。因此，国际长安学明显具有现代史学的问题特色。从这一学术特色出发，国际长安学的史学比较所选择的研究对象必然要与现实问题产生紧密联系，使比较研究表现出明确的现代史学特性，从而最大限度地体现出可比性这一比较史学的基本原则，以突出其学术效用。但在此要强调的是，这一比较能否成功的关键在于如何正确理解这种现实性的客观需求对比较研究的学术要求。实际上，这一学术要求绝不意味着对国际长安学的研究，可以以急功近利的心态，用短平快的方式产出历史研究成果，相反，国际长安学的研究需要从更为深厚的历史发展进程中，进行深入细致的历史比较研究。也就是说，这种具有现实性的历史研究课题绝不是简单易行的小问题，相反，它是学术研究的高端，也最能体现出历史研究的意义和价值。因此表现在比较史学方面，在比

较对象的选择和研究方面，对学者个人素质的要求则更高——它需要更为扎实的学术功底和更为深刻的现实洞察力。

其二，从国际视域出发来进行比较，以体现国际长安学比较研究的突出特点。从国际长安学的学术特点来看，从大的国际视野出发，从具体的历史问题入手，寻求比较对象，以反映现代历史的观念和变化了的历史本身，则是国际长安学历史比较研究的内在要求。显而易见，国际长安学突出了古今一体的史学研究特色，因此，其比较研究的客观要求在于要突破长安历史所固有的某些地域和政治文化等联系方式的部分局限性，将悠远的长安历史置于国际性的大背景之下，以揭示长安与其他国家和地区之间所产生的深刻的历史联系及其所造成的深远的历史影响。特别要强调的是，从史学比较的角度来看长安的国际性比较观念，其本身具有非常丰富的内涵。首先，长安的国际性联系是双向的，既有长安对这些地区和国家的影响，也有这些国家和地区对长安的影响，归根结底国际长安学的比较联系是一个多层次、多侧面的不断融通的交流过程；其次，“国际性”的长安历史比较是一个不断变化的国际化历史进程，具有明显的动态性和连续发展的具体历史内容，这种动态性的根本在于其所具有的不断的历史发展性；再次，对这种动态的国际性特征的认识，固然需要从历史和现实两个维度去把握，以体现国际长安学的连续性，并且还要将对这种连续性的探询与国际长安学的未来发展的趋向结合起来，尽可能体现出国际长安学的深入发展性，从而最大限度地表现出国际长安学史学比较的深远历史意义。

其三，要紧跟历史发展的实际，与时俱进，不断丰富比较研究的理论与方法，将远距离的比较研究与近距离的比较研究二者结合起来。马克·布洛克在其经典性的比较研究的论文中，提出了两种比较研究的方法，一个是近距离的，或者是相邻地区的历史比较研究，其本意指的是在文化起源上具有相似性的比较研究；另一个则是远距离的投射比较研究，指的是两者在文化和历史的起源上并不具有共同性的比较研究。而且在马克·布洛克看来，远距离、投射比较方式的现实性和效用性较之于同一文化和历史起源下的不同历史现象的比较研究，两者的效果相差较大。由此，在马克·布洛克的比较观里，他大力提倡的比较研究是近距离的历史比较研究。与此相对应的是，对于国际长安学而言，其比较研究的方式事实上也存在这两种方式，一种是在中华文明圈里的不同类型的比较研究。比如，汉长安与唐长安的国际化比较研究，但由于两者所处的历史时代的不同，两者在国际化的规模、国际化的深度、国际化的内容及其影响方面肯定具有明显的不同性，但两者却明显处于同一历史形态下，都具有突出的国际化特征；再比如，汉长安的国际化特征与我国古代其他发达的历史都城，比如开封、北京等古都城进行比较的话，由于都有一个相同的中华历史与文化起源这一背景，因此，在比较的过程中，也就相对容易地从历史的比较中发现它们之间既相同又相互区别的种种历史的内容和表现。而对这种既有相同性又具有更多不同性的原因的探讨，对我们清楚了解、建立现代西安国际化大都市，无疑具有重要的帮助。

与这种近距离的有共同历史文化起源的中国古代都城的比较相对照的是，如果将长安的国际化进程和罗马、希腊雅典、阿拉伯帝国首都巴格达的国际化进程及其特点相比较的话，则明显属于远距离的比较研究。当然，我们必须承认，对于正确揭示这种远距离比较研究的意义而言，这在马克·布洛克提出比较史学观念的20世纪二三十年代是相当困难的，因为当时距离遥远的不同文化之间的联系还没有如今这么紧密，交往也没有这么频繁，人们对世界的整体认识也是有限的。但到了21世纪的现代，世界各个文明和地区之间的联系越来越紧密，人类的共同性和统一性越来越彰显。因此，对于现代的国际长安学而言，这种远距离的历史比较不但具有理论的可能性，而且也具有了重要的现实性和可行性。因为从这种迥然不同的异质历史和文化的比较中，可以更明显地看出国际长安学的独特之处，而对两者共同性的探讨也有利于国际长安学汲取相异历史和文化的长处，发挥其获得新知的优势，便于在更大规模和范围内来体现国际长安学的内容和意义，从而更有利于展示国际长安学研究的历史意义和现实意义。对此，正如马克·布洛克明确指出的："历史比较给予我们的可能是最明确、而且是最有意义的教育在于，它使我们意识到，打破那些陈旧的地形范畴的时候已经到了，我们不能硬要以此区分社会现实。这些范畴容纳不了我们硬要往里塞的内容。"① 换言之，历史比较的方式和意义本身也是一个历史发展的过程和产物，它要不断地伴随着历史发展而改变自身的比较方式，而不是相反。

显然，比较研究的可比性问题，是国际长安学比较研究的一个核心问题，

---

① （法）马克·布洛克：《比较史学之方法》，项观奇编：《历史比较研究法》，济南：山东教育出版社，1986年，第132页。

对这一问题的正确理解不仅要从国际长安学历史的静态中加以把握，而且也需要从其历史发展的动态中加以把握。究其原因，乃在于国际长安学比较对象的选择及其比较进程本身也是一个历史的产物，具有明显的历史发展性。同时，需要指出的是，从史学比较的理论来看，对历史可比性的正确把握，不仅关系到具体的比较成果的产生，而且也直接关系到历史比较意义的产生。因此，对国际长安学历史可比性深入探讨的结果，势必要求同国际长安学比较的意义结合起来，以考察其可比性，并在这一过程中同时考察其所产生的比较结果是否具有合理性。否则，历史比较的可比性研究将会失去其存在的价值，历史比较的意义就将是无本之木，无源之水。

三、辩证的比较结构是国际长安学历史比较研究的基础

毫无疑问，局部研究和全局研究是比较史学最基本的概念和要素，也是比较史学的基本范畴，对两者关系的正确认知，与比较史学的研究能否成功具有直接的联系。尽管国际长安学所关注的是一个具有国际性的大问题，所研究的历史内容包罗万象，但从国际长安学的内在结构来看，其大体上可以分为局部和全局两个既有区别但又有联系的认识结构。当然这种全局与局部的认识结构具有相对的意义，在此意义下，国际长安学可以分为三个紧密相关的研究层次或比较研究类型。

其一，国际长安学是国际化的长安种种文化和历史的总表现，是一个独立的研究学科，从而和其他具有独立性的研究学科，如埃及学、亚述学等相并列，通过这种高层次的不同类型的比较研究，在发现两者具有明显不同性的基础上，还可以看出两者之间的某些相同或相通的重要内容，以加深对国际长安学自身的研究对象和其行之有效的理论、方法的理解。其二，国际长安学又是国际化背景下的具体而有个性的长安地区的历史和文化的具体体现。由此，它又可以与同在国际长安学范畴内的一些国际化大城市，如首尔、奈良，甚至罗马等地的历史和文化相比较，而通过这些同一类型的研究课题的比较，可以在相同性的前提下，看到其所具有的众多不同性，以加深对各自特点的深入把握，特别是对国际长安学本身特征的把握。其三，国际长安学的核心部分——长安，它本身即包含着丰富多彩的历史内容，对这些不同历史内容的比较研究，可以较为清楚且全面地了解国际长安学所包容的既多样又有特性的复杂内容，以不断

充实国际长安学的内涵。比如，以上所述的对汉长安与唐长安国际化的研究就极具典型性。虽然，汉唐长安的国际化程度都很高，都在世界历史上产生了重要的影响，但两者在国际化的具体内容及其发展特点等方面却又有着许多明显的不同，而对汉唐国际化这些相同与不同内容及其原因的探讨，当然极具学术意义和现实的借鉴意义。

当然，上述国际长安学的三个比较层次，其意只是举例说明，国际长安学不但具有极其丰富的历史比较的内容，而且通过我们的认识也可以发现其所具有的一些历史比较结构，事实上，真正的国际长安学的历史比较将是一个内容极其复杂、多样的有机体。尽管如此，由于局部与全局的关系在国际长安学的比较结构中具有突出的地位，也就要求我们在比较研究中，必须正确认识局部与全局之间既相互联系但又不同的历史内容，并在此基础上处理好局部与全局二者之间的辩证关系。对于国际长安学的历史比较研究而言，正如马克·布洛克所指出的："没有这些地方性的研究工作，历史比较就将一事无成，但是没有历史比较，地方研究工作也将一无所获。总之一句话，如果你们同意这么说的话，但愿我们能够结束这种互相不能理解的无休止地从民族史到民族史的讨论。"① 在马克·布洛克看来，如果没有将不同地方、不同国家之间的历史比较首先基于各自认真而扎实的充分研究的基础之上的话，所谓的不同地方、不同国家之间的历史比较将不会产生任何真实的历史意义。因此，国际长安学的比较特点在于它是建立在对不同个体进行充分研究基础之上进行的不同个体间的比较研究，其比较的内容既具有独特的个性特征又具有普遍性特征。归根结底，国际长安学的比较是个体性和普遍性辩证统一的过程。

在此史学比较观念指导下，具体于国际长安学的比较研究中，正确处理局部与整体的关系方面应注意以下三个方面。

其一，应在全局观念的指导下，发挥研究者个人的学术特长，在现代比较史学理论和方法的指导下，认真对国际长安学的局部——历史、政治、经济和文化等学术领域进行专业、精深的研究。对于国际长安学的比较而言，其突出的特点在于研究的范围很广阔，关注的问题很重大，但这并不意味着一开始就必须进行全面而宏观的历史比较。事实上，国际长安学比较研究的起点和基本

① （法）马克·布洛克：《比较史学之方法》，项观奇编：《历史比较研究法》，济南：山东教育出版社，1986年，第138页。

的方法侧重于具体而实在的比较研究，从史学比较的实践来看，也只有在对众多的具体历史事实进行深入的研究之后，才可能进而达到对整体国际长安学历史全貌的较为深入的了解。也就是说，不管自身所从事比较研究的题目有多大，意义有多么深远，比较研究都是从一点一滴开始的，只有尽可能多地研究一些具体的历史现象，才有可能逐渐深入下去，不断地向历史本质趋近。对此，马克·布洛克正确指出："比较只有在以对有关事实的大量资料及事实本身进行深入细致的研究和考证为依据的时候才会具有价值"。[①] 也只有这样，才能够充分体现国际长安学的历史研究特色。

其二，比较研究时，在重视分析研究的同时，还要注意及时对研究的成果进行综合，以形成新的包含更多内容的新成果。一般而言，在对历史现象进行具体分析的过程中，人们往往首先看到其中种种相异的历史内容，而容易忽视其中隐含的种种内在的相同的联系。当然，从认识论来看，分析活动的开展并不只是因为发现相异而进行的，其实相异的发现是因为相同已被认识，相异和相同两者之间存在着深刻的关联。因此，从根本上来看，历史的分析总是一个无穷尽的过程，人们对问题的分析研究永远都具有历史的相对性，从这一点而言，我们的分析都只是自己所研究问题的一部分或大多数，不可能穷尽研究问题的各个方面。由此，我们对历史现象的认识都只是不同程度地达到"管中窥豹"的作用，国际长安学的比较研究也不例外。换言之，只有在分析与综合相联系的条件下，对历史现象得出的研究结果才是有意义的，否则，分析就失去了其分析的意义之所在。马克·布洛克指出："从原则上讲，分析对于概括综合来说，只有当分析以综合为目的，并注意为综合服务的时候，才会是有用的。"[②] 在这里，我们所强调的是进行历史比较时，要正确处理分析和综合两者之间的对立统一的辩证关系。

其三，在国际长安学的比较进程中，要以比较史学的理论为指导，进行多方面的反复研究，以求得对国际长安学各个研究领域的融通，尽可能从整体上达到对国际长安学学术本质内容的真正理解。当然，这种对国际长安学含义的

---

① （法）马克·布洛克：《比较史学之方法》，项观奇编：《历史比较研究法》，济南：山东教育出版社，1986年，第134页。

② （法）马克·布洛克：《比较史学之方法》，项观奇编：《历史比较研究法》，济南：山东教育出版社，1986年，第134页。

真正理解乃在于对具体问题的比较前提下，在“异”与“同”内容的基础上，进而对产生“异”与“同”的历史原因进行探讨，并在对具体历史问题的多层次、多角度的探讨中，不断将这种历史问题的探讨努力上升到一个较高的类型范畴进行认识，从而将这一具体的历史问题的探讨上升到普遍的层次上。对此，马克·布洛克指出：“简言之，来一点比较历史，对于引导他们的注意力是有益的。全面的比较只能放到后面去做；没有初步的地方性的研究，全面比较就是一句空话；但是只有全面比较，才能从杂乱的、臆想的原因中理出那些具有某种普遍作用的、真正的原因。”① 当然，在我们看来，这种“具有某种普遍作用的、真正的原因”只能是国际长安学历史比较中所发现的属于深层次的具有规律性的历史内容。

因此，将历史的宏观研究与微观研究相结合，从大处着眼，但从小处着手，以获得国际长安学中的那些具有普遍性意义的内容，它不仅是以马克·布洛克为代表的“年鉴学派”史学所坚持的历史研究理论和方法，同时，也正是当今国际长安学进行史学比较研究时所应该努力的学术方向和目标。

四、正确对待国际长安学历史比较的成果是保持其科学性的根本

历史比较是探讨国际长安学的一个行之有效的重要研究理论和方法，对这一方法的运用，必将推动国际长安学研究的广度和深度的展开。但在此还需说明的是，正确而全面地理解国际长安学的历史比较成果不仅是保持史学比较科学性的根本，而且也是保持国际长安学史学比较科学性的客观要求。换言之，国际长安学的比较研究并非包治万病的灵丹妙药，它在表现了明显的客观适应性和相对的有效性的同时，也表现出一定的历史局限性，还需对其有一个更为全面的科学理解。简言之，对国际长安学历史比较研究的科学理解主要包括以下三方面的内容。

首先，任何关于国际长安学的比较研究成果，只是对其中的某一问题在特定条件下的认识的成果，具有突出的历史时效性。具体而言，这种历史条件性指的是在历史比较的理念和方法指导下、在特定的时期，对国际长安学的一些

① （法）马克·布洛克：《比较史学之方法》，项观奇编：《历史比较研究法》，济南：山东教育出版社，1986年，第117页。

具体问题进行研究所取得的学术成果。因此，通过历史比较所得出的研究成果具有明确的有限性、条件性和相对性，它是建立在一系列复杂而多变的真实而具体的历史原因基础上的，绝不可无限放大研究的成果及其意义。以此为据，国际长安学的比较研究从其本质而言是一个长期而深入的研究过程，唯有在此不断的比较研究进程中，才有可能逐渐接近历史的真理。

其次，从“问题史学”的角度而言，运用比较的方法进行国际长安学的研究有其明确的现实目的性、针对性，因此也表现了突出的效用性。不可否认，这种有着直接对象和目的的特定历史范畴内的比较成果，其重要目的是为今日西安国际化大都市的现实发展提供一些历史的借鉴，或者说是从历史的角度为现代西安国际化大都市的建设发挥一些指导作用。但这绝不意味着，这一重要历史效用可以代替今日西安国际化发展的真实历史实践。因为，从历史比较中来获取国际长安学的研究成果毕竟具有浓厚的学术性，它与过去的客观真实和正在进行的国际大都市的历史实践在具有相同性的一面的同时，还具有不同性的另一面。换言之，古今固然有其相通的一面，但古今还有其不同的另一面，对古今的这种相同性和不同性的研究及其成果，其作用只是有助于我们以更为清晰的目标和方法进行当代的社会历史实践，以指导我们用创造性的心态和观念进行现代西安国际化大都市建设。对此我们必须要有清醒的历史意识。

再次，比较研究的方法只是国际长安学研究诸多研究方法中非常重要的一个，它和众多的史学研究方法一样，只是从其各自的研究角度入手，对国际长安学的一个方面，或某些方面的重要问题进行一种历史的探讨，有其明确的学术边疆；而这一研究方法及其探讨的成果，在充分表现了它所具有的突出的优势和长处的同时，也不可避免地带有其自身的一些弱点和局限性。这些弱点用著名史学家刘家和先生的话来讲就是：“既有角度的选择，就必然有视域的规定性。而规定即否定，在选定视域以外的，自然就被忽略了的。”[①] 因此，我们必须冷静、理性地对待比较史学的理论方法，必须正确理性地对待国际长安学的比较研究成果。唯在此基础上，才可能对国际长安学视域下的史学比较有一个较为全面、客观的理解和认识。也就是说，国际长安学的比较研究的理念和方法绝不排斥、也不能代替其他理论和方法对国际长安学研究的探讨，而正确的

---

① 刘家和：《历史的比较研究与世界历史》，《北京师范大学学报》（社会科学版）1995 年第 5 期，第 46—51 页；刘家和：《愚庵论史》，北京：首都师范大学出版社，2010 年，第 405 页。

抉择则是历史比较研究与其他研究方法相互参照，相互补充。从而使国际长安学的研究不断走向深入，以丰富和逐渐完善国际长安学的研究。

显然，对于历史比较而言，其科学性的表现在于其对自身的学术对象、方法和学术边疆的正确认识。由此出发，国际长安学的史学比较是一个有其特定比较内容和目标的研究理论和方法，具有突出的学术特性，这一特性在突出表现了其明显的学术优势的同时，也表现了其所具有的明显的相对性和局限性。既有其长，必有其短。当然，这种局限性不仅表明了国际长安学历史比较成果的有限性，同时也从另一侧面显示了其比较成果和意义的科学性之所在。因此，理性地认识其学术特性，不仅是国际长安学比较研究得以顺利进行的客观要求，也是保持其科学性的内在要求。

五、结论

综上所述，史学比较在国际长安学研究中的作用和影响是国际长安学研究中一个重要的问题，这一问题的研究对于国际长安学研究的深入发展具有重要意义。

随着史学研究的不断深入，比较史学应运而生，由于其所具有的浓郁的时代感和问题意识，也获得学界越来越多的赞同。作为一种新兴的极具生命力的国际长安学，其中包含了异常丰富的历史内容，具有极其重要的历史意义和现实意义，而运用历史比较则是揭示其历史真相和意义的重要方法之一。因此，比较研究在国际长安学的研究进程中将会发挥越来越重要的作用，大有可为。

国际长安学的研究与史学比较的方法存在着深刻的内联关系，这一关系不仅彰显了比较史学的重要性，更重要的是通过比较史学的观念可以更为有效地指导国际长安学的研究，以取得预期的学术研究成果。在这一过程中，正确认识历史比较的可比性原则是实现国际长安学比较的意义和特色的关键；而正确把握国际长安学所存在的辩证比较结构是其比较研究得以顺利进行的基础；但绝不可忽视的是，正确对待国际长安学历史比较的成果是保持史学比较科学性的根本。

总之，正确理解并把握比较史学理论方法的基本问题，正确认识国际长安学历史比较研究的内容、特点和意义，并科学而全面地对待历史比较研究的成果，不仅对于进行国际长安学的学术比较研究本身，而且对于正在进行中的西安现代国际化大都市的历史实践，都具有十分重要的意义。

（原载《长安学研究》第一辑，中华书局 2016 年版）

孔子史学思想探析

孔子是中国历史学的奠基人，自《春秋》开始，中国史学一直是沿着孔子开辟的道路向前发展，孔子虽然没有给我们留下史学理论的专著，但《春秋》则是其史学思想的具体体现。如司马迁所指明的"《春秋》文成数万，其指数千，万物之散聚皆在《春秋》"①。因此，本文试从现代史学的角度，并参照西方史学理论来对孔子的史学思想加以探析。

一

孔子的史学思想首先在于他继承了中国西周至春秋以来民本主义和理性主义思想趋向，将历史研究的对象确立为人而不是神。

《论语·先进》说："季路问事鬼神，子曰：'未能事人，焉能事鬼？'曰：'敢问死。'曰'未知生，焉知死？'"② 孔子还说："务民之义，敬鬼神而远之，可谓知矣"③。孔子还说："殷人尊神，率民以事神，先鬼而后礼，……周人尊礼尚施，事鬼敬神而远之"④。《史记·外戚世家》曰："孔子罕称命，盖难言之也。非通幽明之变，恶能识乎性命哉？"⑤ 也就是说，在孔子看来，天命是一个神秘、无限的问题，以人类有限的智慧是无法把握的。显然，孔子的"天命观"是属

---

① 《史记》卷一三〇《太史公自序》北京：中华书局，1959年标点本，第3297页。

② 杨伯峻：《论语译注·先进篇》，北京：中华书局，1980年，第112页。

③ 杨伯峻：《论语译注·雍也篇》，北京：中华书局，1980年，第60页。

④ （清）孙希旦撰：《礼记集解·表记》，沈啸寰、王星贤点校，北京：中华书局，1989年，第1310页。

⑤ 《史记》卷四九《外戚世家》，北京：中华书局，1959年标点本，第1967页。

于不可知论的范畴的。孔子对天命持不可知论，排斥天命对人事影响的结果，使人成为其历史研究的主体。《春秋》虽属大事年表的编年体史书，但毕竟写出了事件的人，事件由人支配，人是历史事件的主体。再看《左传》，虽然其中也有“国之大事，在祀与戎”① 之说，但整部《左传》主要记载的是“戎”，也就是人，人始终占据历史的主导地位，而且人是有个性有性格的具体的人，如晋文公、秦穆公、楚灵王、郑子产、晏婴等。如果再把《春秋》和《左传》联为一体来看孔子的人文主义思想的话，就会发现，孔子史学中的“人”，是群体的人和具有个性人的统一，表现了孔子人文主义史学内容的整体性和深刻性。

其二，孔子已经发现了历史主体——人所具有的精神境界，并把这一精神境界纳入历史研究的内容中，大大丰富和加深了人的内涵。在孔子看来，人具有二重性。一为自然生命的人，一为精神的人。孔子在肯定自然生命的前提下，更重视生命的精神价值，并认为只有后者才是人生命的本质，自古以来，人的自然生命难免一死，但作为生命本质的精神价值却是永恒的。正因为如此，所以孔子特别强调人所应具有的精神品格，重视个人的修养和人格的完善。如所谓：“士不可以不弘毅，任重而道远，仁以为己住，不亦重乎，死而后已，不亦远乎”②，“志士仁人，无求生以害仁，有杀身以成仁”③。显然，孔子将人的精神价值注入历史研究的过程中的结果，使得《春秋》不但是 242 年的政治军事史，同时也是一部漫长的精神史或思想史，这又表现了孔子人文主义史学的丰富性和深刻性。

孔子的人文主义历史观不仅展示了人丰富而深刻的精神世界，而且还着力于用这种价值去判断，去评价历史人物、历史事件，从而形成了孔子以精神价值为核心的道德价值观，即褒贬史学。《春秋》中的历史人物，不仅是有灵魂、有思想的人物，而且还是具有不同价值的人物，一个历史人物在《春秋》中的地位并不在于他的权力、他的地位，而在于是否符合孔子的道德价值观。孔子将众多的历史人物置于他的价值天平上加以衡量，爱之深，恨之切，褒贬并用，善恶昭彰，不以胜败论英雄。虽“吴楚之君自称王，而《春秋》贬之曰‘子’，践土之会实召周天子，而《春秋》讳之曰‘天王狩于河阳’，推此类以绳当世”④，因此，

① 杨伯峻：《春秋左传注·成公十三年》，北京：中华书局，1981 年，第 861 页。

② 杨伯峻：《论语译注·泰伯篇》，北京：中华书局，1980 年，第 79 页。

③ 杨伯峻：《论语译注·卫灵公篇》，北京：中华书局，1980 年，第 161 页。

④ 《史记》卷四七《孔子世家》，北京：中华书局，1959 年标点本，第 1943 页。

司马迁在《太史公自序》中称《春秋》“明是非，定犹豫，善善恶恶，贤贤贱不肖”。刘知几说：“《春秋》之‘义’也，以惩恶劝善为先。”① 甚至清朝史家钱谦益称：“《春秋》，夫子之刑书也。”② 由此可见，古代学者都在不同程度上看到并肯定了孔子道德价值观在其史学中的作用和地位。现在问题在于应该如何从史学理论的角度看待孔子的道德价值观。

孔子已经发现了人类的内在精神价值，并以此为理论基础形成了道德史观，着意引导人们追求自身的完善，昭示了人生的目的和意义。所以《春秋》充满了对仁人志士的推崇，表现了不屈不挠，知其不可为而为之的人生勇气，因而孔子的道德价值的格调是积极的昂扬的。对此，我们可以同希腊罗马史学相比较。在克罗齐看来，由于希腊罗马史家没有看到人的精神价值在历史中的作用，因而，“一种辛酸的洪流泛滥于他们的历史中。幸福、美好的人生在他们看来永远是曾经有过而已不存在的，如果当时有存在，它也很快会失去”③。显然，孔子的以精神价值为核心的道德价值观较之于希腊罗马史学来讲，更具有人文主义色彩，更接近历史本质，其深刻性是毋庸置疑的。

二

西方近现代史学家一般都认为史学是诉诸证据的科学，而不能掺入历史学家的虚构或想象，如柯林武德所指出的：“不管它们的答案如何，历史学家都会同意历史学的程序或方法根本上就在于解释证据”，“历史学是通过对证据的解释而进行的。”④

孔子曰：“吾欲载之于空言，不若见诸于事深切著明也。”⑤ 正如班固所理解的，孔子“以鲁周公之国，礼文备物，史官有法，故与左丘明观其史记”⑥，由于史记记注多违旧章，所以“仲尼因鲁史策书成文，考其真伪而志其典礼，上

① （唐）刘知几撰、（清）浦起龙释：《史通通释·忤时》，上海：上海古籍出版社，1978年。

② （清）钱谦益著、（清）钱曾笺注、钱仲联标校：《牧斋初学集》卷29，上海：上海古籍出版社，1985年，第879页。

③ （意）克罗齐：《历史学的理论和实际》，傅任敢译，北京：商务印书馆，1982年，第153页。

④ （英）柯林武德：《历史的观念》，何兆武、张文杰译，北京：中国社会科学出版社，1986年，第10页。

⑤ 《史记》卷一三〇《太史公自序》，北京：中华书局，1959年标点本，第3297页。

⑥ 《汉书》卷三〇《艺文志》，北京：中华书局，1962年标点本，第1715页。

以遵周公之遗制，下以明将来之法，其教之所存，文之所害，则刊而正之，以示劝戒”[①]。如果文献不足或无文献可“征”的话，孔子又提出了“多闻阙疑”[②]和“君子于其所不知，盖阙如也”[③] 的治史原则。也就是说，孔子对于不知道的或有怀疑的事，则采取保留的审慎态度，而绝不随心所欲，任意猜臆。正如孔子所说的，“知之为知之，不知之为不知之，是知也。”[④] “夏礼，吾能言之。杞不足征也；殷礼，吾能言之，宋不足征也。文献不足故也。足，则吾能征之矣。”[⑤] 对此，顾炎武是这样评价的：“国史所载策书之文，或有不备，孔子得据其所见以补之。至于所闻则远矣。所传闻则又远矣。虽得之于闻，必将参互以求其信，信则书之，疑则缺之。”[⑥] 从该书卷四可知，孔子是将史料作为治史的首要条件，此后，中国历代史家都将孔子的这一史料观点作为治史的座右铭。对此，我们同古希腊的史料学观点相比较，在古希腊史学家者看来，“历史的证据就是这些事实的目击者所作出的事实记录，证据就在于目击者的叙述，而历史方法则在于得出这些叙述。”[⑦] 如希罗多德对于史料的态度总的来说是有闻必录，缺乏对史料严格的批判意识，他自己说，“我不知道这是不是实有其事，我只是把人们传说的写下来。”[⑧] 而且有时连他自己也不相信的故事也当做真实的历史记载下来，例如，据说涅乌里斯人每年每人都有一次变成狼，过几天后，又恢复原形。所以，如果将孔子的史实观点同希罗多德的史料学观点相比较的话，则明显看到，孔子的史料批判意识要比希罗多德高出一筹。

孔子不但重视史料的独立、基础地位，而且更重视理论对史料的筛选作用，从而构成了孔子的历史编纂学理论，这一理论的基本特征是：以“礼”作为判断事实真伪的标准。对历史事实的解释过程中，赋予于历史事件以“义”。孟子曰：“其事则齐桓、晋文；其文则史；孔子曰：‘其义，则丘窃取之矣’，”[⑨] 孟子

① （晋）杜预：《春秋左传集解·序》，上海：上海人民出版社，1977年。

② 杨伯峻：《论语译注·为政篇》，北京：中华书局，1980年，第19页。

③ 杨伯峻：《论语译注·子路篇》，北京：中华书局，1980年，第133页。

④ 杨伯峻：《论语译注·为政篇》，北京：中华书局，1980年，第19页。

⑤ 杨伯峻：《论语译注·八佾篇》，北京：中华书局，1980年，第26页。

⑥ （清）顾炎武著、黄汝成集释：《日知录集释》，栾保群、吕宗力校点，上海：上海古籍出版社，2006年全校本，第258页。

⑦ （英）柯林武德：《历史的观念》，何兆武、张文杰译，北京：中国社会科学出版社，1986年，第28页。

⑧ （古希腊）希罗多德：《历史》，王嘉隽译，北京：商务印书馆，1959年，第462页。

⑨ 杨伯峻《孟子译注·离娄下》，北京：中华书局，1962年。

曰："孔子作《春秋》，而乱臣贼子惧。"在孟子看来，"《春秋》之义"则在于孔子赋予了历史事实以道德、政治职能。章学诚说"史之大原本乎《春秋》，《春秋》之义昭乎笔削……以夫子'义则窃取'之旨观之，固将纲纪天下，推明大道……必有详人之所略，异人之所同，重人之所轻，而忽人之所谨。"① 也就是说，孔子著《春秋》，"指行事以正褒贬，"在对历史事实解释的过程中，赋予了历史事实以"义"进行历史选择，而选择的标准则是"纲纪天人，推明大道"。还需指出的是，孔子在强调理论对史料的统帅的过程中还存在着一些偏差，因而也在一定程度上损害了历史事实的真实性。如司马迁所指是的："孔氏著《春秋》，隐桓之间则章，至定哀之际则微，为其切当世之文而罔褒，忌讳之辞也。"②，也就是说孔子生活在定、哀之世，并做过官，故在《春秋》中对定哀二公"微婉其说"，甚至"罔褒"（"无实而褒之"），即孔子史学中的"为尊者讳，为贤者讳，为亲者讳"，但对此问题，绝不可仅用"二元论"史学一笔带过，因为孔子史学方法论的本质特征是史论结合原则，同时如果将孔子置于中国史学的创立人，其史学方法本身不可避免地常有幼稚性和不成熟性的话，那么，我们就会对孔子史学的上述弱点不会有苛求之嫌，也就会对其治史方法的看法会更客观些。

由上可知，孔子著史的基本方法是在尊重史实真伪的前提下，将其思想理论融入其中。尽管孔子的世界观和历史观是保守的。其对历史事实的取舍是以礼为原则并服务于其政治目的的。但从史学理论上讲，孔子治史基本方法是以史论相结合为其特征的。

三

如上所述，孔子的治史方法、人文主义历史观都是在孔子的史学目的意识指导下确立的，因而孔子的目的意识在其史学理论体系中占有极其重要的地位。那么，孔子的史学目的意识是什么呢？

孔子自己曾说："吾道不行矣，吾何以自见于后世哉"，又说："我欲载之空言，不如见之于行事深切著明也。"也就是就，孔子著《春秋》是为了行"道"，

① （清）章学诚：《文史通义》卷5《答客问上》，上海：上海古籍出版社，2015年，第158—159页。

② 《史记》卷一一〇《匈奴列传》，北京：中华书局，1959年标点本，第2919页。

在董仲舒看来，孔子的“道”是“以达王事而已矣”。对此，司马迁在《太史公自序》中是这样理解的，“夫《春秋》，上明三王之道，下辨人事之纪，别嫌疑，明是非，定犹豫，善善恶恶，贤贤贱不肖，存亡国，继绝世，补敝起废，王道之大者也。”

由上可知，《春秋》是浸透了孔子强烈的目的意识，这一意识主要表现在以下三方面。其一，从动机上讲，孔子是有其现实政治意图，即拨乱反正，恢复西周的政治秩序。如司马迁所指出的：“《春秋》采善贬恶，推三代之德，褒周室，非独刺讥而已也。”① 其二，从内容上看，《春秋》研究是春秋时期的政治军事斗争。如“《春秋》之中，弑君三十六，亡国五十二，诸侯奔走不得保其社稷者不可胜数。”② 其三，从表现方式看，孔子以“礼”为工具，对历史进行道德评判，使政治和道德融为一体，政治是其史学的核心，道德则成为其史学的表现形式，从而形成孔子史学的特征——道德史学，进行直观地劝戎、训今为其政治目的服务。正如《左传》所说的，“礼，政之舆也。”③ 借用克罗齐的话来说就是，“一切历史都是现代史。”

因此，孔子著《春秋》，使中国史学从一开始就成为具有示范、比喻、教学的“训诲史学”，带有浓厚的政治性，历史事件被看成是人生价值的体现者，被看成是有教育意义的关系网络，并长期成为中国史学的正宗，问题在于我们现在如何从世界史学的角度来客观地评价评价孔子的这一史学目的意识。

首先，西方史学史表明，希罗多德所创立的史学模式为“垂训史学”，基本特征在于为现实政治服务。“垂训史学”便长期成为西方史学家治史的模式。西方初期的史学思维对象是对人们生存产生直接影响的重大政治、军事事件。从希罗多德的《历史》起，其后的《伯罗奔尼撒战争史》，罗马时期，恺撒的《高卢战纪》、萨鲁特斯《喀提林叛乱记》、普鲁塔克的《名人传》等史学名著也表明了这一趋向。这种以政治和军事为中心内容并试图从中获得直观教育的“垂训史家”模式在西方持续了相当长的时间，直到18世纪的维科、孟德斯鸠和伏尔泰时代，史学家才逐渐把注意力转向经济、哲学、艺术等其他领域，随着研究内容的广泛，科学范围的扩大，史学研究的目的意识才突破了“垂训史学”

① 《史记》卷一三〇《太史公自序》，北京：中华书局，1959年标点本，第3299页。
② 《史记》卷一三〇《太史公自序》，北京：中华书局，1959年标点本，第3297页。
③ 杨伯峻：《春秋左传注·襄公二十一年》，北京：中华书局，1981年。

的局限。可见，注重史学的政治职能，是中外早期史学发展的必经阶段，孔子也不例外。

其次，固然，东西方初期的史学模式，就其本质来讲是政治史学，但仅此仍不足以挖掘孔子史学目的的意识，只有对中西方史学特点的比较中，才能更深刻地认识孔子在世界史学史中的地位。

在柯林武德看来，古希腊的“垂训史学”具有以下三个特征：①在希罗多德和修昔底德看来，遥远的过去是在科学的历史范围之外，而最近的过去才是在他们的研究范围之中，因而古希腊的史学理论“蕴含着任何历史叙述其跨度不得超过一个人一生的年限，只有在这个范围之内批评的方法才能够随意地加以运用。”②希腊史学家“写历史只是因为发生了值得纪念的事情，需要有一个同时代亲身目击其事的人来作为纪录者，柯林武德甚至以为在古希腊有艺术家和哲学家的那种意义上，古希腊并没有历史学家；他们没有把终生献给历史研究的人，历史学家只是他那一代人的自传写作者，而写自传并不是一种职业。”③由于古希腊史学家的治史方法、理论决定了他们不可能把各种特殊的历史集合成一种包罗万象的历史，不可能有一部相当广泛的事件复合体的历史。

如上所述，从历史研究的对象来讲，《春秋》并非像古希腊的某一重大事件的历史，而是叙述了上自鲁隐公下至鲁哀公 242 年的历史，并在这一历史长河中提炼自己的历史意识，因而孔子的史学目的意识从时间上来看由古及今，古今一体，目光长远，远非希腊史家所及。再从史学内容来讲，《春秋》和古希腊史学虽然都属于政治史范畴，但孔子史学的特色之一就在于孔子又是以思想家的角色参与了治史，从而赋予了《春秋》以人的思想、精神、道德内容，丰富并加深了史学主体——人的内涵。从治史的总方法来看，孔子对历史总体把握的世界观为“变易”与“不易”。这一世界观决定了孔子将历史看作为不断变化，有生有灭的客观运动系列，并在变化运动的历史中试图把握历史事实之间的内在联系。司马迁在《孔子世家》中说：“（孔子）观殷夏所损益，曰：‘后虽百世可知也，以一文以一质，周监二代，郁郁乎文哉。吾从周。”[①] 这就是说，孔子是从夏商周三代的比较中以获得历史的启示。固然，孔子的这种通过比较以获得启示的方法主要侧重于礼、乐，但在此也表示了孔子已经试图从历史变

① 《史记》卷四七《孔子世家》，北京：中华书局，1959 年标点本，第 1936 页。

化过程中把握其规律性，正是这一点，最集中地体现了孔子史学意识的高度。史学史证明，历史研究的真正目的在于发现真理，获得规律性，虽然“垂训史学”的比喻、示范在一定程度上最接近真理，但毕竟还不是真理，历史学正是在寻找真理、发现规律中逐渐发达起来。如果依此来比较孔子和古希腊的史学方法论的话，其结论是显而易见的。

总之，从现代史学理论来看，孔子的“训诲史学”和古希腊的“垂训史学”在本质上是相同的，都是为现实政治服务的，但这绝不意味着孔子的史学目的意识等同于古希腊的史学目的意识。事实上，由于孔子治史采用的方法，选择的研究对象及他对历史的认识深度最终是又高出于古希腊的史学目的意识。

四

孔子是我国的史学之父，《春秋》是世界上最早的史学著作，和西方“历史之父”希罗多德不同之处在于，孔子不但是一位历史学家，而且又是享誉世界的大思想家，因而孔子的史学思想又包含了更丰富、更深刻的思想内容。

孔子史学思想的主要特征在于：其一，从方法上，孔子在重视史料独立性的前提下，强调了理论，史学目的意识对史料的选择作用，从而确立了中国传统的治史原则——史论结合。其二，从历史研究的内容来讲，孔子在“天命”不可知论的前提下，一方面将人作为历史研究的主体，树立了人文主义历史观。另一方面在研究人的基础上，又将其历史目光深入到人的精神世界，建立了道德价值观，并以此作为评判历史的标准，显示了孔子人文主义历史的深刻性。其三，从史学目的（或作用）观念来看，孔子创立了“训诲史学”这一史学模式，使其史学带有极其鲜明的政治和道德职能，突出地表现了治史经世的作用。

总之，孔子是以强烈的主体意识从事历史实践，并在历史实践中渗透了其丰富而深刻的史学意识，正因为如此，他才在中国完成了由“诗性”历史向“叙述”历史的转变，使历史开始以独立的学科出现在中国文化舞台上。如果将孔子的史学思想同古希腊史学相比较的话，可以说孔子的史学思想是高出于希罗多德的史学思想，甚至在某些方面，就是整个古希腊史学也无可比拟的，因而孔子在世界史学史上居有极其重要的历史地位。

（原载《宝鸡文理学院学报》1996 年第 2 期）

论理性主义与希腊罗马史学观念之嬗变

古希腊百科全书式的思想家亚里士多德，在其名著《形而上学》中深刻指明，科学得以建立的最终根据还在于探讨第一原理的哲学本体（Ontology）——“它研究实是之所以为‘实是’”[①]。在亚里士多德看来，第一原理包含了各门学科并制约了各门科学的发展，换言之，任何企图对具体科学思想的探讨必然超越了科学本身而进入了与之相关的更高层次的哲学领域。毫无疑问，亚里士多德的这一观点是在深刻总结了古希腊发达的学术成就的基础上提出的真知灼见，指出了哲学本体论对具体学科发展所具有的指导作用，因此，它对于深入研究古希腊科学的发展提供了一个重要的方法论；同样，对于研究古希腊罗马历史学的发展无疑具有重要的指导意义。托波尔斯基就认为，如果“没有那种本体论上的认识，历史学就不可能超越对过去的一般性描述。”[②] 基于此，本文拟以亚里士多德的上述理论为方法论原型，从古希腊罗马哲学发展史的角度，也就是从对理性的不断地认识和探求的角度，通过分析其理论思维特质的途径，以探讨其历史思维的发展及其特点。

一

众所周知，希腊罗马在史学上开创了西方史学的滥觞，但它的产生和发展也和“理性”结有不解之缘。对于古希腊罗马而言，理性是一种形而上学的哲学范畴，是宇宙的自我运行原理或自然变化的法则，换言之，理性就是世界的

① （古希腊）亚里士多德：《形而上学》，吴寿彭译，北京：商务印书馆，1979年，第58页。
② （波）托波尔斯基：《历史学方法论》，张家哲等译，北京：华夏出版社，1990年，第47页。

本原，或者是人性的全部世界。在世界万物中，只有人才具有认识这种理性的能力，理性是潜在于人自身，需要人们用智慧去探索、去把握并和理性相符合，最终成为具有认识这种理性的思维的人。如恩格斯指出："自然界不能是无理性的，这对于希腊人已经是不言而喻的了。"① 而对于万物之灵的人而言更是如此。赫拉克利特就这样说："逻各斯（Logos，即理性），永恒存在着……万物都根据这个逻各斯而生成"②，"逻各斯是灵魂所固有的，它自行增长"③ 其后，阿那克萨戈拉（约前 500—前 428）就认为"理性（Nous）统治世界"。而亚里士多德则进一步认为，人的心灵包括两部分："一为内涵理性；另一为内无理性，而蕴藏着服从理性并为之役使的本能"④。正因为如此，赫拉克里特强调"寻求自己"。

显然，这种理性主义的价值观念成为希腊人文思想的核心。它"是以人在本质上是一个有理性的动物这一观念为基础的，……只要任何特定的人发展那种（理性）能力，并且实际上而不是潜在地变成有理性的，他就会使得他的生活成功；按照希腊的观念，他就成为政治生活中的一种力量并成为历史的一个创造者；按照希腊罗马的观念，他就在一个野蛮而邪恶的世界里由于他自身理性的庇护而变成一个能够生活得很智慧的人。"⑤ 所以，对希腊罗马而言，理性一直是其文化追求的目标，为实现这一目标，希腊人特别创造出一种智慧的学问，即所谓"哲学"（Philosophy），而希腊哲学的重要作用就在于用智慧去"挖掘"这种理性。借用苏格拉底（前 469—前 399）的话就是"认识你自己吧！"

就古希腊哲学发展史而言，希腊哲学最初是以泰勒斯为代表的米利都学派对自然的研究（Physics），他们观察自然现象，把万物的发生和变化的"本原"（arche——或"始基"）归结为物质性的东西，而不归之于神灵，它"把自然现象的无限多样性的统一看作不言而喻的，并且在某种具有固定的形体的东西中，在某种特殊的东西中去寻找这个统一，比如泰勒斯就在水里去寻找。"⑥ 所以，

---

① 《马克思恩格斯全集》第 20 卷，北京：人民出版社，1956 年，第 564 页。
② 苗力田：《古希腊哲学》，北京：中国人民大学出版社，1989 年，第 39 页。
③ 苗力田：《古希腊哲学》，北京：中国人民大学出版社，1989 年，第 39 页。
④ （古希腊）亚里士多德：《政治学》，吴寿彭译，北京：商务印书馆，1965 年，第 388 页。
⑤ （英）柯林武德：《历史的观念》，何兆武、张文杰译，北京：中国社会科学出版社，1986 年，第 47 页。
⑥ 《马克思恩格斯全集》第 20 卷，北京：人民出版社，1956 年，第 525 页。

希腊的哲学思维一开始就具有理性直观的特点。正如恩格斯在论述古希腊世界观时所指出的："当我们深思熟虑地考察自然界或人类历史的时候，首先呈现在我们眼前的是一幅由种种联系和作用无穷无尽地交织起来的画面，其中没有任何东西是不动和不变的，而是一切都在运动和变化、产生和消失，这个原始的、素朴的但实质正确的世界观是古希腊的哲学的世界观，而且是由赫拉克利特第一次明白地表述出来的"①

在公元前5世纪初期，从巴门尼德开始，古希腊的哲学出现一次重大转型，这主要表现在，其一，研究对象由主要研究自然转到主要研究社会道德，即由"知物"而转向"识人"，并且认为伦理生活问题是哲学最重要的课题，如普罗泰戈拉斯（约前481—前411）的名言："人是万物的尺度，存在时万物存在，不存在时万物不存在"②。其二，研究方法一改先前"自然（哲）学"强调流变和具有对立统一色彩的思维方法，而把不变性、确定性、无矛盾性当做哲学寻求本原和世界的根本特征，这个转变的实质是，希腊思想从生动感性自然的水平向着严格确定的理性逻辑水平方面实现了一个重要的突变，它的意义在于确立了一种前所未有的求真的思维方法，并规定了希腊哲学发展的方向。巴门尼德提出了对本体（有确定性的存在，事物的所是或定义）的研究，成为后来哲学研究的基本范畴，希腊人的求真理性和智慧，就集中体现在对这一本体的穷根究底的理解、探求和分析研究上，并创造了一整套确切严密的方法和科学研究的能力：首先研究分析一切事物的真正依据，即希腊人称之为原因，它是该事物之真，而最终的原因就叫本原；然后依据事物的真相，即对象本身和它的原因，来审查、讨论、分辨、判断各种意见（命题）的理由（对原因的陈述）以辨别真假，这就是韦尔南所指出的"希腊的理性不是在人与物的关系中形成的，而是在人与人的关系中形成的，它的发展不是得力于那些对世界发生作用的技术，而是得力于那些对他人发生作用的技术，这些技术的共同手段就是语言。它是政治家、修辞家和教师的艺术。希腊理性是这样一种理性，它以实证的、反思的、系统的方式影响人，而不是改造自然。"③ 需要说明的是，对于其后的

① 《马克思恩格斯全集》第20卷，北京：人民出版社，1956年，第23页。

② 苗力田：《古希腊哲学》，北京：中国人民大学出版社，1989年，第181页。

③ （法）韦尔南：《希腊思想的起源》，秦海鹰译，北京：生活·读书·新知三联书店，1996年，第119页。

罗马而言，它的突出成就表现在军事、建筑和法学等方面，但在思想领域他们所享用的仍然是古希腊的伟大创造。

希腊这一哲学转变的成果首先在苏格拉底身上表现出来。苏格拉底在以伦理道德问题为中心研究哲学时，从不给人一个现成的结论，只是通过平等的生动的对话，让对方根据事实和理性自己否定其原有的错误和有局限性的观念，“自知其无知”，从而开启了让人重新开始观察、思考、检查、追寻真正的善的道路。正因为如此，苏格拉底提出了“知识即美德”的这一伦理学命题，强调了求真在求善过程中的重要作用，试图开辟一条将两者联系起来的桥梁，将真与善结合起来。卡西尔是这样概括苏格拉底的思想：“人是一个对理性问题能给予理性回答的存在物。人的知识和道德都包含在这种循环的问答活动中，正是依靠这种基本的能力——对自己和他人作出回答（response）的能力，人成为一个‘有责任的’（responsible）存在物，成为一个道德主体。”① 但是，苏格拉底所试图作出的回答并不完善，这些只能由他的弟子们继续探讨，并逐渐分化为自然主义和伦理主义两大派别。

对于亚里士多德而言，他在柏拉图的“理念”基础上，所发展的主要是苏格拉底学说的求真方面，即主要在知识、逻辑即思辨的理性领域。他把理性分为两种，一为“理论的理性”，一为“实践的理性”，② 前者要求认识论与事实相符合，从而做出真假的判断，以求真；后者则要求行为与正确的愿望一致，作出善与恶的判断而求善。但两者的关系如何呢，亚里士多德认为，理论理性是优越于实践理性的，因为理论理性的指向为具有本源性质的“智慧”，而善的实现最终是需要智慧加以认识和把握的。在此基础上，亚里士多德对苏格拉底和柏拉图的伦理思想进行了批评：“苏格拉底他总是把美德说成知识，这是不可能的”，柏拉图“讲真理的时候不应该讨论美德；因为这两者并无共同之处。”

亚里士多德的思想自然受到了先是犬儒学派，后来的斯多亚派的（如爱克比泰德）强烈批判，形成一个同亚里士多德相对立的一种实践“认识自己”的重要的哲学流派。这一学派在希腊化和整个罗马时期对苏格拉底的哲学和伦理实践理性深入思考，将注意力特别集中于伦理问题，什么是善？什么是人生的目的和意义？通常以逻辑的形式，或辩论来推论或论证善恶，研究逻辑和形而

---

① （德）恩斯特·卡西尔：《人论》，甘阳译，上海：上海译文出版社，2004 年，第 9 页。

② （古希腊）亚里士多德：《政治学》，吴寿彭译，北京：商务印书馆，1965 年，第 388 页。

上学以帮助解决道德问题，又突出了道德伦理在理性中的核心地位。

古希腊的理性主义世界观和方法论对希腊罗马的历史观产生了重要而直接的影响，而实质主义和形而上学的方法论则是这一历史观的突出特征。不言而喻，希腊也有其发达的辩证的智慧和哲学，如赫克利特的“活火说”到德谟克利特的“原子论”。但其作用却落实在逻辑学，而在历史学的领域内总的思想是一种形而上学的理论范畴。托波尔斯基（Jerzy Topoliki）指出：“古代哲学中，很明显地表现出了变化和运动的概念，譬如在亚里士多德的著作中，然而它却一直没有渗透到历史编纂学中去。”[①] 亚里士多德有很多反历史的议论，如他以“目的”（Purose）来解释世界的必然性，认为每一物体都有自己的目的，变化不过是迈向这些目的实现阶段和工具，并无真实意义。如柯林武德（R. C. Collingwood）所指出的：“他们完全肯定，能够成为真正的知识的对象的任何事物都必须是永恒的，因为它必须具有它自己某些确切的特征，因此它本身之内就不能包含有使它自己消灭的种子。如果它是可以认识的，它就必须是确定的；而如果它是确定的，它就必须如此之完全而截然地是它自己，以至于没有任何内部的变化或外部的势力能够使得它变成另外的某种东西。”[②] 他举出柏拉图对于“真知”（Episteme）与“意见”（Daxa）的区分作为自己的论据，在柏拉图那里，所谓的“知识”的对象是由先验的理性（reason a priori）对于不变的实质——“理念”（eidos），即“共相的实体化”（entification of the universals）的真知实见，而据有永恒性。“真正的知识不仅是此时此地而且在任何地方都永远是有效的，而且它根据可以证明的推理并且可能通过辩证批评的武器来找出错误和扬弃错误。”[③] 而“意见”则是对应于变动不居的现象的感性的认识而已，它只具有瞬间性，由于人们对这种瞬息万变的事物的瞬间感觉不可能由发达的形式逻辑来证明来认识，所以“意见”只能处于柏拉图所规定的“比知识阴暗，比无知明亮”[④] 的尴尬的中间状态，而不可能是科学的对象或基础。正因为如此，柯林武德认为希腊罗马史学的思想方法是实质主义的，所谓实质主义，它

① （波）托波尔斯基：《历史学方法论》，张家哲等译，北京：华夏出版社，1990年，第69页。

② （英）柯林武德：《历史的观念》，何兆武、张文杰译，北京：中国社会科学出版社，1986年，第22—23页。

③ （英）柯林武德：《历史的观念》，何兆武、张文杰译，北京：中国社会科学出版社，1986年，第22页。

④ （古希腊）柏拉图：《理想国》，郭斌和、张明译，北京：商务印书馆，1986年，第223页。

是建立在一种形而上学体系的基础之上，其根本点在于“它蕴含着一种知识论，即只有不变的东西才是可知的。”因而对于希腊罗马而言：“历史学是关于人类活动的一门科学；历史学家摆在自己面前的是人类在过去所做过的事，而这些都属于一个变化着的世界，——在这个世界之中事物不断地出现和消灭。这类事情，按照通行的希腊形而上学观点，应该是不能认识的，所以历史学就应该是不可能的。”① 所以柯林武德认为实质主义的认识论表现了“希腊思想的反历史倾向”。而这种反历史主义思想方法的必然结果，就是希腊罗马的史学长期而必须依附于哲学而无法独立存在。因而对于希腊的哲学家来说，“历史似乎是根植于一个野心与情感的无常世界，而哲学的目的是要把人类从中解放出来。”②

二

对西方史学而言，其最引以为豪是他们早在希腊罗马时代就把历史看作为一个具有理性的实践活动，排斥否定神灵对人事的影响，从而树立起人文主义的历史观。它是以“历史之父”希罗多德的《历史》为标志而创立的。这一历史观的根本特点在于：“它不是神权主义的，而是人文主义的，所探究的问题不是神事，而是人事。”③ 紧随其后的是古希腊伟大的史学家修昔底德，他以《伯罗奔尼撒战争史》这一巨著，使希腊历史学发展到一个新的高度，也需要指出的是，由于受到实质主义的影响，古希腊的历史学也以此为标志走上了与理性主义哲学相适应的实质主义道路，其突出的特征则是自然主义史学。

修昔底德是在西方史学史上第一个提出史料批判的历史学家。西方近现代史学家一般都认为史学是诉诸证据的科学，而不能掺入历史学家的虚构或想象。而这种传统的形成最早就要追溯到修昔底德。他认为：“普通人常常容易不用批判的方式去接受所有古代的故事”。④ “诗人常常夸大他们主题的重要性，而散文编年史家的证据更好些，因为他们所关心的不在于说出事情的真相而在于引起听众的兴趣，他们的可靠性是经不起检查的……如果我们考虑到我们是研究古

---

① （英）柯林武德：《历史的观念》，何兆武、张文杰译，北京：中国社会科学出版社，1986 年，第 22 页。

② （英）芬利：《希腊的遗产》，张强等译，上海：上海人民出版社，2004 年，第 182 页。

③ （英）柯林武德：《历史的观念》，何兆武、张文杰译，北京：中国社会科学出版社，1986 年，第 20 页。

④ （古希腊）修昔底德：《伯罗奔尼撒战争史》，谢德风译，北京：商务印书馆，1985 年，第 17 页。

代历史的话，我们可以要求只用最明智的证据，得到合乎情理的正确结论。”[①]而对于其著作中的证据，他也不单凭事实目击者的说法为根据，因为那些来自不同的目击者，“对于同一事件，有不同的说法，由于他们偏袒这一边，或者偏袒那一边，或者由于记忆力的不完全。”[②] 因此他认为对于历史证据，必须仔细考核，“就是这样，真理还是不容易发现的。”[③]

正是在史料批判的基础上，修昔底德对当时根深蒂固的神话传说，进行了分析，驳斥其中的夸张或虚妄，汲取其中史实的合理核心。例如，他对荷马史诗所说的希腊远征军的人数及战争长久的原因予以斧正。[④] 另外，他利用荷马的阿波罗颂歌的诗句考证了提洛岛为古代爱奥尼亚人赛会之所在，[⑤] 从而说明了在远古时代，提洛岛也有很大的集会和节日。同时，为了证明其事实的客观性，修昔底德斯在其著作中引用了约占全书四分之一篇幅的演讲词，其中有他亲自听到的，也有他搜集到的。用心之良苦，可见一斑。正如克罗齐所说的：“修昔底德已在把关于同一事实的不同传说加以批判，甚至在他的著作中插入了文献。”[⑥] 正因为因此，柯林武德认为修昔底德的这种史料批判方法从而“表明他不是一个故事的笔录者，而一位科学研究者，所以他提出问题而不是重复传说。”[⑦] 希罗多德没有提到证据，人们只好从他的著作中得出他关于证据的观念是什么，但是修昔底德明确地说：“历史的探讨依赖于证据。”[⑧] 汤普森认为修昔底德斯是把希腊理性的批判哲学的原理应用到了历史写作中，“这是他最杰出的地方。”[⑨]

在此基础上，修昔底德是古希腊乃至西方史学史中第一个尝试揭露历史事

---

① （古希腊）修昔底德：《伯罗奔尼撒战争史》，谢德风译，北京：商务印书馆，1985 年，第 16—17 页。

② （古希腊）修昔底德：《伯罗奔尼撒战争史》，谢德风译，北京：商务印书馆，1985 年，第 17—18 页。

③ （古希腊）修昔底德：《伯罗奔尼撒战争史》，谢德风译，北京：商务印书馆，1985 年，第 17—18 页。

④ （古希腊）修昔底德：《伯罗奔尼撒战争史》，谢德风译，北京：商务印书馆，1985 年，第 9—10 页。

⑤ （古希腊）修昔底德：《伯罗奔尼撒战争史》，谢德风译，北京：商务印书馆，1985 年，第 53 页。

⑥ （意）克罗齐：《历史学的理论和实际》，傅任敢译，北京：商务印书馆，1982 年，第 146 页。

⑦ （英）柯林武德：《历史的观念》，何兆武、张文杰译，北京：中国社会科学出版社，1986 年，第 22 页。

⑧ （意）克罗齐：《历史学的理论和实际》，傅任敢译，北京：商务印书馆，1982 年，第 22 页。

⑨ （美）汤普森：《历史著作史》，谢德风译，北京：商务印书馆，1996 年，第 39 页。

件发展中的真正因果关系的历史学家。他善于在历史事件偶然性和表面性的背后去探讨产生历史事件的必然性和偶然性的原因。如克罗齐所说的，修昔底德已在历史中“去辨别事实和原因，并在原因中去辨别原因和诱因。”[①] 从而大大高出希罗多德和同时代人的研究程度。对于特洛伊战争，据荷马说，起因于特洛伊王子帕里斯诱拐了斯巴达王后海伦。但修昔底德认为，真正的原因是由于希腊想从特洛伊人那里获得财富。对于伯罗奔尼撒战争，喜剧家阿里斯托芬在《阿卡奈人》剧中同样认为因为一些年轻人醉酒，为争抢三个妓女，从而导致战争在全希腊的爆发。可是修昔底德力辟俗见，着力探索琐碎事件之后的更为深刻的原因，他用史实充分说明，伯罗奔尼撒战争爆发的真正原因“是雅典势力的增长和因而引起斯巴达的恐惊。”[②] 而其他种种只不过是战争的借口而已。又例如，在希罗多德的《历史》中提到征兆的地方不下35次之多，而且每次都很应验。但修昔底德却明确反对用神谕和上天的征兆来诠释历史事件的因果关系，他分析伯罗奔尼撒战争中雅典失败的原因是由于国内纷争和同盟国的反戈，咎由自取。[③] 并大胆揭露了德尔斐宗教神谕的骗术，被伏尔泰誉为古代世界的无神论者。[④]

其后的波里比阿——被德国历史学家蒙森称为“罗马史领域中的太阳”，则在修昔底德的基础上力求透过纷纭复杂的历史现象更进一步“去辨别开端、原因与诱因”[⑤]，以追寻历史事件的真正原因，他认为，“我们应当追究其原因，没有原因，任何事情，无论是可能的，还是不可能的，都不会发生。”[⑥] “只有说明原因才能使历史成为有价值的东西”。[⑦] 从而使得这一方法臻于成熟，并在近代实证主义那里这一方法发挥得淋漓尽致，长期成为西方史学的正宗。

显然，希腊的历史编纂学在史学领域取得了许多重大成就，并对后世产生了深远的影响。但同时也要看到，它也存在着许多局限。当然，这种局限主要表现在时代局限性方面。即柯林武德所指出的它“仅仅受到它自己的力量的以

---

① （意）克罗齐：《历史学的理论和实际》，傅任敢译，北京：商务印书馆，1982年，第152页。
② （古希腊）修昔底德斯：《伯罗奔尼撒战争史》，谢德风译，北京：商务印书馆，1985年，第19页。
③ （古希腊）修昔底德斯：《伯罗奔尼撒战争史》，谢德风译，北京：商务印书馆，1985年，第150页。
④ （意）克罗齐：《历史学的理论和实际》，傅任敢译，北京：商务印书馆，1982年，第114页。
⑤ （意）克罗齐：《历史学的理论和实际》，傅任敢译，北京：商务印书馆，1982年，第152页。
⑥ Polybius，The history，Cambridge：Harvard University Press，Vol. 12，2010.
⑦ Polybius，The history，Cambridge：Harvard University Press，Vol. 2，2010.

及受到能理解它们并能研究出获得成功的方法的那种智力的限制。”① 它具体表现在：

其一，就希腊史学而言，黑格尔称这种史学为“原始的史学”，原始的历史学家叙述的是他们所熟知的或亲身参与的各种事件，“他本人曾经亲自参加做一名演员，至少也是一个休戚相关的看客。”② “所以这种历史的内容不可能有十分广大的范围。”③ 而且编著者“会把他自己的目的，作为历史的目的来处理，”④ 柯林武德也认为，古希腊历史学的局限性之一就在于它是作者对他们亲身经历的行动和事件的记载，如希罗多德在其《历史》中所指出的那样，他“之所以要把这些研究成果发表出来，是为了保存人类的功业，使之不至于由于年深日久而被人们遗忘”。⑤ 而修昔底德之所以书写《伯罗奔尼撒战争史》是因为他“相信这次战争是一个伟大的战争，比过去曾经发生过的任何战争更有叙述的价值。”⑥ 因为原始史学必须借助于第一手材料的运用和记载的真实可靠性，也使得史学家的眼光无法伸到更古的时代和更远的地方，结果只能写当代、当地的历史，其范围也只能局限于历史学家的个人经验。

其二，不言而喻，历史研究的首要任务就是为了探求事物发展的真实原因，而这种把注意力集中于探索事件之源的结果，往往忽视了对事件活动主体人物的探讨，从而降低了历史研究的必要性和重要性，如修昔底德由于受古希腊逻辑思维的影响，对历史事件的解释始终保持一种“超然”的态度，因而有的学者认为修昔底德“是没有偏见的，如果不是他自己经常提到‘雅典人修昔底德’的话，天真的读者有时会诧异他是那一国的人”。⑦ 此说固然有过激之嫌，但修昔底德对历史事实的解释带有明显的“纯客观”史学色彩，则是显而易见的。

而到了希腊化和罗马帝国时期，由于帝国疆域的扩大，人们视野的开阔，各地联系的紧密，这种古希腊史学方法上的局限性因世界帝国的出现而有所突

---

① （英）柯林武德：《历史的观念》，何兆武、张文杰译，北京：中国社会科学出版社，1986年，第46—47页。

② （德）黑格尔：《历史哲学》，王造时译，上海：上海书店出版社，1999年，第2页。

③ （德）黑格尔：《历史哲学》，王造时译，上海：上海书店出版社，1999年，第2页。

④ （德）黑格尔：《历史哲学》，王造时译，上海：上海书店出版社，1999年，第2页。

⑤ （古希腊）希罗多德：《历史》，王以铸译，北京：商务印书馆，1983年，第1页。

⑥ （古希腊）修昔底德：《伯罗奔尼撒战争史》，谢德风译，北京：商务印书馆，1985年，第18页。

⑦ （古希腊）修昔底德：《伯罗奔尼撒战争史》，谢德风译，北京：商务印书馆，1985年，第20页。

破，伴随着这一重大的社会变化，哲学领域出现了由本体论向认识论转化，由知识主义向伦理主义转化的趋势，而在史学领域，则是出现了专业的历史学家和伦理主义的史学流派成为其史坛的主流，开始了黑格尔所说的反省的历史，"这种历史的范围是不限于它所叙述的那个时期，相反地，它的精神是超越现时代的，"① 但是，其实质主义的思想传统则在希腊化和罗马时代的史学领域里继续流传下来。

李维的《罗马史》开创了西方史学的通史体例，记叙了从罗马建城到奥古斯都统治晚期，上下共700年的历史。在更广阔的背景和更长远的历史时代中去叙述历史。尽管这种反思的历史较之于原始的历史来讲是一个大的进步，但其思想观念仍然是希腊的形而上学的思想观念。李维和所有罗马史学家一样，认为历史的功能在于劝善惩恶以培育爱国情操。正如李维在其《罗马史》序言中开宗明义指出的："历史研究之所以健康而有益，主要是由于这一点：你可以从中看到各种经验教训，犹如显明地刻在纪念碑上，从这些教训中，你可以替你们自己和替你的国家选择需要模仿的东西，从这些教训中还可注意避免那些可耻的思想和后果。"② 虽然李维的历史写作依赖于前人的研究成果，特别是他之前的年代记作家和希腊历史学家波里比阿的著作，但在对史料的处理上，李维却按照如何服膺于罗马伟大的政治和道德标准进行收集、选择和整合材料。由此出发，"他不曾深入观察社会经济的原因或条件，他的眼光牢牢盯着个人及道德与政治问题。尤其是那些促成罗马兴起的个人美德和共和时期的价值观"。③ 虽然他的材料大量地来源于波里比阿，但在历史编纂中他特别注意选择有利于他的道德判断的正面的"例子"，并对波里比阿的史料用修辞进行加工，最有损于他的名誉的是，有时在没有新证据的情况下，曲解或者掩饰真实的描写。甚至对历史材料进行删改，其目的是为适应他的道德主题。

对于塔西佗来说，他的历史观被克罗齐称为"道德主义的"而不是社会的和政治的。汤普森说"塔西佗主要是一位道德家，在他看来，历史的目的在于说教。"④ 他和李维的相同之处在于他也侧重道德的功能和作用，认为罗马共和

① （德）黑格尔：《历史哲学》，王造时译，上海：上海书店出版社，1999年，第4页。

② （美）汤普森：《历史著作史》，谢德风译，北京：商务印书馆，1996年，第107—108页。

③ （美）唐纳德·凯利：《多面的历史：从希罗多德到赫尔德的历史探询》，陈恒、宋立宏译，北京：生活·读书·新知三联书店，2003年，第101页。

④ （美）汤普森：《历史著作史》，谢德风译，北京：商务印书馆，1996年，第126页。

制崩溃的主要原因是公众道德的败坏，而且为了达到自己的道德目的，也对历史事件刻意选择，甚至不管历史的真实性，而且他特别注意收集反面的具有罪恶性的事例。如塔西佗在他的《年代记》中“声称写作目的是要为后代揭橥可憎恨或可赞美的政治上罪恶和美德的典型事例”①。其目的是“为了使德行不致默尔而息，并为了使后人对恶的言行与丑名各有所畏。”② 即黑格尔所说的“道德反思的历史学”。之所以如此，其重要原因由于塔西陀是罗马贵族，是罗马共和国的忠实信徒，虽然他不得不承认共和制被帝制代替的这一客观现实，但他却对现实的帝制藐视和憎恨，并以此规定了他的史学标准。因此，塔西佗并不注重厘清事实真伪以说明历史真相，他所借重的是通过对历代皇帝阴暗面的揭露，对其人格和心理的深入分析，以影射帝国政治本身。因而塔西佗的史料来源，几乎都是来自各朝代秘密流传的“谤文”。柯林武德认为这一做法“导致了塔西佗系统地歪曲了历史，把它描述成本质上是被夸大了的好人与被夸大了的坏人之间的冲突。”③ 汤普森也认为，塔西佗的作品可以当做一部文学著作来阅读，“在是否忠于历史真实的问题上，阅读塔西陀的著作时，必须极端谨慎。”④比如，塔西佗运用他那戏剧般的技巧，将提比略撰述为历史上未曾有过的最残酷、最淫虐的、罪行累累的一个魔王。但是近代罗马史的研究表明，提比略是罗马帝国前期最出色的统治者之一。因而英国近代史家麦考莱也认为“李维对真实性漠不关心，其严重程度为历史学家中所罕见。塔西佗是古代最伟大的肖像画家，但却不足凭信。”⑤ 观点虽不免过激，但也事出有因。

沃尔什在论述康德的历史哲学时说：“康德的著作是教育性的，因此它以一种明确无误的方式阐明了这类思辨的道德背景。就他来说，至少历史学乃是道德哲学的一种派生品”。⑥ 就罗马史学而言，也是这样。历史学是伦理学的“实

---

① （英）柯林武德：《历史的观念》，何兆武、张文杰译，北京：中国社会科学出版社，1986年，第44页。

② （意）克罗齐：《历史学的理论和实际》，傅任敢译，北京：商务印书馆，1982年，第156页。

③ （英）柯林武德：《历史的观念》，何兆武、张文杰译，北京：中国社会科学出版社，1986年，第44页。

④ （美）汤普森：《历史著作史》，谢德风译，北京：商务印书馆，1996年，第126页。

⑤ （英）古奇：《十九世纪的历史与历史学家》，耿淡如译，北京：商务印书馆，1989年，第484页。

⑥ （英）沃尔什：《历史哲学——导论》，何兆武、张文杰译，北京：社会科学文献出版社，1996年，第124页。

例教学”。正如西塞罗所说的：“历史是生活的教师”。用孔子的话说即“吾欲载之空言，不若见诸于事深切著明也”①。

如上所述，希腊史学向罗马史学运行的轨迹是从自然主义向伦理主义史学的变化，之所以会出现这一变化，从史学本身来讲，其原因之一，乃在于史家这时所面临的研究对象，是一个极其复杂而广阔的历史，已经远远超出了他们的自身经历，而注重探求历史事件因果关系的自然主义史学对此已经无能为力，但为了解历史的内在原因，历史思维只能转向对历史过程中的人的行为原因的探讨，即人的思想动机的探讨，这样从对理论理性的探求以求真就转向了对实践理性的探讨以求善，从而使史学打上伦理主义的烙印。诚如克罗齐所说：“在任何情况下，历史必须有某种目的，而真正目的尚未发现、教诲的目的的几乎就履行了真理的比喻的作用，因为比喻在某种程度最接近于真理。”② 尽管如此，“这并不是历史方法的一种丰富，而实际上是一种贫困，并且标志着历史诚实性标准的衰落，后来罗马帝国的历史学家们并没有克服那些难倒过李维和塔西佗的障碍”。③ 不言而喻，从伦理学而言，从自然主义引申出来的只是人的动物性，而从伦理主义引申出来的最终也只能是人的神性，“最后，上帝和人同上帝的关系问题即神学问题，占有显著地位，希腊哲学像它开始一样，乃归结于宗教。”④ 希腊的哲学最终成为基督教思想的来源之一。而希腊的史学也随之被基督教史学所取代。希腊罗马理性建立的基础是为了认识人自身，但其方式，最终却难于揭示和把握人的本质。

三

综上所述，希腊罗马史学的发展与其理性的哲学密不可分。“认识自我是乃是哲学探究的最高目标”。⑤ 自巴门尼德以来，希腊哲学找到了自己发展的道路，亚里士多德时达到顶点，形成了一个严密的以探求本原——理性为目的的形而

---

① 《史记》卷一三〇《太史公自序》，北京：中华书局，1959 年标点本，第 3297 页。

② （意）克罗齐：《历史学的理论和实际》，傅任敢译，北京：商务印书馆，1982 年，第 198—199 页。

③ （英）柯林武德：《历史的观念》，何兆武、张文杰译，北京：中国社会科学出版社，1986 年，第 46 页。

④ （美）梯利：《西方哲学史》，葛力译，北京：商务印书馆，1999 年，第 8 页。

⑤ （德）恩斯特·卡西尔：《人论》，甘阳译，上海：上海译文出版社，2004 年，第 1 页。

上学体系。对于希腊的历史学而言，从一开始它就建立在这一理性的人文主义基础之上，因此其历史学具有高度的综合性，即努力把亚里士多德所说的“理论理性”与“实践理性”的要求统一于历史学中。历史的功能既要求真，又要求善。但由于其形而上学的历史思维模式又使得在其史学实践中往往各执一端：自然主义与伦理主义的尖锐对立，真与善无法真正统一于在史学中。在希腊占主导地位的史学模式是求真的自然主义史学，其弱点如威廉姆斯所说的：“姑且承认西方哲学之希腊根基的广度、力度、想象力与创造性，但令人惊奇的是，我们能够严肃地对尼采的这样一句评论：‘希腊人最伟大的特性之一是他们无力反思至善的东西。’”① 因而从希腊化开始，伦理主义史学模式逐渐成为其史学的主要思潮，这一史学是在努力对历史事件本身求真的基础上，以求善为其主要特征，而且在真与善相矛盾的这一背景下，往往舍真以求善。因而，对于希腊罗马的历史学来说，对理性的探求一方面促进其史学的进步，另一方面由于其形而上学的思维方式，又使得历史成为哲学的奴婢，这又制约了其史学的进一步的发展。正如韦尔南所指出的：“无论就其局限性和其创造性而言，希腊理性都是城邦的女儿。”② 所以，希腊罗马理性建立的基础是为了认识人自身，但其方式，最终却难于揭示和把握人的本质。这就是希腊罗马历史发展的必然结果。

在西方，只是从堪称近现代“人文科学之父”维科开始，他们才寻求历史的发展与变化这一本质特征，维科在《论我们时代的研究方法》中批判了笛卡尔的唯理论，明确提出理性的证明和推理并不能穷尽一切知识，从而对这种形而上学的思维模式进行批判，并努力在历史的内部寻求其发展变化的原因和其所以存在的依据，由此开始了真正意义上的历史哲学。在此基础上，黑格尔用辩证法代替了形而上学作为方法论来研究世界历史，在黑格尔的历史哲学中，其核心思想是理性这一概念，即他所说的，“‘理性’是世界的主宰，世界历史因此是一个合理的过程。”③ 如柯林武德所说的“一切历史都是思想史”。但这正如恩格斯所批评的：黑格尔所代表的历史哲学，它不在历史本身中寻找历史发展的动力，“反而从外面，从哲学的意识形态把这种动力输入历史。”④ 可见在大

---

① （英）芬利：《希腊的遗产》，张强等译，上海：上海人民出版社，2004年，第273页。

② （法）韦尔南：《希腊思想的起源》，秦海鹰译，北京：三联书店，1996年，第119页。

③ Polybius，The history，Boston：Harvard University Press，Vol. 2，2010，p. 9.

④ 《马克思恩格斯选集》第4卷，北京：人民出版社，1972年，第243—244页。

力倡导辩证法的黑格尔那里，古希腊的理性思想传统还是明显存在的。

虽然从黑格尔后，西方的历史哲学出现了较大的发展，并在世界历史的研究方面取得许多成绩，但仍然无法从根本上摆脱建立在西方文化轨迹上的所固有的弱点，即历史的存在不是从历史本身中得到依据，而是有意无意地从哲学中加以寻求，因而历史也就难以成为一个真正的自律科学。正是在这一思想背景下，从19世纪末西方出现了沃尔什所认为由思辨哲学向分析哲学的转变。这种转变所伴随着的就是对传统的理性主义思想或倾向的历史学的反思、批判，由此开始了现代史学的理论与实践的活动。比如克罗齐认为，历史学发展的结果必然伴随着原先所具有的本体论意义的历史哲学的解体，“连同其他先验的概念和形式”。[①] 当然，在克罗齐看来，我们之后所使用的“历史哲学”这一名词的含义已和其原义大不相同了，这时的“历史哲学”的含义将是哲学化的历史，也就是历史学，其研究的对象则是历史认识论。因而西方近现代史学的最突出的特征乃在于打破理性主义哲学对历史学的桎梏，并努力用辩证的方法将史论两者有机地统一起来。所以对于西方来讲，理性的追求对其历史的发展影响甚为深远，所收获的绝不仅仅是成果，与之相伴的还有很多的困惑，而西方的历史和历史学正是在这种成果与困惑中前进的，这也许是我们理解西方古代史学，乃至于近现代史学发展、嬗变的一把钥匙。

（原载《陕西师范大学学报》2006年第5期）

① （意）克罗齐：《历史学的理论和实际》，傅任敢译，北京：商务印书馆，1982年，第60页。

论司马迁的道德价值观

《史记》是以人物为中心的历史巨著，司马迁以他对历史的深刻认识和对真善美的执著追求，为《史记》注入了极其强烈的道德价值观念，讴歌了人的道德尊严，揭示了道德价值的本质，昭示了人生的目的和意义，回答了“人是什么”这一古老的命题，因而对中国的道德伦理文化作出了重大贡献。所以《史记》标志着中国的道德伦理思想发展到了一个新阶段。但据此仍不足以认识司马迁道德价值观的特征及历史意义。那么如何探讨司马迁道德观呢？对此司马迁在《史记》中说：“先人有言：‘自周公卒五百岁而有孔子。孔子卒后至于今五百岁，有能绍明世，正《易传》，继《春秋》，本《诗》、《书》、《礼》、《乐》之际？’意有斯乎！意在斯乎！小子何敢让焉。”[①] 显然，司马迁在此向我们昭示了他著《史记》的文化背景及其方法论，也就是说司马迁将自己伟大的史学创作置于中国古代文化发展的背景下，以继承周公和孔子的事业为己任，以“正《易传》”和“继《春秋》”为其方法论的基础，从而形成了“究天人之际，通古今之变，成一家之言”[②] 的《史记》理论纲领。需要指出的是，司马迁所表述的著《史记》的方法论和理论纲领，实际上也概括了其道德价值观的形成、发展的思想体系。基于此，按照司马迁的指点，本文首先将司马迁道德价值观置于中国源远流长、丰富发达的道德伦理的思想长河中，特别是孔子的道德伦理的基础上，从文化的继承和发展这一趋向来考察司马迁的道德价值观的丰富内涵。以了解从“继《春秋》”开始到“成一家之言”的道德价值观发展脉络，以便更

---

① 《史记》卷一三〇《太史公自序》，北京：中华书局，1959年标点本，第3296页。

② 《汉书》卷六二《司马迁传》，北京：中华书局，1962年标点本，第2735页。

为准确地把握司马迁道德价值的基本特征。其次，为了全面地了解司马迁道德价值思想的意义和地位，本文又从比较文化学原理出发，将司马迁的道德价值思想置于更为广阔的文化背景之中，置于西方道德伦理思想的发展史中，特别是古希腊罗马的道德伦理的体系中进行比较，以便更进一步了解司马迁道德价值观的基本特征及其所应有的历史地位。

一

在中国伦理道德思想史上，最早提出了一整套道德修养理论、并把道德价值提高到治国平天下的高度加以考察的人是周公。《尚书·仲蔡之命》载周公言："皇天无亲，惟德是铺，"即上天的福祚诛罚决定于下民的行为。在周公看来，周之革殷得命乃由于兴德之果，"文王尚克修，和我有夏"[①]。而殷之所以被革失命，乃由于其"不敬厥德"而被皇天"改厥元子"。对此，召公也同样认为："有殷受天命，惟有历年，……不其延，惟不敬厥，乃早坠厥命"[②]。因而周公主张以德治国，保民任贤，明德慎罚，唯如此，才可以"远乃猷裕，乃以民宁"[③]。由于周初统治者的大力倡导，周的"礼"文化迅速丰富发展起来，从而奠定了中国传统伦理文化的基础。

不言而喻，周公的伦理道德思想是宗教神学体系，现实的伦理道德笼罩在神学本原的光环中，人的道德伦理价值只不过是皇天的外化形式，并不具有真实的本质意义，因此，周礼中的许多道德规范都披上了"天赐民彝"的外衣，人性、道德性被统一于神性之中。而到了春秋时代，随着社会经济结构、政治结构的急剧变化，以及民本主义的兴起，怨天、疑天、无神论思想的涌现，其结果导致上帝的神兴权威迅速下降，人日益成为社会思想的主体。一方面冥冥之中的天国不再能为世俗伦常提供终极关怀，另一方面宗教伦理因丧失本原而"礼坏乐崩"，因而新的道德伦理体系的建立是当务之急。在此背景之下，孔子以深沉而执著的责任感，在民本主义思想的基础上，博采众家之长，对传统的宗教伦理道德体系加以批判和继承，建立了以人为中心的新的伦理道德思想体系，将中国的伦理道德思想发展到一个新的阶段。

---

① （清）孙星衍撰：《尚书今古文注疏·君奭》，陈抗、盛冬铃点校，北京：中华书局，1986年。
② （清）孙星衍撰：《尚书今古文注疏·召诰》，陈抗、盛冬铃点校，北京：中华书局，1986年。
③ （清）孙星衍撰：《尚书今古文注疏·康诰》，陈抗、盛冬铃点校，北京：中华书局，1986年。

对于孔子来讲，其伦理道德的着眼点是现实的人，而不是神。“子不语怪力乱神”①，“敬鬼神而远之”②。孔子在不否认人的自然生命的前提下，所注重的是生命的道德价值，将道德价值作为生命的本质，由此孔子提出了多达数十种的道德范畴，诸如仁、礼、智、孝、义、信、忠、恕、悌、恭等。但其中最重要的是“仁”、“礼”这一对范畴。礼是具有强制性的社会制度和行为规范，仁则是个人道德修养和主观自觉。在孔子的道德伦理体系中，礼与仁互为表果，相辅相成。仁是内在依据，礼是外在表现。因此，“仁”与“礼”的关系是一而二，二为一，和而不同的关系。即如孔子所说的：“克己复礼为仁，一日克己复礼，天下归仁焉。”③ 从外在要求来看，不做任何违礼犯禁的事情是对仁者的基本要求，从主体方面看，仁又是一种高度的意志自觉状态，道德行为已开始出于主体自觉，已不是拆诸于外来的约束、强制。正如康德所说的，人类由野蛮到文化的真正的第一步在于，“通过不断的启蒙，开始奠定一种思想方式，这种思想方式把那种用于道德粗浅的自然素质随时地转化为一定的实践原则，从而把那种被人的自然感情驱使到一起的人类社会，转化为一个道德整体。”④

因此，如果将孔子的道德思想和周公的道德思想相比较的话，可以看出，孔子以前的道德伦理，由于天国上帝的威严，并和血缘宗法家族紧密相连，故带有较大的强制性，孔子则通过“礼”与“仁”互为果因的辩证关系，把外在的强制转化为一种主体自觉，道德本原从天国移入人身。因此，孔子道德伦理的主体并不是建立在外在的趋势或结构上，而是完全依赖于人。从伦理学来看，只要它是一种伦理学，就不可避免地面对自由和道德法则这两大难题。毫无疑问，人的道德性须以自由为前提，唯有这种自由，才能使道德主体和伦理纲常拉开距离，这种距离是道德性和现实世界认识和批判的前提，如果道德性失去了自由和独立的地位，则使道德变为他律，而不是自律。对于孔子来讲，孔子的道德性所要解决的主要问题是意志问题、行的问题，而理性和知的权力被搁置起来，由于缺乏一个超越点，主体世界与他的客体世界（伦理世界以及他自身）不能建立起一种真正的认识关系或理性价值关系，而是一种调和、等同的

---

① 杨伯峻：《论语译注·述而篇》，北京：中华书局，1981年，第72页。
② 杨伯峻：《论语译注·雍也篇》，北京：中华书局，1981年，第61页。
③ 杨伯峻：《论语译注·颜渊篇》，北京：中华书局，1981年，第123页。
④ （德）康德：《历史理性批判文集》，何兆武译，北京：商务印书馆，1990年，第4页。

关系，因而主体最终也就失去了真正意义的主体内涵，其结果，固然避免了西方文化的主客两分的弊端，同时也使德性失去了理性精神和批判精神的依托和支点。因而在孔子那里，人的道德性只是对实现伦理纲常的肯定和内在追求，其结果道德自觉性最终葬身于现实的伦理纲常之中，成为捍卫世俗伦常的光环和附属品，因此，孔子伦理学的最大特点在于，孔子将中国的伦理道德性从宗教神学那里解放出来，但并未完全斩断世俗伦常与天国的渊源。因此，正如有的学者所提出的，孔子的道德理论如果可以称为形而上学的话，只能称之为“道德的形而上学”（Moral metaphysics）或“实践的形而上学”（Practical），以区别于康德的“道德形而上学”（Metaphysics of morality）。①

正因为孔子的这种道德的形而上学特点，给后人留下了广阔的思考余地。从中国道德思想史的角度来看，董仲舒就利用孔子的道德和伦常相统一的思想，将孔子的伦理思想发展成为天人相与的宗教神学，如董氏所云：“天不变道亦不变”、“王道之三纲，可求于天”，将道德本源归之于“天命”，使伦理道德全部依附于现实的政治统治，以此来提高封建伦常的权威性和神圣性，直接为汉朝的专制统治服务，并进而成为官方哲学；而另一流派则又从道德自觉性出发，致力于完善儒学的内在超越体系，将主体意识的“心”、“心性”作为其伦理学的终极依据，如孟子的性善论，就把仁、义、礼、智等封建伦理一概说成是人心“善端”的自然发显，使伦理纲常依附于道德性。

由上可知，从周公开始，中国建立的伦理学是宗教伦理学，道德依附于神性，孔子批判地继承了周公的伦理思想，突出了人的主体自觉，将伦理统一于道德，但由于孔子的这一统一趋向是无差别的统一，因而最终也并未能使道德建立在自律的基础上。后世的儒家分别从道德和伦理两方面发展了孔子的伦理学，但其共同特征都在于使道德法则不是以自身而是由它之外或它之上的东西所主宰，终使道德无立足之处。因而对于司马迁来讲，如何在中国传统的道德价值观的基础上，从理论和实践两方面进一步探讨并完善孔子的道德价值观，就成为司马迁著《史记》所面临的极其重要而严峻的重大课题。

二

司马迁在伦理学的贡献首先在于，他在“继《春秋》”的基础上，“究天人

---

① 刘鑫：《孔子道德形而上学探源》，《孔子研究》1994年第4期，第10页。

之际”，将中国传统的道德他律转变为道德自律，为道德性找到了本原，使道德性开始成为真正意义的主体自觉。

司马迁在《自序》中提出了它的哲学思想是“正《易传》”，这也是其世界观方法论。《易传》以变化为天人宇宙的永恒法则，“生生为易”，“易不可见，则乾坤或息矣”，“穷则变，变则通，通则久”。对此司马迁也认为“《易》著天地阴阳四时五行，故长于变”①。《易》自东汉郑玄始，将《易》归之为三，“易简，变易，不易”，而司马迁在此特别强调“变易”，可谓正切中要害，并为其治《史记》的哲学依据，也就是说司马迁实际上在继承了《易传》思想的基础上，从哲学的高度总结了宇宙万物变化的规律性，从变化的观点出发，将整个世界、自然、社会看成是一个有生有灭、不断变化发展的客观过程。正如恩格斯在论述古希腊世界观时所指出的：“当我们深思熟虑地考察自然界或人类历史的时候，首先呈现在我们眼前的是一幅由种种联系和作用无穷无尽地交织起来的画面，其中没有任何东西是不动和不变的，而是一切都在运动和变化、产生和消失，这个原始的、素朴的但实质正确的世界观是古希腊的哲学的世界观，而且是由赫拉克利特第一次明白地表述出来的”。② 而在中国这一世界观却是由《易传》首先表述出来。还需指出的是，《易传》在探讨了世界变化的必然性的同时，又突出了人事作用在世界变化中所能发挥的重大作用。但这种作用在《易传》看来则取决于变化所提供的客观条件“时”，因而《易传》认为人事活动应因时而行。《良》卦象辞说：“时止则止，时行而行，动静不失其时，其道光明。”《乾文言》说：“君子进德修业，欲及时也”。因而贯穿于《易传》的主题就是人们如何把握时机，以促进事物的发展、转化，以道德与事业的成功来证明自己的价值。《易传》的这一思想表现在《史记》中就如司马迁所说的：“扶义俶傥，不令已失时，立功名于天下作七十列传。”③ 显然，司马迁“正《易传》”，“究天人之际”的真实意图就在于承认自然变化和社会变化的客观性和不可抗拒性，并在此前提下，又充分肯定了人的主观能动性；既看到了社会和自然，必然和自由的人不同、差别，又看到了二者的统一，将自然变化和社会变化统一于他的人文意识中。如果将司马迁的这一哲学思想置于中国古代哲学发

① 《史记》卷一三〇《太史公自序》，北京：中华书局，1959年标点本，第3297页。

② 《马克思恩格斯选集》第3卷，北京：人民出版社，1972年，第60页。

③ 《史记》卷一三〇《太史公自序》，北京：中华书局，1959年标点本，第3319页。

展史来考察的话，其结论毋庸赘述，但需要指出的是司马迁在此“正《易传》”的目的并不仅仅在于“究天人之际”更重要的是其将哲学指向了人的道德性，表明了其哲学的伦理学品质。因此，司马迁的哲学思想为建立进步的道德价值观奠定了坚实的理论基础。

那么，司马迁的道德价值模式的方法论的基本理论是什么呢？对此，在“正《易传》”之后，司马迁又提出司马迁在其哲学思想的指导下，对《春秋》的道德价值内涵作出了自己正确和吸收。一代儒学宗师董仲舒以为，孔子著《春秋》，“是非二百四十年之中，以为天下仪表，贬天子，退诸侯，讨大夫，以达王事而已矣。”司马迁对此说得更清楚：“夫《春秋》，上明三王之道，下辨人事之纪，别嫌疑，明是非，定犹豫，善善恶恶，贤贤贱不肖，存亡国，继绝世补敝起废，王道之大者也。”[①] 司马迁所谓的“三王之道”（即“王道”）是指夏、商、周三代所奉行的政治制度，三代政治制度的根本特点在于实际“礼治”，即“礼义以为纪；以正君臣，以笃父子，以睦兄弟，以和夫妇。”因而“礼治”实为“德治”。由此，司马迁也认为“夫不通礼义之旨，至于君不君，臣不臣，父不父，子不子，……故《春秋》者，礼义之大宗也。”[②] 用孟子的话来说，“孔子著《春秋》乱臣贼子惧”。

因此，孔子著《春秋》，使中国史学从一开始就成为具有示范、教育的“训诲史学”，其实质为道德史学，历史事件被看成是道德价值的体现者，被看成是具有道德意义关系网络，同时，按照司马迁的理解，孔子在对历史事实历史人物进行道德评判的基本理论是“善善恶恶、贤贤贱不肖，”将因果判断和道德评判统一起来。但是，还需指出，对于孔子来讲，其虽然提出了“不虚美，不隐恶”的道德价值评判准则，但又奉行了“为天子讳，为贤者讳，为亲者讳”的价值评判通例，如司马迁所指出的：“（春秋）约其文辞而指博，故吴楚之君自称王，而《春秋》贬之曰‘子’践土之会实召周天子，而《春秋》讳之曰：‘天王狩于河阳。’推此类以绳当世。”[③] “孔氏著《春秋》，隐、桓之间则章，至定、哀之际则微，为其切当世之文而罔褒，忌讳之辞也。”[④] 因而，孔子道德价值观

① 《史记》卷一三〇《太史公自序》，北京：中华书局，1959年标点本，第3297页。
② 《史记》卷一三〇《太史公自序》，北京：中华书局，1959年标点本，第3298页。
③ 《史记》卷四七《孔子世家》，北京：中华书局，1959年标点本，第1943页。
④ 《史记》卷一一〇《匈奴列传》，北京：中华书局，1959年标点本，第2919页。

同其道德的形而上学一样，过分强调了人的道德性，用道德价值观作为匡损历史事实、历史进程的标准和工具，带有历史因果从属道德价值的弱点，因此，仅仅认为司马迁所“继《春秋》”所继承的孔子道德价值观，即贯穿于《春秋》之中的“义”，是不能说明司马迁道德价值模式的本质，事实上，司马迁道德价值模式的本质在于从“继《春秋》”开始，但又高出于《春秋》——“成一家之言”那么“成一家之言”的具体内涵是什么？本文认为，这一内涵表现在道德哲学上就是司马迁在以儒学“仁爱”思想为主体的前提下，主要吸收了道家的“愤世”思想，从而使司马迁的道德价值模式从《春秋》道德与现实的统一中拉开了距离，使道德与现实又对立起来，形成了道德与现实的伦理纲常既对立又统一的道德价值模式，使人的道德性获得了真正的自由，并在这种自由中来体系道德性的崇高，来体系人的道德价值。因为这一问题是探讨司马迁道德价值的模式关键所在，因此我们在此略加探讨。

司马迁所处的汉代正是中华传统文化从春秋时代的“百家争鸣”同以儒家学说为中心发展的文化整合时代。昔秦皇崇尚法术及焚书坑儒所导致的秦统治迅速崩溃的后果从反面显示了儒学在维护封建统治中的重要性，而汉朝的建立及其企图传之无穷的迫切愿望，又为儒家在文化整合中树立其特殊地位提供了现实的必要性。从中华文化发展史看，吕不韦著《吕氏春秋》，“备天地万物古今之事”、“极八方观览”，就其实质而言是在寻求为秦王扫六合，一统天下相适应的意识形态，但由于其杂糅百家缺乏一种主体精神故未被秦王采纳，而刘安向汉武帝呈献《淮南子》，虽也仿效《吕氏春家》泛论万物，但其在具体历史事件的解释中，却又不得不借用儒家的许多以人为中心的思想，显然该书已透露出中华文化发展的历史倾向，即向儒家靠拢，因而具有大一统思想的儒学就成为当时中华文化发展的历史趋势和时代要求。但在此需要指出的是，如何理解儒学，如何继《春秋》，儒家在文化体系中的具体地位问题，仍是当时贤良方士争论不休的难题，但不管怎么说，时过境迁的原始儒学已不能适应历史的需要，继承、改造儒学则是学者们的共识。对此，董仲舒捷足先登，利用阴阳术数改造儒学，使道德价值从属于现实的伦常，以适应专制统治的需要，因而在汉武策问中一举中选，遂成为官方哲学，为封建专制统治涂上了浓浓的神采，因此汉武帝以董氏的儒学理论为依据，“崇儒更化”、“罢黜百家，独尊儒术”也就自在情理之中了。

那么，司马迁在这一文化整合的大潮中，在儒学日渐成为社会主体文化的趋向中，其态度如何呢？从《太史公自序》看，司马氏父子显然对文化整合，对儒学在文化体系中的地位，对儒学的内涵也颇有歧义。司马谈在《论六家要旨》中明显地表现出要在道家的前提下进行文化整合，因而对道家推崇备至，而对儒家进颇有微词，司马谈说："道家使人精神专一，动合无形，赡足万物。其为术也，因阴阳之大顺，采儒墨之善，撮名法之要，与时迁移，应物变化，立俗施事，无所不宜，指约而易操，事少而功多。儒家则不然。以为人主天下之仪表也，主倡而臣和，主先而臣随。如此则主劳而臣逸。至于大道之要，去健羡（《集解》引如淳曰：'知雄守雌，是去健也；不见可欲，使心不乱，是去羡也'）绌聪明（《集解》如淳曰：'不尚贤，绝圣弃智也'。），释此而任术。夫神大用则竭，形大劳则敝。形神骚动，欲与天地长久，非所闻也。"① 但是如果把司马迁的《孔子世家》和《老子韩非列传》加以对照的话，明显看出，在司马迁的思想体系中，儒家则成为其思想的主流，道家则成为配角，而和其父司马谈相左，但这绝不意味着司马迁以儒学为宗而抛弃、否定道家在其思想体系中的作用。事实上，道学思想成为司马迁道德伦理体系中的重要组成部分，并成为其改造发展儒学道德伦理的重要的思想武器，因为对于道家来讲，其和儒学相同之处在于所探求的也是天人合一，所不同的，儒家是以人为主体，以人统天，道家则是以天为主体，以天统人。当然，道家的自然造化之天基本身并不能作为主体建立起来，但它却可以作为否定人事的支点，从而促使人们和现实伦常拉开距离而对立起来，这一对立不但为个体的独立和自由提供了前提，而且也为个体对现实的认知和批判提供了依据。

因此司马迁的思想体系是以儒家学说为基础，扬其长，避其短，又吸取了道家学说以丰富、补充，并发展了儒学道德伦理思想在深入探讨历史发展规律的前提下，忠于事实，"网罗天下放失旧闻，考之行事，稽其成败，兴坏之纪，……以究无人之际，通古今之变，成一家之言。"② 从而使人的道德价值同历史事实，历史进程历史的规律紧密地结合起来，并为道德价值观提供了坚实的基础。用班固的话来说，司马迁著《史记》，"其文直，其事核，不虚美，不隐恶，故谓之实录。"③，从而形成了出于儒家但又不同于儒家的新的思想体系，

① 《史记》卷一三〇《太史公自序》，北京：中华书局，1959年标点本，第3289页。

② 《汉书》卷六二《司马迁传》，北京：中华书局，1962年标点本，第2735页。

③ 《汉书》卷六二《司马迁传》，北京：中华书局，1962年标点本，第2738页。

为儒学的注入了强烈的批判意识。因而，在《史记》中随处可见道家批判学说的烙印，这也难怪班固在《汉书·司马迁传》中批评司马迁“论大道则先黄老而后六经”，固然学术界公认班固的这一评价失之于偏颇，但在此需要稍加解释的是，学者们多从考证的角度来证明“先黄老而后六经”之归属，从而忽视了道学在司马迁道德价值体系中所居有的重要地位，其结果自然也就难以理解《史记》所表示出来的对现实丑恶的强烈批判意识，也就难以理解司马迁从“《春秋》”开始到“成一家之言”的逻辑体系中的所包含的深刻道德价值观。

因此，司马迁道德价值观的基本特点，乃是从哲学的高度，论证了自然和社会历史的规律性和客观性，并在此基础之上又突出了人的道德价值；从“继《春秋》”开始，而又高于《春秋》“成一家之言”，从而形成了独特的新的道德价值观。在司马迁看来，人的道德价值绝不是仅仅追求自身人格的不断完善而超凡脱俗，也不是致力于道德和伦理纲常的同一。而是将道德价值同社会历史进程紧密结合起来，在社会历史进程的规律性中考察人的道德价值，其结果，司马迁的道德价值观完全突破了自孔子以来儒学道德价值的内在机制及趋向，人的道德价值获得了自由的场所和依据，并和社会伦理秩序拉开了距离，使道德主体和它的世界建立起一种真正的理性认知关系，而具有独立性和自律性，最终将儒学的道德价值观推进到一个新的高度。

三

如上所述，司马迁道德价值观的基本内涵是在“《春秋》之义”——因果判断和道德判断高度统一的基础上，又进一步论证了因果关系在道德判断中所应有的前提地位，使道德价值同社会历史进程紧密地结合起来，因而司马迁道德价值观的根本特征是道德价值和因果关系在对立中有差别地统一起来。那么，司马迁在《史记》中是如何体现出他的这一独具特色的道德价值观呢?

其一，《史记》中，司马迁不是孤立地运用道德评判方法来评价历史人物，从而否定了历史人物的历史作用，而是在使用了价值判断的同时，又运用因果判断，在价值判断和因果判断的矛盾冲突中，来体现道德价值判断的永恒魅力。

《史记》是以历史人物为中心的通史巨著，其中有名有姓的人物数以百计。因而对历史人物的评价构成了《史记》的中心问题。司马迁以如椽之笔，通古今，话今昔，深刻剖析了历史发展的因果关系，不虚美，不隐恶，“自刘向，扬雄博极群书，皆称迁有良史之材，服其善序事理，辨而不华，质而不俚。”① 因而《史记》被后人称之为“信史”。但司马迁在叙述历史的因果关系时，又将每一历史人物置于其道德价值的天平上加以衡量，颂扬的是真善美，鞭挞的假丑恶，爱之深，恨之切，继《春秋》笔法之大成，善恶昭彰，褒贬并用，不以胜败论英雄，在历史因果关系和价值判断之间的冲突中来体现道德价值的历史作用。

试看刘邦，其起于乡野，借秦末农民起义之机，力挫群雄，终获“宝鼎”，而被董仲舒等人奉为“圣人”，加以神化，顶礼膜拜。但司马迁昌无下之大不韪，冒然将其置于价值判断的天平上加以衡量，无情地撕破了笼罩在其头上的神圣光环，暴露出卑鄙丑恶的嘴脸：“不事家人生产作业”——无赖；“及壮试为吏，为泗水亭长，廷中吏无所狎侮”——恶徒；“好酒及色”——流氓；“汉王道得考惠、鲁，车下，滕公常下收载之，如是者三”——无情；“溺儒冠”——“慢而无礼”……丑态百出，不胜枚举。与刘邦相对照的项羽，楚汉相争，虽败于汉王，而被汉朝御用文人视为草寇，但司马迁在《项羽本纪》中又从道德价值的角度对项羽的一生作了深刻的剖析挖掘出了其所不被人们注意的闪光点：义斩宋义——顾全大局；破釜沉舟——勇冠三军；楚汉分界——言而有信；垓下被围——临危不惧；自刎乌江——舍身取义……同情之心，溢于言表。李贽曰：（项王）“自是千古英雄”②。钟惺曰：“司马迁以项羽置本纪，为《史记》入汉第一篇文字，俨然列汉诸帝之前，而无所顾忌，盖深惜项羽之不成也。不以成败论英雄，是其一生立言主意”③。因此，在司马迁的道德价值天平上，刘邦虽胜无光，项羽虽败犹荣、虽死犹生。

再如孔子，一生郁郁不得志，处处碰壁，“似丧家之狗”④，但其一生谨守周礼，不为世俗所动，太史公赞之日：“‘高山仰止，景行是止’虽不能至，然心向往之，余读孔氏书，想见其为人。……自天子王侯，中国言《六艺》者折中于夫子。可谓至圣矣！”⑤ 由此，孔子入《世家》。还有屈原，品行高洁，不与佞

① 《汉书》卷六二《司马迁传》，北京：中华书局，1962年标点本，第2738页。

② （明）李贽：《藏书》，《李贽文集》卷2，北京：社会科学文献出版社，2000年。

③ （明）李光缙增补、（明）凌稚隆辑校、于亦时整理：《史记评林》，天津：天津古籍出版社，1998年。

④ 《史记》卷四七《孔子世家》，北京：中华书局，1959年标点本，第1922页。

⑤ 《史记》卷四七《孔子世家》，北京：中华书局，1959年标点本，第1947页。

幸小人合污；身怀利器，“明于治乱，娴于辞令”。但为小人所忌君王所疑，后流放于异域，自投汨罗江。对此，司马迁却专为一个流放者列传，称赞屈原之节操、品行“虽与日月争光可也”。[①] 对此，李晚芳曰：《屈原列传》“悲愤淋漓，如怨如慕，鹃啼猿啸，听之泪下，忠臣至死，犹系心君国，所谓身死而心不死也”[②]。所以《屈原列传》所愤慨的是朝廷群臣的嫉贤误国，楚王的昏庸无能，所称颂的屈原的拳拳忧民爱国之心。正是在这种道德与现实丑恶的矛盾斗争中，更充分地体现了屈原高尚不朽道德价值。

显然，如果司马迁的道德价值观同孔子的道德价值观相比较的话，明显可以看出，司马迁是在孔子道德价值观的基础上，更注重的人的勇，人的义，人的情，更具有和现实纲常抗争、反叛的精神气概，更具有知其不可为而为之的不屈不挠的顽强拼搏精神。正因为如此，从而使道德性同社会历史进程拉开了距离，形成了源于孔子的道德价值观，但又不同于孔子的道德价值观，道德价值观从此以独立的面貌出现于历史舞台上，并发挥其真正的道德评判作用。

其二，司马迁道德价值观的特征不仅仅在于改变了自孔子以来儒学的内在趋向，将人的道德价值同历史进程紧密结合起来，在两者之间的冲突中来把握道德价值的崇高本质，来体现历史人物的道德水准，而且司马迁道德价值观的特征更重要的还表现在他还将人的道德价值最终统一于历史进程，使道德观和历史观统一起来，从而使其道德价值观具有更深刻、更广泛的社会进步内容。

《史记》中，司马迁笔下的历史人物绝大多数都呈现出极其复杂的道德世界和行为世界，道德价值判断和因果判断尖锐对立，善恶集于一身。即有些人物从道德价值上来评判其污不堪，令人不齿；但同时从因果范畴上看，功成名就，叱咤风云，司马迁对此问题的回答是不拘泥于传统的道德价值，而是努力地将其道德价值观具体地，历史的统一因果关系之中，带有明显的历史倾向性。

如苏秦、张仪是战国时期权谋机诈的代表人物。从道德价值判断来讲，此两人翻手为云，覆手为雨，纵横捭阖，上下其手，巧令鼓舌，煽生是非，为达目的不择手段，实为小人。因而，在汉朝遂成为历史的反面人物。对此，司马迁在《史记》中对他们的种种权谋和伎俩进行了揭露。但同时在《史记》中，司马迁又叙述了苏秦和张仪的历史成就：苏秦游说六国，身佩六国相印，遂成

① 《史记》卷八四《屈原列传》，北京：中华书局，1959年标点本，第2482页。

② （清）李晚芳撰：《读史管见》卷二，济南：齐鲁书社，2014年，第114页。

为六国的政治巨人；张仪则反其道而行之，破苏秦合纵，离心六国，力倡连横，也成为战国时期的政治领袖。在如此尖锐矛盾的评价中，司马迁的基本思路是将道德评价置于历史进程中，因此司马迁对苏秦“独蒙恶声”的现状极为不满，他的《苏秦列传》带有颇为明显的翻案意图。在司马迁看来，苏秦从一布衣，以“锥利股”的求学精神，凭三寸不烂之舌和张仪一起成为扶摇直上、左右天下安危的奇士，建功立业，实非凡人之所及。正因为如此，司马迁在其传赞曰：苏秦“其术长于权变。而苏秦被反间以死，天下共笑之。讳学其术……夫苏秦起闾阎，连六国纵亲，此其智有过人者，故列其行事。次其时序，毋令独蒙恶声焉。”

再如叔孙通，一向被人们视为无行文人的典型，其求知保，不以江山社稷为重，两次谀皇上，未尽臣责。如秦二世向诸儒咨询扑灭陈胜起义军的方略时，诸博士犯颜直上：“急发兵击之，”然叔孙通却奉迎主人曰：“此特群盗鼠窃狗耳，何足置于齿牙间”愚弄圣上，投其所好。但同在《叔孙通传》中司马迁又记载了叔孙通识大体察大局制定汉家礼仪，对汉家创制作出的历史性贡献等等。

再如吕后，司马迁一方面用道德价值观批判了吕后诛杀功臣、挟私立诸吕为王及残害戚夫人等发指暴行，但另一方面又充分肯定了吕后所具有的卓越政治才干。即在吕后统后治时期，“政不出房户，天下晏然，刑罚罕用，罪人是希，务民嫁穑，衣食滋殖。”两种判断结果截然不同。但结果司马迁将其统一于因果判断之中，置吕后于本纪之列，即“惠帝垂拱，高后女主称制。”① 阐释了至深的历史哲理。正如黑格尔所说的：“世界历史在一个比道德更高的水平活动……作为世界历史的个人的伟大人物，其行为不但要以它们的内在的、未意识到的意义，而且应从世界历史角度来衡量，用道德要求的观点来反对世界历史的行为和代表，无疑是不合适的。”②

对于游侠，其“以武犯禁”，深为统治者所忌恨，必欲除之而后快，因而西汉政权对游侠打击不遗余力。文、景、武三世都有剪灭游侠之举，但司马迁却反其道而行之，为游侠列传，盛赞游侠所具有的高尚美德：“其言必信，其行必果，已诺必诚，不爱其驱，赴士之厄困，既已存亡生死矣，而不矜其能，羞伐其德，盖亦足多者焉。”③ 同时，司马迁在其中笔蜂直指社会现实性，揭露了统

---

① 《史记》卷九《吕后本纪》，北京：中华书局，1959 年标点本，第 412 页。

② （德）黑格尔：《历史哲学》绪论，王造时译，北京：商务印书馆，1963 年，第 107—108 页。

③ 《史记》卷一二四《游侠列传》，北京：中华书局，1959 年标点本，第 3181 页。

治者倡导仁义道德的虚伪性，在司马迁看来，“伯夷丑周，饿死首阳山，而文武不以其故贬其王，跖、跻暴戾，其徒诵之无穷。由此观之，‘窃钩者诛，窃国者侯，侯之门仁义存’，非虚言也。”但司马迁并不因为“候之门仁义存”而怀疑仁义道德本身，就像道家那样“绝仁弃义”，而是另辟蹊径，在被统治者所不齿的社会下层去寻求真正的人的道德，人的“礼义”，基于游侠，刺客“救人于厄，振人不赡，仁者有乎，不既信，不倍言，义者有取焉。”[①] 因而司马迁作《游侠列传》，并对“自秦以前，匹夫之侠，湮灭不见”的状况“甚恨之”[②]，同样理由，班固在《汉书·司马迁传》中批评司马迁“序游侠退处士而进奸雄。”

最典型的是司马迁本人以身作则的伟大的道德实践。司马迁幼承家训，以史为业，但由于李陵之事，触逆鳞、犯龙颜，“遂下于理”，由于“家贫，财赂不足以自赎，交游莫救，左右亲近不为一言。”[③] 无奈之中，司马迁选择了“宫刑”以辱身。按照传统伦理道德，司马迁应引节自裁，而绝不应该忍受宫刑所带来的人格屈辱，正如司马迁所说的：“最下腐刑，极矣”，“传曰：‘刑不上大夫，’此言士节不可不励也。”[④] “具负下未易居，下流多谤议，仆以口语遭此祸，重为乡党戮笑，以污辱先人，亦何面目上父母丘墓乎？虽累世百，垢弥甚耳！是以肠一日而九回，居则忽忽若有所亡，出则不知其所往，每念斯耻，汗未尝不发背沾衣也。”[⑤] 但司马迁所以选择宫刑，并非像当时许多卫道士所指责的那样贪生怕死、苟且偷生，而是相反，是为了实现自己远大的抱负和目标。他在《报任安书》中说；“勇者不必死节，”人固有一死，或重于泰山，或轻于鸿毛。在《季布栾布传》中，司马迁又说：“秀布以勇显于楚，身屡典军搴旗者数矣，可谓勇士；然至被刑戮，为人奴而不死，阿其下也？彼必自负其材，故受辱而不羞，欲有所用其未足也，故终为汉名将。贤者诚重其死，夫婢妾贱人感慨而自杀者，非能勇也，共计画无复之耳。”再如“文王拘而演《周易》，仲尼厄而作《春秋》，……此人皆意有郁结，不得通其道，故述往事，思来者。”[⑥] 因此，伟大的历史使命感，终于使司马迁超越了传统的道德律令，自觉地将死节、道

---

① 《史记》卷一三〇《太史公自序》，北京：中华书局，1959年标点本，第3182页。
② 《史记》卷一二四《游侠列传》，北京：中华书局，1959年标点本，第3182页。
③ 《汉书》卷六二《司马迁传》，北京：中华书局，1962年标点本，第2730页。
④ 《汉书》卷六二《司马迁传》，北京：中华书局，1962年标点本，第2732页。
⑤ 《汉书》卷六二《司马迁传》，北京：中华书局，1962年标点本，第2736页。
⑥ 《汉书》卷六二《司马迁传》，北京：中华书局，1962年标点本，第2735页。

德价值同历史进程、社会实践联系起来，并在自己的事业中实现道德价值。如司马迁所言：《史记》“草创未就，会遭此祸，惜其不成，是以就极刑而无愠色。”“所以隐忍苟活，幽于粪土之中而不辞者，恨私心有所不尽，鄙没世而文采不表于后世也。”① 包世臣曰：司马迁“所以不死者，以《史记》未成之故，是史公之身，乃《史记》之身，非史公所得自私。”② 可谓真知灼见。因此，司马迁著《史记》的伟大实践赋予了“宫刑”之辱以新的含义，使得宫刑之辱不再是怯、懦的代名词，而是不屈不挠、大智大勇的壮举。

其三，司马迁将道德价值同因果关系联系起来，在矛盾冲突中来体现道德价值的崇高性，显示了其道德价值观的社会历史性，更为可贵的是，司马迁还进一步将道德价值同社会经济活动联系起来，从而为中国的传统伦理道德注入了新的社会内容，破除了传统道德伦理观念的空洞性，这又是司马迁继承孔子的道德价值观而又发展孔子道德价值观的重要贡献。

传统的价值观念是道德仁义为重，羞于言利，如孔子所言：“君子喻于义，小人喻于利，”但司马迁却背圣人遗训，在《史记》中破天荒为商人列传，称赞了工商业主货殖的智慧与才干，并对经济活动同道德的关系了深刻的探讨，他说：“礼生于有，……人富有仁义附焉。”故曰：“仓廪实而知礼节，衣食足而知荣辱。”特别是司马迁还提出了“本富为上，末富次之，奸富最下”的经济伦理观；与此相对照的则是司马迁对那些鄙视言利，侈谈仁义，但却无一技之兴，困顿潦倒的愚儒进行了辛辣讽刺和批判。司马迁说：“无岩处奇士之行，而长贫贱，好语仁义，亦足羞也，”“若至家贫亲老，妻子软弱，岁时无以祭祀进醵，饮食被服不足以自通，如此不惭耻，则无所比矣。”③ 由此，保守的班固则批评司马迁“述货殖则崇势利而羞贫贱”④。

自不待言，班固对司马迁的这一诋评，实为偏颇之词，因此古人对此也颇为不满，晁公武认为司马迁著《货殖列传》“盖迁自伤特以贫故不能自免于刑戮，故曰‘千金之子，不死于市，非空言也’。固个察其心而骤讥之，过矣。”⑤

---

① 《汉书》卷六二《司马迁传》，北京：中华书局，1962年标点本，第2733页。

② （清）包世臣：《安吴四种》卷九，同治十一年（1872）刻本。

③ 《史记》卷一二九《货殖列传》，北京：中华书局，1959年标点本，第3272页。

④ 《汉书》卷六二《司马迁传》，北京：中华书局，1962年标点本，第2738页。

⑤ （宋）晁公武撰、孙猛校正：《群斋读书志校正》卷二上，上海：上海古籍出版社，1990年，第176页。

梁玉绳曰："三代贫富不甚相远，自井田废而稼穑轻，贫富悬绝，汉不能挽移，故以讽焉，其感慨处乃有激言之，识者读其书因悲其遇，安得斥为'崇势利而羞贫贱'耶?"[1] 当然，上述评价固有可取之处，但如果将上述评价置于司马迁道德价值体系中加以考察的话，仍失之于皮相之见，并未挖掘到司马迁述《货殖》的深刻内涵。恩格斯说："社会生活在本质上是实践的。"[2] "物质生活的生产方式制约着整个社会生活、政治生活和精神生活的过程。"[3] "人们首先必须吃、喝、住、穿，然后才能从事政治、科学、工艺、宗教等等；所以，直接的物质的生活资料的生产，因而一个民族或一个时代的一定的经济发展阶段，便成为基础。"[4] 所以，社会实践不但是认识的根本基础，是政治、历史的基础，同时也是伦理道德的基础。如此看来，司马迁正是依此为根据来批判传统的道德伦理学，来尝试构建他的新的道德价值体系，尽管这种尝试是直观、粗糙的，但却成为司马迁道德价值观的基础。

总之，司马迁的道德价值体系来源于现实的社会历史活动，使长期以来可望不可及的道德崇高变成了人们的自觉追求和社会实践，道德的价值真正统一于社会现实活动，因而表现在《史记》中，司马迁的这一道德观是有同传统道德价值观相吻合的一面，但更重要的则是同传统道德价值观相背离的一面，而这种背离性却正是司马迁道德价值观的本质所在。

四

如上所述，司马迁道德价值观的基本特征是将人的道德性置于历史的因果关系中，在二者的冲突中来体现道德价值，并最终统一于因果关系中，因而司马迁的道德价值体系较之于孔子的道德价值体系来讲，无疑具有更为深刻、丰富的社会历史内容，从而使道德价值观更能充分地发挥其道德法庭的评判作用。这表现在《史记》中，司马迁用这一道德价值观一方面褒"明主贤君忠臣死义之士"[5]，另一方面贬"天子，退诸侯，"不为天子讳，不为权贵讳，显示出锐利

① （清）梁玉绳：《史记志疑》卷三六，北京：中华书局，1981年，第1488页。
② 《马克思恩格斯选集》第1卷，北京：人民出版社，1972年，第18页。
③ 《马克思恩格斯选集》第3卷，北京：人民出版社，1972年，第82页。
④ 《马克思恩格斯选集》第3卷，北京：人民出版社，1972年，第574页。
⑤ 《史记》卷一三〇《太史公自序》，北京：中华书局，1959年标点本，第3295页。

的批判锋芒，因而《史记》长期不为统治者所见容。据《三国志·王肃传》载：“汉武帝闻其述《史记》取孝景及己本纪览之，于是大怒，削而投之。于今两纪有录无书。”王允曰：“武帝不杀司马迁，使作谤书，流于后世”①。魏明帝也说：“司马迁以受刑之故内怀隐切，著《史记》非贬孝武，令人切齿。”班固曰：《史记》“是非颇缪于圣人”②。因而司马迁的中国正统史学家在封建专制的淫威下，并未沿着司马迁所确立的道德价值观前进，而只能为当朝的统治者树碑立传。但是，司马迁的道德价值观并未因为专制统治者的压制而湮没无闻，相反却被越来越多的文人学者所效法。钱大昕曰：“史家以‘不虚美，不隐恶’为良，美恶不掩，各从其实，何名为谤，且使迁诚谤，则光武贤主、贾、郑名儒，何不闻议废其书，故知王允偏心，元非通论”③。赵翼曰：《史记》“一代君臣政事，贤否得失，总汇于一编之中，自此例一定，历代作史者遂不能出其范围，信史家之极则也。”④ 顾颉刚说：“（司马迁）独其制定义例……奠史学万祀之基，炜然有其永存之辉光，自古迄今，未有与之抗颜而行者也。”⑤ 鲁迅也称赞司马迁“以愤著书，意旨自激……恨为弄臣，寄心楮墨，……虽背《春秋》之义，固不失为史家绝唱，无韵之《离骚》矣。”⑥ 现在的问题是如果将司马迁的道德价值观——“义例”置于西方伦理道德发展史的角度加以比较话，其结果如何呢？

对于西方，自苏格拉底到康德之前其伦理学一直依附于形而上学，以之作为自己的根本依据，但结果是哲学家在寻求宇宙万物包括人在内所服从的恒常的必然秩序时，最终使人失去了自由，人的道德性成为他律。苏格拉底的著名格言：“认识你自己”，亚里士多德的“人是天生的政治动物”，都表明了古希腊道德价值观的自然主义趋向。与自然主义道德价值相对立的则是基督教的超自然的道德价值观念，如基督教的神学大师托马斯·阿奎那认为，对上帝的爱是基督教伦理学最崇高的德性，是一切德性的源泉和基础，人的道德价值只有在对上帝的爱中才能完成和实现。当然从伦理学来看，从自然引出的人性只能是

① 《后汉书·蔡邕传》，北京：中华书局，1965年标点本。
② 《后汉书》卷四〇下《班固传》，北京：中华书局，1962年标点本，第1386页。
③ （清）钱大昕：《潜研堂文集》，《嘉定钱大昕全集》，南京：江苏古籍出版社，1997年。
④ （清）赵翼撰、王树民校正：《廿二史札记校正》，北京：中华书局，1984年，第3页。
⑤ 顾颉刚：《史记》校点本序，1936年北平研究院排印本。
⑥ 鲁迅：《汉文学史纲要》，南京：凤凰出版社，2009年，第73页。

人的动物性或物性，而从上帝那里引出的人性只能是神性。而到近代，西方伦理学一直摇摆于二者之间，但为了反对宗教神学和封建专制的需要最终偏向于自然主义。如笛卡尔就主张："我思故我在。"总之，西方长期存在的二大派的总特征是，人的道德性不是以人自身为依据，而是由它之外的东西所主宰，使道德性成为虚幻的观念，而不具有社会、历史的现实意义，而且由于其道德性的外在性和条件性，以至于使道德性失去了自由、失去了人的尊严和价值，最终使道德价值无立足之地。因而，自康德之后，西方伦理学发展的趋向是致力于人的道德性同社会历史内容相结合，对于西方的道德大师康德来讲，其最重要的贡献就在于他将道德性同社会因果区别开来，在康德看来，人的道德价值的本质只有在同愿望、世俗幸福的对峙和冲突中才能显示出来，用康德的话来讲，"有一个意志"，道德之所以具有价值，正是由于人们经常地自觉牺牲幸福，虽然他也认为道德和因果的联系环节为实践，但由于他将道德观将具有一切客观内容的幸福排斥在外，实践成为无源之水，无本之木。道德价值遂成为纯形式的宗教概念，历史从属于道德律令。黑格尔在批判康德无社会历史内容的形式主义道德价值观的基础上，创立了自己的道德价值学说，将道德从属于历史，但黑格尔的历史并不具有本体论意义，并不具有真实的历史内容，其只不过是"绝对观念"的外化形式，因而黑格尔的道德价值观仍然没有建立在牢固的"历史"基础上。正如恩格斯所说的："黑格尔所代表的历史哲学，认为历史人物的表面动机和真实动机都绝不是历史事实的最终原因，认为这些动机后面还有应当加以探究的别的动力；但是它不在历史本身中寻找这种动力，反而从外面，从哲学的意识形态把这种动力输入历史。"①

再就西方史学而言，自古迄今表现为两大流派，其一，用因果判断代替道德价值判断。其二，以道德价值判断代替因果判断，仅以希腊罗马史学家为例，修昔底德、波里比阿等史学家从事史学研究的兴趣在于探求历史事件的因果关系，即克罗齐所说的：修昔底德史学研究的主要任务是去"辨别事实和原因"，②而波里比阿则更进一步去"辨别开端、原因、与诱因。"③ 但对于塔西佗、普鲁塔克来说，他们所侧重的是道德价值判断，如塔西佗"声称写作目的是要为后

① 《马克思恩格斯选集》第4卷，北京：人民出版社，1972年，第243—244页。
② （意）克罗齐：《历史学的理论与实际》，傅任敢译，北京：商务印书馆，1982年，第152页。
③ （意）克罗齐：《历史学理论与实际》，傅任敢译，北京：商务印书馆，1982年，第152页。

代揭示可憎恨或可赞美的政治上罪恶和美德的典型事例。”① 其目的是“为了使德行不致默尔而息，并为了使后人对恶的言行与丑名各有所畏惧，”② 这即黑格尔所说的“道德反思的历史学”。其后果从历史学的角度来看，就如柯林武德所认为的“导致了塔西佗系统地歪曲了历史，把它描述成本质上是被夸大了的好人与被夸大了的坏人之间的冲突。”③ 而从道德价值观的角度来看，塔西佗实质是将因果判断从属于道德判断，由于道德价值判断失去了真正的因果关系这一前提，其道德价值观自然不可能建立在科学的基础。

显然，西方的道德伦理学说和古代史家的历史实践对道德价值的看法各执一端，莫衷一是，对此应如何理解呢？

从哲学伦理学来看，主体意识和客观存在是一种对应统一的矛盾，从客体上看，人的一切活动都必须属于因果范畴，都有其逻辑必然性的联系；从主体方面来看，人的任何行为所作的选择都可以用因果关系做出事件的预测和事后的声明，但同样重要的是，主体的人在行为和行为的选择时是有意识有目的的，有决定或选择某种因果的自由，是道德自律的，并为此负有道德的责任，因而因果判断和价值判断之间的矛盾关系构成了哲学伦理学的中心课题，同时也是道德价值观能否成为科学的道德价值观的根本问题。从马克思主义的哲学伦理学来看，因果范畴不仅是客体，同时又是主体，道德价值又不仅是主体，同时也是客体。所以二者是互相联系的，是一种对立统一的关系，其实质为实践的关系。正如列宁指出的，“善的实质：‘善’是‘对外部现实性的要求’，这就是说，‘善’被理解为人的实践要求和外部现实性。”④

所以，任何试图将二者对立的观点，都将使道德价值失去源泉而成为纯理念的道德价值，而不具有社会真实性。因而近现代西方史学，尽管对道德价值体系的内涵、特征、方法争论不已，但就其趋向而言，还是认为史学家在分析判断历史事实的过程，必须将道德价值判断同历史进程结合起来，因为在确定

① 转引自（英）柯林武德：《历史的观念》，何兆武、张文杰译，北京：中国社会科学出版社，1986年，第44页。

② （英）柯林武德：《历史观念》，何兆武、张文杰译，北京：中国社会科学出版社，1986年，第44页。

③ （英）柯林武德：《历史的观念》，何兆武、张文杰译，北京：中国社会科学出版社，1986年，第44页。

④ 列宁：《哲学笔记》，北京：人民出版社，1974年，第229页。

历史事实的过程中，历史学家的道德价值观念必然发挥着巨大作用，必然要以自己的道德价值负荷来评价历史事实。正如学者们指出的，“历史学与自然科学在认识理论上的不同之处“在于前者除了‘真——伪轴线外，还具善——恶’（利——弊、进步——反动，等等）这一价值轴线。历史的客观性恰恰存在于这两个轴线的交叉点上”。① 用柯林武德的话讲，即历史学家是“通过讲述人类已经做了什么而告诉人们人类是什么。”② 因而将人们的道德价值同社会历史相结合，并在这川结合中来构建道德价值体系是西方史学发展的趋向。如果以此来看司马迁的将价值判断置于同因果判断的矛盾中并最终统一于因果判断的道德价值观的话，无疑是深刻的，也是科学的，从而高出于希腊罗马史学家的道德价值体系。

五、结论

《史记》不仅是中国史学史的里程碑，同时《史记》中所蕴藏的道德价值观也是中国道德伦理学发展史的里程碑。司马迁在中国丰厚的道德伦理思想的土壤上，乘大汉统一恢弘豪迈之气势，借文化整合之时机，上追周公之礼，中继“《春秋》之义，”谨遵父命，恪守其职，以自己的绝识卓见和史无前例的史家使命感及痛心疾首的人体验，对人类寄予了极其深沉而强烈的关切之情，“罔罗天下放失旧闻，王迹所兴，原始察终，见盛观衰，论考之行事”③，“厥协六经异传，整齐百家杂语”④。集百家之长，而避其短，兼容并包，“成一家之言，”创立了其独特的道德价值观。因此，司马迁的道德价值观是一个博大精深的思想体系。作者只不过仅具其荦荦大端者以“管中窥豹”、抛砖引玉而已。

司马迁道德价值的基本特征乃在其首先从世界观的高度，“正《易传》”、“究天人之际”，在天人矛盾中来探求人的主体地位；又从认识论的角度论证了人的主观能动性。在司马迁看来，人的主体能动性的根本乃在于人的道德性。因而司马迁的“正《易传》”为其道德价值观奠定了坚实的理论基础。其二，司

---

① 马雪萍：《论历史认识的客观性与主观性的关系》，《陕西师范大学学报》（哲学社会科学版）1988年第2期，第32页。

② （英）柯林武德：《历史的观念》，何兆武、张文杰译，北京：中国社会科学出版社，1986年，第11页。

③ 《史记》卷一三〇《太史公自序》，北京：中华书局，1959年标点本，第3319页。

④ 《史记》卷一三〇《太史公自序》，北京：中华书局，1959年标点本，第3319—3320页。

马迁在继承孔子道德价值观的前提下，形成了源于孔子但又高于孔子的道德价值体系，这主要表现在司马迁将人的道德价值同历史进程拉开了距离，在两者的矛盾冲突中来体现人的道德价值，人的尊严；同时，司马迁的道德价值观并不局限于两者的冲突、矛盾与对立，而是更进一步努力将道德价值统一于社会发展规律中，特别是努力统一现实的物质活动中，这不仅表现了司马迁道德价值观的深刻性，更重要的是表现了司马迁道德价值观的社会实践性。因而突破了孔子道德价值对社会伦常的认同和“乱臣贼子惧”的局限，为道德性提供了真正自由的场所，使道德价值观从传统的神圣化和政治化的藩篱中解剖出而成为人类的自觉的现实追求。其结果，中国的道德价值观从此开始以独立的地位出现在历史舞台上，并发挥着真正的道德评判作用，因此，将司马迁的道德价值观置于中国古代道德伦理发展的长河中加以考察的话，其进步性无疑是空前的；同样，如果把司马迁的这一道德价值观置于西方道德伦理发展史和史学家的道德价值实践中加以比较的话，我们可以毫不夸张地说，司马迁对道德伦理、道德价值观的理解及其深刻性，是远远高出于希腊罗马的道德价值观的，而且就其基本点上，也同西方道德伦理学发展的趋向相一致。

总之，司马迁的道德价值思想是中华传统道德伦理文化的奇葩，探索、整理、吸收司马迁道德价值思想的这一瑰宝，对于推动我们继承、发展我国的优良的道德伦理文化，进一步丰富我国的道德伦理宝库，促进社会主义的精神文明建设，无疑具有深远的历史意义和极其重大的现实意义。这也是本文的旨趣所在。

（原载《江苏社会科学》1996 年第 2 期）

论司马迁与普鲁塔克人物传记中的历史比较

《史记》是我国古代最伟大的历史学家司马迁所撰述的以人物为中心的历史巨著。在漫长的历史岁月中，中外史家在对《史记》的研究过程中都不同程度注意到其中所表现得比较史学思维，但对这一方法在《史记》中的内容和地位却看法不一。因此，对于司马迁比较史学的观念的认识是史学界目前亟待解决的问题。

本文从现代比较史学的角度，主要以“列传”为依据，探讨司马迁的比较史学观念，并将司马迁的比较史学思想，同罗马帝国繁荣时期的最著名的传记史学家普鲁塔克的名著——《希腊罗马名人传》（以下简称《名人传》）所表现得比较史学思想作一比较研究。一方面要从古代中西这种平行的比较中探寻中西传记史学的共性，另一方面也要从这种比较中显示中西比较史学的不同的特色，加深对中西比较史学特色的认识，并帮助我们对司马迁比较史学思想进行理解和把握。

一

《史记》是以人物为中心的鸿篇巨著，“列传”又是《史记》中的精华之所在。何谓“列传”，《说文解字》：“列，分解也。”① 列传是由“分”的意义引申出来，指众多人物之传按一定位次排列起来的序列。司马贞曰：“列传者，谓叙列人臣事迹，令可传于后世，故曰列传。”② 张守节曰：“其人行迹可序列，故云列传。”③

---

① （汉）许慎：《说文解字》卷四，北京：中华书局，1963年，第91页。

② 《史记》卷六一《伯夷列传》，北京：中华书局，1959年标点本，第2121页。

③ 《史记》卷六一《伯夷列传》，北京：中华书局，1959年标点本，第2121页。

清赵翼曰："古书凡记事立论及解经者，皆谓之传，非专记一人之事迹也，其专记一人为一传者，则自迁始。"① 章学诚曰："史迁创列传之体；列之为言，排列诸人为首尾，所以标异编年之传也。"② 而司马迁自己对"列传"的解释是："扶义俶傥，不令已失时，立功名于天下，作七十列传。"③ 显然，司马迁的这一解释是从"列传"的内容而言的。"列传"侧重记载各色人物活动对历史的贡献，反映了广阔的社会生活，包含着深刻而发达的比较史学意识。

（一）发达的类传意识。概言之，从形式而言，司马迁"列传"的总目下可分为四种比较类型：其一，合传。二人以上为合传，没有严格的人数限制。"列传"中不但有二人合传，如《屈原贾生列传》；还有三人合传，如《傅靳蒯成列传》；四人合传，如《樊郦滕灌列传》；甚至还有五人合传，如《万石张叔列传》，共28篇。其二，类传，就是以类相从的列传，其建构的依据主要是历史人物生平事迹中所共有的特征。如《刺客》、《游侠》、《酷吏》、《循吏》等十一个类传。类传和合传都以共同特性为依据，所不同的是，大凡类传，皆不以具体的人名作为传名，而是以最能体现同一组人物特征的一些名词术语为传名。梁启超先生认为：这一种类传"是专写某团体或某阶级的情状，其所注意之点，不在个人的事业而在社会的趋势。"④ 其三，附传。凡未入传目标题的人物为附传。合传、类传、分传三种传记皆有附传。需要强调的是，列传中出现的正传与附传，只是表示列传人物的主次，附传并非为可有可无的附属人物。有的附传仅附其名，一般是载列子孙、戚友；重要附传人物为以类相从。事实上，附传在列传中的作用非常重要，这仅从附传中所表现的人物数量远远大于正传人物数量这一点，就可以明显看出。梁启超说："合传体裁的长处，就是能够包括许多够不上作专传而有相当的贡献，可以附见于合传中的人。其作用不单为人，而且可以看当时状况。"⑤ 其四，在"列传"中，除以上所述的类传外，还有许多分传，又称单传或专传，是专门为某一特定历史人物所设立的传记，虽然没有放到一个合传里，也没有用"太史公曰"的形式明确地进行比较，但实际上仍明显地包含着比较的意义。比如，"列传"将战国后期的四公子《信陵君列

---

① （清）赵翼撰、王树民校正：《廿二史札记校正》卷一，北京：中华书局，1984年，第5页。
② （清）章学诚著、叶瑛校注：《文史通义校注·繁称篇》，北京：中华书局，1985年，第393页。
③ 《史记》卷一三〇《太史公自序》，北京：中华书局，1959年标点本，第3319页。
④ 梁启超：《中国历史研究法》外二种，石家庄：河北教育出版社，2000年，第227页。
⑤ 梁启超：《中国历史研究法》外二种，石家庄：河北教育出版社，2000年，第203页。

传》、《孟尝君列传》、《平原君列传》、《魏公子列传》一并叙述，就是典型的事例。

总之，对于“列传”所表现的类型问题，许多学者都进行了较深入的研究，认为“列传”的编目“可用八个字来概括：‘时代为序，以类相从。’‘以类相从’，是运用历史类比法纵横排比，探寻治乱兴衰的规律，它既是一种编纂方法，也是一种研究方法。”① 因为“任何事物都是相对立而存在的，通过类传的建立，将同类（或同一职务，或同一行为方式，或同一思想感情，或同一学术流派，等等）的人物放在一起，有比较的作用。只有相互接近的事物才好比较，通过比较才能显出异同，凸现出细微之处。”② 司马迁对历史人物的分类反映了司马迁比较形式的多样性和发达的历史类型意识。

（二）从比较的方法来看，其一，“列传”的比较思维是多维度的。既有平行的共时性的方法，也有纵向的历时性方法。所谓共时性的比较，就是进行同一个历史时期的横向比较。这在合传中表现得最为突出。如苏秦与张仪、张耳与陈余、廉颇与蔺相如对举等等，这些都是共时性的比较。所谓纵向的比较，也就是历时性比较，它具有强烈的贯通意识，这是中国传统文化和传统史学的精粹。其方法就是置纵向不同发展阶段的两方或多方于同一传中，进行比较，这在类传中表现得最为典型。这一比较方法的突出优点在于能够打破时代界限，上溯下及，古今一体。《白起王翦列传》、《鲁仲连邹阳列传》、《屈原贾生列传》等是下及，《扁鹊仓公列传》是上溯。唐代著名史学批评家刘知几之所以批评《史记》篇目的编排是“不求年月”③，其原因就是因为类传的创立。以《屈原贾生列传》为例，按该篇“太史公曰”的解释，司马迁之所以把楚怀王时的屈原同汉文帝时的贾谊放在同一篇传记中原因有：（1）“屈原所自沉渊”而“贾生吊之”，可见贾生追仰屈原之为人。（2）贾谊“《服鸟赋》，同死生，轻去就”④。表达了同屈原一样的生死观、荣辱观，两人具有同样的忠君爱国精神。又如，在“太史公曰”中司马迁就曾将自己本人与历史人物晏子、孔子进行比较，以表达自己对这些哲人的仰慕之情，等等。所以，类传的突出特点之一就是它突破了

---

① 张大可：《司马迁评传》，南京：南京大学出版社，1994年，第173页。

② 徐兴海：《刘知几对〈史记〉的批评》，陕西师范大学学报（哲学社会科学版）1999年第1期，第71页。

③ （唐）刘知几撰、浦起龙释：《史通通释》，上海：上海古籍出版社，1978年，第28页。

④ 《史记》卷八四《屈原贾生列传》，北京：中华书局，1959年标点本，第2503页。

时间所给予历史认识的阻碍，将古今联系起来，表现了司马迁发达的历史时间观念，并在这一发达的时间观念的基础上，探索历史的连续性。

更重要的是，司马迁还将共时性和历时性这两种比较方式在复杂的历史比较中融为一体，并在矛盾运动的基础上有机地统一起来，显示了其比较方法的全面性和深刻性。合传中又包涵类传就是如此。例如《仲尼弟子列传》、《孟子荀卿列传》、《老子韩非列传》、《儒林列传》等一系列合传、类传，“把古今学术的变化发展作了条理化的论述，分合源流，线索分明。”[①]《孟子荀卿列传》，既概括了战国时百家学说的轮廓，附列人物 11 人，实质是一篇先秦的“诸子列传”，是一个类传，但它用合传标目，又突出了孟荀两派儒学是这一时代的主流。《老子韩非列传》，司马迁把法家韩非、申不害与道家老子、庄子排在一起，表明两家学术有渊源。《汲郑列传》，可以看做是汉代的“黄老列传”。这两篇合传均可视为类传。《扁鹊仓公列传》，则讲的是医学的继承和发展。总之，合传与类传，或对照或连类，融会贯通，为我们认识历史现象提供了一个好的方法，即通过纵横交错的历史经纬线将众多的历史人物有机地联系起来，并在联系的过程中展现和比较历史人物之间的共性和个性，这种共性和个性是建立在真实的历史联系基础上的历史共性和历史个性。所以类传集中地表现了司马迁比较史学观念的新的高度。

另外，“列传”中历史人物众多，类型不一，比较方法也多种多样，但最常用的方法是运用两两对比的方法来表现历史人物的个性和共性。表现在：第一，“列传”篇目排列上，司马迁有意识地在时代顺序中连类相及，两两对照，一目了然。如苏秦与张仪两传，张释之冯唐与万石张叔两传，就是如此。而合传、类传则由于将多人聚于一传，对照效果更为明显、更为强烈。如《管晏列传》，管仲与晏婴，一奢一俭相对照，又是知人与不知人相对照。《平津侯主父列传》，廉吏与贪吏之对比。公孙弘廉，善终；主父偃贪，族灭。《循吏》与《酷吏》两类传对比，突出抚民与虐民的两种法制的对照。正传人物与附传人物对比，更具新意，犹如红花衬以绿叶，如在《李将军列传》中，李广与程不识、李蔡的对比就是如此。李广对士宽，程不识治军严，这是不同治军风格的对比；李广怀才不遇虽立功不得封，李蔡虽平庸无奇却得以封侯，任宰相，这是不同人格

① 张大可：《司马迁评传》，南京：南京大学出版社，1994 年，第 196 页。

的对比。对比见义，个性突出。第二，相邻之传，对比昭然，但不相邻的对照则也隐藏深意。李广与卫青霍去病两传之间虽隔《匈奴列传》，但司马迁对两者从出身、治军、出征、结局各个方面所进行的叙述，实际上仍具有明显的对比效果。在《李将军列传》中，司马迁叙述了出身寒微的李广，不仅是奋身沙场的英雄，更具有体恤士卒和下属的爱心，“广之将兵，乏绝之地，见水，士卒不尽饮，广不近水，士卒不尽食，广不尝食。”① 但最终只因刚正不阿，以悲剧而告终。当其“引刀自刭”之日，“广军士大夫一军皆哭。百姓闻之，知与不知，无老壮皆为垂涕。”② 而与李广相对比的是，卫青霍去病作为国戚，平步青云，尤其是霍去病少年得志，缺乏与士卒同甘共苦的品德：“重车余弃粱肉，而士有饥者”。③ 所以，李广的才德因卫霍的衬映而愈显高大。

（三）从“列传”所表现的众多而复杂的历史人物来看，司马迁比较意识的内容非常广泛而丰富，具有非常广阔的社会生活面。不可讳言，司马迁的《史记》虽然偏重于政治和军事人物的传记，其主要目的也在于解决古代文明史上改朝换代，即秦灭而汉兴这一最突出的政治疑难问题。班固云：“其言秦汉，详矣。”④《史通》也谓：“迁虽叙三千年事，其间详备者，唯汉兴七十余载而已”。⑤ 但这绝不意味着司马迁将其主题仅仅局限于政治军事的范畴之内，而是努力将秦亡汉兴的这一历史课题置于政治、军事、经济、天文、地理、文化等背景之下，在多种因素的制约中加以探索，在矛盾运动中加以探讨。甚至司马迁还探讨了经济因素对于历史进程的影响，对整个三千年的历史进行全方位的描述，时间从上古到其当代，地域从中原到八荒。因而在“列传”的历史人物除了活跃于历史舞台的政治家、军事家、思想家、各路英雄豪杰之外，还有当时下层社会的侠客、医、商贾、俳优、博徒、猎户、妇女等，凡在人类活动中起过作用的人物都载入史中，或单传，或合传。甚至司马迁还把周边民族纳入史传，如把大宛等外国民族纳入史传，使《史记》具有古代世界史的意义。“列传”内容如此丰富，表现了司马迁比较史学思想的全面性和系统性。

（四）司马迁在“列传”中不仅仅着眼于通过比较而展现历史人物的共性，

① 《史记》卷一〇九《李将军列传》，北京：中华书局，1959 年标点本，第 2872 页。

② 《史记》卷一〇九《李将军列传》，北京：中华书局，1959 年标点本，第 2876 页。

③ 《史记》卷一一一《卫将军骠骑将军列传》，北京：中华书局，1959 年标点本，第 2939 页。

④ 《汉书》卷六二《司马迁传》，北京：中华书局，1962 年标点本，第 2737 页。

⑤ （唐）刘知几撰、浦起龙释：《史通通释》，上海：上海古籍出版社，1978 年，第 473 页。

更重要的还着意表现历史人物的个性。总的来说，“列传”所表现人物的个性特征，性格鲜明，栩栩如生，呼之欲出。如伯夷、叔齐的让国义举，晏子的节俭力行，屈原的出污泥而不染的高洁，汲黯的刚直不阿，李广的诚信忠厚、体恤士卒等；而且，司马迁笔下的人物个性都是在一定的历史环境里活动着并和其生活之中的社会环境有着千丝万缕的联系，具有深厚而广泛的历史感，即在特定的时间、特定的背景，从而表现出特定的人物性格，因而“列传”传主的性格绝非空洞的符号或抽象的溢美之词。如在《廉颇蔺相如列传》中，司马迁刻画了赵国后期四位重臣各自的特色，蔺相如的急国家之急的高风亮节，廉颇的负荆请罪的坦诚，赵奢知子莫如父的明智，李牧的方略和屈死的悲哀，而其中司马迁最推重的则是蔺相如，他说：“相如一奋其气，威信敌国，退而让颇，名重泰山，其处智勇，可谓兼之矣。”①

当然，“列传”也存在着一些明显的不足，如学者所指出的，“《史记》的七十列传，并不是纯粹的史传著作”②，在《匈奴列传》、《大宛列传》、《货殖列传》等篇中，传记的人物形象比较单薄；还有对“对历史人物的处理以模糊化的方式，缺少精确的纪年，生卒年这样的最重要的资料都往往缺失”③，等等。所以如此，除了应该把传记史学看作是一个发展过程外，主要恐怕是由于缺乏历史资料。这又从侧面表现了司马迁所具有的最重要的史传品质，即班固对司马迁所评价的：“其文直，其事核，不虚美，不隐恶，故谓之实录。”④

二

《名人传》原名为《希腊罗马人物平行列传》（The Parallel Lives of Grecians and Romans）是普鲁塔克（Plutarch，约46—120）将希腊罗马的名人平行对比的一部史学名著。《名人传》从半神话人物、城邦建立者——古代雅典国王提修斯（Theseus）和古罗马王政时代第一位国王罗慕洛（Romulus）写起，一直写到公元1世纪的罗马皇帝加尔巴和奥托，包括大约1000年的历史。《名人传》是

① 《史记》卷八一《廉颇蔺相如列传》，北京：中华书局，1959年标点本，第2452页。

② 王东：《中国史传的编修理论与实践——兼论中西史学精神的差异》，《史学理论研究》1993年第1期，第105—117页。

③ 徐兴海：《刘知几对〈史记〉的批评》，陕西师范大学学报（哲学社会科学版）1999年第1期，第74页。

④ 《汉书》卷六二《司马迁传》，北京：中华书局，1962年标点本，第2738页。

以古代希腊罗马广阔的社会历史舞台为背景，塑造了一系列栩栩如生的人物形象，从现存的50篇传记里，既可看到希腊罗马近千年的上层人物活动的许多具体情况，也可窥见希腊罗马，乃至与其有密切联系的其他广大地区的社会历史风貌。当然，从比较史学的角度来分析《名人传》的话，其比较思维的特征至少有如下几个方面：

（一）创立历史人物的平行的比较模式。就希腊罗马史而言，普鲁塔克并不是最早对希腊罗马进行比较研究的学者，因为在他之前，历史学家狄奥多修斯创作了《罗马古史》，就“运用历史比较方法对希腊和罗马的历史人物进行评述，如罗马的贵族同北希腊的色萨利贵族相比较，执政官同斯巴达国王相比较”①。但可以说，普鲁塔克却是西方史学史上第一个具有明确、自觉的比较意识，并成功地将比较方法运用到历史研究的史学家。这突出地表现在普鲁塔克有了“理论的升华并创造了在传记中平行比较的完美形式，”② 这种平行比较的主要表现，就是将希腊和罗马的名人（政治家和军事家）分为两列，按其不同特点一一配对比较（也有一例为两两配对对比的）。原书各传的先后次序只有部分可以确定下来，如第一对传记是希腊英雄伊帕密浓达（Epaminonda）和罗马名将西比阿（Scipio Africanus）及其合论（现已逸失）；而现在流行的版本如诺斯爵士最早的英译本和其他欧美版本，一般都是按照时代先后的原则排列，于是第一对传记就变为雅典的创立者提修斯（Theseus）和罗马城的创立者罗慕洛（Romulus），这样做更符合历史传记的通例。现存的《名人传》共有50篇，其中46篇以类相从，是名副其实的对传。用一个希腊名人搭配一个罗马名人，共23组，每一组后面都有一个合论（有些已佚失）。其余四篇则为单独的传记，这确有破例之嫌，尚须深入研究，但这一现象尚不足否定普鲁塔克所建立的基本的比较程式。梁启超在评论《名人传》的编纂方法时说：“这部书的组织，虽然有些地方勉强比对，不免呆板，但以比对论列之故，一面可以发挥本国人的长处，亦可以针砭本国人的短处。两两对照，无主无宾，因此叙述上批评亦比较公平。”③

（二）明确而细致的比较思想。最突出的表现有：第一、普氏严格遵守历史

---

① 郭小凌：《西方史学史》，北京：北京师范大学出版社，1995年，第99页。

② 郭小凌：《西方史学史》，北京：北京师范大学出版社，1995年，第107页。

③ 梁启超：《中国历史研究法》外二种，石家庄：河北教育出版社，2000年，第222页。

的可比性原则，主要是依据性格、志行和命运来对希腊和罗马的名人加以配对。从比较的内容来看，普鲁塔克所关注的重点是主人公如何力挽狂澜，救社稷于将倾，如泰米斯托克利传（Themistocles）与被授予“罗马第二奠基人”称号的卡米卢斯（Camilius）传；或则忍辱负重，救黎民于水火的“保护神”，如雅典的伯里克利（Pericles）与罗马的费边（Fabius）的传记；或在战场上建功立业，而永垂不朽，如所谓“世界的征服者”亚历山大（Alexander）与削平罗马群雄而奠定帝国基业的恺撒（Caesar）；或虎头蛇尾，惨死异域的悲剧人物，如雅典的尼西亚（Nicias）和罗马的克拉苏（Crassus）。就各个成对的具体传记而言，在开始叙述人物之前，总要详细说明将二者进行成对比较的原因，如在《提修斯传》的开头，普鲁塔克就说：“在我看来，提修斯与罗慕洛有许多相似之处，将他们俩人配对是再合适不过了。他们俩人都身世不明，有感天而生之说。”“他们都是集强壮和智慧于一身的人物，他们都曾劫持过妇女，都未能避免家庭的不幸和亲属的痛恨，而且据说他们在生命的最后时光里，都曾和自己的同胞发生冲突。他们分别属于这一世界上最著名的两座城市。罗慕洛创建了其中的罗马，提修斯则把另一个城市雅典建成为巨大的城邦。”① 在《客蒙传》（Cimon）里，普鲁塔克也认为能与罗马卢库卢斯相媲美的希腊人，那一定是客蒙。“客蒙和卢库卢斯这俩个都是善战之人，在抗击蛮族的战争中战果辉煌，在他们之前没有一个希腊人和罗马人曾经进军到如此遥远的土地。他们又都是温和敦厚的政治家，都因战功卓著而建立了军事纪念碑，并使国家免于内战。”“他们都使敌方溃败却不能使他们受到致命的打击，因此都未能取得战役的彻底胜利。更为突出的是，俩人的奢侈豪华和私生活上的放纵也极为相似。”②

令人遗憾的一点是，在普鲁塔克的《名人传》中，他所叙述的主要还是那些在政治军事舞台上叱咤风云、扭转乾坤的军事家、政治家和公众领袖，而思想家、哲学家、诗人、科学家却无一席之地。尽管作者在《名人传》和《道德论丛》中经常提到哲学家苏格拉底、柏拉图及最渊博的百科全书式的学者亚里士多德，还有著名的数学家毕达哥拉斯、杰出的天文学家托勒密，更有数学和物理双料天才阿基米德，等等。当然，希腊的戏剧家，如著名的三大悲剧家埃斯库罗斯、索福克勒斯、欧里庇得斯，以及罗马元首政治初期最著名的三大诗

① Plutarch, Plutarch's Lives, Whitefish: Kessinger Publishing, LLC, Vol. 2, 2004, p. 5.

② Plutarch, Plutarch's Lives, Whitefish: Kessinger Publishing, LLC, Vol. 3, 2004, p. 411.

人——维吉尔、贺拉斯、奥维德的名字更是频频出现于其著作中，而且普鲁塔克还在其著作中大量引用其中许多人的许多著作，以收锦上添花之效。对此，我们不能简单地用英雄史观来一言而蔽之。客观来讲，普鲁塔克把希腊名人和罗马名人合在一起写，而且主要集中在政治家和军事家这一类中，是有其深刻用心的，在《名人传》中，我们不时可以体会到。例如，在伯里克利与费边的合论中，普鲁塔克认为："伯里克利曾以宏伟的公共建筑，庙宇和殿堂的大厦装点了雅典城邦，对比之下，从开国直到几代大帝统治期间，罗马人所孜孜以求的辉煌壮丽都显得黯然失色。进一步讲，无论是气度恢弘的设计，还是美奂绝伦的建筑艺术，希腊的成就都高耸入云天，远远地凌驾于罗马之上，二者是不容比拟的。"① 所以，作为罗马帝国统治下的希腊语史家，普鲁塔克一方面具有泛希腊主义的爱国情结，为古希腊过去的辉煌成就而感到自豪，另一方面作为罗马帝国一个较幸运的臣民，又要赞扬罗马自建国以来的文治武功。普鲁塔克曾宣称，《名人传》是献给罗马皇帝图拉真的宠臣索西乌斯·塞涅基奥的，本意在于鼓励希腊人与罗马人之间的相互尊重，借以增进希腊人和罗马人之间的和睦和友谊。显然，普鲁塔克史学的求同存异的比较研究与其政治和思想上的"求同"目的是相适应的。

第二，在叙述两人生平之后，再写一篇名为"合论"的比较短文，对传主作总结性的述评，以展现他们的共性和个性。现存50篇名人传记中，有合论20篇，在合论中，普鲁塔克就两位名人的各个方面进行详细而全面的比较，分条缕析，不一而足。比如在阿基斯（Agis）、克利奥蒙尼（Cleomenes）和格拉古兄弟（Tiberius and Caius Gracchus）的合论中，普鲁塔克是从四人的道德品质、改革胆略、殉难方式、政治操行这几个方面仔细比较，并得出其最后结论：在四人中，"从德行而言，提比略的品行居首，从过失来看，阿基斯年轻过失最少，从成就和勇气来说的话，盖约远在克利奥蒙尼之下。"②

第三，比较并不限于以"合论"形式出现的比较专论之中，而是往往突破以传比较的空间，将传主置于更广阔的背景中进行灵活比较。这种比较通常是不拘一格，兴之所至，信手拈来。《塞尔托里乌斯传》（Sertorius）第一章写道：

---

① （古希腊）普鲁塔克：《希腊罗马名人传》上册，陆永庭等译，北京：商务印书馆，1990年，第536页。

② Plutarch，Plutarch's Lives，Whitefish：Kessinger Publishing，LLC，Vol. 5，2004，p. 253.

“如果把那些通过能力和计谋而取得成就的最好战的独眼将军们，菲力浦（Philip）、安提柯（Antigonus）、汉尼拔（Hannibal）和传主塞尔托里乌斯放到一块比较的话，人们普遍认为，塞尔托里乌斯在对待女人方面，比菲力浦更有节制力；在对待朋友方面，比安提柯更忠诚；在对敌人方面，比汉尼拔更具有怜悯之心；在智力方面，和以上众将军相比，塞尔托里乌斯也毫不逊色。但是命运往往喜欢捉弄人，我们主人公也命运不济。尽管他在作战经验上可与梅特鲁斯（Metellus）不差上下；论勇敢，也能和庞培（Pompey）相抗衡，就成就而言，也可以和苏拉（Sullar）相媲美；就军力而言，也同罗马军队不相上下。然而他只不过是一个被逐出祖国的流亡者，栖身于蛮夷人之中，成了他们的首领。”① 显然，这些比较并未涉及其对传传主尤蒙尼斯（Eumenes）；在《尼西亚传》中，普鲁塔克首先引用亚里士多德对尼西亚斯的评价，说雅典有三个最优秀的公民，“这就是尼克拉托的儿子尼西亚，美拉西亚的儿子修昔底德，哈格浓的儿子特拉美尼。”② 紧接着对三人的特点进行了比较分析，也未涉及对传传主克拉苏。而在《梭伦传》（Solon）中，普鲁塔克把梭伦同其他希腊贤人进行了对比：“总的来说，在当时的贤人中，似乎只有泰勒斯使自己的思想超出了实用的范围；其余贤人之所以得到贤人的美誉，都因为他们是卓越的政治家。”③ 其方法也是如此。

（三）《名人传》中充满着浓厚的对比方法的色彩。普氏在为名人作传时，总是津津乐道传记人物的不同点和相同点。尽管每一个传记都在一般模式下写成，由于每一个人物的出身不同，经历不同，性格相貌各有特点，因此在作者笔下必然呈现为同中有异、共性中见个性的描述。作者还用炉火纯青的语言艺术加以描绘，以绘声绘色的轶事趣闻作为点缀，再以隽永流畅的人性评论充溢其间，使得每一位人物都活灵活现，努马（Numa）的睿智与宁静，梭伦的中庸与机智，马可·加图（Marcus Cato）的冷峻与雄辩，安东尼（Antony）的英雄气短，末路情长，跃然纸上。值得一提的是，普鲁塔克善于从所记人物的生平经历及诸多事件中提炼出一两件能反映出其性格的轶事，作点睛之笔，以小见

① Plutarch，Plutarch's Lives，Whitefish：Kessinger Publishing，LLC，Vol. 1，2004，p. 5.

② Plutarch，Plutarch's Lives，Whitefish：Kessinger Publishing，LLC，Vol. 2，2004，p. 213.

③ Plutarch，Plutarch's Lives，Whitefish：Kessinger Publishing，LLC，Vol. 3，2004，pp. 411—413.

大，寓意深长，使人物性格鲜明突出。例如《格拉古兄弟传》中对提比略和盖约兄弟在性情上的差异以及作演讲时的不同姿态的描述，有如见其人，如闻其声之感，并为以后叙述他们的改革特征作了很好的铺垫。在《伯里克利传》中，普鲁塔克一开始就着重描述了伯里克利与众不同的外貌特征：像僭主庇西斯特拉图的“海葱头”形象，这为后来伯里克利权倾一方，独霸雅典十余年的霸主地位埋下伏笔。而在费边（Fabius）的传记中，普氏则先叙述了费边童年乖顺的“羊羔羔”形象，从而与后来温和持重并讷于言的品性相呼应。在《亚西比德》（Alcibiades）传中，普鲁塔克则是通过叙述亚西比德儿时的一则故事，以刻画其后来的变化无常、不择手段的政治品格，更为精彩。“还是孩子时候，亚西比德和别人摔跤，他一看败局已定，担心被摔倒，于是，他就把对方的手臂狠咬一口。对方马上松手，喊道：‘亚西比德，你还咬人，那是女人才干的事！’亚西比德答道：‘不，只有狮子才这样！’”①

难能可贵的是，对于书中所记述的杰出人物在性格或行为上的瑕疵，普鲁塔克也有过专门的论述。他认为，“我们要向那些喜欢描绘壮丽华贵的人物像的画家们提出要求，如果这些人物有些微的瑕疵，画家们既不能完全忽视也不应该加以夸大。因为后者将使肖像变丑，而前者则使肖像失真。同样地要将一个人的生平描述得完全纯洁无瑕，那是非常困难，简直是不可能的。”② 因此，《名人传》中的人物在美德方面并非完美无缺。譬如客蒙和卢库卢斯俩人在生活上的豪华奢侈、阿基斯对政敌的柔弱无力、盖约的举措轻率鲁莽等等。当然，普氏的意图并不是想通过这些弱点来否定这些历史人物，而只是想借助这些缺点和弱点来反衬传主品格的高大。

三

如上所述，司马迁与普氏在其传记创作中都有明确的史学比较意识，都在自觉地使用比较的方法来表现他们的历史思想，因而比较史学观念构成了二者史学思想不可或缺的组成部分。现在的问题是，如果从现代比较史学的角度对两者的史学比较思想加以比较的话，其结果会如何呢？

---

① Plutarch，Plutarch's Lives，Whitefish：Kessinger Publishing，LLC，Vol. 2，2004，p. 5.

② （古希腊）普鲁塔克：《希腊罗马名人传》上册，陆永庭等译，北京：商务印书馆，1990 年，第 383 页。

（一）从现代比较史学来看，无论是从广义或狭义上来界定历史的范畴，历史现象都是一个普遍与特殊的统一体。历史现象的这种相异相同的客观存在，正是比较研究的根据之所在。马克·布洛克认为："比较就是在一个或数个不同的社会环境中选取择两种或数种一眼就能看出它们之间的某些类似之处的现象，然后描绘出这些现象发展的曲线，揭示它们的相似点和不同点，并在可能的范围内对这些相似点和不同点做出解释。"① 刘家和先生指出："比较研究的基本功能在于辨同异，从异中见同，从同中见异。"② 而要达到这一目的，对于比较史学而言，其要做的第一步就是必须对比较的历史现象进行综合和概括，以建立相应的概念即类型，当然，这一概念或类型其本身也是共性与个性的统一体。"比较是可公度性与不可公度性的统一。"③

就比较的类型化而言，其本身就是用比较的可比性原则对历史事件和历史人物进行归纳组合、求同存异的过程，当然，这一过程的成功与否，不但与作者所要研究的客观的历史存在有着直接的关系，而更重要的是同作者的创作的主观意图密不可分，也需要作者具有较高的比较理论和方法。对于司马迁与普鲁塔克两人而言，他们在从事传记史学的写作时，都表现出了高超而娴熟的比较技巧和较高的比较史学的理论。这突出地表现在，他们都自觉地运用历史的可比性原则，切实依据历史人物的突出特征和共性，将列传的人物按其共性特征，分门别类，进行分析比较。比如，《史记》"列传"分类的根本原则是立足历史，依据其在"古今之变"的作用，分别为合传、类传、附传、分传，其数量不等，灵活多变；普鲁塔克则是按照其对历史人物的认识，将其叙述的历史人物分为希腊罗马两大类，然后又按其人物特性将两者划分为不同的类别，并加以组合比较，或希腊与罗马之间一一对比，或希腊与罗马之间两人与两人相比较（如格拉古兄弟和斯巴达的阿基斯和克里奥蒙尼），构思缜密，比较细腻。应该说，普鲁塔克和司马迁在史学比较领域里都做出了突出的贡献。

---

① （法）马克·布洛克：《比较史学之方法》，项观奇：《历史比较研究法》，济南，山东教育出版社，1986 年，第 107 页。

② 刘家和：《历史的比较研究与世界历史》，北京师范大学学报（社会科学版）1996 年第 5 期，第 46 页。

③ 刘家和、陈新：《历史比较初论：比较研究的一般逻辑》，北京师范大学学报（社会科学版）2005 年第 5 期，第 67 页。

从比较史学而言，类型化是对历史进行分析研究的第一步，其意义就在于它既是对历史进行比较研究的最初结果，又为比较研究的进一步开展提供了平台，并决定了进一步比较研究的方向，因而类型意识首先集中地体现了史学家的史学比较意识的广度。如果依此来看的话，二者在对历史人物比较角度的选择、类型的设置上，则存在着明显的不同：司马迁所进行比较的类型是复杂多变，层次性强，而且具有明显的系统性，以适应复杂而广阔的社会历史生活，显示了司马迁对历史的全面而深刻地把握；《名人传》虽简单却齐整，虽变化不大，却规范严密，虽着眼于细微，却小中见大。显然，二者的类型意识，各有侧重，各有千秋，不过，从历史类型学看，归根结底，历史类型是史学家对复杂多变的历史概括、抽象的结果，也只有适应复杂多变的比较类型才能更好地对历史趋势进行把握、概括，以此来看，“列传”中所显示的多样性和发达的历史类型意识，充分显示了司马迁全面而深刻的史学比较意识，具有更多的可取性。

（二）从比较的方法而言，普氏的《名人传》是希腊名人和罗马名人之间的平行对比，也就是希腊罗马历史的平行对比，这种平行对比的方法突出了希腊历史和罗马历史的独立性和主体性，但其弱点则在于割裂了两者所存在的明显的历时性的历史联系。众所周知，从内容上看，希腊的历史、文化对罗马的历史和文化以较大的影响，因而希腊罗马名人之间的比较关系，既有共时性的比较，更应该侧重于历时性的比较。但要说明的是，历时性比较的本来意义，并不仅仅在于所选取的比较对象为不同的时代，而主要是在不同的时代背景下以揭示二者纵向的历史联系。但在《名人传》中，我们很难看到希腊名人与罗马名人之间本来存在的许多十分重要的历时性关系，大量的只是二者并无时间相继和影响的共时性比较关系。但对于《史记》“列传”而言，司马迁则是一方面在采用共时性方法的基础上，同时采用历时性的方法，将漫长的历史汇于胸中，熔为一炉，开创了中国史学的通史体例；同时它又囊括天道、人事与万物，赵翼称之为“全史”，并说：“自此例一定，历代作史者遂不能出其范围。”①

从史学史来看，共时性与历时性的关系问题长期以来是史学比较的难点。之所以是难点，是因为历史是以时间为主轴的学科。“这种真正的时间，实质上

① （清）赵翼著、王树民校正：《廿二史札记校正》卷一，北京：中华书局，1984年，第3页。

是一个连续统一体，它又是不断变化。历史研究的重大课题就源于这两种属性的对立。”[①] 共时性和历时性的关系是一个对立与统一的关系，是时间这一主轴的不同的表现方式。共时性的比较其实质是一种静态的比较方法，而历时性比较则是一种动态的比较方法，从比较史学史来看，静态的共时的比较方法重视空间的展现，即历史现象的外在表现，容易被人们所理解和运用，成为人们了解社会历史的重要手段；而历时性的方法则强调历史现象的动态，它所注重挖掘的是事物内在发展变化的原因和趋向，所以较难被人们所认识，这也是刘知几批评《史记》篇目编排“不求年月”的原因之一。对于古希腊罗马而言，其史学是典型的共时史学，重视社会现象面的扩张，而缺乏对历史根源的追溯，究其原因就在于其共时性的思维方式。托波尔斯基指出：“古代哲学中，很明显地表现出了变化和运动的概念，譬如在亚里士多德的著作中，然而它却一直没有渗透到历史编纂学中去。”[②] 柯林武德也指出：摆在历史学家自己面前的是人类在过去所做过的事，这些都属于一个变化着的世界，“这类事情，按照通行的希腊形而上学观点，应该是不能认识的，所以历史学就应该是不可能的。”[③] 因而对于西方近现代史学而言，其最突出的成就在于注重静态，以获取事物广阔面，同时，开始重视事物时间的不断变化以体现历史性，即承认了历史发展、运动的合理性，从而使历史走上了科学的殿堂。由此，马克·布洛克认为：“应当把史学的不确定性公之于世。史学的不确定性正是史学存在的理由，它使我们的研究不断更新。”[④] 卡西尔也认为历史意识是“‘对立面的统一’，它把时间的相反两端连接起来，从而使我们感受到人类文化的连续性。”[⑤] 所以，历时性比较和共时性比较是比较史学最基本的比较方法，二者的关系应该是对立统一、互相包容的关系。对于历史学而言，既需要时间的连续性，也需要空间的联系性，是二者的有机的统一。唯如此，才可以看出整个社会历史发展的全貌，更

---

① （法）马克·布洛克：《历史学家的技艺》，张和声、程郁译，上海：上海社会科学院出版社，1992年，第125页。

② （波）托波尔斯基：《历史学方法论》，张家哲等译，北京：华夏出版社，1990年，第69页。

③ （英）柯林武德：《历史的观念》，何兆武、张文杰译，北京：中国社会科学出版社，1986年，第22页。

④ （法）马克·布洛克：《历史学家的技艺》，张和声、程郁译，上海：上海社会科学院出版社，1992年，第18页。

⑤ （法）恩斯特·恩斯特·卡西尔：《人论》，甘阳译，上海：上海译文出版社，2004年，第247页。

重要的是看出这一社会的动态的历史发展的全貌。

（三）从比较史学而言，比较的类型化只是同事物的典型发生关系而产生的逻辑范畴，它是和人们的思想架构有着重要联系一个理念类型，马克思曾指出："极为相似的事变发生在不同的历史环境中就引起了完全不同的结果。"[①] 比较"只是拿相比事物或概念的一个方面或几个方面来相比，暂时和有条件地撇开其他方面。"[②] 它所获得的只是历史对比的一些相似的特征，因而类型化只是历史比较的第一步，而要达到较深入地了解历史现象的目的，还需要在类型化的基础上，将这一理念形态同真实的历史实际相结合，进一步探讨历史的特性，这是历史比较的第二阶段，即"要把认识再深入一个层次，由抽象再上升到具体。那也就是从同中再看出异来，看出那些各异的部分是怎么样既互相拒斥又互相渗透地构成为有机的一体的。"[③]，这一过程对于历史比较或者比较史学而言，则显得尤为重要。因为作为历史的比较，其所重要性不仅仅体现出历史的共性，而且更重要是在共性的基础上继续深入以体现历史过程的特殊性，进而完善和丰富历史的共性。这不仅仅是比较方法的客观需要，更是历史学科特点的必然要求。在这一点上也突出地表现了历史学家对比较史学方法认识的高度和对历史认识的深度。

对于普鲁塔克来说，《名人传》中所着意表现的重点是希腊与罗马之间的同一性和共性。首先从比较的内容来看，普鲁塔克刻意扬罗马之长而避其短，舍弃希腊高度发达的文化艺术，以彰显罗马政治和军事的伟大，有削足适履之嫌；再从比较的方法来看，普鲁塔克将希腊和罗马名人的共性和个性的寻求主要局限在道德范畴，而缺乏历史感。对此问题，我们当然不会苛求普鲁塔克，毕竟历史学家由于其所处的历史时代及其社会地位在为其创作所带来的便利的同时，还必然带来不可避免的局限性，同时我们也应该承认历史学在撰写传记所具有的价值选择的合理性，但不管怎样说，从普鲁塔克比较概念和范围的独特设定这一点，就透露出其比较思想方法的特征：主观代替客观，思想代替历史，而复杂多变的历史多样性和真实性则难以显现出来。英译本序言的作者特伦奇对

① 《马克思恩格斯选集》第3卷，北京：人民出版社，1995年，第342页。

② 《列宁全集》第10卷，北京：人民出版社，1987年，第336页。

③ 刘家和：《历史的比较研究与世界历史》，北京师范大学学报（社会科学版）1996年第5期，第48页。

此有这样的评价：《名人传》“这种人物对比常常是异想天开、牵强附会，通篇所见，差异多于相似，虽然其中往往充满文学魅力，却极少有特殊的历史价值。”① 其结果，普氏在《名人传》中，对传主进行了细致入微的描绘，人物形象非常丰满，特别是“合论”中虽然不厌其烦地比较传主的种种细微不同点，但最终并没有达到真实再现历史人物个性的多样性和复杂性这一目标。之所以如此，从比较史学来看，是因为普鲁塔克所侧重的是历史比较的第一阶段——异中求同，传主的性格和特点还局限在思想和道德的范畴之内，而缺乏同真实的历史产生密不可分的联系。

与此相对照地是，司马迁则在共性的基础上更注重其不同性，从而突出了历史的个性。表现在《史记》里，司马迁叙述历史人物的架构同普鲁塔克相类似。但是，在《史记》各人物传记里，除后面的“论赞”或前面的“序言”以外，正文部分基本上是单纯的记叙，较少有大段的议论或夹叙夹议的文字，这与《名人传》大不相同。此外，司马迁只在论赞或序言里以第一人称叙述，传记的其他部分则都用第三人称记载，以刻意表现历史研究的客观性和真实性，这与《名人传》以第一人称记叙或议论的风格迥然不同。在此需要稍加说明的是，“列传”中并没有长篇大论、无微不至地阐述传主的种种不同点，但这绝不意味着“列传”缺乏比较思想，这只是因为中国史学与希腊罗马史学所具有的不同表现方式。中国史学自孔子的《春秋》以来素有“微言大义”的史学传统，“寓论断于序事”，使得司马迁对人物的褒贬就寄寓在其客观的记叙之中。在《史记》中，司马迁所运用的方法主要是以传主自身的言行来展示其个性特征及其发展的过程，再辅之以《太史公曰》以拾遗，以点评，以总结，而不是《名人传》所表现的越俎代庖、喧宾夺主的推介方式。顾炎武认为：“古人作史，有不待论断而序事之中即见其指者，惟太史公能之”②。借用孔子的话就是“我欲载之空言，不如见之于行事之深切著明也。”③ 钱穆先生说：“西方人讲历史哲学乃是一套哲学，只把历史来讲。若说中国人也有历史哲学，应该不是一套哲学，而仍是一番历史，只是从历史里透出一套思想来。”④ 所以，从比较史学来看，

---

① Plutarch，Plutarch's Lives，Whitefish：Kessinger Publishing，LLC，Vol. 1，2004，P. XiV.

② （清）顾炎武著、黄汝成集释：《日知录集释》卷 26，秦克诚点校，长沙：岳麓书社，1994 年，第 891 页。

③ 《史记》第一三〇《太史公自序》，北京：中华书局，1959 年标点本，第 3297 页。

④ 钱穆：《中国史学名著》，北京：生活·读书·新知三联书店，2000 年，第 75 页。

“列传”最根本的特点就在于司马迁善于在变化万端的历史环境中来考察历史人物的特点，并通过历史人物自身的变化以显示传主的不同特点，因而也就不但能从异中求同，而且还可以更进一步从同中再看出异，使同与异在历史中统一起来，以展现历史人物性格的统一性和丰富多样性。

（四）比较方法不是目的本身，是为更广泛的历史概括做理论上的准备，是认识和揭示历史发展规律的手段。苏联著名史学家马尔卡良认为，历史比较的普遍意义在于“把个别的研究对象汇入更广阔的联系中的同时，为广泛的历史概括创造了前提。它推动概括的形成，并成为历史综合法的基础。”① 显然，比较方法本身并不能揭示历史发展的规律，也不能显示作者的真实的思想理念，而要达到这一目的，就需要我们深入探讨建立在比较方法基础之上的，并渗透于比较思想之中的作者的史学观和世界观思想体系。

普鲁塔克深受希腊罗马哲学的影响，斯多葛主义构成其思想的主旋律。斯多葛派认为，理性是道德的基础而且从属于道德，归根到底，世界只能分为善和恶两种人，善则全善，恶则全恶；而且，宇宙是由一个理性定律所支配，虽然人们所处的环境并不相同，但却分享理性，因而“人类之分成许多敌对的国度，实是全不合理，智人决非这一国或那一国的国民，他是世界的公民。”② 在这一思想指导下，普鲁塔克进行比较的目的，与其说是为了了解历史，还不如说是为了宣扬天下平等的世界主义哲学观念，汤普森认为“应当把普鲁塔克看作一位道德家，而不应当把他看成历史学家。”③ 特伦奇也认为：“就《名人传》而言，如果说普鲁塔克是历史学家的话，还不如说他是一位道德家更合适。”④ 此评价虽有过激之嫌，但普鲁塔克的史学思想属于道德史学的范畴则是毫无疑问的。

司马迁修传记的目的同普鲁塔克不尽相同。司马迁的比较思想是建立在“究天人之际，通古今之变，成一家之言”的基础上。这一总纲的要义在于其用通变的方法论以探明天道与人事、自然与人文的关系，是一种具有辩证思维的

① （苏）马尔卡良：《关于历史比较研究的一些基本原则》，项观奇编：《历史比较研究法》，济南：山东教育出版社，1986年，第87页。

② （英）斯塔斯：《批评的希腊哲学史》，庆泽彭译，上海：华东师范大学出版社，2006年，第279页。

③ （美）汤普森：《历史著作史》，谢德风译，北京：商务印书馆，1996年，第159页。

④ Plutarch, Plutarch's Lives, Whitefish: Kessinger Publishing, LLC, Vol. 1, 2004, P. xiii.

方法，这一方法的最突出的优点就在于它可以将对立的双方和众多不同的历史事物，以和而不同的方式联系和统一起来。表现在《列传》中，司马迁充分肯定了历史人物的道德崇高，但不是孤立地以道德来评判历史人物，而是将道德评价置于历史发展的过程中，以表现道德的历史复杂性，这与普氏的道德史学观念大不相同。黑格尔指出："世界历史所占的地位高出于道德正当占据的地位，……那些伟大人物，'世界历史'个人的功业行事，无论从他们所没有觉察到的那种真正的意义来看，无论从世俗的观点来看，一概是合理得当的，然而从这一点看起来，各种不相干的道德要求，断然不可以提出来同世界事业和这些事业的完成相颉颃、抵触。"① 因此，司马迁撰述历史传记的目的较之于普鲁塔克的目的远为宏大，其比较思想不仅包含着更为丰富而真实的历史内容，而且也包含着更为深刻而发达的思想理论内容。

（原载《北京师范大学学报》2006年第6期）

① （德）黑格尔：《历史哲学》，王造时译，上海：上海书店出版社，1999年，第70页。

“普世史”与《史记》通史观念之比较

“普世史”是在希腊化时代开始产生，并在罗马共和国后期逐渐发展起来的一个比较发达的史学体例。尽管西方史学界对这一史学体例的看法各有侧重点，但其共同点还是认为这一史学体裁研究的对象是一个比较长远的历史时间和比较广大的历史空间，因此也就常常被归入通史的范畴，并和我国伟大的史学家司马迁所创立的通史相提并论。那么，这种普世史通史的内涵是什么？其主要特征是什么？它和我国司马迁所创立的中国的通史观念有何异同，这是本文所关注的主要问题。基于此，本文拟用比较史学的方法，从史学理论的角度，将当时东西方最发达的两种史学表现形式——普世历史和司马迁所创立的通史体例置于东西方历史发展的长河中加以探讨，并比较中西方通史的不同的史学特色。

一

对于古希腊和罗马的史学而言，其普世史的产生和发展同其不变的理性和观念密切相关。在希腊哲学史上，从巴门尼德开始，古希腊的哲学出现一次重大转型，而把不变性、确定性、无矛盾性当做哲学寻求本原和世界的根本特征，提出了对了本体（有确定性的存在，事物的所是或定义）的研究，并规定了希腊哲学发展的方向，后来哲学就是围绕着这个范畴来发展。罗素认为：“巴门尼德在历史上之所以重要，是因为他创造了一种形而上学的论证形式”，或“基于逻辑的形而上学”① 亚里士多德指出过，追求“变易中的不变”是希腊哲学的一

① （英）罗素：《西方哲学史》上册，何兆武译，北京：商务印书馆，1963年，第78页。

大倾向。如米利都学派的“始基”，赫拉克利特的“逻各斯”，爱丽亚学派的“太一”（ta hen），柏拉图的“理念”（eidos），亚里士多德的“实体”（substantia）等，都是被假定为宇宙一切变化和生灭的个体事物的始基或永久是它们自身的本体。

在这一思想背景下，古希腊的哲学家普遍认为永恒变动的物理世界和人类社会是与一个不变的实在世界联结为一体的，变动不居的现象仅是其表象而已。托波尔斯基（Jerzy Topoliki）指出：“古代哲学中，很明显地表现出了变化和运动的概念，譬如在亚里士多德的著作中，然而它却一直没有渗透到历史编纂学中去。”① 因而在历史学的领域内总的思想是一种形而上学的理论范畴。亚里士多德有很多反历史的议论，如他以“目的”（Purpose）来解释世界的必然性，认为每一物体都有自己的目的，变化不过是迈向这些目的实现阶段和工具，并无真实意义。如柯林武德所指出的：“他们完全肯定，能够成为真正的知识的对象的任何事物都必须是永恒的：因为它必须具有它自己某些确切的特征，因此它本身之内就不能包含有使它自己消灭的种子。如果它是可以认识的，它就必须是确定的；而如果它是确定的，它就必须如此之完全而截然地是它自己，以至于没有任何内部的变化或外部的势力能够使得它变成另外的某种东西。”② 他举出柏拉图对于“真知”（Episteme）与“意见”（Daxa）的区分作为自己的论据，所谓的“真知”在柏拉图那里就是对于不变的实质的真正认识，具有永恒性。“真正的知识不仅是此时此地而且在任何地方都是永远有效的，而且它根据可以证明的推理并且可能通过辩证批评的武器来找出错误和扬弃错误。”③ 而“意见”则是对应于变动不居的现象的感性的认识而已，它只具有瞬间性，由于人们对这种瞬息万变的事物的瞬间感觉不可能由其发达的形式逻辑来证明来认识，所以“意见”只能处于柏拉图所规定的“比知识阴暗，比无知明亮”④ 的尴尬的中间状态，而不可能是科学的对象或基础。正因为如此，柯林武德认为希腊罗马史学的思想方法是实质主义的，所谓实质主义，其最根本之点在于“它

① （波）托波尔斯基：《历史学方法论》，张家哲等译，北京：华夏出版社，1990年，第69页。

② （英）柯林武德：《历史的观念》，何兆武、张文杰译，北京：中国社会科学出版社，1986年，第23页。

③ （英）柯林武德：《历史的观念》，何兆武、张文杰译，北京：中国社会科学出版社，1986年，第23页。

④ （古希腊）柏拉图：《理想国》，郭斌和、张明译，北京：商务印书馆，2011年，第226页。

蕴含着一种知识论，即只有不变的东西才是可知的"。而"历史学家摆在自己面前的是人类在过去所做过的事，而这些都属于一个变化着的世界，——在这个世界之中事物不断地出现和消灭。这类事情，按照通行的希腊形而上学观点，应该是不能认识的，所以历史学就应该是不可能的。"①

因而，古希腊的史学从其诞生就带有实质主义的方法。柯林武德认为，古希腊的历史著作的局限性之一就在于它是希罗多德和修昔底德所写作的那种历史，即作者对他们亲身经历的行动和事件的记载。这种方法必须借助于第一手材料的运用和记载的真实可靠性，但是也使得史家的眼光无法伸到更古的时代和更远的地方，结果只能写当代、当地的历史，其范围也只能局限于历史学家的个人经验。而到了古希腊和罗马帝国时期，由于帝国疆域的扩大，人们视野的开阔，各地联系的紧密，开始出现了专业的历史学家，开始了黑格尔所说的反思的历史，即指那种超越时代的局限，从普遍历史的角度对以往的历史文献进行批判考察而写作的历史体裁——普世史。但需要说明的是，由希腊产生的这一实质主义思想在罗马时期得以继承和发展，并成为其基本的史学方法论。其中最突出的代表性的人物是李维和塔西佗。李维所撰写的142卷本的《罗马史》，记叙了从罗马建城到奥古斯都统治晚期，上下共700年的历史，这在罗马史上是空前的。他有着一些与希腊人不同的历史意识，他试图以综合的方法将漫长的罗马史在更广阔的背景和更长远的历史时代中去叙述，融会贯通，尽管这种反思的历史较之于原始的历史来讲是一个大的进步，其主要特征是在外延上突破了古希腊的狭隘的时空局限。但其历史观念仍然是形而上学的实质主义，只是努力地用自己的思想对前人历史进行反思，历史成果仍是以其时代思想去反思古代历史的结果。如在李维的《罗马史》中，并没有揭示出产生和形成独特的罗马制度及其特点的历史原因和历史过程，更没有努力地从历史事实中揭示出罗马数百年来由小到大、由弱变强的真实底蕴。在李维看来，"罗马就是一个实质"②，因而"不必腻烦地深入探讨情况、原因和过程"，用"清晰而有趣的文体进行叙述是历史的目的"③。所以从开始叙述到叙述的结尾，"罗马就没有发

① （英）柯林武德：《历史的观念》，何兆武、张文杰译，北京：中国社会科学出版社，1986年，第22页。

② （美）汤普森：《历史著作史》上卷，谢德风译，北京：商务印书馆，1994年，第108页。

③ （英）柯林武德：《历史的观念》，何兆武、张文杰译，北京：中国社会科学出版社，1986年，第49页。

生过重要的精神上的变化"①。变化的只不过是其外形方面，如人口的增多和地域的扩大。而对塔西佗而言，他从道德史学的角度出发，不恰当地把提比略描绘成最残酷、最淫虐的魔王，而且他所描绘的像提比略那样一个人物的个性时，所揭示的并不是人格自身逐渐变化的结果，而只不过是一直隐蔽着的那种特性的彻底显现罢了。当然，塔西佗这样做的目的并非是纯粹出于恶意或是在追求修辞学上的目，而是在他的实质主义思想体系中，"性格"是一个行动者，是人心灵最本质的表现；行动可以变化无常，但是"性格"却是永恒不变的。所以，在提比略和尼禄他们一生比较晚的时期才出现的那些暴戾秉性必然是始终存在的。柯林武德对此评论说：实质主义"历史学不能解释一个行动者是怎样产生的或经历过任何性质上的变化；因为行动者既是一种实质，就永远不可能产生也永远不可能经历任何性质上的变化，这是形而上学的公理"。② 正像希腊人所指出的，权力并没有改变一个人的性格；它只不过表明他早就是那一种人。正因为如此，汤普森特意提醒人们："在是否忠于历史事实的问题上，阅读塔西佗的著作时，必须极端谨慎。"③

在这一历史思想的指导下，普世史的史学编纂方法的特点是思想决定历史：即史学家按照自己的思想去寻找与他的目的有关的历史资料，并以自己的目的作为取舍资料的唯一标准，这就是被柯林武德称为"剪刀加糨糊"的史学编纂方法。但这一方法使其史学处于两难的境地。黑格尔也认为普世史的最主要的特点是："进行工作的人用了他自己的精神来从事这种整理工作；他这一种精神和材料内容的精神不同。"④ 黑格尔还以李维为例，说李维以自己的精神写往古历史，给我们以历次战役的叙述，仿佛他当真在场旁观。"可是这些叙述的形形色色可以适用于任何时期的战役。"⑤ 结果无法勾勒出历史的特性；为了克服这一弱点，在黑格尔看来："著史的人必须真正地放弃对于事实的个别描写，他必须用抽象的观念来缩短他的叙述；这不但要删除多数事变和行为，而且还要由'思想'来概括一切，藉收言简意赅的效果。"⑥ 但其趋向却使李维的历史学回归

① （英）柯林武德：《历史的观念》，何兆武、张文杰译，北京：中国社会科学出版社，1986年，第50页。

② （英）柯林武德：《历史的观念》，何兆武、张文杰译，北京：中国社会科学出版社，1986年，第49页。

③ （美）汤普森：《历史著作史》上卷，谢德风译，北京：商务印书馆，1994年，第126页。

④ （德）黑格尔：《历史哲学》，王造时译，上海：上海书店出版社，1999年，第4页。

⑤ （德）黑格尔：《历史哲学》，王造时译，上海：上海书店出版社，1999年，第5页。

⑥ （德）黑格尔：《历史哲学》，王造时译，上海：上海书店出版社，1999年，第5页。

古老的编年史，历史失去了鲜活的性质。

综上所述，按照近现代西方历史哲学家的观点，特别是以柯林武德为代表的分析的历史哲学流派的观点来看，普世史的基本特征是实质主义的历史观和"剪刀加糨糊"的历史编纂学方法，而且在他们看来，这是晚期希腊——罗马世界所运用的唯一的历史学方法，历史学家们使用这一方法的目的不是从历史本身中去寻找历史的真谛，而只是在于证明某种哲学的或政治的论题。不可否认，上述理论不乏偏激、片面之词，因为它全盘否定了希腊罗马史学在史学史中的地位和作用。尽管如此，柯林武德在此至少说明了古希腊罗马史学家，由于时代及其思想方法论的局限性，使得普世史无法揭示出历史的理性，而只能是理性的历史，这倒的确不失为一家之言。

二

司马迁在《报任安书》中讲："欲究天人之际，通古今之变，成一家之言。"这是司马迁著《史记》的总纲。这一总纲揭示了他探索历史的目的、方法及根本途径。这一总结表明：其一，司马迁对历史总体把握的世界观为"变"，即所谓"正《易传》"，"《易》著天地阴阳四时五行，故长于变"①。《易传》将整个自然看成一个生化的变易的系统。其特征是把世界上的一切存在，经过抽象后，归结为若干个形而上学的范畴中。这种逻辑范畴就是《易传》所说的形而上的"道"，并把"阴"和"阳"这两个范畴作为万物生化的致动因和整个世界的变易的最终的"第一推动力"，即所谓："一阴一阳之谓'道'"。不过，《易传》中阴与阳只是"变易"、"生化"的宇宙观的形而上学的根据，正由于有了这个概括，《易传》中的宇宙观就不是神学的，甚至也不是"自然神论的"（deistic)。《易传》把这个世界观概括为："观乎天文以察时变，观乎人文以化成天下"②。因而这个世界观也就包含了两个方面：其一为"时变"的自然观，其二为"化成"的人文观，就前者言，时间是绝对的变量，所以自然观以"时变"为坐标，这是从对自然现象的直观而获得，如云："法象莫大乎天地，变通莫大乎四时"。所以《易传》的人文历史观也以"时变"为特征，但是，自然现象是自然而然

---

① 《史记》卷一三〇《太史公自序》，北京：中华书局，1959年标点本，第3297页。

② 于春海议评：《易经》，长春：吉林文史出版社，2014年，第120页。

地“以顺动”，人文现象则有待于人的意志和行动来化成，所以《易传》说：“圣人久于其道而天下化成”①，化成不过是时变在人文世界的体现。显然，《易传》中的变易世界观是把天文与人文现象当做一个有机的整体，把自然观和人文历史观统一在“时变”的范畴中，从而推导出历史发展的规律性：“穷则变，变则通，通则久”②。因此，司马迁“正《易传》”、“究天人之际”的真实意图乃在于以《易传》的变易世界观为其历史观方法论，把整个历史进程看作是一个客观的不断运动变化的有机体，把漫长的历史长河作为一个客观发展的进程，并在这一客观的历史发展进程中去“通”，去探索历史的真谛，最终目的在于解决古代文明史上改朝换代这一最突出的疑难问题。

首先，司马迁的这种“通变”观念表现在历时性方面。《史记》并非孔子的断代史，也并非希罗多德和修昔底德的重大事件的历史，而是叙述了上自黄帝、下至汉武3000年的通史，将历史事件置于历史发展的长河中提炼自己的历史意识，追本溯源，即司马迁所说的“原始察终，见盛观衰，论考之行事”。③“综其终始，稽其成败兴坏之理”。尤其宝贵的是，司马迁在探讨历史的变化时，能够从历史剧变的背后去探讨历史的渐变过程，在渐变和剧变的结合中探讨历史的原因。如他说“《春秋》之中，弑君三十六，亡国五十二，诸侯奔走不得不保其社稷者不可胜数，察其所以，皆失其本已。……故曰：臣弑君，子弑父，非一旦一夕之故也，其渐久矣！”④ 显然，司马迁在这里以《易传》中“渐之进也，……动不穷也”⑤ 的思想来说明，《春秋》记载的政治大变动是长期历史运动的渐进结果。同时，对于司马迁当时所最关心的秦的兴亡问题，他也用历史渐进运动所造成的形势予以回答，可谓独具慧眼。如他写道：“秦取天下多暴，然世异变，成功大。……学者于所闻，见秦在帝位浅，不察其终始，因举而笑之，不敢道，此与耳食无异，悲夫。”⑥ 在这里，司马迁揭示了秦孝公因时代之异而变法是秦取天下成功的根本原因，并对某些学者因秦在位日浅，不察其始终而否定秦“成功大”的历史意义作出批评。因而司马迁的因果意识，从时间上来

---

① 于春海议评：《易经》，长春：吉林文史出版社，2014年，第165页。

② 于春海议评：《易经》，长春：吉林文史出版社，2014年，第330页。

③ 《史记》卷一三〇《太史公自序》，北京：中华书局，1959年标点本，第3319页。

④ 《史记》卷一三〇《太史公自序》，北京：中华书局，1959年标点本，第3298页。

⑤ 于春海议评：《易经》，长春：吉林文史出版社，2014年，第260页。

⑥ 《史记》卷一五《六国年表》，北京：中华书局，1959年标点本。

讲是有始有终、源远流长的。

其二，从共时性方面，司马迁把因果关系的探讨置于社会发展的各个方面——《史记》侧重于政治史，但绝不局限于政治军事史，司马迁对3000年的历史长河进行了多方位、多角度的探讨，3000年的社会政治的重大变化置于政治、军事、经济、天文、地理、文化等背景之下，在多种因素的制约中加以探索，在矛盾运动中加以探讨。甚至司马迁还探讨了经济因素对于历史进程的影响，如在《史记》中，司马迁对秦的兴起和灭亡的原因的分析都和农业联系在一起，如商鞅变法后，发展农业，"关中为沃野，无凶年，秦以富强，卒并诸侯"①。而到秦末，由于赋税重，徭役繁，"海内之士力耕不足粮饷，女子纺绩不足衣服"，于是"揭竿而起"，卒灭暴秦。在《货殖列传》司马迁还探讨了与经济与礼义的关系。"故曰：'仓廪实而知礼节，衣食足而知荣辱.'礼生于有而废于无……人富而仁义附焉。"② 并且在《史记》中，司马迁也努力探讨当时他所知道的世界诸国的历史和汉的关系。所以，《史记》从空间来讲是宽阔的，其内容也是丰富多彩、全面翔实的。堪称古代世界的百科全书式的通史巨著。

其三，由于司马迁使用了通变这一锐利的思想武器，在《史记》中不但能够从历时性的角度来研究历史问题，而且也能从共时性的角度来探讨历史的真知，更为重要的司马迁在研究历史时能突破时空的局限性，纵横交错，从历时性和共时性的矛盾运动中去把握历史的要义。《史记》写先秦历史，讲天子与诸侯、诸侯与卿大夫、华夏与夷狄，写秦汉历史讲天子与诸侯、中央与地方、华夏与夷狄、中国与外国。古今纵向历时性之变，正是这些内外横向共时性之变的结果；而一切时代的横向的共时性的结构，又正是纵向的历时性发展的产物。纵向的历时性的发展与横向的共时性的变化是融会贯通，融为一体的。因而在《史记》中，司马迁突破了古希腊的单一的历史事件的历史模式，从而包容了更多、更丰富的历史内容，同时在《史记》中，司马迁也能发现普遍历史无法了解的复杂历史内容之间的真正内部关系，使众多学科的历史内容在共时性和历时性的矛盾运动中有机地结合起来，探讨历史的真谛，而"成一家之言"。可以说，《史记》中每篇"太史公曰"就是司马迁对历史事件、人物的因果关系所作出的概括性总结，而末篇《太史公自序》则是对全书全叙述的3000年历史发展

① 《史记》卷二九《河渠书》，北京：中华书局，1959年标点本，第1408页。
② 《史记》卷一二九《货殖列传》，北京：中华书局，1959年标点本，第3255页。

的各方面原因、远因、诱因等作出的总的结论，并对各科目之间的关系、历史发展的终极原因方面都有深刻的见解，其实质在于寻求社会发展规律，也正是在这一点上，最集中地体现了司马迁历史意识的高度。史学史表明，历史学正是在概括，在寻求规律中发展兴旺起来的，尽管西方现代史学家一概否认历史发展的规律，但都自觉或不自觉地进行“概括”，以探求克罗齐所谓的历史的内在普遍性，也即所谓历史的理性。

还需说明的是，司马迁所探求的历史本质或历史规律是基于历史过程本身，而不是希腊罗马的基于世界本原的理性，而且司马迁所把握的历史本质是在历史过程中，并在历史过程中不断变化，而不像希腊罗马的理性那样是永恒不变的，是预先设定于历史中，并预定了历史发展的方向和结果。所以，司马迁不是经过对某种预设的精神的反思写一部“哲学的历史”，而是经过对于古今历史的反复思索，写出了一部纪传体通史——《史记》。整个《史记》是一部以人物为心的历史巨著，人物传记共112篇，而每篇传记又涉及许多具体的人物，所以《史记》中，有名有姓的人物数以百计，时跨3000年，历经三代、春秋战国、秦汉，但司马迁没有由于经过其对历史的反思而使得历史人物变得抽象、千篇一律，像汉代人的复制品，而是经过反复思索以大家手笔对如此众多的历史人物从多方位、多层次进行了叙述、描写，个个性格不同，特点不一，但个个性格丰满，栩栩如生，具有鲜明的不同的历史时代感，显示了人文主义精神的复杂性、多样性和整体性、统一性，使得3000年的历史在变中又得以相通。

三

如上所述，作为世界古代最具有代表性的两种通史体例——《史记》和普世史有其明显的共性和差异性，其共性最主要在于所研究的时空大体相当，史学家努力用自己的史学思想对漫长的历史加以概括，以求掌握历史真知。所不同的则主要是由于历史思想方法的不同，其结果也不相同。现在的问题是我们应该如何看待这两种史学模式呢？

其一、普世史较之于原始史来讲其最突出之点乃在于其在时空方面的延伸和扩大。不言而喻，世界历史是由各个地区和国家的历史构成世界历史，作为全世界的历史，它和各个地区、国家的历史是“大一”和“小一”的关系，所以世界历史并不意味着只是把一切地区、国家的历史的简单相加，如美国著名文化人类学家本尼迪克特在其《文化模式》中的名言：“整体并非仅是其所有的部分的总和，而是那些部分的独特的排列和内在关系，从而产生了一种新实体的结果。”[①] 所以，要使诸“小一”的集合成为“大一”的唯一途径，就是要把世界历史看成有机的“一”，而要达到这一目的，就必须在量变的基础上，再经过质变，经过否定或扬弃的过程，这一过程在逻辑上就是抽象的过程，即由感性认识上升到理性认识的过程；然后再以辩证的方法，由抽象上升到具体，从同中再看出异来，看出那些各异的部分是怎么样既互相拒斥又互相渗透地构成为有机的一体的。当然，这一方法是形而上学的实质主义的思想方法所无能为力的。而对于司马迁而言，其通变的实质就在于不断地将互相矛盾的东西统一于历史过程中。由此看来，普世史的通史特性还仅仅局限于认识的第一个阶段和通史的表面层次，而司马迁的通史特性则更多地表现在其史学认识已经深入到通史的思想深层次。

其二、普世史长期是西方古代史家的一个实践目标，但从他们的历史实践来看，普世史并不是真正意义上无所不包的普世史，其重点仍在世界史的某些问题和某些时段。正因为如此，克罗齐认为普世史是“在其确乎是历史或就其确乎是历史的部分而言，实际不过是‘特殊史’而已，就是说，它们的起因是集中在某一特殊问题上的某种特殊兴趣，它们只理解组成那种兴趣和回答那一特殊问题的事实。”[②] 他以波里比阿的著作为例来说明他的这一观点。波里比阿是“普世史”的最坚定的倡导者，不过，波里比阿所希望和创造的普世史只不过是以罗马霸权和罗马世界的形成为中心的一种较广泛、较复杂的历史。因此，它只包括了那些和罗马发生关系和纠纷的民族，它根据作者的思想倾向，几乎完全只以政治制度和军事措施的历史为限，而和他的初衷大相径庭。

所以，对于普世史而言，其所侧重的只是从全世界发展的角度来观察历史的结果，因而所需的倒不是数量上的齐全，而更重要的是在结构上成为有机的整体。必须承认，在不同的历史时期，历史学家对世界历史的看法也有所不同，必然有其所要论述的历史侧重点。即使对《史记》而言，尽管其所论述的是当时的世界史，但司马迁将其论述的中心还是置于其当代，其侧重点还是政治和

---

① （美）本尼迪克特：《文化模式》，王炜等译，北京：生活·读书·新知三联书店，1988年，第48页。

② （意）克罗齐：《历史的理论与实际》，傅任敢译，北京：商务印书馆，1982年，第40页。

军事。所以把握世界历史的关键则在于其内在的有机联系和对历史规律的探求，而不是面面俱到。克罗齐说："否定普遍史不等于否定历史中的普遍东西。"① 而只是在否定其建立在形而上学基础上的实质主义方法，因为这一方法割裂了普遍和具体的关系，所看到的只是两者的对立，而不能发现两者之间的真正的历史联系并将两者统一起来。而要真正反映历史的普遍性则必须借助于辩证的历史方法，只有这一方法才能使两者在对立中统一起来，而中国的司马迁的通变的方法则更多地表现出这一特质。

在西方，从维科的《新科学》开始，他们才努力在历史的内部寻求其发展变化的原因和其所以存在的依据，开始了真正意义上的历史哲学。在此基础上，黑格尔用辩证法代替了形而上学作为方法论来研究世界历史，把整个西方的历史思想方法加以把考察，归纳出三种历史的方法：其一为原始历史。其二为反思的历史。反思的历史中又分为四类，即普世的历史、实验的历史、批评的历史和专门的历史。其三是哲学的历史，在黑格尔那里，这三种历史观不是相互对立的，而是一个由低向高的发展过程。而且黑格尔还认为，普世史只能是抽象概括的，如果要写出历史的本身的发展，要反映出历史理性的发展变化，即他本人倡导的从精神的观点加以把握的历史的话，那只是他的"哲学的历史"——《历史哲学》才能完成的任务。如柯林武德所说的"一切历史都是思想史"。

黑格尔的《历史哲学》的确是一部出色的代表作。但在其《历史哲学》中，其核心思想仍是理性这一概念，即他所说的："'理性'是世界的主宰，世界历史因此是一种合理的过程。"② 正如恩格斯所说的："黑格尔所代表的历史哲学，认为历史人物的表面动机和真实动机都绝不是历史事实的最终原因，认为这些动机后面还有应当加以探究的别的动力；但是它不在历史本身中寻找这种动力，反而从外面，从哲学的意识形态把这种动力输入历史。"③ 而且，黑格尔的《历史哲学》在讲历史的发展时，坚持以东方、希腊、罗马和日耳曼世界为其世界历史的四个发展阶段，其结果，整个世界史成了有发展的通史，但构成其世界史的各个国家或地区却没有了自己的通史。例如，在他的《历史哲学》里，中

① （意）克罗齐：《历史的理论与实际》，傅任敢译，北京：商务印书馆，1982年，第42页。
② （德）黑格尔：《历史哲学》，王造时译，上海：上海书店出版社，1999年，第9页。
③ 《马克思恩格斯选集》第4卷，北京：人民出版社，1972年，第243—244页。

国只是在历史的开端扮演角色之后就停滞不前了，而日耳曼世界在本质上注定要扮演的只是世界精神发展最高阶段的化身，因而早期历史也无法寻觅。所以克罗齐认为："黑格尔在他的普遍史和哲学的特殊史中所讨论的是同一个问题，就是一种被自然或被超验的上帝所奴役的哲学的精神是怎样上升到自由意识的。他从历史哲学中割去史前史，就像从哲学史中把它割去一样，他对东方史的考虑非常概括，因为它对他的计划的实现作用不大。①所以，"黑格尔的'世界历史'虽然有其通的内容，本身仍然是一部普世史"②。可见在大力倡导辩证法的黑格尔那里，希腊罗马的以理性为指导的普遍历史的思想传统还是明显存在的。

总之，普世史和《史记》所表现出来的通史观既有相同性也有不同性，这种相同性和不同性一方面受东西方史学发展规律的制约，另一方面也与东西古代思想文化发展的轨迹密不可分，因而从更深层次的文化角度来探讨东西方史学的不同特色，则有利于更为清楚地把握其各自的史学特色；同时，通过比较的方法分析东西方通史各自特点，不但可以更深入地了解东西方史学的差异性，而且这种差异性也会使我们对中西方通史的共性有了更为深刻的理解，并推进通史这一重要历史体裁的研究，这也是本文的旨趣之所在。

（原载《江苏社会科学》2006 年第 1 期）

---

① （意）克罗齐：《历史的理论与实际》，傅任敢译，北京：商务印书馆，1982 年，第 40—41 页。

② 刘家和：《论通史》，《史学史研究》2002 年第 4 期，第 7 页。

司马迁史学思想新探

司马迁在《报任安书》中明确指出《史记》的总纲为："究天人之际，通古今之变，成一家之言。"这一总纲实际上高度浓缩了司马迁的史学意识。本文参照西方史学思想，从比较史学的角度，拟对司马迁这一治史总纲所蕴藏的高度发达的史学观念作进一步的探讨。

一、"究天人之际"——深刻的人文主义历史观

司马迁"究天人之际"的主要内涵在于探讨"天道"和"人道"的关系问题，"天人之际"命题的真正旨趣在于探讨历史的主体是人而不是神的这一根本问题。正如西方当代著名史学理论家柯林武德所指出的，历史学"它不是神权主义的，而是人文主义的；所探究的问题并不是神事，而是人事。"① 或者说指出"有关人们在过去的确切的时间里所作的事情问题。"② 在《史记》中司马迁的人文主义史学特征表现在以下几个方面。

首先，司马迁继承了西周和春秋时期出现的民本主义和理性主义思想传统。冷落、排斥天命对人事的影响，确立了人为历史的主体。司马迁在《礼书》中说："观三代损益，乃知缘人情而制礼，依人性而作仪。"③《史记》在几个地方

① （英）柯林武德：《历史的观念》，何兆武、张文杰译，北京：中国社会科学出版社，1986年，第19—20页。

② （英）柯林武德：《历史的观念》，何兆武、张文杰译，北京：中国社会科学出版社，1986年，第20页。

③ 《史记》卷二三《礼书》，北京：中华书局，1959年标点本，第1157页。

表彰了孔子对鬼神的态度，《天官书》云：“以孔子论六经，纪异事而不说，至天道命，不传；传其人，不待告；告非其人，虽言不著。”[①]《孔子世家》载子贡曰：“夫子之文章，可得闻也，夫子言天道与性命，弗可得闻也已。”[②]《外戚世家》：“孔子罕称命，盖难言之也，非通幽明之度，恶能识乎性命哉。”[③] 为什么孔子对天命之类的问题很少传授呢？在司马迁看来，这是因为天道性命是一个深微神秘、无限的大问题，既然人类有限的智慧无法把握，而一味地去试图实证天命，详细论证天命，反而会歪曲天命。这就是孔子的天命观，即古代人道主义思维所能达到的最高限度——对神灵的不可知论，正如希腊人道主义哲学家普罗塔戈拉（前481—前411）所说的：“至于神，是既不知道他们是存在，也不知道他们像什么。”“人是万物的尺度。”[④] 但据此仍不足证明司马迁天道观的本质含义。其本质含义则在于从孔子的不可知论的基础上，更进一步去“究天道”，换句话说，司马迁力图将“人道”置于世界和历史观的矛盾运动中来探讨人在历史中的主体地位。因此，司马迁的人文主义历史观较之于孔子来讲具有更丰富、更深刻的内容。

从此出发，在《史记》中，司马迁对充斥西汉的神仙方士将天命具体化，阴阳家将阴阳之事教条化等造神行径实行了批判。在司马迁看来，“天道”必须服务于人道，天命必须服从他的人生价值观，天命必须是罚恶人的工具，在《陈涉世家》中，司马迁就指明了吴广用鬼神之力是为了“先威众耳”的人事的目的，暴露了鬼神之事乃是人们为了达到人事目的而使用的工具，向天命宣战，用陈胜的话说就是：“王侯将相宁有种乎？”再如关于黄帝的事迹，历代都有种种子虚乌有的传闻，而秦皇汉武的求仙造神活动，更把黄帝神化成为乘龙登天的神仙，但司马迁以广博翔实的野外考察材料为证据，提出了黄帝是人“黄帝崩，葬桥山”[⑤] 的新论断，推翻了鬼神论的历史起源说，树立起人文主义的历史观。

其二，司马迁不仅将历史研究的对象确立为共性的人，而且还着力于探索具体的人，并将这种探索深入到人的精神世界，显示了司马迁人文主义精神的复杂性与整体性，更反映了其人文主义历史观的深刻性。《史记》全书130篇，

① 《史记》卷二七《天官书》，北京：中华书局，1959年标点本，第1343页。
② 《史记》卷四七《孔子世家》，北京：中华书局，1959年标点本，第1941页。
③ 《史记》卷四九《外戚世家》，北京：中华书局，1959年标点本，第1967页。
④ 朱德生、李真：《简明欧洲哲学史》，北京：人民出版社，1979年，第28页。
⑤ 《史记·黄帝本纪》，北京：中华书局，1959年标点本。

其中人物传记120篇，有名有姓的人物数以百计，但司马迁以如椽之笔，对如此众多的历史人物多方位、多层次进行了叙述、描写、虽然他们性格不一，但个个有血有肉，栩栩如生。《史记》的112篇人物传记中，悲剧人物大大小小共120多个，对此，司马迁不以胜败论英雄，努力挖掘这些人物深处的高尚品格，既对他们在历史中的作用客观地加以叙述，又对他们的经历、结局寄以同情、感慨、赞叹或批判。一个历史人物在《史记》中的位置，并不在于他的天命，他的结局，而在于他在"古今之变"中所起的作用如何，如项羽入《本纪》，陈涉入《世家》等等都是如此。

所以，整个《史记》所展现的是人的活力，人的创造性，人的主宰历史的力量，是一部向天命挑战的历史诗。可贵的是，司马迁已经了解到人的精神价值是历史中内在的进步力量，并用精神价值观作为评价历史的标准。正如司马迁所说的："人固有一死，或重于泰山，或轻于鸿毛"。

如果以司马迁这种注重人的精神价值的历史观，来同希腊罗马史学家相比较的话，其高度是显而易见的。正如克罗齐所说的希腊罗马史家"由于不了解精神价值是历史中的内在进步力量"。因而他们"对历史的心理态度……是悲观的。……由于这个缘故，一种辛酸的洪流泛滥在他们的历史中，幸福、美好的人生在他们看来永远是曾经有过而已不再存在的，如果当时还存在，它也很快会失去。"① 从而降低了历史学的作用，因而本世纪西方许多史学家都认为人类行为本身是价值取向的，这自然要求历史学家在探索历史时，也不可避免地用价值观来判断历史发展进程。如果以此来看司马迁的人文主义历史观的话，毫无疑问，其人文主义史学意识的高度和深度是空前的。

二、"通古今之变"——辩证的因果观

司马迁"究天人之际"的结果，树立了以人为中心的人文史观，而"通古今之变"则揭示了司马迁的因果观。中外现代史家认为历史是在研究人类活动原因的科学。正如柯林武德所说："历史学之所以是科学的，就是因为是由提出问题开始的。而传说的作者则由于知道某些事情而开始并且讲述他所知道的事情。"② 司

① （意）克罗齐：《历史学的理论和实际》，傅任敢译，北京：商务印书馆，1982年，第153页。

② （英）柯林武德：《历史的观念》，何兆武、张文杰译，北京：中国社会科学出版社，1986年，第20页。

马迁通古今之变的历史方法具有三个特点：

其一，在司马迁看来，要了解历史发展因果关系，就必须将历史研究的对象延伸到“古今”这一长河，只有追本溯源，才能清楚地了解历史发展的真正脉络。正如司马迁在《太史公自序》中所说的：“失之毫厘，差以千里，故曰：臣弑君，子弑父，非一旦一夕之故也，其渐久矣。”① 再如，西汉学者将灭秦的弥天大功归于汉高祖刘邦斩蛇起义，但司马迁通过对秦末反秦起义的追溯，雄辩地证明了“陈胜虽已死，其所置遣侯王将相竟亡秦，由涉首事也。”②

由于司马迁在历史长河中探索历史的因果关系，因而就能对历史发展的因果关系了解得更深刻。也就是说，司马迁在研究事物发展的原因时并不拘泥于表面性结果，而是注重对历史事件发展原因的纵向考察，从而揭示事物之间的本质联系。

其二，司马迁“通古今之变”的第二层含义则在于他不仅把因果关系置身于历史的长河中加以考察，而且还把古今看成一个有生有死，生死相继的发展系列，在矛盾中，在运动中加以考察。司马迁在《太史公自序》中称其著《史记》的指导思想是“正《易传》”，“《易》著天地阴阳四时五行，故长于变”③。自东汉郑玄始，认为《易》在三种含义，即“易简”、“易变”，“不易”，而司马迁在此仅取“变易”观为其治史的指导思想，显然，司马迁的史学观点是辩证的，因而也是全面的。比如西汉学者对秦王朝“重功利”、“轻仁义”的政治深表不满，讥讽秦人的“贪狼”，并把此归结为秦迅速灭亡的根本原因。对此司马迁在《史记》中一方面揭示秦暴政是秦王朝二世而衰的根源时，又辩证地肯定了其“世变异，成功大”的历史首创精神。对于商鞅，司马迁认为其“天资刻薄”，“少恩”，但另一方面又肯定了商鞅变法之后，“秦人富强，天子致胙于孝公，诸侯毕贺”④ 的历史作用，阐释了至深的历史哲理。

因此，司马迁对因果关系的考察不仅是纵向的，而且是横向的，即把因果关系的探讨置于社会发展的各个方面——政治、经济、军事、天文、地理、文化等背景之下，纵横交错，在多种因素的制约中加以探讨，在矛盾运动中加以

① 《史记》卷一三〇《太史公自序》，北京：中华书局，1959 年标点本，第 3298 页。
② 《史记》卷四八《陈涉世家》，北京：中华书局，1959 年标点本，第 1961 页。
③ 《史记》卷一三〇《太史公自序》，北京：中华书局，1959 年标点本，第 3297 页。
④ 《史记》卷六八《商君列传》，北京：中华书局，1959 年标点本，第 2232 页。

研究。因而司马迁的因果意识，以时间来讲是源远流长的，就空间来讲是宽阔的，据内容来讲是全面的。如果把司马迁通变观点来同中外古代史学家相比较的话，更可以看到司马迁因果意识的高度。就孔子而言，虽然《春秋》叙述了242年的历史变革，但孔子并不认为“礼坏乐崩”的社会变化具有真实含义，并对这种历史变化口诛笔伐，从而否定了历史变化的客观性。再看希腊罗马史学家，他们所采用的是孤立静止的形而上学方法，而不是在矛盾中加以把握辩证法。比如，修昔底德叙述过去的事件是为了从中预测未来的事件，那些事件都是等同的或相似的，是人类命运的不断反复；波里比阿寻找事实的原因，为的是他不规则性使它们用类似的情况上去他并认为那些料想不到的事件是次要的，它们的不规则性使他们置身于规则之外①，其结果自然难以理解历史事件的真正因果关系。

其三，英国当代著名的历史学家卡尔（Edward Hallettcarr）认为：“研究历史就是研究原因”，但对原因的研究并不是只从表面看到肤浅的个别原因，历史学家对历史因果关系研究的主要任务则在于众多的原因中，按其重要性排定次序，揭示他们之间的关系。通过提炼、概括，从而上升到理论高度，而构成为必然性的原因，司马迁的“通古今之变”原因观的根本意图也就在于从这种不断发展变化的通史过程中，探求历史的偶然性和必然性的关系问题，寻找历史变化的必然性原因。

纵览《史记》，就会发现，每个“太史公曰”就是司马迁对这历史事件的因果关系的总概括，而且是真知灼见。在此基础上的“太史公自序”则是对整个历史发展的根本原因的归纳，从而形成自己对历史必然性的认识。在他笔下，秦由于商鞅变法后，实行耕战政策，以武力吞并六国，才得以兴；由急政暴赋，激起人民之反抗，以至于亡。夏商周三代之兴，则是“修德”的结果；三代之亡，都是暴虐失德所致。正是在探索历史必然性这一动机之下，司马迁在中国历史上第一次可能对历史发展的根本原因的分析，深入到了经济领域。在《平准书》和《河渠书》中司马迁叙述了经济与国家的政治、军事、法律、道德等方面的相互影响和依赖关系，而其中心则是司马迁从历史学家的高度把经济提高到了治国平天下的关键地位来研究，从而窥探历史发展的根本原因。马克思主义历史科学认为，“历史仅仅是指有目标指向的人的活动。”② 因而历史研究的

① （意）克罗齐：《历史的理论和实际》，傅任敢译，商务印书馆，1982年，第152页。

② 马克思、恩格斯：《神圣家庭，或对批判的批判所做的批判。驳布鲁诺·鲍威尔及其伙伴》，《马克思恩格斯全集》第2卷，北京：人民出版社，1956年。

根本任务就在于揭示事件之间的本质联系，并形成历史必然性的认识，以指导人们的社会实践。尽管西方当代史学对此颇有微词，但他们在历史实践中都在自觉不自觉地进行“概括”，而事实上，“概括”正是历史必然性这一根本原因的特点。史学史表明，历史学正是在概括中，在寻求根本原因中发展兴旺起来的。所以探索必然性原因是因果关系的最高层次，正是在这一点上，可以看出马迁的史学通变观的价值。

三、“成一家之言”——高度的史学目的观

在西方史学看来历史是一个有目的有理性活动，这种目的意识“是为了通过讲述人类已经做了什么，而告诉人们人类是什么。”[①]“成一家之言”就集中地体现了司马迁的这一史学目的意识。

从史学理论来讲，司马迁的这一命题具有二层含义，其一，“继《春秋》”。其二，为“成一家之言”。“继《春秋》”是“成一家之言”的基础，而“成一家之言”则是“继《春秋》”的结果。

那么，孔子的史学目的意识是什么呢？司马迁在《太史公自序》中这样说：“夫《春秋》，上明三王之道，下辩人事之纪，别嫌疑，明是非，定犹豫，善善恶恶，贤贤贱不肖，存亡国，继绝世，补敝起废，王道之大者也，”显然，司马迁所理解的“《春秋》之义”，就是《春秋》所具有的政治、道德职能，这种职能的特点是将历史研究的对象为政治、军事。其目的“义”也就是为现实政治服务。正如《左传》所说的“礼，政之舆也。”借用克罗齐的话来讲，“一切历史都是现代史”。

从继《春秋》开始，司马迁对历史的叙述虽不拘泥于政治史，但确实侧重于政治史，在《史记》中对历史事件、历史人物采用了《春秋》笔法，赋予了价值判断，《史记》中的一切历史人物都必须放在他的价值天平加以衡量，或鞭挞，或讴歌，或同情，爱憎分明，傲视古今，不以胜败论英雄，显示了司马迁深沉而崇高的历史责任感。

固然，现代史学家对历史为现实服务责难颇多，但从史学的角度来看待

---

① （英）柯林武德：《历史的观念》，何兆武、张文杰译，北京：中国社会科学出版社，1986年，第20页。

“《春秋》之义”的话，这种指责明显有失偏之嫌。其一，历史研究的真正含义之一就是通过概括试图向历史学习，试图把一连串的事件中所出现的教训运用到另外一件事中去。即翁肯所说的：“历史是民族的教师”，从而指导人们的历史实践。其二，对于希腊罗马来讲，其史学从一开始也重视史学的现实教育职能，如希腊和异邦的那些值得赞叹的丰功伟绩不致失他们的光彩。[①] 可见，为现实政治服务是东西古代史学发展的通例，对司马迁也是如此。

不过，充分肯定了孔子史学模式的历史合理性的同时，还要看到《春秋》史学的历史局限性。对此，克罗齐认为，古代的史学为“实用主义”史学。因为“当它使自己局限在事情的世俗方面尤其是政治方面时……当他用于反省和忠告装点它们时……它就是这样的。”[②] 当然，克罗齐对西方古代史学局限性的分析与评价不免有偏激之外，但他们在此至少说明了由于史学题材的狭隘性，使得他的史学意识不可避免地带有实用性、功利性，公允的讲仍不失为一家之言。正因为如此，司马迁在“继《春秋》”的基础上更注重“成一家之言”从而构成了司马迁史学目的的意识的本质内容。

如前所述，司马迁治史的总纲为“究天人之际，通古今之变，成一家之言”，这一总纲表明，其一，《史记》并非孔子的断代史，也不是古希腊重大事件的历史，而是叙述了上自黄帝，下至汉武帝三千多年的通史，其视野之开阔，年代之久远，远非孔子和希腊史家所能企及；其二，《史记》侧重于政治史，但绝不限于政治史。司马迁在《史记》中对三千年的中国历史进行了多方位、多角度的探讨，政治、经济、军事、思想、文化等社会的各个方面无所不包，是一部跨度漫长的“百科全书”并对各科目之间的关系，历史发展的终极原因等都有深刻的见解，这也远非孔子所及。其三，司马迁对历史主体把握的历史观为“变”，即把漫长的历史长河作为一个客观发展的过程，而司马迁正是在这一客观的历史变化进程中去探索历史目的，这更是中外古代史学家所无法比拟的。

因此，司马迁“成一家之言”的最重要的史学目的意识为探索历史发展规律。史学史表明历史学不仅是为了现实，而且也是为了了解未来，历史研究的难点在也就在于如何把为现实服务和预测未来结合起来。尽管现代西方史学家都一概否认历史发展的规律性，但都用历史对未来进行预测。可见，寻求历史

① （古希腊）希罗多德：《历史》，徐松岩译注，北京：中信出版社，2013年，第1页。
② （意）克罗齐：《历史的理论和实际》，傅任敢译，商务印书馆，1982年，第156页。

发展规律是史学发展的趋向。如果从史学发展的这一趋向来看的话，可以这样说，司马迁的史学目的是立足于现实，又把目光转移向未来，使历史、现实和未来在寻求规律中有机地统一起来，浑然一体。当然，由于时代、阶级地位的局限，司马迁还不能真正地了解社会发展规律，但司马迁在史学理论上发展了孔子的史学思想，突破了为现实政治服务的“《春秋》之义”并开始探索历史发展的规律，从这一点来讲，司马迁的史学目的意识达到了中外古代史学发展的顶峰。

（原载《人文杂志》1996 年第 2 期）

司马迁与古希腊罗马史学观念之比较

当代最有影响的美国科学哲学家托马斯·库恩（Thomas Kuhn）在其名著《科学革命的结构》一书中，提出了著名的“范式”（Paradigm）理论。他认为，科学的发展在一定时期内总会形成学界所公认的包括理论与方法的研究途径，以规范和制约着科学的发展，这个具有模式意义的研究成果，就是“范式”。范式的出现是学科成熟的标志，库恩认为，在科学史上“许多著名的科学经典就起着这一类似的功能，如亚里士多德的《物理学》、托勒密的《天文学大全》、牛顿的《原理》”等名著，都为后继者的研究“规定了一个研究领域的合理问题和方法”。[①] 所以，科学的发展进步最终表现为科学研究范式的建立。库恩的范式学说不仅在科学史界有其指导意义，就是在人文学界也有着普遍的方法论意义。对于我国古代史学而言，司马迁《史记》的历史地位就是如此。

司马迁认为其著史的宗旨是“究天人之际，通古今之变，成一家之言”[②]，这是《史记》的基本纲领。正如梁启超所指出的“盖迁欲建设一历史哲学，而借事实以为发明”。[③] 这一史学纲领揭示了他探索历史的目的、方法及根本途径——通变的史学观，其通变的史学观，奠定了中国古代史学的基本范式，即在事物运动的过程中去掌握历史发展的真谛，而成为其后中国古代史学的基本特征。正如清人赵翼所言：“司马迁参酌古今，发凡起例，创为一史，……自此

① （美）库恩：《科学革命的结构》，金吾伦、胡新和译，北京：北京大学出版社，2003 年，第 9 页。

② 《汉书》卷六二《司马迁传》，北京：中华书局，1962 年标点本，第 2735 页。

③ 梁启超：《中国历史研究法》外二种，石家庄：河北教育出版社，2002 年，第 23—24 页。

例一定，历代作史者，遂不能出其范围。”① 所以库恩的范式理论无疑为我们深入探讨司马迁的史学思想提供了一个新的方法论原型。但仅仅如此，仍不足以深刻认识司马迁及其《史记》所应有的历史地位，所以，本文拟突破《史记》研究所固有的时空局限，以比较史学的理论为依据，用现代史学理论为参照，从历史哲学的角度将司马迁的史学观同西方古代最发达的希腊罗马史学观进行比较研究，在试图揭示中西史学思想不同点的基础上，对司马迁深邃的史学思想加以现代诠释。

一

司马迁在《报任安书》中提出的《史记》纲领，集中体现了司马迁“成一家之言”的思维逻辑，即首先以“究天人之际，通古今之变”为其世界观方法论，正本清源，而“正《易传》”则为其方法论的出发点和立足点。

何谓“正《易传》”，《易传》以变化为天人宇宙的永恒法则，“生生为易”，“易不可见，则乾坤或息矣”， “穷则变，变则通，通则久”。司马迁也认为“《易》，著天地阴阳四时五行，故长于变”②。在汉代，学者常把《易》与《春秋》对举，认为前者谈天道（世界观），后者论人道（历史观），如班固所言：“《易》与《春秋》，天人之道也。”《易》自东汉郑玄始，将《易》归之为三：“易简”，“变易”，“不易”，第一义为哲学方法论问题，第二义和第三义为哲学的本体论问题。而司马迁在此特别强调“变易”的哲学世界观，其特征在于“变”和“化”两个范畴的应用，可谓正切中要害，并为其治《史记》的哲学依据。还需指出的是，《易传》在探讨了世界变化的必然性的同时，又突出了人事在世界变化中所能发挥的重大作用，但这种作用在《易传》看来则取决于变化所提供的客观条件“时”，因而《易传》认为人事活动应因时而行。《艮》卦彖辞说：“时止则止，时行而行，动静不失其时，其道光明。”《乾文言》说：“君子进德修业，欲及时也。”因而贯穿于《易传》的主题就是人们如何把握时机，以促进事物的发展，转化，以道德与事业的成功来证明自己的价值。显然，司马迁“正《易传》”、“究天人之际”的真实意图就在于承认自然变化和社会变化

---

① （清）赵翼撰、王树民校正：《廿二史札记校正》，北京：中华书局，1984 年。

② 《史记》卷一三〇《太史公自序》，北京：中华书局，1959 年标点本，第 3297 页。

的客观性和不可抗拒性，并在此前提下，又充分肯定了人的主观能动性；既看到了社会和自然，必然和自由的不同、差别，又看到了二者的统一，将自然变化和社会变化统一于他的人文意识中，成为形而上的哲学理论，以“正易传”为切入点，以究天人之际、通古今之变的真谛。从中国思想史来看，司马迁的贡献之一就在于他把殷周以来天人的理论从神学的发展为形而上的理论体系。在法国实证主义哲学家孔德看来，人类精神经过了三种发展阶段，在近代科学兴起之前，人类的思想的最高成就是由神学阶段发展到形而上学的阶段，他所谓的形而上学的思想方式，即用抽象观念代替各种人格神。如果将司马迁的这一形而上的理论体系以孔德的标准来衡量的话，它和西方古代的形而上学的理论体系来讲确有其相通之处，但也有其不同之处，这种不同之处主要在于司马迁的形而上的理论体系包含有更多、更真实的社会历史内容。

在这一形而上的历史观念的指导下，司马迁对中国近三千年的历史进行了深刻的总结，“考其行事，综其终始，稽其成败兴坏之纪”，“是以物盛则衰，时极而转，一质一文，终始之变也”，形成了“原始察终，见盛观衰”的历史观。对于这种变化的动因，在司马迁看来是存在于客观事物的内部，是客观事物相互作用的结果，“事势之流，相激使然”而非其他。但在此需稍加解释的是，也有一些学者依据上述所论，认为司马迁史学的实质是历史循环论而缺乏发展的历史观念。但在我看来，我国著名的历史学家刘家和先生的研究成果对进一步思考这一问题将有重要的指导意义。刘先生在深入研究了《史记》对历史之变的论述后指出：“只要看一看《高祖功臣侯者年序表》中对于三代的封建与汉初的封建之间的异同所作的分析，我们就不会相信司马迁是真正的历史循环论者了”；由此，刘先生认为，“如果不把司马迁的思想解释为封闭的圆圈而解释为螺旋线，那也许会更为准确一些。”①

所以，只要深入研究司马迁的史记纲领，我们就会发现，司马迁探求史学目的依据的对象，从时间上来讲是“古今”漫长的时代，从内容上讲是广博的，从本质上讲是追求客观、变化的；不仅如此，司马迁探求历史真谛所采用的方法，即主体在客体的变化发展中寻求历史规律的方法和途径，使得他的史学目的意识是全方位的，而不是单一的，既是为了现实政治，但又不局限于政治；

① 刘家和：《论司马迁思想的变与常》，《北京师范大学学报》（社会科学版）2000 年第 2 期，第 31 页。

既是为了现实，又把目光转向未来，使历史、现实和未来，在寻求规律中有机地统一起来，浑然一体。波普尔指出“被普遍规律所描述的有关规则性的因果解释，多少不同于有关单一事件的因果解释”①。在我们看来这种不同性就在于普遍规律的描述比单一事件的因果解释更为深刻和更为全面。

正是在此基础上，司马迁对中国的传统文化特别是孔子的思想进行了理性的思考，为中国传统文化的求善模式注入了更多求真的理性的成分，从而超越了孔子的“道德理性”的史学模式，形成了独具特色的司马迁的史学范式。被清代郑樵誉之为“百代以下，史官不能易其法，学者不能舍其书”②，被赵翼评为“史家之极则”③。而这一范式的核心则是其通变的要义。如果将司马迁的这一史学思想置于西方最发达的希腊罗马思想发展史来考察的话，其结论如何呢？

对于西方史学来讲，最引以为豪是他们早在希腊罗马时代就把历史看作为一个具有理性的实践活动。在古希腊人心目中，理性是一种形而上学的哲学范畴，是宇宙的自我运行原理或自然变化的法则，在世界万物中，只有人才具有认识这种理性的能力，理性是潜在于人自身，需要人们用智慧去探索、去把握并和理性相符合，最终成为具有认识这种理性的思维的人。如亚里士多德认为，人的心灵包括两部分：“一为内涵理性；另一，为内无理性，而蕴藏着服从理性并为之役使的本能”④，而希腊哲学的重要作用就在于用智慧去挖掘这种理性，借用苏格拉底的名言就是“认识你自己吧！”

所以，在希腊，理性的思想首先表现在人文领域，最得力于政治家、修辞家和教师的艺术。因而哲学首先面对的也是上述领域，他们认为自然代表不确定的领域，不适合精确的计算和严密的推理，所以不以研究自然为目的。这就是韦尔南所指出的“希腊的理性不是在人与物的关系中形成的，而是在人与人的关系中形成的……它是政治家、修辞家和教师的艺术。希腊理性是这样一种理性，它以实证的、反思的、系统的方式影响人，而不是改造自然。”⑤ 在这一

① （英）卡普尔：《历史主义的贫困》，何林译，北京：社会科学文献出版社，1987年，第145页。

② （宋）郑樵：《通志·总序》，北京：中华书局，1992年，第1页。

③ （清）赵翼撰、王树民校正：《廿二史札记校正》，北京：中华书局，1984年。

④ （古希腊）亚里士多德：《政治学》，吴寿彭译，北京：商务印书馆，1965年，第388页。

⑤ （法）韦尔南：《希腊思想的起源》，秦海鹰译，上海：生活·读书·新知三联书店，1996年，第119页。

思想背景下，哲学家柏拉图认为永恒变动的物理世界和人类社会是与一个不变的实在世界联结为一体的。在他看来，这个实在世界就是一个永恒的理念形态(Form)，变动不居的现象仅是其表象而已。虽然希腊也有其发达的辩证的智慧和哲学，如赫克利特的“活火说”到德谟克利特的“原子论”，但其作用却落实在逻辑，而在历史学的领域内总的思想是一种形而上学的理论范畴。托波尔斯基指出：“古代哲学中，很明显地表现出了变化和运动的概念，譬如在亚里士多德的著作中，然而它却一直没有渗透到历史编纂学中去。”① 亚里士多德之所以视诗歌特别是把悲剧看得比历史更为重要，在他看来是因为诗歌所陈述的是一个存在的普遍性，历史只不过是个别事物。② 在当时希腊，甚至于曾把历史分为“悲剧性”（Tragical）的和“修辞性”（Rhetorical）的两类，“希腊的历史编纂学都企求实现亚里士多德为悲剧所制定的那些原则，即通过对人类活动的描述和解释，显示出从往事中所得出的结论。”③ 正如柯林武德所指出的“他们完全肯定，能够成为真正的知识的对象的任何事物都必须是永恒的：因为它必须具有它自己某些确切的特征，因此它本身之内就不能包含有使它自己消灭的种子。如果它是可以认识的，它就必须是确定的；而如果它是确定的，它就必须如此之完全而截然地是它自己，以至于没有任何内部的变化或外部的势力能够使得它变成另外的某种东西。”④

正因为如此，在柯林武德看来，古希腊的史学具有以下三个特征，①历史眼光的短浅性。因为古希腊的史学理论“蕴含着任何历史叙述其跨度不得超过一个人一生的年限，只有在这个范围之内批评的方法才能够随意地加以运用。”②希腊史学家“写历史只是因为发生了值得纪念的事情，需要有一个同时代亲身目击其事的人来作为纪录者”⑤，如希罗多德在其《历史》中开宗明义所指出的那样，他之“所以要把这些研究成果发表出来，是为了保存人类的功业，使之不至于由于年深日久而被人们遗忘记。”⑥ 而修昔底德书写《伯罗奔尼撒战争

① （波）托波尔斯基：《历史学方法论》，张家哲等译，香港：华夏出版社，1990年，第69页。

② （古希腊）亚里士多德：《诗学》，北京：人民文学出版社，1997年，第29页。

③ （波）托波尔斯基：《历史学方法论》，张家哲等译，香港：华夏出版社，1990年，第60页。

④ （英）柯林武德：《历史的观念》，何兆武、张文杰译，北京：中国社会科学出版社，1986年，22—23页。

⑤ （英）柯林武德：《历史的观念》，何兆武、张文杰译，北京：中国社会科学出版社，1986年，29—30页。

⑥ （古希腊）希罗多德：《历史》，王以铸译，北京：商务印书馆，1997年，第1页。

史》是因为他“相信这次战争是一个伟大的战争，比过去曾经发生过的任何战争更有叙述的价值。”① ③由于古希腊史学家方法、理论决定了他们“不可能把各种特殊的历史集合成一种包罗万象的历史，不可能有一部相当广泛的事件复合体的历史。”《如伯罗奔尼撒战争史》只能产生在下述两种情况之下。“第一，这种事件的复合体必须本身是完整的，第二，它必须是历史学家目力所及的。”②

而到了希腊化和罗马帝国时期，由于帝国疆域的扩大，人们视野的开阔，各地联系的紧密，开始出现了专业的历史学家，开始了黑格尔所说的反思的历史，即指那种超越时代的局限，从普遍历史的角度对以往的历史文献进行批判考察而写作的历史，其中最突出的代表性的人物是李维和塔西佗。李维的《罗马史》开创了西方史学的通史体例，记叙了从罗马建城到奥古斯都统治晚期，上下共 700 年。需要指出的是，这种黑格尔所说的普遍历史的含义和司马迁的通变思想并不相同，它主要是在外延上突破了古希腊的狭隘的时空局限，而在更广阔的背景和更长远的历史时代中去叙述历史。尽管这种反思的历史较之于原始的历史来讲是一个大的进步，但其思想观念仍然是希腊的形而上学的思想观念，历史学家只是努力地用自己的精神对于前人历史进行反思，历史成果仍是以今人思想去反思古代历史的结果，历史成为一种“以文字描绘的肖像画”③，或者是“半历史、半游记的东西”④，由此黑格尔在分析普世史的特点时说：“在这里，最主要的一点，就是历史资料的整理。进行工作的人用了他自己的精神来从事这种整理工作；他这一种精神和材料内容的精神不同。”⑤ 借用克罗齐的话来说：“一切历史都是现代史”。

所以在两位大家看来希腊罗马的历史学都是以他们自己的思想、时代的要求来研究历史，往往无法反映历史本身的真实性，也难以把握历史的理性，其史学模式是属于像克罗齐所说的“垂训史学”或“实用主义”的阶段。在克罗齐看来，这一阶段的希腊罗马史家的主要弱点是“不能使自己从那种认为历史

① （古希腊）修昔底德斯：《伯罗奔尼撒战争史》，谢德风译，北京：商务印书馆，1960 年，第 2 页。

② （英）柯林武德：《历史的观念》，何兆武、张文杰译，北京：中国社会科学出版社，1986 年，第 30—31 页。

③ （美）汤普森：《历史著作史》上卷，谢德风译，北京：商务印书馆，1994 年，第 115 页。

④ （美）汤普森：《历史著作史》上卷，谢德风译，北京：商务印书馆，1994 年，第 115 页。

⑤ （德）黑格尔：《历史哲学·绪论》，王造时译，上海：上海书店出版社，1999 年，第 4 页。

以开导、主要以教育为目的的先入为主之见中解脱出来"[①]，在西方，只是从维科开始，他们才寻求历史的发展与变化这一本质特征，并努力在历史的内部寻求其发展变化的原因，开始了真正意义上的历史哲学。而其后的黑格尔集其大成，把整个西方历史的思想方法加以把考察，归纳为由低向高的三种形态：其一为原始历史，其二为反思的历史，其三是哲学的历史。而且黑格尔还认为，如果要写出历史的本身的发展，要反映出历史理性的发展变化，那只有他的"哲学的历史"才能完成任务。而其哲学的历史同其以前的两种历史所不同的就是突出了理性的发展与变化。即如柯林武德所说的"一切历史都是思想史。"如果以此来看司马迁的通变的史学方法论的话，其结论是不言而喻的。

二

亚里士多德曾把理性分为两种，一为"理论的理性"，一为"实践的理性"，[②] 前者要求认识论与事实相符合，从而做出真假的判断，以求得科学的真谛；后者则要求行为与正确的愿望一致，作出善与恶的判断而获得道德上的真理。但两者的关系如何呢，这是古希腊罗马思想史中的一大问题。亚里士多德认为，理论理性是优越于实践理性的，因为理论理性的指向为具有本源性质的"智慧"，所以对理论理性的追求应该成为任何其他学科的目的和基础。

如上所述，司马迁"通变"的世界观在本质上是探求人类历史的真正的原因，所以其本质是求真的，如果用亚里士多德的理性理论来衡量的话，司马迁的历史观念无疑属于理论理性的范畴之内。同时我们还要注意到司马迁这一史学纲领的一个重要的理论基础和前提，即"继春秋"，这一思想集中地体现了司马迁的人文主义历史观的内涵。按照著名历史学家朱本源先生的观点，孔子所开创的中国历史学，其特质从古希腊的哲学理论上讲是属于实践理性的范畴。究其原因，从理论上讲就是因为孔子在"天"、"人"的关系中所侧重的是人的道德伦理的一面。如果以此来看司马迁的"究天人之际"这一史学方法论的话，很显然，司马迁在孔子"实践理性"（借用希腊术语）的思想基础上，以通变思想为利器，使"天"与"人"两者在变化中，在对立中有机地统一起来，因此，

① （意）克罗齐：《历史的理论与实际》，傅任敢译，北京：商务印书馆，1982年，第155、156—157页。

② （古希腊）亚里士多德：《政治学》，吴寿彭译，北京：商务印书馆，1965年，第388页。

司马迁治史的目的不仅“求真”，而且是在求真的基础上又求善。表现在史记中，司马迁以如椽之笔，通古今，话今昔，深刻剖析了历史发展的因果关系，不虚美，不隐恶，“自刘向、扬雄博极群书，皆称迁有良史之材，服其善序事理，辨而不华，质而不俚。”① 因而《史记》被后人称为“信史”。但司马迁在叙述历史的因果关系时，又高举道德崇高的大旗，将每一历史人物置于其道德价值的天平上加以衡量，颂扬真善美，鞭挞假丑恶，爱之深，恨之切，继《春秋》笔法之大成，善恶昭彰，褒贬并用，不以胜败论英雄，在历史因果关系和价值判断之间的冲突中来体现道德价值的历史作用，并统一于历史的因果判断中。

对于西方哲学史而言，求真与求善一直困扰着西方的哲学家，并形成两大思想系统，伦理主义和自然主义，双方各执己见，而无法统一。但从苏格拉底的“美德即知识”的命题，到亚里士多德“人是天生的政治动物”的名言，都表明了古希腊价值观的自然主义趋向。而到近代，西方哲学也一直摇摆于二者之间，为了反对宗教神学和封建专制的需要最终偏向于自然主义。如笛卡尔就主张：“我思故我在”。但从康德开始，西方的哲学发生重大转型，康德将实践理性置于优先的地位，假若要其原因，在康德看来，人之为人的根本乃在于人的道德性，人类由野蛮到文化的真正的第一步在于，“连续不断的启蒙就开始奠定一种思想方式，这种思想方式可对把粗糙的辨别道德的自然禀赋随着时间的推移而转化为确切的实践原则，从而把那种病态地被迫组成了社会的一致性终于转化为一个道德的整体。”② 对道德大师康德来讲，人的道德价值的本质和真的本质存在着尖锐的矛盾，所以道德价值只有在同愿望、世俗幸福的对峙和冲突中才能显示出来，虽然他也认为道德和因果的联系环节为实践，两者应该统一起来，但由于他将道德所具有的一切客观内容的幸福排斥在外，实践成为无源之水，无本之木，道德价值遂成为纯形式的宗教概念，历史最终从属于道德律令，因果判断从属于价值判断。黑格尔在批判康德无社会历史内容的形式主义道德价值观的基础上，创立了自己的历史哲学，其理论贡献在于将道德从属于历史，又用其辩证法将两者在历史中统一起来。但在此还需说明的是，黑格尔的历史并不具有真实的历史内容和本体论意义，只不过是其“绝对观念”的外化形式。正如恩格斯所说的：“黑格尔所代表的历史哲学，认为历史人物的表

① 《汉书》卷六二《司马迁传》，北京：中华书局，1962年标点本，第2738页。

② （德）康德：《历史理性批判文集》，何兆武译，北京：商务印书馆，1997年，第8页。

面动机和真实动机都绝不是历史事实的最终原因，认为这些动机后面还有应当加以探究的别的动力；但是它不在历史本身中寻找这种动力，反而从外面，从哲学的意识形态把这种动力输入历史。”①

再就西方史学而言，自古迄今表现为两大流派：其一，用因果判断代替道德价值判断。其二，以道德价值判断代替因果判断。仅以希腊罗马史学家为例，修昔底德斯、波里比阿等史家从事史学研究的兴趣在于探求历史事件的因果关系，即克罗齐所说的修昔底德史学研究的主要任务是去“辨别事实和原因”②，而波里比阿则更进一步去“辨别开端、原因、与诱因。”③ 但对于塔西佗、普鲁塔克来说，他们所侧重的是道德价值判断，如塔西佗“声称写作目的是要为后代揭橥可憎恨或可赞美的政治上罪恶和美德的典型事例”。④ 其目的是“为了使德行不致默尔而息，并为了使后人对恶的言行与丑名而有所畏惧。”⑤ 即黑格尔所说的“道德反思的历史学”。其后果从历史学的角度来看，就如柯林武德所认为的“导致了塔西佗系统地歪曲了历史，把它描述成本质上是被夸大了的好人与被夸大了的坏人之间的冲突。”⑥ 因而近现代西方史学，尽管对道德价值体系的内涵、特征、方法争论不已，但就其趋向而言，还是认为史学家在分析、判断历史事实的过程，必须将道德价值判断同历史进程结合起来，因为在确定历史事实的过程中，历史学家的道德价值观念必然发挥着巨大作用，必然要以自己的道德价值负荷来评价历史事实。正如学者们指出的，历史学与自然科学在认识理论上的不同之处在于前者除了真——伪轴线外，还具善——恶这一价值轴线。历史的客观性恰恰存在于这两个轴线的交叉点上，即托波尔斯基所说历史学家必须“每时每刻在两种极端中寻找一条中间路线。”⑦ 用柯林武德的话讲，即历史学家是“通过讲述人类已经做了什么而告诉人们人类是什么。”⑧ 因而将

---

① 《马克思恩格斯选集》第4卷，北京：人民出版社，1972年，第243—244页。

② （意）克罗齐：《历史学理论与实际》，傅任敢译，北京：商务印书馆，1982年，第152页。

③ （意）克罗齐：《历史学理论与实际》，傅任敢译，北京：商务印书馆，1982年，第152页。

④ 转引自（英）柯林武德：《历史的观念》，北京：中国社会科学出版社，1986年，第44页。

⑤ （意）克罗齐：《历史学理论与实际》，傅任敢译，北京：商务印书馆，1982年，第156页。

⑥ （英）柯林武德：《历史的观念》，何兆武、张文杰译，北京：中国社会科学出版社，1986年，第44页。

⑦ （波）托波尔斯基：《历史学方法论》，张家哲等译，香港：华夏出版社，1990年，第647页。

⑧ （英）柯林武德：《历史的观念》，何兆武、张文杰译，北京：中国社会科学出版社，1986年，第11页。

人们的道德价值同社会历史相结合，并在这一结合中来构建道德价值体系是西方史学发展的趋向。如果以此来看司马迁的将价值判断置于同因果判断的矛盾中并最终统一于因果判断的史学观念的话，无疑是深刻的，也是科学的，从而高于希腊罗马的史学观念。

三

不言而喻，司马迁的《史记》是一个丰富而复杂的思想体系，由于历史时代的局限性、个人文化构成的规定性和经历的特殊性，司马迁的思想中不可避免混杂着一些天命和迷信的色彩，但这并不是司马迁思想体系的本质所在，而影响后世且被后世所看重的也最能代表其思想精华的就是被他高度浓缩的伟大的《史记》研究纲领。但就此仍不足以认识司马迁史学纲领的深远意义。托马斯·库恩再度指明，科学的范式不仅仅提供了人们普遍遵守的学术规范和正确途径，同时范式又“足以无限制地为重新组成的一批实践者留下有待解决的种种问题。”① 范式绝不是一个封闭的思想体系，对范式的更新是范式的内在要求。在库恩看来，科学史的每一次革命都是“世界观的改变”。② 亚里士多德早就阐明，科学得以建立的最终根据还在于探讨第一原理的哲学。这样，科学范式的“革命”和转型自然就超越了具体的科学本身而进入了与之相关的更高层次的哲学领域，可见对科学的转型来说是离不开哲学的，而对历史学的创新来讲也是如此。托波尔斯基就认为，如果“没有那种本体论上的认识，历史学就不可能超越对过去的一般性描述。”③ 所以我们继续以库恩的范式理论来阐述司马迁这一史学纲领的现实指导意义。

其一，司马迁同古希腊罗马的史学理论思维的比较研究结论说明，中西史学发展道路不同的根本原因在于中西所具有的明显的不同的史学模式，而这种史学模式不同的关键在于其依据的世界观不同。由此我们可以深切地体会到司马迁史学纲领的历史哲学的深邃思想内涵，这种对本源的不懈探求不仅为司马

---

① （美）库恩：《科学革命的结构》，金吾伦、胡新和译，北京：北京大学出版社，2003 年，第 9 页。

② （美）库恩：《科学革命的结构》，金吾伦、胡新和译，北京：北京大学出版社，2003 年，第 101 页。

③ （波）托波尔斯基：《历史学方法论》，张家哲等译，香港：华夏出版社，1990 年，第 647 页。

迁冲破孔子的史学模式的束缚提供了锐利的思想武器，也为其建立通变的史学范式提供了方法论，从而使司马迁的史学思想高出于希腊罗马的传统史学观念，其史学成就也高出希腊罗马史学家的史学成就，而且还就其基本点上，也同西方史学发展的趋向一致；而更重要的意义在于司马迁的史学思想是一种开放的思想体系，它具有超越时空的普遍的方法论意义。在当代，中西方的史学都处于重要的转型时期，建立现代的史学体系为当务之急，而要完成现代史学体系的重建，按照库恩的指点，就必须对中外史学范式，包括传统的司马迁和古希腊罗马的史学范式进行反思，这是丰富和完善现代史学思想体系的必经之路；其二，司马迁不仅为我们提供了创立史学范式的成功范例，而且他还指出了超越史学范式和范例的方法和道路——通变的史学思想。通变思想是中国传统史学的精华，虽然历经两千余年，仍然是我们进行历史研究的最基本的思想方法论。这一方法不仅在我国受到史学家的重视，就是在西方，尽管其现代史学的理论百花齐放，史学方法异彩纷呈，但其基本点仍然是强调历史研究中主体的重要性，仍然是强调将历史置于历史的长河中，在主客矛盾的运动中去把握历史的真谛，以探求历史发展的趋势，其思想实质仍倾向通变说。如卡西尔指出："伟大历史学家们的才能正是在于：把所有单纯的事实都归溯到他们的生成，把所有的结果都归溯于过程，把所有静态的事物或制度都归溯到它们的创造性活力。"① 所以对司马迁史学范式的比较研究，不但使我们对司马迁的通变的思想观念有了更为深入的理解，而且对于我们自觉地运用这一观念进行历史研究，以丰富和完善现代史学思想体系无疑具有极其重要的现实意义。这也是本文旨趣之所在。

（原载《人文杂志》2005 年第 5 期）

---

① （德）恩斯特·卡西尔：《人论》，甘阳译，上海：上海译文出版社，2004 年，第 255 页。

司马迁与普鲁塔克传记观念之异同

一

在中西古典史学中，传记史学是重要的史学体裁之一，我国西汉司马迁（约前145—前86）的《史记》和古罗马帝国时期普鲁塔克（Plutarch，约46—126）的《希腊罗马名人传》（以下简称《名人传》）是中西光彩夺目的具有代表性的传记史学著作。早在20世纪初，梁启超先生就从作者的时代、内容和影响等方面阐明了两者所具有的可比性①。本文拟延伸此思路，从中西史学比较的角度，对司马迁与普鲁塔克的传记史学观念进行一些比较。

关于传记的特点，普鲁塔克在《亚历山大传》第一章里写道："在这一卷里，我将叙述马其顿王亚历山大和击败庞培的恺撒两人的生平，这两个人值得记述的伟大事迹为数太多，我不能不首先说明，我只能把他们一生当中的最为人称道的事迹简单地加以叙述，而不能对每项伟业都做详尽的记载。我现在所撰写的不是历史，而是传记。从那些最辉煌的事迹之中，我们并不一定能够极其清楚地看出人们的美恶品德，但一件不太重要的事情，一句笑话，或者片言只语，往往会比最著名的围城，最伟大的军备和死亡数以千计的战役更能使我们了解人们的性格。"② 在这段话中普鲁塔克表明"传记则描写人物的性格"③。

---

① 梁启超："其最异于前史者一事，目以人物为本位。故其书侧诸世界著作之林，其价值颇类布尔达克之《英雄传》。其年代略相先后（布尔达克在司马迁后约200年），其文章之佳妙同，其影响所被之广且远亦略同也。"梁启超：《中国历史研究法》外二种，石家庄：河北教育出版社，2000年，第24页。

② Plutarch，Plutarch's Lives，Whitefish：Kessinger Publishing，LLC，Vol. 8，2004，p. 226。

③ Plutarch，Plutarch's Lives，Whitefish：Kessinger Publishing，LLC，Vol. 7，2004，p. 227.

“不收集无用的历史资料，只是转述那些可以用于了解人的道德面貌及其性格的事实”（《尼西亚斯传》）是普鲁塔克撰述《名人传》的基本方法。①

在普鲁塔克看来，历史和传记是人们自我认识的两种形式。“历史叙述人民与英雄的事迹”。历史叙述的对象是那些足以影响国计民生的政治、军事之类重大事件，如希罗多德叙述希腊波斯战争史的《历史》，修昔底德叙述斯巴达和雅典争夺希腊霸权的《伯罗奔尼撒战争史》，还有罗马的恺撒记叙其率罗马军团征服高卢地区的《高卢战记》等。这类题材的主要特征是借助作者的自身经历和众多事件经历者或目击者提供的确凿无疑的证言和证词，以彰显其无可争议的历史真实性；而传记不然，其研究的对象则是不可触摸和目击的人物心灵和性格，人们无法像历史一样可以通过准确无误的时间和地点作为依据进行论证，只能依“人性总是人性”② 这一朴素人性论为依据，再通过生活的细节和动人的轶事来描绘人的灵魂。

可见，在普鲁塔克看来，历史和传记是两种记述体裁，历史是叙述重大历史事件的，而传记是记叙人物的内心世界的，二者不能等同。不过，在《名人传》的其他地方普鲁塔克又经常把自己的著作称为历史，或以历史的标准加以要求，将二者试图统一起来。如他在《提修斯》传记开头所说的那样：“但愿我能将虚构的传说予以澄清，使之合乎理性，具有历史的容貌。但是，如果确有荒诞无稽、难以凭信的话，那就只有请求宽厚的读者先生们，对古人的故事听听而已。”③ 正如郭小凌先生所指出的，这表明了普鲁塔克“认识上的矛盾性和游移性”④。

与普鲁塔克不同的是，以司马迁的《史记》为标志，中国传记并没有将叙事史加以抛弃，而是将叙事史同传记二者结合起来。《春秋》是现存中国最早的编年史书，其后的《左传》则在编年史《春秋》的基础上，增加人物的细节描写，使内容更为丰富，人物表现力更强。其后的《史记》则是集先秦史学之大成，形成了传记史学的模式。对此，正如钱穆先生所指出的：“中国历史分成三种体裁：一是记事，二是编年，三是传人。在记事中又兼带着记言，《尚书》是第一种体裁，是以记事记言为主。《春秋左传》是第二种体裁，以编年为主，但

---

① Plutarch, Plutarch's Lives, Whitefish: Kessinger Publishing, LLC, Vol. 7, 2004, p. 237。

② （古希腊）修昔底德斯：《伯罗奔尼撒战争史》，谢德风译，北京：商务印书馆，1985 年，第 18 页。

③ Plutarch, Plutarch's Lives, Whitefish: Kessinger Publishing, LLC, Vol. 7, 2004, p. 227.

④ 郭小凌：《西方史学史》，北京：北京师范大学出版社，1995 年，第 103 页。

是在编年中又包括了记事和记言，即在记言记事之上再添上了编年。太史公《史记》以人为主，把人物作中心，但在传人的体裁之内，同样包括记事和编年，即是说：记事和编年这两体裁已在太史公《史记》以人物为中心的列传体之内包融了。"[①] 显然，在钱穆先生看来，编年体和记事体虽前已有之，但司马迁对此进行了改造，虽源于前者，但已高出于前者，三者的结合，并非三者简单相加，而是三者之间的有机结合：即以人物为中心，以时间和叙事为辅助的，从而产生了一个新的史学体裁——纪传体。

二

"传记"（Biography）的西语词源于希腊文"生平"（bios）一词，是指以研究个人生平为形式的历史著作，即对某一具体人物生平事迹所做的叙述，它的重点在于剖析个人的社会作用。因此，历史学家与传记作家拥有一个共同的特点，即将个人的经历作为其历史叙述的对象。对于《名人传》和《史记》而言，就具有这一特性；但由于两人的史学观念存在着明显的差异，因而他们对史与传记的观念的理解及在运用这一观念时的侧重点方面有所不同。

在西方史学史上，普鲁塔克并不是传记的开创者，却被尊为传记体的集大成者。如上所述，普鲁塔克《名人记》中有历史记叙手法。然而他更注重用轶闻和细节来代替历史重大事件，以人物内心的思想和性格的表现作为历史内容，从而彰显了历史人物性格在历史进程中的作用。用传主的思想代替表现历史内容。所以，他是一个自觉的传记作家，但却不是一个史学家。

司马迁与普氏的不同点表现在：其一，在《史记》中，司马迁以"论载史文"为己任，将历史人物的叙述置于严格的历史发展的进程中，自觉地运用文学的表现方式对传记人物加以塑造，对人物的心灵和性格进行探索，以刻画出众多但又各有特色的历史人物，使传记的真实和历史事件的真实结合起来，心灵的描述与历史事件的因果有机地统一起来。其二，与普鲁塔克徘徊于历史与传记之间相对照的是，司马迁在着力使传记作为历史记述的体例之时，强调《史记》最重要的支撑点是历史的真实性，始终以自己出自史官世家而自豪。司马迁说："余所谓述故事，整齐其世传，非所谓作也。"[②]。显然，同普氏相比较

① 钱穆：《中国史学名著》，北京：生活·读书·新知三联书店，2000年，第75页。

② 《史记》卷一三〇《太史公自序》，中华书局，1959年，第3299—3300页。

的话，司马迁强调自己并非是在创作和塑造人物的思想和历史过程，而是时时刻刻复原历史的真实特色，将人物的思想和性格最终统一于鲜活多变的历史进程之中。从而形成了独具特色的司马迁的史学“范式”。清代郑樵誉之为“百代以下，史官不能易其法，学者不能舍其书”[①]，亦说其撰史手法乃赵翼“史家之极则”[②]。

如上所述，传记史学是中西史学发展到一定阶段的史著体裁。汪荣祖先生也认为“中国的纪传体原是史书体裁的一种，目的就是藉人观事，藉传述史。列传所要达到的目的，显然与西方所谓的个人传记大异其趣。”[③] 司马迁纪传体特点，在汉代以后出现颇值得注意的变化，汪荣祖先生指出，中国的传记体，在“史汉之后，绝少创新，确殊乏长篇巨制，类不过千百字为一传。”[④] 究其原因之一，乃在于华夏执著且深厚的历史观念。史官作传，拘泥于体例，习惯于撮其要点，而难以铺展详论。直到明朝尚“辄言传乃史职，身非史官，岂可为人作传，”[⑤] 从而压抑了人的思想、情感和性格在传记史学中的作用，压缩了传记在传记史学体例中继续发展的空间，《史记》所具有的浓厚的人文思想和在史学方面的创新精神自然也就难以再现。梁启超先生也指出“此言班书以下，作者陈陈相因，无复创作精神”[⑥]。而西方传记史学，自普鲁塔克之后，史学与传记二者渐行渐远，“史传若即若离、和而不合，传可以辅史，而不必即史，传卒能脱颖而出，自辟蹊径，蔚为巨观矣。”[⑦] “西人不分纪传，而其传之丰，动辄数十万言，巨细靡靡，如见其人，亦非吾华固有。”[⑧] 卡莱尔的名言：“历史是无数传记的结晶”都表达了这一历史趋向，但其不足之处在于传记虽不乏煌煌长篇，却“辄以传记资料琐碎填塞，无关宏旨”[⑨]，在史与传之间长期犹豫，在真与假中持续徘徊。

从史学史而言，对于历史事件的叙写——叙事史，与对人物的性格描

---

① （宋）郑樵：《通志·总序》，中华书局，1987年，第1页。
② （清）赵翼撰、王树民校正：《廿二史札记校正》卷一，北京：中华书局，1984年，第3页。
③ 康乐，彭明辉：《史学方法与历史解释》，北京：中国大百科全书出版社，2005年，第409页。
④ （美）汪荣祖：《史传通说》，北京：中华书局，1989年，第79页。
⑤ （清）章学诚著，叶瑛校译：《文史通义校注》，北京：中华书局，1985年，第248页。
⑥ 梁启超：《中国历史研究法》外二种，石家庄：河北教育出版社，2000年，第26页。
⑦ （美）汪荣祖：《史传通说》，北京：中华书局，1989年，第79页。
⑧ （美）汪荣祖：《史传通说》，北京：中华书局，1989年，第175页。
⑨ （美）汪荣祖：《史传通说》，北京：中华书局，1989年，第78—79页。

写——传记的关系长期成为史学研究的难点。之所以如此，是因为历史是以人为中心的学科，它既要表现人的复杂思想和多变的性格，以彰显人之所以为人的特质；但另一方面，人的性格和心理又是通过人的各种不同的活动和作为来表现出来。西方古典史学表现出将两者分离的特点，而司马迁史学则力图将两者融为一体，尽管其之后中国史学并没有将此一特点发扬光大。分析司马迁与普理塔克传记观念之异同，对于我们理解中西古典史学之特点，无疑是有意义的。

（原载《史学史研究》2009 年第 3 期）

司马迁与普鲁塔克传记史学观念的异同

在中西古典历史学的发展过程中，传记史学是在史学产生后，逐步发展出来的一种比较发达的史学体裁，我国西汉司马迁的《史记》和古罗马帝国时期普鲁塔克《希腊罗马名人传》（以下简称《名人传》）是中西光彩夺目的具有代表性的传记史学著作。早在20世纪初，梁启超先生就从内容、影响和作者的时代等方面阐明了两者所具有的明显可比性①。因此，本文拟延伸此思路，将司马迁与普鲁塔克的传记史学观念置于中西文化的历史长河中，以现代传记史学观念为依据，从传记史学的比较观念和文与史的关系—传记史学的真实观这两个重要方面，对两人的传记史学观念进行一些比较。

一

众所周知，在《史记》和《名人传》中，司马迁和普鲁塔克都善于用比较的手法来刻画人物复杂多变的内心世界和斑驳陆离的历史事件的异同，以探讨历史的真谛，表现出了中西不同的史学比较特色。而这一特色首先与其各自的哲学传统紧密相连。

希腊罗马在史学上开创了西方史学的滥觞，但它的产生、发展也和“理性”结有不解之缘。对于古希腊罗马而言，理性是一种形而上的哲学范畴，是世界的本原，或者是人性的全部世界。为了追求理性这一目标，希腊人特别地创造

① 梁启超认为“其最异于前史者一事，日以人物为本位。故其书置诸世界著作之林，其价值颇类布尔达克之《英雄传》其年代略相先后（布尔达克靠后司马迁约二百年），其文章之佳妙同，其影响所被之广且远亦略同也。”梁启超：《中国历史研究法》外二种，石家庄：河北教育出版社，2000年，第24页。

出一种智慧的学问，即所谓“哲学”，希腊哲学的重要作用就在于用智慧去“挖掘”这种理性。

就古希腊哲学发展史而言，在公元前5世纪初期，从巴门尼德开始，古希腊哲学出现一次重大转型，研究的对象由主要研究自然转到主要研究社会道德，即由“知物”而转向“识人”。如普罗泰戈拉斯的名言：“人是万物的尺度”①，研究方法一改先前“自然（哲）学”强调流变和具有对立统一色彩的思维形式，而把不变性、确定性、无矛盾性当做哲学寻求本原和世界的根本特征。巴门尼德提出了对本体（有确定性的存在，事物的所是或定义）的研究，成为后来哲学研究的基本范畴。

古希腊的理性主义世界观对希腊罗马的历史观产生了重要而直接的影响。在柏拉图那里，所谓的“知识”的对象是由先验的理性对于不变的实质——“理念”，即“共相的实体化的真知实见，具有永恒性”。而“意见”则是对应于变动不居的现象的感性的认识而已，它只具有瞬间性，但由于瞬间感觉不可能由发达的形式逻辑来证明来认识，所以“意见”只能处于柏拉图所规定的“比知识阴暗，比无知明亮”② 的尴尬的中间状态，而不可能是科学的对象或基础。亚里士多德有很多反历史的议论，如他以“目的”来解释世界的必然性，认为每一物体都有自己的目的，变化不过是迈向这些目的实现阶段和工具，并无真实意义。不言而喻，希腊也有其发达的辩证的智慧和哲学，如赫拉克利特的“活火说”到德漠克利特的“原子论”。但其作用却落实在逻辑学，而在历史学的领域内基本是一种形而上学的理论范畴。当然，希腊的这一思想后来被罗马所吸收和继承。正因为如此，柯林武德认为希腊罗马史学的思想方法是实质主义的，“它蕴含着一种知识论，即只有不变的东西才是可知的。”③ 因而对于希腊罗马而言：“历史学家摆在自己面前的是人类在过去所做过的事，而这些都属于一个变化着的世界——在这个世界之中事物不断地出现和消灭。这类事情，按照通行的希腊形而上学观点，应该是不能认识的，所以历史学就应该是不可能的。”④ 所以柯

① 苗力田主编：《古希腊哲学》，北京：中国人民大学出版社，1989年，第181页。

② （英）柯林武德：《历史的观念》，何兆武、张文杰译，北京：中国社会科学出版社，1986年，第48页。

③ （英）柯林武德：《历史的观念》，何兆武、张文杰译，北京：中国社会科学出版社，1986年，第22页。

④ （英）柯林武德：《历史的观念》，何兆武、张文杰译，北京：中国社会科学出版社，1986年，第22页。

林武德认为实质主义的认识论表现了“希腊思想的反历史倾向”。这一“反历史倾向”[①] 是形成古希腊罗马史学的一个典型特征——共时史学的重要原因。其特征主要表现为：重视社会现象共时的横向关系，具有宽阔的视域和普世的特征，但明显缺乏对历史根源的纵向性的历史联系、追溯。

对于普鲁塔克而言，古希腊罗马史学的这一特征在《名人传》中表现得非常明显。不言而喻，《名人传》是属于类传的范畴，普鲁塔克是以希腊历史名人和罗马名人生平事迹中所共有的一些特征为基础，分门别类，进行一对一，乃至二对二的平行对比，其目的就是要抹去两者所存在的时代鸿沟，在希腊和罗马名人之间建立起共时性的比较关系。从比较史学而言，类传的优越性在于它打破了地域、空间所给历史研究的局限，把看起来并无内在联系的历史现象通过归纳、演绎等逻辑范畴而联系起来，以寻找并萃取历史的共性和特性。对于《名人传》而言，这一方法突出了希腊历史名人和罗马历史名人的独立性和主体性，但其弱点则在于割裂了两者本来存在的明显的历时性关联。众所周知，希腊的历史文化对罗马的历史文化以较大的影响，二者之间有一种客观的继承关系，因而从比较史学的观点来看，希腊罗马名人之间的比较关系，既有共时性的比较，更应该侧重于历时性的比较。比如，《名人传》中的亚历山大同恺撒的比较，伯里克利和费边的比较，阿基斯、克利奥蒙尼和提比略、盖约的比较关系，等等，他们之间的确存在着许多明显的历史关联。但在《名人传》中，人们几乎看不到希腊名人与罗马名人之间本来存在的许多且重要的这种历时性关联，大量的只是两者并无时间相继的只是凭借逻辑概括、抽象而形成的共时性的比较关系。其结果，使本来联系紧密、影响深远的活生生的历史人物都成为天马行空的超人。当然，人物的叙写和比较与作者的目的和侧重点有着重要关系，但这种无视客观历时性关联的做法不仅与其写作目的和侧重点有关，同时也与其史学观念密切相连。

与古希腊罗马的史学传统恰恰相反的是，从中国史学史来看，中国自古就建立了比较优秀的史学传统，由祖先崇拜占优势而孕育出来的中国历史意识，一开始就有着独特的时间长河观念。而那些在某一特定时期内地位显赫、形象高大的祖先总是作为区分与识别时间的标志，后来史书之所以一直以帝王的庙

① （英）柯林武德：《历史的观念》，何兆武、张文杰译，北京：中国社会科学出版社，1986年，第22页。

号（在宗庙祭祀过程中的序列）来作为历史的纪年，其原因正在于此。中国最早的编年史体例《春秋》就是这一观念的产物，“本纪”在《史记》中就是起标示时间的作用。这些观念都从不同侧面反映了中国人所特有的历史意识。不过，同希腊罗马不同的是，中国传统文化中的辩证特性又为将历时性和共时性的思维方式联系起来提供了可能性。

对于司马迁而言，他是在继承中国传统的基础上并对它加以发展，从而形成了独具特色的哲学思想，并在这一思想的指导下创立了自己的史学观念。按照司马迁的指点，“究天人之际，通古今之变，成一家之言”[①] 是《史记》的思想总纲，这一总纲成为他融会贯通共时性和历时性方法的最重要的理论基础。司马迁的这一史学观念在《史记》中主要表现在以下三个方面[②]：其一，平行的、共时性的比较方法。这在《史记》合传中表现得最为突出。如苏秦与张仪蝉联，张耳与陈余并列，廉颇与蔺相如对举等。其二，大量的历时性比较方法，这在《史记》类传中表现得最为典型。历时性比较是中国传统史学的精粹，其突出优点在于它具有强烈的贯通历史比较意识，能够打破时代界限，上溯下及，古今一体。《白起王翦列传》、《鲁仲连邹阳列传》、《屈原贾生列传》等是下及，《扁鹊仓公列传》是上溯。唐代著名史学批评家刘知几之所以批评《史记》篇目的编排是“不求年月”[③]，其原因就是类传的创立。但是非早有公论，故不赘述。其三，更重要的是，司马迁还将共时性和历时性这两种比较方式在复杂的历史比较中融为一体，并在矛盾运动的基础上有机地统一起来，显示了其比较方法的全面性和深刻性。例如《仲尼弟子列传》、《孟子荀卿列传》、《老子韩非列传》、《儒林列传》等等一系列合传、类传，“把古今学术的变化发展作了条理化的论述，分合源流，线索分明。”[④] 总之，《史记》叙述的基本原则“可用八个字来概括：‘时代为序，以类相从”，“以类相从，是运用历史类比法纵横排比，探寻治乱兴衰的规律，它既是一种编纂方法，也是一种研究方法”[⑤]。

从史学史来看，共时性与历时性的关系问题长期以来是史学研究的难点。

① 《汉书》卷六二《司马迁传》，北京：中华书局，1962 年标点本，第 2735 页。

② 王成军：《论司马迁与普鲁塔克人物传记中的历史比较》，《北京师范大学学报》（社会科学版）2006 年第 6 期，第 64—73 页。

③ （明）郭孔延：《史通评释》，上海：上海古籍出版社，2006 年，第 21 页。

④ 张大可：《司马迁评传》，南京：南京大学出版社，1994 年，第 196 页。

⑤ 张大可：《司马迁评传》，南京：南京大学出版社，1994 年，第 173 页。

之所以如此，历史是以时间为主轴的学科，共时性和历时性的关系是一个对立与统一的关系，是时间这一主轴的不同的表现方式。马克·布洛克指出："这种真正的时间，实质上是一个连续统一体，它又是不断变化。历史研究的重大课题就源于这两种属性的对立。"① 从世界史学史来看，共时的研究方法其实质是一种静态的研究方法，重视历史空间的外在展现；而历时性的方法则强调历史现象的动态，它所注重挖掘的是事物内在发展变化的原因和趋向。托波尔斯基指出："古代哲学中，很明显地表现出了变化和运动的概念，……然而它却一直没有渗透到历史编纂学中去。"② 很显然，托波尔斯基在这里说的应该是古代西方，而不是中国。古代中国人认为，万物并无抽象不变的实质，真理不能在永恒不变中去寻求，而只能从变化不居中去把握。刘家和先生指出："中国古代思想家并非不追求现象背后的本质，不过他们寻求的不是抽象的、无差别的一或永恒不变的实质，而恰恰相反，是变中之常。"③ 因而对于西方近现代史学而言，其最突出的成就在于注重静态，以获取事物广阔面的同时，开始重视事物时间的不断变化以体现历史性，从而使历史走上了科学的殿堂。由此，马克·布洛克认为："史学的不确定性正是史学存在的理由，它使我们的研究不断更新。"④ 卡西尔也认为历史意识是"对立面的统一"，"它把时间的相反两端连接起来，从而使我们感受到人类文化的连续性。"⑤ 所以对于历史学而言，既需要时间的连续性，也需要空间的联系性，是两者的有机的统一。由此来看，司马迁的传记思想符合现代史学发展的趋向。

二

希腊罗马文化结构中的自然主义和伦理主义长期的二元对立，导致其传记史学在叙事史学的基础上产生后，自成一家，同叙事史学并行不悖，且在传记史学体裁中还呈现出继续分化的趋向。而中国儒家文化结构所特有的包容文化

① （法）马克·布洛克：《历史学家的技艺》，张和声、程郁译，上海：上海社会科学院出版社，1992年，第125页。

② （波）托波尔斯基：《历史学方法论》张家哲等译，北京：华夏出版社，1990年，第69页。

③ 刘家和：《论通史》，《史学史研究》2002年第4期，第8页。

④ （法）马克·布洛克：《历史学家的技艺》，张和声、程郁译，上海：上海社会科学院出版社，1992年，第18页。

⑤ （德）恩斯特·卡西尔：《人论》，甘阳译，上海：上海译文出版社，2004年，第247页。

品格使传记史学长期成为中国的正统史学，具有极其浓厚的人文指向。这在《史记》和《名人传》中表现得非常明显。

普鲁塔克在《亚历山大传》第一章里写道："在这一卷里，我将叙述马其顿王亚历山大和击败庞培的恺撒的两人的生平，这两个人值得记述的伟大事迹为数太多，我不能不首先说明，我只能把他们一生当中的最为人称道的事迹简单地加以叙述，而不能对每项伟业都做详尽的记载。我现在所撰写的不是历史，而是传记，从那些最辉煌的事迹之中，我们并不一定能够极其清楚地看出人们的美恶品德，但一件不太重要的事情，一句笑话，或者片言只语，往往会比最著名的围城，最伟大的军备和死亡数以千计的战役更能使我们了解人们的性格。"① 他认为，传记与史乘的基本区别在于，"史乘叙述人民与英雄的业绩，而传记则描写人物的性格"② 因此，"不收集无用的历史资料，只是转述那些可以用于了解人的道德面貌及其性格的事实。"③ 显然，在普鲁塔克看来，历史和传记是人们自我认识的两种形式。历史的对象应是政治、军事之类重大事件，如传统的希罗多德的《希波战争》、修昔底德的《伯罗奔尼撒战争史》、恺撒的《高卢战记》之类令人瞩目的重大课题，而对有血有肉的人物品格、内心世界的工笔描绘则是像他这样的传记家的任务。

所以，历史和传记是对立的，既是历史的就不能是传记的，而是传记就不能是历史。但在《名人传》的其他地方他又经常把自己的著作称为历史，或以历史的标准加以要求。如他在《提修斯》传记开头所说的那样："但愿我能将虚构的传说予以澄清，使之合乎理性，具有历史的容貌。但是，如果确有荒诞无稽、难以凭信的话，那就只有请求宽厚的读者先生们，对古人的故事听听而已。"④ 正如郭小凌先生所指出的，这一切都表明了普鲁塔克"认识上的矛盾性和游移性。"因而自希腊罗马始，西方传记走上史传分离、文史对立的发展道路。⑤

中国的传记史学虽然源于叙事史学，但在以司马迁的《史记》为标志形成后，并没有将叙事史学加以抛弃，而是将叙事史学同传记史学结合起来，定为

---

① Plutarch，Plutarch's Lives，Whitefish：Kessinger Publishing，LLC，Vol. 7，2004，p. 226.

② Plutarch，Plutarch's Lives，Whitefish：Kessinger Publishing，LLC，Vol. 7，2004，p. 227.

③ Plutarch，Plutarch's Lives，Whitefish：Kessinger Publishing，LLC，Vol. 7，2004，p. 237.

④ Plutarch，Plutarch's Lives，Whitefish：Kessinger Publishing，LLC，Vol. 7，2004，p. 227.

⑤ 郭小凌：《西方史学史》，北京：北京师范大学出版社，1995 年，第 103 页。

一尊，形成了中国的正统史学。从中国史学史来看，《春秋》作为中国最早的编年史书，开创了中国历史学的长河，其后的《左传》则在编年史《春秋》的基础上，又加以叙事，使史学的内容更为丰富，并开始出现了人物的描写，如钱穆先生指出的："中国历史分成三种体裁：一是记事，二是编年，三是传人。在记事中又兼带着记言，《尚书》是第一种体裁，是以记事记言为主。《春秋左传》是第二种体裁，以编年为主，但是在编年中又包括了记事和记言，即在记言记事之上再添上了编年。太史公《史记》以人为主，把人物作中心，但在传人的体裁之内，同样包括记事和编年，即是说：记事和编年这两体已在太史公《史记》以人物为中心的列传体之内包融了。"① 显然，在钱穆先生看来，编年体和记事体虽前已有之，但司马迁对此进行了改造，虽源于前者，但已高出于前者，三者的结合，并非三者简单相加，而是三者之间的有机结合：即以人物为中心，以时间和叙事为辅助的，从而产生了一个新的史学体裁——纪传体。

自《史记》后，中国历史学发展的趋向是史传结合，文史统一。《文心雕龙》高度评价司马迁史传结合的写作方法，认为其文学性并未破坏其历史性，其仍然可以与被刘知几称誉为"述者之冠冕"② 的《左传》并驾齐驱，或者说，远远地超过了《左传》："观乎《左传》缀事，附经间出，于文为约，而氏族难明。及史迁各传，人始区详而易览，述者宗焉。"③ 因而这种结构确实是司马迁的伟大创造，如汪荣祖所言："史传合一，既为定体，吾华史学传统，遂以人为中心矣。"④ 从而形成了和普鲁塔克及其希腊罗马传记史学发展方向不同的传记史学类型，并在中国延续了两千多年，成为中国传统史学的"范式"。现在的问题是，如果将司马迁和普鲁塔克的传记史学观置于中西传记史学的历史长河中，其地位如何呢？

显然，对司马迁而言，史传合一，乃一大创造，但如果同普鲁塔克相比较的话，司马迁是在强调自己并非是在创作，而是时时刻刻复原历史的真实特色，将文与史最终统一于历史进程之中，由此形成了中国传记史学的独特旨趣。如司马迁所言："余所谓述故事，整齐其世传，非所谓作也。"⑤ 对此，汪荣祖先生

---

① 钱穆：《中国史学名著》，生活·读书·新知三联书店，2000年，第75页。

② （明）郭孔延：《史通评释》，上海：上海古籍出版社，2006年，第15页。

③ （梁）刘勰著、黄叔琳校注：《增订文心雕龙校注》，北京：中华书局，2000年，第206页。

④ （美）汪荣祖：《中西史传通说》，北京：中华书局，2003年，第78页。

⑤ 《史记》卷一三〇《太史公自序》，北京：中华书局，1959年，第3299—3300页。

也认为“中国的纪传体原是史书体裁的一种，目的就是藉人观事，藉传述史。列传所要达到的目的，显然与西方所谓的个人传记大异其趣。”① 同时，汪荣祖先生还认为，中国的传记史学，在“史汉之后，绝少创新，确殊乏长篇巨制，类不过千百字为一传。”② 究其原因之一，乃在于华夏执著且深厚的历史观念。史官作传，拘泥于体例，习惯于撮其要点，而难以铺展详论。直到明朝尚“辄言传乃史职，身非史官，岂可为人作传”③，从而压抑了人的思想、情感和性格在传记史学中的作用，压缩了传记在传记史学体例中继续发展的空间，《史记》所具有的浓厚的人文思想和在史学方面的创新精神也就难以再现，因而，深厚且发达的历史传统又成为传记史学进一步发展的蕃禽，也就由此产生了梁启超认为“此言班书以下，作者陈陈相因，无复创作精神”④ 这一激言，同样产生了汪荣祖先生“惜二千年来，作传者虽宗述史迁，未能扬其灵光”⑤ 的感叹，使人颇为遗憾。

而对于西方传记史学而言，自普鲁塔克之后，史学与传记二者渐行渐远，“史传若即若离、和而不合，传可以辅史，而不必即史，传卒能脱颖而出，自辟蹊径，蔚为巨观矣。”⑥ “西人不分纪传，而其传之丰，动辄数十万言，巨细靡靡，如见其人，亦非吾华固有。”⑦ 卡莱尔的名言：“历史是无数传记的结晶。”爱默生的警句：“确切地说，没有历史，只有传记。”都表达了这一历史趋向，但其不足之处在于传记虽不乏煌煌长篇，却“辄以传记资料琐碎填塞，无关宏旨”⑧ 在史与文之间长期犹豫，在真与假中持续徘徊。当然，一种新的史学体裁的产生和发展，不仅仅需要传记史家个人的才、学、识作为必备条件，还同中西双方不尽相同的史学发展轨迹相联系，但从现代中西传记史学发展的趋向来看，传记史学的基本要素是人与事，对于事，我们可以借助考证求其真，对于

---

① 康乐、彭明辉：《史学方法与历史解释》，北京：中国大百科全书出版社，2005 年，第 409 页。

② （美）汪荣祖：《中西史传通说》，北京：中华书局，2003 年，第 79 页。

③ （清）章学诚著、叶瑛校注：《文史通义校注》卷三，北京：中华书局，1985 年，第 248 页。

④ 梁启超：“其最异于前史者一事，日以人物为本位。故其书置诸世界著作之林，其价值颇类布尔达克之《英雄传》其年代略相先后（布尔达靠后司马迁约二百年），其文章之佳妙同，其影响所被之广且远亦略同也。”梁启超：《中国历史研究法》外二种，河北教育出版社，2000 年，第 26 页。

⑤ （美）汪荣祖：《中西史传通说》，北京：中华书局，2003 年，第 86 页。

⑥ （美）汪荣祖：《中西史传通说》，北京：中华书局，2003 年，第 79 页。

⑦ （美）汪荣祖：《中西史传通说》，北京：中华书局，2003 年，第 156 页。

⑧ （美）汪荣祖：《中西史传通说》，北京：中华书局，2003 年，第 78—79 页。

人的思想和灵魂，我们在历史的研究方法之外，还可以借助逻辑心理法则、人文理解等方法以求其文学之真实，所以历史的真实与文学的真实二者有机的统一是传记史学的基本理念。由此看来，通过对司马迁与普鲁塔克传记中所表现的文与史观念的比较研究，取精用弘，推陈出新，这对于促进我国现代传记史学乃至整个史学的健康发展具有重要的现实意义。

（原载《史学史研究》2009 年第 3 期）

文与史的对立与交融——司马迁与普鲁塔克传记史学真实观之比较

《史记》是以人物为中心的历史巨著。司马迁以如椽之笔，以其绝识卓见的史学造诣和史无前例的史家使命感，以及痛心疾首的人生体验，将古今汇于胸中，以探求历史因果，将文史熔为一炉，以彰显人物神采。《史记》是历史与文学的有机统一，是因果与人性的水乳交融，鲁迅赞其为“史家之绝唱，无韵之离骚”①，称颂《史记》不仅在中国史学史上具有重要地位，而且在中国文学史上也同样具有不可替代性。因而《史记》所蕴含的发达的文史观念也是学界长期关注的重大理论课题，并具现实意义。当然，从历史学的角度来看司马迁的这一文史相统一思想观念，其实质在于探讨司马迁是如何理解历史的真实性问题，是如何将文与史结合起来的，是如何用文学的手法反映真实、生动、鲜活的历史，归根到底是探讨司马迁传记史学的真实观念是什么这一传记史学的根本问题。本文拟用中西比较的方法，将司马迁的《史记》与古罗马普鲁塔克《希腊罗马名人传》（以下简称《名人传》）的传记史学观念相比较，在深入探讨中西古代史学及传记史学的发展规律及其不同特点的基础上，对司马迁传记史学观念加以现代诠释，以加深对现代史学及其传记史学观念发展趋势的正确把握。

一

《史记》是以纪传体为形式的通史巨著。清人赵翼说：“古书凡记事立论及

① 鲁迅：《汉文学史纲要》，南京：凤凰出版社，2009 年。

解经者，皆谓之传，非专记一人之事迹也。其专记一人为一传者，则自迁始。”①司马迁以为个人作传的形式来叙述漫长的历史进程，将历史的叙述与文学的描述有机地结合起来。《史记》即是文史结合的佳作。

首先，求真是历史的基本特点。关于历史的特质问题，中外史学家已基本达成共识，即认为历史的本质在于求真。古罗马著名的史学家波里比阿就用形象的语言表达求真精神在历史学中的重要地位，他说：“‘真实’之于历史，犹如双目之于人本身”，“如果从历史中挖去了‘真实’，所剩下来的岂不都是无稽之谈?”因而求真是历史的基本特点。司马迁著《史记》的目的也是如此，即将历史的真实置于首位。

其一，从史籍中探求历史之真。司马氏世为史官，司马迁为撰写《史记》博览当世典籍、石室金匮之藏，据学者统计，“单以《史记》本书考校，司马迁所见古书即达106种”②。在广泛掌握历史第一手材料的基础上，司马迁考订史料真伪，忠于史实，秉笔直书。如司马迁对孔子推崇备至，但绝不盲从：“吴楚之君自称王，《春秋》贬之曰：‘子’，践土之会实召周天子，而《春秋》讳之曰‘天王狩于河阳’”③。而对于汉朝的历史，司马迁也勇敢地予以揭露和抨击。试看刘邦，这个被董仲舒神化的“圣人”，在司马迁笔下，其无赖、奸诈、自私、虚伪本相暴露无遗；且好酒及色，粗野无礼，薄恩寡义，有急则找人代死，遇难则踢儿下车者三，心狠手辣，虽至人间极位，然丑不可没。即使对当朝的汉武帝本人，也直书其“外攘内同”、“多欲”与民争利的罪行，不为尊者讳，突出表现了司马迁不畏强暴，勇为史学献身的高尚史德。因此，《史记》被班固等人称之为“实录”。④

其二，司马迁注重实地考察，探索遗闻，以鉴别事实的真伪和校勘典籍正误。在《报任安书》中司马迁说：“仆窃不逊，近自托于无能之辞，网罗天下放失旧闻，略考行事。”⑤“厥协《六经》异传，整齐百家杂语”⑥，“余尝西至空峒，北过涿鹿，东渐于海，南浮江淮。”⑦其足迹踏过汉朝的大部分地区。“适鲁，观仲尼庙堂车服礼器，诸生以时习礼其家”⑧，“吾过大梁之墟，求问其所谓夷门。

---

① （清）赵翼撰、王树民校正：《廿二史札记校正》，北京：中华书局，1984年，第5页。
② 张大可：《史记研究》，北京：华文出版社，2002年，第218页。
③ 《史记》卷四七《孔子世家》，北京：中华书局，1959年标点本，第1943页。
④ 《汉书》卷六二《司马迁传》，北京：中华书局，1962年标点本，第2738页。
⑤ 《汉书》卷六二《司马迁传》，北京：中华书局，1962年标点本，第2735页。
⑥ 《史记》卷一三〇《太史公自序》，北京：中华书局，1959年标点本，第3319—3320页。
⑦ 《史记》卷一《五帝本纪》，北京：中华书局，1959年标点本，第46页。
⑧ 《史记》卷四七《孔子世家》，北京：中华书局，1959年标点本，第1947页。

夷门者，城之东门也。”① “吾适楚，观春申君故城，宫室盛矣哉！”② “吾尝过薛，其俗闾里率多暴桀子弟，与邹、鲁异殊。”③ “适长沙，观屈原所自沈渊，未尝不垂涕，想见其为人。”④ 意大利当代著名的历史哲学家克罗齐指出：“波里比阿有好几次说过，根据书本去写历史是容易的，因为只需住在藏书丰富的城里就行了，但真正的历史要求熟悉政治和军事并对地点和人民具有直接的知识。”⑤ 德国的德罗伊森认为：“直到人们把碑塔纪念物以及非文字遗物也当作了历史材料，并建立了处理他们的方法之后，研究的深度增加了，基础才能渐渐稳固。”⑥ 司马迁正是做到了这一点，他不但熟知文字的记载，而且对非文字遗物进行了考订，对历史事件的发生地有亲自的考察。

其三，近现代西方史学发展的基本趋向在于史学研究的重点由对历史事实的考证向对历史的解释转移，并认为这一正确的解释也是真实历史的重要组成部分。司马迁在《报任安书》中指出了《史记》的史学纲领为“究天人之际，通古今之变，成一家之言”。⑦ 这一纲领意味着，司马迁用“通变”的观念来整理、分析历史资料，以探讨历史事件乃至于整个历史发展变化的内在原因和趋向，这是司马迁最为深刻和最为重要的历史真实观。如对秦的兴起这一汉代学者所面对的重大历史课题，司马迁首先从漫长的历史长河中加以考察，即秦从其孝公始，始有“席卷天下，包举宇内，囊括四海之意，并吞八荒之心”⑧。“及至秦王，续六世之余烈，振长策而御宇内，吞二周而亡诸侯。”⑨ 在这一真实而发展的历史系列的基础上，司马迁用其进步的通变史观进一步研究秦成功的根本原因。他写道：“然战国之权变亦有可颇采者，何必上古，秦取天下多暴，然世异变，成功大。传曰‘法后王’，何也，以其近己而俗变相类，议卑而易行也，学者牵于所闻，见秦在帝位浅，不察其终始，因举而笑之，不敢道，此与耳食无异。悲夫。”⑩

---

① 《史记》卷一七《魏公子列传》，北京：中华书局，1959年标点本，第2385页。
② 《史记》卷七八《春申君列传》，北京：中华书局，1959年标点本，第2399页。
③ 《史记》卷七五《孟尝君列传》，北京：中华书局，1959年标点本，第2363页。
④ 《史记》卷四八《屈原贾生列传》，北京：中华书局，1959年标点本，第2503页。
⑤ （意）克罗齐：《历史学的理论和实际》，傅任敢译，北京：商务印书馆，1982年，第146页。
⑥ （德）德罗伊森：《历史知识论》，胡昌智译，北京：北京大学出版社，2006年，第92页。
⑦ 《汉书》卷六二《司马迁传》，北京：中华书局，1962年标点本，第2735页。
⑧ 《史记》卷六《秦始皇本纪》，北京：中华书局，1959年标点本，第278页。
⑨ 《史记》卷六《秦始皇本纪》，北京：中华书局，1959年标点本，第280页。
⑩ 《史记》卷一五《六国年表》，北京：中华书局，1959年标点本，第686页。

在这里，司马迁揭示了秦孝公因时代之异而变法是秦取天下而成功的根本原因，并对某些学者因秦在位日浅，不察其始终而否定秦“成功大”的历史意义作出批评，显示了司马迁深刻而真实的历史意识，可谓独具慧眼。正可谓“司马迁奋笔，乃以哲人析理之真，通于史家求事之实”[①]。

其次，人物是历史过程的载体。《史记》在探讨历史因果的基础上，“继《春秋》”，将历史进程原因深入到人的精神领域，自觉运用文学的手法来表现、探索性格各异的传记人物的复杂精神世界，彰显了人的思想、心理和性格在历史中的重要作用，再现了历史主体完整的精神风貌，具有强烈的文学感染力。因而在《史记》中，人物成为历史过程的载体，并获得了历史主体地位，它极大地丰富和发展了中国史学的表现方式，为中国史学增添了新的内容。

其一，司马迁对其所叙述的主要人物形象加以描绘，使人物形象塑造与史事剪裁相联系，生动传神，使人有如见其人、如闻其声之感。如项羽“身长八尺，力能扛鼎”[②]，“闻项羽亦重瞳子”[③]；说刘邦“隆准而龙颜，美须髯，左股有七十二黑子”[④]；说张良“状貌如妇人好女”[⑤]；说李广“悛悛如鄙人，口不能道辞”[⑥]，惟妙惟肖，使人过目难忘。其二，《史记》在对传主外形描绘的同时，又借助文学手法以探索人的性格和复杂的思想世界。在《史记》中，司马迁重视轶闻趣事在人物传记中的作用。它成为司马迁揭示人物性格、心理的重要工具。《史记》中的人物性格鲜明，个性突出，既具有浓厚的个人特征，又兼有鲜明的时代气息，而轶事在其中的作用功不可没。如张良的圯上纳履，刘邦的“大丈夫当如此也”[⑦] 的喟叹，项羽的“彼可取而代之也”[⑧] 的雄心壮志，陈平的均分社肉但志存高远等，对于刻画人物的性格具有非常重要的作用。而且，《史记》中人物往往集多重性格于一身，多重矛盾于一体。如项羽，既有破釜沉舟的壮举，也有坑秦降卒20万的暴行，还有垓下的儿女情长，更有自刎乌江的从容洒脱。在多重性格和多重矛盾的斗争过程中，既展现了历史人物所特

① 钱钟书：《管锥编》卷一，北京：中华书局，1979年，第252页。
② 《史记》卷七《项羽本纪》，北京：中华书局，1959年标点本，第296页。
③ 《史记》卷七《项羽本纪》，北京：中华书局，1959年标点本，第338页。
④ 《史记》卷八《高祖本纪》，北京：中华书局，1959年标点本，第342页。
⑤ 《史记》卷五五《留侯世家》，北京：中华书局，1959年标点本，第2049页。
⑥ 《史记》卷一〇九《李将军列传》，北京：中华书局，1959年标点本，第2878页。
⑦ 《史记》卷八《高祖本纪》，北京：中华书局，1959年标点本，第344页。
⑧ 《史记》卷七《项羽本纪》，北京：中华书局，1959年标点本，第296页。

有的细腻而丰富的精神世界，也表现了历史本身所具有的生动真实但又复杂多变的特点。

其三，在《史记》中，司马迁在刻画人物性格的基础上，还进一步深入描绘人物心理的复杂活动，特别注意描绘悲剧人物的性格和命运，将人的性格置于同命运的尖锐矛盾冲突中，以体现传记人物所具有的高尚品质和人格魅力。其中，司马迁本人同其悲剧命运的英勇抗争，成为史学绝唱，并为《史记》注入了呐喊、激荡的勇气和知其不可为而为之的壮烈气概。整个《史记》洋溢着不达目的誓不罢休的坚定意志，高扬着不屈不挠、建功立业的雄心壮志。传主“呼天”则叹其不公，“呼父母”则哀己不幸，淋漓酣畅，快意恩仇。因之，《史记》被称为“悲剧人物的画廊”。恩格斯指出，“在社会历史领域内进行活动的，是具有意识的、经过思虑和凭激情行动的、追求某种目的的人；任何事情的发生都不是没有自觉的意图，没有预期的目的的。”① 德罗伊森认为，“心理学的解释就是要在历史事实中找寻推动此历史事实的意志力”。②

总之，司马迁在中国古代记事、编年史学的基础上，又创立了记人的史学体例，关键是在记人的体例中又将记事和记年统一起来，三者的结合，并不是简单地将三者相加，而是以人物为中心，以时间和叙事为辅助，将历史的真实和文学的描写有机结合起来，并产生了一个新的史学体裁——纪传体。不过，“本纪虽以编年的形式，但秦始皇、项羽、高祖、吕太后等四篇本纪都有程度不同的传记形式。列传虽主要是人物传记的形式，但如儒林、游侠、货殖等都是综合论述而带有传记形式，匈奴、南越、东越、朝鲜、西南夷及大宛等传都是综合论述并带有纪事本末的形式。”③ 这在“列传”中表现最为突出。毋庸讳言，“说《史记》是伟大的著作，并不是说它就完美无缺。《史记》是纪传体的第一部，却又是纪传体中最完美的一部。”④ “盖自彼作古，无所谓范畴也。其所述论，偶有疏误；议论亦未必得当。”⑤ 但梁启超先生说得好：“《史记》千古绝作

① 《马克思恩格斯选集》第4卷，北京：人民出版社，1972年，第243页。

② （意）克罗齐：《历史学的理论和实际》，傅任敢译，北京：商务印书馆，1982年，第37页。

③ 白寿彝：《中国史学史论集》，北京：中华书局，1999年，第63页。

④ 徐兴海：《刘知几对〈史记〉的批评》《陕西师范大学学报》（哲学社会科学版）1999年第1期，第74页。

⑤ （美）汪荣祖：《中西史传通说》，北京：中华书局，2003年，第76页。

也。不徒为我国开历史之先声而已，其寄意深远，其托意皆有所独见，而不徇于流俗。”[①]

二

《名人传》（原名为《希腊罗马人物平行列传》）是普鲁塔克将希腊和罗马的名人作平行对比的一部史学名著。它从半神话人物、城邦建立者——古代雅典国王提修斯和罗马王政时代第一位国王罗慕洛写起，直到公元1世纪的罗马皇帝加尔巴和奥托为止，包括大约1000年的历史。现存《名人传》50篇并非全为希腊、罗马名人，其中49篇为希腊、罗马人，另有1人为波斯国王。《名人传》以古代希腊、罗马广阔的社会历史舞台为背景，塑造了一系列栩栩如生的人物形象。在传记中，既可看到希腊、罗马近千年的上层人物活动的许多具体情况，也可窥见希腊、罗马乃至与其有密切联系的其他广大地区的社会历史风貌。当然，从传记史学的角度分析《名人传》，普鲁塔克的传记史学思维的特征同司马迁的史学思维特征有明显的不同。

首先，普鲁塔克认为其传记的任务是揭示名人的性格心理，而并非真实的重大历史事件。在普鲁塔克看来，历史和传记是人们自我认识的两种形式。历史的对象应是政治、军事之类的重大事件，如传统的“希波战争”、“布匿战争”、“高卢战记”、“朱古达战争”之类令人瞩目的重大课题，而对有血有肉的人物品格、内心世界的工笔描画则是像他这样的传记家的任务。在《名人传》中，普鲁塔克毫不隐讳地指出了这一创作意图和方法。如在单独的《加尔巴国王传》中他说：“详细叙述每个事件是正式历史的事，但我的职责要求我不应该对那些涉及帝王的不值一提的小事视而不见”。[②] 而在《亚历山大传》中普鲁塔克则说得更为清楚：“在这一卷里，我将叙述马其顿王亚历山大和击败庞培的恺撒的两人的生平，这两个人的值得记述的伟大事迹为数太多，我不能不首先说明，我只能把他们一生当中的最为人称道的事迹简单地加以叙述，而不能对每项伟业都做详尽的记载。我现在所撰写的不是历史，而是传记，从那些最辉煌的事迹之中，我们并不一定能够极其清楚地看出人们的美恶品德，但一件不太

① 梁启超：《饮冰室文集》，北京：中华书局，1925年，第39页。

② Plutarch，Plutarch's Lives，Whitefish：Kessinger Publishing，LLC，Vol. 6，2004，p. 211.

重要的事情，一句笑话，或者片言只语，往往会比最著名的围城、最伟大的军备和死亡数以千计的战役更能使我们了解人们的性格。”① 而在尼西亚传中普鲁塔克还说：“不管怎样，对于修昔底德和菲利斯托斯业已叙述过的事迹，我当然不能完全忽略不提，因为这些事迹显示了我的主人公深深埋藏在许多重大的苦难经历之下的气质和性格；但为了避免粗心怠惰的名声，我只想一笔带过省去不必要的细节，可是对于大多数作家没有注意到的，或是漫不经心地提到的，以及在古代祭祀铭文或公共文告中所发现的细节琐事，我都尽量予以搜集，采用那些有助于了解人物性格的资料，而不是单纯地堆砌那些没有研究价值的素材。”② 从以上长篇引论中可以明确意识到，普鲁塔克已经有意无意地将历史与传记对立起来，特别是“我现在所撰著的并非历史，而是传记”更是将他的传记理念和盘托出。在他看来，既是历史的，就不能再是传记的，因为一个是探索历史事件之真，是真实的叙述，一个是描绘人类的心灵和性格，是文学的描写，文与史是格格不入的。

不过，普氏并非毫不理会传主一生所经历的重大历史事件，以及这些重大历史事件对传主所产生的重要影响，他只是认为对重大历史事件的叙述，是属于人们所认可的历史范畴，而《名人传》是传记，其主要任务是描写和探索人物的灵魂，以裸露人物的性格和心理，以彰显人物的美德或恶行，而不是对传统的重大历史事件的叙写。在这里，普鲁塔克透露了他撰写人物传记的出发点首先是从塑造人物的性格出发，而历史的真实性则被置于其次。由此出发，在《名人传》中，作者以炉火纯青的语言艺术，杂糅以伦理思想和评论，其间镶嵌以绘声绘色的轶事趣闻，特别是这些轶事生动传神，趣味盎然，使得每一位历史人物相貌各异，性格独具，栩栩如生，跃然纸上。但由于普鲁塔克缺乏历史真实的观念，因而其笔下的传主都缺乏同历史的紧密联系，无法具有深厚的历史真实感，都表现为天马行空、独往独来的英雄和名人。将普鲁塔克同其他史学家，如修昔底德斯相比较的话，其长处在于他大量地搜集传记人物的轶闻琐事和隽语名言，刻画传主的气质和性格，这也是《名人传》之所以具有永久魅力的原因之一。而其最突出的弱点，则在于《名人传》在史料的处理上偏离了

---

① Plutarch, Plutarch’s Lives, Boston: Harvard University Press, 1914, p. 225.

② （古希腊）普鲁塔克：《希腊罗马名人传》上册，陆永庭等译，北京：商务印书馆，1990年，第538页。

古希腊史学严格批判的优秀传统。之所以如此，这与普鲁塔克的传记史学目的相联系，在汤普森看来，“希腊业已丧失其民族性，因为这个变化，希腊民族的许多其他因素也已丧失。这个变化可以说明在罗马统治时期希腊世界为什么以实利主义、狭隘小气、缺乏理想为其特征。唤醒业已消失的希腊理想主义对道德的尊重，几乎是普鲁塔克热情而迫切地追求的目标”①。由此出发，《名人传》着力塑造希腊罗马名人高尚的道德情操和精神楷模，并以比较的方式彰显他们所共有的无微不至的理想道德世界，但这种对比在英文版译者看来，“通篇所表现的，差异多于相似，虽然其中往往富于文学魅力，但却很少有特殊的历史价值。”② 正如德罗伊森在批评莎士比亚及其他诗人时所说的，“他们叙述事情是以人物的个性为中心，把故事借着人的性格加以开展，他们所叙述的事件是真正能作为心理解释的事件。事实上，影响事件发展的，除了人物的心理个性以外，还有其他因素。”“因为事情的发展常超乎推动这些事情的人的意欲之外。”③

其次，普鲁塔克认为叙写传记的基本要求是要破除虚构，重现人的历史真实性。他在《提修斯》传记中一开始就说：“但愿我能将虚构的传说予以澄清，使之合乎理性和历史的真相。”④ 就史料而言，《名人传》的取材来源十分广泛，有前人的历史著作，当时存留的典籍和文献以及作者亲身了解的传闻轶事。在历史著作中，希罗多德的《历史》和修昔底德的《伯罗奔尼撒战争史》都是普鲁塔克引证的重要来源，李维的《罗马史》也是他从中获取资料的重要文献。在《名人传》中，普鲁塔克还引用了希腊罗马古代历史、哲学、诗歌中的大量材料，其中有很多由于早已佚失后世无法见到的材料，就是靠《名人传》独家而保留下来的。虽然普鲁塔克对历史过程的叙述常常杂糅以主观的评价和道德说教，但《名人传》所具有的史料价值还是不可否认的，因而它的真实性又是普鲁塔克追求的目标。对此，他还用绘画的表现手法来加以说明：“我们相信一幅画像应该表达本人的性格和气质，这远比仅在外形和特征上相似的画像要美得多。所以我们应该将他的业绩同我们的现实生活结合起来，并且忠实地模仿

① （美）汤普森：《历史著作史》，谢德风译，北京：商务印书馆，1996年，第160页。
② Plutarch，Plutarch's Lives，Boston：Harvard University Press，1914，p. xiv.
③ （德）德罗伊森：《历史知识论》，胡昌智译，北京：北京大学出版社，2006年，第37页。
④ Plutarch，Plutarch's Lives. Boston：Harvard University Press，1914，P. 6.

它们，只要提到这些业绩就足以表达我们对他的感激之情，而他本人也绝不会接受那些对他的业绩歪曲和虚构的叙述，作为对他的真实见闻报答。”① 在此，普鲁塔克说明了真实性对于传记的重要性。

当然，普鲁塔克也看到了传记人物思想和品质所具有的复杂性，因而在《名人传》中，普鲁塔克认为传记真实的含义不仅仅指的是对传主的优点加以记叙，而且也包括对传主的缺点也要如实记叙。他说：“我们要向那些喜欢描绘壮丽华贵的人物像的画家们提出要求，如果这些人物有些微的瑕疵，画家们既不能完全忽视也不应该加以夸大。因为后者将使肖像变丑，而前者则使肖像失真。同样地要将一个人的生平描述得完全纯洁无瑕，那是非常困难，简直是不可能的。在他一生中美好的篇章里我们必须尽可能把它的真相如实地刻画出来。但是，如果由于感情用事或迫于政治上的原因，他干了一些错事和蠢事玷污了他的业绩，那么，我们应当把这些视为白璧微瑕，美中不足，而不应该把它看作纯粹是卑鄙邪恶的产物，在历史上我们大家不应该过于热衷，不必要地描述这些缺点，相反，我们必须小心谨慎地对待，好像我们所以指出这些缺点，只是为了说明人类的本性不可能没有缺陷，而十全十美，毫无瑕疵的人是没有的。”这说明传记是应该建立在真实的基础上，而不是虚构的基础上的，这一点恰恰是历史的本质特点。基于这一观点，普鲁塔克在《名人传》中对名人的恶行、弱点也进行了记叙，如在《客蒙传》里，普鲁塔克认为能与罗马卢库卢斯相媲美的希腊人，一定是客蒙。“客蒙和卢库卢斯这两个都是善战之人，在抗击蛮族的战争中战果辉煌，在他们之前没有一个希腊人和罗马人曾经进军到如此遥远的土地。他们又都是温和敦厚的政治家，都因战功卓著而建立了军事纪念碑，并使国家免于内战。”“他们都使敌方溃败却不能使他们受到致命的打击，因此都未能取得战役的彻底胜利。更为突出的是，两人的奢侈豪华和私生活上的放纵也极为相似。”②

显然，从普鲁塔克的传记理论和实践来看，他徘徊于文与史、真实与虚构之间，难于取舍。即他一方面一再表示他写的不是历史而是传记，另一方面，在写作过程中，他又想使人物努力符合历史的真实性。因而《名人传》的定位

① （古希腊）普鲁塔克：《希腊罗马名人传》上册，陆永庭等译，北京：商务印书馆，1990 年，第 384 页。

② Plutarch，Plutarch's Lives，Boston：Harvard University Press，1914，p. 411.

问题不但令人颇感彷徨，就是他本人也犹豫不决。正如郭小凌先生所指出的，这一切都表明了普鲁塔克“认识上的矛盾性和游移性”①。同时，《名人传》还有一个无可讳言的缺陷，即作者缺乏严格的历史感，对历史的两个重要因素——时间和空间概念很淡薄，叙述历史事件时通常不说明发生的年月，可以系年的材料寥寥无几，传主的历史活动地理也非常笼统，常常大而化之。另外，作者对数字不甚关心，书中叙述财产数字或货币价值时前后矛盾的情况也屡见不鲜。毋庸讳言，这一切都严重地损害了《名人传》的历史真实性。

三

显然，如果将《名人传》和《史记》相比较，从共性方面而言，两者都具有人们所公认的文学价值和史学价值，对中西传记史学都产生了重大影响；其不同点则由于两人的史学观念存在着明显差异，因而他们对文史观念（实质为传记史学真实观念）的理解，存在着明显的不同。这主要表现在：其一，和普鲁塔克一再强调其传记的独特性相比较，司马迁始终以史官世家而自豪，以“论载史文”为己任。在《史记》中，司马迁牢牢把握住历史这一主轴，从真实的历史实际出发，自觉地将历史人物的叙述置于严格的历史发展的进程中，从而刻画出众多但又各有特色的历史人物，既表现了鲜活而真实的人物历史，又反映了长达3000年的真实的历史过程，由此成就了《史记》为中国史学史上无可非议的最著名的历史学著作，司马迁也成为众望所归的中国历史上最杰出的历史学家。其二，司马迁在开创我国“正史”体例的同时，在反映历史真实的前提下，自觉地运用文学的表现方式对传记人物加以塑造，因而《史记》中的历史人物既具有历史的真实性，也具有文学的典型性，使文学的真实和历史的真实结合起来，文与史有机地统一起来，为后世留下了辉煌壮丽的史传作品。其三，与普鲁塔克徘徊于历史与文学之间相对照的是，司马迁在着力使文与史相结合的同时，仍认为《史记》最重要的支撑点是历史的真实性，司马迁曾这样总结自己的传记成果：“余所谓述故事，整齐其世传，非所谓作也”②。显然，同普氏相比较，司马迁是在强调自己并非是在创作，而是时时刻刻复原历史的

---

① 郭小凌：《西方史学史》，北京：北京师范大学出版社，1995年，第103页。

② 《史记》卷一三〇《太史公自序》，北京：中华书局，1959年标点本，第3299—3300页。

真实特色，将文与史最终统一于历史进程之中。当然，这种追求历史真实性最突出地表现在，他是在忠于事实的基础上，以探求整个天人、古今变化的内在真谛，“成一家之言”，并对中国史学产生了深远的影响。自《史记》后，中国历史学发展的趋向是史传结合，文史统一。《文心雕龙》高度评价司马迁文史结合的写作方法，认为其文学性并未破坏其历史性，其仍然可以与被刘知几誉为“述者之冠冕”① 的《左传》并驾齐驱，或者说，远远地超过了《左传》：“观乎《左传》缀事，附经间出，于文为约，而氏族难明。及史迁各传，人始区详而易览，述者宗焉”②。如汪荣祖先生所言：“史传合一，既为定体，吾华史学传统，遂以人为中心矣”。③ 清人赵翼也指出：司马迁“发凡起例，创为一史，……自此例一定，历代作史者，遂不能出其范围”④。现在的问题是：将司马迁的这一文与史的观念置于西方史学发展的过程中加以考察，其结果如何呢?

对于西方来说，早在古希腊罗马时代，文史关系问题在史学和传记史学中就一直是一个争论不休的难题，呈现出两难的状况。其一，在历史研究中以探求历史事件的原因为旨归。这一思潮以修昔底德和波里比阿为其代表，修昔底德在历史研究中旨在“辨别事实和原因，并在原因中去辨别原因与诱因”⑤，而波里比阿则去“辨别开端、原因、与诱因”⑥。“修昔底德轻蔑地提到那些以在演说比赛中得奖为目的而写出的历史，轻蔑地提到那些为取悦凡夫俗子而沉湎于寓言的历史。波里比阿也痛斥这么一些人，他们力图突出动人的详情细节，描写乱发蓬松和泪流满面的妇女以及骇人听闻的场面，好像他们在写悲剧。”⑦

其二，突出历史的道德教化功能。在古希腊和罗马，历史叙述的主要任务是提供优美的修辞和描述生动的道德训诫。如塔西佗声称，他的研究主要是搜集那些善恶昭彰的历史事实，“为了不使美德湮没无闻，而使后人对秽迹恶名有所畏惧。”⑧ 普鲁塔克也是如此。伽达默尔指出：“像希罗多德甚至普鲁塔克这样

---

① （明）郭孔延：《史通评释》，上海：上海古籍出版社，2006年，第15页。
② （梁）刘勰著、黄叔琳校注：《增订文心雕龙校注》，北京：中华书局，2000年，第206页。
③ （美）汪荣祖：《中西史传通说》，北京：中华书局，2003年，第78页。
④ （清）赵翼撰、王树民校正：《廿二史札记校正》卷一，北京：中华书局，1984年，第3页。
⑤ （意）克罗齐：《历史学的理论和实际》，傅任敢译，北京：商务印书馆，1982年，第152页。
⑥ （意）克罗齐：《历史学的理论和实际》，傅任敢译，北京：商务印书馆，1982年，第152页。
⑦ （意）克罗齐：《历史学的理论和实际》，傅任敢译，北京：商务印书馆，1982年，第147页。
⑧ （意）克罗齐：《历史学的理论和实际》，傅任敢译，北京：商务印书馆，1982年。第156页。

一些人的历史著作能够很好地把人类历史起伏描述为大量的道德事例，而完全没有对他们自己当前的历史性以及人类此前的历史性进行反思。”① 显然，两种观点尖锐对立，不过，在看到希腊、罗马两大史学流派的趋向具有矛盾对立性的同时，还要看文与史的统一乃是其史学发展的内在要求及其趋向的另一方面。正如汤普森所言，“如果相信修昔底德对于历史进行合理化处理就贬低了道德力量在历史中的重要性的话，那就离事实太远了”②。这样看来，传记史学在罗马的出现和发达并非偶然，而是其实用主义历史学发展的必然结果。所不同的是，罗马的传记则同其史学发展趋向相一致、在史与传相统一的同时，则较中国而言，又更多地表现史传、文史的分离。因而自希腊、罗马始，西方传记走上史传分离、文史对立的发展道路，如汪荣祖先生所指出的西方“史传若即若离，和而不合，传可以辅史，而不必即史”。③

而到近代，西方的历史学家热衷于用自然科学的思想体系来改造历史学，历史学试图以自然科学自居，开始了实证主义史学为主要代表的时代，兰克的“历史自己会说话”的经典格言，割断了思想和情感在历史学中存在的合理性，如英国剑桥史家柏里的名言：“历史是一门不折不扣的科学”，其文史对立的观念也登峰造极。当然，截然对立的文史观念对于建立史学独立的学科体系有积极意义，但也出现了严重后果，主要表现为作茧自缚和人文精神的严重缺失，历史学有沦为自然科学的奴婢的倾向。因而在19世纪末，伴随着对实证主义史学的反思，西方现代史学应运而生。

概而言之，从历史叙述来说，现代西方史学最突出的成就之一，即表现为将文史合一的长期努力。以沃尔什为代表的现代历史哲学理论认为，历史“它包括①过去人类各种活动的全体。②我们现在用它来构造的叙述和说明”。“靠了历史思维，我们就达到了第二种意义上的历史了”。④ 显然，“我们现在用它来构造的叙述和说明”这一历史的特点在历史研究中占有非常重要的意义，在这一过程中，它不能脱离文学和修辞的作用。章学诚早就指出，“夫史所载者事也，事必藉文而传，故良史莫不工文。”⑤ 海德·怀特的《元史学》理论也表明，

① （德）伽达默尔：《真理与方法》，洪汉鼎译，上海：上海译文出版社，2004年，第712页。

② （美）汤普森：《历史著作史》，谢德风译，北京：商务印书馆，1996年，第43页。

③ （美）汪荣祖：《中西史学通说》，北京：中华书局，2003页，第79页。

④ （英）沃尔什：《历史哲学——导论》，何兆武、张文杰译，桂林：广西师范大学出版社，2001年，第7页。

⑤ （清）章学诚著，叶瑛校注：《文史通义校注》，北京：中华书局，1985年，第220页。

无论实证性的历史编纂还是叙事性的历史编纂，都离不开修辞性和文学性，都包含着想象性、虚构性的成分。可以说，没有修辞性和文学性，没有想象性、虚构性，就没有往昔的人物和事件，也就没有真正的历史学。而对于传记史学而言则尤为如此，如汪荣祖所说："史迁增饰辞藻，亦欲显其人、申其人之精神耳，故虽似传奇之代作喉舌，非欲虚构故事，但求伟其事，详其迹而不失其真也，班固删削，虽较翔实，而马传之奇遂失。"① 因而从 19 世纪末开始，文史合流成为发展趋势，而到 20 世纪达到高潮。但仔细观察文史合流的丰富而复杂的内容，可以明显地看到：这一文史合流的积极意义乃在于强调了文学在历史叙述中的重要作用，打破了长期横亘在文史之间的人为阻塞，为历史学的进一步发展，也为文学的进一步发展开辟了更为广阔的空间。但在充分肯定这方面积极性的同时，还要看到这一思潮所包含的另一种倾向，即在强调历史应具有文学性的过程中，却也存在着试图将历史事实解释化，历史叙事趣事化，历史时间空间化，历史学科文学化，削弱甚至取消历史的独立地位的潜在趋向。这是对历史自然科学化的一种过激反应，有从一个极端走向另一极端之嫌。

从广义的历史而言，修辞性和文学性毕竟是历史的产物，而具有历史性，因而历史是文学的唯一的视域，文学自始至终都是在历史的这一绝对视域中活动，其本身也具有历史的表现形式和内容而具有历史性。当然，如卡西尔所说的："历史学家不可能为所有这一切而发明新的语言和新的逻辑。他不可能不用一般的语词来思考或说话"②。但这绝不意味着历史必须通过文学来获得生存的权利，因为历史与文学的区别并不在于运用语言，亚里士多德早已指出："历史家与诗人的差别不在于——用散文，——用韵文"③，在于运用语言的目的，在于历史学家"在他的概念和语词注入了他自己的情感，从而给了它们一种新的含意和新的色彩——个人生活的色彩"④。

由此看来，所谓历史真实的意义与以往兰克史学所宣扬的纯客观史学观念迥然不同，也和纯粹的文学表现方式有所区别，历史既有客观性的一面，也有其主观的一面，因而历史真实乃是历史的客观性和主观性的统一。所以，所谓

① （美）汪荣祖：《中西史传通说》，北京：中华书局，2003 年，第 80—81 页。
② （德）恩斯特·卡西尔：《人论》，甘阳译，上海：上海译文出版社，2004 年，第 258 页。
③ （古希腊）亚里士多德：《诗学》，罗念生译，北京，人民文学出版社，1982 年，第 28 页。
④ （德）恩斯特·卡西尔：《人论》，甘阳译，上海：上海译文出版社，2004 年，第 258 页。

史学传记的真实问题其实质是历史真实与文学真实的关系问题。从历史叙述而言，历史的真实是要消灭虚假，使其叙述符合客观的历史进程；而文学的真实也是要排除虚假，它要求其描述必须符合人物的性格和心理。而对于传记史学而言，则进一步要求将两者有机地统一起来。如果以此观点来看司马迁和普鲁塔克传记史学特色的话，其不同是显而易见的。清代著名文学评论家金圣叹认为："《史记》是以文运事"，"以文运事，是先有事生成如此，却要算计出一篇文字来"，而与"因文生事"不同。因事生事"只是顺着笔性去，削高补低都由我"①。同时，金圣叹也指出《史记》一书不仅仅是"以文运事"，而且又有"因文生事"的特性②。所以，《史记》是历史的真实与艺术的真实的有机统一。

当然，在历史实践中，特别是在传记史学实践中，文史在传记中的具体关系不可能用一个千篇一律的模式加以规定。毕竟文史观念是历史的产物，它要受历史的、主观和客观条件的制约，因而在不同的时代和不同的人物身上也有其不尽相同的表现方式。所以，卡西尔认为："这两种要素之间恰到好处的平衡依赖于历史学家的个人机智，而不可能归结为一个一般的规则。在近代的历史意识中，这种均衡比例已经改变了，但是这些要素仍然保持不变。至于这两种力量的分配和强度则每个历史学家有他自己的等式"③。尽管如此，我们认为在文与史的关系问题上还应该具有一个基本指导思想，而这一思想用孔子的话来讲可能还是很有启发的。孔子曰："质胜文则野，文胜质则史。文质彬彬，然后君子。"④ 正义曰："质胜文则野者，谓人若质多胜于文，则如野人，言鄙略也，文胜质则史者，言文多胜于质则如史官也，文质彬彬，然后君子者，彬彬文质相半之貌，言文华质朴相半，彬彬然，然后可为君子。"⑤ 不言而喻，孔子在此强调的是个人修身养性所达到的较高的境界，但对此如果加以引申为如何较好地把握传记史学文史关系的话，那么，"文质彬彬"应该是历史学家、特别是传记史学家努力达到的学术境界。

总之，西方史学发展史是一个如何从简单而稚嫩的历史观念逐渐走向发达而丰富的历史观念的过程，但从历史叙述学而言，它又是一部从文与史相统一

① 金圣叹：《金圣叹文集》，成都：巴蜀书社，2003年，第261页。

② 金圣叹：《金圣叹文集》，成都：巴蜀书社，2003年，第309页。

③ （德）恩斯特·卡西尔：《人论》，甘阳译，上海：上海译文出版社，2004年，第283页。

④ 杨伯峻：《论语译注·雍也篇》，北京：中华书局，1980年，第61页。

⑤ 阮元校刻：《十三经注疏》，北京：中华书局，1980年，第2479页。

再到相对立，而现在正在酝酿如何统一的历史。特别值得注意的是，随着中西方交流的不断深入，文与史的交融问题不仅成为中西现代历史叙述发展的趋向，更重要的是，如何将文与史更好地交融，以丰富和深化历史和传记史学的真实观念，已经成为现代中西历史叙述学正在努力探索的重大时代课题。显然，如果以此趋向来看《史记》所包容的丰富而真实的文与史观念，即将文与史、将历史的真实与文学的真实两者有机地结合起来这一史学观念，毫无疑问，它不仅在中国史学上树立了一个光辉的里程碑，而且与现代中西史学发展的趋向相一致，更重要的是对我们正在进行的史学传记的创作具有极其重要的借鉴意义。

（原载《陕西师范大学学报》2008年第5期）

“问题史学”视域下国际长安学的产生和理论建构

一、问题的提出与“问题史学”内涵

国际长安学是一个既古老又崭新的学术问题。从古老方面而言，作为逾越千年曾以周秦汉隋唐为突出代表的十三朝古都——长安具有极其深沉厚重的历史底蕴和悠远而发达的人文传统，在中国历史上占有非常重要的历史地位；同时，伴随着“丝绸之路”等对外交往途径的不断开通，长安又作为中国历史上强盛时期的代表性符号，声名远播四方，产生了悠久而深远的国际影响。言其为崭新，意在表达这样一个现实的发展观念：即国际长安学所面临的是如何建设西安国际化大都市，如何发挥好西安国际化大都市在国家发展战略中的引领作用这样一个重要而现实的国际化发展课题。显然，长安学是在现代西安国际化发展的历史进程中产生的史学研究课题，是从当代的社会现实出发对历史做出的回顾与反思，它突出体现了回顾过去和关怀现代的历史双重属性。因此，从国际长安学这一视域出发探究长安历史的古今，必然会产生大量有益于西安建立国际化大都市的研究新成果，从而充分发挥国际长安学研究的重要作用。毫无疑问，国际长安学概念的推出具有重要的历史和现实意义。由教育部和陕西省大力支持、并由陕西师范大学重点建设的协同创新中心——国际长安学研究院，无疑在这一进程中发挥着重要作用。

作为一个具有历史感和时代感的研究课题，国际长安学必然蕴涵着极为丰富多彩的历史内容，呼唤着人们从不同的角度对其进行探究。首当其冲的问题是，作为一个重要的学术研究领域，国际长安学研究所依据的基本理论是什么？即这一重要的学术问题得以存在的历史逻辑是什么？其价值和发展前景如何？只有对国际长安学理论的深入探讨才能有益于加深人们对这一学术领域的认知，有助于推动这一领域学术研究的顺利开展。基于此种思考，本文拟用"年鉴学派"[①] 的"问题史学"为方法论，以古长安的历史进程为客观依据，将西安国际化大都市为现实的发展目标，从历史、现实和逻辑三个维度来探讨国际长安学产生的历史原因，并在此基础上进一步探讨国际长安学自身所蕴涵的重要而丰富的历史理论。

众所周知，"问题史学"是 20 世纪西方史学发展的一个重要的理论成果，这一学术流派产生的历史背景乃在于对盛行于 19 世纪实证主义史学的反思，而年鉴学派则是这一理论成果的集大成者。简言之，实证主义史学的基本方法论，用西方的近代史学之父、德国著名历史学家兰克的话来说就是"据事直书"，或者"让历史开口说话"的传统观念，它所包含的史学思想就是强调研究者和所研究的历史之间不存在依存关系，史学研究的目的是探求史学研究的客观性和实证性，并且自信历史学家通过这种实证研究就可以达到对历史的客观性和历史真理的完全揭示。然而年鉴派一经产生，就明确表达了它与实证主义史学相对立的史学观念：它强调历史研究应以解决人们的现实问题为出发点，将历史的研究同现实中人们的实际需求结合起来，为解决现实问题提供历史借鉴，以此突出史学研究的社会效用，它坚决反对把史料研究当做历史学研究的全部的学术倾向。年鉴学派第三代代表人物勒高夫（Jacques Le Goff）则明确提出"问题历史"（history-as-problem，即"作为问题的历史学"）的口号，用来代替实证主义的"事件的历史"（即以事件为基础的历史学），并使之成为年鉴学派的突出特征。对于"问题历史"的要义，需要加以说明的是，传统历史学并不是不研究问题，只不过正如著名历史学家朱本源先生所指出的："它是从史料中发现问题，并通过史料解决问题，所以它的口号是'没有史料就没有史学'。但年鉴派所说的'问题'是现实的问题，即从现实问题出发研究历史，当然也不能

---

① 马克·布洛赫与吕西安·费弗尔共同创办了年鉴学派的核心刊物，也就是后来的《年鉴：经济、社会与文明》，年鉴派也由此得名。

不通过史料，否则就不能成其为历史；但是还必须超出史料，否则历史不能成为科学。”① 又如，德国19世纪的著名历史理论家德罗伊森（J. G. Droysen）说过：“历史研究工作的起点是历史问题的提出。”② 当然，两者所谓的“问题”内涵和旨趣还是有明显的时代区别的。

“年鉴学派”一经产生，很快就因其新颖的观点和面向现实的学术研究旨趣而获得了学界的高度重视，不但对西方的史学研究产生了重大的推动作用，而且成为世界史学界颇具影响力的学术流派。因此，用年鉴派“问题史学”理论来剖析国际长安学，自然为我们提供了一个很好的视角，并能加深对国际长安学的理解，从中获得学术启示。

二、国际长安学产生的历史根源和史学逻辑

国际长安学这一崭新的学术概念蕴涵了丰富而深刻的历史观念，是长安源远流长、辉煌灿烂的历史与现代崭新而发达的史学新观念交相辉映的重要学术成果。因此，探讨国际长安学产生的深厚历史根源和其中所包含的历史观念，对于我们加深对国际长安学本身的理解，并顺利开展国际长安学的历史研究具有重要意义。

（一）国际长安学研究的历史基础

古长安独特而丰富的历史发展内容奠定了国际长安学研究的坚实基础。古长安曾长期是中国历史的政治中心，有十三朝古都之美誉，特别是其作为中国古代历史上具有代表性的重要王朝周、秦、汉、唐的首都，对中外历史都产生了深远而重要的影响。这种影响有一个突出特征和结果，即首都长安城或长安地区一直是这些重要王朝对外交往的中心和窗口，甚至作为这些王朝的代称而流存于中外史册，从而使得长安又具有极其突出的国际性，并对以后长安的历史发展也产生了深远而重要的影响。长安学的国际性内涵可以概括为以下三个方面：

其一，长安的历史与中国辉煌的古代历史融合在一起，是中国古代历史和

① 朱本源：《历史学的理论与方法》修订本，北京：人民出版社，2012年，第62页。

② （德）德罗伊森：《历史知识理论》，胡昌智译，北京：北京大学出版社，2006年，第13页。

文化的源头之所在，其本身具有丰富而先进的历史内容。

众所周知，当世界上大多数的民族尚处于蒙昧时代之时，中国则从夏开始，进入世界四大文明古国的行列，经商、周的进一步发展，形成了极具中华文明特色的"三代"之治。在孔子看来，"三代"文明虽各有个性化的内容，但其共性则是"直道而行"①。在"三代"文明的发展进程中，周对中国文明做出了独特贡献。它在继承夏商文化的基础上，创造性地将"三代"文明的共性高度提炼出来，使其上升为一种哲学观念。这一观念在《周易》中得到了充分表达："与时偕行"②，即与大自然本性相一致而不停地前行，这是周人的基本思维方法；而"天行健，君子以自强不息"③，"地势坤，君子以厚德载物"④ 则是周易的核心观念。这一核心观念实际上包括两方面内容：一方面，它强调君子应在持久不息的变动中将重心置于自身的基础上，发挥不竭的创造力，自强不息；另一方面则倡导君子应效法大地的气势，厚实和顺，增厚美德，容载万物。因此，中华文明从一开始就具有探索、实践、倡导永不停息的创造性，但又开放、包容万物。这一理念通过《周易》被固化为中华文明的发展基因。

在中国古代文明和文化的历史进程中，作为西周文明的核心地带——沣、镐二京，即后来的长安地区，是中国周朝的政治中心和文化中心，对周朝和后世的影响极为深远。在西周文化中，"周公制礼"则功绩更为突出。关于周"礼"，根据朱本源先生的研究成果，就是以周公为代表的周初政治家对周的政治、经济和文化制度的总体性设计和实践。他认为，"礼在三代是一个外延很大的概念，不仅指各种社会组织的准则，而且指社会意识形态的各种形式（政治的、司法的、道德的、宗教的、教育的，等等）的行为规范与价值观念。"从中国文明史来看，周公制礼的意义不仅在于确定了周的各项制度性文化内容，而且由此形成了中国文化在其在其阶段的某种内在结构和基本发展倾向，成为中国文化的原点之所在，并对其后几千年的中国文化发展产生了具有决定性的影响。当然，在这一进程中，长安在中国历史上的独特而重要的历史地位也开始确立。

① 杨伯峻：《论语译注·卫灵公篇》，北京：中华书局，1980年，第167页。

② （唐）孔颖达：《周易正义·乾》上册，北京：中国书店，1987年。

③ （唐）孔颖达：《周易正义·乾》上册，北京：中国书店，1987年。

④ （唐）孔颖达：《周易正义·坤》上册，北京：中国书店，1987年。

其后在东周出现的“百家争鸣”则是在当时社会剧烈变动的背景下，以周礼的思想为基础而对社会发展方向和内容的一次学术大辩论，其中由孔子创立的儒家文化以及老子创立的道家文化成为中国传统文化的核心内容，并向世界各地广泛传播，成为国际文化和世界文化的一个重要的组成部分。孔子讲，“周监于二代，郁郁乎文哉！吾从周”[①]，就表达了他对周文化的崇尚和敬仰之情，也表明他的思想与周文化之间存在的深刻的承继关联。直到今天，孔子和老子的文化观念仍对世界发挥着重要影响。被称为是世界“轴心时代”[②] 重要的文化内容。

对于长安而言，更为重要的是它在周之后将先秦学者的思想观念不断付诸于历史实践，由此对延续两千多年的中国封建社会的政治、经济和制度性文化做出了突出贡献。著名历史学家钱穆先生认为，先秦与秦汉，是中国传统文化的核心，“在先秦时代，孔子孟子一辈圣贤，都已将人生理想讲得很高深，以后实在很难再超出。问题只在如何去求实现。汉唐的成绩，在能依着先秦人理想，逐渐做去，把那些理想逐步表现出来。那实在也是了不得。”[③] 钱穆先生还认为：“中国文化在秦、汉时代已完成其第一基础，即政治社会方面一切人事制度之基础。在隋唐时代则更进而完成其第二基础，即文学艺术方面一切人文创造的基础，……政治、社会一切制度譬如一大家宅或大园林，文学、艺术是此房屋中之家具陈设，园林里的花木布置。中国人的家屋与园林已在秦、汉时代盖造齐全，隋、唐时代再在此家屋里窿究陈设，再在此园里布置花草。”[④] 显然，在他看来，周、秦、汉、隋、唐在中国历史上的地位和作用无可替代，更重要的是它们在中国文化和制度的发展史上有着明确而密切的承继关系和发展关系。

---

① 杨伯峻：《论语译注·八佾》，北京：中华书局，1980 年，第 28 页。

② 德国著名历史学家雅斯贝斯（Karl Theodor Jaspers）认为，孔子和老子是人类文化的“轴心时代”重要内容的组成部分。“直至今日，人类一直靠轴心期所产生、思考和创造的一切而生存。每一次新的飞跃都回顾这一时期，并被它重燃火焰。”参见雅斯贝斯：《历史的起源及其目标》，魏楚雄、俞新天译，华夏出版社，1989 年第 14 页。另，“轴心期”或“轴心时代”概念是雅斯贝斯在《历史的起源与目标》一书中明确提出的一个跨文化概念，其核心内容是指公元前 500 年前后，即公元前 800 年至公元前 200 年间同时出现在中国、西方和印度等早期文明地区的文化突破现象。在雅斯贝斯看来，这一文化突破对人类的历史和现实发展都具有极其重要的意义。

③ 钱穆：《中国文化史导论》，北京：商务印书馆，1994 年，第 244 页。

④ 钱穆：《中国文化史导论》，北京：商务印书馆，1994 年，第 165 页。

因此，古长安在中国古代特别是在早期，所代表的是一种具有世界意义的先进性文化。这种文化的突出特征在于，它不但是一种内涵丰富的重要理论和思想体系，更重要的它是将当时先进的社会政治和文化思想落实为社会制度。中国古都学会会长萧正洪教授在论述古都内部空间包含的内容时，认为“政治制度”才是古都空间的真正占有者，对于古都长安学而言，他更强调了制度性文化在其中所具有的核心地位和对历史所产生的重要影响。[①] 因此，在历史上以制度性为其主要特色的长安学不但对中国文明的发展做出了突出的贡献，而且对世界文明的发展也产生了深远的历史影响，也使长安学具有极其明显的国际性特征。

其二，从中外古代交流史来看，长安的国际化特点也很突出。其作为中国多个重要王朝的首都而广受关注，声名远播，是周边世界的经济中心、文化中心和政治中心，甚至在一个相当长的时期内其影响辐射世界。作为中国政治、经济和文化中心，并引领中国和周边世界的文化发展潮流，显示出突出的国际性。其作为典型的国际化大都市，尤其在汉唐时期表现得特别突出。

学界一般认为，尽管中国与世界其他地区的联系历时悠久，但真正广泛而深入的文化交流还是从西汉开始的，并由此出现中外文化交流的第一次高潮。汉帝国幅员辽阔，中华文化已渐成熟。在这一时代，中华文化以其突出的先进性为基础，展开其自信的雄姿，从东、南、西三个方面与外部世界展开了多层次、多方位的广泛交流。其中，张骞出使西域、“凿空”欧亚、“丝绸之路”的陆路大通道正式开辟，并成为中外中西文化交流史上的重大事件。“丝绸之路”以长安为出发点，横贯亚洲，进而连接欧洲，西汉借助“丝绸之路”播撒自己文明的辉煌于广袤的地域，不仅极大地拓展了中国人的地理概念，而且大大加深了中外文化交流。与此相适应，长安也初步确立了其在世界文化总体格局中的显要历史地位，形成了“西有罗马，东有长安”的东西方世界交流的辉煌历史。这一重要的交流成果对以后的中外交流和长安国际化历史的深入发展，以及其在世界文化史中的特殊历史地位都产生了深远的影响。

之后，中华文化经过南北朝较为长期的文化融合、积淀，再经过时间虽短但却具有重要意义的隋朝的铺垫之后，到唐代达到了一个昌盛兴隆的新阶段。

---

① 萧正洪：《相对边界：古都的空间特征》，《中国古都研究》2013 年第 1 期，第 5 页。

唐朝在社会、政治和文化各方面都显示了勃勃生机，被现代西方学人称之为当时世界最伟大的帝国。[①] 正是在这一时期，长安成为中国历史上空前的世界性大都市和中外文化交汇、融合的中心，人文荟萃于其中，声名远播于四域。据记载，当时与唐朝有过往来的国家和地区达三百多个长期保持友好往来的则有七十余。[②] 众多国家的外交使团频频出入长安，呈现出诗人王维所描绘的“万国衣冠拜冕旒”（《和贾至舍人早朝大明宫之作》）的盛世达观。从经济发展的层面来讲，首都长安等大城市里“胡商”云集，与各国的商贸往来十分繁盛；从文化和制度角度而言，成千的外国留学生深受中华文化的熏陶和濡染，并在唐朝最高学府——长安的国子监，对中国的典籍和学术进行专业的学习和研究。唐代是我国古代封建社会最强盛、最发达的时代之一，其政治制度被周边国家的参考甚至模仿，形成了以中国本土为核心，包括朝鲜半岛、日本及越南北部在内的“中华文化圈”——这些国家和地区都重视使用汉字、吸纳儒学、传播中国化佛教、效法中国政治制度、积极应用中国科学技术等。

其三，中国古代长安文化的国际性要义不仅仅表现在长安文化的先进性和国际性，更重要的在于它还具有突出的开放性和包容性品格。诚如上述，不论是大汉或者盛唐，一方面，以长安为突出代表的这些中国早期强盛王朝的文化和政治制度不仅塑造了东亚文化全貌，也影响着当时世界其他文化，表现了中华文明和文化的先进性、普世性，为人类文明和文化的共同发展做出了自己的突出贡献，这早已为世所公认。除此之外还应看到，中华文化传播的另一方面，即它同时又以开放、包容的心态，不断从世界的视野来调整、拓展自身，在交流中汲取世界各地各民族的优秀物质文化和精神文化，使其保持生动的活力和持久的生命力。对此，中外学界众口一词，比如崔瑞德就认为，通过丝绸之路，“许多中国的思想和技术传向西方，但在隋朝和初唐时期，中国却更多地从西方传入思想和文化。”[③] 佳话众多，不胜枚举。

---

① 美国汉学家费正清曾经指出：“作为世界上的头号大帝国，唐朝的军事、政治和文化均成为邻国狂热热效仿的对象。这在中国历史上上是空前绝后的。”见（美）费正清：《中国：传统与变迁》，张沛等译，长春：吉林出版集团，2008 年，第 87 页。

② 《唐六典・卷四・主客郎中》“凡四蕃之国，经朝贡以后自相诛绝及有罪见灭者，盖三百余国。”（唐）李林甫等：《唐六典》，陈仲书点校，北京：中华书局，1992 年，第 129 页。

③ （英）崔瑞德：《剑桥中国隋唐史》，中国社会科学院历史研究所西方汉学研究课题组译，北京：中国社会科学出版社，1990 年，第 32 页。

正因为如此，以汉唐为突出代表的中国国际文化交流其本身是一个具有明显的双向交融的文化传播过程。正是这一双向交流，不但极大地丰富了中华文化自身的内容，使中华文化更为丰富多彩，而且还使得中华文化获得了保持生命力旺盛不竭的发展动力，从而能够不断地深入地发展。对此，费正清认为，在唐时期“中外文化的交流达到20世纪之前的最高峰”，其原因就在于唐所具有的“文化宽容的精神”。[①]

显然，早期中外交流在本质上是中国文化作为世界先进文化传播其价值与吸纳异质优秀文化因素而不断双向互动的统一过程。这一双向交流方式和进程不但彰显了以汉唐为代表的中华早期文化的突出成就，而且成为中华文化不断发展的一个重要原因。而在此特别强调的是，这一切多姿多彩的文化交流本身不仅成为博大精深的中华文化不断走向世界的一笔重要的精神财富，而且构成了长安国际化的丰富历史内容。对其历史内容和重要意义的深入探讨，正是国际长安学学术课题中的重要研究内容。

（二）国际长安学产生的现实契机

国际长安学不仅是一个随着学术深入发展而产生的重要问题，而且是基于历史发展的连续性而产生的一个具有深沉历史感的现实问题。这一问题的现实性是基于中国的现代政治、经济和文化等方面的发展，因而这一课题不仅具有确定的历史核心内容，而且还具有突出的现实意义。

其一，现代西安的国际化发展目标是基于古长安国际化的历史遗产、传统和发展趋向而催生的合理要求。古长安的历史和文化传统一直是现代西安发展的重要组成部分。当然，古长安的历史命运与中国历史发展的轨迹也大体相似，有强盛也有衰落时期，但其发展的历史线索并没有断绝，有着明显而真实的文化传承脉络，它一直保存着古城的风貌和神韵，形成了极为丰富的物质及精神文化遗产。现在西安仍大量保存着古代长安的各种历史遗迹，并因此享有“古城西安”的美誉，这些既是长安人的一种历史记忆，也是与中国有历史交往国家的一种深刻的集体记忆。这种记忆已成为现代中国与这些国家进行政治、文化和经济交往的一个重要的精神纽带。从世界文明史的发展进程来看，文化断

① （美）费正清：《中国：传统与变迁——费正清版中国通史》，张沛等译，长春：吉林出版集团，2008年，第87页。

层是人类文化发展进程中屡见不鲜的现象。所谓断层就是与其自身丰富的文化历史传统绝缘，重新开始文化或文明的创造，如两河的苏美尔文明、古印度的哈拉巴文明和古希腊的爱琴文明等。但长安的文化特征及其传统极其顽强地通过一代又一代人的继承和发扬，成为古今畅通的精神文化桥梁，这是我们进行国际长安学这一问题史学研究的最重要的历史基础。

其二，国际长安学受当代中国深化改革开放和整体发展的战略现实需求的驱动而产生的古典学术课题。借改革开放的东风，西安在东联西通、重振古城雄风方面大放异彩，取得了突出的区位性优势。但如何在国家深化改革进程中，在西部大开发和在构建亚欧大通道的国家大战略的前提下，更进一步彰显西安在新世纪的国际关系中所应凸显的重要地位，以更好地发挥西安在中国走向世界中的独特作用，这无疑是现代西安深化改革、走向世界所面对的时代课题。而深刻总结中国古代周秦汉唐的国际化经验与教训，从而为国家西进发展新战略和西安国际化的实现提供借鉴，这是国际长安学学术价值的根本之所在，也是其得以产生的最为深厚的社会现实基础。显然，国际长安学问题的提出，一方面是建立在对当代中国发展战略与长安的历史与文化深刻了解、认知的基础上；另一方面则彰显了经世致用的中国历史传统。

其三，进行国际长安学研究是西安国际化大都市建设战略本身的迫切需要。我国深化改革开放的大环境为古城西安焕发青春提供了契机。在失去国家政治中心的地位后，古长安的政治、经济和文化版图都发生了较大的变化。而在此背景下，如何以国际化的古长安为蓝本，有机地整合已经分化为不同地区的政治、经济和文化资源，特别是将古长安地域的西安和咸阳两个重要城市有机地统一起来，在恢复长安国际化大都市系统化格局的基础上，进一步探索西咸走向国际化大都市的条件、途径，以更好地适应国家经济发展新格局，特别是承担起西安面向世界发展的重要历史使命。这种内在需求和趋向必然促使人们自觉地从昔日长安的国际化中寻求其所建立的适应国际化发展的政治、经济和文化制度、政策等内容，从而为当前西安国际化大都市的发展提供历史的借鉴和理论的指导。

显然，国际长安学和现代西安的国际化大都市的发展需求有着深刻的历史关联。发挥古城西安传统的国际化历史优势，并将这一悠久而辉煌的历史和文化传统转化、提升为现代西安向国际化大都市迈进的强劲动力，是国际长安学得以产生的最为直接的社会推动力。

（三）国际长安学产生的历史逻辑

国际化视野和中西史学观念相互交融所产生的“问题意识”是国际长安学产生的历史逻辑。改革开放后形成的国际化视野，以及在此视野下对中国史学观念的不断反思，促进了中国史学观念与时俱进，开拓创新，同“问题史学”产生更为紧密的联系，这是国际长安学得以产生的理论前提，同时也是这一前提所产生的重要成果。

其一，国际长安学是国际化学术视野所结出的硕果。改革开放后，中国同世界的联系越来越紧密，学者的历史观念、内容、视域越来越丰富、深刻和广阔，其成果必然汇集在中国国际化视野的建立以及与之相适应的历史观念的更新这一大的思想发展背景下。正是在与国际化紧密联系的新史学观念的推动下，历史学人立足于现实西安发展的基础之上，既从国家和世界的广阔背景中对昔日国际化的长安历史不断反思，又从昔日长安国际化的历史进程中来揭示其与现代西安国际大都市具体发展目标之间的深刻内在关系。其结果，借助现代的历史观念，国际化的长安历史与现代的西安国际化的发展前景之间不但通过时间的河流建立起不可分离的学术关系，而且成为历史学人必须加以面对具有现实感的重要历史问题。正是通过古今中西的不断交融汇通，具有浓厚古典特性的国际长安学重要研究课题终于应运而生。由此来看，国际长安学的基本内涵及其任务就是，在国际化观念的指导下，以古长安所包含的深刻的历史内容为立足点，深入探讨古长安同周边各国及其世界的相互关联和相互影响，并从这种关联互动中总结古长安发展的得与失，从而为现代西安国际化大都市发展提供历史借鉴。国际化视野既是国际长安学产生的理论新视角，也是这一理论所得出的重要学术成果。

其二，国际长安学是从“问题史学”的角度对中国传统史学加以理论反思的产物。“年鉴学派”是从西方史学的发展逻辑出发，用历史的思维与方法积极寻求解决现实问题，并从中得出合乎逻辑的答案或启示。“问题史学”明显地反映了西方史学发展的特点及其趋势。从中国史学的发展历程来看，经史以致用是我国史学的优良传统，也是我国史学的突出特征。如果和西方史学相比较，我们有传统的学术优势，但从现代史学理论的层面对我国的史学传统进行反思，取精用弘，与时俱进，也是我国史学界一直在进行的重要工作之一。依此观点来看，国际长安学体现了在继承中国优秀的史学传统的同时，又基于现实的社会需要而感发的“问题史学”特点。可以说国际长安学是现代中西史学汇通合璧的产物。

其三，国际长安学是对现代史学观念探讨的成果。以“问题史学”为重要内容的现代史学观念，其突出特点是倡导从现在的历史运动中去探寻历史问题。雅克·勒高夫认为，“它比任何时候都重视从现在出发来探讨历史问题，以便能在一个‘动荡不宁的社会中’生活和理解”①。显然，年鉴学派提出“问题史学”的用意在于强化历史本身所具有的服务社会和改造社会的现实功能。从现代的“问题史学”观念出发，思考和展望现代西安国际化大都市发展的现状和前景，必然要求将极具古典意义的国际长安学和当今国际化的西安紧密联系起来，参照比较，以探讨国际长安学对现代西安国际化的作用和影响。国际长安学就是在现代史学观念指导下催生，并对现实西安国际化进程产生了强烈观照效果的学术研究领域。因此，年鉴学派的“问题史学”观念对于加深理解国际长安学的史学理念和内容具有重要的启发作用。借用现代意大利历史哲学家克罗齐所说：“一切真历史都是当代史”。②

总之，国际长安学是一个具有多方面古典内容的统一体，其产生具有客观的历史内容和合理的历史逻辑，它有清晰的学术脉络可供探索，是长安古今历史相通的结果。如果从其所具有的重要学术影响角度而言，它是一个与现实国际化西安紧密相关的值得重视的学术问题；同时，国际长安学也是一个时代问题，它深深植根于时代发展之中，具有现实迫切性。国际长安学的产生彰显了现代史学观念在历史研究中的重要作用，具有明显的“问题史学”特性。

三、以“问题史学”为依据，构建并不断丰富国际长安学的理论体系

国际长安学是扎根在古长安丰富而厚重的历史土壤的基础上，是由“古”及“今”不断发展的历史运动的结果，它有着汉唐时代中国走向世界的这一大背景，更有着以汉唐为代表的早期中国文明所取得的具有国际意义的辉煌成就。

---

① （法）雅克·勒高夫：《新史学》，姚蒙译，上海：上海译文出版社，1989年，第13页。

② （意）克罗齐：《历史学的理论与实际》，傅任敢译，北京：商务印书馆，1986年，第2页。

同时也要看到，国际长安学虽扎根于厚重的历史土壤中，但仍是一个崭新的历史课题，它明显地受到现代西安走向世界和建立国际化大都市发展目标的强力推动，具有突出的现代史学的“问题”特色。因此，对国际长安学而言，其自身的理论和方法论建设仍将是一个相当艰巨的任务，它是保障国际长安学得以顺利发展的必要条件。故在此对这一问题再进行申论。

（一）准确把握历史学发展的新趋向，充分发挥“问题史学”对国际长安学研究的指导作用

历史的理论是人们对历史发展的一种深刻的认识成果，事实上，现代史学发展的重要特征之一就是史学理论和观念对历史学研究的作用越来越突出。王国维先生精辟指出，大量新材料的出现对于推动历史研究新领域的产生和历史研究的新进展具有非常重要的意义，“古来新学问起，大都由于新发现”①，这是王国维先生对史学发展规律的深刻的总结，对现代史学研究仍具有指导意义。同时我们也应看到现代史学发展的另一重要特点是史学观念的更新对于史学研究所产生的作用越来越重要，这需要我们用新思维和具有时代性的理论和方法对已有的原材料进行再研究和再反思，从中不断产出史学新成果。在这一学术发展背景下，“年鉴派”第二代大师布罗代尔就曾以“没有理论，就没有历史”作为他治史的座右铭。事实上，国际长安学的这一学术领域和问题的产生并不是以古代新材料的大量出现为依据，更多的是由历史观念的转型所催生的学术研究结果，而这一学术成果的产生在充分体现历史思维和理论对史学研究所具有的重要指导作用的同时，也必将有力地推动长安古今国际化的研究，因此，切实重视“问题史学”的研究和运用是将国际长安学研究不断引向深入的重要条件。

从西方史学史来看，“问题史学”是经过漫长的发展进程而在现代产生的学术成果。这一成果进一步拓宽了历史研究的空间，深化了历史研究的纵向维度，强化了历史的社会效用和功能，也彰显了历史所具有深沉而厚重的现实人文关怀。从这个意义上来看，首先，“问题史学”是历史学在深化发展过程中产生的合乎历史逻辑和思维逻辑的理论和方法，真实地反映了时代对历史的迫切要求。

---

① 王国维：《最近二三十年中中国新发现之学问》，《王国维遗书》第五册，上海：上海古籍书店，1983年，第65页。

也就是说，通过这一理论和方法，可以更为有效地发挥历史所应发挥的重要作用。因此，这一理论已超越了西方传统历史观念的局限，也标志着它与中国史学研究的宗旨殊途同归，相互汇通，因而对于推动现代历史学的进一步发展具有重要意义，这对于国际长安学的研究而言也是如此；其次，“问题史学”这种具有现实目的性的历史研究“范型”不应该也没有成为历史学发展的障碍，相反，它为历史学的进一步发展提供了新动力和新途径。“问题史学”的出现是从另一个侧面再次揭示了历史学所以出现及深入发展的根本性原由之所在，即历史学是从人们的需要产生，为解决人们的需求产生并逐渐深入发展其效用的一个重要的人文研究领域。因此，“问题史学”的学术研究方法和目标为我们提供了展示现代历史研究的优势和发挥其时代作用的重要场所；再次，“问题史学”的历史研究“范型”绝不意味着对历史研究能力和水平要求的降低，也绝不意味着通过浅尝辄止的方式就能得到成果。从学术史来看，“问题史学”在很大程度上是在汲取马克思主义史学的基础上，对实证主义史学进行的批判改造，它处于史学研究的学术前沿。这主要表现在：它是努力将历史进程和历史的理论相联系的硕果，是竭力将历史的求真和历史的效用二者有机统一的产物，是将坚实的史学功底和对现实社会的深刻的洞察力相结合的成果。由此来看，“问题史学”其实是向历史研究者提出了更高的学术要求，它与国际长安学有着深刻的理论关联，从某种意义上讲，国际长安学是这一理论的直接成果。因此，我们必须对“问题史学”予以充分重视。

显然，在“问题史学”视域下，进行国际长安学的研究其难度之大可想而知，但这也正是国际长安学所应该直面的问题，也是其研究的核心内容，它既是国际长安学研究之意义所在，也是现代史学研究者义不容辞的社会历史责任，更是国际长安学所蕴涵的创新精神的具体表现。所以，我们必须脚踏实地，与时俱进，全力争取以达到这一崇高的学术境界。

其一，将“问题史学”的理论指导与具体的历史研究相结合，从而不断探索和丰富国际长安学的理论方法体系。对国际长安学自身理论架构这一问题的探讨，可以通过两条途径进行：一方面在国际化这一历史背景下，着力对西安建设国际化大都市所面对的重要现实问题进行深入而细致的研究，以体现国际长安学自身具有的理论指导优势；另一方面从古都长安国际化的客观发展进程出发，有意识地使自己的历史认识，从经验或教训的层面不断升华到理论自觉的层次，以探求其发展的内在规律性。在此需要强调的是，国际长安学的内容包括物质文化和精神文化两个方面，对其内容和规律性的探讨“取决于以古都为核心的某种环境景观或社会文化体系自身的外延。换言之，拓展的程度不取决于我们研究的主观意图，而是研究自身体系的系统性和完整性”。① 只有经过不断反复的史论相结合、主观与客观相统一的历史认知过程，才可能真正把握国际长安学的内容、特征和其所不同于其他研究领域的学术边疆之所在，进而为其提供科学可靠的基础理论和实践的方法论，从根本上为国际长安学的存在和发展提供依据。

因此，国际长安学的必由之路是将理论指导和具体历史研究一方面统一于以周秦汉隋唐的古典历史的研究中，另一方面则统一于当代西安建立国际化大都市蓝图的历史实践中，并在这一古今相通但又不同的历史进程中体现国际长安学客观的古典性特质和对现实所产生的重要影响力。显然，这一趋向不仅是“问题史学”的要求，也是国际长安学进一步发展的内在要求。

其二，揭示宏大主题与其内部具体纷杂的历史专题之间的真实而深刻的联系，不断充实和深化国际长安学研究的理论和内容。具体而言，在这一进程中要注意克服在运用“问题史学”观念指导研究中容易出现、事实上也屡屡出现的弊端。这主要表现为受宏大主题的吸引，醉心于重大社会历史问题的理念架构，只是偏爱对宏大的问题用理论架构或猜想代替实证的具体研究，从而忽视对宏观问题内部具体而复杂的问题进行细致和深入的学术探讨，缺乏对现实问题进行具有历时性和共时性的深度探索，最终研究成果大都停留在重大问题的表面，没有体现出历史学求真务实的学术特点。显然，从研究的方法来看，这一弊端是将问题的发现和研究两者混为一谈，其本质则源于对“问题史学”的不正确理解。

其三，正确而深刻地揭示现实问题与历史问题的内在关联，既是国际长安学理论建设中的关键问题，也是其难点问题之所在，它关系到国际长安学能否深入发展。因为当代的问题与历史的问题两者有一个明显的时间距离，如何从理论上论证两者的内在关联，这是史学界，特别是西方史学界长期存在的一个重大理论难题。年鉴派的进步就在于它强调了古今在传统对立的思想基础上还

---

① 萧正洪：《相对边界：古都的空间特征》，《中国古都研究》2013 年第 1 期，第 3 页。

具有了统一的观念。如马克·布洛赫所说的："这种真正的时间，实质上是一个连续统一体，它又是不断变化的。"① 正是基于这种对历史所具有的对立统一属性的深刻理解，从而使年鉴派的史学观念和方法有了重大变化，它可以对年代隔离较远、地域不同的历史现象进行统一研究。以此来看，长安的国际性问题亟待发掘，呼之欲出。它既是一个重要的历史问题，也是一个现实问题，归根结底，它是将历史的长安和现代的西安结合起来的统一体。要对其有一个较为深入的认识，就必须在正确的史学理论和方法指导下，将国际长安学的现实问题同历史探讨结合起来，将宏大问题和具体有效的研究有机结合起来。这样才可以做出具有特色的成果，并形成国际长安学研究的理论和方法，以充分体现并揭示古今联系的历史性，并在这一历史性中体现其现实意义。

（二）以"问题史学"为依据，重视现代西安国际化大都市发展中重大问题的研究

"问题史学"侧重对社会影响较大、人们较为关切的重大的社会历史问题进行研究，所强调的是要将个人的兴趣与社会的关切结合起来，突出了历史学家的主观能动性和社会责任感，更有利于发挥历史学的社会功能和效用。

发现问题需要坚实的学术专业修养、高尚的学术操守和社会责任感，而这些要求对于任何一个历史学者而言，都需要付出巨大的努力才有可能达到。从史学史来看，上述观念其实是从更为深刻的纵向发展的现代历史观念和更为宽阔的社会历史的横断面向历史学者所提出的更高的学术研究标准。从这里不但可以清楚地看到现代史学的新进展，而且可以清楚地看到这一进展对于历史学人提出的要求和挑战。在这一严峻的挑战面前，我们只能积极面对。

那么，什么是具有时代性的历史问题呢？马克思对此问题的论述，对我们具有重要的启示。马克思早在19世纪40年代就指出："一个时代所提出的问题，和任何在内容上是正当的因而也是合理的问题，有着共同的命运：主要的困难不是答案，而是问题。因此，真正的批判要分析的不是答案，而是问题。正如一道代数方程式只要题目出得非常精确周密就能解出来一样，每一个问题只要它是一个实际的问题，也就能得到答案。世界史本身，除了通过提出新问题来

① （法）马克·布洛赫：《为历史学而辩护》，张和声、程郁译，北京：人民大学出版社，2006年，第23页。

解答和处理老问题之外，没有别的方法。因此，每个历史时期的谜是容易找到的。这些谜反映了时代所提出的问题……问题就是公开的、无畏的、左右一切个人的时代声音。问题就是时代的口号，是它表现自己精神状态的最实际的呼声。"[①] 显然，从马克思的思路出发，历史研究所要发现的问题，首先应该是现实中的真问题，而不是无病呻吟的假问题，其次是大众所关注的问题，而不仅仅是个人的雅好或其他，再次是社会发展中的重要问题，对它的探讨有助于社会发展的进步。

如果将这一思路运用于国际长安学研究的话，其发现问题的途径和所要研究的问题应该是这样的：史学研究应当紧紧与国际长安学发展的内在规定性结合起来，应当紧密地同西安建立国际化大都市的现实追求结合起来，从历史的角度，用历史的方法来为解决这些现实问题。这应该是我们在选题时所应遵循的行动指南。

国际长安学应该采取的方法是从国际性视域出发，从人们所关注的重大现实问题出发，去发现重大的社会历史问题，并将其作为自己的研究课题，以寻求具有深度的历史解释，但切入点一定要小，而且要从不同角度反复切入。只有通过一个个具体问题的深入探讨，才能真正揭示宏大主题内部所存在的真实而深刻的具体联系，以体现历史研究的自身优势。用马克·布洛赫的话来讲就是，"从原则上讲，分析对于概括综合来说，只有当分析以综合为目的，并注意为综合服务的时候，才会是有用的。"[②]

"问题史学"对国际长安学研究的引领作用主要表现在以下两个方面：其一就是不断加深和拓宽国际长安学的传统研究领域。其二要使古长安的国际化和现在西安的国际化者二者之间建立紧密的学术关联，以目前西安国际化建设中所面临的重要问题为切入点，探讨昔日长安国际化的历史实践，以其研究成果来指导现代西安国际化进程的发展，并在这一新的发展进程中进一步探索其发展的新目标和新途径。

比如，现代西安国际化大都市的建立必然需要大量的具有刚性的制度性措施作为保障，也需要大量的针对具体问题的短期的政策作为补充。那么，建立

---

① 《马克思恩格斯全集》第 40 卷，北京：人民出版社，1972 年，第 289 页。

② （法）马克·布洛赫：《比较史学之方法》，项观奇编：《历史比较研究法》，济南：山东教育出版社，1986 年，第 134 页。

国际化大都市需要哪些制度和政策？如何制订和实施这些制度和政策，这些都是建立国际化大都市所面临的重大而迫切现实问题。回答这些问题的重要途径就是从古长安的国际化进程中获得经验和教训。这当然是国际长安学所要大力研究的一个重要领域。

再比如，国际长安学的研究对现实的指导作用和成果最集中的体现在于它对我们清楚地把握古都长安历史发展的内在逻辑性——在古长安大地上所进行的具有未来发展战略构想的新的城市化建设模式——国际化“大长安”[①] 的构建提供了理论依据。

简言之，国际长安学首先是长安国际化的产物。昔日长安经过长期的国际化建设形成了系统的国际化长安发展的综合格局和丰富内容，从而有效地提供并保障了诸如以汉唐为突出代表的长安国际化功能和地位。现代西安国际化进程虽然不能复制昔日国际化长安的模式，但是可以借鉴它。因此，以国际长安学研究的成果为依据，以现实的国际化发展需求为指针，古今融通；在学习我国北京、上海国际化大都市发展的基础上，汲取西方现代国际化大都市发展的经验教训，中西合璧。

（三）以辩证唯物主义为指导，将国际长安学的理论有机地统一于长安国际化大都市的发展进程中

马克·布洛赫曾指出：“历史是一门有关过去的科学，在我看来，这种说法很不恰当。”[②] 因为如果将历史研究局限在过去这一狭小范围的话，并不能适应社会历史发展对历史学的客观需要，也不能适应历史学本身深入发展的需求。因此，他“建议将历史学的范围延伸到当代，但这并不是为了给自己的专业争地盘……历史研究不容画地为牢，若囿于一隅之见，即使在你的研究范围内，也只能得出片面的结论”。[③] 从现在史学发展的成果来看，史学与现实的关系越

① “大长安”是近年来伴随着西安国际化大都市建设进程中提出一个具有前瞻性的发展概念，既是现代学者对西安建设国际化大都市进程的一个重要构想，又是一种实现西咸一体化后的发展目标。这一构想和发展目标对于推动西咸一体化，并在此基础上建设更高水平的国际化大都市具有重要的指导作用，且已被越来越多的学者所接受。

② （法）马克·布洛赫：《为历史学而辩护》，张和声、程郁译，北京：中国人民大学出版社，2006年，第18页。

③ （法）马克·布洛赫：《为历史学而辩护》，张和声、程郁译，北京：中国人民大学出版社，2006年，第40页。

来越密切，史学指导现实社会历史发展的作用表现得越来越明显。从史学发展的趋向来看，历史学所面对的不仅仅是过去，也不仅仅是现在，而且也要面向未来，因为只有将未来纳入历史的视域之中，我们才可能对古代的历史和现代的历史看得更为清楚，并在古代和现代的发展进程中更为清晰地了解未来历史发展的趋向。勒高夫认为，"无论从个人还是集体的角度来看，都很有必要在过去、现在的基础上再加上第三个维度：未来"①。当然，如何将未来纳入历史研究的视域中，还存在着许多争论，但有一点是比较明确的，即在这一过程中，历史的理论研究在其中扮演着非常重要的角色，并发挥着非常重要的引导作用。

历史的理论研究的基本内容，一方面是要发现历史理论的内在结构，另一方面则是要与社会历史发展建立真正的内在联系，以便于发挥对现实历史研究的指导作用。两者之间的关系是辩证的实践关系。这一辩证实践关系的核心是在史学理论的指导下，史论结合，不断地深入现实的历史运动中，以探讨古代、现代、未来三者之间的有机联系，如此反复，使历史的研究不断走向深入。正如恩斯特·卡西尔（Ernst Cassirer）所说："历史意识也是'对立面的统一'，它把时间的相反两端连接起来，从而使我们感受到人类文化的统一性。"② 总之，历史的研究就是由古及今，再向未来的一个不断的辩证认识的过程。

在建构国际长安学的理论时，应将古长安同不断变化的现代西安和未来发展的趋向联系起来，将这一过程作为一个有明显差别但又有紧密内在联系的整体，并将其作为国际长安学的客观对象，只有这样，才有可能对国际长安学本身的特点、内涵、理论方法、作用和影响有一个不断全面、深入的了解。其实，"问题史学"对于国际长安学的理论建构而言，其意义也在于此。

国际长安学的重要现实意义就在于，它与人们所关切的突出的现代问题和发展紧密相关，其本身是一种不断地从古到今、再对未来加以展望的矛盾运动过程。这并非只是主观构想的产物，它是信息化时代背景下，国际长安学的历史理论与西安现代化的历史实践相结合的产物，是历史的矛盾运动和社会历史

① （法）勒高夫：《历史与记忆》，方仁杰、倪复生译，北京：中国人民大学出版社，2010年，第2页。

② （德）恩斯特·卡西尔：《人论》，甘阳译，上海：上海译文出版社，2004年，第247页。

实践辩证相结合的产物。

在朱本源先生看来，史学思维是不同时代的人们对其所处的社会生产方式的一种积极的能动的反映。一般而言，有什么样的生产方式，就必然产生与之相适应的历史思想。比如，在传统农业社会中，人们凭据的是经过长期生产所积累的经验与教训，与之相应的是，人们的思维方式就是面向过去，按祖宗成法办事，这就形成了众所周知的“借鉴史学”，或叫做“垂训史学”。如《诗经·大雅》的哲理“殷鉴不远，在夏后之世”，《战国策·赵策》所谓“前事之不忘，后事之师”的箴言就是典型例证。著名历史学家司马光主修《资治通鉴》时，其所彰显的治史宗旨仍为“鉴前世之兴衰，考当今之行失”，“以鉴于往事，有资于治道”。对此，西方历史思想发展也相类似。现今我们已经进入了全球化和信息化的新时代，能够体现这一崭新时代的历史思维方式应该是什么呢？对此朱本源先生精辟指出：“科学技术的发展一日千里，生产和生活上的事瞬息万变，从现实出发制定的政策在实行上往往落后于发展变化了的现实，所以思维方式必须面向未来”。因此，朱本源先生认为：“马克思的历史辩证法是：从现在社会本身包含的自我扬弃，来展望历史发展的未来进程。这正是今天的信息时代所要求的历史思维。”①

需要再次强调的是，国际长安学的研究领域不仅是一个传统性历史研究课题，也是现代史学研究中必须回答的现实问题，它是同“大长安”的构建相关联。国际长安学的研究一定要从现代的真实问题出发，立足于信息社会这一坚实的社会历史基础，面向未来，这是国际长安学发挥其历史效用的一个基本趋向。正如马克·布洛赫所说的：“历史学最终要阐明的论题是人类的意识，对历史学来说，人类意识的内在联系，人类意识的错综复杂，人类意识的影响，正是现实本身。”② 国际长安学的理论一方面反映了以古都长安为核心的中国早期国际化历史发展的突出成就，另一方面也为我们探讨现代西安国际化大都市的重要途径——西咸一体化和西咸一体发展的趋向——“大长安”的构建提供了历史借鉴。这正是本文宗旨之所在，当然也是国际长安学研究的重要历史意义和现实意义之所在。

---

① 朱本源：《历史学的理论与方法》修订本，北京：人民出版社，2012年，第200页。

② （法）马克·布洛赫：《为历史学而辩护》，张和声、程郁译，北京：中国人民大学出版社，2006年，第127页。

四、结论

总之，从年鉴派的"问题史学"观念出发，来探讨国际长安学这一重要的学术研究问题，就会发现，国际长安学的内容要深深植根于客观的长安历史之中，它在包含极其丰富而重要的古典史学内容的同时，又要表现出浓郁而昂扬的历史气息和具有时代感的问题意识。

毫无疑问，理论和方法的探讨不仅是国际长安学的重要内容，同时也对国际长安学的深入发展具有重要意义。本文认为，建构国际长安学的理论和方法论的基本准则应该是：以现代史学的理论为依据，从现代国际化大都市发展的现实问题出发，以周秦汉唐为核心的长安国际化历史为根基，面向未来，这是国际长安学所应坚持的基本的史学认识方法。

因此，深刻揭示国际长安学的理论及其发展之间内在联系，并将这种联系同正在进行的西咸一体化和"大长安"的构想和建设结合起来，将两者辩证地统一起来，以真正使理论与历史进程二者之间形成深度融通，使国际长安学的理论真正同古今长安国际化的历史进程辩证地结合起来，以发挥国际长安学这一古典学的现实功效。换言之，只有在将理论与历史有机统一起来的前提下，在充分发挥国际长安学的理论和实践双重功效的基础上，以积极推进西咸一体化和大长安的整体改革开放、面向世界的宏大发展进程为发展目标，国际长安学的研究才可能不仅具有重要而深远的学术意义，并产生深厚而广泛的社会历史意义。

对国际长安学这一古老又崭新的重要学术研究领域的理论和方法的探讨，也是一个需要不断深入的过程。正如德罗伊森对于历史理论和方法所持的基本观点，即"历史知识理论不是历史知识的百科全书，不是历史哲学（或神学），也不是历史现象的物理学解释，更不是历史写作的修辞学。历史知识理论的任务在于提出检讨历史思想及方法的准则。"① 年鉴学派作为西方史学的重要学术流派，不可避免地带有西方史学本身所固有的烙印，即在表现了其史学优点的同时，也表现了弱点。对于问题史学而言，在强调现实问题对史学研究的引领作用和理论对史学研究的指导作用时，都有矫枉过正之嫌。那么，如何去正确

① （德）德罗伊森：《历史知识论》，胡昌智译，北京：北京大学出版社，2006年，第13页。

探讨国际长安学的理论与方法呢?

对此问题的回答是，我们要从中国优秀的史学观念出发，汲取其合理的成分，抛弃其不合理的成分，用去粗取精，取精用弘的科学态度丰富我们的史学研究和观念的发展。在此，马克思主义的史学观对于我们沿着正确的史学道路去探讨国际长安学的理论和方法具有重要的启示。朱本源先生对流行于19世纪末到20世纪末欧洲的三个主要历史编纂学的“范型”及其方法论的学科模式——实证主义方法论、马克思主义方法论、年鉴派的方法论进行了深刻总结，发现三者在表现相异的同时，还表现了明显的趋同特性。对此发展趋势，朱本源先生进行了深刻反思，认为我们“应当以马克思主义史学范式为真正的前提，综合这三个学科模式，提出并试建一个比较全面的方法论。”① 只有在辩证的历史唯物主义基础上，才可以对西方一个多世纪以来存在并盛行的三个历史方法论模式进行取长补短和集思广益的综合。② 朱本源先生的这一结论其实也是我们对年鉴学派“问题史学”所应持的科学态度，同时也是构建国际长安学理论和方法所应秉持的指导思想。

（原载《陕西师范大学学报》2015年第3期）

① 朱本源:《历史学的理论与方法》修订本，北京：人民出版社，2012年，第78页。
② 朱本源:《历史学的理论与方法》修订本，北京：人民出版社，2012年，第89页。

修昔底德和司马迁史学思想之比较

司马迁是中国杰出的历史学家，其巨著《史记》奠定了中国历史编纂学的“学科模式”。正如清人赵翼所言：“司马迁参酌古今，发凡起例，创为全史。……自此列一定，历代作史者，遂不能出其范围。”但仅仅如此，还不足以深刻认识司马迁及其《史记》所应有的历史地位，只有突破《史记》研究所固有的时空局限，将《史记》所取得的历史成就同西方当时最发达的希腊罗马史学相比较，才能真正感受到《史记》所包藏的史学价值，才能发现司马迁不仅是中国历史上杰出的史学家，而且同时也是世界史学史上不可多得的史学家。当然，东西方史学各具有特点，各有其参照标准和价值标准，很难在全世界各民族中去寻找同一的历史思维模式以判断孰优孰劣。

不过，从比较史学的观点来看，我们还是能寻找出其中的共同点，这就是史学理论。史学发展史表明，历史学理论和历史科学是同时产生的，史学理论标志着历史学家和民族对历史认识的深度和广度，只有史学理论这一共性才能够舍弃东西方民族历史学发展的特殊性，才能够充分显示其民族历史意识的高度。因此，只有将司马迁的史学理论发展的成就同西方史学世界理论发展史的成就加以对照，才能深刻地判断司马迁在世界史学史中的地位。

那么，选择怎样的标准进行比较呢？既然是同西方古代最发达的希腊史学来比较，我们就不妨采用西方公认的史学理论标准为参照体系。

从西方历史哲学的奠基人维科，直到现代的著名的历史学家克罗齐、柯林武德，都认为作为历史必须具备下列四点：其一，它必须“是科学的，或者说是由提问题而开始的”。其二，“它是人文主义的，或者是提出有关人们在过去的确切的时间里所做的事情问题”。其三，“它必须是合理的，或者是对它的问题所作的回答是有依据的，也就是诉之于证据”。其四，“它是自我显示的，或者说它的存在是为了通过论述人类已经做了什么而告诉人们人类是什么。”① 柯林武德的四条标准实际上概括了史学理论的基本问题，即历史编纂学和历史哲学两大类问题，“诉之于证据”即属于历史学编纂学问题，而探索原因，人文主义及史学作用则属于历史哲学问题。

当然，为了使这种比较不失之于空泛，就必须选择一个史学成就高，且最能充分体现上述要求的古希腊历史学家。首先，我们想到了西方的“历史之父”——希罗多德，从希罗多德开始，西方才有了严格意义上的历史学，但西方史家都认为希罗多德的历史著作《历史》并没有充分地体现上述四条标准，至少在第三点中表现得尤为欠缺，因此，我们选择了继希罗多德之后，而其史学著作又充分表现了上述四点历史意识的古希腊杰出的历史学家——修昔底德。修昔底德以其《伯罗奔尼撒战争史》给古希腊、西方近代史学产生了深远的影响，是古希腊史学发展到一个新的高度的里程碑，虽然此后的希腊、罗马某些历史学家，如波里比阿、阿庇安在某些观念上发展了修昔底德斯的思想，但在我们看来，就其对历史意识的认识来说，修昔底德斯的史学思想还是西方古代史学家所难以逾越的。下面就从四个方面对修昔底德斯和司马迁的史学理论作以对比。

一、历史是探求真正因果关系的科学

修昔底德是古希腊、乃至西方史学史中第一个尝试揭露历史事件发展中的真正因果关系的历史学家。他善于在历史事件偶然性和表面性的背后去探讨产生历史事件的必然性和偶然性的原因。如克罗齐所说的，修昔底德已在历史中“去辨别事实和原因，并在原因中去辨别原因和诱因。”② 从而大大高出希罗多德和同时代人的研究程度。如希罗多德将希波战争发生的根本原因归之于希腊人和异邦人反复抢劫妇女的偶然的传说故事③，对于伯罗奔尼撒战争，喜剧家阿里斯托芬在《阿卡奈人》剧中同样认为因为一些年轻人喝醉了酒，抢来了麦加拉、

① （英）柯林武德：《历史的观念》，何兆武、张文杰译，北京：中国社会科学出版社，1986 年，第 20 页。

② （意）克罗齐：《历史学的理论和实际》，傅任敢译，北京：商务印书馆，1982 年，第 152 页。

③ （古希腊）希罗多德：《历史》，王以铸译，北京：商务印书馆，1983 年，第 1—2 页。

西迈塔的妓女，麦加拉反过来抢劫了阿斯帕西亚的两个妓女。“为了三个娼妇，战火就在全希腊燃烧起来了。”① 可是修昔底德力辟陈俗偏见，努力探索琐碎事件之后的更为深刻的原因，他用史实充分说明，伯罗奔尼撒战争爆发的真正原因“是雅典势力的增长和因而引起斯巴达的恐惧。”② 而科西拉事件和波提狄亚事件只不过是战争的借口而已。

又例如，希罗多德认为希波战争波斯失败的原因是由于神要惩罚泽尔士的骄傲。因为上帝的“雷箭总是投掷到最高的建筑物和树木上去，因为不容许过分高大的东西存在，这乃是上帝的意旨。”在希罗多德的《历史》中提到征兆的地方不下35次之多，而且每次都很应验。

但修昔底德却不是这样借神的干涉来说明历史事件的因果关系，他分析伯罗奔尼撒战争中雅典失败的原因是由于国内纷争，削弱了它自身的力量，而同盟国的反戈使得雅典陷于孤立无援的窘境，咎由自取。③

正是在深入探索历史事件真实原因的基础上，修昔底德又是西方第一个注意到经济因素对历史事件有重大影响的历史学家。

对于特洛伊战争，据荷马说，起因于特洛伊王子帕里斯诱拐了斯巴达王后海伦④。但修昔底德认为，真正的原因是由于希腊想从特洛伊人那里获得财富⑤。在论述伯罗奔尼撒战争的时候，他借伯里克利之口说明长期战争需要有经济的支持，伯里克利说：“伯罗奔尼撒人自己耕种自己的土地，无论在国家方面或个人方面，他们都没有金融财富，……因为彼此之间的战争由于贫穷的缘故，都是短期的，……战争的经费支持依靠储金的积累，而不能依靠税收的突增……最重要的一点是这样的，金钱的缺乏会使他们处于不利的地位，在筹得金钱的过程中，所需要的时间会使他们延长，但是在战争中，机会是不等人的。”⑥

所以，修昔底德对历史因果关系的论述是非常深刻的，这一点，在众多的

---

① 《阿里斯托芬喜剧集》，罗念生等译，北京：人民文学出版社，1954年，第30页。

② （古希腊）修昔底德斯：《伯罗奔尼撒战争史》，谢德风译，北京：商务印书馆，1985年，第19页。

③ （古希腊）修昔底德斯：《伯罗奔尼撒战争史》，谢德风译，北京：商务印书馆，1985年，第150页。

④ （古希腊）荷马：《伊利亚特》，水建馥译，北京：商务印书馆，2013年，第50—51页。

⑤ （古希腊）修昔底德斯：《伯罗奔尼撒战争史》，谢德风译，北京：商务印书馆，1985年，第6页。

⑥ （古希腊）修昔底德斯：《伯罗奔尼撒战争史》，谢德风译，北京：商务印书馆，1985年，第100页。

希腊、罗马史家中，只有阿庇安的《罗马史》才能与之相提并论。

那么司马迁在这一历史意识上的建树如何呢？司马迁说，他对于历史事件的考察原则是“综其终始，稽其成败兴坏之理”。[①] 他还说“《春秋》之中，弑君三十六，亡国五十二，诸侯奔走不得保其社稷者不可胜数。察其所以，皆失其本已。故《易》曰‘差以毫厘，谬以千里’。故曰：‘臣弑君，了弑父，非一旦一夕之故也，其渐久矣！”纵横《史记》，司马迁不但对书中的每一历史人物，每一历史朝代，每一重大事件的发展脉络，前因后果，叙述得有始有终，修理清楚，而且还善于从其所叙述的历史事件、人物发展的因果关系中，探索历史发展的规律。可以说，《史记》中每篇“太史公曰”就是司马迁对历史事件、人物的因果关系所作出的概括性总结，而末篇《太史公自序》，则是对全书全叙述的3000年历史发展的各方面原因、远因、诱因等作出的总的结论。也就是说，司马迁在探索因果关系中，其一，将历史事件置于人类历史发展的长河中追本溯源。其二，司马迁对因果关系的考察不仅是纵向的，而且是横向的，即把因果关系的探讨置于社会发展的各个方面——政治、军事、经济、天文、地理、文化等背景之下，纵横交错，在多种因素的制约中加以探索，在矛盾运动中加以探讨。因而司马迁的因果意识，从时间上来讲是有始有终，源远流长的，从空间来讲是宽阔的，其内容也是丰富多彩、全面翔实的。

如果以此观点来看待修昔底德的成就，那么修氏则显然要逊一筹。修昔底德将其著作叙述的内容严格地限制在政治斗争和军事斗争的范围之内，而对其战争有间接影响，且对后世影响深远的文化、艺术等却只字未提，而这些内容，比如戏剧都是当时政治斗争密不可分的一部分。

而且司马迁在探讨历史因果关系的领域中，同修昔底德斯一样也将其视角投到了经济领域，司马迁在《史记》中破天荒地将经济纳入到人类历史发展的因果关系中加以考察，在《货殖列传》和《平准书》中，司马迁用事实论证了人类追求财富的合理性，而且第一次从历史学家的角度把经济提高到治国平天下的关键地位加以考察。司马迁认为，农工商虞，“此四者，民所衣食之原也。”并从朴素唯物主义的高度，“论证了经济发展与政治的关系，指出了经济法则对社会生活的决定作用。”[②] 所以，《货殖列传》与《平准书》是我国古代第一批进

① 《汉书》卷六二《司马迁传》，北京：中华书局，1962年标点本，第2735页。

② 韩兆琦：《史记选注选评》，郑州：中州古籍出版社，1990年，第15页。

入历史科学领域的经济名著，钱钟书曾因为司马迁写了这种“民生日用”，而称其为“新史学”的“手辟鸿蒙者”[①]，这是符合历史事实的。恩格斯在谈到马克思的伟大贡献时曾说：“马克思发现了人类历史的发展规律，即历史为繁茂芜难的意识形象所掩盖着的一个简单事实：人们首先必须吃、喝、住、穿，然后才能从事政治、科学、艺术、宗教等等，所以，直接的物质的生活资料的生产，因而一个民族或一个时代的一定的经济发展阶段，便构成为基础，人们的国家、制度、法的观点、艺术以至宗教的观念，就是从这个基础上发展起来的，因而，也必须由这个基础来解释，而不是像过去那样做得相反。”[②] 当然，司马迁在这一问题上的探索是直观的，粗糙的，伴其闪耀着朴素唯物主义思想的光辉。

如上所论，司马迁和修昔底德在探讨历史事件的真正原因时，都是同经济联系起来加以考察，但修氏则将经济作用严格地制约在对战争的影响上，而司马迁却把经济置身于整个社会发展的基础上，其内涵要比修氏丰富得多；同时，司马迁不但论述了经济对社会发展的极其重要的影响，而且对如何发展经济，如何调整经济，经济与政治之间的关系等方面，均有真知灼见，因而内容广博得多，深刻得多。同时还应看到，司马迁在汉代同儒重义蔑利的氛围中，不畏世俗偏见，大胆直书其利观，显示了司马迁卓立于群的首创精神。

二、历史是关于人类活动事迹的科学

修昔底德是希腊奴隶制上升时期的社会环境中养育出来的史学家，他把自然哲学家和哲人学派思想家的研究方法应用到他的历史著作中，坚决批判了传说和宗教迷信。相信人自身的力量和智慧，从而和宗教历史观划清了界限，树立了进步的人文主义历史观。

在修昔底德看来，伯罗奔尼撒战争是希腊乃至全人类参与或准备参与的重大历史事件，是两大军事集团矛盾的总爆发，在战争的起因、过程及结果中，贯穿始终的是人的活动而没有掺杂神意。因此，修昔底德在书中所叙述的也只是人的思想，人的生活，人的战争，人的死亡，人的悲哀，将人提高到历史事件的主体的高度加以讴歌、赞美，充分肯定了人在历史事件中的主宰者地位。

---

① 钱钟书：《管锥编》，北京：中华书局，1979年。

② 《马克思恩格斯选集》第3卷，北京：人民出版社，1972年，第574页。

比如，他借伯里克利之口这样说道："我们所应悲伤的不是房屋或土地的丧失，而是人民生命的丧失，人是第一重要的，其他一切都是人的劳动成果……当他们真的面临战斗的时代，他们信赖自己。""我们的制度之所以称为民主政治、因为政权是在全体公民手中，而不是在少数人手中……让一个担任公职优先于他人的时候，所考虑的不是一个特殊阶级的成员，而是他们所具有的真正才能。"① 尼西亚也这样鼓励他的士兵："士兵们啊，你们应当努力下定决心，必须努力，因为在附近没有一个懦夫能够找到逃避的地方……须知城邦是人，而不是城墙，也不是没有人的舰队。"② 由此看出，在修昔底德看来，人是最重要的财富，遇到危险的时候，所依靠的也只是人自身，而不是其他。

修昔底德在树立以人为本位的人文主义历史观的同时，对宗教迷信作了尖锐而深刻的批判。例如，波斯进攻希腊的时候，提洛岛发生了一次地震，希罗多德由此认为这是上天显示的征兆，但修昔底德则认为这纯系牵强附会③；在叙述到军事统帅尼西亚因月食而耽误了撤军机会，以至雅典远征军全军覆没时，修昔底德斯谴责了尼西亚的愚蠢。

而且修昔底德的人文主义历史观还表现在他不相信神谶并揭露了神谶是统治者愚弄下层人民以达到其政治目的和个人目的的工具。如斯巴达人控告国王普雷斯托那克斯和他的兄弟向特尔斐神庙的女祭司进行贿赂，使她做出神谶，要斯巴达人召他回国④，从这一事实可以知道修昔底德是怎样揭穿神谶的宗教光环的。

难能可贵的是，修昔底德对宗教神学的批判并未停留在揭穿其虚伪性上，而且还进一步力图科学地解释自然现象产生的原因。例如，公元前 426 年，斯巴达国王阿基斯率军攻打阿提卡到达了科林斯地峡，"但是那里发生了许多地震，因此他们没入侵亚狄迦就回去。同时，优卑亚和奥彭梯亚的罗克里斯沿岸，海水暴涨，发生水灾。"对此，修昔底德说："在我看来，这些事情是由地震引

① （古希腊）修昔底德斯：《伯罗奔尼撒战争史》，谢德风译，北京：商务印书馆，1985 年，第 103 页。

② （古希腊）修昔底德斯：《伯罗奔尼撒战争史》，谢德风译，北京：商务印书馆，1985 年，第 156 页。

③ （古希腊）修昔底德斯：《伯罗奔尼撒战争史》，谢德风译，北京：商务印书馆，1985 年，第 110 页。

④ （古希腊）修昔底德斯：《伯罗奔尼撒战争史》，谢德风译，北京：商务印书馆，1985 年，第 365 页。

起的，在地震强烈的地方，海水就被吸引，离开海岸，然后更强烈地冲回来，因此产生水灾。”①

由此可见，修昔底德抱着理性主义的态度，不以超自然的力量来解释历史，这在古代的希腊、罗马乃至近代，也是不可多得的，以至在古代就有人称修昔底德为“无神论者”②。若用以上修昔底德所达到的人文主义高度来观察司马迁的话，可以说，司马迁《史记》中的人文主义精神也表现得淋漓尽致，毫不逊色。

首先，司马迁的人文主义思想继承了中国古代西周到春秋时期出现的人道主义和理性主义思想传统。司马迁说：“观三代损益，乃知缘人情而制礼，依人性而作仪。”③ 即三代在礼方面的损益，实在是损天道益人道，因为礼仪是依据人道（人性和人情）而制定的。《史记》在几个地方表彰了孔子对天命鬼神的态度。《天官书》云：“以孔子论六经，经异说而不说。至天道命，不传；传其人，不待告，告非其人，虽言不著。”《孔子世家》载子贡曰：“夫子之文章，可得闻也。夫子言天道与性命，弗可得闻也已。”《外戚世家》：“孔子罕称命，盖难言之也，非通幽明之度，恶能识乎性命哉。”为什么孔子对天道性命之类的问题很少传授呢，在司马迁看来，这是因为天道性命是一个深微、神秘、无限的大问题，人类有限的智慧无法把握。既然说不清，而一味地去试图实证天命，详细论证天命，那么不仅不会把握天命，反而会歪曲天命，所以孔子的做法是“纪异事而说其所应，不书变见之踪”，这就是孔子的天命观，即古代人道主义思维所能达到的最高限度——对神灵的不可知论，正如希腊的人道主义哲学家普罗塔戈拉所说的：“至于神，我是既不知道他们是否存在，也不知道他们象什么东西，有许多东西是我们认识不了的；问题是晦涩的，”而“人是万物的尺度，是存在的事物存在的尺度，也是不存在的事物不存在的尺度。”④ 司马迁正是在孔子天命不可知论的基础上，更进一步将“人道”置于广阔的背景之下，放在世界观和历史观的矛盾运动中来探讨人在历史中的地位，树立了以人为中心的人

① （古希腊）修昔底德斯：《伯罗奔尼撒战争史》，谢德风译，北京：商务印书馆，1985年，第234页。

② 转引自（意）克罗齐：《历史学的理论与实际》，傅任敢译，北京：商务印书馆，1982年，第114页。

③ 《史记》卷二三《礼书》，北京：中华书局，1959年标点本，第1157页。

④ 朱德生、李真：《简明欧洲哲学史》，北京：人民出版社，1979年，第28页。

文主义历史观。并由此对充斥于西汉的神仙方士试图将天命具体化，阴阳家将阴阳之事教条化等造神行为进行了批判的讽刺。

不仅如此，在《史记》许多地方，还表现了对天命的怀疑，甚至斥责天命存在的合理性。如项羽在垓下被围后，大势已去，仰天长叹“天之亡我，非战之罪也”①，司马迁认为项羽的看法“岂不谬哉”，《伯夷列传》中说：“‘天道无亲，常与善人’，若伯夷、叔齐，可谓善人者非邪？积仁洁行如此饿死，………余甚惑焉，倘所谓天道，是邪非邪？”

与司马迁天命观相适应的是，整个《史记》是一部以人物为心的历史巨著，其一，《史记》充分展现了人的活力，人的创造性，人的主宰通史的力量，同先秦史家相较，司马迁新创立了《世家》，“以记侯国”，《列传》，“以志人物”，再加上司马迁继用的《本纪》，“以序帝王”，《表》是人物活动的表，《书》则也是人创立的《书》，因而《史记》自始至终所叙述的是人的活动，而不是神的活动。其二，《史记》全书共130篇，其中人物传记有112篇，而每篇传记又涉及许多具体的人物，所以《史记》中，有名有姓的人物数以百计，但司马迁以大家手笔对如此众多的历史人物从多方位、多层次进行了叙述、描写，个个性格不同，特点不一，但个个有血有肉，性格丰满，栩栩如生，显示了人文主义精神的复杂性，多样性。如果以此来和修昔底德的《伯罗奔尼撒战争史》中的人物相比较的话，其中不同一目了然。修昔底德笔下的人物一般都是群体的人，群体的性格，群体的情感，固然在书中也不乏对一些人物，如伯里克利进行细致的描写，但这种描写从整体来看，人物形象是呆板的，人物的心理是单一的，人物性格是雷同的，所以，我们说，修昔底德笔下的人物是群体的人物，而司马迁在群体人的基础上，又展现复杂多变的人的个性，正是这一点，也更能体现出人文主义精神的整体性、丰富性。其三，如果我们再进一步探讨司马迁笔下的人物的话，就会发现《史记》中的112篇人物传记中就有57篇是以悲剧人物的姓名为标题，此外还有近20篇虽然不是用悲剧人物的姓名为标题，但其中写到了悲剧人物。而且在这70多篇中许多篇又是悲剧人物的合传，据估算，《史记》全书写悲剧人物大大小小约120多个。这些悲剧人物，大都经历异常，遭遇坎坷，结局悲惨，但其共性都是身怀绝技，锐意进取，勇于抗争，具有一

① 《史记》卷七《项羽本纪》，北京：中华书局，1959年标点本，第334页。

种经过种种艰难险阻的考验而磨炼出来的坚韧不拔忍意志。对此，司马迁并不以胜败论英雄，努力挖掘这些人物深处的高尚品格和才能，并对他们在历史中的作用也客观地加以叙述，还对他们的经历、结局寄以同情感慨、赞叹或批判、从而使人们从悲剧人物中得到的是关于人自身的更为深刻的历史启示。一个历史人物在《史记》中的位置，并不在于他的天命，他的结局，而取决于他在“古今之变”中所起的作用如何，如项羽入《本记》，陈涉入《世家》，等等，即如此。

如果以司马迁的这种人道主义历史价值观来和修昔底德斯相比较，其结果如何呢？

就西方史学史而言，自古迄今表出两大历史选择的取向，其一，以因果关系为其旨趣的历史选择标准。其二，以价值判断为其宗旨的历史观，就修昔底德来讲，其治史之目的是为了探求事物发展的真实原因，而这种把注意力集中于探索事件之源的结果，必然忽视了对事件活动主体人物的探讨，从而降低了历史研究的必要性和重要性，因而本世纪许多西方史学家都以为人类行为的本身是价值取向，这自然要求历史学家在探索历史时必须也不可避免地在探讨因果关系时用价值观来判断事物的发展，人物的作用，当然这种价值观必须以因果关系为基础。否则，价值判断就成为无源之水，无本之木。如果以此观点来看司马迁的人文主义历史观的话，毫无疑问，司马迁虽然属于后一种——历史价值观，而且是在因果关系基础上的科学的价值观。《史记》中的任何大大小小的人物，都必须放在他的价值天平上加以衡量、评判，讴歌的是真善美，鞭打的是假丑恶，爱之深，恨之切，体现了司马迁崇高的人道主义历史价值观。我们之所以一再推崇、赞美《史记》，其最主要的原因就在于司马迁所倡道的出于污泥而不染、力破陈谷陋见的积极进取、虽九死而未悔的人生价值观、可以说，司马迁的人生价值观及其对历史人物的评议，构成了《史记》最为光辉夺目，经千古而不衰的生命源泉。

三、历史是诉诸证据的科学

西方近现代史学家一般都认为史学是诉诸证据的科学，而不能掺入历史学家的虚构或想象。所谓证据，就是可靠的史料，它主要是历史文献，还有非文字的文物或遗址，历史学家的基本任务就是辨别真伪，即进行史料批判，这是良史家所必须具备的首要条件。

修昔底德在著作中首先介绍了他研究历史的方法，他说：“在研究过去的历史而得到我的结论时，我们认为不能相信传说中的每一个细节。普通人常常容易不用批判的方式去接受所有古代的故事——就是对于那些和他们本国有关的故事，他们也是这样。事实上，大多数人不愿意找麻烦去寻求真理，而很容易听到一个事就相信它了。”[①] 在他看来，“诗人常常夸大他们主题的重要性，而散文编年史家的目的不在于说出事情的真相而在于引起听众的兴趣，他们的可靠性是经不起检查的”，“如果我们考虑到我们是研究古代历史的话，我们可以要求只用最明显的证据，得到合乎情理的正确结论。”[②] 而对于其著作中的证据，“不单凭自己的一般印象为根据。”同时也不单凭事实目击者的说法为根据，因为那些亲自不同的目击者，“对于同一事件、事情有不同的说法，由于他们偏袒这一边，或者偏袒那一边，或者由于记忆力的不完全。”[③] 因此他认为对于历史证据，必须“仔细考核，就是这样，真理还是不容易发现的。”[④]

正是在史料批判的基础上，修昔底德对当时根深蒂固的神话传说，进行了分析，驳斥其中的夸张或虚妄，吸取其中史实的合理核心。例如，他对荷马史诗所说的希腊远征军的人数及战争长久的原因予以斧正[⑤]；另外，他到用荷马的阿波罗颂歌的诗句考证了提洛岛为古代爱奥尼亚人赛会之所在[⑥]，从而说明了在远古时代，提洛岛也有很大的集会和节日，他利用提洛岛坟墓发掘的资料说明古代开利阿人在爱琴海中岛屿上的殖民行动[⑦]；又利用碑铭证明希帕库斯不是僭主[⑧]。同时，为了证明其事实的客观性，修昔底德在著作中引用了约占全书四分之一篇幅的演讲词，其中有他亲自听到的，也有他搜集到的。用心之良苦，可

① （古希腊）修昔底德斯：《伯罗奔尼撒战争史》，谢德风译，北京：商务印书馆，1985年，第17页。

② （古希腊）修昔底德斯：《伯罗奔尼撒战争史》，谢德风译，北京：商务印书馆，1985年，第16—17页。

③ （古希腊）修昔底德斯：《伯罗奔尼撒战争史》，谢德风译，北京：商务印书馆，1985年，第17—18页。

④ （古希腊）修昔底德斯：《伯罗奔尼撒战争史》，谢德风译，北京：商务印书馆，1985年，第17—18页。

⑤ （古希腊）修昔底德斯：《伯罗奔尼撒战争史》，谢德风译，北京：商务印书馆，1985年，第9—10页。

⑥ （古希腊）修昔底德斯：《伯罗奔尼撒战争史》，谢德风译，北京：商务印书馆，1985年，第53页。

⑦ （古希腊）修昔底德斯：《伯罗奔尼撒战争史》，谢德风译，北京：商务印书馆，1985年，第6页。

⑧ （古希腊）修昔底德斯：《伯罗奔尼撒战争史》，谢德风译，北京：商务印书馆，1985年，第462页。

见一斑。

由上可知，修昔底德是西方第一个明确提出用史料批判的观点来从事历史研究的史学家，正如克罗齐所说的："修昔底德已在把关于同一事实的不同传说加以批判，甚至在他的著作中插入了文献。"① 对此，我们可以看看希罗多德的史料观点，希罗多德总的来讲是有闻必录。他自己说："我不知道这是不是实有其事，我只是把人们传说的记下来。"② 甚至连他自己也不相信的故事，也都记载下来。例如，据说涅乌里斯人每人每年都要变成一次灰狼，过几天后再恢复原形③等。

正因为因此，柯林武德认为修昔底德的这种史料批判方法从而"表明他不是一个故事的笔录者，而一位科学的研究者，所以他提出问题而不是重复传说。""希罗多德没有提到证据（即前面所提到的第三个特征），人们只好从他的著作中得出他关于证据的观念是什么？但是修昔底德明确地说，历史的探讨依赖于证据。"④ 因此，修昔底德的史料批判方法主要表现在，对史料的真伪进行判断，以此作为其史学研究的前提，并善于从古代神话中挖掘史实的本质，而且史料的来源非常广泛，不仅有文献，还有考古遗物、碑刻等。那么司马迁的史料批判学的观念如何呢？

司马迁说："仆窃不逊，近自托于无能之辞，罔罗天下放失旧闻，考之行事"⑤，"厥协《六经》异传，整齐百家杂语"成一家之言，"年十岁则诵古文，二十而南游江淮，上会稽，探禹穴，窥九疑，浮沅湘。北涉汶泗，讲业齐鲁之都，观孔子遗风，乡射邹峄，厄困蕃、薛、彭城，过梁、楚以归。于是迁仕为郎中，奉使西征巴蜀以南，略邛、筰、昆明，还报命。"⑥ 所以，司马迁为撰写《史记》曾广泛收集原始材料，并对其史料详细地考订真伪，据有人统计，《史记》所征引的古代典籍，仅标明书目的达80余种，还参阅了大量的宫廷档案，并注重实地考察以甄别事实的真伪，以校勘典籍所载之纰缪，这在《史记》各

① （意）克罗齐：《历史学的理论与实际》，北京：商务印书馆，1982年，第146页。

② （古希腊）希罗多德：《历史》，王以铸译，北京：商务印书馆，1983年，第506页。

③ （古希腊）希罗多德：《历史》，王以铸译，北京：商务印书馆，1983年，第407页。

④ （英）柯林武德：《历史的观念》，何兆武、张文杰译，北京：中国社会科学出版社，1986年，第22页。

⑤ 《汉书》卷六二《司马迁传》，北京：中华书局，1962年标点本，第2735页。

⑥ 《汉书》卷六二《司马迁传》，北京：中华书局，1962年标点本，2714—2715页。

篇中随处可见。再如关于黄帝的事迹，历代有种种子虚乌有的传闻，秦皇汉武的求仙造神活动，把黄帝神化成为乘飞龙登九天的神仙，但司马迁以翔实广博的野外考察材料为依据，力破旧说，大胆提出了黄帝是人、“黄帝崩，葬桥山”的新论断。

忠于史实，秉笔真书，是《史记》的基本特点。司马迁对孔子推崇备至，但绝不盲从。司马迁在《孔子世家》中说：“吴楚之君自称王，再《春秋》贬之曰：‘子’，践土之会实召周天子，而《春秋》讳之曰‘天王狩于河阳’。”而对于汉朝的历史，司马迁也勇敢地予以揭露和抨击，试看刘邦，这个被董仲舒神化的“圣人”，但在司马迁笔下其本相：无赖、奸诈、自私、虚伪暴露无遗，入木三分；且好酒及色，粗野无礼，薄恩寡义，有急则找人代死，遇难则踢儿下车者三，心狠手辣，虽至极位，然丑不可没。即使对当朝的汉武本人，也直书其“外攘内兴”与民争利的罪行，不为尊者讳，突出表现了司马迁忠于史实，不惧强暴，勇为史业献身的高尚史德。东汉班固曰：“自刘向、扬雄博极群书，皆称迁有良史之材，服其善序事理，辨而不华质而不理，其文直，其事核，不虚美，不隐恶，故谓之实录”①。

如上所述，司马迁和修昔底德在史料批判学的共同点是考订史实的真伪，在确鉴可信的史料基础上探索历史，但考订事实的真伪并不是史料批判学的全部含义，东西方历史理论和研究的实践证明，史料批判学的职责不仅在于对历史事实的考订，更在于历史学家对历史事实的“解释”，正是在这一点上，才能真正判断历史学家史料批判意识部分的高度和深度。

对于司马迁来说，他在所选择的历史事件及其对历史事实的“解释”中，渗透了自己强烈而深沉的人文主义历史意识，注入了自己强烈的情感，爱憎分明，明辨是非，显示了历史学家高度的历史责任感和人文主义精神；而修昔底德则由于受古希腊发达的自然哲学的影响，其对历史事实的解释的方法是保持一种超然的“客观”态度，因而有的学者认为修昔底德“是没有偏见的，如果不是他自己经常提到‘雅典人修昔底德’的话，天真的读者有时会诧异他是那一国的人”。固然此说有过激之嫌，但如果和司马迁相比较的话，修昔底德对历史事实的解释带有明显的“客观”史学色彩，这是显而易见的。

---

① 《汉书》卷六二《司马迁传》，北京：中华书局，1962年标点本，2738页

史学史表明，如何处理历史主体和客体之间的关系，是一个长期探讨的重大课题。对此，西方纯“客观”史学大师兰克认为，历史学家的主要任务是“如实地说明历史”，“按照历史的本来面目写历史”。实证主义史学的著名口号是“事实自己会说话”，因而实证主义史学特征是取消、忽视历史学家对历史事实的能动作用。对此，还是用卡尔的话来做结论吧，卡尔说：“历史学家当然是要选择的，相信历史事实的硬核客观地、独立地存在于历史学家的解释之外，这是一种可笑的谬论。”①

显然，如果将司马迁和修昔底德的史料批判学置于史学发展史的进程中加以考察，其结论是不言而喻的了。

四、历史的目的是什么

历史研究的目的是什么？这是历史研究的根本问题，对这一问题的回答，也最能表明历史学家历史意识的高度。

修昔底德在其著作开宗明义地阐明了他的史学目的观，他说：“这次战争是一个伟大的战争，比过去曾经发生过的任何战争更有叙述的价值。”在修昔底德看来，这种价值就在于“如果那些想要清楚地了解过去所发生的事件和将来也会发生的类似事件（因为人性总是人性）的人，认为我的著作还有一点益处的话，那么，我就心满意足了，我的著作不是只想迎合群众的一时嗜好，而是想垂诸永远的。”②

也就是说，修昔底德写作历史的目的在于教导人们利用过去的经验，使之避免重犯前人的错误，按照他的观点，因为存在着共同的人性，过去发生的事情将来可能重新发生，前事不忘，后事之师。为达此目的，他着意剖析希腊城邦，特别是显赫一时的雅典霸国的兴废之迹及成败之由，引导人们从失败中吸取有益的教训，纠正对内外政策的错误，以达到挽回雅典城邦颓势之目的。

所以，修昔底德的史学为“垂训史学”，这一思想是在继承希罗多德的史学目的观的基础上提出来的，希罗多德明确指出，他之所以写《历史》是“为了

① （英）爱德华·霍列特·卡尔：《历史是什么》，吴柱存译，北京：商务印书馆，1981 年，第 7 页。

② （古希腊）修昔底德斯：《伯罗奔尼撒战争史》，谢德风译，北京：商务印书馆，1985 年，第 18 页。

保存人类的功绩，使之不致由于年深日久而被人们遗忘，为了使希腊人和异邦的那些值得赞叹的丰功伟绩不致失去他们的光彩。”[①] 此后，希罗多德和修昔底德的“垂训史学”便长期成为西方史学家进行历史研究的理论基础。如古罗马波里比阿认为历史是一种“以事实为训的哲学”，“就政治生活而言，最好的教育和训练就是要研习历史。取鉴于前人的覆辙，是教人如何英勇豪迈地面对难关，战胜命运的不二法门，除此之外别无他途。”[②] 再如塔西佗，“他声称他的历史研究的主要目的是搜集那些善恶昭彰的历史事实，为了使德行不致默尔而息，并为使后人对邪恶的言行与丑名有所畏惧。”[③] 因而普希金称塔西佗的著作是“惩罚暴君们的鞭子。”正因为如此，克罗齐称古代的史学为“实用主义”史学，而且“在这个词的古代和近代的双层意义，它都是这样的，当它使自己局限在事情的世俗方面尤其政治方面时……当他用于反省和忠告装点它们时……它就是这样的。”[④] 也就是说，古希腊、罗马的史学目的是使历史为现实政治服务，借用克罗齐的说话，“一切历史都是现代史”。

显然，上述理论是用现代西方唯心主义历史观的观点来评价修昔底德和希腊、罗马史学目的观的，其中不乏偏激、片面之词，因为它全盘否定了希腊、罗马史学在史学史中的地位和社会历史发展中的作用。史学发展表明，从古至今，包括纯客观主义史学家都不是为了研究历史而研究历史的，而是为了解决当时所面临的重大问题而去研究历史，从历史中获得启示和答案的。史学史还表明，历史学家研究历史的目的进程也和历史学本身一样逐渐由近及远、由浅入深、由微观向宏观不断发展的，而且这种发展是受时代、文化、历史学家本人的地位及政治倾向决定的，而不仅仅取决于史家本人的好恶。尽管如此，克罗齐在此至少说明了古希腊、罗马史学家，还有本文主要论述的修昔底德在史学目的论方面的局限性，即由于选材的狭隘性，使得它们史学目的不可避免地带有实用性、功利性、公允地讲，仍不失为一家之言。

同古希腊的史学一样，中国从孔子开创的历史科学起就是训诲史学。其特

---

① （古希腊）希罗多德：《历史》，王以铸译，北京：商务印书馆，1983年，第1页。

② 朱庭光：《外国历史名人传·古代部分》上册，北京：中国社会科学出版社，1982年，第306页。

③ （意）克罗齐：《历史学的理论与实际》，傅任敢译，北京：商务印书馆，1982年，第156页。

④ 朱庭光：《外国历史名人传·古代部分》上册，北京：中国社会科学出版社，1982年，第306页。

征也是为政治服务，如司马迁在《太史公自序》中所说的，孔子著“《春秋》，上明三王之道，下辨人事之纪，别嫌疑，明是非，定犹豫……补敝起废，王道之大者也。”正因为司马迁认识到孔子著《春秋》的真正目的，因而特别强调治国、理民、为君、为臣必须学习《春秋》之道，“故有国者不可以不知《春秋》，遭变事而不知其权。为人君父者而不通于《春秋》之义者，必蒙首恶之名；为人臣子而不通于《春秋》之义者，必陷篡弑之诛，死罪之名。”而且司马迁也自称著《史记》的宗旨是“继《春秋》”。可见，司马迁从著《史记》开始，就自觉地把自己的治史动机定位在“《春秋》之义”上，用历史来“贬天子，退诸侯，讨大夫，以达王事而已矣。”即以天下为己任，匡正时政，实现其宏伟的政治抱负。

因此，司马迁探索历史的出发点也是为现实服务，为政治服务，但司马迁治史目的绝不是像克罗齐所谓的“实用主义”史学，司马迁从为现实服务开始，但因其所采用的方法，选择的体裁及他对历史的认识，最终突破了“实用主义”史学所能包容的内容。

司马迁在《报任安书》中讲，他治史是“欲究天人之际，通古今之变，成一家之言。”这是司马迁著史的总纲。这一总纲揭示了他探索历史的目的、方法及根本途径。这一总纲表明：其一，司马迁《史记》并非孔子的断代史，也并非修昔底德的重大事件的历史，而是叙述了上自黄帝，下至汉武帝3000年的通史，并在这一通史中提炼自己的历史意识，其视野之开阔，追本溯源，远非修昔底德所能及。其二，《史记》侧重于政治史，但绝不限于政治史，司马迁对三千年的历史长河进行了多方位及多角度的探讨，政治、经济、军事、思想、文化等等无所不包，是一部跨度漫长的“百科全书”，并对各科目之间的关系，历史发展的终极原因方面都有深刻的见解。这也远非修昔底德，或希腊、罗马任何史家所能企及的，这就是“究天人之际”。其三，司马迁对历史总体把握的世界观为“变”，即所谓“正《易经》”，“《易》著天地阴阳四时五行，故长于变”[①]，因而说明司马迁的历史观是发展变化的观点，即司马迁把整个历史进程、整个世界看作是一个客观的不断运动和生灭的有机体系，把漫长的历史长河作为一个客观发展的进程，而司马迁正是在这一客观的历史变化发展进程中去

① 《史记》卷一三〇《太史公自序》，北京：中华书局，1959年标点本，第3297页。

“通”，去探索历史的真谛，这也是修昔底德斯和任何希腊、罗马史家所无法比拟的。比如，“修昔底德所叙述的事件是为了从中预测未来，那些事件都是等同的或相似的，是人类命运的不断反复。”[①] 也就是说，修昔底德是从静止、孤立的观点来看待历史的，而不是从矛盾运动中来考察世界，来寻求历史的启示，因而他的历史观用现代哲学来讲是形而上学的。其四，司马迁在历史发展的进程中，进行“概括”（借用西方史学家的艺术），其实质在于寻求社会发展规律，这就是“成一家之言”，也正是在这一点上，最集中地体现了司马迁历史意识的高度。史学史表明，历史学正是在概括，在寻求规律中发展兴旺起来的，马克思主义认为，历史研究的主要目的是为了探求历史发展规律，从而指导人们的历史实践，历史学不仅是为了现实，而且也是为了了解未来，历史研究的难点也就是如何把为现实服务和预测未来统一起来，尽管西方现代史学家一概否认历史发展的规律，但都自觉或不自觉地进行“概括”，进行预测未来。可见寻求历史发展的规律是史学发展的趋向，如果从史学发展的这一趋向来看司马迁的“一家之言”的话，我们可以毫不夸张地说，司马迁的史学意识已达到世界古代史学的高峰。

如上所述，司马迁探求史学目的所依据的对象，从时间上来讲是“古今”漫长的时代，从内容上讲是广博的，从本质上讲是客观、变化的，这是修昔底德乃至任何一个古代西方史学家所无法比拟的；不仅如此，司马迁探求历史真谛所采用的方法，即主体在客体的变化发展中寻求历史规律的方法和途径，使得他的史学目的意识是全方位的，而不是单一的，既是为了现实政治，但又不拘限于政治；既是为了现实，又把目光转向未来，使历史、现实和未来，在寻求规律中有机地统一起来，浑然一体，这是何等的胸怀和气魄。因此，司马迁史学目的的丰富性、深刻性和高度是接近现代史学意识，这是毫不夸张的，这也是修昔底德和任何希腊、罗马史学家所无法企及的。

五、结论

综上所述，司马迁史学理论的根本点则在于把其所认识、探索对象作为一个不断变化发展的历史过程，而其主体则在同客体的统一中，在历史实践中去

① （意）克罗齐：《历史学的理论与实际》，傅任敢译，北京：商务印书馆，1986年，第155页。

提炼历史意识，探索历史规律。从这一根本点出发，司马迁在探求真正的因果关系中，必然是多方位的，追其本溯其源，而不是局限于单一的纵向方面。与此相连应的对于历史人物，则是从个性中求其共性。展示了人的整体性，更表现了个体的丰富性、复杂性、发展性、并对历史人物赋予了鲜明的人道主义价值观念，从而大大超越了修昔底德的历史意识。

不仅如此，在克罗齐看来，“近代的史学大体还是希腊人留下来的样子，其中大部分事件我们还是像古人一样去想的，虽则当中增加了一些东西并在整体上受到另一种光辉的照耀。”如果依此看来，司马迁的史学理论不仅超过了修昔底德斯，而且也可以和西方近代史学意识并驾齐驱。同时，还应看到，司马迁治史所运用的历史主体和历史客体在历史实践中有机统一的方法，使得古代西方史学家长期探讨而无法回答，就是现代西方史学家还在各执一端的历史主体和历史客体之间的关系，因果取向和价值取向之间的关系，历史的理性和情感关系，概括和规律性之间的关系等一系列带有根本性的重大难题，在司马迁笔下都是如此明确，即令西方现代史家也叹为观止，这也是中外现代史家一再推崇，并努力探索《史记》历史意识的重要原因。如果依此看来，还要再说司马迁仅仅是“西洋中世纪初期还没有这样的人物”的话①，显然有失公允。

恩格斯说：“历史从那里开始，思想进程也应当从那里开始。”② 虽然司马迁并没有像西方史学家那样明确表明自己的史学理论，但《史记》本身就是他史学理论的具体体现，正如他所借用孔子的话所说的“欲载之空言，不如见之于行事之深切著明也。”所以，《史记》到处闪耀着司马迁发达而深刻的理论思维，而对这位史学家理论思维的比较研究，不但使我们更加深刻地认识到司马迁在世界史学史中的崇高地位，而且也必将推动史学研究的新进展。

（原载《司马迁与史记论集》，陕西人民出版社 1995 年版）

① 侯外庐：《中国思想通史》第 2 卷，北京：人民出版社，1957 年，第 159 页。

② 《马克思恩格斯选集》第 3 卷，北京：人民出版社，1972 年，第 562 页。

轶事与宏大叙事的对立与统一——《史记》和《名人传》轶事观念之比较[①]

“轶事”在司马迁的《史记》和罗马帝国时期著名传记史学家——普鲁塔克所撰写的《希腊罗马名人传》（以下简称《名人传》）中的地位和作用问题是一个长期争论的难题，更是现代传记史学迫切需要解决的大问题。究其原因，从传记史学而言，它是一门严格探讨历史事件发生、发展的学科，它必然服从于历史的因果法则以求真；同时，它又是一门探索人性，并对人性进行严格反省的人文学科，它必然要求借助于轶闻趣事对人的心灵、性格和思想进行描述和探讨以求善。传记史学的重要意义在于它既要满足人类对历史事件本身深入了解的这一要求，又要满足人类对历史人物心灵了解的愿望。因此轶事观念不仅构成传记史学的重要组成部分，而且也能够凸显传记史学家其传记史学观念发展的高度。本文的兴趣在于运用比较史学的原理，从共时性的角度，通过比较分析《史记》和《名人传》中所表现的轶事观念，一叶知秋，以诠释二者历史叙述观念的异同，特别是轶事与宏大叙事之间的关系，以增加对中西古代传记史学的发展规律及其不同特点的深入了解，促进我们对现代传记史学发展趋势的正确把握。

---

① 2008年度国家社科基金项目“司马迁与普鲁塔克传记史学观念之比较”（08XSS001），项目负责人：王成军。

一、司马迁的轶事观念

《史记》体裁是史学传记，人的形象、性格和心理活动成为其史学叙述的一个重要内容。司马迁在着意记叙历史人物所经历的惊天地泣鬼神的重大历史事件的同时，在吸收《左传》、《战国策》等著作出现的叙事情节的基础上，注重对人物轶事的搜集和运用，表现了发达的轶事观念。

所谓轶（同逸）事指的是不见于正式记载，而世人也不尽知的有关传主的事迹。《说文解字》解轶为“失也”，段玉裁则进一步训为“亡逸者，本义也，引伸为逸游、为暇逸。”① 司马迁在“厥协《六经》异传，整齐百家杂语”② 的同时，又重视实地考察，为此，“尝西至空峒，北过涿鹿，东渐于海，南浮江淮!”③ “网罗天下放失旧闻”④。显然，《史记》中的轶事虽不曾见诸史籍，但却是司马迁精心搜集的，具有历史深意的真实趣事。《史记》记载了许多使人过目难忘的有关传主的轶闻趣事，这些轶闻趣事不仅对于刻画人物性格和心理有重要的关系，而且对于反映真实的历史也有着重要作用，成为《史记》的一个突出特点。如德罗伊森所言：“研究历史的人，必须从大大小小的遗迹中找材料；他要把历史说明得越详细的话，就越得依赖支离破碎的遗迹”⑤

（一）在《史记》中，轶事的主要作用之一在于揭示人的性格

《史记》中的人物，个性突出，形象丰满，使人有如见其人、如闻其声之感，此其中轶闻功不可没。吕不韦贾于邯郸，见子楚而怜之：“此奇货可居也。”⑥ 活脱脱地道出了吕不韦的商人品性。张仪游说列国失败，回家受妻嘲笑不已，“张仪谓其妻曰：‘视吾舌尚在不’，其妻笑曰：‘舌在也。’仪曰：‘足矣。’”⑦ 形象地表明了张仪不屈不挠、愈挫愈勇，不达目的誓不罢休的铁石心肠。对于汉武帝时期炙手可热的权臣卫青的品格司马迁也做了有趣而深刻的叙

---

① （清）段玉裁：《说文解字注》，上海：上海古籍出版社，1988年，第472页。
② 《史记》卷一三〇《太史公自序》，北京：中华书局，1959年标点本，第3319—3320页。
③ 《史记》卷一《五帝本纪》，北京：中华书局，1959年标点本，第46页。
④ （梁）萧统编、（唐）李善注：《文选》，长沙：岳麓书社，2002年版，第1276页。
⑤ （德）德罗伊森：《历史知识理论》，胡昌智译，北京：北京大学出版社，2006年，第24页。
⑥ 《史记》卷八五《吕不韦列传》，北京：中华书局，1959年标点本，第2506页。
⑦ 《史记》卷七〇《张仪列传》，北京：中华书局，1959年标点本，第2297页。

述："青尝从入至甘泉居室，有一钳徒相青曰'贵人也，官至封侯。'青笑曰，'人奴之生，得毋笞骂即足矣，安得封侯事乎。'"① 一副乐天知命的形象凸现眼前，但其后卫青以"以外戚贵幸，然颇用材能自进"②，建奇功立伟业，成为贵极一时的大将军，尽管如此，卫青处事仍极为谨慎，如履薄冰，战战兢兢，原因何在?《史记》记载："大将军谢曰：'自魏其、武安之厚宾客，天子常切齿，彼亲附士大夫，招贤绌不肖者，人主之柄也。人臣奉法遵职而已，何与招士。'"③ 谨小慎微与乐天知命一脉相承。所以，轶事在《史记》中的运用，对于描述人物性格有重要意义，而且从对人物性格的分析中，司马迁还进一步探索传记人物复杂多变的性格和思想、心理活动，展现了传主精神活动的全面性和丰富性。比如，对刘邦，《史记》记叙了其许多心怀大志，功成业就的王者之绩，但也记叙了不为众人所知的种种轶事，"不事家人生产作业"——无赖；"为泗水亭长，廷中吏无所不狎侮"——恶徒；"好酒及色"——流氓；"汉王急，推堕孝惠、鲁元车下，滕公常下收载之，如是者三"——无情；"溺儒冠"——"无礼"，……对于项羽，一方面，既有义斩宋义的侠气，也有破釜沉舟的勇气，更有力拔山兮气盖世的霸气；另一方面，既有鸿门宴的妇人之仁，又有垓下之围的儿女情长，还有自刎乌江以头颅赠旧友的侠义。因而在其传记中，历史人物往往集多重性格于一身，多重矛盾于一体，钱钟书先生对此有深刻评论："皆若相反相违；而既俱在羽一人之身，有似两手分书，一喉异曲，则又莫不同条共贯，科以心学性理，犁然有当。"④ 正是在多重性格和多重矛盾的斗争过程中，《史记》所呈现出来的不仅是生动而复杂多变的历史人物，也表现了历史的真实但又复杂多变的特点。

（二）《史记》所叙述的人物轶事，是联结人与事的一个重要的环节和桥梁

轶事并不是司马迁为了描绘人物的性格而刻意雕琢的雕虫小技，而是赋予轶事以重要的历史意义。如《史记》载："高祖常徭咸阳，纵观，观秦皇帝，喟然太息曰：'嗟乎，大丈夫当如此也。'"⑤ 用生动、形象的语言将刘邦的雄心壮

---

① 《史记》卷一一一《卫将军骠骑列传》，北京：中华书局，1959年标点本，第2922页。
② 《史记》卷九三《佞幸列传》，北京：中华书局，1959年标点本，第3196页。
③ 《史记》卷一一一《卫将军骠骑列传》，北京：中华书局，1959年标点本，第2946页。
④ 钱钟书：《管锥编》卷一，北京：中华书局，1986年，第275页。
⑤ 《史记》卷八《高祖本纪》，北京：中华书局，1959年标点本，第344页。

志描绘了出来，为刘邦后来持三尺宝剑，斩蛇起义、建立刘汉帝业起了铺垫作用。而陈涉尝作佣工时的誓言："苟富贵，莫相忘!""燕雀安知鸿鹄之志哉?"[①]其重要的不仅在于揭示陈胜个人所具有的胸怀大志品性，而对于后来陈胜揭竿而起具有重要的心理铺垫作用。对于灭秦的主要历史人物项羽的历史命运，司马迁也用两个轶事对其性格加以揭示。一为观秦始皇出巡"籍曰：'彼可取而代也!'"[②] 这一斩钉截铁的果敢话语不仅将项羽决心复仇灭秦的品格勾画出来了，更重要的为其后起兵反暴秦、巨鹿大战，建立西楚霸业埋下了伏笔。如果将该轶事与刘邦"嗟乎，大丈夫当如此也"的轶事相较的话，两者有异曲同工之妙，然又有缓急之不同，气势之不同，为二人后来的性格发展做了铺垫，不可谓非逸事记载之功。二为"项籍少时，学书不成，去学剑，又不成。项梁怒之。籍曰：'书足以记名姓而已。剑一人敌，不足学，学万人敌。'于是项梁乃教籍兵法，籍大喜，略知其意，又不肯竟学。"[③] 不学无术，浅尝辄止，使项羽重武而少文，有勇而乏谋，从而在后来楚汉相争中，项羽虽优势在手，胜券在握，但最终垓下被围，一蹶不振，愧见江东父老，自刎乌江，西楚帝业终付东流。真可谓，见微知著，意味深长！在《淮阴侯列传》中，司马迁则用三个小故事，来揭示韩信人生历程的内在必然性：怒绝南昌亭长，表现了他对世态炎凉的憎恨，对势利小人的摒弃；言答漂母施饭之恩，并最终加以厚报表现了他浓厚的以德报恩的忠义情怀；能忍受恶少年的胯下之辱，又表现了他所具有的坚韧的忍耐性格。这三件轶事以及所揭示的立体而复杂的人性品格奠定了韩信一生的成与败、荣与辱：对势利小人的摒弃，使他不忍乘刘邦之危，落井下石；忠义思想，也使他不愿背离刘邦另立山头，独树一帜；忍耐的品格又使他能够忍受刘邦对他的种种侮辱，寻机待时。在《酷吏张汤》传中，司马迁则用张汤审鼠盗肉的轶事，活脱脱地刻画出张汤酷烈毒辣的性格，为其以后治狱刻深埋下了伏笔。而《陈丞相世家》对陈平分社肉的情节加以描述，也独具匠心，用意颇深。太史公曰：陈平"方其割肉俎上之时，其意固已远矣。倾侧扰攘楚魏之间，卒归高帝，常出奇计，救纷纠之难，振国家之患。"[④] 此例惟妙惟肖地展现出陈平所具有的远大抱负和他在怀

① 《史记》卷四八《陈涉世家》，北京：中华书局，1959 年标点本，第 2946 页。

② 《史记》卷七《项羽本纪》，北京：中华书局，1959 年标点本，第 296 页。

③ 《史记》卷七《项羽本纪》，北京：中华书局，1959 年标点本，第 295—296 页。

④ 《史记》卷五六《陈丞相世家》，北京：中华书局，1959 年标点本，第 2062 页。

才不遇时内心的无奈和感慨，又说明司马迁是有意识、自觉地运用轶事，以记叙并丰富传主的生平事迹。诚如章学诚言："陈平佐汉，志在社肉。"①

当然，司马迁时代，严格的资料考据学并没有出现，但司马迁以其世家史官的这一传统和史学卓识，对其所选取的轶事经过缜密的历史考察和严格的逻辑判断，这样，《史记》轶事既符合历史发展的趋向，也符合人物性格发展的逻辑性，入情入理，情理交融，成为了解传主的极其鲜活的历史资料，而非道听途说的笑料，因而普遍被人们所接受。班固对司马迁有三大非难，但仍承认《史记》"其事核，其文直，不虚美，不隐恶，故谓之实录"。②

二、普鲁塔克的轶事观念

作为罗马帝国时期著名的传记史学家，普鲁塔克的《名人传》对罗马及其西方后来的传记史学产生了深远的影响。《名人传》一般采取一希腊名人和一罗马名人对举的方式，以叙述传主生动而鲜活的人生表现，最后再用《合论》的方式详细比较两者之间在各个方面的不同点以及令人惊异的共同点。现存的《名人传》共有50个传记人物，所涉及时间跨度上下约千年，地跨希腊与罗马，首部对传是从古希腊城邦的杰出代表——雅典与罗马极具传说色彩的国王忒修斯和罗慕洛的传记开始，但其中包括4个殿后的单独传记：阿拉图传（Aratus）、阿塔薛西斯传（Artaxerxts）、伽尔巴传（Galba）、奥托传（Otho）。这确有出例之嫌，且阿塔薛西斯为波斯国王，却编在希腊罗马名人传中，更是费解，这一切尚待深入研究。从整体而言，《名人传》人物内容丰富多彩，人物形象栩栩如生，对后世的西方史学，特别是传记史学影响颇大。当然，从历史叙述的角度来分析《名人传》的话，其最突出的特点就在于普鲁塔克将轶事的叙述成为其人物传记的主体，致力于人物内心世界的发掘，轶事构成《名人传》的灵魂。

（一）在《名人传》中，普鲁塔克特别重视那些能揭示历史人物性格和命运的轶事，有意识的应用轶事以刻画传记人物

他在《尼西亚传》中指出："不管怎样，对于修昔底德和菲利斯托斯业已叙

---

① （清）章学诚著、叶瑛校注：《文史通义校注》，北京：中华书局，1985年，第507页。

② 《汉书》卷六二《司马迁传》，北京：中华书局，1962年标点本，第2738页。

述过的事迹，我当然不能完全忽略不提，因为这些事迹显示了我的主人公深深埋藏在许多重大的苦难经历之下的气质和性格；但为了避免粗心怠惰的名声，我只想一笔带过省去不必要的细节，可是对于大多数作家没有注意到的，或是漫不经心地提到的，以及在古代祭祀铭文或公共文告中所发现的细节琐事，我都尽量予以搜集，采用那些有助于了解人物性格的资料；而不是单纯地堆砌那些没有研究价值的素材。"[①] 显然，普鲁塔克在选择名人轶事时具有明确的标准和目的，在他看来，轶闻和琐事是表现传主的性格和气质的最好的材料；"有时一件并不重要的小事，一句笑话，或者只言片语，都会比大的战役重要得多。"[②] 正因为如此，在《名人传》中，普鲁塔克搜集了大量的轶闻琐事，这些轶事生动传神，为传主增光添色，既趣味盎然，又余味无穷，如果将他和其他史学家，比如修昔底德斯相比较的话，《名人传》在这一方面的表现非常突出。

（二）轶事成为揭示人物性格、心理的重要工具

在《名人传》中，普鲁塔克特别致力于传主性格的刻画。例如，启蒙导师对泰米斯托克利（Themistocles）的预言："不管是好是坏，绝不会微不足道，只会出人头地！"[③] 从而预示了泰米斯托克利以后的命运非同凡响；《格拉古兄弟传》对盖约演讲时姿态的描述，有如见其人，如闻其声之感。"盖约粗鲁暴躁，因此他演讲时常常因为愤怒而失去理智，高声辱骂，话语离题。为了避免这种情况，他雇佣了一个聪明的仆人李锡尼。当他演讲时，这仆人总是带着一个调音的乐器站在他身后，当听到盖约的声调因愤怒而变得尖锐嘶哑时，他便用调音器发出一个柔和的低音。"而且"盖约在向群众演讲时，是第一个在讲坛上走来走去并脱掉长袍来演讲的罗马人"[④] 这样，一个性情急躁，疾恶如仇的政治家的形象就近在眼前了。在《亚历山大传》（Alexander）中普鲁塔克则通过亚历山大对其父腓力二世战绩的忧虑、讥笑，顶撞腓力的言行，以及宽宏大量地对待把他部下推到井下的底比斯妇人的几个轶事，将一个好大喜功、野心勃勃，但又豁达大度、具有多重性格的亚历山大的形象惟妙惟肖地刻画出来了。在

① Plutarch，Plutarch's Lives，Boston：Harvard university press，1914，P. 210。
② Plutarch，Plutarch's Lives，Boston：Harvard university press，1914，P. 225。
③ Plutarch，Plutarch's Lives，Boston：Harvard university press，1914，P. 5.
④ Plutarch，Plutarch's Lives，Boston：Harvard university press，1914，P. 149.

《亚西比德传》(Alcibiades) 传中，普鲁塔克则是通过叙述亚西比德儿时的两则故事，以刻画其后来的变化无常、不择手段的政治变色龙品格，更为精彩。试看第一则轶事："还是孩子时候，亚西比德和别人摔跤，他一看败局已定，担心被摔倒，于是，他就把对方的手臂狠咬一口。对方马上松手，喊道：'亚西比德，你还咬人，那是女人才干的事！'亚西比德答道：'不，只有狮子才这样！'"① 第二则轶事是"亚西比德花了70个米那买了一条狗。这条狗非常高大，极为标致。尾巴是它的主要装饰物，可亚西比德却让人把这狗的尾巴砍了。为此，熟人们惊叹不已，告诉他全雅典人都在为狗喊冤，大家一致声讨他，要他做个解释。亚西比德哈哈大笑，说道：'这正是我想要发生的事。我是希望雅典人谈论这件事。这样，他们就不会去谈我那些更糟糕的事。'"②，看到这里，一个为达到个人目的而不择手段的卑劣小人形象就呼之欲出了，再去联想其后亚西比德从政所表现的恶劣的政治品格：为了个人成败，不惜卖身投靠雅典的敌人——斯巴达，为虎作伥，处心积虑而致雅典于死地的作为，也就不难理解了。在此，作者的褒贬不仅昭然若揭，传主的个性也一览无余。在《伯里克利传》(Pericles) 中，普鲁塔克叙述了这样一个轶事，"有一次，伯里克利被一个毫无教养的人整天辱骂，他竟然忍耐着，一声不吭。傍晚，他从容不迫地走回家，那家伙仍跟在他身后，辱骂不休。到屋时，天已经黑下来了，他就吩咐一个仆人打起火把，护送那人回家。"③ 这样，普鲁塔克心目中的道德楷模、一个与众不同的伯里克利的形象就初见端倪了。章学诚言："推微知著，固相士之机、搜间传神，亦文家之妙用也。"④ 威尔斯认为："吾人不能不略陈上述故事，否则历史不明了矣。"⑤

(三) 在《名人传》中，轶事成为通往传主心灵的道路，是揭示传主性格和情操的工具，但其弱点则是这些轶事以及通过轶事所揭示的人物性格缺乏同历史进程的紧密联系

表现在《名人传》中，普鲁塔克对于那些和传主相联系的重大历史事件及

---

① Plutarch, Plutarch's Lives, Boston: Harvard university press, 1914, P. 5.

② Plutarch, Plutarch's Lives, Boston: Harvard university press, Vol. 6, 1914, P. 23.

③ Plutarch, Plutarch's Lives, Boston: Harvard university press, 1914, P. 13。

④ (清) 章学诚著、叶瑛校注：《文史通义校注》，北京：中华书局，1985年，第507页。

⑤ (英) 威尔斯：《世界史纲》上卷，梁思成等译，上海：上海人民出版社，2006年，第225页。

其发展过程，则往往删除不用，或删繁就简，即使在传记中出现的一些重大历史事件，也往往缺乏历史性的叙述特征：准确的时间、地点，因而普鲁塔克的《名人传》传主大都是天马行空的英雄，独往独来，无法显示其庐山真面目。如在《亚历山大传》传中，作者以大量篇幅载叙述了有关传主的轶闻琐事以及怪诞的征兆，趣味横生，引人入胜；而对亚历山大一生最主要的征服成果，即用短短十年时间远征波斯诸国而建立跨有欧亚非三洲的亚历山大帝国这一重大的历史事件，却蜻蜓点水，一晃即过。同样，在整个《伯里克利传》记中，普鲁塔克所关注的重心是其道德风范和趣闻轶事，对伯里克利杰出的政治才干和突出的军事成就熟视无睹，只是简单地介绍了他远征克索涅索和讨伐萨摩斯人的情形，特别是作为集雅典民主政治之大成的伯里克利的这一方面历史成就，传记几乎没有涉及。究其原因一方面反映了普鲁塔克对伯里克利的文治武功估计不足，另外一方面也反映了他对雅典所实行的民主政治改革有很深的偏见，固然这一偏见与普氏的亲斯巴达的贵族政治思想观念有关，更重要的则是由于其只重视描述传主人物性格这一传记思想观念所导致的必然结果。

总之，普鲁塔克特别注重搜集传记人物的轶闻趣事，特别注重轶闻趣事在名人传记中的作用，并将轶闻趣事作为刻画传主的性格、志行和命运的主要手段，因此，在《名人传》中，极力复原传记人物的所思所想，使传主栩栩如生，独具神韵，极具感染力。从而把历史研究推向更深的层次——探讨个人的精神世界的领域。在西方史学史上，普鲁塔克是“第一个明确提出历史研究的精神或心理分析方法”的历史学家，[①] 因而又被称为西方“现代心理传记作家”的先驱。在《名人传》中，普鲁塔克既展现了传主生动而细腻的心理世界，更彰显了传主丰富多彩的道德情操，这也是这一传记著作在千百年间广受欢迎的重要原因之一。

三、轶事与历史叙事对立与统一

由上所述，《史记》和《名人传》作为中西古典时代传记史学的突出代表都表现了发达的轶事观念，都突出了轶闻趣事在传记中所具有的重要作用，都善于运用轶事以挖掘历史人物的内心世界，并努力对历史的探索深入到传主的心

① 郭小凌：《西方史学史》，北京：北京师范大学出版社，1995 年，第 106 页。

灵深处，以丰富人的内涵和本质，以表现人物的精神风貌，从而彰显了道德崇高这一理念。但是，由于二人传记史学观念是建立在各自的文化传统和史学观念的基础上，因而两人对轶闻趣事在史学作品中的地位与作用也有许多重要的不同之处。

对于普鲁塔克而言，他认为传记的主要目的就是要揭示人的思想、人的情感、人的性格。由此，普鲁塔克删略传统的正史内容，凸显能够揭示人物性格的轶事，普鲁塔克称之为“心灵的证据”[①]，“有助于了解人物性格的资料”[②] 和“值得纪念的事”[③] 用心良苦，不遗余力；但另一方面，普氏在《名人传》中，热衷于通过轶闻趣事去描述历史人物的结果，大大地抬高了轶闻趣事在传记史学中的作用，而降低了重大历史事件在人物传记中的历史地位。因此，在《名人传》中，用轶事来代替历史、用人的性格代替历史进程是其突出的特点；同时，由于普鲁塔克笔下的轶闻趣事同传主和其所经历的历史大事、历史进程之间缺乏内在的必然联系，《名人传》中轶闻趣事自然缺乏坚实的历史感和真实感，表现出将轶闻趣事有琐事化，历史叙述主观随意化的趋向。在《名人传》中，普鲁塔克虽然注重用大量的趣闻轶事，无微不至地描绘希腊罗马名人丰富而细腻的思想情感，并事无巨细地塑造其高尚感人的道德风范，但结果却适得其反，《名人传》人物的思想心理被刻画得越鲜活，越生动，必然离客观的事实越发遥远，正因为如此，《名人传》英文版译者认为：“普鲁塔克作为一位道德学家和传记作家，而不是历史学家。”[④]

但对于司马迁而言，其一，《史记》在对表现人物性格轶事与历史进程中的大事这两个传记基本元素都进行了深入探索和挖掘，在保持了两者的独立性外，还努力将两者有机地统一起来。表现在《史记》中，司马迁并不因为记叙轶事而删除历史大事，使轶事与宏大叙事对立起来，使传记和历史对立起来，而是相反，将小事置于大事的背景中，将大事与轶事结合起来，将人物置于历史中，再将“列传”置于整个三千年“古今之变”的背景中，以小显大，大中含小，轶事成为联结人与大事的桥梁。因而在《史记》中，司马迁对历史事件的完整

① Plutarch，Plutarch's Lives，Boston：Harvard university press，1914，P. 225。
② Plutarch，Plutarch's Lives，Boston：Harvard university press，1914，P. 210。
③ Plutarch，Plutarch's Lives，Boston：Harvard university press，1914，P. 189。
④ Plutarch，Plutarch's Lives，Boston：Harvard university press，1914，

叙述和对人物性格、心理的深入刻画两者相互辉映，相得益彰。

其二，司马迁对轶事的处理，与普鲁塔克对轶事处理的方式并不尽相同。对于普鲁塔克来说，《名人传》中叙述的希腊罗马名人传记，从一开始就是一个既定的性格结构，人物的性格的发展缺乏较大跨度的多样选择性，没有悬念，避免冲突。

因而对于普鲁塔克而言，任何重大的历史事件都被传主的性格所左右，都是表现人物性格的最好材料，是性格决定历史，而不是历史决定性格。比如对伽图，按照普鲁塔克在《伽图传》的记载，其冷峻、刻薄、雄辩，因而对奴隶的种种残暴无仁也只是从性格角度来加以解释，只是一种“卑劣的性格”[①] 罢了，而对迦太基长期不懈的战争叫嚣和野蛮征服也只是其雄辩和睿智的证明。再如，伯里克利的正义、公正、雄辩性格从一开始出现一直伴随到他的死亡，即使对萨摩斯的征服也只是展示其军事才华和雄辩的绝好素材，而对其中的血腥屠杀则可漠然置之。虽然在《名人传》中，他也多次说过将努力通过传主的“事迹和政治生涯来表现他们的气质和性格。”[②] 但由于他所谓的政治事件并非具有真正意义上的历史事件，更多的则是他自己思想观念塑造的结果。所以在《名人传》中，传主性格的多样性和复杂性只是表现在性格的表面，而缺乏有深度的挖掘。究其原因，在普鲁塔克看来，希腊罗马历史上的一系列重大的历史事件对这些名人本身所具有的道德品质而言并没有多大的影响。诚如伽达默尔所言：“像希罗多德甚至普鲁塔克这样一些人的历史著作能够很好地把人类历史起伏描述为大量的道德事例，而完全没有对他们自己当前的历史性以及人类此前的历史性进行反思。”[③]

但与普鲁塔克的历史叙述观点不同的是，司马迁对轶闻的处理原则是将轶闻置于变化万端的历史进程中，既表现由于历史发展过程的内在规定性而决定了历史人物性格的必然性，又着力展现了由于历史发展过程的复杂多变性而使得人在性格方面所表现的多样性，着力将偶然与必然，将内在的性格与外在复杂现象的关系在对立中统一起来。比如，在《李斯传》中，司马迁着意选取了李斯见厕鼠、仓鼠不同处境的轶闻趣事，以刻画李斯猥琐卑劣的心理品格，人

---

① Plutarch，Plutarch's Lives，Boston：Harvard university press，1914，P. 349。

② Plutarch，Plutarch's Lives，Boston：Harvard university press，1914，P. 215。

③ （德）伽达默尔：《真理与方法》，洪汉鼎译，上海：上海译文出版社，2004 年，第 712 页。

木三分，为后来李斯的一生命运预定了基调。如章学诚所言："李斯亡秦，兆端厕鼠。"[①] 但令人惊叹的是，司马迁对这一基调的处理并非一成不变，平淡无奇，而是变化多端，丰富多彩，变中可见常，常中以现变：李斯官运亨通至丞相，位居三公，飞黄腾达，如日中天，正是仓鼠性格的外在表现；沙丘之变，李斯为虎作伥，以求自保而加害扶苏，而不以国家社稷为重，则是仓鼠性格的内在表现，而最后被腰斩咸阳，诛灭三族，虽出乎意料之外，但又与其仓鼠心理品格存在着内在的紧密联系，为其仓鼠性格发展的必然结果，却又在情理之中。因而司马迁对轶事的发掘与运用，使轶事与叙事有机地结合起来，浑然一体，水乳交融。大大丰富和发展了中国自《左传》以来的轶事观念，使轶事与宏大叙事相统一起来，标志着中国的传记叙事达到了一个新的高度，并对中国的历史叙述学产生了深远而重要的影响。现在的问题是，如果将司马迁的这一轶事观念置于西方历史学发展的进程中加以考察的话，其意义如何呢？

对于西方史学而言，逸闻入史源远流长。古希腊希罗多德的《历史》中就充满着精美隽永的逸闻趣事，为人们所称道，如徐松岩先生所说的："希罗多德是一位故事大师，极善于编排故事，完美的背景、统一的格调及逻辑上的因果顺序，都使得他的著作常常显现出戏剧性高潮。"[②] 但紧随其后的古希腊著名史学家修昔底德斯，在其名著《伯罗奔尼撒战争史》中却对希罗多德的这一特点进行了不点名的批评："我这部没有奇闻逸事的史著，读起来恐难引人入胜。""我所撰写的著作不是为了迎合人们一时的兴趣，而是要作为千秋万世的瑰宝。"[③] 由此，对于逸闻入史问题就开始形成两种截然对立的趋向：

其一，把历史研究的重心置于探讨重大历史事件的因果关系。对于西方古典史学的历史学家而言，特别是希罗多德之后的历史学家而言，他们所面对的是他们正在经历的重大政治和军事历史事件，他们对大历史的关注使他们致力于探求历史事件的原因和诱因，或者去辨别开端、原因与诱因，而将其中人的思想和情感排斥在他们的视野之外。如波里比阿在《通史》中特别批评了在历史著作中以奇闻轶事吸引人，以戏剧式的动人文句取悦读者的倾向，强调了历

① （清）章学诚著、叶瑛校注：《文史通义校注》，北京：中华书局，1985年，第507页。

② （古希腊）希罗多德：《历史》，徐松岩译，上海：三联书店，2008年，第16页。

③ （古希腊）修昔底德斯：《伯罗奔尼撒战争史》，徐松岩译，上海：三联书店，2004年，第14—15页。

史的真实可考证性，从而排除了轶闻存在的空间。由此，正如学者所指出的："他经常受到那些名为历史学家，但书中却包含着神学、悲剧或者感情场景的人的攻击。"①

其二，将历史研究的重心置于探讨人的心灵、思想和性格，并由此出发，将人物性格当作铸造历史事件及其结局的主要原因。由于在亚历山大帝国建立后，历史学家所面临的研究对象，是一个极其复杂而广阔、已经远远超出了历史学家自身经历的历史时段，为了把握历史变化的原因，其历史思维只能转向对历史过程中人的行为原因的探讨，即对人的思想动机、心灵的探讨。这样，在罗马时期，历史学家"将注意力更特别集中于伦理问题，什么是善？什么是人生的目的和意义？伦理学成了主要的课题，"② 在此基础上，轶事就自然以揭示人们心灵的窗口而理所当然地重新登上了历史学的大雅之堂，从而为传记史学的发展开拓了广阔的空间。汤普森认为：在罗马人心目中，"历史就是伟大人物的传记。第二次布匿战争就是汉尼拔的传记，第三次布匿战争就是西庇阿、阿非利加那的传记。"③ 在刻画人物方面，"普鲁塔克的《名人传》是最伟大的榜样。"④ 但这一重要地位的获得是以极大地削弱历史进程对人心理品格的重要影响为其代价的，是将传记和历史著作的尖锐对立作为代价的。这样，历史进程越来越具有许多不确定的性格因素，历史越来越带有主观主义的色彩，由此，汤普森认为"罗马人认为历史是一门艺术，而不是一种批判科学。用清晰而有趣的文体进行叙述是历史的目的，而不必腻烦地深入探讨情况、原因和过程"⑤。不过，在克罗齐看来："这并不是历史方法的一种丰富，而实际上是一种贫困，并且标志着历史诚实性标准的衰落"。⑥ 罗马的历史学最终走向了自己所要追求历史真实的对立面。

而到了近代，在自然科学实验分析方法的挤压下，轶闻在史学中丧失了昔日存在的合理性而日渐式微。但从19世纪末，特别是20世纪60年代以来，随着欧美史学研究的转向，史学家将注意力从重大政治事件、战争场面而转向社

---

① Ronald Mellor，The Roman Historian，London，New York：Routledge，1999，P. 9。
② （美）梯利：《西方哲学史》，葛力译，北京：商务印书馆，1999年，第8页。
③ Ronald Mellor，The Roman Historian，London，New York：Routledge，1999，p. 115.
④ （美）梯利：《西方哲学史》，葛力译，北京：商务印书馆，1999年，第109—110页。
⑤ （美）汤普森：《历史著作史》，谢德风译，北京：商务印书馆，1996年，第108页。
⑥ （意）克罗齐：《历史的理论与实际》，傅任敢译，北京：商务印书馆，1982年，第46页。

会生活和文化领域，从而形成了一种新历史主义的传记史学流派。在这一新历史主义的传记思想体系中，逸闻在传记史学中的地位提高到一个空前的高度，而往往被人们称为“逸闻主义”。不言而喻，历史逸闻主义其突出特点是注重轶事，强调情节，挖掘细节，着力用轶事来解构、来解释、来代替昔日的宏大历史，这一方法使传记史学的面目为之一新，内容生动活泼，更符合现代人们复杂多变的兴趣和心理需求。但另一方面，逸闻主义的传记史学在实践中又表现出了历史碎片化，历史无序化，历史文学化的趋向。人们确实在新历史主义那里获得了轶闻趣事的欣喜，但同时对历史人物更充满了变化莫测的神秘感和无奈感，从而否定历史人物本身。客观而言，新历史叙述主义的实践表明，其最突出的成就乃在于打破历史思辨对历史学的桎梏这一方面，但在重构一个完善的历史叙事体系方面却显得软弱无力，有从思辨主义史学走向伦理主义史学之嫌，根本原因就在于新历史主义的传记史学在轶事与重大历史事件、人与事的关系上仍然各执一端，而无法有机地统一起来。

毫无疑问，从现代传记史学观念来看，轶事与宏大叙事二者的关系是一种对立统一的关系，轶事既是历史事实，又是心灵的真切表现，更是将事实和心灵结合起来的有机体。因而对历史轶事的了解和叙述决不能代替对历史事件的理解，而应该通过轶事，不仅加深对传主本人的性格的了解，而且还应该促使人们对传主本人所处的历史时代有更为全面的了解。如卡西尔所指出的：这些“有意义的细小事实”“就它们的结果而言并不是有意义的，但是他们是‘意味深长的’；它们乃是符号，借助于这些符号历史学家得以阅读和解释个人的性格甚或整个时代的性格。”[①] 同时，也只有在整个历史发展的复杂多变的多样化的历史背景中才能真正地了解人的心灵，从而也更为深刻地了解人物自己的历史。

四、结论

由上所述，《史记》和《名人传》中轶事观是司马迁和普鲁塔克历史叙事观念的反映，而其历史叙述观念更重要的是与他们的传记史学观念紧紧相连。如果用柯林武德的观点来看的话，《名人传》的这一叙述思想，那就是希腊罗马历

① （德）恩斯特·恩斯特·卡西尔：《人论》，甘阳译，上海：上海译文出版社，2004年，第271—272页。

史编纂学运用实质主义思想方法的必然结果。所谓实质主义，柯林武德认为，是指建立在一种形而上学的体系的基础之上的思想方法，这一方法蕴涵着一种知识论，“即只有不变的东西才是可知的，但不变的东西却都不是历史的。”① 在实质主义看来，“行动者既是一种实质，就永远不可能产生也永远不可能经历任何性质而成为另外一种实质。”②

同样，“一个好人不可能变坏。一个到了老年时表现自己是个坏人的人，必须在年轻时也同样地是坏人”③。显然，实质主义历史学对事物的产生和性质的不断变化无能为力，由此，古典西方史学当然也包括普鲁塔克，在历史的宏观叙事和历史人物的心灵描述两者上只能偏居一隅，而无法有机地联系起来。而且在描述人物思想和性格时也不能历史地描述人物思想和性格的发展变化过程。而与此不同的是，司马迁的“通变”史学观念，较之于普鲁塔克的实质主义思想体系而言，突出的优点就在于它可以将对立的两者——重大的历史事件与细腻入微的人物思想、宏观叙事与轶事以“和而不同”的方式在历史进程中联系、统一起来。如果以此来看司马迁在《史记》中所表现的历史轶事观念，即将轶事与宏大叙事二者之间有机联系的这一趋向，无疑将会对我们的历史研究，特别是传记史学研究以深刻的启迪。

（原载《西南大学学报》2010 年第 1 期）

---

① （英）柯林武德：《历史的观念》，何兆武、张文杰译，北京：中国社会科学出版社，1986 年，第 22 页。

② （英）柯林武德：《历史的观念》，何兆武、张文杰译，北京：中国社会科学出版社，1986 年，第 48 页。

③ （英）柯林武德：《历史的观念》，何兆武、张文杰译，北京：中国社会科学出版社，1986 年，第 50—51 页。

因果判断与价值判断的冲突与统一——司马迁与古希腊罗马史学观念之比较

因果判断与价值判断之间的关系，是历史研究中的一个基本问题和难点问题。究其原因，从历史哲学的角度来讲，人在历史发展过程中具有双重特质，既是历史发展的主体，又是历史发展的客体。由于这一双重性，决定了历史既是求真的科学，也是自我认识的主观反省。求真使历史学获得了作为一门学科的自主性和独立性，它必然要求服从于因果律；自我反省则使历史学具有了价值导向和目的意识，它要求进行价值判断。历史学的重要意义正在于它既满足了人类心智求真的要求，同时也满足了人类心灵求善的愿望。因而对因果判断与价值判断及其两者关系的探讨，也最能显示历史学家的历史洞察力和史学观念的发展水平。

所以，本文旨在运用比较史学的原理，把司马迁的因果判断与价值判断的史学观念置于孔子的“《春秋》之义”的史学体系的基础上，从历时性的角度对其进行纵向考察，以探讨其观念逐步深化的过程。同时，还将这一史学观念置于西方古代最发达的希腊罗马的史学发展体系中，从共时性的角度再加以横向比较，其目的在于通过对希腊罗马的因果判断与价值判断的史学观念的分析与比较，使我们更为清楚地了解司马迁史学观念的特点和深度，以帮助我们深刻理解与准确把握其思想。

一

以孔子为代表的中华传统文化从一开始就带有明显的道德伦理的特征。孔子在不否认人的自然生命的前提下，所注重的是生命的道德价值，将道德价值作为生命的本质，由此孔子提出了多达数十种的道德范畴，诸如仁、礼、智、孝、义、信、忠、恕、悌、恭等，其中最重要的是“仁”、“礼”这一对范畴。礼是具有强制性的社会制度和行为规范，仁则是个人道德修养和主观自觉。在孔子的道德伦理体系中，礼与仁互为表里，相辅相成，仁是内在依据，礼是外在表现。因此，“仁”与“礼”的关系是一而二、二为一、和而不同的关系，即如孔子所说的：“克己复礼为仁，一日克己复礼，天下归仁焉。”[①] 从外在要求来看，不做任何违礼犯禁的事情是对仁者的基本要求，从主体方面看，仁又是一种高度的意志自觉状态，道德行为已开始出于主体自觉，而不是诉诸外来的约束、强制。因此，孔子道德伦理的主体并不是建立在外在的趋势或结构上，而是完全依赖于人的主体意志自觉，仁学是一种内在超越型的道德价值体系。

从史学角度看，孔子著《春秋》，虽然提出了“不虚美，不隐恶”的道德价值评判准则，但又奉行了“为天子讳，为贤者讳，为亲者讳”的价值评判通例，使中国史学从一开始就其实质而言成为“道德史学”，历史事件被看成是道德价值的体现者和具有道德意义关系网络。因而，孔子道德价值观同其道德的形而上学一样，用道德价值观作为匡损历史事实、历史进程的标准和工具，带有历史因果从属道德价值的弱点。

从伦理学来看，自由和道德法则是其必然要面对的两大难题。毫无疑问，人的道德性须以自由为前提，唯有这种自由，才能使道德主体和伦理纲常拉开距离。这种距离是道德性和现实世界认识和批判的前提，如果道德性失去了自由和独立的地位，道德就变为他律，而不是自律。孔子的道德性所要解决的主要问题是意志和行的问题，而理性和知的权力则被搁置起来。由于缺乏一个超越点，主体世界与他的客体世界（伦理世界以及他自身）不能建立起一种真正的认识关系或理性价值关系，而是一种调和、等同的关系，因而主体最终也就失去了真正意义的主体内涵，其结果，固然避免了西方文化的主客两分的弊端，

① 杨伯峻：《论语译注·颜渊篇》，北京：中华书局，1980年，第123页。

同时也使德性失去了理性精神和批判精神的依托和支点。因而在孔子那里，人的道德性只是对现实伦理纲常的肯定和内在追求，其结果道德自觉性最终葬身于现实的伦理纲常之中，成为捍卫世俗伦常的光环和附属品。

司马迁道德价值的基本特征在于其首先从世界观的高度，“正《易传》”、“究天人之际”，在天人矛盾中来探求人的主体地位；其次从认识论的角度论证了人的主观能动性。在此基础上，司马迁对中国的传统文化特别是孔子思想进行了理性的思考，为中国传统文化的求善模式注入了更多求真的理性成分，从而超越了孔子的“道德理性”（借用希腊用语）的史学模式，形成了独具特色的司马迁的史学范式。[①] 所以，司马迁道德价值范式的本质在于从“继《春秋》”开始，但又高出于《春秋》，并从《春秋》道德与现实的统一中拉开了距离，形成了道德与现实的伦理纲常既对立又统一的道德价值模式，从而使人的道德性获得了自由，并在这种自由中来体现道德性的崇高和人的道德价值，形成了源于孔子但又不同于孔子的道德价值观。

在《史记》中，司马迁以如椽之笔，通古今，话今昔，深刻剖析了历史发展的因果关系以求真，就连对司马迁颇有微词的班固也认为《史记》“其文直，其事核，不虚美，不隐恶，故谓之实录”。[②] 因而《史记》被后人称之为“信史”。同时司马迁在叙述历史的因果关系时，又将每一历史人物置于道德价值的天平上加以衡量以求善，他继《春秋》笔法之大成，善恶昭彰，褒贬并用，不以胜败论英雄，在历史因果关系和价值判断之间的冲突中体现道德价值的历史作用。与孔子的道德价值观相比，司马迁在孔子道德价值观的基础上，更注重人的勇、义和情，更具有指斥和抗争现实纲常的精神气概，更具有虽九死而未悔的不屈不挠的顽强拼搏精神。

试看刘邦，其起于乡野，借秦末农民起义之机，力挫群雄，终获“宝鼎”，而被董仲舒等人奉为“圣人”，加以神化，顶礼膜拜。但司马迁以卓越胆识，将其置于价值判断的天平上加以衡量，无情地撕破了笼罩在其头上的神圣光环，暴露出其卑鄙丑恶的嘴脸：“不事家人生产作业”——无赖；“为泗水亭长，廷中吏无所不狎侮”——恶徒；“好酒及色”——流氓；“汉王急，推堕孝惠、鲁

---

① 朱本源：《司马迁的史学原理本于〈六经〉》，《陕西师范大学学报》（哲学社会科学版）1997年第1期，第95—104页。

② 《汉书》卷六二《司马迁传》，北京：中华书局，1962年标点本，第2738页。

元车下，滕公常下收载之，如是者三”——无情；“溺儒冠”——“无礼”；……其丑态百出，不胜枚举。项羽虽败于刘邦，被汉朝御用文人视为草寇，但司马迁在《项羽本纪》中从道德价值的角度对项羽的一生作了深刻的剖析，挖掘出了其所不被人们注意的闪光点：义斩宋义——顾全大局；破釜沉舟——勇冠三军；楚汉分界——言而有信；垓下被围——临危不惧；自刎乌江——舍身取义，……其同情之心，溢于言表。钟惺曰：“司马迁以项羽置本纪，为《史记》入汉第一篇文字，俨然列汉诸帝之前，而无所顾忌，盖深惜项羽之不成也。不以成败论英雄，是其一生立言立意”①。

在西方哲学史上，求真与求善一直困扰着西方的哲学家，苏格拉底把分辨真、假、善、恶同真、知联系起来，提出了“美德即知识”的这一伦理学命题，试图开辟一条将真与善结合起来的桥梁。但遗憾的是，苏格拉底对这一命题的回答留下了很多疑问和需要发展的地方。从苏格拉底之后并形成了两大思想系统，双方各执己见，无法统一。

亚里士多德把理性分为两种，一为“思辨的理性”，一为“实践的理性”②，前者要求认识论与事实相符合，从而做出真与假的判断以求真；后者则要求行为与正确的愿望相一致，做出善与恶的判断以求善。对于两者的关系，亚里士多德认为，思辨理性优越于实践理性，因为思辨理性指向的是具有本源性的质的“智慧”，善的实现最终需要智慧加以认识和把握。在此基础上，亚里士多德对苏格拉底和柏拉图的伦理思想进行了批评，他说：“苏格拉底他把德性说成知识，其实这是不可能的”，柏拉图认为“在说明存在和真理的问题时不应该涉及德性；既然二者无共同点。”③ 亚里士多德从根本上否定了把真理、知识和美德结合起来的研究方向，这一思想对古希腊罗马的哲学产生的重大的影响。但他的伦理学思想遭到了先是犬儒学派，后是斯多噶派的强烈批判，后者在希腊和整个罗马时期对苏格拉底的哲学和伦理实践进行了理性思考，“将注意力更特别集中于伦理问题，什么是善？什么是人生的目的和意义？伦理学成了主要的课题，研究逻辑和形而上学是为了帮助解决道德问题。最后，上帝和人同上帝的关系问题即神学问题，占有显著地位，希腊哲学像它开始一样，

---

① 杨燕起等编：《历史名家评史记》，北京：北京师范大学出版社，1986年，第347页。

② 苗力田主编：《亚里士多德全集》第4卷，北京：中国人民大学出版社，1994年，第260页。

③ 苗力田主编：《亚里士多德全集》第8卷，北京：中国人民大学出版社，1994年，第242页。

乃归结于宗教。"[①] 最终成为基督教思想的来源之一。

西方史学，自古迄今表现为两大流派，其一，用因果判断代替道德价值判断。修昔底德斯、波里比阿等史学家从事史学研究的兴趣在于探求历史事件的因果关系。修昔底德斯是古希腊乃至西方史学史上第一个尝试揭露历史事件发展中的因果关系的历史学家。为了探求事物发展的真实原因，他善于从历史事件偶然性和表面性的背后去探讨产生历史事件产生的必然性和偶然性的原因。即克罗齐所说的修昔底德斯史学研究的主要任务是去"辨别事实和原因，"[②] 而波里比阿则更进一步去"辨别开端、原因与诱因。"[③]，从而使这一方法更为成熟，这一方法在近代实证主义思想那里得到了最集中的体现，长期成为西方史学的正宗。把注意力集中于探索事件之源的结果，必然忽视对事件活动主体人物的探讨，从而降低了历史研究的必要性和重要性，如修昔底德斯受古希腊自然哲学的影响，对历史事实的解释保持了一种超然的"客观"态度，因而有学者认为，修昔底德斯"是没有偏见的，如果不是他自己经常提到'雅典人修昔底德斯'的话，天真的读者有时会诧异他是哪一国的人"。[④] 此说固然有过激之嫌，但修昔底德斯对历史事实的解释带有明显的"客观"史学色彩，则是显而易见的。其二，以道德价值判断代替因果判断，以希腊罗马史学家为例，塔西佗、普鲁塔克侧重于道德价值判断。塔西佗"声称写作目的是要为后代揭櫫可憎恨或可赞美的政治上罪恶和美德的典型事例"。其目的是"为了使德行不致默尔而息，并为了使后人对恶的言行与丑名而有所畏惧"[⑤]，即黑格尔所说的"道德反思的历史学"。其后果"导致了塔西佗系统地歪曲了历史，把它描述成本质上是被夸大了的好人与被夸大了的坏人之间的冲突。"[⑥] 正因为如此，汤普森认为"塔西佗是一个道德家，在他看来，历史的目的在于说教。"[⑦]。普鲁塔克则游移于历史与非历史之间，他认为，传记与史乘的基本区别在于，史乘叙述人民

---

① （美）梯利：《西方哲学史》，葛力译，北京：商务印书馆，1999年，第8页。

② （意）克罗齐：《历史学的理论与实际》，傅任敢译，北京：商务印书馆，1982年，第152页。

③ （意）克罗齐：《历史学的理论与实际》，傅任敢译，北京：商务印书馆，1982年，第152页。

④ （古希腊）修昔底德斯：《伯罗奔尼撒战争史》，谢德风译，北京：商务印书馆，1985年，第20页。

⑤ （英）柯林武德：《历史的观念》，何兆武、张文杰译，北京：中国社会科学出版社，1986年，第44页。

⑥ （英）柯林武德：《历史的观念》，何兆武、张文杰译，北京：中国社会科学出版社，1986年，第44页。

⑦ （美）J. W. 汤普森：《历史著作史》上卷，谢德风译，北京：商务印书馆，1994年，第126页。

与英雄的业绩，而传记则描写人物的性格。他在《亚历山大传》中写道："我现在所撰著的并非历史，而是写传记。"① 因此，他认为在选取材料方面，作传与修史亦当有所不同。他表示"不收集无用的历史资料，而采用那些可以用于了解人的道德面貌及其性格的事实"②。但在《希腊罗马名人传》的其他地方他又经常把自己的著作称为历史，如他在《忒修斯》中说："但愿我能将虚构的传说予以澄清，使之合乎理性，具有历史的容貌"。③ 由此西方有许多人将普鲁塔克认作为道德家而不是历史学家。

总之，西方长期存在的两大流派的总特征是，人的道德性不是以人自身为依据，而是由它之外的东西所主宰，是不能自律的。当然从伦理学来看，从自然引出的人性只能是人的动物性或物性，而从上帝那里引出的人性只能是神性。而历史学是关于人类活动的一门科学，由于希腊罗马史学其道德性的外在性和条件性，以至于使道德性失去了自由、失去了人的尊严和价值，而不能认识到人的本质，最终使道德价值无立足之地。

二

不言而喻，因果判断与价值判断的关系问题是历史学的一个重大问题，也是历史哲学的核心问题。之所以如此，是因为人在历史进程中同时具有服从自然规律的特性与作为自由意志的主人这一双重身份。孔子在《春秋》中奠定了一种将价值判断"寓于"事实判断中（即所谓寓论断于叙事）的撰史模式和传统，这就使事实判断与价值判断的统一在理论上成为可能。所以，对司马迁而言，已不是是否应该在《史记》中将两者统一起来的问题，而是如何在《春秋》的基础上将两者更好地统一起来的问题。根据司马迁的指点，司马迁解决这一难题的最重要的方法论就是"通古今之变"。用其通变的思想作为利器以处理两者之间的关系。因此，司马迁道德价值观的突出特点不仅在春秋之义的基础上更注意求真，在两者之间的冲突中把握道德价值的崇高本质，体现历史人物的道德水准，而且在继承孔子传统的基础上，将道德和历史在对立中统一起来，将道德价值最终统一于历史进程，而不是把历史割裂为一些彼此孤立的"善事"

---

① Plutarch，Plutarch's Lives，Boston：Harvard university press，Vol. 4，1914，p. 225.

② Plutarch，Plutarch's Lives，Boston：Harvard university press，Vol. 3，1914，p. 211.

③ Plutarch，Plutarch's Lives，Boston：Harvard university press，Vol. 1，1914，p. 5.

和“恶事”，从而使其道德价值观具有更深刻、更广泛的社会进步内容。

在《史记》中，司马迁笔下的历史人物绝大多数都呈现出极其复杂的道德世界和行为世界，道德价值判断和因果判断尖锐对立，善恶集于一身。有些人物从道德价值角度评判，其污秽不堪，令人不齿；但从因果范畴上看，其功成名就，叱咤风云。对此，司马迁不以道德作为评判历史人物的唯一标准，而是努力地将其道德价值观具体、历史的统一于因果关系中，如苏秦、张仪是战国时期权谋机诈的代表人物。从道德价值判断来讲，此两人翻手为云，覆手为雨，纵横捭阖，上下其手，为达目的不择手段，是历史的反面人物。所以，司马迁在《史记》中对他们的种种权谋和伎俩进行了揭露。但在《史记》中，司马迁同时又叙述了苏秦和张仪的历史成就：苏秦游说六国，身佩六国相印，遂成为六国的政治巨人；张仪则反其道而行之，破苏秦合纵，离心六国，力倡连横，由此成为战国时期的政治领袖。在这种矛盾的评价中，司马迁将道德评价置于历史进程中对苏秦“独蒙恶声”不以为然。在司马迁看来，苏秦从一介布衣，以“锥刺股”的求学精神，凭三寸不烂之舌，和张仪一起成为扶摇直上、左右天下安危的奇士，建功立业，实非凡人之所及。正因为如此，司马迁在《苏秦列传》中赞曰：“夫苏秦起闾阎，连六国纵亲，此其智有过人者，故列其行事。次其时序，毋令独蒙恶声焉。”①

再如吕后，司马迁一方面批判了吕后诛杀功臣、挟私立诸吕为王及残害戚夫人等发指暴行，另一方面又充分肯定了吕后卓越的政治才干。在吕后统后治后期，国家出现了“政不出房户，天下晏然，刑罚罕用，罪人是希，民务稼穑，衣食滋殖。”最终司马迁将两种截然不同的判断结果统一于因果判断中，置吕后于本纪之列，即“惠帝垂拱，高后女主称制。”② 阐释了至深的历史哲理。正如黑格尔所说的：“世界历史在一个比道德更高的水平活动，……作为世界历史的个人的伟大人物，其行为不但要以它们的内在的、未意识到的意义，而且从世界历史角度来衡量，用道德要求的观点来反对世界历史的行为和代表，无疑是不合适的。”③

司马迁对因果判断和道德价值判断关系的探讨，使长期以来可望而不可及

① 《史记》卷六九《苏秦列传》，北京：中华书局，1959年标点本，第2277页。

② 《史记》卷九《吕后本纪》，北京：中华书局，1959年标点本，第412页。

③ （德）黑格尔：《历史哲学》，王造时译，上海：上海书店出版社，1963年，第107页。

的道德崇高变成了人们的自觉追求和社会实践，着意引导人们追求自身的完善，昭示了人生的目的和意义。也体现了历史的价值和作用。所以《史记》充满了对仁人志士的推崇，表现了不屈不挠，知其不可为而为之的人生勇气，因而司马迁的道德价值观是积极的、昂扬的，并催人奋发上进的。

而古希腊和罗马史学家则在历史研究中各执一端，割裂了历史整体，使得历史成为他律而无法自律，这既不能从根本上了解历史的因果联系，也不能真正了解道德价值的地位和作用，因而不能认识历史的意义和目的。究其原因，用柯林武德的说法，那就是希腊罗马历史编纂学中所运用的实质主义思想方法的必然结果。所谓实质主义，是建立在一种形而上学的体系基础之上的思想方法，这一方法蕴涵着一种知识论，即只有不变的东西才是可知的，但不变的东西却不是历史的。实质主义历史学对事物的产生和性质的不断变化无能为力，按其形而上学的公理，行动者既是一种实质，就永远不可能产生也永远不可能经历任何性质而成为另外一种实质。柯林武德还以李维和塔西佗为例对此予以说明。李维写《罗马史》，从叙述一开始，罗马就是现成的、完整的。直到叙述的结尾，她没有经历过任何精神上的变化，“因为罗马就是一个实质，是不变的、永恒的”。[①] 黑格尔也认为李维是以自己的精神写古代历史的，是以自己的思想塑造古代的历史人物和历史事实。他说：“李维又给我们以历次战役的叙述，仿佛他当真在场旁观。可是这些叙述的形形色色可以适用于任何时期的战役”。[②] 塔西佗在描述提贝留乌斯和尼罗的性格时同样是以实质而不是变化的观点来处理的。他认为，性格或本质只能是显现的，而不是变化的。“一个好人不可能变坏。一个到了老年时表现自己是个坏人的人，必须在年轻时也同样的是坏人，他的邪恶是被虚伪所隐蔽着的。”[③] 正如希腊人所指出的，权力并没有改变一个人的性格，权位暴露一个人的本性。

希腊罗马的实质主义的历史方法，使历史学家在历史研究中无法理解因果和价值之间的关系，最终无法了解历史的真谛。在克罗齐看来，由于他们无法理解历史，历史也就反而采取一种邪恶的形式来“支配”、“威胁”他们。所以

---

① （英）柯林武德：《历史的观念》，何兆武、张文杰译，北京：中国社会科学出版社，1986年，第44页。

② （德）黑格尔：《历史哲学》，王造时译，上海：上海书店出版社，1963年，第5页。

③ （英）柯林武德：《历史的观念》，何兆武、张文杰译，北京：中国社会科学出版社，1986年，第50页。

希腊罗马的历史学家“对历史的心理态度应当说是悲观的。他们看到了许多丰功伟绩的消歇，但他们从没有发觉那些永不消歇之后更为伟大的丰功伟绩。由于这个缘故，一种辛酸的洪流泛滥于他们的历史中，幸福、美好的人生在他们看来永远是曾经有过而已不存在的，如果当时有存在，它也很快会失去”①。甚至于道德史学家塔西佗被克罗齐成为“最辛酸的人”。② 在西方，直到近代其伦理学还摇摆于二者之间。从康德开始，西方的哲学发生了重大转型，在历史与道德的矛盾中，康德将道德置于优先地位，他认为人类由野蛮到文化的真正的第一步在于，“连续不断的启蒙就开始奠定一种思想方式，这种思想方式可对把粗糙的辨别道德的自然禀赋随着时间地推移而转化为确切的实践原则，从而把那种病态地被迫组成了社会的一致性终于转化为一个道德的整体。”③ 但由于他的道德观将具有一切客观内容的幸福排斥在外，其道德价值遂成为纯形式的宗教概念，历史从属于道德律令。黑格尔在批判康德的形式主义道德观的基础上，创立了自己的道德价值学说，他将道德从属于历史，但黑格尔的历史并不具有真实的历史内容，只不过是其“绝对观念”的外化形式。正如恩格斯所说的：“黑格尔认为历史人物的表面动机和真实动机都绝不是历史事实的最终原因，认为这些动机后面还有应当加以探究的别的动力；但它不在历史本身中寻找这种动力，反而从外面，从哲学的意识形态把这种动力输入历史。”④

如何处理历史研究中的因果判断与价值判断，至今仍是困扰着历史学家的一个基本问题。近代西方史学界也因此分裂为客观实证主义和主观主义或相对主义两大流派。其共同点都将历史研究中事实判断与价值判断对立起来。或者要求历史学家在价值上严守中立，像兰克所说的“如实地叙述”历史事实，将历史研究归结为趣味轶闻的收集和编纂，使历史的研究丧失了目的和意义；或者说只强调历史研究中有其不可离弃地价值体系的存在，而否认历史事实的客观存在性，认为历史事实是历史学家的“创造”，从而怀疑对历史进行客观的、科学的研究的可能性。

因果判断和价值判断之间的矛盾关系也是现代哲学伦理学的中心课题。从

① （意）克罗齐：《历史学的理论与实际》，傅任敢译，北京：商务印书馆，1982年，第153页。
② （意）克罗齐：《历史学的理论与实际》，傅任敢译，北京：商务印书馆，1982年，第154页。
③ （德）康德：《历史理性批判文集》，何兆武译，北京：商务印书馆，1997年，第7页。
④ 《马克思恩格斯选集》第4卷，北京：人民出版社，1972年，第243页。

客体上看，人的一切活动都必须属于因果范畴，都有其逻辑必然性的联系；从主体来看，人的任何行为时所作的选择都可以用因果关系做出事件的预测和事后的声明，而且主体的人在进行行为选择时是有意识、有目的的，有决定或选择某种因果的自由，是道德自律的，并为此负有道德的责任。因而，因果范畴不仅是客体，同时又是主体，道德价值又不仅是主体，同时也是客体。所以二者是互相联系的，是一种对立统一的关系。其实质为实践的关系。如果以此来看司马迁的因果判断与价值判断这一史学观念的话。显然，司马迁的史学观念较之于希腊罗马史学来讲，更具有人文主义色彩，更接近历史本质，也符合中西方历史哲学发展的趋向。

历史是研究人的科学。“历史学的价值就在于，它告诉我们人已经做过了什么，因此就告诉我们人是什么。”[①] 中西史学有其不同的文化轨迹，自孔子创立中国史学后，中国史学发展的倾向是将因果判断与价值判断统一起来。司马迁从哲学的高度，论证了自然和社会历史的规律性和客观性，在“继《春秋》”基础之上又“成一家之言”，从而在两者的统一方面具有更多的自觉性。司马迁为儒学增加了更多求真的内容，从而和社会伦理秩序拉开了距离，使道德主体和它的客观世界建立起一种理性认知关系。表现在史学中，就是将因果判断与价值判断有机地统一起来，为中国史学树立了不朽的丰碑。但司马迁之后，在封建专制的淫威下，中国的正统史学家并未沿着司马迁所确立的历史道路前进，而只能为当朝的统治者树碑立传。在西方，自希腊罗马史学建立后，其发展的趋向则将两者对立起来，无法统一，而将两者在对立中统一起来的进程则是在近代的黑格尔时期才基本完成，但在其历史学的实践中，这一争论直到今天仍在继续。对东西方的道德价值体系的共同点和不同点进行比较深入的研究，有助于我们对中西方早期史学、文化趋势的认识，也有助于我们对人的本质的深刻理解，同时对于我们在继承司马迁和古希腊罗马的史学遗产的基础上丰富现代的中国史学思想体系也有着极其重要的现实意义。

当然以上所论述的并不是本主题所要表达的全部，只是抛砖引玉而已，其更重要的意义将借用诠释学的理论予以说明。西方“二战”后的哲学阐释颇为流行的话语就是主体间接性，意指不同主体性间的一种相互作用关系以及由此

① （英）柯林武德：《历史的观念》，何兆武、张文杰译，北京：中国社会科学出版社，1986 年，第 11 页。

对意义的重组。当然，任何间性都是以相异性为前提条件的，唯有相异的东西才会出现交互作用式的对话关系。从这一角度出发，中西文化的比较问题，也是中西间性问题，即中西文化中能使两者间建起对话关系的特性。所以中西间性问题的提出，就要求对中西文化的考察应注重彼此引起对方反响的部分。唯有在这种关联中才能显示两者的交互作用。由此该理论认为，我们所研究的西方文化其实并非该文化的整个自在系统，而仅仅是该系统中引起我们关注并经我们时代文化视界整合出的部分，这部分文化的价值并不取决于它在自身文化系统中的价值定位，而在于它对我们来说具有什么样的间性特质和什么样的关联性。从这一理论出发，我认为对司马迁与古希腊罗马因果判断与价值判断关系的比较研究，从历史比较学来讲是具有很强的可比性；对于诠释学来讲，它与我们的建立人文科学观的时代主题也具有很强的关联性，这是一个值得深入研究的课题。

（原载《陕西师范大学学报》2005 年第 6 期）

在世界历史观念下的“普世史”与《史记》的史学观

从世界史学史来看，《史记》与“普世史”为中西古代两大史学“范式”，对两者的比较研究具有重要意义。《史记》是我国第一部伟大的中国通史专著，也是当时中国的世界通史。这部巨著不但创立了通史编撰的体例，更为重要的是它所蕴含的中国传统史学的精华——通史观念，直到今天仍具有其现实意义。而“普世史”是在希腊化时代开始产生，并在罗马共和国后期逐渐发展起来的一个比较发达的史学体例，它对后来的西方史学产生深远的影响。长期以来，西方近现代史学界大家对这一史学体例的看法颇有歧义，但其共同点还是认为这一史学体裁研究的对象是一个比较长远的历史时间和所知道的比较广大地区、也就是他们所认为的世界历史。因而以比较史学的理论为依据，用现代史学理论为参照，在对普世史和《史记》的通史观念的同与异的比较中，将会更为深刻地体会“普世史”与《史记》的史学内涵、特点及其影响。同时，本文拟在比较研究的基础上，从理论思维对历史思维的重要影响的角度以把握普世史和《史记》的史学特质，在试图揭示中西史学思想不同点的基础上，对司马迁深邃的史学思想加以现代诠释。

一

西方人早在希腊罗马时代就把历史看作为一个具有理性的实践活动，排斥否定神灵对人事的影响，从而树立起人文主义的历史观。在古希腊文化体系中，理性是一种形而上的哲学范畴，是世界的本原，是宇宙的自我运行原理和人性的全部世界，它潜在于人自身，需要人们用智慧去探索、去把握。如亚里士多德认为，人的心灵包括两部分：一为“内涵理性”；二为“内无理性，而蕴藏着服从理性并为之役使的本能。”[①] 所以，对理性的探求产生了希腊的哲学。但从巴门尼德开始，古希腊的哲学出现一次重要转型，把不变性、确定性、无矛盾性当做哲学寻求本原和世界的根本特征，提出了对本体（有确定性的存在，事物的所是或定义）的研究，并规定了希腊哲学发展的方向，后来的亚里士多德把理性进一步分为两种，一为“理论的理性”以求真，一为“实践的理性”而求善[②]，后来希腊哲学就是围绕着这些范畴来发展。罗素认为，“巴门尼德在历史上之所以重要，是因为他创造了一种形而上学的论证形式，”或“基于逻辑的形而上学。”[③] 在这一思想背景下，哲学家柏拉图认为永恒变动的物理世界和人类社会是与一个不变的实在世界——永恒的理念形态联结为一体的；变动不居的现象仅是其表象而已。虽然希腊也有其发达的辩证的智慧和哲学，但其作用却落实在逻辑学，而在历史学的领域内总的思想是一种形而上学的理论范畴。正如刘家和先生所指出的：“在古代希腊，是逻辑理性而不是历史理性得到了相当充分的发展”。[④] 正因为如此，柯林武德认为希腊罗马史学的思想方法是实质主义的，所谓实质主义，在柯林武德看来，它是建立在一种形而上学的体系的基础之上，“它蕴含着一种知识论，即只有不变的东西才是可知的。”[⑤] 因而对于古希腊罗马而言：“历史学是关于人类活动的一门科学；历史学家摆在自己面前的是人类在过去所做过的事，而这些都属于一个变化着的世界，——在这个世界之中事物不断地出现和消灭。这类事情，按照通行的希腊形而上学观点，应该是不能认识的，所以历史学就应该是不可能的。”[⑥] 显然，实质主义是反历史主义的，其反历史主义思想方法的必然结果，就是希腊罗马的史学长期必须依附于其哲学而无法独立存在。

古希腊罗马史学的第一发展阶段也就是被黑格尔称之为原始史学的时期，

① （古希腊）亚里士多德：《政治学》，吴寿彭译，北京：商务印书馆，2009 年，第 390 页。

② （古希腊）亚里士多德：《政治学》，吴寿彭译，北京：商务印书馆，2009 年，第 390 页。

③ （英）罗素：《西方哲学史》上册，何兆武译，北京：商务印书馆，1963 年，第 78 页。

④ 刘家和：《论历史理性在中国的发生》，《史学理论研究》2003 年第 2 期，第 31 页。

⑤ （英）柯林武德：《历史的观念》，何兆武、张文杰译，北京：中国社会科学出版社，1986 年，第 48 页。

⑥ （英）柯林武德：《历史的观念》，何兆武、张文杰译，北京：中国社会科学出版社，1986 年，第 22 页。

而以希罗多德的《历史》和修昔底德斯的《伯罗奔尼撒战争史》为其主要代表。在柯林武德看来，古希腊原始史学的最突出的特点便是在"实质主义"的方法制约下，历史学者的历史作品只是对他们亲身经历的行动和事件的一种直接的记载。如希罗多德在其《历史》中所指出的那样，他"所以要把这些研究成果发表出来，是为了保存人类的功业，使之不至于由于年深日久而被人们遗忘"。①而修昔底德斯之所以书写《伯罗奔尼撒战争史》是因为"相信这次战争是一个伟大的战争，比过去曾经发生过的任何战争更有叙述的价值。"② 由于原始史学必须借助于第一手材料的运用和记载的真实可靠性，所以其叙述的范围也只能局限于历史学家的个人经验，其时代也只能局限性于史学家的人生跨度，这样，史家的眼光无法伸到更古的时代和更远的地方，只能写当代、当地的历史。而到了希腊化和罗马帝国时期，由于帝国疆域的扩大，人们视野的开阔，各地联系的紧密，开始出现专业的历史学家和新的历史体裁，即指那种超越"目力所及"和个人感知的时代局限，并从普遍历史的角度，对以往的历史文献进行批判考察而写作的历史体裁——普世史。黑格尔认为较之于原始史而言，普世史是反省的历史。普世史家"大都目的在于一个民族或者一个国家，或者整个世界的全部历史，考查它的梗概。"③ 柯林武德认为，由于亚历山大帝国的建立，世界由一个地理概念变成一个历史概念。"整个的亚历山大帝国这时共享有一个希腊世界的单独的历史。潜在地，则整个普世都享着它。"④ 普世史学产生了。而其后的罗马史学家则继承了这一普世的历史观念，把罗马史作为历史现实的普世历史，"因为罗马这时就像亚历山大一样，已经就是全世界了。"⑤

需要指出的是，普世史的思想基础为希腊后期出现的一种新的理性主义哲学派别——斯多葛派。概言之，斯多葛派的突出特征在于其对苏格拉底的哲学和伦理实践理性深入思考，将注意力特别集中于伦理问题，致力于道德和理性、

① （古希腊）希罗多德：《历史》，王以铸译，北京：商务印书馆，1983 年，第 1 页。
② （古希腊）修昔底德斯：《伯罗奔尼撒战争史》，谢德风译，北京：商务印书馆，1985 年，第 18 页。
③ （德）黑格尔：《历史哲学》，王造时译，上海：上海书店出版社，2006 年，第 4 页。
④ （英）柯林武德：《历史的观念》，何兆武、张文杰译，北京：中国社会科学出版社，1986 年，第 36 页。
⑤ （英）柯林武德：《历史的观念》，何兆武、张文杰译，北京：中国社会科学出版社，1986 年，第 42 页。

求真与求善的结合，并突出了道德伦理在理性中的核心地位。在其中，斯多葛派的一个重要的伦理观念，就是世界主义的观念。在斯多葛派看来，宇宙是统一的完整的体系，为一个理性定律所支配，虽然人们所处的环境并不相同，但却分享理性，因而便同属于一族，而应该成为一个国家。“人类之分成许多敌对的国度，实是全不合理，智人决非这一国或那一国的国民，他是世界的公民。”① 柯林武德指出：“把整个世界作为一个单一的历史单位的观念乃是典型的斯多葛派的观念，而斯多葛主义则是希腊化时期的典型产物，它是创造了普世历史观念的希腊主义。”② 汤普森也认为，形成普世史学的“部分原因是罗马的世界霸权，另一部分原因是斯多葛派哲学家‘四海之内皆兄弟也’这个概念。”③

不言而喻，普世史学较之于原始史学来讲是一个巨大的进步，它超越了原始史学狭隘的时空局限性，使原先地理意义上的世界变为一个具有历史意义的世界了，使人们可以从更为广阔的历史层面上和更为长久的历史时间中去了解人类自身的比较复杂的历史内容，也就是他们的世界历史，从而也标志着希腊罗马的史学观念已经发展到了一个新的历史阶段，但其突出弱点是：

（1）普世史的出发点是以不变的理性为依据，继承和发展了实质主义的思想方法，将希腊史、罗马史和“世界史”等同起来，将世界民族的历史多样性统一于希腊罗马的历史品格之中。如罗马史学中的亚里士多德——波里比阿以一部 40 卷的《历史》巨著，记载了罗马与地中海范围内的罗马世界的历史，也就是他所知道的“世界”的历史。其目的是要解决“罗马人究竟运用什么方法、凭借何种制度（politeia）在短短不足五十三年的时间成功地将近乎整个有人类居住的世界吞并到她的单极政府的统治之下”④ 的这一激动人心的主题。而为了达此目的，他第一次提出了“普遍史”（catholic history）的概念，在他看来，“在此之前，世界历史的发展，正如人言，是分散的，它们在不同地区演进着各自不同的起源与结局；但是，从那一天起，历史变成了一个密不可分的整体：意大利和阿非利加的事件已与希腊和亚细亚的紧密相关。所有的这一切都指向

---

① （英）斯塔斯：《批评的希腊哲学史》，庆泽彭译，上海：华东师范大学出版社，2006 年，第 279 页。

② （英）柯林武德：《历史的观念》，何兆武、张文杰译，北京：中国社会科学出版社，1986 年，第 36 页。

③ （美）汤普森：《历史著作史》第一分册上，谢德风译，北京：商务印书馆，1996 年，第 151 页。

④ Polybius，Histories，trans. W. R. Paton，Harvard University Press，Vol. 1，1922.

同一个终点，这便是我记述历史的起点。”① 波里比阿认为产生这一重大变化的根源是“命运之神（τυχη）”，“命运之神已经将世界上全部事件的发展引向了同一方向，并驱使它们汇向同一终点，一个历史学家有责任以广阔的视角把命运之神完成她既定目标的行动展现在她的读者面前。”② 人们在命运的魔力面前是无能为力的，即如罗马帝国时期著名的斯多葛派哲学家辛尼加的名言：“服从命运的，跟着命运走，不服从命运的，命运拖着走！”李维所撰写的《罗马史》142卷，记叙了罗马建城到奥古斯都统治晚期，上下共700年，这在罗马史上是空前的。他有着一些与希腊人不同的历史意识，他试图以综合的方法将漫长的罗马史在更广阔的背景和更长远的历史时代中去叙述，去概括。其主要特征是在外延上突破了古希腊狭隘的时空局限和单一的题材束缚，但其历史观念仍然是形而上学的实质主义，因而也就无法从历史的本身以反映历史发展的原因。

（2）在实质主义历史思想的指导下，普世史学编纂方法的特点是努力地用自己的思想对前人历史进行反思，历史成果是以其时代思想去反思古代历史的结果，思想决定历史。即史学家按照自己的思想去寻找与他的目的有关的历史资料，并以自己的目的作为取舍资料的唯一标准，用黑格尔的话来说就是普世历史学家“用了他自己的精神来从事这种整理工作，他这一种精神和材料内容的精神不同。”③ 黑格尔说李维以自己的精神写古代历史，给我们叙述历次战役，仿佛他当真在场旁观。可是这些对战场的叙述的可以适用于任何时期的战役，无法勾勒出历史的特性；为了克服这一弱点，在黑格尔看来：“著史的人必须真正地放弃对于事实的个别描写，他必须用抽象的观念来缩短他的叙述；这不但剃除多数事变和行为，而且还要由‘思想’来概括一切，藉收言简意赅的效果。”④ 即所谓“一切历史都是思想史”。正因为如此，柯林武德称这一方法为“剪刀加糨糊”的史学编纂方法。而且在柯林武德看来，这是晚期希腊——罗马世界所运用的唯一的历史学方法，这种建立在实质主义的普世“历史学不能解释一个行动者是怎样产生的或经历过任何性质上的变化；因为行动者既是一种

---

① Polybius，Histories，trans. by W. R. Paton，Boston：Harvard University Press，Vol. 1，1922.

② Polybius，Histories，trans. by W. R. Paton，Boston：Harvard University Press，Vol. 1，1922，“命运之神”在全文出现了137次。波里比阿认为命运之神是一种普遍存在的、随心所欲地对人类的控制力，同时她也是一个以人类命运为蓝本的剧作者。

③ （德）黑格尔：《历史哲学》，王造时译，上海：上海书店出版社，2006年，第4页。

④ （德）黑格尔：《历史哲学》，王造时译，上海：上海书店出版社，2006年，第5页。

实质，就永远不可能产生也永远不可能经历任何性质上的变化，这是形而上学的公理”。① 因而其史学缺乏独立性而必须依附于哲学而存在。

（3）在实质主义历史观的影响下，普世史学的价值观具有二种对立的趋向。其一，注重因果判断，而忽视道德价值判断自然主义。最典型的是波里比阿，他以希腊发达的自然哲学的方法研究历史，旨在探求历史事件的原因和诱因，或者去辨别开端、原因与诱因，正因为如此，借用兰克的话来说：“事实自己会说话”。其二，强调价值判断而忽略因果判断的伦理主义。这在罗马帝国时期表现得非常典型。如李维认为“历史研究你可以从中看到各种经验教训，从这些教训中还可注意避免那些可耻的思想和后果。”② 塔西佗“认为他的主要目的就是收集那些因其所含的善与恶而惹人注意的事实”。③ 显然，普世史学处于两难的境地。从伦理学而言，从自然主义引申出来的只是人的动物性，而从伦理主义引申出来的最终也只能是人的神性。在罗马帝国时期，普世史的伦理史学逐渐成为其史学主流，并走向神学。正如罗马奥古斯都时代著名的史学家戴奥多拉斯所说的：“所有的人们，虽然彼此以血族关系相联系，却被空间和时间隔绝，把所有这些人都排在一个有秩序的共同体中，一直是那些编写世界史的作家们的心愿。因此，这些历史学家可以说是无愧于上帝的使者。”④ “最后，上帝和人同上帝的关系问题即神学问题，占有显著地位，希腊哲学像它开始一样，乃归结于宗教。”⑤ 希腊罗马的普世史学随之被基督教史学所取代。

综上所述，普世史是在原始史基础上而发展出来的一个比较发达的史学体例，但其弱点，则在于普世史家们是从实质主义思想出发，不是从历史本身中去寻找历史的真谛，不能够从长远的历史多样性本身中去寻找历史的内在联系和历史发展的真谛，而只是用复杂的历史现象来证明某种哲学的或政治的或者宗教的论题，使得普世史无法揭示出历史的理性，而只能是理性的历史，不能揭示作为世界的历史，而只能是民族的历史，不能体现世界历史的全面性、多

① （英）柯林武德：《历史的观念》，何兆武、张文杰译，北京：中国社会科学出版社，1986年，第49页。

② （美）汤普森：《历史著作史》上卷，谢德风译，北京：商务印书馆，1996年，第107—108页。

③ （意）克罗齐：《历史学的理论和实际》，傅任敢译，北京：商务印书馆，1982年，第156—157页。

④ （美）汤普森：《历史著作史》，谢德风译，北京：商务印书馆，1996年，第107—108页。

⑤ （美）梯利：《西方哲学史》，葛力译，北京：商务印书馆，1999年，第8页。

样性和复杂性，所看到的只是希腊罗马历史的单一性、抽象性，所以，普世史归根结蒂只能是希腊罗马自身的历史。

二

中国自古就建立了比较优秀的史学传统，“中国古代思想家认为，真理不能在永恒不变中去寻求，而只能从变化不居中去把握。万物并无抽象不变的实质，古代中国人所选择的是与希腊人相反的思想路径，即反实质主义或历史主义。”①所以对于司马迁而言，他是在继承中国优秀的历史传统的基础上并加以发展，“欲究天人之际，通古今之变，成一家之言。”从而形成了自己的独具特色的世界观方法论和进步的史学观念。“正《易传》”② 则为其方法论的出发点。

何谓正“《易传》”?《说苑·建本》把《春秋》中的“正”训为“见证”，并且解说为：“明智，智不明，何以见证？多闻而择焉，所以明智也”。司马迁对《易传》的“多闻而择焉”的回答是：“《易》著天地阴阳四时五行，故长于‘变’……《易》以道化”③。如所周知，汉初兴起的“《易》学”把“易”的含义归纳为三个方面：“易简”，“变易”和“不易”。第一义为哲学方法论问题，第二和第三义为本体论问题。根据著名历史学家朱本源先生的研究成果，《易传》中最突出的思想成就是提出了“变易”的哲学世界观，《易传》把这一世界观概括为：“观乎天文以察时变，观乎人文以化成天下”④。其特征在于“变”和“化”两个范畴的运用。⑤ 司马迁所取之于《易传》者就是这两个范畴。《易传》中的世界观，给予“易”以生机主义的定义：“生生之谓易”⑥，孔颖达的《周易正义》解释云：“生生，不绝之辞，阴阳变转，后生次于前生，是万物恒生谓之‘易’也。前后之生，变化改易。”⑦ 这意味着，《易传》将整个自然看成一个生化的变易的系统。至于天地从何而来？这就涉及整个世界的变易和生化的最终的“第一推动力”。于是在《系辞传》把“阴”和“阳”这两个范畴作为万物生

---

① 刘家和：《论通史》，《史学史研究》2002年第4期，第9页。
② 《史记》卷一三〇《太史公自序》，北京：中华书局，1959年标点本，第3297页。
③ 《史记》卷一三〇《太史公自序》，北京：中华书局，1959年标点本，第3297页。
④ 于春海议评：《易经》，长春：吉林文史出版社，2014年，第120页。
⑤ 朱本源：《孔子历史哲学发微》，《史学理论研究》1996年第1期，第31页。
⑥ 于春海议评：《易经》，长春：吉林文史出版社，2014年，第320页。
⑦ （唐）孔颖达：《周易正义》上册，北京：中国书店，1987年。

化的致动因。当然“阴”和“阳”问题是中国学术界争议了两千年的问题。但从哲学角度来看，它们是两个最高的、思辨哲学的范畴，即所谓：“一阴一阳之谓‘道’……生生之谓象之谓乾，效法之谓坤……通变之谓‘事’，阴阳不测之谓‘神’”。所以，《传易》中的宇宙观，其特征是把世界上一切存在，经过抽象后，归结为若干个形而上学的范畴中。这种逻辑范畴就是《易传》所说的形而上的“道”。不过，《易传》中阴与阳只是“变易”“生化”的宇宙观的形而上学的根据。正由于有了这个概括，《易传》中的宇宙观就不是神学的，甚至也不是“自然神论的”（deistic）。在朱先生看来，这一世界观包含了两个方面：一为“时变”的天文观（自然观），一为“化成”的人文观（历史观）。就时变而言，这是从对自然现象的直观而获得，如云：“法象莫大乎天地，变通莫大乎四时”，所以自然观以“时变”为坐标，时间是绝对的变量，所以《易传》的人文历史观也以“时变”为特征。但是，自然现象是自然而然地“以顺动”，人文现象则有待于人的意志和行动来化成，所以《易传》说：“圣人久于其道而天下化成。”①，程颐《周易程氏传》解释云，“圣人以常久之道，行之有常，而天下化之以成美俗也。”所以，化成不过是时变在人文世界的体现，化成的实质就在于将人类历史作为社会发展的一个过程，也就是“历史”。这样看来，《易传》中的变易世界观是把天文与人文现象当做一个有机的整体，把自然观和人文历史观统一在“时变”的范畴中，从而推导出历史发展的规律性：“穷则变，变则通，通则久。”② 不言而喻，《易传》的世界观是思辨哲学的或形而上学性质的，但它却是司马迁的“天人之际”理论的渊源。司马迁所谓的“《易》长于变”的“变”，就是指“观乎天文以察时变”的“变”，他所谓的“《易》以道化”的“化”就是“观乎人文以化成天下”的“化”，至于司马迁所提出的“王迹所兴，原始察终，见盛观衰”的疑难问题，正是《易传》中所试图解答的问题。《天官书》中所说的“终始古今，以观时变。”正是《贲·象传》中的“观乎天文，以察时变”的翻版。所以，司马迁所谓的“通古今之变”的历史研究的取向，显然是来源于“穷则变，变则通，通则久”的历史观。因此，司马迁“正《易传》”“究天人之际”的真实意图乃在于，以《易传》的变易观为其历史观方法论，把天文与人文现象作为一个有机的整体，把自然观和人文历史观统一在

① 于春海议评：《易经》，长春：吉林文史出版社，2014年，第165页。

② 于春海议评：《易经·系辞传下》，长春：吉林文史出版社，2014年，第330页。

“时变”之中，把整个历史进程看作是一个客观的不断运动变化的有机体，并在这一客观的历史发展进程中去探索历史的真谛。

首先，从时间的维度来看，司马迁的这种“通变”观念表现在共时性方面，《史记》虽侧重于政治史，但绝不局限于政治军事史。司马迁将 3000 年的社会政治的重大变化置于政治、军事、经济、天文、地理、文化等背景之下，在多种因素的制约中加以探索，在矛盾运动中加以探讨，甚至还探讨了经济因素对于历史进程的重要影响。如在《史记》中，司马迁对秦的兴起和灭亡的原因的分析都和农业联系在一起，如商鞅变法后，发展农业，“关中为沃野，无凶年，秦以富强，卒并诸侯。”① 而到秦末，由于赋税重，徭役繁，“海内之士力耕不足粮饷，女子纺绩不足衣服”，于是“揭竿而起，”卒灭暴秦。并且在《史记》中，司马迁也努力探讨当时他所知道的世界诸国的历史以及同汉的关系。从历时性方面而言《史记》并非孔子《春秋》的 242 年的断代史，而是叙述了上自黄帝、下至汉武帝 3000 年的纪传体通史，司马迁将历史事件和历史人物置于历史发展的长河中以探求其因果意识，追本溯源。即司马迁所说的“原始察终，见盛观衰，”② “综其终始，稽其成败兴坏之”。特别是，司马迁在探讨历史的变化时，能够在历史剧变的背后去探讨历史的渐变过程，将渐变和剧变结合起来以探讨历史的原因，剧变为渐变之果，渐变为剧变之源。如他说“《春秋》之中，弑君三十六，亡国五十二，诸侯奔走不得保其社稷者不可胜数，察其所以，皆失其本已。……故曰：臣弑君，子弑父，非一旦一夕之故也，其渐久矣!”③ 显然，司马迁在这里以《易传》中“渐之进也……动不穷也”④ 的思想来说明，《春秋》记载的政治剧变是长期历史运动的渐进结果。因而司马迁的因果意识，从内容来讲是深刻的，从时间上来讲是源远流长的。更为重要的司马迁在研究历史时能突破时空的局限性，纵横交错，从历时性和共时性的矛盾运动中去把握历史的要义。“《史记》写先秦历史，讲天子与诸侯、诸侯与卿大夫，华夏与夷狄，写秦汉历史讲天子与诸侯，中央与地方、华夏与夷狄、中国与外国。古今纵向历时性之变，正是这些内外横向共时性之变的结果；而一切时代的横向的共时

① 《史记》卷二九《河渠书》，北京：中华书局，1959 年标点本，第 1408 页。

② 《史记》卷一三〇《太史公自序》，北京：中华书局，1959 年标点本，第 3319 页。

③ 《史记》卷一三〇《太史公自序》，北京：中华书局，1959 年标点本，第 3297—3298 页。

④ 于春海议评：《易经》，长春：吉林文史出版社，2014 年，第 260 页。

性的结构，又正是纵向的历时性发展的产物。”[①] 纵向的历时性的发展与横向的共时性的变化是融会贯通，融为一体的。因而在《史记》中，司马迁发现了普遍历史无法了解的复杂历史内容之间的真正内部关系，使众多学科的历史内容在共时性和历时性的矛盾运动中有机地结合起来，探讨历史的真谛，“成一家之言”。

其二，司马迁冲破了古老而狭隘的种族意识，着力使人成为世界意义上的人。根据现代人类学研究成果，人的概念是在人与“非人”之间的徘徊中逐渐选定的，人的内涵也是人在与“非人”之间的冲突、交流、认同中逐渐丰富起来的。就希腊罗马而言。他们所理解的人就其空间言，是狭小而保守的。例如，古希腊以其强烈的种族自豪感把一切非希腊人称之为“蛮族”，即使对文化上比他们高得多的埃及和两河文明也是如此。而罗马也在共和国时期，长期抵制罗马城以外居民拥有公民权，并将其境外的种族（如日耳曼人）一概斥之为“蛮族”，置于人的范畴之外。具体于普世史而言，其人文意识较之于原始史学而言无疑有较大进步，但其著作中的外族人，大都是作为被征服者或者将要成为被征服者的地位出现的，而缺乏独立存在的合理性。这一狭隘观念，导致了种族之间的仇恨、抵制、征服，而不是文化认同，日耳曼人最终灭亡罗马帝国的这一结局也与这一观念有着密切关系。毋庸讳言，中国西周和春秋时期也有“夷夏之辩”的观念，如在《春秋》中，“内中国而外夷狄”成为孔子著史的标准。但孔子的思想中，夷与夏的分辩不是以种族而是以文化作为标尺的，同时孔子的理想为“天下远近大小若一”，也就是最终用周文化来消除夷夏的分界而达一统。司马迁也正是在继承中国传统文化，特别是孔子人文思想的基础上，使“天下远近大小若一”的理想不再局限于思想领域，而是具体地统一在历史实践中。表现在《史记》中，司马迁除给华夏人树碑立传外，还给邻国、少数民族立传，如《南越列传》、《朝鲜列传》、《西南夷传》和《大宛列传》等，并从《楚辞》等资料中寻找根据，将蛮夷民族归之于黄帝子孙，如句吴与虞为兄弟，楚之先祖出于帝颛顼，东越王乃勾践之后，匈奴系夏后氏之苗裔。特别是给匈奴人列传，使长期与华夏敌对的匈奴人第一次进入了华夏历史的殿堂，胸怀博大，视野开阔，大大扩展了世界历史的内容。从中国历史来看，华夏民族在历

① 刘家和：《论通史》，《史学史研究》2002年第4期，第9—10页。

史上也多次遭到外族的征服，但中华文化却是世界四大文明古国或六大文明区中唯一持久、没有崩溃和断裂的传统文化。究其原因，从文化上考察，中华文化所具有的人的包容精神与开放意识，不能不是其中重要原因。再看《史记》所叙述的人物，上至天子、诸侯、下至黎庶、军事家、说客、商贩、侠客、学者等，无所不包，展现了不同地区，种族各异，文化不一的人的社会生活，人文内容更为广泛，丰富了世界历史的主体内涵。

从世界人学史来看，中西方早期史学所共有的局限性在于，要么从空间上把人看成是种族、国家、狭小地域的人；要么从内涵上把人只看成是政治、军事的工具，或者仅仅局限在感情范围内承认人是单独的、肉体的人。马克思提出了一个著名的命题：“人的本质并不是单个人所固有的抽象物，在其现实性，它是一切社会关系的总和。”[①] 柯林武德认为：“历史学的价值就在于，它告诉我们人已经做过了什么，因此就告诉我们人是什么。”[②] 由此来看，司马迁的人文主义历史意识不但符合中西方人文主义发展的趋向，而且就其本质内容来讲，是高出于希腊罗马人文主义观的。

其三，普世史的一个突出特征之一就是它较之于原始史来讲更加突出了人的历史，重视人的思想，人的动机，突出伦理道德在史学中的作用。而对于司马迁而言，以“继《春秋》”开始，高度评价了《春秋》伦理主义史学其真正的道德评判作用。如《史记》所说“《春秋》采善贬恶，推三代之德，褒周室，非独刺讥而已也。”[③] 刘知几说：“《春秋》之‘义’也，以惩恶劝善为先”[④] 借用孟子的话：“孔子著春秋，乱臣贼子惧”。但更重要的是，司马迁在“继《春秋》”的基础上又高出于《春秋》，“成一家之言”，这才是司马迁史学观念中最突出的地方，即他不是孤立地用道德观评判历史，而是将其道德价值观置于历史的因果关系中，在二者之间的矛盾冲突中加以探讨，并统一于因果判断中，表现了司马迁深刻而丰富的史学内涵。试看刘邦，这个被董仲舒神化的“圣人”，在司马迁的价值天平上其真相暴露无遗，被描画得入木三分：无赖、奸诈、自私、虚伪、好酒及色，粗野无礼，薄恩寡义，有急则找人代死，遇难则踢儿下车者

---

① 《马克思恩格斯选集》第1卷，北京：人民出版社，1972年，第18页。

② （英）柯林武德：《历史的观念》，何兆武、张文杰译，北京：中国社会科学出版社，1986年，第11页。

③ 《史记》卷一三〇《太史公自序》，北京：中华书局，1959年标点本，第3299页。

④ （唐）刘知几撰、（清）浦起龙释：《史通通释·忤时》，上海：上海古籍出版社，1978年。

三，心狠手辣，无所不用其极；同时，司马迁又借用韩信之口道出了刘邦之所以挫败群雄而称孤道寡的原因："善将将"①。再看吕后，司马迁一方面揭露了吕后诛杀功臣、残害戚夫人等发指暴行，但又指出了在其统治时期，"政不出房户，天下晏然，刑罚罕用，罪人是希。务民稼穑，衣食滋殖。"并按其客观作用，将吕后置于《本纪》之列，即"惠帝垂拱，高后女主称制"②，反映了深刻的历史洞察力。黑格尔认为，世界历史是在一个比道德更高的水平上活动，"各种不相干的道德要求，断然不可以提出来同世界事业和这些事业的完成相颉颃、抵触。"③ 正因为如此，现代西方史学发展的趋向是将二者在对立中统一起来。依此看来司马迁将道德价值判断置于同因果判断的矛盾中并统一于因果的道德价值观，其认识无疑是深刻的。

三

综上所述，《史记》的灵魂就在于其所具有的"通变"史观。正是在这一史观指导下，司马迁以如椽之笔，独具慧眼，对从传说的黄帝到秦汉的3000年历史进行了整体的考察，并在矛盾运动中将其汇于胸中，熔为一炉，"成一家之言"。当然，司马迁的史学观念还是比较粗糙的，在《史记》中也还不时地闪烁着超自然的光环，但这是古代世界人文主义思想家的通例，正如克罗齐所说的："古代思想把命运、神性、不可思议的事物留在其人本主义的边缘，结果，甚至在最严肃的历史家中，奇谈怪事也没有被根除——至少，门户是敞开的，它可以回来。"④ 现在的问题如果将史记的史学观念同普世史观相比较的话，其结果如何呢?

(1) 普世史长期是西方古代史家的一个目标，但从他们的历史实践来看，那种无所不包的"世界历史"并不可能存在。吴于廑先生指出：研究世界历史"必须以世界为一全局，考察它怎样由相互闭塞发展为密切联系，由分散演变为整体的全部历程"⑤。这一"全部历程"包括两方面：其一，由外在的局部的历史，即国别、地区的历史向整个世界的历史整体的客观的发展过程；其二，则

---

① 《史记》卷九二《淮阴侯列传》，北京：中华书局，1959年标点本，第2628页。
② 《史记》卷九《吕后本纪》，北京：中华书局，1959年标点本，第412页。
③ (德) 黑格尔：《历史哲学》，王造时译，上海：上海书店出版社，2006年，第70页。
④ (意) 克罗齐：《历史学的理论和实际》，傅任敢译，北京：商务印书馆，1982年，第160页。
⑤ 吴于廑：《世界史·总序》，北京：高等教育出版社，1994年，第31页。

是历史学家对历史的认识由不相联系到逐步有机的联系过程。因而对于历史学家而言，在认识世界历史的过程中他必然要受到两个因素的限制：一方面，从客观上讲，其所受时代的限制。即时代所能够提供历史学家的研究对象有一个由小到大的历史发展过程；另一方面，从主观而言，生活于具体历史时代的历史学家都有其主观选择的“合法权利”，因为每一个史学家都是从其特定的历史背景中去探索他们所面临的时代课题和感兴趣的侧重点，也必然只能从一个侧面或几个侧面去探求世界历史的真谛，从而在内容上有重有轻、篇幅上有详有略，不可能也没有必要对世界史的各个部分进行无一不包的研究。正因为如此，在克罗齐看来，迄今为止，还没有一部称为“世界历史”的著作真正能把地球上一切国家、民族的历史囊括无遗。比如，波里比阿是最早倡导“普世史”的历史学家，不过，克罗齐认为《罗马史》和波里比阿本人所希望和创造的“普世史”名不副实，《罗马史》只不过是以罗马霸权和罗马世界的形成为中心的一种较广泛、较复杂的历史，因为它只包括了那些和罗马发生关系的民族和政治军事事件。“实际不过是‘特殊史’而已”。[①] 克罗齐又以基督神学家奥古斯丁为例来说明奥古斯丁的《上帝之城》也不是普世史，它只是以基督神学为依据建立了基督教神学的普遍史模式。最后，克罗齐又以近代哲学大师黑格尔《历史哲学》为例，来说明黑格尔的世界历史也不是真正的普世史，它所表现的也只是绝对观念的发展过程，只是哲学的特殊史。所以，作为“世界历史”，只是从全世界发展的角度来观察世界历史的结果，而且这一考察过程本身就是一个历史的考察过程。这样看来，真正的“世界历史”，所需的倒不是数量上的面面俱到，而毋宁是在结构上成为有机的整体，以反映世界各个地区的内在联系。《史记》在这一方面则显得尤为突出。

（2）如果从时间这一维度将普世史学和司马迁的通史观来比较的话，《史记》的突出的特点是在“究天人之际”横向贯通的基础上，又追根溯源，源远流长，以求古今之变，开创了中国“通史”的体例和观念，“通史”观念成为中国传统史学的精粹。而普世史所侧重的只是历史的横断面的探索，即刘家和先生所指出的“关键在普世或空间方面”[②]，而对于长跨度的历时性的历史研究则无能为力，由此而形成西方史学的传统。究其原因乃在于普世史观念是建立在

① （意）克罗齐：《历史学的理论和实际》，傅任敢译，商务印书馆，1982年，第40页。
② 刘家和：《论通史》，《史学史研究》2002年第4期，第6页。

其实质主义的形而上学的思想基础上，无法真正把握漫长发展变化的历史，不能在揭示出共时性和历时性之间的辩证关系的基础上并将两者在对立中统一起来。年鉴学派认为，历史是一个的长远的发展系统，人们对于历史的认识既可以今知古，又可以古知今，布罗代尔认为，“所有‘现在的事态’，都是具有不同起源和节奏的运动复合体，今天的时间既始于昨天、前天，也始于遥远遥远的过去。”[①] 用费伏尔的话来讲就是“历史学既是过去的科学，也是未来的科学。”马克·布洛克指出：“这种真正的时间，实质上是一个连续统一体，它又是不断变化的。历史研究的重大问题就源于这两种属性的对立。”[②] 由此出发，年鉴派提出了“长时段”历史的口号，即认为历史发展的最根本的原因乃存在于最平静的深层次的历史因素之中和漫长的历史发展过程中，并坚决反对“短时段”的即时性历史观念，认为这一方法将复杂而丰富的历史内容分解成碎片，无法了解历史发展的真正的内在原因。如果从年鉴派的这一观点来看的话，显然，《史记》无疑将给我们以更多的启示。

（3）从普世史家的历史实践来看，普世史学同原始史学已有较大不同，但其共同点乃在其史学内容主要局限于政治、军事领域，这一趋向从希罗多德的《历史》名著中就已表现出来，形成希腊罗马史学的传统。其后修昔底德斯的《伯罗奔尼撒战争史》、恺撒《高卢战纪》、萨鲁特斯《喀提林阴谋记》等史学名著中都充分地体现了这一特点。普世史学虽然在其中增加伦理的色彩，但其宗旨仍不脱离为其政治服务这一窠臼，如《左传》所说的，“礼，政之舆也。”[③] 其结果，同司马迁前的中国史学一样，史学的内容紧紧地局限于政治、军事，而成为“垂训史学”。这一趋向在西方延续了相当长的时间，亚里士多德的名言：“人是天生的政治的动物”就成为这种史学的真实写照，波里比阿也认为：“真正的历史要熟悉政治和军事并对地点和人民具有直接的认识”[④]。这一状况一直持续到18世纪，即从维科、孟德斯鸠、伏尔泰时代，史学家才逐渐把他们的注意力由政治，军事转向了经济、哲学、宗教、文学、艺术等领域，史学研究的范围扩大了，而世界历史的内容也日益丰富起来。但这已是在《史记》之后的

---

① 何兆武：《历史理论与史学理论》，北京：商务印书馆，1999年，第812页。

② （法）马克·布洛克：《历史学家的技艺》，张和声、程郁译，上海：上海社会科学院出版社，1992年，第25页。

③ 杨伯峻：《春秋左传注·襄公二十一年》，北京：中华书局，1981年。

④ （意）克罗齐：《历史学的理论和实际》，傅任敢译，北京：商务印书馆，1982年，第146页。

1000多年了。

（4）从普世史的理论和其实践来看，它存在着无法克服的内在矛盾：一方面，普世史较之于原始史学来讲，最突出之点乃在于普世史较之于原始史学来讲打破了极端狭隘的城邦制度和希腊种族的束缚，时空方面的延伸和扩大，一直到他们所知道的世界历史，具有明确的人类主义、世界主义思想；但另一方面，又由于普世史本身所理性的内在规定性以及采用的形而上学的实质主义思想方法，割裂了普遍和具体的关系，所看到的只是两者的对立，而不能发现两者之间真正的历史联系并将两者统一起来，其结果“普世史”无法使世界各国的历史具体而生动地统一于世界历史中，最终走向了世界历史的反面。普世史学本身是一个尖锐的矛盾体。

从哲学来看，对于历史科学，特别是对于世界史学科而言，如果不系统地有目的地揭露和个别研究，历史就会变成一门抽象的科学而丧失其具体特点和存在的价值；另一方面，如果不研究人类历史上的重复性以揭露普遍规律性，历史就将成为具有无数多样事实的简单堆积。正因为如此，历史科学的目标，就是要把普遍规律性同特殊性结合起来。而要达到这一目的，就必须首先从各个地区的历史发展中来探索整个世界的历史发展的进程，即把世界历史看成一个有机的统一体，借助于逻辑抽象，经过否定或扬弃的过程，由感性认识上升到理性认识；然后再以辩证的方法，由抽象上升到具体，“就是从同中再看出异来，看出那些各异的部分是怎么样既互相拒斥又互相渗透地构成为有机的一体的。”[①] 以发现世界历史的内在有机联系。换言之，对于历史科学来说，其不仅仅需要求同，更重要的是在同的指导下，以求异，使同与异在历史进程中真正统一起来，以彰显历史的特色。显然，实质主义“同一”的思想方法对此是无能为力的。而对于司马迁而言，其“通变”的思想实质就在于它能够不断地将互相矛盾的事物“和而不同”地统一于历史自身的过程中，因而司马迁所探求的历史本质是基于历史过程本身，而不是希腊罗马的基于世界本原的理性，而且司马迁所把握的历史本质是在历史过程中，并在历史过程中不断变化，而不像希腊罗马的理性那样是永恒不变的，是预先设定于历史中，并预定了历史发展的方向和结果。由此看来，《史记》较之于“普世史”更多地表现在其史学意

① 刘家和：《论通史》，《史学史研究》2002年第4期，第9页。

识已经深入到世界历史的思想深层次。

从黑格尔后，西方的历史哲学有了较大的发展，并在世界历史的许多研究方面取得重要进展，但仍然无法从根本上摆脱其理性主义史学所固有的弱点，即世界历史的存在不是从历史本身中得到依据，而是有意无意地从哲学中加以寻求。也正是在这一背景下，19 世纪末出现了由思辨哲学向分析哲学的重要转变。当然，这种转变所伴随着的就是对传统的理性主义思想或倾向的历史学的反思、批判。但对于分析哲学而言，“世界历史与其说是关心时代的发展及历史的目标和意义，还不如说是关心各个地方的人类所面临的不断出现的问题，以及对这些问题的不同反应。对于今天越来越多的历史学家来说，这才是世界历史的本质，”“正是这些内容把它们的注意力转向到对当代世界与一切时代和一切地方的人类制度、习俗、思想和观念进行比较研究，从而放弃了对线性式发展的研究以及对所谓从远古至今始终贯穿于整个历史的线索的研究”，① 其结果也使得世界历史在事实上不可能。尽管如此，从西方史学的史学实践来看，其趋向还是努力将理论和实践，规律和特殊两者在对立中统一起来，以建立世界史的新的理论体系。如现在西方流行的诠释学的古今视域理论，就在于强调古与今的对话，其实质在于探求辩证的方法来研究人文，这是现代西方思想的一个重要变化，它集中体现了现代西方思想发展的趋向。正如法国著名哲学家卡西尔指出的：“伟大历史学家们的才能正是在于：把所有单纯的事实都归溯到他们的生成，把所有的结果都归溯于过程，把所有静态的事物或制度都归溯到它们的创造性活力。”②

总之，对于普世史而言，可称道的是它所倡导的从全世界发展的角度来观察历史的这一宽阔的学术视野，这一传统直到今天还在西方表现得非常明显，成为西方史学发展的一个重要特点。但其不足之处则在于普世史所侧重的是世界历史辽阔的大舞台，而不是首先深入探讨历史大舞台的众多组成部分——诸小舞台之间的历史内在关系，并在此基础上使世界历史从结构上成为一有机的整体，而这一点在世界历史的研究中则表现得更为重要，但这一问题也一直影响并困扰着西方世界史学的发展。所以在此，不但看到理性传统及其实质主义方法论对西方史学的深刻影响，更重要的是从中也感受到《史记》的通变观念

① （英）巴勒克拉夫：《当代史学主要趋势》，杨豫译，上海译文出版社，1987 年，第 258—259 页。
② （德）恩斯特·卡西尔：《人论》，甘阳译，上海：上海译文出版社，2004 年，第 255 页。

所具有的世界史学价值。即司马迁的史学观念不仅较之于希腊罗马的普世史学来讲更能反映世界历史的本质，也同西方近现代史学发展的趋向相一致。

四、结论

世界历史或者全球史，现在是一个日益为人们所重视的研究领域。而世界历史的写作，也在很早的时期就成为历史学家的一种理论和实践活动。对于西方史学而言，其“历史之父”希罗多德的《历史》虽以希波战争为主题，但也努力描述当时他所知世界的历史；其后的“普世史”则是具有明确的要建立世界史体系的史学派别。对于司马迁而言，其《史记》虽然仍以当时的中国通史为基本，但也着意叙述了当时他所知道的世界史。不过，从他们的理论和实践来讲，这些都也只能纳入国别史的范畴之中，还不具有真正的世界历史的意义，真正的“世界历史”的出现，按照马克思的观点，则是资本主义时代的产物。因而，对于世界史学而言，如何处理国别史和世界历史的关系是世界史的一个难点。对此于沛先生指出：“任何一个独立的民族，都有自己独立的历史记忆。这种记忆既包括对本民族历史的认知和判断，也包括对其他民族及整个世界历史——全球史的认知和判断。”[①] 这一观点正确地揭示了国别史和世界历史两者之间内在的既相对立又相统一的辩证关系；并指出了当前研究世界史所应该遵循的基本的历史方法。诚如马克思所言：“世界历史不是过去一直存在的；作为世界史的历史是结果”。[②] 需要强调的是，这一结果首先是建立在国别史、民族史的基础之上。因而，“普世史”和《史记》是世界史发展过程中的一个必经的而且重要的历史阶段，其史学理论和实践对现代世界史的形成作出了重要贡献，通过比较研究“普世史”和《史记》的史学观念不但对加深理解东西两大史学范式本身的内涵具有重要作用，而且，它对于更好地理解并构建具有中国特色的现代世界史的体系和观念具有重要意义，这也是本文旨趣之所在。

（原载《史学理论研究》2007 年第 2 期）

① 于沛：《全球史：民族历史记忆中的全球史》，《史学理论研究》2006 年第 1 期，第 18—30 页。

② 《马克思恩格斯选集》第 2 卷，北京：人民出版社，1972 年，第 112 页。

中西传记史学的产生及其趋向之比较

中西传记史学的产生问题是中西史学史的一个非常重要的课题。目前学术界的研究态势已将传记史学的产生及其特征同各自早期的宗教文化形式相联系，从而将传记史学起源的研究向前推进了一大步。但在如何理解这种联系，以及中西传记史学观念的起源及其趋向等问题上，还存在着争议而成为有待解决的问题。基于此，本文拟用比较史学的方法，从自然崇拜、祖先崇拜和英雄崇拜之间相互关系的角度来对此加以探讨。

一、中西原始崇拜与其文化结构

自然崇拜和祖先崇拜是原始宗教的重要内容，作为原始宗教的重要领域，两者孕育了原始人类认知探索的意识，是人们认识自然和自身的重要工具，也是研究古代人性结构和史学产生的主要途径之一。从中西历史发展过程来看，中西虽然都具有自然崇拜和祖先崇拜这两种原始宗教形态，而且也都成为中西史学产生和发展所共有的文化基础，但在这一问题上，中西文化的发展道路却有着明显的不同。主要表现为：在古希腊，其经历了自然崇拜和祖先崇拜各自相对较充分的发展后，祖先崇拜的许多内容和作用却被英雄崇拜所取代，自然崇拜和英雄崇拜成为古希腊主要的文化表现形式，这一宗教崇拜内容的发展变化大大影响了希腊文化发展的进程，对其历史学发展的方向也产生了重要影响。那么为什么在古希腊会发生祖先崇拜被严重削弱这一文化现象呢?

就古希腊而言，由于其独特的地理和社会生产方式，即工商业和海外贸易为其重要产业的这一历史条件，从公元6世纪起，古希腊的社会发生了前所未有的剧烈变化，在绝大多数城邦，随着财富积累的突增，氏族、家族成员内部阶级分化的迅猛发展，都对古希腊传统的血缘关系以强烈冲击，现以最典型的雅典城邦为例。随着雅典内部贫富分化的不断加剧，阶级矛盾十分尖锐，在国内战争一触即发的历史背景下，在逐渐强大的工商业奴隶主势力的支持下，梭伦以“解负令”为标志开始了雅典民主政治的改革，开始以财富的多寡代替以血缘关系为纽带的等级制度，从而奠定了雅典奴隶制民主政治的基础。后经庇西特拉图的“僭主政治”，特别是经过著名的克利斯提尼改革——其改革核心是以重新划分部落的方式巧妙地一改传统的以四个血缘部落的生活方式，代之而起的是以十个以地域为基础的部落，并以此为基础进行一切政治和宗教的活动，贵族的势力受到沉重打击。结果，极大地削弱了雅典社会长期以来的与氏族密切联系的政治和宗教活动的旧传统，雅典基本上完成了其民主改革的过程。这样，以血缘纽带基础的祖先崇拜由于失去了坚实的社会基础，其影响力大大削弱，而自然崇拜和英雄崇拜随之占据了主要地位。表现在文化领域，古希腊在自然崇拜方面，其有完整而系统的创世说（如希西阿德的《神谱》），并在此思想基础上，长期对“自然”保持着浓厚的兴趣。因而在古希腊最早出现的哲学家就是所谓的自然哲学家，如泰勒斯为代表的“米利都”学派，首先是从自然界中寻找世界的本原；同时古希腊原有的英雄崇拜这时发挥了更为重要的作用。“英雄”这个词在古希腊“指的是那些有名望值得诗人吟诵的人，也指那些已经死去，但仍能从坟墓或地狱中对活人发生影响，因而需要敬畏和祭拜的亡灵。英雄不是神，因为它们生前是人，但英雄又是神，因为它们死后能像神一样活动。所以英雄是‘半神’或‘精灵’。这就是希腊人为‘英雄’在神灵序列中所确定的位置。”① 英雄崇拜观念在《荷马史诗》中表现得最为突出。史诗中的英雄们和真实的社会历史保持着一定的距离，它着意展现的是英雄的品格、富于夸张的个性行为和浪漫思想，而较少有一般祖先崇拜所具有的等级制度和人世间的真情实意。应该说，古希腊的这一思想对古希腊的历史学和传记史学产生很大的影响。

这一影响主要表现在，由于深受自然崇拜影响的希腊理性主义史学，其所侧重的是对事物的认知方面，在历史意识领域自然侧重于探讨历史事件的因果

---

① 王晓朝：《希腊宗教概论》，上海：上海人民出版社，1997 年，第 172—173 页。

关系。这样，在古希腊最先出现的，也最为有名的代表作，如希罗多德的作品《希腊波斯战争史》，杰出史学家修昔底德斯的作品《伯罗奔尼撒战争史》等，都是以叙述历史事件的发展过程并探索历史事件发生的原因为其突出特点，当然其中也对一些人物进行了简单的描写，但即使在描写这一方面，也是侧重于对人物思想和心理的描写，以探讨事物的心理原因，这也正是亚里士多德所着意强调的。而在罗马时期，由于罗马传统的宗教崇拜方式为祖先崇拜，因而所强调的是人的真实的生活状态，重点调整的是人的欲求和情感，其目的在于为现实社会本身制定一整套实践法则，将社会本身伦理化。所以，在罗马时期，在历史学领域，其伦理史学占据了重要地位，而人的传记的也就较之于希腊而言远为发达，由此希腊罗马史坛一改自然主义史学为主的局面，伦理主义史学也成为其史学的最重要的表现形式之一，两种对立的史学流派形成了。这一问题是本论题的难点，故在此稍加详论。

对于罗马而言，其发展历程和希腊有相似之处，从历史上，古希腊和古罗马是一个上下相继但又联系非常紧密的不同的国家，但由于两个原因人们往往将两者并称：其一，希腊的文化非常发达，对罗马的文化产生了重要的影响。其二，罗马后来征服了希腊，但希腊发达的文化传统还是流传了下来，成为罗马文化的一个重要组成部分。但二者的不同之处也还是很明显的：第一，罗马较之于希腊来讲，它的祖先崇拜长期存在，成为其宗教文化的根本。第二，它又长时期的主动接受和被动受到希腊文化，即自然崇拜和英雄崇拜文化的强烈影响，因而其文化特征一方面呈现多元化的特点，而另一方面，在希腊被并入罗马帝国后，其文化架构并没有在罗马社会占据统治地位，而占优势的还是罗马的传统文化——以血缘纽带为依据的祖先崇拜。所以，虽然早在古希腊时期，其传记史学就在具有自然主义特征的叙事史学之后产生，但较为充分的发展则是在以祖先崇拜为根基的罗马帝国时期。

对于中国上古宗教而言，其同希腊原始宗教的不同特性在于，华夏民族在走向文明社会的历程中，经过了一条独特的途径：它没有像古希腊、罗马那样，依靠新兴的工商业奴隶主阶级力量来破除原始的氏族血缘组织，相反，它却完整地保留了氏族公社的血缘关系和组织形式，构成了一个严密规范的宗法社会模式，从而形成了与古希腊罗马“古典社会”迥然不同的社会组织制度，并生成了独特的宗教崇拜形式。这一独特性表现在：尽管自然崇拜和祖先崇拜也是华夏文化最初形成的两种主要形式，尽管自然崇拜（例如太阳崇拜）也曾有过相对独立的发展，但是其总的发展趋向却是两相融合的。具体而言，在殷代，“上帝”和“天”的概念是否已经等同，学者还有不同的意见，因为从甲骨文的资料来看，现在还没有二者合一的确切证据，但是，如果从《尚书》、《诗经》的资料来看，似乎周代“天”和“上帝”合二为一了，由所谓的祖灵宾天到以德配天的变化就反映了这一历史过程。如刘家和先生指出的：“但在西周时期上帝和天等同起来，这是从青铜器铭文和传统文献都能得到证实的。”这一过程对中国的早期文化史产生了重要而深远的影响，所标志着“周代人对天和人的关系的认识有一个重大的变化，就是把天和人的关系理解为某种意义上的血缘关系。”[①] 从而使得祖先崇拜占据主导地位。由此，中国上古宗教特别地突出了祖先崇拜的形式，特别地突出了情意功利的社会现实方面，并具有强烈而持久的入世意识。不过在此需要说明的是，所谓中国古代的祖先崇拜对自然崇拜的压倒优势并不意味着对自然崇拜的排斥，从而使自然崇拜在这种排斥中消失。如果是这样的话，将无法深入理解祖先崇拜在中国的持久和发达。具体于中国古代的文化传统而言，也就是如何看待道教和儒学的地位问题，实际上，作为建立在祖先崇拜基础上的儒学，其发展和强大并不只表现为它对以自然崇拜为其核心的道家的排斥，同时它又是以对道家的充分吸纳得以实现的。

在中国思想史上，道家可说是唯一能够在思想体系的博大精深方面同儒家相匹敌的派别，并且能够以相对独立的姿态一直延续下来，这是它特别值得注意和研究之处。如果对老子和孔子的思想加以比较的话，二者的观点有其共同性和不同性：共同点在于，二者观点虽然尖锐对立，但都出于对天下大乱的忧虑思考，都致力于使现实的统治归于安定，并且都是从探讨人伦的自然合理性为切入点进行理论建构；不同点则在于孔子直接执著于宗法的人伦，而老子则以退为进，用其思想对“礼”与“仁”进行尖锐批判的方式，追求无为而无不为的真实目的。所以，“《老子》虽然反对儒家，后来却能给儒家和法家以极深的启发和补充的营养，通过曲折的道路彼此互补。”[②]

随着春秋战国时期所出现的重大的历史变化，儒道两家的思想家也在审时度势，调整其思想内容，因而在其相互攻讦之外，两者融合的趋向则更为明显，

---

① 刘家和：《古代中国与世界》，武汉：武汉出版社，1995年，第511—512页

② 杨适：《中西人论的冲突》，北京：中国人民大学出版社，1990年，第65页。

比如在汉朝的司马迁之世，已经没有“纯儒”（原始的儒家思想）了。对此，就是统治阶级的代表人物也深知其中的奥妙，汉宣帝的名论：“汉家自有制度，本以霸王道杂之，奈何纯任德教，用周政乎？”① 西方宗教社会学大师韦伯在其著作中对中国社会和诸种主要文化宗派之间的复杂关系也有精辟见解，如对于儒道两家，韦伯在《儒教与道教》中一方面指出了两者之间所存在的对立关系，同时也深刻地指出了两者在对立之外所存在的，但往往被人们所忽视的亲密的互助关系。同样，对于如何看待希腊罗马自然主义和伦理主义的这一问题，过去的观点往往是强调了其中的某一方面而否定了另一方面，其结果同样无法发现两者之间复杂多变的互相渗透，不可分离的有机联系，当然也就不可能对希腊罗马的历史学和传记史学的起源及其特点做出比较合乎实际的解释。

二、中西传记史学的产生

如上所述，中西早期都形成了各具特色的文化结构，这一结构不仅表明中西古代精神文化在发展起点和途径上的重大差异现象，而且对中西传记史学的产生也具有重要影响。

对于中国先秦文化而言，由于记忆和保存先民生产及生活经验的需要，中国上古时期一直有着口耳相传的传统。从保存下来的有关内容神话传说来看，几乎全部是关于古代祖先在生产或生活方面筚路蓝缕的艰辛建树，如神农发明耒耜，教人桑稼，如伏羲发明网罟，教民渔猎，如大禹治水，“三过家门而不入”等等激励人心的农业民族的辉煌业绩，这些传说与古希腊《荷马史诗》所记叙的希腊众多英雄们的种种神奇的生活经历、惊天动地的英雄故事大相径庭。尽管《伊利亚特》和《奥德赛》所记叙的事件，也同现实生活有着关系，但《荷马史诗》毕竟同现实生活尚存在着一个较大的距离，它必须借助神话学的专业知识来剥离其中的由想象和梦幻等手法所构成的神秘的图画，以捕捉其中的真情意蕴。当然，在中国古代文化系统中，神农、伏羲、大禹等故事也包含着英雄崇拜的成分，但中华文化的主要脉络还是把他们置于华夏民族的祖先这一牌位上，来讴歌、赞美、尊崇的。试看，这些悲壮的先行者，经历千难万苦，而最终玉汝于成，他们所具有的开拓的品格和勇于自我牺牲的高尚精神以及深

① 《汉书》卷七《元帝本纪》，北京：中华书局，1962年标点本，第227页。

沉而厚重的历史责任感，是同现实人们正在进行的社会生产和社会生活息息相关；而且他们壮烈的成就绝不是为了宣泄个人的快意恩仇，或表现自己内心深处的喜怒哀乐，而是自觉地将自己的作为同整个家族、民族的前途命运紧紧联系。正因为如此，在他们死后，后人也必然对他们深切怀念。这种对祖先的代代相传的执著眷恋，正是中国传记史学的文化源头之所在。

从中国史学史来看，由祖先崇拜孕育出来的中国式的历史意识，一开始就有着独特的时间长河观念，从而明显地打上了中国史学的烙印。因此中国人传统的历史时间概念总是以那些在某一特定时期内地位显赫、形象高大的祖先为标志点，并形成历史记忆的网络。如殷人的先公先王就用纪时的天干和地支来作为自己的名字，其原因正在于此。同样，中国后来的史书之所以一直以帝王的庙号（在宗庙祭祀过程中所代表的顺序）来作为历史的纪年，其原因也不例外。这些思想观念都从不同侧面反映了中国人的历史观念，并极大地影响了中国人的生命价值观。

因此，对中国人来说，其判断人生的价值，并不局限于生命本体自身，而是同死后是否能够"返回"为祖先，让后人崇拜紧紧相连。对此，费尔巴哈认为："中国人也说不上有什么真正的、实在的不死信仰。就本质而言，中国人希望在他们自己死后所得到的祭祀，其最主要点无非在于使他们的后代能不时想念到他们，常有敬崇之心"。[①] 当然，费尔巴哈的这一言论虽有失之于简单化之嫌，但所言也有其深刻之处。对于中国传统文化而言，早在先秦时代中国文化就已产生了"名垂青史"的终极关怀，孔子所发出的"君子疾没世而名不称"[②]的忧虑，也正是中国人所共有的挥之不去、抹而不掉的心理情结，也构成了中国文化最深厚的基础。比如，司马迁用其血泪著《史记》的重要动机之一就在于此。在《报任安书》中，司马迁如泣如诉，对自己内心深处的情感、恐慌和盘托出，对自己的内心最隐晦的痛苦、不安也直抒胸臆，司马迁也认为："行莫丑于辱先"[③]，"太上不辱先"[④]，甚至发出这样的感叹："仆以口语遇遭此祸，重为

① （德）路德维希·费尔巴哈：《费尔巴哈哲学史著作选集》上册，北京：商务印书馆，1979年，第259页。

② 杨伯峻《论语译注·卫灵公篇》，北京：中华书局，1980年。

③ 《汉书》卷第六二《司马迁传》，北京：中华书局，1962年标点本，第1273页。

④ 《汉书》卷第六二《司马迁传》，北京：中华书局，1962年标点本，第1275页。

乡党戮笑，以污辱先人，亦何面目复上父母丘墓乎?”① 不仅在《报任安书》中这样讲，司马迁还将他的这一观念深深地渗透在《史记》的思想体系中，如在《伯夷列传》中，司马迁就对伯夷赞美不已：“君子疾没世而名不称焉。贾子曰：‘贪夫徇财，烈士徇名，夸者死权，众庶冯生。’”② 可谓一语中的。

大致说来，发源于祖先崇拜，并经过祭祀和丧葬仪式等具体形式而产生的中国传记史学，包括如下三个前后衔接的发展阶段：第一个阶段是在周革殷商命之后。周革商命不仅是中国政治变革史中的一个大事，更重要的是中国古代思想文化史上的一次重大变革。据《礼记·表记》记载：“殷人尊神，率民以事神……，周人尊礼尚施，事鬼敬神而远之，近人而忠焉”。③ 显然，经过商周之间政权替代的这一重大变革，长期盘踞在中国人心灵中的神、人主次关系被转换过来了。由此，周人一变殷人凡事须占问天、帝、神的旧的文化传统，而以人“德”来替代神意的新的文化观念开始确立。这一变革对于中国文化史产生了极其深远而重要的影响。

第二个阶段是在春秋战国时期。当时，社会历史的剧烈变革，各诸侯国盛衰兴亡的残酷现实，用司马迁的话来说：“《春秋》之中，弑君三十六，亡国五十二，诸侯奔走不得保其社稷者不可胜数，”④ 而用史墨的话来说就是：“社稷无常奉，君臣无常位，自古以然。……三后之姓，于今为庶”。⑤ 这一切既触目惊心，更发人深省，因而《左传》、《战国策》中展现了在历史事件发生的前因后果中人的各种活动，如人的狡诈，人的权谋，人的努力，人的失败，正是这些具体的人的活动最终决定了历史事件的结果。与此相适应的是，在以《左传》为突出代表的史学著作中，人的历史地位也空前提高，人物形象栩栩如生，人的心灵也日趋复杂，“列传”呼之欲出了。

第三个阶段是在秦灭汉兴之时。在这一阶段，其一是强秦的暴亡，其二是楚汉战争以及刘汉的胜利，这两大事变充分展现了人事在历史发展中所起的关键作用。刘汉的将士多起于乡野，无任何神圣的光环笼罩其中，但紧跟起义洪流，在死中以求生，最终以非常的手段，打败了不可一世的代表传统贵族势力

---

① 《汉书》卷第六二《司马迁传》，北京：中华书局，1962年标点本，第1276页。

② 《史记》卷六一《伯夷列传》，北京：中华书局，1959年标点本，第2127页。

③ （清）孙希旦撰：《礼记集解·表记》，沈啸寰、王星贤点校，北京：中华书局，1989年。

④ 《史记》卷一三〇《太史公自序》，北京：中华书局，1959年标点本，第3297页。

⑤ 杨伯峻：《春秋左传注·昭公三十二年》，北京：中华书局，1990年，第1519—1520页。

的西楚霸王——项羽。由此，历史的观念焕然一新，各种人物开始走向历史进程的前列。正是在这一总体背景下，汉初的政论家如陆贾、贾谊等人，在总结秦亡汉兴这一历史教训时，都将思考的中心置于人事的基础上。而司马氏父子在写作史书时，也把“究天人之际”作为历史研究的重点课题。司马谈在谈到自己研究历史的动机时就曾明确说过：“今汉兴，海内一统，明主贤君忠臣死义之士，余为太史而弗论载，废天下之史文，余甚惧焉”。① 而司马迁在《史记》中首创的七十《列传》，就是顺应这一时势的产物。

对于古希腊而言，其传记思想观念的发生与发展也经历了一个极其漫长的过程。史学界普遍认为，古希腊的历史观念始于《荷马史诗》。在史诗中，已经可以看到希腊人所具有的最初的人本观念。“史诗把人的本性揭示得相当深刻，作者歌颂人类的聪明才智，嘲笑和谴责神的凶恶，在凶残的自然力面前，也突出人的力量和智慧，史诗处处洋溢着人格的力量，而失去的却是神灵们头上的灵光与尊严。”② 虽然在史诗中，活动的还有奥林匹斯山的众多神灵，但这些丰富多彩的希腊神话英雄都是人格化的英雄，如高尔基所说的：“所有的神都住地上，和人相似，他们举动和人一样，宽待驯服者，仇视忤逆者，而且他们也和人一样好妒忌，好报复，好功名。”③ 即希腊神话的一个重要特点“神人同形同性论”。

从历史编纂学而言，汤普森认为：“在希腊这个历史著作的最早的故乡中，历史是从叙事史的最早形式民歌与歌谣发展起来的。散文说书家在这个发展过程中标志从神话向历史的过渡。他们大约在公元前500年之后就以散文的形式，依照世系排列讲述神话题材，去掉一部分太不可信的东西，他们的作品一部分在节日里当众朗读，其目的是给听众以艺术享受。”④ 而其中最有名的是海卡太欧斯（Hecataeus of Miletus)。但从希罗多德的《历史》一书开始，散文说书家和历史就融为一体了。“正如他是历史之父一样，他也是散文之父。”⑤ 其中经过修昔底德斯的《伯罗奔尼撒战争史》，色诺芬的《希腊史》，一直到伊索克拉底，

---

① 《史记》卷一三〇《太史公自序》，北京：中华书局，1959年标点本，第3295页。

② 张广智：《西方史学史》，上海：复旦大学出版社，2000年，第8页。

③ （俄）高尔基：《论人民创作的劳动基础》，中国民间文艺研究会编：《苏联民间文学论文集》，北京：作家出版社，1958年，第94页。

④ （美）汤普森：《历史著作史》上卷，谢德风译，北京：商务印书馆，1996年，第30页。

⑤ （美）汤普森：《历史著作史》上卷，谢德风译，北京：商务印书馆，1996年，第32页。

这可以说是希腊罗马传记史学的第二阶段。

希腊罗马传记史学的第三发展阶段为希腊化时代直到普鲁塔克《希腊罗马名人传》的诞生。

到了希腊化时代，其传记体写作继续发展。随着亚历山大帝国的建立，人们视域的开阔，记传对象也随之扩大化，政治家、军事家虽然仍是传记家们所钟爱的主角，但他们也注意到杰出的文化人物在历史中的地位和作用。比如狄凯尔库斯就作有哲学家柏拉图、诗人荷马等人的传记，传记作者一般都着眼于表现人物的性格心理，揭示这些性格形成的原因。不过，在希腊化时代的史学中还有一个值得注意的现象，伴随着亚历山大帝国建立的这一历史过程，由色诺芬等人开始的“赞美”史学渐成气候，其典型代表为一批希腊新型御用史家，他们围绕着亚历山大的个人魅力和文治武功肆意吹捧，竭力将亚历山大推向皇帝的宝座。如曾在亚历山大帐下效力的卡莱斯著有一部至少 10 卷本的亚历山大轶事集萃《亚历山大的故事》，介绍史籍中鲜见的亚历山大的生活侧面，赋予“征服者”以饱满的人物形象，另有亚历山大的秘书优迈奈斯以随伺主人的直接经历记写出亚历山大《起居注》一部，为后代留下了这位一代天骄日常生活和鲜明个性的极为珍贵的史料，这一切都大大丰富了传记史学的内容和题材。

公元前 168 年，后起的罗马灭亡马其顿王国，3 年后毁灭反抗罗马最烈的希腊古城科林斯，此举象征希腊彻底沦入罗马统治之下，希腊史学同罗马史学融汇到了一起。而这一历史性汇合的最突出的成果就是在罗马帝国时期，在希腊的传记史学思想观念和罗马悠久而发达的祖先文化的相互激荡下，传记史学得到了空前的发展，而普鲁塔克的《希腊罗马名人传》也就应运而生了。如果说西方史学界对谁是最早的传记史学家尚存明显的争议的话，“但是最重要的传记历史学家还应推普鲁塔克。”① 此乃众口一词，由此标志着西方传记史学进入一个新阶段。

三、中西古代传记史学的内容及趋向

如上所述，对于中西双方古典传记史学而言，其史学观念的产生和发展历程有着明显的共同点和不同点。其共同之处在于，它们传记史学观念的产生和

① 杨豫：《西方史学史》，南昌：江西人民出版社，1993 年，第 62 页。

发展并没有脱离其历史观念产生和发展的轨道，都是在其叙事的历史观念的基础上，又产生了一种新的史学体裁——传记史学。

历史人物传记（简称史传）是以历史人物为中心的一种独特的著作类型。在中国历代的所谓“正史”中，这一著作类型被冠之以“纪传”体，其中“列传”的传记特色最为鲜明。唐人司马贞云：“列传者，谓叙列人臣事迹，令可传于后世，故曰列传”。[①] 张守节亦云：“其人行迹可序列，故云列传”。[②] 两者的解释不尽相同，但都认为史传区别于其他著作类型的特征在于它是以人物为记述对象。

中国最早用“纪传”这一著作类型来记述历史人物，是司马迁所撰写的《史记》。刘勰云：“观夫《左氏》缀事，附经间出，于文为约，而氏族难明。及史迁各传，人始区详而易览，述者宗焉。”[③] 章学诚则言：“盖包举一生而为之传，史汉列传体也。”[④] 赵翼则说得更为具体：“列传，古书凡记事立论及解经者，皆谓之传，非专记一人事绩也。其专记一人为一传者，则自迁始。”[⑤] 因此，人们在追溯中国史传的缘起时，都把《史记》视为中国传记史学著述的滥觞。

当然，对于中西古典传记史学而言，入传的标准也是中西传记史学的重要内容。且看《史记》列传人物的入传标准：“扶义俶傥，不令己失时。立功名于天下，作七十列传。”[⑥] 在司马迁看来，只有那些扶义俶傥、立功名于天下的人，才有资格入传。此后，尽管历代对“功名”的判断标准不尽相同，但以“功名”的有无和高低来决定一个人能否入传，这一原则成为中国传统传记史学的基本原则。这对于中国传统的传记史学而言是这样，即使对于希腊罗马的传记史学而言也不例外，借用英国著名传记家卡莱尔所说的：“世界历史的精华，就是伟人的历史。”[⑦]

两者不同的是，希腊罗马的传记史学在叙事史学的基础上产生后，自成一家，同叙事史学分庭抗礼，并行不悖，而且在传记史学体裁的发展过程中还呈

---

① 《史记》卷六一《伯夷列传》，北京：中华书局，1959年，第2121页。

② 《史记》卷六一《伯夷列传》，北京：中华书局，1959年，第2121页。

③ （梁）刘勰著、黄叔琳注：《增订文心雕龙校注》，北京：中华书局，2000年，第206页。

④ （清）章学诚著、叶瑛校注：《文史通义校注》，北京：中华书局，1985年，第249页。

⑤ （清）赵翼撰、王树民校正：《廿二史札记校证》，北京：中华书局，1984年，第5页。

⑥ 《史记・太史公自序》，北京：中华书局，1959年，第3319页。

⑦ （英）托马斯・卡莱尔：《论英雄、英雄崇拜和历史上的英雄业绩》，周祖达译，北京：商务印书馆，2005年，第1页。

现出继续分化的趋势。如早在“古典时代”的罗马时期，就形成了两种传记流派：其一为普鲁塔克的《希腊罗马名人传》，由于普氏生为希腊裔的罗马人，其思想深受传统的古希腊思想和具有世界主义的斯多葛派思想的影响，他所撰写的《希腊罗马名人传》是借传记的形式来宣传他的伦理思想，所侧重表现的是人的“灵魂”。在《亚历山大传》中普鲁塔克则说得更为清楚。他说：“在这一卷里，我将叙述马其顿王亚历山大和击败庞培的恺撒的两人的生平，这两个人的值得记述的伟大事迹为数太多，我不能不首先说明，我只能把他们一生当中的最为人称道的事迹简单地加以叙述，而不能对每项伟业都做详尽的记载。我现在所撰写的不是历史，而是传记，从那些最辉煌的事迹之中，我们并不一定能够极其清楚地看出人们的美恶品德，但一件不太重要的事情，一句笑话，或者片言只语，往往会比最著名的围城，最伟大的军备和死亡数以千计的战役更能使我们了解人们的性格。”“同样，请读者们也容许我对于人们的灵魂的迹象多加注意，借此来描写他们的生平，而把他们的辉煌战绩留给其他作家们去叙述。”① 其传记发展的趋向为文学传记，而同历史渐行渐远；其二为苏托尼厄斯《罗马十二恺撒传》，由于苏氏为生长在罗马的作家，其思想深受罗马传统的祖先崇拜观念的浸润，他倾向传记同历史学建立密切关系，张竹明先生也认为：“帝王传的价值看来主要是在历史学方面，而它的史学价值又首先在于提供了极其丰富的史料，以另一方面的内容填补了正史的不足，帮助人们更全面生动地了解一世纪的罗马帝国。”② 所以这类传记发展的趋向愈来愈向史学靠近。如汪荣祖所言：“西人史传若即若离、和而不合，传可以辅史，而不必即史，传卒能脱颖而出，自辟蹊径，蔚为巨观矣。”③

中国的传记史学的产生虽然也经过了叙事史学这一阶段，但并没有将叙事史学加以抛弃，而是将叙事史学同传记史学结合起来，定为一尊，形成了中国的正统史学，并长期称霸史坛。在此以司马迁的《史记》为例加以说明。司马迁的《史记》在中国古代记事、编年（《左传春秋》）史学的基础上，又创立了记人的史学体例，关键是在记人的体例中又将记事和记年统一起来，这在列传

---

① Plutarch，Plutarch's Lives，Boston：Harvard University Press，1914，p225.

② 张竹明：《译者序》，（古罗马）苏维托尼乌斯：《罗马十二帝王传》，张竹明等译，北京：商务印书馆，2004 年，第 8 页。

③ （美）汪荣祖：《中西史传通说》，北京：中华书局，2003 年，第 79 页。

中表现得尤为突出。钱穆先生认为："中国历史分成三种体裁：一是记事，二是编年，三是传人。在记事中兼带着记言，《尚书》是第一种体裁，以记事记言为主。《春秋左传》是第二种体裁，以编年为主，但在编年中又包括了记事和记言，即在记言记事之上再添上了编年，太史公《史记》以人为主，把人物作中心，但在传人的体裁之内，同样包括记事和编年，即是说：记事和编年这两体已在太史公《史记》以人物为中心的列传体之内包融了。"① 显然，在钱穆先生看来，编年体和记事体虽前已有之，但司马迁对此进行了改造，虽来源于前者，但已高出于前者，三者的结合，并不是简单地将三者的相加，而是三者之间的有机的结合，这种有机的结合，是以人物为中心，以时间和叙事为辅助的，从而产生了一个新的史学体裁——纪传体。"史传合一，既为定体，吾华史学传统，遂以人为史之中心矣。"② 因而这一史著结构确实是司马迁的伟大创造。但同时也要看到《史记》和《汉书》之后，中国的传记史学"绝少创新，确殊乏长篇巨制，类不过千百字为一传。"③ 在此，我们确实不能苛求于古人，因为一种新的史学体裁的产生和发展，比如人物传记要以独立的著作类型而存在，并不仅仅需要传记史家个人的才、学、识作为必备条件，而更重要的则还必须具备这样的先决的社会历史条件：即个体的存在价值及其个性和尊严得到社会的普遍认同。这一条件在"古典时代"的希腊和罗马得到相对突出的展现。与此社会现状相适应的是，以独立的著作类型而存在的人物传记，一开始就在西方传记史坛中扮演主要角色。由希腊传记作家普鲁塔克所创作的《希腊罗马名人传》即如此。所以中西史传发展趋向各有侧重，究其原因不仅同中西双方的不尽相同的史学发展轨迹相联系，而且也中西古典时代所具有的不同的社会政治环境相关联，更重要的是与上述中西双方所产生不同的原始宗教文化相联系。

中西传记史学的著作源头，对于中国传记史学而言，其发生于中国先秦时期记述人物活动的有关典籍之中，这是学术界的公认结论，对于西方古典传记史学的发生其源头也应追溯于希罗多德《历史》之前更为悠久而丰富的历史发展环境中，这既为史学界所共识，又是一个充满争议的领域。本文认为，古希腊人的自然崇拜和英雄崇拜，构成了西方智慧的源头所在，而其后罗马则又异

① 钱穆：《中国史学名著》，上海：生活·读书·新知三联书店，2000 年，第 69 页。

② （美）汪荣祖：《史传通说》，北京：中华书局，2003 年，第 78 页。

③ （美）汪荣祖：《史传通说》，北京：中华书局，2003 年，第 79 页。

军突起，为其文化体系中输入了祖先崇拜这一重要的文化元素，从而形成希腊罗马丰富多彩各具特色的文化，并对其传记史学的产生和发展以决定性的影响；而中国人的祖先崇拜、自然崇拜则正是中华智慧的活水源头，也是中国史学和传记史学的活水源头。当然，在此仍需强调的是，中西所呈现的不同的史传表现形式只不过是突出了其各自的特性而已，而全面、真实的中西史学观念，特别是传记史学观念则是一个极其复杂的矛盾统一体，它还有待于继续深入探索。

（原载《史学史研究》2007 年第 4 期）

中西古典史学的对话——司马迁与普鲁塔克传记史学观念之比较[①]

学界普遍认为，中西史学无疑是古代世界最发达的两种史学形态，而中西古典史学则是其史学花园中的奇葩。西方的古典史学开创了其后史学发展的滥觞，而按照中国学者的观点[②]，中国古典时代的史学也奠定了中国以后史学发展的基础。毫无疑问，中西古典史学在中西史学史和中西文明史中占据着极其重要的地位，具有明显的可比性，因而对其作比较研究是中外学者长期以来一直重视的问题，并进行了较细致和深入的研究。本文拟从中西原始宗教的内在关系以及古代哲学发展史的角度，来探讨中西古代思维方式的异同，并在此基础上，运用诠释学的方法，以现代史学的发展观念为依据，探求中西史学范式的形成及其特征。同时，本文又以中国古典时代最杰出的历史学家司马迁和古罗马时期著名的传记史学家普鲁塔克为典型，来对中西史学和传记史学的发展特点和趋向作一管窥。

一、中西古代宗教及其文化结构

如所周知，作为原始民族的精神表达形式——原始宗教，是人类早期普遍存在的现象，其较之于所谓文明社会宗教的突出不同点，乃在于它不具有完整

---

① 2008年度国家社科基金项目：司马迁与普鲁塔克传记史学观念之比较（08XSS001）

② 如钱穆先生认为："中国文化在秦、汉时代已完成其第一基础，即政治社会方面一切人事制度之基础。"钱穆：《中国文化史导论》修订本，商务印书馆，1994年，第164—165页。

的以文字为媒介的经典系统。从近现代的西方人类学之父——英国的泰勒的《原始文化》开始，直到现代美国最著名的文化人类学家格尔茨的《文化的解释》，西方的人类学开辟了一条科学的、非神学的宗教研究途径：即通过对神话的分析以把握原始宗教的内容及其特征，进而了解原始初民的文化历史状态，其要旨在于对宗教生活作出社会和文化的解释。人类学的研究成果对于深入研究宗教神话的社会历史意义具有重要影响。

当然，在近代，人类学者们首先采用的主要方法是通过对原始宗教加以理论分析，试图给原始宗教建立一个较严密的生成系统，以探讨原始宗教之间的历时性关系，如近代西方宗教学的奠基人麦克斯·缪勒提出人类对自然物的崇拜是宗教神灵的起源之后，不少西方宗教学者也紧随其后，从不同的角度提出并论证了人类最初的宗教崇拜起源于人的自然崇拜；但19世纪的英国社会学家斯宾塞认为，祖先崇拜是一切宗教形式的开端；而弗雷泽等学者认为图腾崇拜为最早的原始宗教。泰勒的"万物有灵论"重点是揭示了原始宗教产生的普遍性，并没有明确指出原始宗教的先后性。显然，人类最早的宗教崇拜形式是哪种原始宗教，这是文化人类学中的疑难问题。但现代文化人类学转而把研究的重点置于原始宗教与人的复杂关系上，侧重于用共时性的方法，通过对神话的分类、归纳来研究原始宗教的特征及其社会历史内容，并取得了重要进展。

现代学者们普遍认为，神话传说虽然内容丰富多彩，但经过逻辑概括的话，最典型的神话类型实际上就是创世神话和英雄神话两大类。① "在对宇宙的最早的神话学解释中，我们总是可以发现一个原始的人类学与一个原始的宇宙学比肩而立：世界的起源与人的起源问题难分难解地交织在一起。"② 这一概括也正与原始宗教中的两种最主要的神灵崇拜形式相对应：创世神话主要由自然崇拜发展而来的，而英雄神话则主要由祖先崇拜发展而来。如雏华先生所指出的："自然崇拜和祖先崇拜的相对独立的发展，这是在其观念形态上分别形成创世神话和英雄神话的基础，因此可以说，如果没有这一基础，这两类神话也就无缘产生，至少是没有较完整、较典型的文化形态。"③

而自然神和祖先神这两种崇拜的形成，它绝不只是原始居民愚昧无知的产

① 朱狄：《原始文化研究》，北京：生活·读书·新知三联书店，1988年，第717—718页。
② （德）恩斯特·卡西尔：《人论》，甘阳译，上海：上海译文出版社，2004年，第6页。
③ 雏华：《中国美学原点解析》，北京：中华书局，2004年，第13页。

物，更是在这一历史阶段更多地体现了人类对自然和自身的理解以及智力的进步，韦伯认为“宗教或巫术动机下的行为，相对而言，是理性的，从其最原始的表现看来特别是如此。”① 由此出发，法国著名的哲学家、社会学的创始人孔德认为，在人类文明初期，由于人类对自己的生命和行为方式只能作出直观的考察，因此当人们试图理解和解释自然现象时，就赋予自然以人的本性，将自然拟人化，这是人类认识世界的最基本的方法。我国最早的哲学经典《易传》也对这种古老的、朴素的、自然的方法加以总结：就是“近取诸身，远取诸物。”② 正义对此解说为：“近取诸身者若耳目口鼻之属是也，远取诸物者若雷风山泽之类是也，举远近万事在其中矣”。③

当然，自然崇拜和祖先崇拜的发展是一个动态的过程，其结果，从逻辑上必然要导致独一无二的“主神”（即“上帝”）意识的形成。而这一过程在中西表现各有特点。对于中国而言，黄帝时期，其言不雅训，而夏到殷代的情况由于学者们争议较大，莫衷一是，但由《尚书》和《国语》所记载的颛顼“绝地天通”的传说已明显地透露出中国历史发展重人事的这一趋向。著名史学家刘家和先生明确指出“在西周时期，上帝和天等同起来，这是从青铜器铭文和传统文献都能得到证实的。”④ 这一过程所产生的重要的结果就是，“周代人对天和人的关系的认识有一个重大的变化，就是把天和人的关系理解为某种意义上的血缘关系。”⑤ 即所谓“皇天上帝，改厥元子”⑥ 而在这一转变对历史学的影响方面，晁福林先生也深刻指出：“综观西周史学发展情况，可以说已经比殷有了长足的进展。如果说殷代尚有十分浓厚的神意史观的话，那么西周时期的史学则正逐渐从神意的笼罩下走出，更多地注目于人的历史活动，记载人的事迹和历史事件的经过及结果。”⑦ 在此背景下，祖先崇拜在原始宗教中占据了主导地位。但需要强调的是，这种占据统治地位的方式不是以祖先崇拜革除自然崇拜的方式，更多的则是以包容和吸纳的形式实现的。比如，晁福林先生认为：“在夏商

---

① （德）马克斯·韦伯：《宗教社会学》，康乐、简惠美译，桂林：广西师范大学出版社，2005年，第2页。

② （唐）孔颖达：《周易正义·系辞传下》上册，北京：中国书店，1987年。

③ （唐）孔颖达：《周易正义·系辞传下》上册，北京：中国书店，1987年。

④ 刘家和：《古代中国与世界》，武汉：武汉出版社，1995年，第511—512页。

⑤ 刘家和：《古代中国与世界》，武汉：武汉出版社，1995年，第512页。

⑥ （清）孙星衍撰：《尚书今古文注疏·召诰》，陈抗、盛冬铃点校，北京：中华书局，1986年。

⑦ 晁福林：《夏商西周的社会变迁》，北京：北京师范大学出版社，1996年，第435页。

西周时期的历史运转中还存在着许多方面的承继和发展的内容，并且从某种角度上看，甚至可以说承继多于变动。”①

西方古代宗教同样也有自然崇拜和祖先崇拜两个方面，它与中国古代宗教发展趋向不同的关键就在于其英雄崇拜与祖先崇拜逐渐分离，即英雄神在失去了祖先崇拜的这一基础之后，进入了神话想象的广阔的天地，从而与世俗的人生拉开了距离，神与人相分离。由此看来，如果说中国以祖先崇拜和自然崇拜的矛盾运动为其主要特色的话，古希腊罗马则以其自然崇拜、祖先崇拜和英雄崇拜为主要特色。所以，上帝意识就是古代人理性发展过程中的最高成果，它在从自然神和祖先神中抽象出来的过程中，既表现为一个理性化的过程，又表现为一个规范原始人性中的本能欲望。这一“上帝”主神意识的继续发展，其客观要求就必然突破宗教的束缚而进入哲学的殿堂，正因为如此，学界公认原始宗教是人类文化发展的渊薮。如古代哲学中的各种文化范畴，如“理念”、“天”、“道”和“德”等，就是对“上帝”理性化的成果②，当然，这一成果也标志着一个稳定而封闭的古代文化结构的形成。这样，对古代文化结构的探讨，就要从神秘的宗教领域转入哲学和史学的领域。

如果抛弃自然崇拜所带的神圣光环的话，从哲学而言，自然崇拜所面对的领域主要是宇宙自然，它的创世观念高度浓缩了人们对世界产生的直观认识。与此相对应，在心灵的感知方面，自然崇拜孕育了原始人类认知探索的意识，更多地蕴涵着认识论倾向。显然，自然神向主神的提升，就体现着人类向抽象思维发展的愿望和进步，因而探求本体和本质不仅仅是西方认识发展的独有趋势。同样，如果抛弃祖先崇拜的神秘外表的话，就会发现祖先崇拜所涉及的领域是与人自身的实际活动相适应的动态的社会生活，突出表现了对现实中人的真实的欲求和情感内容的制约。

众所周知，希腊罗马在史学上开创了西方史学的滥觞，但它的产生和发展也与“理性”结有不解之缘。对于古希腊罗马而言，理性是一种形而上的哲学范畴，是世界的本原。为了追求理性这一目标希腊人特别地创造出一种智慧的学问，即所谓“哲学”，希腊哲学的重要作用就在于用智慧去“挖掘”这种理性。

---

① 晁福林：《夏商西周的社会变迁》自序，北京：北京师范大学出版社，1996年，第1页。

② 比如黑格尔就认为：“中国人承认的基本原则是理性——叫做‘道’；道为天地之本，万物之源。”（德）黑格尔：《历史哲学》，王造时译，上海：上海书店出版社，2006年，第126页。

就古希腊哲学发展史而言，在公元前5世纪初期，从巴门尼德开始，古希腊哲学出现一次重大转型，研究方法一改先前“自然（哲）学”强调流变和具有对立统一色彩的思维形式，而把不变性、确定性、无矛盾性的本体当做哲学寻求本原和世界的根本特征，形成了古希腊早期的理性主义世界观。这一理性主义世界观对希腊罗马的历史观产生了重要而直接的影响。在柏拉图那里，所谓的“知识”的对象是由先验的理性（reason a priori）对于不变的实质——“理念”，即“共相的实体化”的真知实见，具有永恒性。而“意见”则是对应于变动不居的现象的感性的认识而已，它只具有瞬间性，但由于瞬间感觉不可能由发达的形式逻辑来证明和认识，所以“意见”只能处于柏拉图所规定的“比知识阴暗，比无知明亮”① 的尴尬的中间状态，而不可能是科学的对象或基础。不言而喻，希腊也有其发达的辩证的智慧和哲学，如赫拉克利特的“活火说”到德谟克利特的“原子论”，但其作用却落实在逻辑学，而在历史学的领域内基本是一种形而上学的理论范畴，即使百科全书式的大家——亚里士多德，也对历史有诸多的偏见。比如，他视诗歌特别是把悲剧看得比历史更为重要，因为在他看来，“写诗这种活动比写历史更富于哲学意味”，“诗歌所描述的事带有普遍性，历史则叙述个别事物。”② 当然，希腊的这一思想后来被罗马所吸收和继承。正因为如此，柯林武德认为希腊罗马史学的思想方法是实质主义的，“它蕴含着一种知识论，即只有不变的东西才是可知的。”③ 因而对于希腊罗马而言：“历史学家摆在自己面前的是人类在过去所做过的事，而这些都属于一个变化着的世界，——在这个世界之中事物不断地出现和消灭。这类事情，按照通行的希腊形而上学观点，应该是不能认识的，所以历史学就应该是不可能的。”④ 由此，柯林武德认为实质主义的认识论表现了“希腊思想的反历史倾向”。⑤

与古希腊罗马的史学传统恰恰相反的是，中国自古就建立了比较优秀的史

---

① （古希腊）柏拉图：《理想国》，郭斌和、张竹明译，北京：商务印书馆，1986年，第223页。

② （古希腊）亚里士多德：《诗学》，罗念生译，北京：人民文学出版社，1982年，第28页。

③ （英）柯林武德：《历史的观念》，何兆武、张文杰译，北京：中国社会科学出版社，1986年，第48页。

④ （英）柯林武德：《历史的观念》，何兆武、张文杰译，北京：中国社会科学出版社，1986年，第22页。

⑤ （英）柯林武德：《历史的观念》，何兆武、张文杰译，北京：中国社会科学出版社，1986年，第22页。

学传统，“中国古代思想家认为，真理不能在永恒不变中去寻求，而只能从变化不居中去把握……万物并无抽象不变的实质……古代中国人所选择的是与希腊人相反的思想路径，即反实质主义或历史主义。”[①] 所以对于司马迁而言，他是在继承中国传统的基础上并对它加以发展，从而形成了自己独具特色的哲学思想，并在这一思想的指导下创立了自己的史学观念。

根据著名历史学家朱本源先生的研究成果[②]，《易传》中最突出的思想成就是提出了“变易”的哲学世界观，《易传》把这个世界观概括为：“观乎天文以察时变，观乎人文以化成天下”。[③] 其特征在于“变”和“化”两个范畴的运用。《易传》中的世界观，给予“易”以生机主义的定义：“生生之谓易”[④]，这意味着，《易传》将整个自然看成一个生化的变易的系统。至于天地从何而来？这就涉及整个世界的变易和生化最终的“第一推动力”。于是在《系辞传》把“阴”和“阳”这两个范畴作为万物生化的致动因。当然“阴”和“阳”问题是中国学术界争议了两千年的问题。但从哲学角度来看，它们是两个最高的、思辨哲学的范畴，即所谓：“一阴一阳之谓‘道’……生生之谓易，成象之谓乾，效法之谓坤……通变之谓‘事’，阴阳不测之谓‘神’”。[⑤] 所以，《易传》中的宇宙观，其特征是把世界上一切存在，经过抽象后，归结为若干个形而上学的范畴中。这种逻辑范畴就是《易传》所说的形而上的“道”，而非形而下的“器”。正由于有了这个具有思辨特征的概括，《易传》中的宇宙观就脱离了神学的轨道，并与“自然神论的”拉开了距离。在朱本源先生看来，这一世界观包含了两个方面：一为“时变”的天文观（自然观），一为“化成”的人文观（历史观）。自然观以“时变”为坐标，如云：“法象莫大乎天地，变通莫大乎四时”[⑥]，时间是其绝对的变量，所以《易传》的人文历史观也以“时变”为特征。但两者不同的是，自然现象是自然而然地“以顺动”，人文现象则有待于人的意志和行动来化成。显然，化成不过是时变在人文世界的体现。“就是指人类的社会发

---

① 刘家和：《论通史》，《史学史研究》2002年第4期，第8—9页。

② 朱本源：《孔子历史哲学发微》，《史学理论研究》1996年第1期，第29—37页。

③ （唐）孔颖达：《周易正义·贲·象传》上册，北京：中国书店，1987年。

④ 阮元校刻：《周易正义》，北京：中华书局，1980年十三经注疏本，第78页。

⑤ 阮元校刻：《周易正义》，北京：中华书局，1980年十三经注疏本，第78页。

⑥ 阮元校刻：《周易正义》，北京：中华书局，1980年十三经注疏本，第82页。

展，化成是一个历史过程，也就是‘历史’。”[1] 这样看来，《易传》中的变易世界观是把天文与人文现象当做一个有机的整体，把自然观和人文历史观统一在“时变”的范畴中，从而推导出历史发展的规律性：“穷则变，变则通，通则久。”[2]

所以，从历史来看，通过自然崇拜和祖先崇拜对人类社会理性化是有其合理性和必然性的一面。对此，由于中西所依据的是不同的文化结构，因而也就出现不同的理性化的趋势，而这种不同的理性化趋势不但对中西文化发展的趋势产生了深远而重要的影响，而且对中西史学的产生和发展也产生了重要的影响。著名史学家朱本源先生对这一趋势的形成、不同特征及其对中西史学发展的影响进行了详细的剖析。朱本源先生认为：对于中国历史学的创始人孔子而言，周礼，孔子称之为“性命之理”，如果同古希腊哲学思想进行比较的话，它与西方“逻各斯”的含义基本是一致的；但不同点则在于：希腊的逻各斯哲学的研究目的在求“真”，孔子的“性命之理”的研究目的在求“善”；前者是认识论的，是诉之于理论理性的；后者是伦理学的，是诉之于实践理性的。于是，孔子天人合一的哲学在中国文明史上不曾导致自然科学和逻辑学的发达，而是导致道学（身心性命之学）和历史学的发达。[3] 当然，以上所论述的古代理性在认识论和伦理学或存在论两方面的含义，都具有绝对化、形而上的发展倾向。在这个前提之下，还要补充的是西方古代理性在偏重思维认识的同时，也包含着伦理学的方面，而中国古代理性在偏重道德人伦的同时，也包含着思维认识的方面，只是在于中西古代理性各有其侧重。

所以，在这里就涉及中国古代宗教理性化中特殊方式和中国古代历史意识的特点问题。从哲学史的角度来看，中国“形而上学”的理性与古希腊罗马的“理性”并不完全相同，中国古代的最高哲学范畴是“道”与“德”。道与自然崇拜相关，可称之为“天道”，德与祖先崇拜相关，可称之为“人德”；道与德合称为“道德”，其文化背景正在于“天”与“人”之间的关系。而自然崇拜和祖先崇拜的统一，道与德的合流，天与人的结合，则是中国历史意识内部的两种主要机制，中国古代历史意识也由此形成。所要强调的是，如果对这历史意识的两种主要机制作进一步的分析的话，这两者在机制内部的关系并非平分秋

① 朱本源：《孔子历史哲学发微》，《史学理论研究》1996 年第 1 期，第 19 页。

② 阮元校刻：《周易正义》，北京：中华书局，1980 年十三经注疏本，第 86 页。

③ 朱本源：《孔子史学观念的现代诠释》，《史学理论研究》1994 年第 4 期，第 5—14 页。

色的关系，而是两者最终统一于祖先崇拜、德、人之中，并为其明显的文化特征。因此，这一机制表现在中国史学方面，就必然形成将事物的认知和对人物的伦理评价融为一体的撰史模式和传统，用顾炎武的话就是“寓论断于序事”[①]，并对中国的史学产生了深远的影响。

二

如上所述，中西所具有的悠远的文化传统对于中西古典史学的产生和发展产生了重要的影响。现萃取中西古典时代著名史学家司马迁与普鲁塔克的史学观念为典型事例对此加以说明。

按照司马迁的指点，《史记》的思想总纲就是他在《报任安书》中所指出的：“欲究天人之际，通古今之变，成一家之言”[②]。这一总纲揭示了他探索历史的目的、方法及根本途径。这一总结表明：司马迁提出了治《史记》所要首先解决的问题是“究天人之际”，为其世界观方法论，以正本清源，而以“正《易传》，继《春秋》”[③]，为其方法论的出发点。

其一，司马迁肯定了世界变化的绝对性。何谓“正《易传》”？他说：“《易》著天地阴阳四时五行，故长于‘变’……《易》以道化”[④]。汉初郑玄将兴起的“《易》学”归纳为三个方面：“易简”，“变易”和“不易”。第一义为哲学方法论问题，第二和第三义为本体论问题。司马迁在三易之中，首推变易，可谓切中要害。

司马迁所谓的“《易》长于变”的“变”，就是指“观乎天文以察时变”的“变”，他所谓的“《易》以道化”的“化”就是“观乎人文以化成天下”的“化”，至于司马迁所提出的“王迹所兴，原始察终，见盛观衰”的疑难问题，正是《易传》中所试图解答的问题。《天官书》中所说的“终始古今，以观时变。”正是《贲·彖传》中的“观乎天文，以察时变”的翻版。所以，司马迁所谓的“通古今之变”的历史研究取向，显然是来源于“穷则变，变则通，通则久”的历史观。不言而喻，《易传》的世界观是思辨哲学的或形而上学性质的，

① （清）顾炎武著、黄汝成集释：《日知录集释》卷二六，长沙：岳麓书社，1994年，第891页。

② 《汉书》卷六二《司马迁传》，北京：中华书局，1962年标点本，第2735页。

③ 《史记》卷一三〇《太史公自序》，北京：中华书局，1959年标点本，第3297页。

④ 《史记》卷一三〇《太史公自序》，北京：中华书局，1959年标点本，第3297页。

但它却是司马迁“天人之际”理论的渊源。司马迁所取之于《易传》者就是“变”与“化”这两个范畴。

司马迁的变易思想有两方面的内容，一方面为渐变，即“通古今之变”，认为世界是一个客观的发展过程，这也就是年鉴学派所强调的长时段问题，如他说“《春秋》之中，弑君三十六，亡国五十二，诸侯奔走不得保其社稷者不可胜数，察其所以，皆失其本已。……故曰：‘臣弑君，子弑父，非一旦一夕之故也，其渐久矣！”①显然，司马迁在这里以《易传》中“渐之进也……动不穷也”②的思想来说明，《春秋》记载的政治剧变是长期历史运动的渐进结果。因而司马迁的因果意识，从时间上来讲是源远流长的。司马迁变易思想的另一方面为剧变，即所谓穷变，指的就是客观的历史进程发生了重大问题，不发生变易就无法再发展下去了。司马迁多次说到“承敝易变”，或“承敝通变”，从而“使民不倦”，就是强调这一方面的内容。表现在《史记》中，虽然叙述的历史时段为3000年，但其重点仍是为回答秦灭汉兴这一重大的历史剧变问题。用班固的话来说就是：“其言秦、汉，详矣。”③《史通》也谓：“迁虽叙三千年事，其间详备者，唯汉兴七十余载而已”。④

显然，在司马迁“通古今之变”的这一范畴中，变具有渐变和剧变二重意义，而且在肯定世界变化的统一性的前提下，司马迁又将渐变和剧变在历史发展的进程中统一起来，表现了发达的历史思维。

其二，重要的是司马迁在重视变易，强调变易在历史进程中所具有的重要作用的同时，也充分肯定了不易和常在历史中的地位和作用，并在此基础上，积极探索变易与不易和常在人类历史发展中的重要作用。比如，司马迁对孔子关于礼的研究成果予以充分的重视，《论语·为政》记：“子张问：‘十世可知也？’子曰：‘殷因于夏礼，所损益可知也，周因于殷礼，所损益可知也；其或继周者，虽百世可知也。’”⑤这里的“损益”就是变化，知道了礼从夏到殷的变化和从殷到周的变化，为什么就能知道以后百世的变化呢？这就必须有一个条件，即这种变化本身是有其一定之规的。由此可以说明，至少从孔子起就认为

① 《史记》卷一三〇《太史公自序》，北京：中华书局，1959年，第3297—3298页。
② 阮元校刻：《周易正义·渐·彖传》，北京：中华书局，1980年十三经注疏本，第63页。
③ 《汉书》卷六二《司马迁传》，北京：中华书局，1962年标点本，第2738页。
④ （唐）刘知几撰、浦起龙释：《史通通释》卷一六，上海：上海古籍出版社，1978年，第473页。
⑤ 杨伯峻：《论语译注·为政篇》，北京：中华书局，1980年，第21—22页。

礼的变动（礼运）是有一定的常举的。根据朱本源先生的研究成果，三代之礼就是三代的文化，三代之礼的发展是古代的文化史。甚至从年鉴学派的“总体史，才是真正的历史”[①] 这一观点来看，可以进一步说，“三代之礼”其实就是“三代之史”。因为三代之礼是夏商周三个朝代的社会、经济和文化的总体，所以在司马迁的思想观念中，孔子追迹三代之礼就是孔子历史研究的全过程。

在此思想基础上，司马迁对孔子的思想进行正确的诠释与吸收。他说孔子：“因史记作《春秋》。……据鲁，亲周，故殷，运之三代。”[②] 司马迁所说的“运之三代”也就是指礼在三代的运行和发展，司马迁特别指出：孔子“追迹三代之礼……观殷、夏所损益曰：‘后虽百世可知也’。以一文一质。”[③] 也就是说，孔子能够通过礼在三代的相因与损益（即发展）而预知百世后的历史趋势。当然，孔子在这里并没有明确说明其中的变化常规究竟是什么。但司马迁的积极贡献就在于他在孔子思想的基础上，又在前辈学者董仲舒的《春秋·公羊说》中得到了启发，接受了董氏的夏商周三统说。[④] 进一步探索了在历史领域中的变化之常的内容。他在《高祖本纪》中说：“夏之政忠。忠之敝，小人以野，故殷人承之以敬。敬之敝，小人以鬼，故周人承之以文。文之敝，小人以僿，故救僿莫若以忠。三王之道若循环，终而复始。周秦之间，可谓文敝矣。秦政不改，反酷刑罚，岂不缪乎？故汉兴，承敝易变，使人不倦，得天统矣。”[⑤] 显然，在司马迁看来，由于有了这样的忠、敬、文三者的循环，礼的变化常规或法则就有了一个明确的表述。这一内容就如刘家和先生所指出的：“归根结底，还是人心的向背在秦的兴亡中起了关键性的作用。这样，人心向背就作为一个政权兴亡的恒常因素，在从尧、舜到商、周以至于秦之统一的长期变化过程中一直都起了作用。所以，在这种变里是有常的，而且常正是以不断变化的形式起了作用。”[⑥] 不言而喻，人类历史的发展绝非是处于无休止的动态之中，而是必须处

① （法）马克·布洛克：《历史学家的技艺》，张和声、程郁译，上海：上海社会科学院出版社，1992年，第39页。

② 《史记》卷四七《孔子世家》，北京：中华书局，1959年标点本，第1943页。

③ 《史记》卷四二《孔子世家》，北京：中华书局，1959年标点本，第1935—1936页。

④ （汉）董仲舒撰、（清）凌曙注：《春秋繁露·三代改制质文》，北京：中华书局，1975年，第183—213页。

⑤ 《史记·高祖本纪》，北京：中华书局，1959年标点本，第393—394页。

⑥ 刘家和：《论司马迁史学思想中的变与不变》，《北京师范大学学报》（社会科学版）2000年第2期，第32页。

于动态的稳定系统中，唯如此，历史才能正常地发展。当然，司马迁这样的变化常规或法则的表述，是有其明显的缺陷的，这一缺陷表现在对历史的发展观在理论方面还强调得不够明确。毕竟他是一个历史学家。“只要看一看《高祖功臣侯者年表序》中对于三代的封建与汉初的封建之间的异同所作的分析，我们就不会相信司马迁是真正的历史循环论者了。因此，如果把上述忠、敬、文的常规不解释为封闭的圆圈而解释为螺旋线，那也许会更为准确一些。”①

其三，更重要的是，司马迁发现了历史进程中的变与不变的内在关系，并努力将两者具体而鲜活地统一于历史进程中。其实，这也才是司马迁“通古今之变”的真实而深刻的思想内涵。

如上所述，中国的传统文化已发现了“变”以及与变相应的“常”这两个哲学范畴，而且也提供了将变与不易两者联系起来的文化架构，而对于司马迁而言，难点问题是如何在历史研究的领域中将易与不易，将变与常在对立的基础上再统一起来。根据司马迁的观点，其通变的意识是贯通变与不易的桥梁和思想利器。

《说文解字》训“通”为“达”也。② 在经传中，通与达常互训，一般都是通（达）到的意思。“通”的反义词是“穷”，《易·系辞上》：“往来不穷谓之通。”③ 不穷，就是无穷无尽、无止无终，也就是通。根据《易传》，通有二重意义：其一为通变，其二为变通。首先需要指出的是，两者都是人们对自然和社会的认识成果，只是变通侧重于指自然通过其自身而产生的不断变化，而通变则是强调了人在对自然和社会的认识的基础上而形成自己的认识成果。即所谓“圣人有以见天下之动，而观其会通”④ 即所谓：“夫易，彰往而察来，而微显阐幽。”⑤ 也就是说，往事是历史的必然性，而来事却是历史的可能性，尽管两者有着本质的区别，但两者又存在着历史的联系性，通过对往事的探讨就可以对未来将要发生的历史事件作出某种预测，这样，古往今来虽不相同，却可以相通，通是有差别的统一，而同却是无条件的相等。

当然，“通”字本来是指空间意义上的由此及彼，而空间上的往来不穷又是在时间里进行的，通变以达常，形成了司马迁究天地通古今的思想意识。正如

① 刘家和：《论司马迁史学思想中的变与不变》，《北京师范大学学报》2000年第2期，第31页。
② 段玉裁：《说文解字注》，上海：上海古籍出版社，1981年，第71页。
③ 阮元校刻：《周易正义》，北京：中华书局，1980年十三经注疏本，第71页。
④ 阮元校刻：《周易正义》，北京：中华书局，1980年十三经注疏本，第83页。
⑤ 阮元校刻；《周易正义》，北京：中华书局，1980年十三经注疏本，第89页。

刘家和先生认为："司马迁所企求的'成一家之言'，实际就是希望能对于客观的通的历史过程有一个通识或通史的著述。能对于客观的历史之通有一个通晓，这就是司马迁所要求的'通古今之变'，通晓了这样的古今之通变，自然地就成了一家之言。"[①] 即在司马迁的思想体系之中，变与不易不仅有对立的一面，而且还有着统一的一方面。对此，我们可与希腊的思想观念相比较。在古希腊，他们早已发现了历史之变的这一突出特性，如赫拉克利特认为"人不能两次踏进同一条河流"，"太阳每天都是新的"等等就是这一思想观念的典型例证。而且在历史发展之变的研究进程中，古希腊罗马人努力探求历史发展过程的根本性、规律性的原因，即常，但问题在于他们不懂得常与变两者之间的辩证关系，认为两者是格格不入的没有联系的事物。在他们看来，科学所描述的事情只能是确定不移的，用逻辑学可以证明的，不能发生任何的变化；因而，为了探求历史的真相，在变与常的冲突中，毫无例外，他们都寻找到了不变的常——理性作为历史学的依据，比如，修昔底德在叙述其写作其名著《伯罗奔尼撒战争史》方法论和重要意义时就以"人性毕竟是人性"[②] 作为其写作的终极依据，也就是以朴素的人性论作为历史的相似点，却没有将这一人性作为一个不断发展变化的过程，所以，历史学难以成为一个科学。

三

很显然，司马迁的这一通变思想深深地渗透在其历史著述中，从而使《史记》在中国史学史上占有重要地位，并对中国的史学也产生了深远的影响。这主要表现在：

其一，由于司马迁在其撰述《史记》的过程中，能够比较自觉地将变与常联系起来，比较正确地处理了变与常的辩证关系，因而能够打破历史的发展过程中古今时代所给人们造成的认识的障碍，古今在区别中又融为一体。"总之，通史之所以为'通'，与其体裁之为纪传体、编年体或为何种专门史体毫无关系，关键全在时间上的朝代的打通。有了时间上的通就叫做'通'史。"[③] 由此，

① 刘家和：《论司马迁史学思想中的变与不变》，《北京师范大学学报》（社会科学版）2000 年第 2 期，第 31 页。

② （古希腊）修昔底德：《伯罗奔尼撒战争史》，谢德风译，北京：商务印书馆，1985 年，第 18 页。

③ 刘家和：《论通史》，《史学史研究》2002 年第 4 期，第 5 页。

司马迁在中国已有以《春秋》为代表的断代史的基础上，又创立了通史体例。既表现为纵向之通，并在此基础上，也为横向之通。表现在《史记》中，其时间跨度为上下古今三千年，其地域囊括八方，其内容包括社会历史的各个方面。对此，可以与古希腊罗马的史学观念相比较。

在柯林武德看来，古希腊的“垂训史学”具有以下三个特征：（1）在希罗多德和修昔底德来看，遥远的过去是在科学的历史范围之外，而最近的过去才是在他们的研究范围之中，因而古希腊的史学理论“蕴含着任何历史叙述其跨度不得超过一个人一生的年限，只有在这个范围之内批评的方法才能够随意地加以运用。”①（2）希腊史学家“写历史只是因为发生了值得纪念的事情，需要有一个同时代亲身目击其事的人来作为记录者”，柯林武德甚至认为“在古希腊有艺术家和哲学家的那种意义上，古希腊并没有历史学家；他们没有把终生献给历史研究的人，历史学家只是他那一代人的自传写作者，而写自传并不是一种职业。”（3）由于古希腊史学家的治史方法、理论决定了他们不可能把各种特殊的历史集合成一种包罗万象的历史，不可能有一部相当广泛的事件复合体的历史。柯林武德还以《伯罗奔尼撒战争史》为例论证了他的观点，他说：“伯罗奔尼撒战争史只能产生在下述两种情况之下。第一，这种事件的复合体必须本身是完整的，第二，它必须是历史学家目力所及的。”② 其结论无疑是相当深刻的。

而其后的普世史学虽然较之于原始史学而言无疑是一种进步，其编纂方法的突出特征在于努力地用自己的思想对前人历史进行反思，但历史成果是以其时代思想去反思古代历史的结果，思想观念决定历史进程。即史学家按照自己的思想去寻找与他的目的有关的历史资料，并以自己的目的作为取舍资料的唯一标准，用黑格尔的话来说就是普世历史学家“用了他自己的精神来从事这种整理工作，他这一种精神和材料内容的精神不同。”③ 黑格尔举例说，李维以自己的精神写古代历史，给人们叙述历次战役，仿佛他当真在场旁观。可是这些对战场的叙述可以适用于任何时期的战役，无法勾勒出历史的特性。为了克服

① （英）柯林武德：《历史的观念》，何兆武、张文杰译，北京：中国社会科学出版社，1986年，第22页。

② （英）柯林武德：《历史的观念》，何兆武、张文杰译，北京：中国社会科学出版社，1986年，第31页。

③ （德）黑格尔：《历史哲学》，王造时译，上海：上海书店出版社，1999年，第4页。

这一弱点，在黑格尔看来："著史的人必须真正地放弃对于事实的个别描写，他必须用抽象的观念来缩短他的叙述；这不但剃除多数事变和行为，而且还要由'思想'来概括一切，藉收言简意赅的效果。"[①] 因而其史学缺乏独立性，必须依附于哲学而存在。

显然，司马迁由于正确地解决了常与变二者之间的辩证关系，所以才能够使历史得以成立，才能够突破古希腊时期的以人的亲身经历为局限的原始史，也突破了其后的普世史学观念，而成为世界古代史学的典范。

其二，由于司马迁具有通变的思想意识，因而在史学体例方面形成了独具特色的纪传体，即将叙事史和人物传记结合起来的史学体例，而古希腊罗马则是将叙事和人物传记两者分离和对立起来。比如，罗马时期著名的传记史学家普鲁塔克在《亚历山大传》一开始便开宗明义地说："我现在撰写的不是历史，而是传记，从那些最辉煌的事迹之中，我们并不一定能够极其清楚地看出人们的美恶品德，但一件不太重要的事情，一句笑话，或者片言只语，往往会比最著名的围城，最伟大的军备和死亡数以千计的战役更能使我们了解人们的性格。"[②] 普鲁塔克已经自觉不自觉地将历史与传记对立起来。

叙事与传记是历史研究中又一难题。究其原因，历史和传记是人们自我认识的两种重要的史学表现形式。从中外史学发展史来看，早期的历史叙述对象都是那些足以影响国计民生的政治、军事之类的重大事件，如中国传统史学名著《左传》所谓"国之大事，在祀与戎"[③]，即深刻揭示了这一历史研究趋向。对于西方古典时代的史学而言也是如此，如西方的历史之父——希罗多德叙述希腊波斯战争史的《历史》，修昔底德叙述斯巴达和雅典争夺希腊霸权的《伯罗奔尼撒战争史》，还有罗马的恺撒记叙其率罗马军团征服高卢地区的《高卢战记》等等，这些名著所记叙的都是令人瞩目的重大政治军事题材。这类题材的主要特征是借助作者的自身体验和众多事件的经历者或目击者提供的确凿无疑的证言和证词，以彰显其无可争议的历史真实性；而传记不然，其研究的对象则是不可触摸和目击的人物心灵和性格，人们无法像历史事实一样可以通过准确无误的时间和地点作为依据进行论证，只能依"人性总是人性"这一朴素人

① （德）黑格尔：《历史哲学》，王造时译，上海：上海书店出版社，1999年，第5页。
② Plutarch，Plutarch's Lives，Whitefish：Kessinger Publishing，LLC，Vol. 5，2004，p. 211.
③ 杨伯峻：《春秋左传注·成公十三年》，北京：中华书局，1990年，第861页。

性论为依据，再通过生活的细节和动人的轶事来描绘人的灵魂世界。显然，在普鲁塔克看来，要完成对那些有血有肉的人物品格和复杂多变但又丰富多彩的内心世界的探索只能是像他这样的传记家的任务，传统的历史学家对此是无能为力的。

所以，在普鲁塔克看来，历史和传记是对立的，历史是叙述重大历史事件的，而传记是记叙人物的内心世界的，二者格格不入，既是历史的就不能是传记的，而是传记就不能是历史。但有意思的是，在《名人传》的其他地方普鲁塔克又经常把自己的著作称为历史，或以历史的标准加以要求，将二者试图统一起来。如他在《提修斯》传记开头所说的那样："但愿我能将虚构的传说予以澄清，使之合乎理性，具有历史的容貌。但是，如果确有荒诞无稽、难以凭信的话，那就只有请求宽厚的读者先生们，对古人的故事听听而已。"① 正如郭小凌先生所指出的，这一切都表明了普鲁塔克"认识上的矛盾性和游移性"。② 因而自希腊罗马始，西方传记走上史传分离、传史对立的发展道路。

与普鲁塔克不同的是，中国的传记史学虽然也源于叙事史学，但在以司马迁的《史记》为标志形成后，传记史学并没有将叙事史学加以抛弃，而是将叙事史学同传记史学二者结合起来，定为一尊，形成了中国的正统史学。从中国史学史来看，《春秋》作为中国最早的编年史书，开创了中国历史学的长河，其后的《左传》则在编年史《春秋》的基础上，又加以叙事，开始出现了一些人物的细节描写，使史学的内容更为丰富，史学表现力更强，其后的《史记》则是集前中国史学之大成，形成了中国特色的传记史学的模式。对此，正如钱穆先生所指出的："中国历史分成三种体裁：一是记事，二是编年，三是传人。在记事中又兼带着记言，《尚书》是第一种体裁，是以记事记言为主。《春秋左传》是第二种体裁，以编年为主，但是在编年中又包括了记事和记言，即在记言记事之上再添上了编年。太史公《史记》以人为主，把人物作中心，但在传人的体裁之内，同样包括记事和编年，即是说：记事和编年这两体已在太史公《史记》以人物为中心的列传体之内包融了。"③ 显然，在钱穆先生看来，编年体和记事体虽前已有之，但司马迁对此进行了改造，虽源于前者，但已高出于前者，

---

① Plutarch，Plutarch's Lives，Whitefish：Kessinger Publishing，LLC，Vol. 5，2004，p. 227.

② 郭小凌：《西方史学史》，北京：北京师范大学出版社，1995年，第103页。

③ 钱穆：《中国史学名著》，北京：生活·读书·新知三联书店，2000年，第75页。

三者的结合，并非三者简单相加，而是三者之间的有机结合：即以人物为中心，以时间和叙事为辅助，从而产生了一个新的史学体裁——纪传体。

值得注意的是，对于司马迁创立的兼容并包、融为一体的传记体史学体例，中国古代的学者给予了充分的肯定。比如，《文心雕龙》高度评价司马迁史传结合的写作方法，认为其对人物的传记特色并未破坏其整体历史的真实性和可靠性，《史记》仍然可以与被刘知几称誉为“述者之冠冕”[①] 的《左传》并驾齐驱，或者说，远远地超过了《左传》：“观夫左氏缀事，附经间出，于文为约，而氏族难明。及史迁各传，人始区详而易览，述者宗焉。”[②] 因而这种史学结构确实是司马迁的伟大创造，自《史记》后，中国历史学发展的趋向是史传结合，人物与事件史统一。如汪荣祖所言：“史传合一，既为定体，吾华史学传统，遂以人为中心矣。”[③] 从而形成了和普鲁塔克及其希腊罗马传记史学发展方向不同的传记史学类型，并在中国延续了2000多年，成为中国传统史学的“范式”。

其三，司马迁将文与史统一起来，统一于历史之中。《史记》被鲁迅赞誉为“史家之绝唱，无韵之《离骚》”，认为《史记》所具有的文学特色并没有破坏史学的真实性，相反却更增加了《史记》的史学魅力。但对于希腊罗马而言，历史与文学是对立的，文学在历史中的作用只能破坏历史的真实性，除此之外，别无其他。比如“修昔底德轻蔑地提到那些以在演说比赛中得奖为目的而写出的历史，轻蔑地提到那些为取悦于凡夫俗子而沉湎于寓言的历史。”[④] 古罗马时期的著名史学家波里比阿在其《通史》中，也特别痛斥这么一些人，他们力图突出动人的详情细节，描写乱发蓬松和泪流满面的妇女以及骇人听闻的场面，批评了以奇闻轶事吸引人，以戏剧式的动人文句取悦读者的倾向，认为那会成为戏剧，强调了历史的真实可考证性，从而排除了轶闻存在的空间。由此，正如学者所指出的：“他经常受到那些名为历史学家，但书中却包含着神学、悲剧或者感情场景的人的攻击。”[⑤] 由此，普鲁塔克则认为描写人的心灵和性格是传记的东西，而与历史不属同一范畴。

因而，史学的真实性问题其实质是探讨传记史学区别于其他学科，特别是

① （明）郭孔延：《史通评释》，上海：上海古籍出版社，2006年，第15页。

② （梁）刘勰著、黄叔琳校注：《增订文心雕龙校注》，北京：中华书局，2000年，第206页。

③ （美）汪荣祖：《中西史传通说》，北京：中华书局，2003年，第78页。

④ 克罗齐：《历史学的理论和实际》，傅任敢译，北京：商务印书馆，1982年，第147页。

⑤ Ronald Mellor，The Roman Historian，London，New York：Routledge，1999，p. 9.

区别于文学传记的本质是什么这一问题。司马迁传记史学观念的基本点是将事与人在历史观念的基础上有机地统一起来，将历史与文学既对立又统一于历史的范畴之中，将历史的真实和文学的真实有机地结合起来，较好地处理了历史与文学的关系，表现了司马迁发达的传记史学观念；与司马迁《史记》不同的是，古希腊罗马的史学徘徊于人与事，历史与文学之间，表现出将事与人，历史与文学相对立，但最终将传记史学文学化的趋向。[①] 对两者传记史学真实性观念的比较研究表明，司马迁的历史与文学既对立又统一于历史观念的传记真实观对于现代的历史研究具有重要的启示和意义。

其四，价值判断与因果判断的关系问题是传记史学价值观的一个最突出的问题。两者的共同点都突出了道德崇高这一基本原则，但不同的是，两人对价值判断与因果判断的关系的理解并不一致：司马迁将真与善统一起来，统一于历史进程中，而希腊罗马则将两者对立起来，对于亚里士多德而言，他在柏拉图的“理念”基础上，所发展的主要是苏格拉底学说的求真方面，即主要在知识、逻辑即思辨的理性领域。他把理性分为两种，一为“理论的理性”，一为“实践的理性”[②]，前者要求认识论与事实相符合，从而做出真与假的判断，以求真；后者则要求行为与正确的愿望一致，作出善与恶的判断而求善。但两者的关系如何呢，亚里士多德认为，理论理性是优越于实践理性的，因为理论理性的指向为具有本源性质的“智慧”，而善的实现最终是需要智慧加以认识和把握的。在此基础上，亚里士多德对苏格拉底和柏拉图的伦理思想进行了批评：“苏格拉底他总是把美德说成知识，这是不可能的”，而普鲁塔克的传记史学观念，包括整个古希腊罗马的史学观念则表现为将两者长期对立而无法统一。但在古希腊罗马，它却走上两条对立的道路，波里比阿是命运，普鲁塔克是理性而且侧重于道德理性。对于古希腊来讲，长期徘徊于两端，所以希腊罗马的实质主义的历史方法，使历史学家在历史研究中无法理解因果和价值两者之间的关系，归根到底不了解历史的真谛。[③]

对于中国而言，自孔子创立中国史学后，中国史学发展的倾向是将因果判

---

① 王成军：《文与史的对立与交融——司马迁与普鲁塔克传记史学真实观之比较》，《陕西师范大学学报》（哲学社会科学版）2008 年第 5 期，第 70—76 页。

② （古希腊）亚里士多德：《政治学》，吴寿彭译，北京：商务印书馆，1965 年，第 388 页。

③ 王成军：《因果判断与价值判断的对立与统一——司马迁与古希腊罗马史学观念之比较》，《陕西师范大学学报》（哲学社会科学版）2005 年第 6 期，第 102—107 页。

断与价值判断统一起来。对于司马迁而言，乃是从哲学的高度，论证了自然和社会历史的规律性和客观性，在“继《春秋》”基础之上又“成一家之言”，从而在两者的统一方面具有更多的自觉性。其结果，司马迁的史学观念在“《春秋》之义”的思想基础上为儒学增加了更多的求真的内容，从而和社会伦理秩序拉开了距离，使道德主体和它的客观世界建立起一种理性认知关系。表现在史学中，就是将因果判断与价值判断有机地统一起来，并最终统一于复杂多变的历史进程中，为中国史学树立了不朽的丰碑。从中西史学的理论和实践来看，司马迁对因果判断与价值判断的关系的理解不仅是深刻的，而且也是符合近现代史学发展趋向的。

四、结论

综上所述，对于西方古典史学而言，其观念和基本特征应追溯于希罗多德《历史》之前更为悠久而丰富的历史发展环境中，而希腊之后的罗马则在其祖先崇拜的基础上，又积极汲取希腊发达的文化，兼收并蓄，自成一体。中国人的血缘意识（祖先崇拜）和自然崇拜，则正是中华智慧的活水源头。这是古代中西方精神文化在发展起点和途径上的重大差异现象，当然，在此仍需强调的是，中西所呈现的不同的史传表现形式只不过是突出了其各自的特性而已。

显然，将司马迁和普鲁塔克两位史学家置于各自的文化系统之中，就会理解两位史家沿着其各自的文化轨迹探索，在突出地表现自身文化系统和历史特征的基础上，又取得了重大的历史成就。这样，我们不仅可以发现影响和规定中国史学发展的更为精细、更为全面的结构，即在中国先秦时代及其以前的儒道两大家之间的关系归根结蒂是一种互补，是对等的、互渗的平等关系；同时，这一方法也指导我们要用一种综合的思维模式来处理西方古代思想中的古希腊罗马的自然主义和伦理主义之间的关系问题，以便更为深刻地讨论西方古典史学发生发展的内在原因，特别是古典时代的史学特质。当然，中西古典史学的突出特征在中西古典时代的著名史学家司马迁和普鲁塔克等的史学观念中得到了特别明显的表现，并深刻影响了中西史学以后发展的趋向。由此，我们不但可以看出两位史学家的史学特点和成就，而且从中也可以进一步了解中西古典史学的总特征，两者是一个互为表里的关系。这也是本文之所以用司马迁和普鲁塔克作为范例之旨趣所在。

总之，中西史学经过了比较漫长的发展历程，在古典时代达到了一个新的高度，如果按德国著名历史哲学家雅斯贝斯的轴心理论来说的话，古典时代的文化成就不断地散发着巨大的影响魔力，甚至今天我们还在很多方面沐浴在古典文化成就的阳光之下。这对于史学而言，通过中西古典史学的比较，古今联为一体，中西合为一璧，以揭示古今、中西两者史学观念，特别是传记史学观念间所存在的客观而真实的历史关联和思想关联。进行中西史学“对话”，取精用弘，推陈出新，无疑对于现代中国史学的发展具有重要意义。

（原载《陕西师范大学学报》2009 年第 6 期）

中西文化背景下的“古史传说时代”研究——《古史传说时代新探》评介与断想

中国历史上的传说时代是中国历史研究领域中的一项古老而又非常重要的内容，也是亟需加强研究的学术领域。不久前，王晖教授的新著《古史传说时代新探》（科学出版社 2010 年版，以下简称《新探》）出版了，这部专著的问世不但丰富了我国古史传说时代学术研究的内容，而且还为开拓古史传说时代的研究方法论作出了重要的贡献。从内容看，这部专著有两个特点尤其值得一提，一是著者善于占有资料，精于考辨，除了注意到传世文献的价值外，还注意到出土文献和考古学方面的价值。二是著者有深厚的理论学养，善于从远古整体文化的高度把握问题。这两点统一在一起，从而构成了《新探》的鲜明特点。鉴于此，本文意在评介该书的基础上，就中西文化背景下《新探》研究献上刍议。

一

中国的远古传说时代的历史是我国历史学研究中长期的老大难题，几千年来争论不休，究其原因之一就在于缺乏信而有征的历史资料。历史学家司马迁曾指出关于远古传说时代的诸多记叙其言不雅训，而以“厥协六经异传，整齐百家杂语”作为他研究中国历史的学术方法，叙述了从传说中的黄帝到夏商周三代，再到秦汉的历史叙述，将上下三千年的中国悠远的历史第一次串联在一起。从此，传说时代的历史第一次以中国历史的重要组成部分而进入了历史学的大雅之堂，从而给中国历史的研究提供了一个比较科学的历史原点。显然，司马迁的这一历史观念不但改变了已有的史学秩序，而且奠定了中国古史传说时代中国历史学的“学科模式”。

汉代以降，人们在司马迁《史记》对先秦研究的基础上继续探索，并在众多领域中取得累累硕果。由于时代的关系，古人往往较多地关注传说时代的具体资料的真伪，聚讼不断。到了现代，在近现代西方史学批判浪潮影响下，我国也随之出现了疑古思潮，在这一特殊时代背时景下，又将传说时代的历史真实性问题推到了史学研究的风口浪尖上，但仍是仁者见仁，争论不休，遂成为中国古史中的根本性问题，更是一个从事中国古代历史研究的不容回避的问题。不言而喻，如果与史学的其他重要问题的研究相比的话，古史传说时代的研究成果相对薄弱。究其原因，在于人们更愿意以专业的方法，以现代人的眼光关注有可靠资料为依据的课题。其实，古史传说时代不仅仅是一部横跨数以千年计的历史，其具有丰富而厚重的中国历史的内涵，更重要的是，古史传说时代还是一部百科全书式的经典，是史论结合、文史哲高度统一的文化范本。所以，要从整个学术思想的层面来研究中国古史传说时代的真实的历史底蕴，倘若缺少坚实的理论功底和扎实的学术根基，又是难以涉足的。进而言之，对我国古史传说时代的文化精神和学术品质进行全面而深刻地研究与领会，这是研究古史传说时代这一重大课题所无法回避的大问题。

中国古史传说思想的构成和来源十分复杂，它具有几千年以来研究的历史积淀，它给我们的启示是，要深入地研究古史传说时代的学术思想绝非易事。换言之，怎样才能在归纳、演绎和比较的基础上，找出寓于古史传说时代的思想精髓，在更高的水平线上，从现代的角度来把握我国古史传说时代的脉搏，从而将这一重大的历史难题的研究更深入一步，以体现现代的学术研究成果，客观而言，这样做的难度很大，但又是学术界所期盼的。现在，王晖教授知难而进，为改变中国古史时代学术思想研究比较薄弱的现状而锐意进取，其《新探》一书的出版从正面揭示了研究我国古史传说时代的重要性，并对研究这一问题的难度具有清醒的认识和冷静而严肃的态度。正如该书《简介》所指出的那样，“一方面由于我国古史传说时代的资料很少，另一方面这些资料的成文年代都普遍较晚。加之近代以来的古书疑伪风潮和传说时代的古史被认为是层累而成的，要对传说时代的问题进行论证就得进行古书年代的考察，并对传说时代古史资料进行认真的鉴别，工作是比较艰巨的。虽然目前出土了越来越多的考古资料，但是这些考古资料很难直接用来和古文献资料相印证，而且会遇到学者们从不同学科角度提出的各种各样的问题，有一些问题在目前情况下可以说是难以回答的难题。”诚哉斯言，但通读了《新探》一书以后，我以为，这不仅仅是一部研究古史传说时代的力作，而且对推动古史传说时代的研究走向深入有着重要的推动作用。

通阅《新探》，给人一个明晰的感受，那就是王晖教授在研究古史传说时代的历史是建立在其深思熟虑，具有长期积淀和深刻的史学理论的思考的基础上，绝非心血来潮的标新立异之作，而是其对古史传说时代历史研究成果的集中体现。为了科学地研究中国古史传说时代的学术思想，王晖教授首先对中国传说时代的整体状况和研究的理论和方法，作了广博而精深的考察，从而建立了自己的学术思想研究的原理。这一原理同样见之于他在《简介》中所揭橥的研究纲领：“在思考古史传说时代的各种学术问题时，若能把古文献传说资料和出土的甲文、金文以及考古文物和遗址的考察有机结合起来，以文献传说考证其基本框架和事实，以古文字资料、考古文物资料和文化遗址的考察研究相互验证，把古文献传说资料和文化人类学的理论和研究成果密切结合起来进行研究”。也就是说，王晖教授自觉地把自己对传说时代的历史观点置于中国深沉而厚重的历史发展基础上，并以中国学术思想流变的过程考察古史传说时代众多不同学术思想的来源和构成，力图重新发现和认识中国古史传说时代的学术价值和历史地位。应该说，这一意图既提高了《新探》一书的质量，同时也反映了著者敢于勇攀学术高峰的高尚的学术精神。

在研究方法上，《新探》建立了两个坐标。其一，历时性（Diachronic）的考察方法。就是将古史传说时代的学术思想的探索置于中华文化的历史长河中，从中获取其思想的“原点”，这一方法侧重于两个方面，一是以时间为线索，运用历史回顾的方法探索中国古史传说时代的历史相关链条真相的源头；一是运用演绎和归纳的逻辑方法，分析中国古史传说时代历史内容的特征。客观地讲，王晖教授对此拿捏得恰到好处。其二，共时性（synchronic）的考察方法。该书分为上中下三编共二十章，上编为五帝时期传说古史研究，主要探讨了出土文字资料与五帝新证，关于炎姜部族由农业部落衰变为半农半牧部原因的环境考古学探索，尧舜时期的婚姻形态及其财产关系问题，特别是尧舜时期的洪水与早期国家的起源这一重大问题；中编为三代及其始祖传说古史研究，对大禹治水的方法，先商十干氏族、汤都偃师重新考证，并对炎姜和姬周两后稷的时代及其代兴提出了自己的看法，还从大小麦在中原地区的种植和传播的角度来探讨了后稷弃在我国农业史上的重要地位等；下编为古史神话传说与原始思维研究，主要探讨了以下几个问题：关于中国古代宇宙起源的“星云说”，用出土文字资料和文化人类学的成果探讨了中国古代神话的原型，以及表现在中国古籍上的原始巫术，并具体对盘古、龙和麒麟墟卜辞中方位神和风神的蕴义和褒母感生神话等等问题进行了深入研究。

显然，本书的上中下三编的主题，旨在探讨先秦传说时代的历史真相，并在此基础上着力揭示古史传说时代种类繁多的文化之间的内在联系。在研究中，王晖教授紧紧把握住历时性和共时性这两条线索，并在研究中，将两者有机地结合在一起，其目的是为了突破时空的局限性，在矛盾运动的过程中把握古史传说时代完整有机的“文化类型”。如《新探》在对三大编内容进行研究时，首先是基于历史发展变化的根本点进行考察，在历时考察的基础上又从共性的角度对各项内容之间的联系进行了明晰的剖析。这两种考察方法迭加在一起，遂显示出著者论述时的逻辑性。

《新探》所运用的研究方法对于正确认识中国古史传说时代的内在结构具有极其重要的意义。从世界学术史来看，古代文化是一种综合体文化，不存在学科划分的清晰界限。中国传统文化直接受到天人合一思想的影响，其综合体也涵盖文史哲等不同的领域。对于中国古史传说的研究也应该打破现代人的学术分野，取消文史哲之间的界限，以传统的方式探讨我国古史传说时代的源头及构成，在更高的层面上揭示古史传说时代学术思想的本来面目。客观地讲，这一选择是有难度的，如果没有长期的学术积累，以及大量有深度的研究作为基础确实是很难实现的。从这一意义上讲，《新探》的整体性、综合性研究是一种在具体研究之上的综合和抽象，这一观念被运用于我国古史传说时代重要问题的研究过程时，使传统研究的格局和成果发生了重大变化。诚如著名文化人类学家本尼迪克特指出的那样，“整体并非仅是其所有的部分的总和，而是那些部分的独特的排列和内在关系，从而产生了一种新实体的结果。”①

① （法）马克·布洛克：《历史学家的技艺》，张和声、程郁译，上海：上海社会科学院出版社，1992年，第50—51页。

二

《新探》一书立意高远，气魄宏大，史论结合，功底扎实，很重视把考古资料与古文献资料结合起来，相辅相成，相互印证，相互补充，这样一来自然会对一些古史传说时代的重要问题和先秦时代的许多重大问题都得出了一些比较合理的新解释。

比如，在早期中国历史中，中国文明的起源和国家的起源问题是一个人们十分关切的重大的学术问题，对于这一问题，前代学人都已做出许多重要的学术成就，比如，早在20世纪30年代傅斯年先生在其代表作《夷夏东西说》中提出东夷与华夏形成两两相对峙的二分说，20世纪40年代徐旭生先生在他的名作《中国古史的传说时代》一书中则又提出古代部族存在华夏集团、东夷集团和苗蛮集团的三集团说，蒙文通先生也在其《古史甄微》中把这一时期分为江汉民族、河洛民族、海岱民族三大集团。不过，根据现在考古学的成就和其他学科的研究成果，在早期历史过程中，客观上存在着一个“满天星斗说”这一中华历史发展的重要阶段，所以满天星斗说获得了人们的普遍支持，但由满天星说怎样转变为以中原为中心的早期的发展中心乃至于形成早期的国家形态？王晖教授认为：“这三种说法划分的思路和标准，实际上可以分为两类：一类是以傅斯年的夷夏二分说与徐旭生的三集团说，是以地域与种族为条件来划分的；另一类是以蒙文通纯粹以山川地域为条件来划分部族。今天看来蒙文通纯以山川地域为标准进行的划分，拿今天许多考古学家所做的工作来看，显然已经不符合新石器时代考古发现所揭示的考古学文化聚集所处的地域环境；而傅斯年的夷夏二分说与徐旭生的三集团说，也存在着不同程度的问题。”①

显然，上述的学术难点在于，如何理解早期的满天星斗到后来的以华夏为代表的早期文化和文明的出现。对此，《新探》上编第五章《尧舜大洪水与早期国家的起源》，王晖教授通过考古发掘的相关资料，发现从龙山文化后期到二里头文化之间，有一场罕见的大洪水在许许多多地方引起了当时部族的大迁徙，自然促进了当时各个部族的人口的聚集族群的融合，这就比较好的解释了尧舜之后早期国家及文明中心区何以在黄河中流黄土高原地区迅速出现的原因。正

① 王晖：《古史传说时代新探》，北京：科学出版社，2010年。

如王晖教授所说的，他的这一观点，“也把学术界关于文明起源的‘满天星斗’说与中原文明中心区的争论放到一个新的视角上来进行认识：由于历史大洪水，处于黄河下流及长江中下游流域的氏族部落都集中到黄河中游的豫西、晋南及陕东一带，由于公共事务的繁多，各种官员的设立也就多起来了。到了禹的时代，早期国家的政治组织形态便形成了，同时也出现了由新石器时代晚期各区域的文化‘满天星斗’的格局向以黄河中游为文明中心格局转变的特点。”① 显然，王晖教授的这一观点是建立在有效地利用前人学术研究成果，特别是现代古代传说的文献和现代考古学、地质学成果的基础上，从而比较较合理的、再进一步的解释了这一由氏族转变为国家的历史合理性和产生的过程，为我国对中华早期历史和文明的研究做出了自己的努力。

《新探》还把文献传说资料和出土的甲文、金文以及考古文物、遗址的考察有机地结合起来，来研究古史传说时代的一些难题，也取得了一些重要收获。比如通过殷墟卜辞及西周春秋时金文、磬文，王晖教授考证了文献传说所载帝喾、少昊挚、黄帝、高阳颛顼是早已有之，其本为部族先祖神并为部落联盟首领；对于尧舜，亦可通过新近出土的战国楚简以及今文《虞书》成文年代的考证得到肯定；而对于高辛氏名号及十干部族等亦可通过殷墟卜辞得到了较为明晰的考定。王晖教授认为，帝喾、少昊氏、黄帝、高阳颛顼、禹等近代疑为虚造的人物应是实际存在的，他们应是远古社会部族或酋邦社会的首领，死后则转化为部族或酋邦社会的祖先神。同时，根据考古学资料特别是气候环境考古学提供的资料，王晖教授认为，夏代亦即二里头文化时期气候环境比起新石器时代中晚期是恶化了。据此，《新探》中编第十章考察了夏代中后期周人“弃稷不务”的原因，即周人先祖弃的后人到了夏代，由气候环境的恶化（在黄土高原显得更为严重），于是只有“弃稷不务”而窜于“狄”了。《新探》比较重视利用新的方法如自然科学以及考古学发现的成果来研究古史传说时代的许多有争议的问题。如古文献中所说的“龙”能兴云致雨的性能，在王晖教授看来，实际上是因为有一些用法的“龙”在古文献中是一种天文星象现象，天文星象的“龙”体常与多云雨季一同出现，因而“龙”被认为具有兴云降雨的功能。特别需要指出的是，在《新探》中，王晖教授比较重视利用音韵、训诂等小学

① 王晖：《古史传说时代新探》，北京：科学出版社，2010年。

工具来研究古史传说时代的名源和神灵，正如作者所说，“也的确解决了不少重要的问题。”[①] 例如，盘古的起源甚早，其原型是土地神崇拜，亦即社神，最早可追溯到殷墟卜辞中的亳土等。

对于把文献传说资料和文化人类学理论与成果结合起来进行研究，《新探》也进行了一些尝试。如《孟子》所记有关舜家族的矛盾及斗争问题，“实际上反映了舜从妻居形态下虞、妫两族对财产的争夺。”而“禹被后世尊为巫师宗主的原因是由于禹治水足历‘九州’及其被尊为命名山川万物之主，禹知万物鬼怪之名便可以制服这些鬼怪，由此而成为巫祝之宗主”等，王晖教授在《新探》中对传说时代的许多重要问题都提出了自己的观点，使人有闻目一新之感。

显然，《新探》在研究我国古史传说时代的问题及其结论同其史学观念和及方法是一脉相承的，是王晖教授在深入研究中国古史传说时代的一些重要问题后所必然得出的结果。王晖教授除了将这一研究置于中国古代历史与传统文化的背景下之外，又将其置于现代学术的大背景和个人坚实的学术基础上，从而达到“取得一些个案的突破与成绩”[②] 的这一谦逊目的。由此看来，《新探》对我国古史传说时代研究的目的并不仅仅是对古史传说时代真实历史的简单复原，而是希望更好地理解与阐释中国古史与传说时代的真实底蕴和文化意义。诚如法国年鉴派大师马克·布洛赫所言：尽管历史学“只能通过昔日的‘轨迹’来了解过去，我们对过去的了解还是要比它本身愿意告诉我们的更多些，这才是我们的成功之处”。[③]

三

在我看来，《新探》最引人入胜的地方是它的方法论及其理论原理，也就是著者紧紧抓住“新探”这一主题，并将这一“新”的“探”讨源头深入到中国传统文化及学术思想构成之中，从多学科的角度对古史传说时代的各个方面进行了深入的研究。众所周知，作为原始民族的精神表达形式——原始宗教，是人类社会早期普遍存在的现象，其较之于所谓文明社会宗教的突出不同点，乃

① 王晖：《古史传说时代新探》，北京：科学出版社，2010年。

② 王晖：《古史传说时代新探》前言，北京：科学出版社，2010年。

③ （法）马克·布洛赫：《历史学家的技艺》，张和声、程郁译，上海：上海社会科学院出版社，1992年，第50—51页。

在于它不具有完整的以文字为媒介的经典系统。从人类学之父英国的泰勒开始，直到今天美国最著名的文化人类学家格尔茨，西方的人类学努力开辟一条科学的、非神学的研究宗教的道路：即通过对神话的分析以把握原始宗教的内容及其特征，进而了解原始初民的文化历史状态，其要旨在于对宗教生活作出社会和文化的解释。

中西方历史虽然都具有自然崇拜和祖先崇拜这两种原始宗教形态，发展道路却有着明显的不同，主要表现为：在古希腊，其经历了自然崇拜和祖先崇拜各自相对较充分的发展后，祖先崇拜逐渐被英雄崇拜和自然崇拜所削弱，这一宗教崇拜内容的发展变化大大地影响了希腊文化发展的进程，因为，如果抛弃自然崇拜所带的神圣光环的话，从哲学而言，自然崇拜所而对的领域主要是宇宙自然，它的创世观念高度浓缩了人们对世界产生的直观认识，与此相对应，在心灵的感知方面，自然崇拜孕育了原始人类认知探索的意识，更多地蕴涵着认识论倾向，因而自然神向主神的提升，就体现着人类抽象思维发展的愿望和进步，表现在其文化领域，古希腊在创世说方面有其完整而系统的创世说（如希西阿德的《神谱》），并在此思想基础上，长期对自然界保持着浓厚的兴趣。因而在古希腊最早出现的哲学家就是所谓的自然哲学家，如泰勒斯为代表的“米利都”学派，首先是从自然界中寻找世界的本原；同时古希腊又有其发达的英雄崇拜，最典型的如《荷马史诗》，史诗中的英雄们和真实的社会历史保持着一定的距离，它所着意展现的是英雄的品格、富于个性和浪漫的思想行为。因而其后西方发达的自然哲学以探求本体和本质为其宗旨，这一方面则是西方认识发展的突出特点，而另一方面也是其文化内在发展的必然结果。

对于中国上古宗教而言，其同希腊宗教的不同特性在于，华夏民族在走向文明社会的历程中，经过了一条独特的途径：它没有像古希腊、罗马那样，依靠新兴的商业奴隶主阶级力量，来瓦解、破除原始的氏族血缘组织，相反，却完整地保留了氏族公社的血缘关系和组织形式，构成了一个严整的宗法社会模式，从而形成了与古希腊、罗马“古典社会”迥然不同的社会组织制度。所以，尽管自然崇拜和祖先崇拜也是华夏文化最初形成的两种主要形式，尽管自然崇拜（例如太阳崇拜）也曾有过相对独立的发展，但是祖先崇拜却长期占据统治地位。

中西这一不同点不仅是中西早期历史发展的结果，对中西的历史过程也产生了深远的影响。具体而言，对于西方而言，其自然哲学得到了充分的发展，最终以众所周知的哲学作为硕果被人类所重视，而对于中国而言，其历史学却得到了长足的发展，也自然为世界所敬佩，但这里还要再次强调的是，中国早期历史学能够产生并在其后得到高度发展的重要原因，追根溯源与祖先崇拜的特点和口耳相传的这一文化特质密切相连，因而，对于中国的历史研究而言，特别是对于中国早期的缺乏历史记载的历史时期，比如《新探》所研究的中华文明建立的前后这一重要时期，学者们应该对中西不同的文化传统，特别是中国的古史传说这一文化特质给予足够地位和重要评价。从《新探》来看，著者显然对此是了然于胸的，正如王晖教授所说的，"在古希腊神话中，包括神话故事和英雄传说两部分。神话故事涉及宇宙、人类起源、诸神起源及其谱系等内容。传说是古希腊人对远古历史人物及其事迹的一种追忆。这类传说中的主人公大都是神与人的后代，半神半人的英雄，起源于对祖先的崇拜。"王晖教授还接着讲，"和上述希腊神话相比，中国远古传说基本上相当于古希腊英雄传说的这一部分。中国的宇宙起源与生物（包括人类）起源都是以'气'为主的自然生成说，而是相当于康德等人所说的宇宙起源'星云说'，在这种宇宙起源'星云说'的宇宙之下，中国远古传说时代缺乏系统的神造宇宙及生物的神话故事，其传说基本上相当于古希腊时的英雄传说故事，而且多为先祖英雄传说故事。因此，中外学术界如果套用西方古希腊神话故事来看待中国远古传说时代的祖先英雄传说，把他们的事迹当做神话来看待，认为是子虚乌有、并不存在的，那就完全不对了。"①

也正是基于此原因，王晖教授紧紧抓住中国文化的特质，并从这一特质入手，综合其他学科的成就，在中国早期的历史，也就是传说时代的历史中发表他的独到而深刻的学术观点。

四

那么，应如何看待中西的神话与传说这一特点在研究中西早期历史时代的重要作用呢？这里，需要继续从《新探》一再强调的中西不同的历史和文化说起。

众所周知，中国历史发展的不同于欧洲历史发展的突出特征在于：其一，

① 王晖：《古史传说时代新探》，北京：科学出版社，2010 年。

中国具有丰富的、涉及年代久远的、系统化了的"三皇五帝"古史资料，并一直接续至夏商周、秦汉时期；再则中国古代文明是世界历史极为典型的农业文明，而欧洲最早是以游牧为其特点，其后则更趋向于商业、贸易，二者的基本面貌和模式都明显不同，从而使中国的历史和文化传统能够在稳定的氏族和其后建立的农业国家的社会结构环境中代代传承。张光直先生从考古学的角度对中国早期历史的状况进行总结，他的关于中国早期历史的突出特征及其在世界史上地位的精辟论断早已被人们熟知，他认为："对中国、玛雅和苏美尔文明的一个初步的比较研究显示出来，中国的型态很可能是全世界向文明转进的主要型态，而西方的型态实在是个例外，因此社会科学里面自西方经验而来的一般法则不能有普遍的应用性。我将中国的型态叫做'连续性'的型态，而将西方的型态叫做'破裂性'的型态。"① 也就是说，对于西方的早期历史而言，由于其没有我们中国这种长达数千年、上万年延绵不绝的历史进程和文化继承传统，自然导致其对早期的西方的历史研究，从大的趋向来看，只能走上以考古学为主，同人类学和美术史等相结合的这一途径，虽然其早期的影响世界的考古成就，如特洛伊考古、迈锡尼考古、米诺斯文明的发现都是在《荷马史诗》的启发下，并使得《荷马史诗》和某些希腊神话传说得到印证，还有二河流域的乌尔的发掘也使《圣经》大洪水和苏美尔神话得到修正和佐证，这一切都表明了他们对其早期的历史和世界文明的起源的理解和实践是同神话及其传说有着重要的关系，但从根本上来讲，由于其缺乏中国古代那样复杂而丰富的不间断的古史传说和古代文献，相较于中国而言，其对于早期的人类历史的考证，很难建立一个有系统的将地下和地上的材料进行结合的，具有浓郁中国特点的历史研究方法，也就是说，对于中国学者提出的并被广大学者所接受的，并在实践中行之有效的，对早期传说时代的历史基本方法——"二重证据"及其"三重证据法"，对于西方学者而言是很难真正搞起来的。

比较而言，对于中国早期历史时代和古代文明的研究而言，应该说实在是幸运，因为学者们不必由于没有相关古史传说、古代文献而被迫只能走上依靠或者主要依靠考古学这条道路上。从世界范围来看，对世界早期文明和中国早期文明的研究一再表明，单纯从考古学角度来对中西早期文明的研究一方面确

① 张光直：《中国青铜时代》，北京：生活·读书·新知三联书店，1999年，第487页。

实了一些重要的成就，但也不同否认，同时也出现了许多无法解决的问题，因为归根结蒂，考古学只是一研究早期文明的一种方法，绝非灵丹妙药，因为最起码的一点，考古学只是研究世界历史的一个重要方法，绝非全部，而且对考古学的结果还是需要历史和其他学科的成果加以验证，对此，西方学者们也颇为困惑，由此来看，对中国早期文明的研究而言，如果中国的历史学家全盘否定中国历史的发展特点，即对中国早期的传说文化特征不闻不问，一棍子打死，而一味地从西方的神话基础上出发，将西方的考察早期历史和文明的方法和整个体系全盘照抄，搬到中国或者用来指导、评判中国早期的历史研究的唯一标准可能未必合适。所以，在我看来，对于中国学者而言，在了解并参照西方早期历史的研究方法，特别是对神话和考古学的研究方法的基础上，应该提倡和鼓励中国的学者，在深入探讨中国文化和历史的突出特征，具体对于早期文明产生前后这一阶段，应该紧紧抓住中国早期文化的连续性这一特征，从“二重证据法”和“三重证据法”等入手，认真考虑各种考古学文化的特征及有关传说历史的特点，认真去关注、核对中国早期历史和文化的准确的时空框架、文化的嬗变和渊源等，只有这样做才能判断文献所传递信息的真伪，才能使既往研究的缺陷、问题得到明显暴露，以便修正、进步，才能使史前研究、传说历史研究深入发展，才可能开拓出研究早期文明的新路。

也正是在这一点上，在我看来，王晖教授出于对中国早期历史和文化的深刻认知，将对中国早期历史和文明研究的基点置于传说的这一文化特质的基础上，并进一步通过多学科的方法剥离传说，在传说的传统和系统中，以暴露其真实的历史内核，以发现中国早期文化和历史的密码，并在与其他学科的结合中，以探讨中国早期传说时代的真实底蕴，并取得了重要进展。这恐怕是王晖教授将其书稿定名为《传说时代新探》的真实意义。

总而言之，王晖教授所研究的中国早期文明产生前后的传说时代的重要问题，以及他所运用的方法远远超出于历史学所能包容的内容，而是在整个人文领域里的一种研究取向，这种将多学科融合起来进行研究的方法及其成果，不仅反映了王晖教授在中国先秦时代历史和文化研究中所拥有的雄厚而博大的学术功力，也反映了中国学者自觉地融合于国际学术大潮的努力。

（原载《宝鸡文理学院学报》2012 年第 1 期）

中西文化的异同与司马迁的人文观

《史记》是以人物为中心的通史巨著，司马迁以他对人类的高度理性认识和对人生的深刻体验，给《史记》注入了极其强烈的人文主义思想，根据比较文化学原理，本文将司马迁人文思想置于中西传统文化的模式比较之中，试图更进一步了解司马迁人文思想的特征及其高度。

一

西方当代历史哲学家柯林武德指出：历史学“不是神权主义的，而是人文主义的，所探究的问题并不是神事，而是人事。”[①] 对于西方来讲，引以为豪是他们早在希腊罗马时代就把历史看作为一个具有理性的实践活动，排斥否定神灵对人事的影响。就哲学而言，从赫拉克利特的“活火说”到德谟克利特的“原子论”，从苏格拉底的“认识你自己”到柏拉图和亚里士多德的“理念”说，都表明了这一人文主义趋向。在古希腊人看来，理性是一种形而上的哲学范畴，是宇宙的自我运行原理或自然变化的法则，在世界万物中，只有人才具有认识这种理性的能力，理性是潜在于人自身，需要人们用智慧去探索、去把握并和理性相符合，最终成为具有理性思维的人。如亚里士多德认为，人的心灵包括两部分：“①在本身中包含着理性的部分。②虽然本身不包含着理性，但能够服从理性的部分。”[②] 那么，怎样才能够由“服从理性的部分”上升到“理性”呢？对此，亚里士多德无能为力，陷于困境，最终又成为不可知论者。由此看来，

---

① （英）柯林武德：《历史的观念》，北京：中国社会科学出版社，1986 年，第 19—20 页。

② （古希腊）亚里士多德：《政治学》，吴寿彭译，北京：商务印书馆，2006 年。

希腊和罗马亦如此，是首先从世界本原的高度来论证人是世界的主人这一人文主义的核心问题。而存在的问题则在于，尽管希腊罗马人认为人“应当”由其自然状态上升到理性状态，但却苦于找不到联系二者的中间环节，这一矛盾在亚里士多德那里就成为二元论的哲学（到康德时期就成为“二律背反”），即希腊的人文主义哲学家普罗塔戈拉所说的：“人是万物的尺度，是存在的事物存在的尺度，也是不存在事物不存在的尺度。”“至于神，我是既不知道他们是否存在在，也不知道他们像什么东西，有许多东西是我们认识不了的，问题是晦涩的。”[①] 其结果，以追求理性开始，却又迈向通往神灵的大门。因而意大利的历史哲学家克罗齐认为，希腊罗马人对天命的“种种概念全是缺乏坚实性的，大部分是混乱的，因为它们一般地缺乏确凿性，自认一无所知，塔西陀说，判断是不确定的，他在这句警句中差不多总结了古人关于这个问题的议论”[②]。同希腊罗马一样，中国的传统文化长期将人事和神事的关系问题作为探讨的中心问题。就孔子而言，其世界观固然是一个极其复杂的矛盾体，但其趋向在于努力淡化、排斥神事、天命，以突出人事的作用，形成了以人为中心的民本主义历史观，不同之处在于，孔子的民本主义历史观是侧重于将具有宗教性人格神意义的“天”转化为含有哲学意义的道德形上之天，天命高度统一于人事之中，如孔子曰：“天何言哉？四时行焉，百物生焉，天何言哉?”[③] 结果，一方面孔子的世界观避免了西方主客二元的矛盾，但另一方面，孔子又难以从理论上将主客分界，因而，孔子的人缺乏坚实的客观基础，人性仍然受到神性的威胁。事实上，董仲舒就是利用孔子学说的这一弱点，将儒学改造成为天人感应的宗教神学，东西文化可谓殊途同归。正因为如此，在《报任安书》中，司马迁提出了治《史记》所要首先解决的问题是“究天人之际”。那么，司马迁是如何“究天人之际”呢？对此，司马迁在《太史公自序》中提出了“正《易传》”，在汉代，学者常把《易》与《春秋》对举，认为前者谈天道（世界观），后者论人道（历史观），如班固所言：“《易》与《春秋》，天人之道也”[④]，因而《易传》思想构成了司马迁著史的方法论原理，自东汉郑玄始，将《易》分为“易简”、“变

---

① 转引自朱德生、李真：《简明欧洲哲学史》，北京：人民出版社，1979年，第28页。

② （意）克罗齐：《历史学的理论和实际》，傅任敢译，北京：商务印书馆，1982年，第153页。

③ 杨伯峻：《论语译注·阳货篇》，北京：中华书局，1980年，第188页。

④ 《汉书》卷二一上《律历志》，北京：中华书局，1962年标点本。

易”、“不易”，但司马迁在三易中仅取“变易”为其世界观方法论。《易传》以变化为天人宇宙的永恒法则，穷则变，变则通，通则久，实际上从哲学的高度总结了宇宙发展变化的规律。对于《易》，司马迁是这样理解的：“《易》著阴阳五行，故长于变……《易》以道化”。也就是说，司马迁在继承孔子天道说的基础上，又用《易传》的哲学理论，使天人学说理论化，着力摆脱孔子世界观的局限，从变化的角度，将世界看成是一个有生有灭、不断变化发展的客观过程，既看到二者的统一，又探讨二者的差别，将自然变化和社会变化统一在他的人文意识中。显然，将司马迁“究天人之际”置于中国传统文化特别是孔子学说的基础之上，就会发现这一命题的旨趣在于司马迁力图从世界观的高度更进一步探索天道与人道的关系问题，换言之，司马迁不但要探讨天道与人道的统一，而且还注重探讨天道与人道如何统一的。

表现在《史记》中，司马迁对充斥于西汉的神仙方士将天命具体化、阴阳家将阴阳之事教条化等造神行径进行了批判和讽刺，并对盛行的人格天命发出了强烈抗议之声。如《伯夷列传》说：“‘天道无亲，常与善人。’……余甚惑焉，倘所谓天道，是邪非邪？”同时，司马迁还尽力排除他所能够排除的天命影响。《蒙恬列传》中记载，蒙恬遭厄运，自以为由筑长城“绝地脉”所致，但司马迁却认为蒙恬遇诛乃由于其多行不义，“何乃罪地脉哉？”项羽临终仰天长叹：“天亡我，非战之罪也。”但司马迁认为其咎由自取，“乃引‘天亡我，非用兵之罪也’，岂不谬哉？”①。在《陈涉世家》中，司马迁更进一步指明了吴广借鬼神之力的目的在于“先威众耳”，揭露了鬼神乃是人们为达到人事目的而使用的工具，向天命挑战，用陈胜的话说就是：“王侯将相，宁有种乎？”

综上所述，希腊罗马的人文史观的特征是将自然科学在研究方法用于探索人自身，在人与自然的对立中寻求人的主体地位，但无法将二者统一起来。而司马迁在孔子将天命寓于人事之中的统一模式中继续前进，“究天人之际”，用“通变”的观点使人道和天道、自然和历史在对立中统一起来，人事的作用更为突出，从而大大丰富和加深了人的主体内涵。当然，司马迁这一“通变”的方法论还是比较粗糙的，在《史记》中也还不时地闪烁着超自然的光环，但这是

① 《史记》卷七《项羽本纪》，北京：中华书局，1959年标点本，第334页。

古代世界人文主义思想家的通例，正如克罗齐所说的："古代思想把命运、神性、不可思议的事物留在其人本主义的边缘，结果，甚至在最严肃的历史家中，奇谈怪事也没有被根除——至少，门户是敞开的，它可以回来。"① 因此，我们可以说，就总体而言，司马迁的人文主义历史观较之于希腊罗马的人文主义历史观来讲则更符合理性。

二

在人文主义看来，人的历史主体性不仅仅表现在摆脱神性，具有理性，而且还表现在人愈来愈远地脱离自然性而具有道德价值，正如康德的所说的：人类"通过不断的启蒙开始奠定一种思想方式，这种思想方式把那种用于道德的粗浅的自然素质随时随地转化为一定的实践原则，从而把那种被人的自然感情驱使到一起的人类社会，转化为一个道德整体。"②

对于希腊马而言，其道德价值观具有二种对立的趋向。仅以史学为例，其一，自然主义价值观，注重因果判断，而忽视道德价值判断。如修昔底德斯、波里比阿，他们以希腊发达的自然哲学的方法研究历史，旨在探求历史事件的原因和诱因，或者去辨别开端、原因与诱因，以至于有的学者认为修昔底德斯"是没有偏见的；如果不是他自己经常提到'雅典人修昔底德斯'的话，天真的读者有时会诧异他是哪一国人"。③ 正因为如此，柯林武德认为："希腊——罗马编纂学从来没有能表明任何一件事情是如何产生的，历史舞台上所出现的一切因果关系都必须假定在历史开始以前就是现成的，它们与历史事件的关系就好像是机器与它自己的运动的关系那样，历史的范围被限制描述人们和事物都在做什么，而这些人和事物的性质始终停留在它的视野之外。"④ 借用兰克大师的话来说："事实自己会说话"。其二，只强调价值判断而忽略因果判断，其中以塔西佗为典型。塔西佗所"注重的主要兴趣是道德方面的而非社会的或政治方面的。根据这一主要兴趣，他认为他的主要目的就是收集那些因其所含的善与

---

① （意）克罗齐：《历史学的理论和实际》，傅任敢译，北京：商务印书馆，1982年，第16页。

② （德）康德：《历史理性批判文集》，何兆武译，北京：商务印书馆，1990年，第4页。

③ 转引自《伯罗奔尼撒战争史》序言，谢德风译，北京：商务印书馆，1985年，第20页。

④ （英）柯林武德：《历史的观念》，何兆武、张文杰译，北京：中国社会科学出版社，1986年，第51、44页。

恶而惹人注意的事实，‘为了使德行不致默尔而息，并为了使后人对恶的言行与丑名有所畏惧’”[①]，“这种态度导致塔西佗系统地歪曲了历史，把它描述成本质上是被夸大了的好人与被夸大了的坏人之间的冲突”。即所谓“一切历史都是思想史。”[②] 总之，西方早期（包括近代）存在的二大流派的总体特征是，人的道德价值不是以人自身为根据，而是由它之外的东西所主宰，道德性成为虚幻的观念，而不具有社会、历史的现实意义，而且由于其道德价值的外在性和条件性，以至于道德性失去了自由和崇高，终使道德价值无立足之地。对此，如恩格斯批评黑格尔的那样："黑格尔所代表的历史哲学，认为历史人物的表面动机和真实动机都不是历史事变的最终原因，认为这些动机后面还有应当加以探究的别的动力，但它不是在历史本身中寻找这种动力，反而从外面，从哲学的意识形态中把这种动力输入历史。”[③]

那么，司马迁人文主义道德价值观的基本特征是什么呢？

首先，司马迁以孔子的道德价值模式为基础，以“继《春秋》”为己任，高举道德崇高的旗帜，极力讴歌人的主体精神，对历史进行道德评判。《史记》中，任何大大小小的历史人物都必须置于司马迁的价值天平上进行衡量，或鞭挞，或讴歌，爱之深，恨之切，继《春秋》笔法之大成。褒贬并用，善恶昭彰，讴歌的是真善美，鞭挞的是假丑恶，后世之所以一再推崇、赞美《史记》，其最主要的原因就在于司马迁在其中所倡导的出污泥而不染、爱憎分明的道德价值观。因此，司马迁的人文主义道德价值观构成了《史记》最为光彩夺目、历经千古而不衰的生命源泉。其二，司马迁的道德价值观出于孔子，扬其所长，但又高于孔子，弃其所短。《史记》中道德价值以独立自律的面貌出现在历史舞台上，并发挥其真正的道德评判作用。这种价值判断表现在《史记》中就是有同传统道德价值模式相吻合的一面，但更重要的则是同传统道德观相背离的一面。如传统的价值观念是以道德仁义为重、羞于言利，但司马迁却无视圣人遗训，在《货殖列传》中为商人业主列传，称赞了工商业主货殖的智慧与才干，并对

① （意）克罗齐：《历史学的理论和实际》，傅任敢译，北京：商务印书馆，1982年，第155—156页。

② （英）柯林武德：《历史的观念》，何兆武、张文杰译，北京：中国社会科学出版社，1986年，第51、44页。

③ 恩格斯：《费尔巴哈与德国古典哲学的终结》，《马克思恩格斯选集》第4卷，北京：人民出版社，1972年，第243—244页。

那些鄙视言利、侈谈仁义，但却无一技之长、困顿潦倒的愚儒热嘲冷讽："若至家贫亲老，妻子软弱，……饮食被服不足以自通，如此不惭耻，则无所比矣"[①]。由此，班固批评司马迁"述货殖则崇势利而羞贱贫"[②]。对于游侠，汉朝政府打击不遗余力，文、景、武三世都有剪灭游侠之举，但司马迁却明知不可为而为之，为游侠列传，盛赞游侠所具有的高尚美德："其言必信，其行必果，已诺必诚，不爱其驱，赴士之厄困，既已存亡死生矣，而不矜其能，羞伐其德，盖亦有足多者焉"[③]，与此相对照的是司马迁在其中笔锋直指社会现实，揭露了统治者倡导仁义伦理的虚伪性。在司马迁看来："伯夷丑周，饿死首阳山，而文武不以其故贬王；跖暴戾，其徒诵义无穷，由此观之，'窃钩者诛，窃国者侯，侯之门仁义存'，非虚言也。"同样理由，班固在《汉书·司马迁传》中批评《游侠列传》为"序游侠则退处士而进奸雄"。其三，司马迁人文主义价值观的深刻性还表现在，他不是孤立地用道德观评判历史，而是将其道德价值观置于历史的因果关系中，在二者之间的矛盾冲突中加以探讨，并统一于因果判断中，表现了司马迁人文主义道德价值观的深刻而丰富的思想内涵。试看刘邦，这个被董仲舒神化的"圣人"，在司马迁的价值天平上其真相暴露无遗，被描画得入木三分：无赖、奸诈、自私、虚伪，好酒及色，粗野无礼，薄恩寡义，有急则找人代死，遇难则踢儿下车者三，心狠手辣，无所不用其极；同时，司马迁又借用韩信之口道出了刘邦之所以挫败群雄而称孤道寡的原因："善将将"[④]。对于商鞅，司马迁从道德上也颇有微词，认为其："天资刻薄"、"少恩"，但又从因果判断中肯定了商鞅变法之后，"居五年，秦人富强，天子致胙于孝公，诸侯毕贺"[⑤] 的历史作用。再看吕后，司马迁一方面揭露了吕后诛杀功臣、挟私立诸吕为王及残害戚夫人等发指暴行，但又指出了在吕后统治时期，"政不出房户，天下晏然，刑罚罕用，罪人是希。务民稼穑，衣食滋殖。"并按其客观作用，将吕后置于本纪之列，即"惠帝垂拱，高后女主称制"[⑥]，反映了深刻的历史洞察力。正如黑格尔所说的："世界历史在一个比道德更高的水平上活动，……作为世界

① 《史记》卷一二九《货殖列传》，北京：中华书局，1959年标点本，第3272页。
② 《汉书》卷六二《司马迁传》，北京：中华书局，1962年标点本，第2738页。
③ 《史记》卷一二四《游侠列传》，北京：中华书局，1959年标点本，第3181页。
④ 《史记》卷九二《淮阴侯列传》，北京：中华书局，1959年标点本，第2628页。
⑤ 《史记》卷六八《商君列传》，北京：中华书局，1959年标点本，第2232页。
⑥ 《史记》卷九《吕后本纪》，北京：中华书局，1959年标点本，第412页。

历史的个人的伟大人物，其行为不但要以它们的内在的、未意识到的意义，而且应从世界历史角度来衡量；用道德要求的观点来反对世界历史的行为和代表，无疑是不合适的。”① 正因为如此，现代西方史学发展的趋向是将二者在对立中统一起来。以此看来司马迁将道德价值判断置于同因果判断的矛盾中并统一于因果判断的道德价值观，认识无疑是深刻的。

三

司马迁的人文思想着力于表现了人的理性态度和高昂的人文精神，同时，司马迁的人文主义思想还表现在他将人文主义置于广阔的社会背景和广泛的社会经济联系中加以考察，从而大大加深和扩大了人文思想的内涵和外延。

（1）从空间上讲，司马迁冲破了古老而狭隘的种族意识，使人成为真正意义上的人。根据现代人类学研究成果，人的概念是在人与“非人”之间的徘徊中逐渐选定的，人的内涵也是在人与“非人”之间的冲突、交流、认同中逐渐丰富起来的。在原始社会，人的认同仅仅局限于本氏族、本部落共同体内部。在进入文明社会之初，国家种族认为是人与“非人”的界限。就希腊罗马而言，他们所理解的人就其空间言，是狭小而保守的。例如，古希腊以其强烈的种族自豪感把一切非希腊人称之为“蛮族”，即使对文化上比他们高得多的埃及也是如此。而罗马也在共和国时期，长期排斥、抵制罗马城以外居民的公民权，因而公民权问题一直是罗马共和国时期的突出问题。至于帝国时期，罗马将其境外的种族（如日耳曼人）一概斥之为“蛮族”，置于人的范畴之外。这一狭隘观念，导致了种族之间的仇恨、抵制、征服，而不是文化认同，最终造成了日耳曼人消灭罗马帝国的这一结局，由此西欧进入了所谓的“黑暗时代”。固然，华夏民族在历史上也多次遭到外族的征服，但中华文化却是世界上唯一持久、没有崩溃和断裂的传统文化。究其原因，从文化上考察，中华文化所具有的包容精神与人的开放意识，不能不是其中重要的原因。司马迁也正是在继承中国传统文化，特别是孔子人文思想的基础上，使“远近大小若一”的理想不再局限于思想的这一狭小领域，而是具体地统一在历史实践中。表现在《史记》中，司马迁除给华夏人树碑立传外，还给周边各邻国、少数民族立传，如《南越列

---

① （德）黑格尔：《历史哲学·绪论》，王造时译，北京：商务印书馆，1963年，第107—108页。

传》、《朝鲜列传》、《西南夷传》和《大宛列传》等，并从《楚辞》等资料中寻找根据，将蛮夷民族归之于黄帝子孙，如句吴与虞为兄弟，楚之先祖出于帝颛顼，东越王乃勾践之后，匈奴系夏后氏之苗裔，特别是给匈奴人列传，使长期与华夏敌对的匈奴人第一次进入了华夏历史的殿堂。胸怀博大，视野开阔，展现了不同地区，种族各异、文化不一的人的社会生活，大大扩展了人文的空间，丰富了人文的内涵。

（2）柯林武德说："历史学的价值就在于，它告诉我们人已经做过了什么，因此就告诉我们人是什么。"① 因此，从研究的内容看，希腊罗马史家所关注的内容长期局限于政治、军事领域，这一趋向从希罗多德的《历史》名著中就已表现出来，其后的《伯罗奔尼撒战争史》（修昔底德斯）、《高卢战纪》（恺撒）、《喀提林阴谋记》（萨鲁特斯）等史学著作都可以清楚地看到，其结果同司马迁前的中国史学一样，人文的本质内容局限于的政治、军事。这一趋向在西方延续了相当长的时间。亚里士多德的名言："人是天生的政治动物"就成为这种史学的真实写照，罗马的大史学家波里比阿也认为，"真正的历史要熟悉政治和军事并对地点和人民具有直接的认识"；琉善一再说过，"历史家家必须具有政治感"，而且"这种天赋是学不到的"②。这一状况一直持续到18世纪，即从维科、孟德斯鸠、伏尔泰时代，史学家才逐渐把他们的注意力由政治、军事转向了经济、哲学、宗教、文学、艺术等领域，史学研究的范围扩大了，而人文的内容也日益丰富起来。

和西方不同的是，中国的人文思想早从司马迁始就着力于从人类的社会活动来把握人文的内容。固然《史记》偏重于政治史，但又不局限于政治史，《史记》堪称是一部"百科全书"，人的社会背景更广阔，背景对人的活动影响更为明显。再看《史记》所叙述的人物，上至天子、诸侯，下至黎庶、军事家、说客、商贩、侠客、学者等，无所不包，展现了社会不同侧面人的活动、人的联系，人文内容更为广泛。

（3）尤为可贵的是，司马迁在探讨人文的内容时，将人文思想同经济活动联系在一起。在西方史学史上，希腊的修昔底德斯是第一个注意到经济因素对

① （英）柯林武德：《历史的观念》，何兆武、张文杰译，北京：中国社会科学出版社，1986年，第11页。

② （意）克罗齐：《历史学的理论和实际》，傅任敢译，北京：商务印书馆，1982年，第146页。

历史影响的史学家。比如，修昔底德斯认为，特洛伊战争之所以拖了10年之久，不是由于希腊军队的人数不够，而是由于经济资源的不足。[①] 在《伯罗奔尼撒战争史》中，他常借伯里克利之口说明长期战争完全靠有经济的支持。[②] 而罗马，恩格斯指出："在关于罗马共和国内部斗争的古代史料中，只有阿庇安一人清楚明白地告诉我们，这一斗争归根到底是为什么进行的，即为土地所有权进行的。"[③] 马克思也认为"他极力要穷根究底地探索这些内战的物质基础"。[④] 尽管如此，上述史家将经济活动主要局限于政治、军事范围之中。换句话说，经济是战争的经济，而没有同人们的社会活动联系起来，因而也就难以揭示出人文思想的本质及其广泛的社会内容。

与希腊罗马相比，可见司马迁在《货殖列传》和《平准书》中用事实论证了人类追求财富的合理性，而且第一次从历史学的角度把经济活动提高到治国平天下的关键地位加以考察，司马迁认为"农工商虞，此四者，民之所食之源也"，从而"论证了经济发展与政治的关系，指出了经济法则对社会生活的决定作用。"[⑤] 因此，《货殖列传》和《平准书》是我国第一批进入历史科学领域的经济名著，钱钟书先生也因司马迁写了"民生日用"而称其为新史学的"手辟鸿蒙者"[⑥]。从而大大加深了人文与社会经济的联系，更进一步扩大了人文思想的本质内容，正是这一点也最能体现司马迁人文主义思想的深刻内涵。如果将这一思想置于儒学重义蔑利的传统文化价值体系中加以考察的话，其深刻性、进步性令人叹为观止。

中西方早期关于人文主义问题上所共有的局限性在于，要么把人看成是种族、国家、狭小地域的人，而不是从各个地区、各个民族的联系中来探讨人，来探讨人类的文化；要么把人只看成是政治、军事的工具，抹杀了人的社会历

---

① （古希腊）修昔底德：《伯罗奔尼撒战争史》，谢德风译，北京：商务印书馆，1985年，第6、10页。

② （古希腊）修昔底德：《伯罗奔尼撒战争史》，谢德风译，北京：商务印书馆，1985年，第100页。

③ 《马克思恩格斯全集》第30卷，北京：人民出版社，1972年，第159页；《马克思恩格斯全集》第4卷，北京：人民出版社，1972年，第249页。

④ 《马克思恩格斯全集》第30卷，北京：人民出版社，1972年，第159页；《马克思恩格斯全集》第4卷，北京：人民出版社，1972年，第249页。

⑤ 韩兆琦：《史记选注汇评》，郑州：中州古籍出版社，1990年，第115页。

⑥ 钱钟书：《管锥编》，北京：中华书局，1986年。

史性；要么仅仅局限在感情范围内承认人是现实的、单独的、肉体的人，不知道人文主义所包含的其他的“人的关系”。[①] 马克思提出了一个著名的命题：“人的本质并不是单个人所固有的抽象物，在其现实性，它是一切社会关系的总和。”[②] 也就是说，马克思主义把人文活动首先同物质活动结合起来，把人看成是社会关系的总和。如果依此看来，司马迁的人文主义意识不但符合中西方人文主义发展的趋向，而且就其本质内容来讲，是高出于希腊罗马人文主义观的。

总而言之，《史记》是中国史学发展史上的一个里程碑，同时也是中国人文主义思想发展到一个新高度的标志。司马迁在中国传统文化的基础上，上继“《春秋》之义”，下乘大汉恢弘豪放之气势，以史家的责任感和痛心疾首的人生经历，对人类寄予了极其深沉而又强烈的关注之情，从理论和实践上对人进行了全方位的探索，表现了司马迁深刻而丰富的人文思想。司马迁对人的理解超越了种族、地域的局限，达到了人类的自觉意识，大大扩展了人文的空间，从内容上看，司马迁使人文思想进入广泛的社会领域，并开始深入到经济，从而丰富和加深了人文思想的内容。

（原载《陕西师范大学学报》1996 年第 2 期）

① 《马克思恩格斯全集》第1卷，北京：人民出版社，1972 年，第 50 页；《马克思恩格斯全集》第 2 卷，北京：人民出版社，1972 年，第 118 页。

② 《马克思恩格斯全集》第 1 卷，北京：人民出版社，1972 年，第 50 页；《马克思恩格斯全集》第 2 卷，北京：人民出版社，1972 年，第 118 页。

第二编

诠释学与中西史学比较的理论建构

论诠释学的理解与史学比较的关联与互动

20世纪60年代起，伴随着西方哲学对近代哲学本体论反思的浪潮，由德国著名哲学家伽达默尔（Hans-Georg Gadamer）创立的哲学诠释学应运而生，并逐渐发展成为在世界范围内具有重要影响的现代哲学流派。哲学诠释学的突出特征在于揭示了认识的过程是理解者与被理解对象间的互动。它的产生与历史学有密切关联，并对历史学产生了重要影响，尤其对史学比较[①]的深入开展具有推动作用。因此，通过对诠释学理解观念的研究来阐述其对史学比较的影响，以及史学比较在完善诠释理论方面所具有的作用，对于进一步深化诠释学和史学比较的内在关联及其互动具有重要的学术价值。

一、诠释学"理解"概念的内涵及其局限性

理解是诠释学最基本的概念。诠释学认为，认识是理解者和文本之间通过不断"对话"而达到相互理解的过程。伽达默尔诠释学的"理解"概念具有三重含义：其一，理解从形式上讲是一种视域融合的过程。这种视域融合是以理解的双方原本已存在的前见为前提进行观念的交流，从而达到一个新的境界。伽达默尔认为："一切诠释学条件中最首要的条件总是前理解……正是这种前理

① 从严格意义上来讲，史学比较、比较史学和历史比较是有明显区别的，但因本文的主题和旨趣，故在文中未加严格区别。关于这一问题，见庞卓恒《比较史学》导言，北京：中国文化书院，1987年，第1页。

解规定了什么可以作为统一的意义被实现，并从而规定了对完全性的先把握的应用。”“所以，前见，并不意味着一种错误的判断，它的概念包含着可以具有肯定的和否定的价值。”按照伽达默尔的看法，理解者和解释者的视域并非封闭孤立的，“理解其实总是这样一些被误认为是独自存在的视域的融合过程”①。理解者如果想要获得真正的理解就必须与其他视域相交融，从而扩大自己的视域，这种理解通过“视域融合”（horizontver schmelzung）而构成一个包容了历史和现代的更为广阔的整体视界。

其二，理解从内容或本质上讲是一个追求效果历史的过程。任何理解都是一个在特定状态下进行的有目的的融合过程，从而体现为一个效果历史意识的过程。伽达默尔指出：“历史视域的筹划活动只是理解过程中的一个阶段，而且不会使自己凝固成为某种过去意识的自我异化，而是被自己现在的理解视域所替代。在理解过程中产生一种真正的视域融合，这种视域融合随着历史视域的筹划而同时消除了这视域。我们把这种融合的被控制的过程称之为效果历史意识的任务。”② 同时，他特别强调：“真正的历史对象根本就不是对象，而是自己和他者的统一体，或一种关系，在这种关系中同时存在着历史的实在以及历史理解的实在。一种名副其实的诠释学必须在理解本身中显示历史的实在性。因此我就把所需要的这样一种东西称之为‘效果历史’。理解按其本性乃是一种效果历史事件。”③ 显然，这是伽达默尔将应用意识运用于诠释学领域所取得的重要成果。

其三，理解是一个多样性的历史过程。在加达默尔看来，理解的间距是一种客观存在，这一客观存在不仅包括时间上的距离，还包括文化、社会等级以及人类各群体之间的间距，甚至包括主体间的心理差距，等等。伽达默尔说：“理解一种传统无疑需要一种历史视域，但这并不是说，我们是靠着自身置入一种历史处境中而获得这种视域的。情况正好相反，我们为了能这样把自身置入一种处境里，我们总必须已经具有一种视域。”而且，伽达默尔还指出：“如果根本没有这种彼此相区别的视域，那么为什么我们一般要讲到‘各种视域融

① （德）伽达默尔：《真理与方法》上卷，洪汉鼎译，上海：上海译文出版社，2004年，第380、350、396页。

② （德）伽达默尔：《真理与方法》上卷，洪汉鼎译，上海：上海译文出版社，2004年，第396—397页。

③ （德）伽达默尔：《真理与方法》上卷，洪汉鼎译，上海：上海译文出版社，2004年，第387页。

合’……提出这个问题就意味着，我们已经承认了那种使理解成为科学任务的处境的特殊性，并且必须首先把这种处境规定为一种诠释学处境。”① 正是由于间距所具有的客观性，伽达默尔认为，理解力的差异是不可避免的，理解必然呈现出多样性。

显然，从哲学诠释学的理论体系来看，突出理解所具有的历史性是伽达默尔诠释学的重要成果之一，体现了诠释哲学与历史学相互融合的学术趋势。较之于传统的西方认识论而言，伽达默尔诠释学具有更多的合理性和建设性，因而得到学界的赞誉。但伽达默尔的理解概念也包含了许多相对主义和形式主义的观念，由此又招致人们的诸多批评。

其一，伽达默尔承认人类理解的多样性和不同性，并且将这种不同性与时间维度关联起来。比如，伽达默尔提到不同的文化系统、社会等级或种族之间对同一事物的理解肯定有所不同；而导致这些不同的原因都可以在间距（主要指时间间距）中得到说明。其目的在于突出历史性，并在此基础上体现真实性，这有其合理性的一面。但正如论者所指出的，伽达默尔将时间、文化、种族等因素强调是“‘超主观的因素’、亦即它们的客观性的方面，是有失偏颇的”。“间距具有一种主观与客观的双重结构。说它是客观的，乃是指间距内在地含有客观意义上的时空差异，即不同的历史时代、不同区域的文化、种族、等级之间的现实差异；说它是主观的，是指上述差异在理解中最终是以主观的方式呈现出来，表现为‘主体间性’”②。也就是说，真实的历史性不仅与其间所存在的时间距离有关，还与空间有着直接关系；而且由时空所组成的间距不仅有客观性的一面，还有主观性的另一面。所以，伽达默尔一方面通过强调间距以彰显其哲学所具有的历史性，力图体现其哲学的真实性；另一方面却没有正确认识到间距所具有的辩证特性，尤其是不能正确地将间距的客观性和主观性辩证统一起来，即真正统一于有机而生动的历史进程中，并在这一真实的历史进程中体现历史和哲学认识的作用，以获得正确的历史知识和理解效果。

其二，在伽达默尔看来，每一种理解都是特定环境下的产物，并在其中找到自己存在的合理性。那么，在这一理解的过程中，到底有无客观性的标准以

---

① （德）伽达默尔：《真理与方法》上卷，洪汉鼎译，上海：上海译文出版社，2004 年，第 394、396 页。

② 潘德荣、彭启福：《当代诠释学中的间距概念》，《哲学研究》1994 年第 8 期，第 59 页。

判断其理解的对与错、高与下，加达默尔的回答显然是否定的。伽达默尔是这样解释的："文本的意义超越它的作者，这并不只是暂时的，而是永远如此的。因此，理解就不只是一种复制的行为，而始终是一种创造性的行为"。那么，这种创造性的理解与之前的理解是一种什么样的关系？伽达默尔紧接着说："把理解中存在的这种创造性的环节称之为更好的理解，这未必是正确的。因为正如我们已经指明的，这个用语乃是启蒙运动时代的一项批判原则转用在天才说美学基础上的产物。实际上，它既不是由于有更清楚的概念因而对事物有更完善的知识这种意思，也不是由于有意识的东西对于创造的无意识性所具有的基本优越性这个方面。我们只能说，如果我们一般有所理解，那么，我们总是以不同的方式在理解，这就够了。"① 显然，伽达默尔在此所表现的相对主义观念是非常明晰的。尽管加达默尔一直努力避免落入相对主义的误区，但最终仍不得不陷于其中。比如，伽达默尔虽然也注意到不同理解之间的某些关联②，但仍未将两者的内在联系有机地建构起来。

其三，既然每一种理解都必然受到特定环境的制约，不同的理解只是意味着理解之间所具有的差异性，那么，在这些不同的理解所造成的差异性之中，是否存在着一种内在的真实的关联性，从而又将这些具有差异性的不同理解统一起来，以体现理解在特殊性和差异性之外的另一面——普遍性。显然，伽达默尔更多地注意到理解的历史性所包含的具体性和特殊性，并有将这种特殊性和差异性绝对化的倾向。因此，伽达默尔的理解观念在理论体系上是不严密的。

伽达默尔的理解观念之所以表现出相对主义的局限性，与其具体生活的时代背景和学术传统的发展有着密切的关联：一方面，自 19 世纪末以来，西方哲学发展的一个重要趋向就是由过去的思辨主义向分析主义转变，而伽达默尔所处的 20 世纪，正是西方学者全力挣脱思辨哲学和绝对主义束缚的时代，因而竭力避免西方传统的绝对主义的影响，是其首要的任务；另一方面，在西方形而上学的哲学传统中，有关理解的相对性与绝对性的关系探讨是长期难以从根本

① （德）伽达默尔：《真理与方法》上卷，洪汉鼎译，上海：上海译文出版社，2004 年，第 383 页。

② 比如，伽达默尔曾说过："历史意识是意识到它自己的他在性，并因此把传统的视域与自己的视域区别开来。但另一方面，正如我们试图表明的，历史意识本身只是类似于某种对某个持续发生作用的传统进行叠加的过程，因此它把彼此相区别的东西又结合起来，以便在它如此取得的历史视域的统一体中与自己本身再度统一。"（德）伽达默尔：《真理与方法》上卷，洪汉鼎译，上海：上海译文出版社，2004 年，第 396 页。

上解决的重大课题。尽管学者们都明确意识到偏执于两端所具有的局限性，但真正地将两者有机地结合起来，或者说寻找到两者之间一种合理的张力关系，仍是一个漫长而艰巨的任务。

二、理解与历史比较的关联与互动

从诠释学理论来看，“视域融合”是理解得以实现的基本途径。之所以会产生“视域融合”，其前提是因间距化而形成的人们视域之差异，唯其是相异的，才需要融合，从而形成新的视域。当然，视域融合绝非相异东西的简单叠加。事实上，在视域融合的过程中，诠释者对相异的东西总是有所取舍，但或取或舍，皆取决于间距的过滤作用，其中不仅包括由间距过滤而保存下的真判断，还包括在间距中所生成的新意义。从诠释学视域融合理论来看，史学比较的过程其实也就是史学对话的过程。这种对话不仅意味着我们与历史存在着某种联系，还意味着我们已经把自身置入差异性与同一性、特殊性与普遍性的比较范畴之中。因此，彼此间的独特视域自然成为史学比较的基础和前提，并对其比较的结果及发展趋向产生重大影响。

尽管如此，我们还要看到，由于哲学诠释学理解的视域融合方式及其内容缺乏真实性的历史基础，往往导致历史比较处于尴尬的境地。这主要表现在“同”与“异”两方面。首先，对于“同”而言，从表面看，视域融合的趋向是走向“同”，但效果历史的视域融合方式又彰显了其所具有的具体而特殊的特征，其结果是，在诠释过程中所产生的理解只能表现为历史性和多样性。那么在这一背景下，“同”又是如何进一步表现其所具有的共性和普遍性呢？其次，再说“异”，从表面看，诠释学的任何理解都是由前见这一确定位置出发的，因而视域都是具体而真实的。但伽达默尔在处理时间和空间这两个基本的诠释要素的关系时，倾向于将时间作为理解交流的唯一平台，空间距离则在历史时间的洪流中被消解，并最终由时间无形地统一起来。正如有学者所指出的：“加达默尔的‘间距’概念主要是指‘时间间距”，“从诠释学的角度来看，间距意味着异化、疏远化。这种‘间距’的大小并不取决于时空中的现实距离”[①]。显然，具体而独特的历史视域的客观性和真实性在诠释学的理解体系中被明显弱化了。

---

① 潘德荣、彭启福：《当代诠释学中的间距概念》，《哲学研究》1994年第8期，第53页。

既然如此，又何以体现出“异”的本质特性呢？这样一来，对于诠释学和史学比较而言，必然产生两方面需要进一步思考的问题。其一，不言而喻，每一次经视域融合所形成的新的理解界面，应是两种视域经过对立而走向统一的产物。但这一结果并不是矛盾的消灭，或者矛盾运动过程的终结，而是矛盾的转化形态或矛盾的不同表现形式，因而具有真实的客观性。在此基础上酝酿着新的矛盾，遂成为矛盾运动的新起点，并为进一步的视域新融合奠定基础或创造条件。只有这样，才可以既体现事物矛盾运动的不断的连续性，又表现出事物所具有的质的规定性，以体现矛盾运动的客观真实性。因而视域的特殊性构成了矛盾转化和新界面形成的根据。否则，由于没有“异”的内在根据，“同”与“异”之间不断对话的动力何在？“同”与“异”如何真正不断地统一融合起来必然成为问题。其二，事实上，诠释学视域下的史学比较观，由于弱化了“异”在其中的真实地位和作用，因此，“同”与“异”的关系一直处于摇摆的状态，“异”与“同”两者间难以建立起真正的辩证关系，最终走向了难以获得普遍联系的相对主义，从而使比较史学无法在确定性、客观性和多样性的基础上得以求“同”。其结果是，在诠释学的理解视域下，史学比较的“同”与“异”最终被悬置于空中，无处着落，生动而真实的历史比较由于缺乏可靠的社会历史比较内容，很容易成为形式上的史学比较或概念上的名词转换。因而如何正确地理解历史现象的个性、差异性与共性、普遍性在诠释学和历史比较中的地位和作用，仍是一个需要进一步探讨的问题。

显然，对于历史比较而言，对“异”这一特殊性的研究相较于普遍性即“同”的研究则更为突出。从比较史学的历史来看，人们之所以长期对其产生一些误解，或抱有种种疑虑，在现代比较史学的奠基人马克·布洛赫看来，可能是因为人们更倾向于相信“比较历史”是历史哲学或普通社会学的一部分①。也就是说，由于比较历史没有明显体现出历史的特点，人们自然没有将比较历史纳入历史学的学科范围。因此，马克·布洛克认为，比较史学如果作为一个独立的学科应该具有其自身特点：“从历史的角度来讲，比较因而需要两个条件：一是被观察的事物的某种相似——这一点是不在话下的，二是产生这些事物的环境之间的某种不同”。正是在此前提下，“恰当运用比较方法，相反会对察觉

① （法）马克·布洛克：《比较史学之方法》，项观奇编：《历史比较研究法》，济南：山东教育出版社，1986年，第103页。

不同点具有特别积极的意义……比较历史也应该指出不同社会的独特之处。这项工作最为棘手，迫切地需要系统运用比较方法……而且还要明确指出……这一步是一项难度极大但也极有意义的工作——二者能通过那些相互确切的特征加以区别，这显然要求从第一步就要做到对此逐一地加以观察”①。马克·布洛克还一再强调历史比较所具有的难度，即史学比较只有在对事实本身及与事实有关的大量资料进行深入细致的研究和考证的前提下，“才会具有价值”。而且马克·布洛克还以比较语言学的发展史作为借鉴，指出，他所处时代的比较语言学已经发展到“完全可以把揭示不同语言的特殊特征作为自己的一项基本任务。但是，当初比较语言学的方向却很不同，它首先致力于确定各种语言之间的亲缘关系和前后演变关系，致力于寻找‘母语’”。显然，马克·布洛克认为，由早期的求同到其后求异的侧重点的变化过程，是比较语言学发展的重要标志。在此基础上，马克·布洛克做出了乐观论断：“比较方法可以，而且应该深入到细节当中去，比较方法的未来——可能我们的历史学的未来，就取决于此”②。

之所以引证马克·布洛克有关史学比较的论断，旨在强调：其一，比较人文学科的发展历程一般都是由学科的表面逐渐深入到学科内部，以探求其内部具体而复杂的特点，这既是比较学科发展的过程和结果，也是比较学科进一步发展的要求和趋向。其二，史学比较最突出的特征就在于，注重对具体、特殊历史现象的分析和研究，即在历史比较研究中突出“异”本身所具有的重要而基础性的作用，在对“异”进行深入研究的前提下以求“同”。其三，在已获得的“同”的普遍性规律的指导下，进一步探索“异”的种种历史原因，从而展现历史比较的特点和价值，将历史比较同历史哲学或普通社会学区别开来，以体现历史比较的学术特性。显然，马克·布洛克在20世纪初对比较史学发展的一系列论断，不仅集中体现了他在比较史学领域中的研究成果，更重要的是阐明了比较史学进一步发展的趋向及基本方法论，对于指导比较史学的发展具有重要的理论价值和现实指导意义。

诠释学的理解观念与史学比较相通之处在于，两者都强调在理解或比较过

① （法）马克·布洛克：《比较史学之方法》，项观奇编：《历史比较研究法》，济南：山东教育出版社，1986年，第104—105、119页。

② （法）马克·布洛克：《比较史学之方法》，项观奇编：《历史比较研究法》，济南：山东教育出版社，1986年，第129、134页。

程中“同”与“异”所存在的辩证关系。但两者亦有不同之处，对于诠释学而言，其形式主义辩证法的色彩是显而易见的。这主要表现在，诠释学在“同”与“异”的关系上具有循环论和相对主义的某些特征，缺乏对事物发展和变化的质的规定性的关注，从而显现出某些随意性和主观主义的痕迹，这样也就不能真正理解在视域融合过程中所形成的新界面的内涵，自然无法充分理解这一过程中“同”与“异”的辩证关系。就史学比较而言，“异”与“同”构成其比较的基本矛盾范畴。没有对“异”的感知，就不可能有对“同”的抽象；没有对“异”的客观性、确定性的认知，也不可能产生客观性、确定性的比较结果，两者相辅相成。以此为据来看诠释学的理解观念，其本身应该是一个特殊性与普遍性不断融合提升、辩证统一的过程。这一理解观念对于历史比较而言，意味着我们对诸如史学比较角度的预设、史学比较的过程及其结果等问题，“必须以某种认同为基础，同时意在生成新的认同，但这绝不意味着追求一种毫无差异的认同；相反，保持差异是比较研究成为一种创造性活动的源泉”①。历史的比较过程是“异”与“同”的反复的辩证过程，也就是说，在异中求同所获得的比较结果基础上，“势必要把认识再深入一个层次，由抽象再上升到具体。那也就是从同中再看出异来，看出那些各异的部分是怎么样既互相拒斥又互相渗透地构成为有机的一体的”②。在此我们进一步想追问，“由抽象再上升到具体”过程中的认识论意义何在呢？对此问题，庞卓恒先生指出：“这种从‘抽象上升到具体’的研究，就是在已经认识到的普遍规律的指引下对整体中的各个具体部分的基本规律的研究。”③ 因此，历史比较的差异性与统一性的关系应是建立在历史真实基础之上的辩证的史论结合关系。

三、结论

诠释学的理解观念揭示了人们认识过程中矛盾对立和转化的必然性和重要性，并突出彰显效果历史意识，对历史学研究具有重要的启示意义，但其中所

① 刘家和、陈新：《历史比较初论：比较研究的一般逻辑》，《北京师范大学学报》（社会科学版）2005年第5期，第72页。

② 刘家和：《历史的比较研究与世界历史》，《北京师范大学学报》（社会科学版）1996年第5期，第48页。

③ 庞卓恒：《比较史学》，北京：中国文化书院，1987年，第152页。

存在的相对主义和形式主义的局限性，是我们在诠释学和比较史学的探讨中应该注意克服的问题。要做到这一点，就要将历史的特殊性和普遍性的关系、异与同的关系建立在辩证的和历史的唯物主义的基础上，建立在真正社会历史的实践基础上。可以说，对实践问题的忽视是伽达默尔理解理论最根本的失误之所在。马克思指出：“人应该在实践中证明自己思维的真理性，即自己思维的现实性和力量”，否则的话，“关于离开实践的思维的现实性或非现实性的争论，是一个纯粹的经院哲学的问题”①。换言之，唯有将诠释学的理解置于真实的社会实践的基础上，置于真实而动态的历史发展进程中，才能获得正确的诠释和理解；同样，比较史学只有在展现历史真实面目的基础上，才有可能在与诠释学的理解与对话中得到有效的启示，并获得真正的历史比较成果。

（原载《天津社会科学》2013 年第 6 期）

① 《马克思恩格斯选集》第 1 卷，北京：人民出版社，1995 年，第 59 页。

论诠释学对现代中西比较史学的影响

引言

历史学是对历史的理解、反思，也是对历史的诠释与再诠释，自 20 世纪 60 年代西方当代哲学家伽达默尔的《真理与方法》一书问世后，哲学诠释学很快受到国际学术界的普遍关注。诠释学认为，认识过程的本质是主体与被理解对象之间的相互影响和互动，而理解从本质上来讲是以“主体间性”为前提的主体间的对话与相互理解，这种理解是通过“视界融合”而构成了一个包容了历史和现代的更为广阔的整体视界，并在这一过程中获得更高、更具普遍性的意义。诠释学的出现揭示并冲破了在西方传统认识论模式中所存在的桎梏，到了 20 世纪后半叶便在西方蔚为大观，成为显学，对现代西方的哲学和其他人文学科产生了重要影响。本文拟以现代比较史学为依据，来探讨诠释学对现代中西比较史学的作用及其影响。

一、诠释学对比较史学研究的影响

(1) 主体间性的理论对于深化理解并运用历史的可比较性原则具有重要的意义。比较史学的可比性原理认为，只有具有共性的相异历史事物才具有可比性。但就传统认识论而言，客体是外在于主体并与之对立的认识对象，所谓“客观知识”就是绝对排除主体的主观性，以获得存在于客体自身的本质为其目的。由此出发，传统史学陷入了进退维谷的窘境之中。其一，主客两者属于不同的类项，从历史的可比性原则来讲，两者不具备比较的条件，因而历史比较过程只能在历史事实和历史事实之间进行，认识主体是不能，也不应该深入其间。由此，传统史学从其传统的这一哲学观念出发，往往把历史研究的理论负荷视作为一种影响历史客观性的消极因素，而不是一种能动的有助于史学研究的积极要素，因此，在历史研究中消灭主体意识，让事实自己说话，还原纯客观的历史的真实则是客观主义史学的任务。普鲁士的历史学家兰克大师在其成名作《拉丁和条顿民族史》序言中写下的名言，让“事实如实地说明历史”（Er will blodd zeigen wie es eigentlich gewesen）成为客观主义史学的金科玉律。其二，在历史研究的实践中，人的主体选择性和能动性是构成历史研究的重要因素之一，毕竟历史事实的比较是比较主体选择的结果，如果没有主体参与的话，历史比较将无法进行，这正如英国著名的历史学家卡尔所批评的：“相信历史事实的硬核客观地，独立地存在于历史学家的解释之外，这是一种可笑的谬论。”①因而诠释学的出现对于克服长期存在于历史比较过程中的这一矛盾具有积极意义，因为比较本身不仅仅以异为其存在前提，而且还是以同为其比较的条件，所以比较本身就是同与异、主与客的对立统一。由此，传统意义上的主客关系在诠释学的体系中，一变成为主体之间的对话关系，而具有同类可比较性质。从比较史学来看，诠释学的主体间性理论是对中西历史可比性原理的一大扩展，深化了两者比较的内涵和内容，相较于传统史学而言，则无疑具有更多的合理性。

对于中西史学比较而言，诠释学的这一思想对于解决困扰比较史学的突出问题——史学研究中主体的地位有着重要意义。在中西比较的过程中，最主要的问题之一就是如何正确处理比较主体所具有的价值观念、民族感情问题，从中西比较史来看，许多中西学者都自觉地把这一课题与国家、民族的前途问题联系起来加以考虑，表现了深沉厚重的历史责任感。但如果站在传统认识论的观点来看，价值观念、民族感情却是作为阻碍比较客观性和公正性的消极因素，必欲除之而后快。

如何看待激情在历史研究中的作用是历史学包括中西比较史学长期争论不休的一个老大难问题。正确的态度应该是在尊重自己主体性所具有的民族热情的同时，也尊重隐藏于西方史学的民族热情，而更重要的是把过去无法避免的

---

① （英）爱德华·霍列特·卡尔：《历史是什么》，吴柱存译，北京：商务印书馆，1981年，第7页。

民族热情变成一个自觉地具有民族热情者，以一种平心静气而唯真理是从的态度，进行理性的比较，以探讨中西史学的内在共同发展规律为目的。因而这种冷静和理性同价值观念和爱国情感在对立的一面之外，还有其统一的一面。如刘家和先生指出，对于从事中外史学比较的中国学者而言，“应该有感情，应该有一种理性无穷的感情，凭着这一种感情，我们对本国文化中优点的爱与对其中缺点的恶，应该是同样强烈的。所以，这不是感情因素的消灭，而是使它在理性的指导下变得更为全面和深化。同样，对于西方文化也应该是爱其优点而恶其缺点。”[①] 将炽烈的民族热情和冷静的理性分析相结合，这就是我们在中西史学研究时所应采取的正确态度，这也是诠释学给中西史学比较观念的一个重要启示。

（2）主体“对话”深化了中西比较史学中对比较主体的理解。在比较史学中，历史比较结果的有效性首先建立在比较双方的平等性的基础之上，这是比较史学的重要原则之一。而要保障这一点，从理论上讲就是要特别注意在比较过程中，防止和克服比较过程中的片面性。对此问题，传统的认识论从主客认识对立的理论出发，强调了二者的关系是主体和被认识的客体这一审视的单向度的认识关系，因而所展开的史学比较就不可能建立在平等对话的基础上，其结果则必然会有明显的历史偏差。但诠释学的理论对于指导史学比较沿着公正性方面前进具有重要意义。具体表现在，诠释学的主体间性这一观点，对于克服在历史研究中夸大主体意识作用的主观主义和夸大客体作用的客观主义思想，提供了一个有力的思想武器。诠释学认为，历史的进程就是历史主体与历史主体不断对话的过程，也只有在主体与主体的对话下才能真正达到普遍提升这一目的，由此出发，历史比较不再是传统认识论赋予认识主体的单方选择，而是一种双方主体间性的平等“对话”。这一比较关系的突出特点是它要求摆脱在传统认识论中，主体高高在上以审视客体的霸气地位，也要求客体摆脱在传统主客关系中所不得不扮演的单纯的被审视的奴气角色，以保证历史比较在平等的对话中展开其内容和意义。从比较史学来看，由于比较的主体与客体之间建立了一种平等的对话关系，这种关系更具有历史的可比较性，它不但使主体参与历史研究而具有更多的合理性，更重要的是它在努力保证比较研究的结果更具

① 刘家和：《思考与建设》，《史学理论研究》1993年第1期，第12页。

有客观公正性。表现在中西历史比较中，对于深化理解比较的主体性，特别是对于着力构建中国史学比较主体意识具有更为重要的意义。

不言而喻，伽达默尔的主体“对话”理论有其相当的合理性，这一理论揭示了中西史学的比较问题，按其本质而言是一种文化主体与另一种文化主体之间的一种对话与相互理解，揭示了对话与理解是世界文化发展的这一客观发展趋势，并在相当程度上表达了西方文化愿意通过对话与理解，以达到与世界不同文化共同发展的意愿。但还要看到，伽达默尔的这种对话与理解的前提是相互具有独特品质的文化主体，即只有具备了这一文化主体性，对话和理解的这一过程才能真正进行，而且更重要的是也才能使这一中西比较的结果建立在真正平等的基础上，而获得更广泛的历史意义，即伽达默尔所说的：“理解一种传统无疑需要一种历史视域。但这并不是说，我们是靠着把自身置入一种历史处境中而获得这种视域的，恰恰相反，我们为了能这样把自身置入一种处境里，我们总是必须已经具有一种视域。”① 显然，对文化主体性的构建不仅是中西比较史学的前提，而且也是中西史学比较的目的，因为这种主体文化交流的结果并不会消融文化的主体性，只会加强文化的主体性，从而在中西史学的比较过程中，更进一步增强世界文化的普遍性——是在文化多样性和丰富性基础上的普遍性。由此看来，在当前西方强势文化的冲击下，对中国主体文化的构建具有重要的现实意义，这一现实意义表现在，如科恩所指出的：“中国史家，不论是马克思主义者或非马克思主义者，在重建他们自己过去的历史时，在很大程度上一直依靠从西方借用来的词汇、概念和分析框架。”② 因而对我国博大精深的历史宝库加以挖掘，以弘扬优秀的史学传统，彰显中华史学的主体性，从而有机地吸取西方史学的精华，这既是我们义不容辞的历史责任，也是中西史学比较的内在需要，更是对世界史学的巨大贡献。

（3）突破了历史时空的束缚，使中西历史比较的合法性得以张扬。从传统认识论的观点出发，历史学家在研究历史时，或在进行比较史学的研究时，常常碰到这样一种二律背反的命题：由于历史学家的主体和所研究的历史客体之间所存在的时空鸿沟，如果历史学家研究古代的历史时，时空的关系使历史学

① （德）伽达默尔：《真理与方法》，洪汉鼎译，上海：上海译文出版社，2004 年，第 381 页。

② （美）柯文：《在中国发现历史——中国中心观在美国的兴起》前言，林同奇译，北京：中华书局 1989 年，第 1 页。

家无法深入探讨已经逝去的历史真实，其历史的真实性理所当然地受到了人们的怀疑；而对于当代的历史学家所研究的当代历史来说，又由于所面对的是当代的历史事实，真相和后果又往往需要时间加以验证，其历史研究也难以形成正确的认识。如古罗马著名的传记史学家普鲁塔克就曾在《伯里克利传》中感慨地说道："看来，叙述历史，要掌握好事实很不易，因为，如果是后来人，时间对认清事实会是个障碍；而如果是叙述同时代人物和生平，那么，或者由于怀恨，或者由于逢迎，又会对事实加以损害和歪曲。"① 这对于中西比较来说更是如此。

一般而言，中西比较有两种方式：其一，是共时性比较。其二，是历时性比较。不管怎样说，两者都存在着很长的时间和很大的空间隔阂。对于这一矛盾，如果从诠释学的理论来看，其结果截然相反，时空的距离不但不是历史认识的阻碍，而是历史诠释所必须的条件。在伽达默尔看来，只要是理解，就总是以不同的方式在理解，而这种不同的方式正是由于解释者与原作者之间的时间距离造成的，"每一时代都必须按照它自己的方式来理解历史流传下来的本文"②，"重要的问题是在于把时间看成是理解的一种积极的创造性的可能性。时间距离不是一个张着大口的鸿沟，而是由习俗和传统的连续性所填满，正是由于这种连续性，一切流传物才向我们呈现出来。"③ "时间距离才能使诠释学的真正批判性问题得以解决。"④ 历史是一个不断地流动的过程。我们对历史的认识也正是通过以今知古和以古知今的这两种方式进行的。由此，卡西尔也认为历史意识是"'对立面的统一'，它把时间的相反两端连接起来，从而使我们感受到人类文化的连续性。"⑤ 诚如法国年鉴派大师马克·布洛克所言：尽管历史学"只能通过昔日的'轨迹'来了解过去，我们对过去的了解还是要比它本身愿意告诉我们的更多些，这才是我们的成功之处"。⑥ 因而诠释学将历史和现实的关系问题在历史的视域中结合起来，将原来互不联系的被时空所阻隔的中西历史融为一体，相较于传统的哲学，他更强调了历史的有机性，因而这一思想对中

① Plutarch，Plutarch'lives. Boston：Harvard University Press，1914，p. 47.

② （德）伽达默尔：《真理与方法》，洪汉鼎译，上海：上海译文出版社，2004年，第380页。

③ （德）伽达默尔：《真理与方法》，洪汉鼎译，上海：上海译文出版社，2004年，第384页。

④ （德）伽达默尔：《真理与方法》，洪汉鼎译，上海：上海译文出版社，2004年，第386页。

⑤ （德）恩斯特·卡西尔：《人论》，甘阳译，上海：上海译文出版社，2004年，第380页。

⑥ （法）马克·布洛克：《历史学家的技艺》，张和声、程郁译，上海：上海社会科学院出版社，1992年，第51页。

西史学比较也产生了重要影响。这主要在中西史学比较何以成为可能这一最重要问题上表现出来：

其一，伽达默尔指出："我们探究的是人的世界经验和生活实践的问题。借用康德的话来说，我们是在探究：理解怎样得以可能？这是一个先于主体性的一切理解行为的问题，也是一个先于理解科学的方法论及其规范和规则的问题……理解不属于主体的行为方式，而是此在本身的存在方式。"① 对于中西史学比较而言，中西史学比较是否具有可能性的问题曾经长期困扰、制约着中西史学比较的发展。从传统哲学出发，中西关山险隔，文化判为胡越，各有其发展的轨迹，历史比较困难重重，而诠释学为我们提供了将中西历史加以比较的可能性和必要性，即历史效果意识，即"真正的历史对象根本就不是对象，而是自己和他者的统一体，或一种关系，在这种关系中同时存在着历史的实在以及历史理解的实在。一种名副其实的诠释学必须在理解本身中显示历史的实在性。因此我就把所需要的这样一种东西称之为'效果历史'。理解按其本性乃是一种效果历史事件。"② 中西历史发展的本身同我们现在比较史学发展的实际需要的结合，是中西史学比较能够成为现实的最深厚的基础，同时也为中西史学比较成为科学提供了必要的"合法性"的证明。

其二，中西比较何以成为可能的第二方面含义就是中西比较的意义何在。对于这一中西史学比较的根本问题，如果从传统的主客认识模式出发的话，只能出现唯我独尊的排外主义和西欧中心主义这两种极端的比较模式，无法真正达到中西比较寻求共同发展模式的积极性目的。但从诠释学的理论出发，中西史学比较的过程转而成为一种主体与主体之间的理解过程，它所寻求的是一种既适合中国也适合西方的，既超越中国传统的，又超越西方传统的中西史学发展的新方法，是东西方两种思维模式的有机的结合，是中西和古今历史的统一。正如伽达默尔所指出的："这样一种自身置入，既不是一个个性移入另一个个性中，也不是使另一个人受制于我们自己的标准。而总是意味着向一个更高的普遍性的提升，这种普遍性不仅克服了我们自己的个别性，而且也克服了那个他人的个别性。"③ 尽管这一思想偏重于抽象的哲学意义，因为它对具体的历史学

① （德）伽达默尔：《真理与方法》，洪汉鼎译，上海：上海译文出版社，2004年，第6—7页。
② （德）伽达默尔：《真理与方法》，洪汉鼎译，上海：上海译文出版社，2004年，第387页。
③ （德）伽达默尔：《真理与方法》，洪汉鼎译，上海：上海译文出版社，2004年，第394页。

的特殊性方面重视不够，但这一思想在中西史学交流越来越频繁的背景下，对于进一步探索中西史学比较的意义，从而推动中西史学的深入发展也具有积极意义。这一意义主要表现在，对于中国史学家而言，在投身中西史学的比较中，应该采取的正确态度是，在尽可能公正、客观地解释历史的过程中，体现出中国特有的历史视野，以自信和海纳百川的宽阔胸怀同西方史学进行对话，取其之长以补己短，而不是对西方中心论采取妄自菲薄，或者是矫枉过正的偏激反应。

（4）诠释学为正确认识中西古代比较史学“范式”提供了一个比较的依据，并对进一步探索现代中西比较史学的“范式”也具有重要意义。诠释学的主体对话理论认为，主体间的认识关系是一个长期性的对话关系，甚至是一个“无限对话”（infinite dialogue）的过程，而历史的创造性也正是在这一过程中不断地流淌出来。由此出发，历史的比较关系也必然是一个长期的历史过程，具体表现在中西史学比较中，每一项比较研究的成果都是对中西历史的一种历史性的认识，而不是历史认识的终端。由于比较研究的角度随着条件的变化和发展，人们会不断发现新的比较视角，从而又获得新的比较认识，而新的比较研究成果又必然促使比较研究的进一步开展，并由此而不断延续下去，用利科的话来说：“历史是历史学家在真理中，也就是在客观性中重新把握的已经过去的历史，也是我们经历的和创造的正在进行之中的历史。”① 因而，诠释学的这一思想实际上指出了比较认识不可能是一劳永逸的，它只能是一个相当长的不断接近绝对真理的历史过程。毫无疑问，这一思想对于在比较的过程中，破除传统认识思想的束缚和局限，克服把比较史学的方法停留在表面层次上的毕其功于一役的弱点，以客观的态度来看待自己的比较研究成果具有重要的启发意义，而更重要的是，对于在新形势下寻求新的更为合理的中西比较史学模式具有现实意义。

对于西方史学而言，在希腊罗马时代，他们认为在世界万事万物的背后存在着一个不变的本质，这个本质就是事物的根本，就是一。古希腊哲学家柏拉图在其所作《巴曼尼得斯篇》曾经以严密的逻辑论证了纯粹的“一”是不可能存在的，因则求一的话，其方法只有在不同中去寻求其无差别的统一，因而寻

① （法）保罗·利科：《历史与真理》，姜志辉译，上海：上海译文出版社，2004年，第6页。

求本质是古典时代整个科学的使命，从而形成了西方传统文化所共有的思维特征，即在异中求同。需要指出的是，这一异中求同的思维模式既是其传统方法论的目的，也是这一认识过程的结束。由于这一认识过程不能体现复杂多变的历史变化过程，所以历史学在西方长期不能成为科学而登大雅之堂，而只能以准科学的身份依附于哲学而存在。对于史学比较而言，也只能是简单的富有哲学意味的类比，而不能成为具有历史意义的比较。

对于中国的传统文化而言，其比较的核心思想观念和古希腊相同的是，其比较的出发点也是异中以求同，但不同之处是，在异中求同的基础上，中国的文化又进一步同中求异，并将求异与求同在历史认识过程中结合起来，从而形成一个完整的认识过程。这一思想最形象的说明是春秋时期晏子所提出的“和而不同”① 的观念。晏子把无差别的“一”或“同”叫“专一”，而有差别的“一”或“和”照理应该称为“和一”。“这种‘和’的观念，后来儒家发展成为‘中和’的思想。‘中’就是不偏不倚、无过无不及；‘和’是使不同，对立结合，使之合乎节度。这里面包含着对立统一的辩证智慧。”② 这一具有辩证思维的思想观念实际上构成了中国传统史学和比较史学的理论基础。而且对于进一步探索现代史学比较观念也具有重要的指导意义。

众所周知，历史比较的功能在于明同异，因而同异也是历史比较赖以实现的前提。从比较史学的理论和实践来看，比较可分为两个认识阶段：其一，异中求同。其二，为同中求异。从比较理论上来讲，“异中有同”和“同中求异”，只不过是一个完整比较过程的既不相同，但又密切关联的组成部分。从现代史学比较而言，如果我们不从事物的不同性出发，以探讨其所具有的共同点，我们就无法认识历史事物，所以，史学比较的第一步就是要从不同中寻找其共同，而要达到这一目的，我们就必须借助于逻辑，从历史现象中抽象出同而加以概括其共性。不如此，我们所面对的历史现象就是杂乱无章的历史表象。同样，如果历史的比较认识在此结束的话，那我们只会对历史现象有一个简单的抽象的了解，只知其共性，而不知个性和具体性，而这一点，正是西方比较史学的弱点，因此，比较史学的第二阶段的任务，也是最重要的任务就是在共性的基础上进一步研究，以探求历史现象的个性，而要达到这一目的，就必须把历史

---

① 杨伯峻：《春秋左传注》，北京：中华书局，1981年，第1419—1420页。

② 杨适：《中西人论的冲突》，北京：中国人民大学出版社，1991年，第94页。

的共性看成是有机的“一”，“那么势必要把认识再深入一个层次，由抽象再上升到具体。那也就是从同中再看出异来，看出那些各异的部分是怎么样既互相拒斥又互相渗透地构成为有机的一体的。”① 西方传统的哲学对此是无能为力的。但对于诠释学而言，其主体对话的思想包含着明显的辩证思想，从比较史学的角度来看，它实际上包括了比较认识的两个阶段：首先是在异中以求同，即将客体主体化的过程，也就是建构主体间性这一认识架构；其次是在同中再求异，即在同类主体的基础上，再进行主体与主体之间的同类比较，其目的在同中进一步求异，从而形成了一个较完整的比较认识过程。因此，诠释学的主体间性的理论不但对于批判西方比较史学所依据的静止的、孤立的哲学观念有着积极意义，更重要的是对于现代中西史学比较研究具有重要意义。

二、结论

如上所述，伽达默尔从西方哲学所存在的内在矛盾出发，运用诠释这一古老的方法，推陈出新，将传统的主客关系发展成为一个主体与主体之间对话的过程，将诠释学发展成为一个强调理解的完整的哲学形态，这一哲学的形成及要义与历史的研究不可分离，而它的出现，对于进一步探索历史发展的内在原因具有深远的影响，而对于中西比较史学来讲也是如此。但还要看到，从诠释学的发展道路来看，它并没有脱离西方哲学发展的轨迹，诠释学在反对客观主义的同时，却有反拨到主观主义之嫌，“表现了一个相对主义的偏向。”② 对于中西比较史学而言，诠释学在强调了两者的普遍性的提升的同时，并没有深刻认识到这种提升并不仅仅是建立在否定个别的基础上，而且也是建立在肯定历史个别性基础上的普遍性，是个别与普遍的历史的辩证的对立统一。所以，诠释学只是在相当程度上克服了客观主义史学的缺陷，还没有彻底解决西方传统哲学的二元对立的问题，归根到底，诠释学理论仍是西方化的一个哲学理论。通过对诠释学的研究和再诠释，可以有效地剔除诠释学中的相对主义

---

① 刘家和：《历史的比较研究与世界历史》，《北京师范大学学报》（社会科学版）1996年第5期，第48页。

② 成中英主编：《本体与诠释：中西比较》，上海：上海社会科学院出版社，2003年，第11页。

和主观主义的弱点，对于我们丰富马克思主义的辩证唯物主义思想具有重要意义，而对于我们沿着正确的道路从事中西史学比较研究无疑也具有重要意义。

（原载《中国社会科学院研究生院学报》2007 年第 6 期）

论诠释学对现代中西比较史学的影响及其历史地位

众所周知，哲学与史学之间的互动及影响，成为哲学史和史学史研究的重要内容。20 世纪中叶以后，随着西方哲学的重要转型，林林总总的现代哲学流派，都在新的条件下解构和重构自身的理论体系，从而对现代西方史学的走向产生了重要影响。另外，历史学的发展也给哲学以重要的推动，哲学与历史学的内在关联进一步加深，如西方现代哲学具有代表性的流派诠释学（也译“解释学”，Hermeneutic）的产生和发展就是典型例证。自 20 世纪 60 年代西方当代哲学家加达默尔的《真理与方法》一书问世后，哲学诠释学很快便在西方学术界蔚为大观，成为显学。诠释学较之于其他西方现代或后现代哲学流派的突出特点在于它与历史学之间的极其密切的亲缘关系。具体而言，它的产生与历史学有着密切的关联，而它产生后更是对历史学观念和研究方法的更新以及在扩大历史学的研究领域等方面产生了重要而直接的影响，因而受到史学界的关注。作为一个新兴的史学研究领域，中西史学比较研究的产生和成长一方面是史学本身发展的必然要求，另一方面也是史学观念不断更新的产物，其在发展过程中受到了诠释学的许多影响。因此，深入探讨诠释学与中西史学比较研究之间的互动关系对于推动中西史学比较的发展是十分必要的。基于此，本文拟将诠释学置于现代中西方社会历史和哲学发展的背景下，来探讨诠释学对中西比较史学所产生的重要影响，并对其观念进行再诠释，以深刻而准确地把握诠释学的精义及其在西方哲学史中的地位，从而更好地推动中西比较史学的发展。

一

现代诠释学发端于解经学（《圣经》注释学），其古典形态，如施莱尔马赫的一般诠释学，尽管将诠释的对象扩展到包括《圣经》在内的一切文本，但其诠释的理念和方法在很大程度上仍是承继了解经学。对于解经学而言，其解经的规则主要用于分析经典文本的语言，目的是通过阐释经典的真谛以消弭经典文本的内在矛盾，即如洪汉鼎先生指出的："传统的诠释学是以获得经典的客观科学知识为目的，以探求创作的客观历史背景、创作者的主观意图、政治倾向、生活态度为宗旨。力图重建和复制经典创作的主客观条件，以恢复历史的真面目。"① 因此，古典诠释学相较于解经学而言，共同点是都重视心理因素在认识中的中介作用：通过对文本作者主观世界的探索来保证其著作的客观可解释性；不同点是拓展了诠释的范围；归根到底，所谓诠释就是主观地重建客观过程。但在此，古典诠释学陷入了无法解脱的矛盾之中：它们强调理解中的主体性，却无法克服由于主体性认识所带来的困难，即理解作者的"原意"这一目标与其所运用的科学的客观主义方法论原则之间无法真正沟通的这一矛盾。只有一场重大的本体论的变革才能摆脱这一困境。在这一过程中，海德格尔用其有关存在的思想完成了影响深远的"本体论变革"，伽达默尔则对其新本体论思想予以继承，不同的是，伽达默尔将语言视为本体论意义上的存在。他认为，在文本和解释者，传统和现代之间真正能够充当中介作用的，并非是古典诠释学所运用的"心理移情"这一法宝，而是语言。伽达默尔认为："语言就是理解本身得以进行的普遍媒介。"② 在他看来，语言表达了人与世界的一切关系，在语言中蕴含人类的各种世界观念和文化构建。即"世界本身是在语言中得到表现。语言的世界经验是'绝对的'，它超越了一切存在状态的相对性，因为它包容了一切自在存在"③。这对于自然科学而言，也不例外。显然，以语言作为本体的诠释学冲破了存在于传统认识论模式中的桎梏，即认识过程乃是主体向着客体的单向运动，揭示了认识的本质是理解者与被理解对象间相互影响的互动，即

① 洪汉鼎：《诠释学与人文社会科学丛书序》，韩震、孟鸣歧：《历史·理解·意义——历史诠释学》，上海：上海译文出版社，2002年，第1页。

② （德）伽达默尔：《真理与方法》，洪汉鼎译，上海：上海译文出版社，2004年，第502页。

③ （德）伽达默尔：《真理与方法》，洪汉鼎译，上海：上海译文出版社，2004年，第583—584页。

伽达默尔所说的“通过语言媒介而进行的、因而我们在解释文本的情况中可能称之为谈话的乃是一种真正历史的生命关系。”[①] 虽然伽达默尔在《真理与方法》中主要分析的是对艺术和历史的理解，但“在他的语言本体论语境中，一切理解对象都被主体化了，因而加达默尔得出的结论却有着普遍的意义”。[②]

在伽达默尔的哲学诠释学中，对历史的分析研究既成为其诠释思想的一个非常重要的源泉，同时也是阐释其诠释思想的一个重要领域。诠释学认为，从主观意图而言，我们是尽可能以经典的“文本”（texts）为根据，做到“发前人之所未发”。但在理解和解释文本时，由于必然地受到当代的历史意识的影响，而带有时代和个人的“主观”色彩。所以，诠释者与本文作者之间存在着诸如时间距离，历史文化水平等等的差异，但在诠释的过程中，文本的真义也就超越了作者本人的意念，而部分地被客观历史客观进程的总体性所规定，并与诠释者的时代兴趣统一起来。这种理解是通过“视界融合”而构成了一个包容了历史和现代的更为广阔的整体视界。但是这种融合不是同一或均化，而只是部分重叠，它必定同时包括差异和交互作用。“视域融合不仅是历时性的，而且也是共时性”[③]。视界融合后产生的新的融合的视界，既包括理解者的视界，也包括文本的视界，在这种历史和现代的整体视界中，二者融为一体。并在这一过程中获得更高、更具普遍性的意义。

所以，诠释者对文本的理解与解释，并不是对文本的简单复制，而是把过去和现在融合在理解者的经验中，并对文本作出精神的再生产和再创造，因而文本的历史意义并不是暂时的，而是永远超越于它的作者。伽达默尔说：“真正的历史对象根本就不是对象，而是自己和他者的统一体，或一种关系，在这种关系中同时存在着历史的实在以及历史理解的实在。一种名副其实的诠释学必须在理解本身中显示历史的实在性。因此我就把所需要的这样一种东西称之为‘效果历史’。理解按其本性乃是一种效果历史事件。”[④] 按照法国著名哲学家利科尔的看法，效果历史意识“标志着伽达默尔对‘精神科学’基础进行思考的

---

① （德）伽达默尔：《真理与方法》，洪汉鼎译，上海：上海译文出版社，2004 年，第 503 页。

② 潘德荣：《从主客关系到主体间性》，成中英主编：《本体与诠释：中西比较》，上海：上海社会科学院出版社，2003 年，第 399 页。

③ 洪汉鼎：《译者序言》，伽达默尔：《真理与方法》，洪汉鼎译，上海：上海译文出版社，2004 年，第 8 页。

④ （德）伽达默尔：《真理与方法》，洪汉鼎译，上海：上海译文出版社，2004 年，第 387 页。

最高成就”。[①] 由此，历史真实性的面貌就焕然一新：历史是一个不断变化着的存在，历史作为传统，表明了现代形成于历史之中，由此我们可以以古知今；但在另一方面，正因为历史参与了现代的形成，便在当代中找到了它存在的根据，由此而进入了现代，我们又可以以今知古；可以这样说，对现代发生影响的，构成着现代历史的只是现代所能理解到的历史，在理解中，历史被重新塑造而和以往所理解的历史并不相同。当然，我们是通过对历史的理解而成为真实历史的组成部分并融入了历史过程中，它是基于我们的视界、基于我们自己的经验而被理解和塑造的历史。所以“真实的历史乃是过去与当代的相互作用史。在确定的意义上，历史就是向着我们打开的文本，是与我们进行着对话的另一方，历史的意义就在这对话过程中展现出来。”[②]

显然，伽达默尔诠释学理解的实质乃是通过对话超越自身的有限视域，使对话双方都达到一种新的、更高层次的境界。在这一新境界中，对话的意义被丰富和加深，主体性才真正得以实现。

二

如上所述，诠释学较之于西方传统哲学而言，是认识上的一个重大突破，这一突破对中西史学比较中的主体意识、同与异的关系和中西比较的合理性等方面的正确认识具有明显的积极意义。

（一）理解“对话”对构建史学比较的主体意识具有重要意义

在史学比较的过程中，应遵循的基本原则就是要求将比较的双方置于平等的基础之上，从而保证比较结果的公正性和有效性。对此问题，传统的认识论从主客体认识对立的理论出发，认为二者的关系模式是主体和被认识的客体之间单向度的审视和被审视的认识关系，而在此基础上所展开的史学比较就不可能建立在平等对话的基础上。与此相对，从诠释学出发，历史的进程的本质是理解者和理解的对象二者之间不断对话的过程，由此，历史认识的途径不再是

① （法）保罗·利科尔：《诠释学的任务》，洪汉鼎主编：《理解与解释》，北京：东方出版社，2001年，第430页。

② 潘德荣：《从主客关系到主体间性》，成中英主编：《本体与诠释：中西比较》，上海：上海社会科学院出版社，2003年，第399页。

传统认识论认为的认识主体进行单方选择的结果，转而成为认识双方平等“对话”的过程。这种比较关系的突出特点是要求认知双方必须从各自不同的视域出发，阐述属于自己的但肯定有异于对方的观点，然后通过对话的形式，交融成为一种新的被双方认可的观点，以此来保证历史比较在平等的对话中展开其内容和意义。不言而喻，这是主体之所以成为主体的根本特征。

显然，诠释学的相互理解观点，从哲学上来讲，对于克服在历史研究中夸大主体意识作用的主观主义和夸大客体作用的客观主义倾向，提供了一个有力的思想武器。如果将加达默尔的“对话”理论贯穿于中西史学比较研究的话，其结论必然是：中西史学的比较就其本质而言是一种中西双方之间的相互理解，这一关系的建构不但使中西双方以主体身份参与中西比较研究具有更多的合理性和可比较性，而且它在保证比较研究的结果方面更具有客观公正性，从而成为中西史学比较的首要条件。在此认识基础上，我们就会对主体意识在中西史学比较中的作用和地位有一种新的深入理解。

其一，自身视域或自我的确认是中西史学比较主体意识的基础。在加达默尔的哲学诠释学中，相互理解的内涵首先是文化主体具有独特历史品质，这种历史品质就是文化主体所特有的前见和视域，前见是由情感、知识、思维能力、世界观等因素构成，前见构成了理解者的视野。从根本上言，理解者无法摆脱自身与生俱来的前见。正因为前见的存在，对文本的理解才成为可能。加达默尔说：“理解一种传统无疑需要一种历史视域。但这并不是说，我们是靠着把自身置入一种历史处境中而获得这种视域的，恰恰相反，我们为了能这样把自身置入一种处境里，我们总是必须已经具有一种视域。”[①] 因此，传统解释学所主张的克服前见、使自己变成精神“白板”以达到对文本的“客观”理解的这一途径是行不通的。利科尔指出“只有忠实于自己的起源，在艺术、文学、哲学和精神性方面有创造性的一种有生命力文化，才能承受与其他文化的相遇，不仅能承受这种相遇，而且也能给予这种相遇一种意义。”而且强调了这种相遇是一种“创造性的意义”，[②] 由此，利科尔认为：“为了面对自我之外的另一个人，首先要有一个自我。”其目的只是“以便在各种文化大争论中成为有资格的对话者”。[③]

---

① （德）加达默尔：《真理与方法》，洪汉鼎译，上海：上海译文出版社，2004 年，第 394 页。

② （法）保罗·利科尔：《历史与真理》，姜志辉译，上海：上海译文出版社，2004 年，第 286 页。

③ （法）保罗·利科尔：《历史与真理》，姜志辉译，上海：上海译文出版社，2004 年，第 286 页。

其二，对前见本身具有的正确反思态度，这是理解者或解释者意识的一个重要体现。一方面，前见、视野局限着我们，使理解者只能看到其视野范围内的事物，另一方面，在传统、前见面前主体又具有反思能力，人之所以能够反思自己的前见，在于人是具有能动性的反思主体。从根本上看，人是一种实践的存在。在本体论意义上，人无法从根本上打破传统，但作为具体的人类实践，历史的发展又是在不断地超越传统，而中西史学比较本身就是一个创新的过程。从史学比较史来看，历史认识主体的建构既是历史的产物，也是通过比较而得到的结果。正如学者所指出的："历史学家总要提出如此要求，即发现历史的认同性或者对其进行重建……它能使读者在这种历史中重新发现自我，在这种历史中找到自我认同，以及能够发展这种认同的条件。"[①] 显然，历史主体的建构既是史学比较的一个重要功能，也是史学比较的前提，对于中西史学比较而言，只有具备了这一历史主体，不同历史主体间的对话和理解才能真正进行，也才能使这一中西比较的结果建立在真正平等的基础之上，而且获得新的高于双方，并包容了双方视域的普遍意义。显然，理解性的对话理论对中西比较的一个重要启示，就是文化主体的构建在中西比较中具有特殊重要的地位。问题是从中西史学比较的角度如何来面对历史研究中的主体问题呢？

对于中西史学比较而言，如何正确处理中西比较双方所具有的民族感情、价值观念和文化传统等重要问题是中西比较史学长期争论不休的一个难题，在西方形成了两个极端的具有代表性的观念，其一是西欧中心主义史学思潮，其二是在研究中全力剔除主体价值观的纯客观主义史学思潮，不过，两者貌虽不同，但却殊途同归。从史学观念上看，历史学家本身所具有的主体意识——民族感情、价值观念——成为构建世界历史不可逾越的障碍，而从哲学观念来看，表明他们仍然是陷入客观主义史学的主客矛盾之中无法解脱。诠释学的相互理解理论为中西价值观积极介入中西比较提供了理论根据：在历史认识活动中，根本不存在价值中立的历史视野，所谓中立的历史视野也只是理解者双方对话的结果，为了不断形成更加公平、合理和客观的解释，必须主动参与历史解释。历史学家刘家和先生指出："要改变祖国历史在世界史上不合理的地位，不能依赖别人，只有靠我们自己把中国史放到世界史中去研究。"[②] 因而在中西史学比

① （德）哈特穆特·凯博：《历史比较研究导论》，赵进中译，北京：北京大学出版社，2009年，第50页。

② 刘家和：《古代中国与世界》附录《论学术工作的基础》，武汉：武汉出版社，1995年，第603页。

较中鲜明地突出我们自身的民族特性成为史学比较的客观要求。但需要指出的是，这种鲜明的民族特性，决不意味着我们应采取民族狂热主义的方式，以建立中国中心主义的历史观为目的。若如此的话，必将重蹈西方中心主义的覆辙。德国比较史学专家哈特穆特·凯博曾认为，欧洲以往历史学家通常为了促进民族认同，将这一认同建立在非理性的“对其他国家敌对性的狂热的基础上，并且操纵和滥用了公民的忠诚。特别是德国。”[①] 出现这一后果的原因之一，在于“历史认同的比较很少出自于深思熟虑的专家论证，而是成为一般常见的判断。传统的、感性形成的认同性通常是建立在关于另一社会的推测、传闻和神化之上”。[②] 不过，哈特穆特·凯博认为，现代民族国家的认同史不再仅仅是为建立感性联系，而是构建一种“建立在理性论证之上，而且做好准备去同时面对自身历史的负面，对自我进行分析，这种自我历史绝非仅用一种单纯敌对的观念来填充。这些国家的认同标准只有通过比较才能引起人们的注意”[③]。

在学者们看来，比较成为民族认同、互相了解的重要途径。如利科尔认为，可以采用换位思考的方法，但不放弃自己的特色和原有身份。他说：“我能站在别人的立场上，但仍不失为我自己。”而且他认为“是人就能转到其他的立场上”。[④] 但事实上，这种身份转变绝非像利科尔所说的那样容易，其背后表现为强烈的民族感情和理智的历史比较观念之间的尖锐冲突。马克·布洛克说：“不要以为真正的历史学家是不动感情的，无论如何，他还是有感情的。”[⑤] 卡西尔也认为：“历史学家本人一定不能表现出他所描述的那些感情，那些暴怒和疯狂的情绪来。他的同情是理智的和想象的，而不是情感的。”[⑥] 刘家和先生则将两者真正统一起来：“这不是感情因素的消灭，而是使它在理性的指导下变得更为全面和深化。”[⑦]

---

① （德）哈特穆特·凯博：《历史研究导论》，赵进中译，北京：北京大学出版社，2009年，第50页。

② （德）哈特穆特·凯博：《历史研究导论》，赵进中译，北京：北京大学出版社，2009年，第51页。

③ （德）哈特穆特·凯博：《历史研究导论》，赵进中译，北京：北京大学出版社，2009年，第51页。

④ （法）保罗·利科尔：《历史与真理》，姜志辉译，上海：上海译文出版社，2004年，第286页。

⑤ （法）马克·布洛克：《历史学家的技艺》，张和声、程郁译，上海：上海社会科学院出版社，1992年，第105页。

⑥ （德）恩斯特·卡西尔：《人论》，甘阳译，上海：上海译文出版社，2004年，第263页。

⑦ 刘家和：《中西文化比较研究》，《史学理论研究》1993年第1期，第12页。

显然，对理解者和被理解者文化品格的构建不仅是中西比较史学的前提，而且也是中西史学比较的目的，因为这种史学对话的结果并不会消融中西方之间的差别，只会加强中西历史的文化独特性，从而在中西史学比较过程中，更进一步增强对中西历史的普遍性的认识。由此看来，在当前中西历史与文化不断交融的背景下，对中国历史品格的构建既是中西史学比较的内在需要，也是中西史学比较的目的所在。

（二）有助于我们进一步深刻理解中西比较中同与异的辩证关系

马克·布洛克认为："比较就是在一个或数个不同的社会环境中选取两种或数种一眼就能看出他们之间的某些类似之处的现象，然后描绘出这些现象发展的曲线，揭示它们的相似点和不同点，并在可能的范围内对这些相似点和不同点做出解释。"① 因而在比较史学理论中，"同与异"、"普遍与特色"的关系问题构成了比较史学的基本矛盾。诠释学的对话理论有助于对这一问题的深入理解。

从诠释学来看，中西史学比较也就是中西史学的对话，这种对话意味着我们与中西的历史存在着某种联系，并把我们自身置入中西的历史视界之中，"什么叫自身置入呢？无疑，这不只是丢弃自己。当然，就我们必须真正设想其他处境而言，这种丢弃是必要的。但是，我们必须也把自身一起带到这个其他的处境中。只有这样，才实现了自我置入的意义。"② 这样一种自身置入，在加达默尔看来，既不是一个个性移入另一个个性之中，也不是使另一个人受制于自己的标准，而是意味着向一个更高的普遍性的提升，"这种普遍性不仅克服了我们自己的个别性，而且也克服了那个他人的个别性。"③ 由此出发，诠释学的理解对话理论具有两方面的意义：其一，这一理论在强调两者通过对话得以提升普遍性的同时，已经认识到这种提升并不仅仅是建立在否定个别的基础上，而且也是建立在肯定历史个别性基础之上的普遍性，最重要的是努力将个别与普遍两者辩证地统一起来。其二，进行中西双方比较的主体都不要试图强制对方服从于自身的特殊标准，而应该寻求一个双方都能接受的更具普遍性的更能包

---

① （法）马克·布洛克：《比较史学之方法》，项观奇编：《历史比较研究法》，济南：山东教育出版社，1986年，第104页。

② （德）伽达默尔：《真理与方法》，洪汉鼎译，上海：上海译文出版社，2004年，第381页。

③ （德）伽达默尔：《真理与方法》，洪汉鼎译，上海：上海译文出版社，2004年，第381页。

容双方特点的标准或范畴，而在这一过程中，双方自觉地克服了有违于这一新标准的个性的或特殊性的内容，中西比较以这种方式从相异走向了相同范畴。因此，加达默尔的主体间性理论最突出的成果实际上是从哲学上揭示了对话与理解代替斗争与对抗是世界文化发展的客观趋势。如果把这一理论置于中西史学比较的大背景中加以考察的话，这一理论的特点是强调在比较过程中所应坚持的双方主体平等的特性，因此，它所寻求的是一种既适合西方也适合中国，中西兼容的史学发展新目标，依此看来，这一观念无疑符合现代国际哲学的发展趋向。

从近现代中西方史学比较来看，如何正确地处理中西史学的同与异问题一直是中西史学比较中争论不休的问题。事实上，在中西比较史学史上，比较史学也曾走了许多弯路。如西方史学家在中西史学比较的过程中，没有对中西历史的异同做出合乎情理的历史解释，其结果使史学比较对西方中心主义思潮起了推波助澜的作用。比如英国当代历史学家巴特菲尔德在20世纪60年代初就断言：古代中国在历史编纂学方面都是有成效的，“但是视它并未取得任何可以媲美西方17世纪科学革命和18世纪后期到19世纪前期历史运动的成就。”① 而且，他相信，“没有其他文明曾以1450到1850年间西欧那种方式历史地思维着。”② 这种欧洲历史中心说自然受到了许多中外学者的批评。如朱本源先生就认为巴特菲尔德的结论并非持平之论，他只看到17世纪西方科学革命以前，中国文明在科学、工艺和历史编纂方面的突出成就和17世纪以后中国在自然科学方面的落后这一方面，却没有“发现在19世纪以前的（即在从孔子到乾嘉时代的）中国历史学家中有不少的人曾经以类似西方近代的历史思维方式‘历史地思维着’。”③ 杜维运先生指出：“西方论史学的著作里面，往往出现比较历史与历史的比较研究，而比较史学则未被提及。认为整个世界只有西方有史学，亚洲、非洲等西方以外的地区，只有历史而没有史学，比较历史自然就没有提倡的必要。”④

显然，巴特菲尔德的观念是中西史学比较领域内欧洲中心历史观的反映，它忽视了中西历史发展的多样性和特殊性。当然，从诠释学的角度来看，这一观念是西方历史视域的必然表现。结果，有关同与异进行进一步对话的必然性

① Herbert Butterfield, Man on His Past, Cambridge: Cambridge University Press, 1969.
② （英）巴特菲尔德：《历史和人类对过去的态度》，《听众》1961年9月21日。
③ 朱本源：《“〈诗〉亡然后〈春秋〉作”论》，《史学理论研究》1992年第2期，第47页。
④ 杜维运：《史学方法论》，北京：北京大学出版社，2006年，第257页。

和合理性成为疑问。究其原因，仍是缺乏对同与异辩证关系的深刻理解。

从现代比较史学来看，无论是从广义或狭义来说，历史现象都是普遍与特殊的统一体。所以比较本身就是同与异、主体与客体的对立统一，历史比较的实质就在于理解统一体两个方面的辩证关系。没有对异的感知，就不可能有对同的抽象。“比较研究必须以某种认同为基础，同时意在生成新的认同，但这决不意味着追求一种毫无差异的认同，相反，保持差异是比较研究成为一种创造性活动的源泉。”① 因此，历史比较是在异中求同的这一比较结果的基础上，“由抽象再上升到具体。那也就是从同中再看出异来，看出那些各异的部分是怎么样既互相拒斥又互相渗透地构成为有机的一体的。”② 当然，这种统一的有机体应该根植于社会历史的发展进程中，并统一于社会历史进程的规律性之中，唯如此，历史的比较才能超越了历史比较研究领域经常出现的历史现象的“同”与“异”的对立，把认识深入到“同”与“异”的背后，探求“同”与“异”的共同本质，进而把历史的统一性与多样性真正统一起来，“从此，历史比较研究才有可能摆脱同一性与差异性的僵硬对立和简单的形式上或模式上的异同类比，因而也才有可能具有真正科学的生命力。”③

（三）突破了历史时空的束缚，使中西历史比较的合法性得以张扬

马克·布洛克认为，存在着两种类型的比较。一种是在时间和空间上都显著隔离的比较类型，其特点为这些社会的相似点既“不能解释为相互间的影响，也不能解释为出于任何共同的根源。”④ 另一种是对同一时代及相互邻近而又不断影响的现象的比较，“可以部分地追溯到一个共同的起源。”“由于这类比较方法能够更好地对近似点进行严格的分类和论证，就有可能希望做到对事实做出假设少得多、而精确程度却高得多的结论。”⑤ 从马克·布洛克的论述来看，中

---

① 刘家和：《历史比较初论：比较研究的一般逻辑》，《北京师范大学报》（社会科学版）2005 年第 5 期，第 72 页。

② 刘家和：《历史的比较研究与世界历史》，《北京师范大学报》（社会科学版）1996 年第 5 期，第 48 页。

③ 庞卓恒：《比较史学》，北京：中国文化书院，1987 年，第 142 页。

④ （法）马克·布洛克：《比较史学之方法》，项观奇编：《历史比较研究法》，济南：山东教育出版社，1986 年，第 105 页。

⑤ （法）马克·布洛克：《比较史学之方法》，项观奇编：《历史比较研究法》，济南：山东教育出版社，1986 年，第 107 页。

西史学比较显然是要被划入第一种比较类型之中，但他更看重的是后一种比较类型。

毋庸讳言，中西史学之间存在着很长的时间距离和辽阔的空间隔阂，时空的阻隔使历史学家无法获得两者之间的真实的历史关联，所以，人们有理由探询，中西史学比较的可能性和意义何在？对此问题，若从传统认识论出发，是无法给予合理解释的，但从诠释学的理论来看，时空距离不但不是历史认识的阻碍，而且还是历史诠释所必需的条件。伽达默尔认为，只要是理解，人们就总是以不同的方式在理解，理解不仅是历时性的，也是共时性的，“每一时代都必须按照它自己的方式来理解历史流传下来的文本，”① 时间距离不再是一种由于其分开和远离而必须被克服的鸿沟，相反乃是古今联通的根本基础，所以，“重要的问题是在于把时间看成是理解的一种积极的创造性的可能性。时间距离不是一个张着大口的鸿沟，而是由习俗和传统的连续性所填满……在时间距离没有给我们确定的尺度时，我们的判断是出奇的无能。”② 也只有“时间距离才能使诠释学的真正批判性问题得以解决。”③ 因而较之于传统哲学而言，诠释学将过去和现实在历史的视域中结合起来，更强调了历史与现实的关联性。因此，“比较历史给予我们可能是最明确，而且是最有意义的教导就在于，它使我们意识到，打破那些陈旧的地形范畴的时候已经到了，我们不能硬要以此来区分社会现实”④，这样一来，将原来互不联系的被时空所阻隔的中西历史融为一体，以时间为平台，通过比较研究的方式以探讨两者的异同，从而得出更为深刻的中西历史发展的真相。因而诠释学的时间距离观念对中西史学比较产生了重要影响。

其一，中西史学比较何以可能？这是长期困扰中西史学比较的重要问题。从传统的哲学和历史观念出发，中西曾长期自成体系，并行不悖，历史比较从何谈起？而诠释学的历史效果意识为我们提供了将中西历史加以比较的可能性和必要性，“一种真正的历史思维必须同时想到它自己的历史性。只有这样，它才不会追求某个历史对象（历史对象乃是我们不断研究的对象）的幽灵，而将

① （德）伽达默尔：《真理与方法》，洪汉鼎译，上海：上海译文出版社，2004年，第383页。
② （德）伽达默尔：《真理与方法》，洪汉鼎译，上海：上海译文出版社，2004年，第384页。
③ （德）伽达默尔：《真理与方法》，洪汉鼎译，上海：上海译文出版社，2004年，第386页。
④ （法）马克·布洛克：《比较史学之方法》，项观奇编：《历史比较研究法》，济南：山东教育出版社，1986年，第138页。

学会在对象中认识自己的他者，并因而认识自己和他者。”[①] 加达默尔指出：时间距离的另一种意义为“它可以使存在于事情里的真正意义充分地显露出来。”[②] 马克·布洛克就曾经把比较理解成一种“抽象”的方法。“任何一门科学都不能排斥‘抽象’，正如他不能排斥想象一样。”[③] 他还认为：比较历史，“它是一个完全符合科学的学科，它的方向在于认识”[④]。刘家和认为：对于历史现象的比较而言，“事物的本质并非完全外在于比较者的客观存在，它同时也有赖于比较者的理论构想”[⑤]。

其二，中西史学比较的真正动力和生命力，对于中国和西方学者而言，其根源在于对当代中西方现实问题的思考。中西史学的比较是随着近代中西交流的日益广泛而发展起来的一个新的研究领域。概言之，不管是中西历史进程或比较史学本身所表现出的具体问题或理论问题，“对于中西史学比较而言，无论是上述那一种类型的比较，其目的都是为了在历史研究中不断地提出问题和回答问题。”[⑥] 正因为如此，中西史学比较，就不仅仅是一个史学研究的方法问题，而且是与一种新的历史观念联系在一起的新的历史研究领域，这一新的历史研究领域不仅根植于中西历史的土壤之中，而且更重要的是它还包含了对中西历史发展趋势的深入探寻。马克·布洛克在论述第一种史学比较的作用时说：“受到比较的启示后，可以开拓新的研究方向。”[⑦] 张广智先生也曾指出，“百年来的中西史学交汇的历史也是色泽丰富与颇具开拓性的学术课题。”[⑧] 所以，进行中西史学比较，关键是要回答时代所提出的现实和理论问题，即回答所比较的中西历史认识客体所以异同的社会历史原因，以获得对中西历史发展的深层次的具有规律性的认识，从而对中西现实和未来的发展给予启示。所谓“新的研究

---

① （德）伽达默尔：《真理与方法》，洪汉鼎译，上海：上海译文出版社，2004年，第387页。

② （德）伽达默尔：《真理与方法》，洪汉鼎译，上海：上海译文出版社，2004年，第385—386页。

③ （法）马克·布洛克：《历史学家的技艺》，张和声、程郁译，上海：上海社会科学院出版社，1992年，第108页。

④ （法）马克·布洛克：《比较史学之方法》，项观奇编：《历史比较研究法》，济南：山东教育出版社，1986年，第138页。

⑤ 刘家和：《历史比较初论：比较研究的一般逻辑》，《北京师范大学学报》（社会科学版）2005年第5期，第67页。

⑥ 于沛：《史学思潮和社会思潮》，北京：北京师范大学出版社，2007年，第127页。

⑦ （法）马克·布洛克：《比较史学之方法》，项观奇编：《历史比较研究法》，济南：山东教育出版社，1986年，第106页。

⑧ 张广智：《关于深化西方史学研究的断想》，《社会科学》1992年第3期，第48页。

领域”，恰恰是在回答颇具时代特色的问题过程中体现出来的。“如果不是这样的话，比较的结果只能是一般性地描述比较对象的异同，那就是为了‘比较而比较’，是一种盲目徒具形式的比较，这样，就必然和所以要进行比较的初衷相悖。”① 因为这种比较仅仅停留在“考证”的水平上，没有价值判断，即没有回答历史认识客体所以异同的根本原因，这种比较显然是不完整的。

三

如上所述，诠释学对于丰富比较史学理论并有效地进行中西比较有着重要意义。但还可以继续探索其蕴藏的意义。诠释学认为，对话是事物存在的方式，对话是在不同层次上的相互理解与沟通。因此，在看到诠释学对比较史学具有重要意义的同时，还应从西方社会历史进程、西方哲学发展史和马克思主义哲学的角度对其进行再对话和再比较，以期对诠释学有一个全面而客观的理解，从而更好地指导中西史学比较的正常开展。这不仅是比较史学发展的客观需要，也是诠释学理论本身的内在要求。

其一，如果将诠释学的相互理解理论置于西方社会历史进程中加以分析的话，就会发现，这一观点明显表现了西方在二战后对其西欧中心主义思想的反思和对世界历史发展进程的一种具有积极意义的探索。从西方史学发展史来看，第二次世界大战后，人类社会的历史已经发生和正在发生着重要而深刻的变化，特别是民族解放运动的蓬勃发展，西方在亚非拉殖民体系的瓦解，还有科技革命对人类社会历史进程的广泛影响，等等，这一系列重要而持久的变化自然会要求历史学做出回应。显然，西方史学界已经意识到，单从西方的观点来解释历史的方法，已经远远地不够了，因此西方史学需要重新定向。正如英国著名历史学家巴勒克拉夫明确提出的：世界史研究的重要任务之一，“从欧洲和西方跳出，将视线投射到所有的地区和时代。”② “今天历史学的本质特征在于他的全球性”，③ “是建立全球的历史观——即超越民族和地区的界限，理解整个世界的历史观”④，只有这样才能抛弃西欧中心论的偏见，从而“公正地评价各个时代

① 于沛：《史学思潮和社会思潮》，北京：北京师范大学出版社，2007 年，第 127 页。

② Geoffery Barractough，History in a Changing World，Oxford：Oxford University Press，1955，p. 27.

③ （英）巴勒克拉夫：《当代史学主要趋势》，杨豫译，上海：上海译文出版社，1987 年，第 1 页。

④ （英）巴勒克拉夫：《当代史学主要趋势》，杨豫译，上海：上海译文出版社，1987 年，第 242 页。

和世界各地区一切民族的建树”[①]。平心而论，以巴氏为代表的西方史学界的这种全球性新观念，在努力恢复人类社会历史进程的本来面目，并在此基础上强调历史研究应有的从事实出发的思路和价值取向，表达了西方愿意同世界其他民族平等对话的愿望，显然是应该肯定的。因此，西方现代史学是受社会历史变革和新哲学观念影响，并进而相互影响的产物，因而诠释学、西方现代史学和中西比较史学具有明显而浓厚的社会历史内容。

其二，如果从西方哲学发展史的角度对诠释学加以考察的话，显然，哲学诠释学的产生和发展并没有脱离西方哲学发展的轨迹。西方从希腊罗马时代就开始了对理性的追求，由此开始了哲学。亚里士多德在其名著《形而上学》中深刻指出，追求“变易中的不变”——Ontology（“它研究‘实’是之所以为‘实是’”[②]）——是希腊哲学的一大倾向，如米利都学派的“始基”，赫拉克利特的“逻各斯”，柏拉图的“理念”，亚里士多德的“实体”等，都被假定为宇宙间一切变化和生灭的个体事物的始基或永久是它们自身的本体。从巴门尼德开始，西方哲学把不变性、确定性、无矛盾性当做哲学寻求本原的根本特征，提出了对本体（有确定性的存在，事物的所是或定义）的研究，并规定了希腊哲学发展的方向。后来其哲学就围绕着这个范畴而展开，到亚里士多德把对本体本身的研究确立为第一哲学（Metaphysics，形而上学）。在此哲学背景下，希腊罗马的哲学家认为永恒变动的物理世界和人类社会是与一个不变的实在世界联结为一体的；变动不居的现象仅是其表象而已。正如柯林武德所指出的，希腊人看到了世界万事在变，于是就追求其背后不变的实质。“它蕴含着一种知识论，即只有不变的东西才是可知的。”但悖论“凡属不变的东西都不是历史的”。[③] 如果对西方传统的主客体对立的思想体系加以分析的话，其弱点在于抹杀了历史进程中人的主动性。对于西方哲学而言，康德以其三大批判的气魄开始了学术思想的重大转型，其中心思想是强调历史过程中人的主动性问题，经过几百年的发展，西方哲学在研究人的主动性方面获得了很大进展，而诠释学就是其成果的一个突出表现。但也要看到，诠释学在反对客观主义的同时，却

---

① （英）巴勒克拉夫主编：《泰晤士世界历史地图集》，北京：生活·读书·新知三联书店，1985年，第13页。

② （古希腊）亚里士多德：《形而上学》，吴寿彭译，北京：商务印书馆，1979年，第58页。

③ （英）柯林武德：《历史的观念》，何兆武、张文杰译，北京：中国社会科学出版社，1986年，第22页。

有陷入主观主义之嫌，“表现了一个相对主义的偏向。”[1] 显然，从诠释学的发展道路来看，它并没有脱离西方哲学发展的轨迹，只是在相当程度上克服了历史客观主义史学的缺陷，并没有彻底解决西方传统哲学的二元对立的问题。归根到底，诠释学理论仍是西方化的一种哲学理论。

其三，如果将诠释学理论与马克思主义理论相比较的话，两者在许多方面有相近之处，“西方现代哲学取代近代哲学是哲学思维方式的重要转变，它使西方哲学发展上升到一个新的更高的阶段；马克思主义在哲学上的革命变更与西方哲学的现当代转型有着原则的区别，但在超越西方近代哲学上二者殊途同归，二者都属于现代哲学思维方式。”[2] 最主要的表现是二者都对传统的认识论新增了辩证思想和实践思想，以此为武器对传统哲学和近代哲学进行了改造，从而使主体与客体关系的变化成为可能，并对历史学产生了重大影响。但诠释学同马克思主义历史学还是有许多不同的，最主要表现在，马克思主义对传统史学的改造是真正革命性的改造，是建立在唯物主义这一坚实的基础之上，较之于诠释学而言，它同人类社会历史建立了真正的辩证关系，将其根本归结为实践联系，因而具有重大而深远的社会历史意义。对于诠释学而言，其突出成果就在于强调了历史研究中的相互理解，但诠释学具有形式主义辩证法的色彩则是显而易见的，表现在缺乏对事物发展和变化的质的规定性的关注，因此而具有随意性和主观主义的痕迹，比如，“伽达默尔把真理看成是历史经验的结晶，因而以具有权威性的成见方式表露，虽具有本体性，但却局限在历史的理解的循环之中，如取得理性的有效性的证明变成了一个大问题。”[3] 它的理论用语和概念并没有超出西方的理论范畴，它也没有建立起一整套的认识方法。尽管“伽达默尔本人后期和法兰克福派所提出的‘实践哲学’与马克思主义哲学有某种类似的哲学观点，但我们应当注意，我们所理解的马克思主义与他们所谓的实践哲学在本质上是根本不相同的”。[4] 这种不同用马克思的话来讲就是：“哲学家们只是用不同的方式解释世界，而问题在于改变世界。”[5] 所以，“仍不能说本体

---

① 成中英主编：《本体与诠释：中西比较》，上海：上海社会科学院出版社，2003年，第11页。

② 刘放桐：《新编现代西方哲学》，北京：人民出版社，2000年，第7页。

③ 成中英：《从中西互释中挺立》，北京：中国人民大学出版社，2005年，第304页。

④ 洪汉鼎：《译者序言》，（德）伽达默尔：《真理与方法》上卷，洪汉鼎译，上海：上海译文出版社，2004年，第14页。

⑤ 《马克思恩格斯选集》第1卷，北京：人民出版社，1995年，第61页。

论诠释学已经科学地解决了历史认识如何可能的问题。"[①] 因而诠释学和它所指导的西方史学一样，需要一种独立的文化主体理论和进行对话，并在对话中获得提升，以获得更为普遍的意义。因而在马克思主义思想指导下，以正确的比较方法进行中西史学比较研究，进行中西史学对话，这是历史赋予中国文化体系的义不容辞的历史使命。

四、结论

随着全球化的不断深入，不同文化之间的理解成为学术界关注的焦点问题。诠释学强调在认知对方的同时，还要从对方的角度来观察和了解自己，这种具有主体间性特点的理论逐渐为人们所接受。在这一背景下，中西作为相互最适合的“他者”，日益为中西学界所关注。杜维运先生认为，世界上出现过的史学，就其发展系统而言，主要为中西两大史学系统，“所以将中西史学放到一起作比较，是比较史学中最急要与最能有发现的工作。”[②] 张广智先生指出，“中西史学经过比较研究可以显示出各自的风格与特点，并看出它们在世界史乃至世界文明史上所做出的重要贡献。”[③] 显然，中西史学比较无论作为一个新兴的学科或者作为历史学的一个重要的研究方法，理论建构都具有特别重要的意义，因为，当进行这种史学比较时，被比较的历史认识客体总是作为“个别”出现的，并被放到中西社会历史发展广阔的背景中，“在这个过程中，无论是建立个别的历史现象和广阔的社会历史背景之间的联系；还是对这种联系的本质内容进行概括，都离不开理论的指导和支持。”[④] 波兰历史学家托波尔斯基写道：“一个历史学家同时也应该是一位哲学家，他应当在不同的哲学中进行选择，并验证这些哲学对于他的研究的价值。”[⑤] 作为一年轻的正在成长的学科，通过对诠释学的深入研究，并运用现代的哲学和史学的发展成果相互理解，通过对话从中汲取其理论的营养，对于丰富中西史学比较的理论和方法无疑具有积极的意义。

（原载《史学理论研究》2012 年第 1 期）

---

① 韩震、孟鸣歧：《历史·理解·意义》，上海：上海译文出版社，2002 年，第 96 页。
② 杜维运：《变动世界中的史学》，北京：北京大学出版社，2006 年，第 51 页。
③ 张广智：《关于深化西方史学研究的断想》，《社会科学》1992 年第 3 期，第 48 页。
④ 于沛：《史学思潮和社会思潮》，北京：北京师范大学出版社，2007 年，第 132 页。
⑤ （波）托波尔斯基：《历史学方法论》，张家哲等译，北京：华夏出版社，1990 年，第 2 页。

哲学诠释学的效果历史观及其在中西史学比较中的价值

被誉为现代比较史学奠基人的马克·布洛克早在20世纪初就对比较史学作出了这样的论断："比较方法作用广泛，我认为普及和完善该方法是当今历史研究的一项最为迫切的必要的任务。"① 应该承认，这一论断直到今天仍具有重要的现实指导意义，对于中西史学比较领域而言尤为如此。创立已逾百年的中西史学比较研究经历了多次的大起大落，在取得了引人注目的重要成果的同时，也饱受疵诟。究其原因之一，就是人们在中西历史比较研究的性质、目的、方法和效果等看法上存在着一些不尽相同的认知。直到现在，尽管中西史学比较已取得重大的进步，但这些比较研究中的深层次问题仍然存在，并在史学比较的实践中以各种不同的形式表现出来。因此，应该如何在新形势下进行中西史学研究仍是一个需要进一步探讨的问题。本文拟以现代西方重要的哲学流派诠释学的效果历史观为方法论，来探讨中西史学发展的正确途径和方向。本文首先对诠释学的效果历史观的产生、内涵和特征进行梳理。其二，通过效果历史观念与现代哲学发展观念的对话，做出再诠释，以收去粗取精、去伪存真之效。其三，在上述基础上，将着力阐述诠释学的效果历史观与中西史学比较研究的内在关联，及其对中西史学比较发展趋向所产生的重要影响。

---

① （法）马克·布洛克：《比较史学之方法》，项观奇编：《历史比较研究法》，济南：山东教育出版社，1986年，第103页。

一、诠释学的效用观及其途径

在近代西方诠释学的发展史中，德国两位著名诠释学家施莱尔马赫和狄尔泰在诠释学的理论体系建设方面发挥了重要作用，诠释学被奠基为整个精神科学的一种普遍方法论基础。当然，这一方法也有其无法克服的内在矛盾，“即理解的目标（作者原意）及其方法论原则（科学的客观主义）与理解活动的特性之间的矛盾。”① 伽达默尔在海德格尔新的本体论思想基础上，建立了自己的语言本体论思想。从这一新的理论架构出发，理解者和被理解者之间，本质实际上是一种新型的互相理解的认知关系，是理解者与文本之间通过“视域融合”这一途径，由对话走向融合的过程。这一理论的成果之一在于，克服了古典诠释学局限在以探求单方文本意图为目的、并且沉迷在技艺性或方法论层面的精神活动的缺陷。当然，诠释学意义上的平等对话并非自然而然的过程，而是双方在一定目的和理论指导下的复杂的理解活动，如果试图实现真正的平等“对话”这一目的，还需要运用一定的方法以保证理解和解释的正确性和有效性。由此，伽达默尔别有新意地在就如何达成“视域融合”效用的方法论方面，也提出了独具特色的反思途径——应用的途径。伽达默尔认为，哲学诠释学理论的突出特点在于强调应用特色，认为真正的理解只能在应用的过程中实现。在他看来，“诠释学问题显然也是与那种脱离任何特殊存在的‘纯粹的’知识完全不同的东西。”② 如果要正确地理解，“即按照文本所提出的要求被理解，那么它一定要在任何时候，即在任何具体情况里，以不同的方式重新被理解。理解在这里已经是一种应用。”③

伽达默尔根据古代诠释学，特别是神学和法学诠释学的实践，进一步将应用意识运用于历史学领域，从而提出了效果历史的新观念。伽达默尔说道：“历史视域的筹划活动只是理解过程中的一个阶段，而且不会使自己凝固成为某种过去意识的自我异化，而是被自己现在的理解视域所替代。在理解过程中产生一种真正的视域融合，这种视域融合随着历史视域的筹划而同时消除了这视域。

① 潘德荣：《从主客关系到主体间性》，成中英主编：《本体与诠释：中西比较》，上海：上海社会科学院出版社，2003年，第395页。

② （德）伽达默尔：《真理与方法》，洪汉鼎译，上海：上海译文出版社，2004年，第406—407页。

③ （德）伽达默尔：《真理与方法》，洪汉鼎译，上海：上海译文出版社，2004年，第410页。

我们把这种融合的被控制的过程称之为效果历史意识的任务。”[①] 他同时明确指出：“真正的历史对象根本就不是对象，而是自己和他者的统一体，或一种关系，在这种关系中同时存在着历史的实在以及历史理解的实在。一种名副其实的诠释学必须在理解本身中显示历史的实在性。因此我就把所需要的这样一种东西称之为‘效果历史’。理解按其本性乃是一种效果历史事件。”[②] 伽达默尔认为：效果历史意识实际上是一般诠释学的中心问题，而这“就是存在于一切理解中的应用问题”。[③] 也就是说，理解、应用和效果历史意识三者构成为一种不可分离的相互依存关系。需要说明的是，伽达默尔似乎在有意回避历史观在其哲学诠释学体系和历史研究中的作用，实际上效果历史意识恰恰所反映的正是其效果历史观，并成为其理论体系中的一个突出环节。

从诠释学的发展史而言，由于理解者和文本相结合的方式不同，自古迄今可以归纳出两种类型的诠释模式。

第一种为事实性判断模式。这一方式的中心是围绕文本的真或伪而进行的理解活动，其特征是将理解的中心紧紧围绕着文本，并将这种理解活动局限于心灵相通的感悟或方法技巧的运用层面上，致力于探讨文本的真情实意，以厘真伪。当然，作为一种事实性判断，读者与文本之间必然存在着诸如诠释学距离、语言本身的流动性，以及不同的理解者对文本语义和作者意图的理解和解释不尽相同等问题。尽管如此，因文本本身所具有的客观存在性，人们在努力将其理解与文本相契合时，还是可以通过语义学或心理学等方式契合大家普遍接受的基本标准。就历史研究而言，这一判断侧重于对历史事件作形式上的解释和事后的说明，难以对历史事件展开具有深度的原因探究和内涵挖掘。这样一来，读者与文本之间的求同也就必然成为事实性判断模式的基本取向。显然，这一诠释模式在很大程度上属于古典诠释学的理解方式。

第二种为价值性判断模式。诠释学的发展史证明，摒弃理解者的意识而对文本“原意”的单向探求，既不可能得到文本的真正“原意”，也不能获得文本的真正的理解意义。因此，理解者与文本相结合才是一条正确的理解途径，这是加达默尔在古典诠释学理解模式的基础上大力倡导并努力完善的一种新的理

① （德）伽达默尔：《真理与方法》，洪汉鼎译，上海：上海译文出版社，2004年，第396—397页。
② （德）伽达默尔：《真理与方法》，洪汉鼎译，上海：上海译文出版社，2004年，第387页。
③ （德）伽达默尔：《真理与方法》，洪汉鼎译，上海：上海译文出版社，2004年，第397页。

解方式，也是他认为其观点有别于海德格尔的最成功的内容，从而明显地体现出效果历史观的特点。这一理解方式的突出特点，就是要求理解者将其诠释活动突破文本解释的局限，进一步深入到理解者个人的生活环境之中，与理解者真实而具体的人生境遇相结合，以解决理解者所关切的某些真实而具体的问题为目的。在伽达默尔看来，真正的理解能否产生，其实在很大程度上取决于理解者自身是否具有由其生活境遇而感发的、关乎其切身发展的“问题意识”，从而能够较好地将文本的普遍性与理解者自身的特殊性二者有机结合，并最终产生出诠释学方面的效果意识。而要达到这一点，理解者对其自身的诠释学处境是否具有深刻的反思能力和独立的批判精神，则是实现效果意识之关键所在。加达默尔指出：“为了理解这种东西，他一定不能无视他自己和他自己所处的具体的诠释学境况。如果他想根本理解的话，他必须把本文与这种境况联系起来。”① 也就是说，理解者如果试图真正理解文本的话，就必须从自身的真实人生境遇出发，对文本和其现实状态产生一种批判性的反思，进行视域融合，从而形成一种诠释学的循环状态。正是在这一过程中，新的普遍性意义也就不断产生出来了。显然，伽达默尔将古典诠释学长期存在的老大难问题，即对文本的理解与对文本的应用二者之间的对立，用其效果历史观或应用观念统一起来了。对此，若从西方哲学发展史来看，这无疑是一个重要的理论探索和进步。

当然，价值性判断是与读者的诠释学情境密切相关的带有价值追求的理解方式，它与前述的事实性判断有着显著的不同。价值性判断侧重和面向的是理解者所生活其中的、动态的、现实的生活本身，并非客观的相对稳定的文本。而且其现实效果的内容也因为人们境遇问题的复杂性、多样性和多变性，其判断标准也必然呈现多元化的趋向。这样看来，一般而言的理解者对文本的理解和解释，不可避免地始终与现实存在着密切的关联。在这一关联的过程中，理解者始终面对着一般性与个别性、普遍性与特殊性两者间的合理结合问题。如伽达默尔所指出的：“理解乃是把某种普遍东西应用于某个个别具体情况的特殊事例。”② 因此，对于价值性判断这一理解方式而言，若用统一的或唯一的标准，则往往难以判断文本的解释与多样化的现实境遇之间的关联价值。其结果，价

① （德）伽达默尔：《真理与方法》，洪汉鼎译，上海：上海译文出版社，2004 年，第 421 页。
② （德）伽达默尔：《真理与方法》，洪汉鼎译，上海：上海译文出版社，2004 年，第 404 页。

值性判断势必呈现为多样化的趋向，而存异也就自然成为对文本价值性判断的基本取向。

二、对效果历史观的再理解

如上所述，效果史观是伽达默尔哲学诠释学的重要特点和理论成果。由此我们看到了诠释学已从原先一种客观性的研究转入一种历史性的研究，其主旨正如伽达默尔所说的，是探讨“诠释学……从科学的客观性概念的本体论障碍中解脱出来”，“怎样能正确地对待理解的历史性。”① 或者说，怎样将“理解的历史性上升为诠释学原则”② 这一重要问题。因此，从伽达默尔的诠释学理论出发，以现代哲学的视域为依据，对效果历史观念的内在结构进行再探讨，则是深化理解效果意识的逻辑需要。这一方面有助于我们进一步理解效果历史观的真实内容；另一方面则有助于我们以此为基础，进行视域融合，以形成合理的新理解。

其一，按照伽达默尔的指点，效果历史观念包括了多样化的理解形态和种种不同的历史诠释效果，从而体现出了明显的历史感。现在的问题是，如何看待这些基于效果历史观念而产生的复杂的理解形态及其意义？具体于文本而言，通过视域融合而获得的这两种效果意识及其两者间的内在关系是什么？这一问题是我们进一步理解其效果历史观所必须面对的重要问题。

显然，理解的历史性是伽达默尔诠释学的突出成果，因而得到学界的不少赞誉，但加达默尔的效果历史观也包含了许多相对主义、形式主义和实用主义的观念，由此又招致人们的许多批评。具体于加达默尔的效果历史观念而言，提出者是这样解说其要义的：“文本的意义超越它的作者，这并不只是暂时的，而是永远如此的。因此，理解就不只是一种复制的行为，而始终是一种创造性的行为。”那么，这种创造性的理解较于之前的理解是什么样的关系？提出者紧接着说：“把理解中存在的这种创造性的环节称之为更好的理解，这未必是正确的。实际上，它既不是由于有更清楚的概念因而对事物有更完善的知识这种意思，也不是由于有意识的东西对于创造的无意识性所具有的基本优越性这个方

① （德）伽达默尔：《真理与方法》，洪汉鼎译，上海：上海译文出版社，2004年，第343页。
② （德）伽达默尔：《真理与方法》，洪汉鼎译，上海：上海译文出版社，2004年，第343页。

面。如果我们一般有所理解，那么，我们总是以不同的方式在理解，这就够了。”[①] 在伽达默尔看来，每一种理解都必然受到特定理解环境的制约，都是特定环境下理解的产物，并在其中找到了自己存在的合理性。不同的理解，只是意味着理解之间所具有的差异性，在这些不同的理解所造成的差异性之中，并不存在一种内在真实的关联性，更无理解的高下优劣之分。显然，这里反映出伽达默尔的观念只注意到理解的历史性所包含的具体性和特殊性的一面，并未注意到理解的历史性之中还具有的普遍性和统一性的另一面。因此，伽达默尔的这一观念不仅在理论体系上是不严密的，也与人们独特而真实的生活境遇本身是不相符的。当然，伽达默尔在此之所以强调了理解的相对性，也与其具体的生活境遇和学术传统的发展有着重要的关联：一方面，自19世纪末期以来，西方哲学发展的一个重要趋向就是由思辨主义向分析主义的重要转变，而伽达默尔所处的20世纪，正是西方学者全力挣脱思辨哲学和绝对主义束缚的时代，因而竭力避免西方传统的绝对主义的影响，是其首要的任务；另一方面，在西方哲学的形而上学传统中，理解、认识的相对性与绝对性的关系问题，是长期探讨却难以根本解决的重大问题。实际上，西方学者都明显地意识到了偏执于两端所具有的局限性，都试图将两者统一起来。但要真正达到这一目的，或者像现代科学哲学所说的寻找一个两者之间的一种合理的张力关系，却仍是一个漫长而艰巨的历史任务。

其二，如果将伽达默尔提出的观念置于欧洲哲学史的背景下加以考察的话，就会发现，他的这一观点，或者所提出的问题，并不是一个新问题，而是欧洲哲学史上一个长期探讨的老大难问题。因此，以恩格斯对黑格尔逻辑学观念所采取的扬弃而非抛弃的方法论为根据，尝试对上述的两种理解模式及其效果进行探讨，无疑会加深对伽达默尔效果历史观念的理解，并在此基础上进一步诠释以求生成新的正确理解奠定基础。

德国哲学家黑格尔在其《逻辑学》中，将逻辑的判断分为四类[②]：第一类是实有的判断，第二类是反思判断，第三类是必然性判断，第四类是概念的判断。黑格尔在书中总结道：作为第一类实有的判断，它是“判断的最简单的形式，

① （德）伽达默尔：《真理与方法》，洪汉鼎译，上海：上海译文出版社，2004年，第383页。

② 恩格斯认为，第一类是个别的判断，第二类和第三类是特殊判断，第四类是普遍的判断。《马克思恩格斯选集》第4卷，北京：人民出版社，1995年，第333页。

用来肯定地或否定地陈述某一个别事物的某种一般的性质。”① 而关于第二类的判断，恩格斯总结这种反思判断的内涵是“用来陈述主词的某种关系规定，某种关系”②。

这样看来，黑格尔逻辑学中对实有判断的描述是与文本的事实判断模式相符合，而其反思判断则与文本的价值判断模式相一致。那么，实有判断与反思判断两者的关系如何呢？从黑格尔的逻辑体系来看，反思判断较之于实有判断而言，认识程度上来讲无疑更深入，在认识本质的历程中具有重要意义。这表现在，一方面反思判断较之于个别判断而言，它不仅标志着认识已由“个别判断”进入了“特殊判断”、由简单进入到较复杂、由低级进入较高级的思维发展阶段；另一方面它又是人们认识本质的中间环节，只有经过这一重要的认识阶段，才有可能达到黑格尔所指出的“普遍的判断”或者“概念判断”这一历史阶段，换言之，即达到对历史发展规律的理解和认识，具体于文本，就是中西史学比较的规律性认识。因此，恩格斯对黑格尔的逻辑学予以高度的评价，他说：“辩证逻辑和旧的单纯的逻辑相反，不像后者那样只满足于把思维运动各种不同的判断形式和推理形式列举出来并且毫无联系地并列起来。相反地，辩证逻辑由此及彼地推导出这些形式，不把它们并列起来，而使它们互相从属，从低级形式发展起高级形式。”③

显然，伽达默尔的诠释学不仅是以历史性为原则的哲学探索，同时也是以概念为基础而对历史进程进行认识、抽象的过程。如果以此来理解诠释学的效果历史观的话，其本身也自然包括由个别判断走向特殊判断、最终走向普遍判断的各不相同但又密切联系的诸逻辑发展阶段。当然，伽达默尔的诠释学体系所强调的是理解或认识形式和内容的不同性、历史性和相对性，但是基于我们的视域对其观念进行再诠释和融合的话，则在看到这种多种多样的认识形式的

---

① 黑格尔对此的解释是：“因为最初它是直接的，当其时在它那里还没有发生规定的反思和运动”。黑格尔：《逻辑学》下册，杨一之译，北京：商务印书馆，1982年，第155页。

② 《马克思恩格斯选集》第4卷，北京：人民出版社，1995年，第333页。黑格尔在《逻辑学》中对此是这样说的：“它通过相区别之物的关系把自身统括为一，或者说，就一般相差异的规定的内容看来，它是自身与各种各样的特性和存在之融合。”黑格尔：《逻辑学》下册，杨一之译，北京：商务印书馆，1982年，第162页（附注：恩格斯认为第三种判断即必然性判断的特征是“用来陈述主词的实质的规定性。”第四类判断类型为概念判断用来陈述主词对自身的一般本性，或者如黑格尔所说的，对自身的概念符合到什么程度。）《马克思恩格斯选集》第4卷，北京：人民出版社，1995年，第333页。

③ 《马克思恩格斯选集》第4卷，北京：人民出版社，1995年，第332—333页。

同时，也还要看到这些理解形态的趋向性和发展性。也只有在此条件下，我们才能真正理解融合形式的多样性及其所存在的内在关系，从而真正理解视域融合本身的历史性和辩证的逻辑性。而对于中西史学比较而言，也具有相当的类似性。固然，中西史学比较从形式来讲具有层次性，从内容上讲具有多元性，从方法来讲具有多样性，难以判断其中的优劣，但若从上述人类的思维逻辑的发展规律来讲的话，历史比较的逻辑仍然有一个由浅入深、由简单到复杂、不断深入发展的进程，从而表现出历史可比性的另一方面。当然，这一结论的确与加达默尔的效果历史观产生了明显的差异，但却是我们基于诠释学的内在逻辑，对效果历史观进行再理解的必然结果。

其三，对伽达默尔效果历史观的理解，不能仅仅局限于思考主体间是否存在融合的问题，更重要的是应该从加达默尔所提出的效果问题入手，进一步思考以何种方式实现主体间视域融合的问题。

可以说，人们对文本的事实性求真欲望，是处于不同时空中的人们能够展开对话的基础和前提。换言之，只有在此基础上的对话与理解，才有可能开始获得意义。同时还要看到的是，差异性和多样化的人生境遇又使这种对话成为必要，从而使这种对话有可能产生真实的效果。这样一来，诠释学的效果历史观其实包含两个不同的但又相联系的理解阶段，即对文本的理解不仅要与文本的真实性内涵产生关联，对其进行反思，还必须与人的真实的社会生活本身相关联，进行再反思。它是需要双重反思才可达到其所希望达到的真实的理解目标，以发挥其真正的诠释效用。对此，伽达默尔也说过："当某个文本对解释者产生兴趣时，该文本的真实意义并不依赖于作者及其最初的读者所表现的偶然性，至少这种意义不是完全从这里得到的，因为这种意义总是同时由解释者的历史处境所规定的，因而也是由整个客观的历史进程所规定的"①。显然，理解的过程就是使两者的视域由表向里产生深度的关联和融合的过程，并在这一过程中，产生更多更重要的诠释意义。在此还要强调的是，这种双重反思理解形式和过程，应是一种有机的内在关系。两者的侧重点虽有不同，因而产生了差别；但两者却是紧密联系，并形成一个具有包容和真实含义的融合统一体。在此，正如加达默尔所强调的，对文本的理解和解释与文本的应用不再只是先后

① （德）伽达默尔：《真理与方法》，洪汉鼎译，上海：上海译文出版社，2004年，第383页。

相继的两个不同的认识阶段，而是一个统一的不可分割的有机过程。所以，将理解置于应用的过程之中，而不是之外，这是伽达默尔效果历史观的基本特征。这样一来，不但可以保证双方的对话产生积极的意义，而且也只有在此双重反思的基础上，才有可能较好地不断过滤掉在这一过程中因诠释过度或诠释不足所产生的诸多理解弊端。

总之，唯有自觉地将事实性判断与价值性判断两者结合起来，才能在主体间建立起真正的批判性关联，才能谈得上通过“视域融合”开启文本所蕴藏的价值创新性意义这一目的，也才能真正理解伽达默尔“视域融合”中应用意识和效果历史观的深邃所在。这是诠释学效果历史意识发展的内在要求和合理趋向。

三、效果历史观对中西比较史学研究的价值

如上所述，效果历史观念是加达默尔哲学诠释学的重要成果，按照当代最重要诠释学家之一、法国哲学家保罗·利科尔的看法，效果历史观念“标志着伽达默尔对‘精神科学’基础进行思考的最高成就。”① 因而对当代西方哲学和社会科学其他领域产生了重要影响。显然，伽达默尔效果历史观对于我们探讨以何种方式达到文本与诠释者的视域融合，并由此获取历史的真知这样一类问题，有着启示作用。具体到中西史学比较，伽达默尔给予我们的启示可以用于探讨如何才能突破中西史学比较的表面，将进行的比较深入到中西的真实而不同的具体生活境遇中，从而获得有深度的比较效果。这不仅是中西史学比较需要面对的重大课题，而且是关系到中西史学比较能否具有生命力的根本性问题。

进行中西史学比较的关键，是要在着力探讨并获得中西历史发展的具有规律性的深层次认识成果的基础上，史论结合的同时，更须努力进行富有深度效果的中西史学视域融合。

中西文化和史学比较发展史一再表明，其发展的道路之所以坎坷不平的原因，主要表现在两个方面：其一，从比较的方法来看，其重要的症结，就在于所存在的某些只满足于揭示中西文化和史学上表面的种种不同点和相同点，而

① （法）保罗·利科尔：《诠释学的任务》，洪汉鼎主编：《理解与解释》，北京：东方出版社，2001年，第430页。

对形成相同点和不同点的诸种原因缺乏科学的有深度的分析这一弱点。也就是刘家和先生在多年前指出的，造成中外和中西文化比较大起大落的原因在于："未能找到对问题的新突破点并进入一个更深的探讨层次"[①]。换句话说，这样的中西史学比较，只是局限于中西历史视域的表层，只是简单地回答了"是什么"，却没有进一步解决"为什么"这样一个能体现历史比较内容且具有深度的视域融合问题。这种比较"只能是一般性地描述比较对象的异同，那就是为了'比较而比较'，是一种盲目徒具形式的比较"，[②] 其结果就必然和所以要进行比较的初衷相悖。马克·布洛克早就指出，比较就是针对不同的历史现象"揭示它们的相似点和不同点，并在可能的范围内对这些相似点和不同点做出解释。"[③]刘家和先生对这一过程也作出了精辟的解释，他认为，历史比较无非是同中求异，异中求同，反复过程，但其难点则在于"从同中再看出异来，看出那些各异的部分是怎么样既互相拒斥又互相渗透地构成为有机的一体的。"[④] 再用庞卓恒先生的话来说："这种从'抽象上升到具体'的研究，就是在已经认识到的普遍规律的指引下对整体中的各个具体部分的基本规律的研究"。[⑤] 比较史学从其产生的用意而言，就是为了探讨中西史学发生、发展的异同表现，并对造成异同的复杂的原因做出深度的历史解释。但具体实践中之所以出现偏差，其主要原因之一，就是对中西史学比较研究的特点、方法和理论缺乏基本的了解和把握。为此，中西史学比较这一研究领域的当务之急，就是在比较的过程中，既总结提炼比较的异同规律，又据此有意识的着力探讨及完善中西史学比较的理论与方法论体系。

其二，从比较的内容来看，许多中西史学比较的侧重点只是将比较的问题仅仅停留在"考证"或"考实"的水平上，缺乏具有指导人生意义的价值判断，或者说没有回答出比较的历史认识客体之所以存在异同的本质原因。其结果，这种比较实际上只完成了史学比较的前半段，仅关注比较中的事实真伪异同，

---

① 刘家和：《中西人论的冲突》序一，北京：中国人民大学出版社，1991 年，第 2 页。

② 于沛：《史学思潮和社会思潮》，北京：北京师范大学出版社，2007 年，第 127 页。

③ （法）马克·布洛克：《比较史学之方法》，项观奇编：《历史比较研究法》，济南：山东教育出版社，1986 年，第 104 页。

④ 刘家和：《历史的比较研究与世界历史》，《北京师范大学学报》（社会科学版）2002 年第 4 期，第 48 页。

⑤ 庞卓恒：《比较史学》，北京：中国文化书院，1987 年，第 152 页。

因而所进行的比较在结构上是不完整的。如果以诠释学的效果历史观来看，这一视域融合所产生的效果意识只是表面层次的，局限在事实判断这一层次上。因为这种比较没有触及理解者自身的境遇，更缺乏与社会历史的深度关联，从中所获得的意义自然是有待深化的。伽达默尔指出："理解也是作为一种道德知识德行的变形而被引入的，因为在这里不是关系到要去行动的我本身。所以，理解明确地指道德判断的能力。"① 也就是说，在诠释学的效果历史观中，其所倡导的不仅仅是辨别事实上的真与伪以求真，而且还要在求真的基础上充分考虑到对人生指导意义层面的内容以扬善而惩恶，昭示人们朝正确的方向前进这一真正的史学价值。对于史学的效用而言，马克·布洛克曾经这样讲："历史有什么用这个问题远远超越了职业道德之类的枝节问题，事实上，我们西方文明都与之有关。"② 显然，视域融合的效果历史观的最佳境界是，要求将求真与求善两者的完美结合。当然，在我们看来，这种史学意义上的求善绝不仅仅限于探求个人的人格完善，而是着力探求中西历史中的人类自身的不断进步。这样类型的视域融合，这样基于融合而达到的比较结果，必然会启迪中西的现实和未来的发展，从而真正地凸显出比较史学的历史效用。毫无疑问，这将是中西史学比较研究努力追求的方向。

中西史学比较的视域，应该深入到中西社会经济、政治和文化所发生的重要而深远的历史进程之中。只有这样，才能使这种视域融合和史学比较具有诠释学所要求的效果历史观念，并获得中西史学比较所要求的真实有效性。

从史学发展史来看，中西史学的共性之一是，两者都经历了悠久而漫长的独立的历史发展轨迹；共性之二则在于，对其各自的历史发展轨迹反思，形成了各具特色的发达的史学传统。这样一来，中西史学比较所表现的内容，就不仅是中西史学观念发展的异同，同时也反映了中西历史进程的异同。因此，中西史学观念的比较这一课题，必须同中西历史的进程紧密相连。换言之，一方面只有同中西历史的发展进程相联系，才能将中西史学观念建立在真正客观的历史进程的基础上；另一方面，也只有将这种比较统一于中西历史发展的长河中，由史获鉴，才能让历史比较充分发挥出功效，才可以真正做到发挥中西史

① （德）伽达默尔：《真理与方法》，洪汉鼎译，上海：上海译文出版社，2004 年，第 419 页。

② （法）马克·布洛克：《历史学家的技艺》，张和声等译，上海：上海科学院出版社，1992 年，第 7 页。

学比较而为中西历史发展提供借鉴的效用。

从中西史学比较的产生来看，经过两千多年独立发展后的中西历史学，在19世纪末开始交流、碰撞，并越来越深入地融合，这是一段并不平凡的曲折发展道路。这一道路的内容一方面与中国近现代史上极其屈辱而惨痛的社会发展现状相关联；另一方面则表现为当时中国一些先进知识分子艰难求索的光辉历程。也就是说，中国当时一些先进的知识分子以强烈的历史责任感，在对中华民族面临生死存亡这一痛苦现状的深入反思前提下，继承中华优秀的历史文化遗产，发扬经世致用的史学优良传统，以振兴中华为主题，从史学的角度探求中华的复兴之路，同西方史学进行比较及融通。因此，在朱本源先生看来，梁启超、王国维、陈寅恪等著名学人史学观念的共同点“都是学贯中西而归结为本民族史学传统之改造与发扬光大”。[①] 如王国维和陈寅恪等先生所倡导的“取外来之观念与固有之材料互相参证”[②] 的史学研究方法，其旨趣其实也与构建初始的中西史学比较的观念相关联。再如，雷海宗先生指出的“必须要从中国的角度来看世界”[③]，刘家和先生强调的“靠我们自己把中国史放到世界史中去研究”[④] 的史学理念，也体现了当代中国学者对中西史学比较观念所具有浓郁时代气息的深刻理解。

不言而喻，前辈的中西史学比较优秀成果，自然成为我们从事中西史学比较应该珍惜的宝贵财富，也是我们必须加以继承发扬的优良历史传统。在此需要强调的是，我国许多优秀的早期历史学家之所以能够在中西史学比较领域坚持正确的比较研究方向，并取得重要成就，从诠释学效果意识的角度究其原因，显然在于他们不仅能够将自身所做的中西史学比较研究建立在个人生存境遇基础之上，更重要的是，自觉地将个人的特殊生存境遇同整个民族及国家的命运和前途联系在一起。也正是这一特殊而又真实的时代，令他们以高度的历史使命感，从中国历史的独有视域出发，在批判性的反思的过程中进行中西历史学的视域融合的实践，从而产生了许多至今仍未过时的具有普遍指导意义的史学观念，为后来者能够尝试去进一步做好中西史学比较研究奠定了坚实的

① 朱本源：《朱本源史学文集自序》，西安，陕西师范大学出版社，2005年，第5页。

② 陈寅恪：《王静安先生遗书·序》，《陈寅恪集》之《金明馆丛稿二编》，上海：生活·读书·新知三联书店，2001年，第248页。

③ 雷海宗：《伯伦史学集》，北京：中华书局，2002年，第578页。

④ 刘家和：《论学术工作的基础》，《古代中国与世界》，武汉：武汉出版社，1995年，第603页。

基础。

从诠释学的效果历史观出发的话，中西史学比较的真正效果意识，乃在于对当代中国、当代西方和当代世界复杂而重大的现实问题的深刻思考。换言之，对中西史学比较的研究和探讨绝不能局限于抽象的哲学和理论之中，还需要准确把握时代特征，站在时代的制高点上来高屋建瓴，从问题意识入手，针对现实中西历史进程、中西史学发展的一些重要问题，来突破中西的共同与相异的表面，探究其内在的根本性原因及结构，进行有深度的比较研究，以体现中西史学比较的价值。

从现代史学史来看，对现实社会的关注与结合是当今中西史学发展的一个重要趋向。对于中西史学比较而言，无论是上述哪一种类型的比较，其目的都是为了在历史研究中不断地提出问题和回答问题。提出问题固然非常重要，但在于沛先生看来，“关键是要回答问题，即回答所比较的历史客体所以异同的社会历史原因，所谓‘新研究领域’恰恰是在回答问题的过程中体现出来的。”[①]中西史学比较研究本身就是这一观点的最好例证：中西史学比较研究就是在回答时代所提出的迫切问题中产生并发展起来的。对此，马克·布洛克在论述远距离的史学比较类型的作用时说到，“受到比较的启示后，可以开拓新的研究方向。”[②] 彭刚也认为：对于现代历史学的进步而言，“不仅是由于新史料的发现，在很多情况下，更是因为史学家提出了新问题而将新的视角投射到原本就存在的史料之中，从而得出了改变人们旧有观念的新的历史图景。”[③] 这里再借用年鉴派的著名史学口号“没有问题就没有史学”。中西史学比较这一领域需要的正是直面中西史学发展的重大问题，以回答重大问题为己任。比较的触角应深入到中西正在发生重要而深刻变化的社会历史进程中，并对历史发展的重大问题做出自己的深刻的历史解释。

由此看来，将中西历史和史学的比较研究与鲜活而具体的社会历史发展进程紧紧相连，并以解决社会历史所提出的重要问题为目标，从而获得深刻的视域关联，自然成为比较历史学特别是中西史学比较不断推进而具有的基本特征

---

① 于沛：《重视中西史学比较中的社会学视野问题》，《史学理论研究》2003年第3期，第4页。

② （法）马克·布洛克：《比较史学之方法》，项观奇编：《历史比较研究法》，济南：山东教育出版社，1986年，第106页。

③ 彭刚：《叙事的转向——当代西方史学理论的考察》，北京：北京大学出版社，2009年，第125页。

和趋向。张广智先生也曾指出，“中西史学无论对哪一方面来讲，都为对方提供了一个不可多得的价值参照系，这就为两者的比较研究创造了前提。”① 从诠释学角度来说，中国的学者希望在同西方历史的比较中，一方面是了解西方历史的特点，而另一方面通过了解西方特点而获得对自身认知的进步；而西方也是一样，试图通过对东方历史特征的比较了解，来达到对他们自身的进一步认知。对于中西史学比较而言，共同发展还是其史学比较的最终共同目的。而要真正达到这一目的，具备深层效果意识的历史比较研究则自有其优势所在。

四、结论

综上所述，伽达默尔的效果历史观是其理论体系中的一个突出环节。这一理论不仅要求理解者或解释者从自身的视域出发进行视域融合，以体现历史性，并在这一历史性的理解中以获得新的历史性的意义，而且其效果史观更是要求把这种境遇深入到个人的生活境遇之中，同个人的生存发展结合起来，同人的生活实践联系起来，这样的话，自然会在融合的过程中获得较为深刻的人生意义。从诠释学的这一理论出发，中西史学的比较也不能只局限于理解者对文本的交融，而且应该将中西不同的史学观念同中西历史学家的个人境遇联系起来，以获得深刻的历史意义，并从中也可以较为深刻的理解中西不同的历史观念，并对其同与异的历史观念也做出具有生活气息和一些历史性的说明。但从历史唯物主义观念出发，对中西历史观念的比较研究，绝不能只限于个人的生活境遇的比较中，因为在中西史学领域中所表现的不同的史学观念，不仅仅是历史学家个人历史思维的产物，也不仅仅是历史学家同其个人生活境遇相联系的结果，更重要的是，历史学家的历史观念是同整个社会实践的进程产生了历史联系，从而成为历史思潮或观念的代言人。如马克思所讲的：“人的本质不是单个人所固有的抽象物，在其现实性上，它是一切社会关系的总和。”② 中西史学观念是中西广大人民群众实践活动的产物。因此，如果将中西史学的不同视域及其融合置于这一深厚且广博的社会基础上的话，

---

① 张广智：《关于深化西方史学研究的断想》，《社会科学》1992 年第 3 期，第 48 页。

② 《马克思恩格斯选集》第 1 卷，北京：人民出版社，1995 年，第 60 页。

其效果意义将更为深刻、深远且重大。同样，在此思想指导下进行中西史学的比较，其所获得的历史意识无疑会更为深刻，从而能够更好地发挥比较历史研究的作用。

（原载《史学理论研究》2013 年第 4 期）

中国世界史主体意识的现代诠释

世界历史（World History）或者全球史（Global History），现在是一个日益为人们所重视的研究领域。在这一领域之中，突出的问题之一就是应该如何正确处理历史学家个人的主体意识即其所具有的民族感情、价值观念和文化传统等重要问题在世界史研究中的地位和作用。本文拟以现代世界历史的观念为依据，从诠释学的主体间性理论出发，对此问题做一讨论。

一

对于世界史学而言，由于历史传统、文化特色、价值观的构成和现实需要等多方面的原因，许多学者都自觉地将世界历史的研究与国家、民族的前途等长远问题联系起来加以考虑，表现出深沉而厚重的历史责任感，并在其研究成果中留下了深刻的历史烙印。但在近代西方历史客观主义一统史坛的时代，在以追求世界历史的客观本质为其唯一旨趣的时代背景下，民族感情、价值观念却成为任何历史学家试图获得世界历史客观性结果的主要的思想障碍之一，因而以全力剔除主体的主观倾向为其在史学研究中的一个重要任务，并以此作为衡量一个史学家素养的重要标准之一。这一观念根深蒂固，直到现代仍有很大影响。

比如，美国历史学家斯塔夫里阿诺斯在其名著《全球通史》就明显地表现出这一客观主义史学倾向。他在第一章中首先强调：“本书是一部世界史，其主要特点就在于：研究的是全球而不是某一国家或地区的历史；关注的是整个人类，而不是局限于西方人或非西方人。本书的观点，就如一位栖身月球的观察者从整体上对我们所在的球体进行考察时形成的观点，因而，与居住在伦敦或巴黎、北京或德里的观察者的观点判然不同”。① 对此，当代英国著名史学家巴勒克拉夫并不赞同，他认为斯塔夫里阿诺斯的观点不具有历史真实性。巴勒克拉夫在其名著《当代史学主要趋势》中论述“历史学家个人的地位”这一问题时是这样说的：“毫无疑问，在大多数情况下，历史往往不自觉地在为本国的现状辩护，实际上，说穿了就是被自己生存的那个环境所愚弄，从而成为牺牲品。……除非历史学能够像天文学和化学经历过的那样从神话中摆脱出来，除非历史学能够一劳永逸地与自己的神话渊源断绝关系，就像天文学与星相学决裂以及化学与点金术决裂那样，否则，历史学很难有机会摆脱过去一直囚禁着它的恶性循环。”② 由此出发，巴勒克拉夫坚持认为，“这里只需要从这个事实的背景中认识到，站在北京或开罗看待世界史与站在巴黎、芝加哥和莫斯科来看待世界史，那是完全不同的。”③

显而易见，巴勒克拉夫和斯塔夫里阿诺斯所坚持的世界历史观念有着明显的不同，但如果深入探讨两者世界历史观念的话，就会发现二者的观点貌虽不同，但其结果却殊途同归。巴勒克拉夫虽然肯定了民族主体意识在世界历史中表现的必然性，却将这一主体意识在很大程度上视为撰写真正的世界历史的囚笼，从而最终必然使世界历史成为无本之木；对于斯塔夫里阿诺斯来讲，他固然承认了世界历史的客观性，但却否定了世界上各个民族的历史学家在从事历史叙述时本身所具有的历史价值观的必然性和历史合理性，其结果也就使得他所崇尚的客观的世界历史成为无源之水。显然，二者都是从探讨世界历史体系的初衷出发，但二者最终实际上否定了世界历史成为科学的可能性。究其原因，从史学观念上看，历史学家本身所具有的主体意识成为二者构建世界历史的不可逾越的重大障碍；而从哲学观念来看的话，表明了他们仍然是陷入客观主义史学的主客矛盾之中无法解脱。

这样看来，以传统的客观主义哲学为基础的西方客观主义史学已经发展到

① （美）斯塔夫里阿诺斯：《全球通史》，吴象婴、梁赤民译，上海：上海社会科学院出版社，1988年，第54页。

② （英）巴勒克拉夫：《当代史学主要趋势》，杨豫译，上海：上海译文出版社，1987年，第335—336页。

③ （英）巴勒克拉夫：《当代史学主要趋势》，杨豫译，上海：上海译文出版社，1987年，第249页。

了尽头，只有一场重大的哲学变革才能帮助历史学摆脱这一困境。正是在这一宏观而又具体的历史背景下，作为现代西方哲学具有重要影响的哲学流派之一的哲学诠释学也就应运而生了。

哲学诠释学的突出特征在于其在立足于新的语言本体论的基础上，将一切理解对象都主体化。因而哲学诠释学的出现冲破了西方在传统认识论模式中所存在的桎梏，即认识过程乃是主体向着客体的单向运动这一弊端，以及为了解决这一弊端所引起的否定主体价值观存在的合理性这一弱点，揭示了认识的本质是主体与被理解对象间的互动性影响，而理解从本质上来讲是以“主体间性”为前提的主体间的对话与相互理解的过程。因此，从诠释学观点出发，历史研究不再是传统认识论赋予认识主体的单方选择，而是一种双方主体间性的平等“对话”。这一“对话”的突出特点是它要求认识者和认识对象双方必须从各自不同的视域出发，阐述属于自己的但肯定有异于对方主体的观点，然后通过对话的形式，即争论、辩论，交融成为一种被双方认可的新观点，这一理解过程即所谓“视界融合”。在这一过程中，“一切特殊的东西都在整体中被重新审视，特殊视界中所包含的不真的前判断将根据这种更全面的视界被修正，从而达到历史视界与我们的视界之一致性，这种一致性就是普遍性的根本保证。”① 因而，在这一新境界中，对话的意义被拓展、丰富和加深，至此，理解中的主体性才得以真正实现。

二

不言而喻，诠释学的主体间性理论较之于西方传统的主客体认识而言，是一个重大的历史进步。特别要指出的是，在加达默尔的哲学诠释学中，对历史的分析研究既是其诠释思想的一个非常重要的源泉，同时也是阐释其诠释思想的一个重要领域。因此，这一进步对历史学的影响尤为明显，当然对于中国世界史学中的主体性地位这一问题的深入研究同样产生了重要而积极的影响。

（1）诠释学的主体间性理论为中国世界历史学者以主体意识的角色积极参与世界历史的对话提供了理论根据。在诠释学看来，历史认识的过程是双方主

---

① 潘德荣：《从主客关系到主体间性》，成中英主编：《本体与诠释：中西比较》，上海：上海社会科学院出版社，2003年，第400页。

体积极参与进行对话的过程，所谓中立的历史视野也只能是主体对话的结果，因而在历史认识活动中，所谓价值中立的“纯客观”的历史视野是根本不存在的，正如巴勒克拉夫对斯塔夫里阿诺斯所评价的那样：“这种研究方法与其他作者的方法相比虽然会更加客观一些，但是实际上非常明显，这依然是以西方为中心。”而且他还进一步正确地指出：“这种经过掩饰的西方中心论并不是绝无仅有的。”① 法国的年鉴派创始人马克·布洛克很早就说过：“不要以为真正的历史学家是不动感情的，无论如何，他还是有感情的。”但是，“归根到底，‘理解’才是历史研究的指路明灯。”② 因此，为了不断形成更加公平、合理和符合客观世界历史的解释，就必须主动参与历史解释，进入话语竞争的阵地，以获得应得的话语权。

对于中国的世界史研究而言，正如有学者所言：“不能指望西方人替我们破除其西方中心论，因为西方中心论是他们历史视野的界限，只有我们进行积极主动的历史解释，参与历史话语之间的对话和讨论，才能逐步冲淡西方历史学家的西方中心论色彩。”③ 刘家和先生指出：“中国是世界文明古国之一，可是在外国人写的世界古代史里没有得到应有的地位。要改变祖国历史在世界史上不合理的地位，不能依赖别人，只有靠我们自己把中国史放到世界史中去研究。”④于沛先生针对斯塔夫里阿诺斯的上述名言做出了有力的回答：世界上“任何一个独立的民族，都有自己独立的历史记忆。这种记忆既包括对本民族历史的认知和判断，也包括对其他民族及整个世界历史——全球史的认知和判断。”⑤ 显然，以上各位先生的观点不仅从哲学层面上对主体间性理论做了正确的理解，而且实际上还从辩证唯物主义的角度对其观念进行了进一步的诠释，正确地指出了个别与一般之间、民族史与世界历史之间内在的辩证关系，更重要的是从世界历史发展的高度指出了中国学者所应具有的世界历史的主体意识及其崇高的历史使命。

---

① （英）巴勒克拉夫：《当代史学主要趋势》，杨豫译，上海：上海译文出版社，1987年，第248页。

② （法）马克·布洛克：《历史学家的技艺》，张和声、程郁译，上海：上海社会科学院出版社，1992年，第121页。

③ 韩震、孟鸣歧：《历史·理解·意义》，上海：上海译文出版社，2002年，第192页。

④ 刘家和：《古代中国与世界》，武汉：武汉出版社，1995年，第603页。

⑤ 于沛：《全球史：民族历史记忆中的全球史》，《史学理论研究》，2006年第1期。

(2) 它对于构建中国世界史学的主体意识具有更为重要的意义。值得注意的是，哲学诠释学“主体间性”的理论前提是相互具有独特品质的文化主体，正如法国著名的哲学家利科所指出的，“为了面对自我之外的另一个人，首先要有一个自我。”[①] 这种自我就是文化主体所独具的历史视域，伽达默尔是这样说的：“理解一种传统无疑需要一种历史视域。但这并不是说，我们是靠着把自身置入一种历史处境中而获得这种视域的，恰恰相反，我们为了能这样把自身置入一种处境里，我们总是必须已经具有一种视域。”[②] 而且在利科看来，“只有忠实于自己的起源，在艺术、文学、哲学和精神性方面有创造性的一种有生命力文化，才能承受与其他文化的相遇，不仅能承受这种相遇，而且也能给予这种相遇一种意义。”[③]

显然，诠释学并没有否认自身传统和视域的重要性，相反赋予了自我和视域以重要的历史地位。诠释学的这一理论对世界历史研究具有许多重要启示：其一，世界历史研究的首要前提就是自身所具有的视域或自我，这种视域或自我是一种历史的产物，只有具备了这一文化主体性，关于世界史的对话和理解这一过程才能真正进行。其二，强调了对话必须从自身特色的文化“起源”和传统出发，它不仅要求认识双方最大限度地体现出自己的主体视野，而且更重要的是使这一世界历史的研究结果建立在真正平等的基础上，即产生新的高于双方并包容了双方视域的普遍意义。

由此出发，我们完全可以得出这样一个结论：中国世界历史的主体意识构建对于世界历史的研究具有重要的现实意义，它是中国世界史学形成的前提，而且也是世界历史研究得以不断完善的保证。因而，在当前国际文化交流不断加深的大背景下，对中国世界历史主体意识的构建为当务之急，而其途径，只有将中国历史置于世界历史发展的背景下，从而将中国的历史融会贯通于世界历史进程中，以体现中国历史在世界历史中的重要地位，以体现真正的世界历史特色，这也正是自近代以来，我国许多优秀的历史学家长期致力于世界历史观念研究所获得的突出成果。如雷海宗先生指出：“我们中国人学习世界历史，则必须从中国的角度来看世界，这样就能够在很大程度上纠正过去把‘世界史’

① (法) 保罗·利科：《历史与真理》，姜志辉译，上海：上海译文出版社，2004年，第286页。
② (德) 伽达默尔：《真理与方法》，洪汉鼎译，北京：商务印书馆，2007年，第381页。
③ (法) 保罗·利科：《历史与真理》，姜志辉译，上海：上海译文出版社，2004年，第286页。

看成是‘西洋史’的错误看法。”[①] 只有这样，“我们就有可能写出充分而且适当地反映出中国历史文化的世界史，使世界历史的内容更加丰富，而且，有了中国历史这一重要的参照系，人们对于世界历史的认识无疑会有很大的提高。这样我们中国历史学者也就对于世界历史学界做出了自己应有的贡献。”[②] “中国世界史研究的真正动力，在于对当代中国、当代世界复杂的现实问题的思考。”[③] 可喜的是，随着我国学术界对世界历史观念认识的不断深化，这一观念已被越来越多的学者们所认同。

（3）从主体间性理论来看，任何主体间性是以相异性为前提条件的，因为只有相异的事物才会出现交互作用式的对话关系，如果以此理论来看世界历史撰述的话，展现我们自身的民族特性和文化传统自然成为世界历史叙述的客观要求，也是体现中国世界历史主体意识的内在要求。但这一切决不意味着我们是在否定、批判西欧中心主义错误史观的基础上，又在民族感情的支配下，以建立中国中心主义的世界历史观为目的，那样的话势必会走向它的反面，成为唯我独尊的民族狂热主义者。就如卡西尔所指出的：“历史学确是一部关于激情的历史，但是如果历史学本身试图成为激情，那么它就不再是历史。”[④] 所以，诠释学给世界历史观念的一个重要启示，就是我们在充分尊重自身主体性所具有的文化传统和民族特性的同时，也应该而且是必须充分尊重世界其他民族的史学，特别是西方史学中所蕴藏的文化价值传统，之后通过相互尊重理解的对话过程，以获得双方认可的更高层次的普遍意义。

现在问题是如何深入进行这种基于双方主体的理解进程呢？刘家和先生关于中西史学比较的观念对于我们探讨这一问题具有重要的指导意义。他指出，对于进行中西比较的中国学者而言：“应该有感情，应该有一种理性无穷的感情，凭着这一种感情，我们对本国文化中优点的爱与对其中缺点的恶，应该是同样强烈的。所以，这不是感情因素的消灭，而是使它在理性的指导下变得更为全面和深化。同样，对于西方文化也应该是爱其优点而恶其缺点。”[⑤] 毫无疑问，对于治世界史的中国学者而言何尝不是如此，即应该将浓烈的爱国热情同

---

① 雷海宗：《伯伦史学集》，中华书局，2002 年，第 578 页。

② 刘家和：《谈中国人治世界史》，《光明日报》2003 年 1 月 14 日。

③ 于沛：《史学思潮和社会思潮》，北京：北京师范大学出版社，2007 年，第 141 页。

④ （德）恩斯特·卡西尔：《人论》，甘阳译，上海：上海译文出版社，2004 年，第 263 页。

⑤ 刘家和：《思考与建设》，《史学理论研究》1993 年第 1 期，第 11—13 页。

理性的历史分析二者有机结合起来，将爱国的热情和对本民族文化的热忱自觉地转化为冷静而理性的历史分析。首先，将世界历史的探讨置于真实而鲜活的动态的发展历程之中，“考察它怎样由相互闭塞发展为密切联系，由分散演变为整体的全部历程”[①]，即马克思所讲的，“世界历史不是过去一直存在的；作为世界史的历史是结果。”[②] 其次，再以世界为一全局，将中国历史有机地统一于世界历史的进程中，“由于有了世界史这一重要参考系，也将对世界历史发展的总背景、总趋势有更清晰的认识，从而高屋建瓴，对中国历史本身取得更深刻、更广阔的理解。”[③] 诚如此，自然又有助于我们对整个世界历史真相的深刻理解。其三，在中国历史与世界其他地区历史的对话、交融中，使世界历史的意义逐步显示出来，最终以探讨世界历史的内在发展规律并进而构建更为科学的世界历史学。如果用加达默尔的话来讲，这一过程也就是“我们必须从个别来理解整体，而又必须从整体来理解个别。”加达默尔将其称之为“诠释学的准则”。[④]

总之，对于在世界历史研究中我们具有的爱国热忱、文化价值传统和民族情感，所应采取的正确态度就是将其有意识的转化、升华为不断地对真实而丰富的世界历史的探索过程，在这一过程中以寻求中国历史在世界历史的合理定位为出发点，并进而获得世界历史尽可能多的真实性，在此基础上，再从世界历史的全景来审视中国历史在世界历史中的地位，如此反复，只会使我们越来越逼近世界历史的真实全貌。需要强调的是，这一态度不仅是中国学者探索世界历史真谛的最佳选择，同时也是中国世界史主体意识得以实现的必由之路。

三

综上所述，以伽达默尔为代表的哲学诠释学从西方近代哲学和史学中所存在的内在矛盾出发，以反对客观主义为出发点，建立了主体间性的理论，并将这一理论运用在历史研究中，其结果不但使历史研究的主体意识参与世界历史的研究具有更多合理性，也使得世界历史的研究结果将更趋于客观公正性。尽管如此，这一观念还没有彻底解决西方传统哲学的二元对立的问题，只是在相

---

① 吴于廑：《世界史》总序，北京：高等教育出版社，1994年，第31页。

② 《马克思恩格斯选集》第2卷，北京：人民出版社，1995年，第28页。

③ 刘家和：《谈中国人治世界史》，《光明日报》2003年1月14日。

④ （德）伽达默尔：《真理与方法》，洪汉鼎译，北京：商务印书馆，2007年，第376页。

当程度上克服了历史客观主义史学的缺陷。归根到底，诠释学理论仍是西方化的一个哲学理论。因此，用辩证唯物主义和历史唯物主义的观念对其进行再诠释，并立足于民族史学的热土之上，汲取我国悠久且优秀的历史观念同西方和世界其他地区的历史观念进行对话，相互激荡，取精用弘，这对于我们更好地理解并构建具有中国特色的现代世界史主体观念和世界历史的体系具有重要意义。

（原载《史学理论研究》2011 年第 2 期）

中西史学比较得以可能的诠释与再诠释

引言

中西史学是在辽阔的中西大地上，从各自源远流长的历史文化环境中，经过长期的平行发展而形成各具特色、并产生重大影响的两大独立史学发展系统。作为世界史学和比较史学的重要组成部分，中西史学比较研究日益成为学界关注的重要史学研究领域。需要指出的是，作为一个新兴的正在成长的学术研究领域，中西史学比较还存在着许多需要继续加以讨论的重要问题，而首当其冲的问题就是借用康德的表达方式，乃在于我们是在探究：中西史学比较何以可能？当然，学术界对这个问题已进行了许多讨论，其可能性现在已被越来越多的学者所认同。尽管如此，中西史学比较的理论体系尚需进一步的理论探讨和大量的历史比较实践来丰富完善。基于此，本文以马克·布洛克对史学比较的观念为切入点，试图通过诠释学的基本理论对这一问题进行探讨。在此基础上，再利用现代哲学和现代史学理论的成果对诠释学及建构在诠释学基础上的中西史学比较的理论和方法进行再诠释，以期深入和准确地把握中西史学比较的内涵，从而将中西史学比较的可能性这一根本性的理论问题再推进一步。

一、问题的提出

著名年鉴派大师、法国比较历史学家马克·布洛克在 1928 年发表了题为

《比较史学之方法——欧洲社会的历史比较》长篇论文，这一论文被公认为现代比较史学的奠基之作。在该论文中，基于其史学比较的研究成果，马克·布洛克较系统地提出了历史比较的观念。他认为，根据所研究的领域不同，事实上存在着两种在原则上和效果上完全不同的比较类型。一种是在时间和空间上都有明显隔离的远射程的比较。这种比较类型的突出特点是："这些社会的相似点——在这种或那种现象之间，从这一方面或那一方面观察到的相似点——既然不能解释为相互间的影响，也不能解释为出于任何共同的根源。"[①] "一言以蔽之，这种具有深远意义的比较方法基本上是一种在各条曲线上增添文字的过程。"[②] 而且，在马克·布洛克看来，这一类型的比较目的和效果是在于证明"人类思想的基本单一性"，或者从另一方面说，它证明了"人类，尤其是早期人类所支配的智力源泉惊人的贫乏和单一"[③]。由此可见，马克·布洛克对这种方法的评价不是很高。

马克·布洛克所指出的另一种比较类型是对同一时代及相邻社会的近距离比较类型。对此比较类型的特点，马克·布洛克是这样叙述的："这是一些互相之间不断影响的社会，正因为它们的同期性和相互邻近，所以它们在发展过程中曾经受过同样的重大原因的作用，并且可以追溯到——至少可以部分地追溯到一个共同的起源。"[④] 这一类型比较研究的优点何在呢？马克·布洛克认为："由于这类比较方法能够更好地对近似点进行严格的分类和论证，就有可能希望做到对事实做出假设少得多、而精确程度却高得多的结论。"[⑤] 具体来讲，通过"对各种不同的，相邻近的社会中的现象进行认真的比较，最明显的益处就是可望看出这些社会集团相互之间所产生的影响。"[⑥]

---

① （法）马克·布洛克：《比较史学之方法》，项观奇编：《历史比较研究法》，济南：山东教育出版社，1986年，第105页。

② （法）马克·布洛克：《比较史学之方法》，项观奇编：《历史比较研究法》，济南：山东教育出版社，1986年，第107页。

③ （法）马克·布洛克：《比较史学之方法》，项观奇编：《历史比较研究法》，济南：山东教育出版社，1986年，第107页。

④ （法）马克·布洛克：《比较史学之方法》，项观奇编：《历史比较研究法》，济南：山东教育出版社，1986年，第107页。

⑤ （法）马克·布洛克：《比较史学之方法》，项观奇编：《历史比较研究法》，济南：山东教育出版社，1986年，第107页。

⑥ （法）马克·布洛克：《比较史学之方法》，项观奇编：《历史比较研究法》，济南：山东教育出版社，1986年，第111—112页。

从马克·布洛克的以上论述来看，可以得到两点看法：首先，马克·布洛克所看重的是后者的这一比较形态，他对后者比较形态的肯定性态度是显而易见的，事实上，他也确实劝告和鼓励那些试图从事史学比较的学者尽量采用第二种类型的比较方法。他是这样说的："我建议你们采用的比较，即对空间上相互接近的，而且若不是出于共同的单一渊源，至少也是出于数个共同的渊源的同时期社会进行比较的方法。"① 其次，如果将马克·布洛克的历史比较观念同中西史学比较相联系加以考察的话，可以得出这样一个结论：中西史学比较类型应该被划入第一种类型的比较范围之内。事实上，中西历史上的大量历史现象确实像马克·布洛克所指出的"不能解释为相互间的影响，也不能解释为出于任何共同的根源。"若从比较的效果来对两种比较类型加以比较的话，按照马克·布洛克的观点，这一类历史比较的假设性肯定多，而精确性较低，且在历史实践中的争议性自然也最大。

应该说，马克·布洛克当时指出的两种史学比较类型及其对两种比较类型的评价，凝聚了他在20世纪20年代对比较史学领域研究的最新观念，集中展现了他对历史比较的深入而睿智的思考成果，无疑具有相当多的历史合理性，对于建构历史比较这一新的研究领域具有重要的指导意义。因而他的这一观点对后来史学比较的继续发展产生了深远影响。同时，在充分肯定马克·布洛克对史学比较贡献的同时，我们也应看到，后来学术界对比较史学，特别是针对中西史学比较所提出的一些问题和疑虑都可以从马克·布洛克对两种比较类型的论述中找到它的依据，尤其是他对第一种比较类型的论述中。这样看来，在此我们所对第一种比较类型的深入历史探讨自然转而与中西史学比较能否成为可能这一关键问题相关联，而用诠释学的历史理论对马克·布洛克比较史学观念的理解则成为论证本文主旨的出发点。

二、修昔底德难题与诠释学的理解

如上所述，中西历史学家在对中西历史比较研究时都面临着一个如马克·布洛克所谈到的基本问题：两者之间存在着辽阔的空间隔阂和悠远的古今对立，

① （法）马克·布洛克：《比较史学之方法》，项观奇编：《历史比较研究法》，济南：山东教育出版社，1986年，第107页。

中西史学比较何以可能?

显然，如果从传统认识论的观点出发，是无法给予这一问题以合理的解释。对于传统认识论而言，历史学家在研究历史时，或在进行比较史学的研究时，常常碰到这样一种二律背反的命题：一方面，由于历史学家的主体与其所研究的历史客体之间所存在的时空鸿沟，如果历史学家研究古代的历史时，时空的阻隔使历史学家无法深入探讨已经逝去的历史真实，其历史的真实性理所当然地受到了人们的怀疑；另一方面，对于从事当代历史研究的历史学家来说，又由于所面对的是他或他们当时正在亲身经历或正在发生的历史事实，基于同样的时空原因，历史事件的真相和结果又往往需要时间加以验证，因而其当代史研究同古代史研究一样难以形成正确的历史认识成果。事实上，古希腊著名历史学家修昔底德在撰写其名著《伯罗奔尼撒战争史》时就已经发现了这个历史学中的难题，而且在其著作中也道明自己面对这一问题所采取的一些具体的解决方法。他说："在研究过去的历史而得到我的结论时，我认为我们不能相信传说中的每一个细节，普通人常常容易不用批判去接受古代的故事——就是对于那些和他们本国有关的故事，他们也是这样。"① 对于当代史呢，修昔底德也认为希腊人"不但对于模糊的过去，而且对于当代的历史，有许多不正确的猜想。"② 即使对于历史事件的目击者所提供的证词，修昔底德仍然感到失望，因为"不同的目击者对于同一个事件有不同的说法，由于他们或者偏袒于这一边，或者偏袒于那一边，或者是由于记忆的不完全。"③ 面对此种窘境，著名史学家朱本源先生认为，修昔底德借助其深厚的希腊理性文化底蕴，另辟蹊径，运用了两个有效的判断："一是明显的证据；二是合乎情理的理解。"④ 所谓明显的证据指的是修昔底德在著史中，首先运用早期的刚刚萌生的史料考证这一重要的史学方法试图消弭这一矛盾，取得了突出的成果，由此成为《伯罗奔尼撒战争史》的突出特点。但在历史实践中，修昔底德发现这一方法对于那些难以进行史料考证的历史事实却有着明显的局限性，于是他又转而利用自己的想象、回忆努力复原历史的真实。比如，《伯罗奔尼撒战争史》所记叙的大量精彩的演讲

① （古希腊）修昔底德：《伯罗奔尼撒战争史》，谢德风译，北京：商务印书馆，1985年，第16页。
② （古希腊）修昔底德：《伯罗奔尼撒战争史》，谢德风译，北京：商务印书馆，1985年，第16页。
③ （古希腊）修昔底德：《伯罗奔尼撒战争史》，谢德风译，北京：商务印书馆，1985年，第18页。
④ 朱本源：《历史学理论与方法》，北京：人民出版社，2007年，第216页。

词中的相当部分，就是修昔底德对演说家发表的演讲词进行大力复原的结果，并非其亲历现场进行实录的第一手资料。难能可贵的是，修昔底德以其突出的求真精神在书中还叙述了其复原他人演讲词的缘由和具体方法。修昔底德是这样说的：由于已经记不清楚他亲自听到的演说词的真实词句了，在调查当事人和目击者的过程中，被调查者也同样遇到了他所碰到的困难，面对当时确实难以克服的困难，怎么办？“我的方法是这样的：一方面尽量保持实际上所讲的话的大意；同时，使演讲者说出我认为每个场合所要求他们说出的话语来。”① 显然，合乎情理的理解指的是修昔底德利用自己的记忆和一些符合特定情景需要的主观想象来弥补时空的差距，努力与发生的历史真实相符合。追根究底，他是以朴素的人性论作为历史的相似点，是以“‘人性毕竟是人性’② 作为其写作的理论依据，没有将这一人性作为一个不断发展变化的过程，所以，历史学难以成为一个科学。”③

当然，在修昔底德时代，古希腊的历史观念建立不久，历史学家研究的内容就是他们本身所熟悉的时空有限的城邦或希腊种族正在发生的历史现象，相当于我们现在的专业术语“现代史”的内容，或者是对其“所见世”历史的一种叙述。德国近代著名哲学家黑格尔在其名著《历史哲学》中对此也加以论述，他称这一阶段的历史为“原始的历史”，黑格尔认为这一阶段历史的特点在于，“他们的叙述大部分是他们亲眼所看见到的行动、事变，而且他们跟这些行动、事变和情况的精神，有着休戚与共的关系。”④ 所以，在修昔底德时代，虽然人们已意识到这个问题，但时空距离对当时的历史研究的影响有限，历史学家还可以通过其他途径，比如，实地考察、调查或访谈而达到当时所能达到的求真目的。但随着希腊人及其后的罗马人对历史研究的不断深入，他们的史学观念也发生了重要变化。这表现在两方面：其一，从空间而言，他们开始研究其他国家和民族的历史，因而大大扩展了其历史研究的范围。其二，从时间上而言，他们已经突破了传统的“所见世”的史学观念，进入了对“所闻世”历史的探索时期，也就是对较为古老的历史时期的求真探索阶段。在这一新阶段，历史

① （古希腊）修昔底德：《伯罗奔尼撒战争史》，谢德风译，北京：商务印书馆，1985年，第17页。

② （古希腊）修昔底德：《伯罗奔尼撒战争史》，谢德风译，北京：商务印书馆，1985年，第18页。

③ 王成军：《中西古典史学观念的异同——兼及司马迁史学观念的基本特征》，《陕西师范大学学报》（哲学社会科学版）2009年第6期，第107页。

④ （德）黑格尔：《历史哲学》，王造时译，上海：上海书店出版社，2006年，第2页。

学家所撰述的这些国家或地区的历史，不管从内容上，或时空上与他们自身所经历的当代历史大不一样，时空矛盾开始较明显地表现出来了，其原始的朴素的著史方式已无能为力了。如古罗马著名的传记史学家普鲁塔克就曾在《伯里克利传》中对此难题感慨不已："看来，叙述历史，要掌握好事实很不易，因为，如果是后来人，时间对认清事实会是个障碍；而如果是叙述同时代人物和生平，那么，或者由于怀恨，或者由于逢迎，又会对事实加以损害和歪曲。"①怎么办？这时的历史学家们所采取的方法只能是用其自身的历史观念来概括他们所知道的外部历史，或当时他们所认定的世界历史，使其他国家或地区的历史以适应希腊罗马的历史观念，这个阶段被人们称为普世史，借用黑格尔的话来讲就是"反省的历史"。黑格尔认为："在这里，最重要的一点，是历史资料的整理。进行工作的人是用了他自己的精神来从事这种整理工作，他这一种精神和材料内容的精神不同。"② 当然，其实质仍是历史学家用自己的思想和观念来弥补真实而具体的历史时空的差距。

而到了近代，历史研究中的时空观念及其两者间的关系在历史研究中的重要性这一问题，越来越明确的表现出来了，开始被人们所重视。也就是说，随着研究范围的扩大，历史研究中所出现的问题不仅是如何能够历时性地叙述历史发展的环节，而且还包括如何从共时性的不同空间角度来加以叙述和展现各个地区的不同的真实历史状态，而不再是昔日希腊史或者罗马史的放大版，或者是历史学家脑海中史学理念的简单外化形态。由此可知，历史研究中的时空距离问题既是历史研究发展进程中所出现的必然结果，也是历史研究进一步发展需要解决的重要问题。与此相适应的是，对于这一问题的解答，在近代出现了两种具有代表性的重要倾向：其一，历史哲学化倾向。比如在黑格尔看来，对此矛盾，历史本身已经无能为力了，只有历史哲学，即理性和世界精神通过逻辑概括的思辨哲学方法才能完成这一任务，但这一结论和方法又因他唯心的哲学性质从而和具体、复杂、多变的历史本身的特点和目的相背离，自然受到史学家的强烈批评。其二，试图通过历史本身来显示其原意的历史客观化倾向。在近代史坛上，客观主义史学家，比如德国的兰克史学，为了在史学研究中获得所谓真正客观的历史原意，时间和空间的距离感又成为他们力图达到其目的

① Plutarch，Plutarch'lives，Boston：Harvard University Press，1914，pp. III，XIII，47.

② （德）黑格尔：《历史哲学》，王造时译，上海：上海书店出版社，2006年，第4页。

的消极对象，必欲除之而后快。当然，他们通过否定历史过程的方式以探求所谓的历史真实的必然结果，最终只能以否定了历史本身而告终。

毫无疑问，时空的阻隔关系在古代和近代西方的历史研究中扮演了一个非常尴尬的角色：一方面，其自身沦为历史认识的障碍，因为它使历史学家无法直接获得两者之间比较充分而真实的历史关联，自然成为人们极力清除的对象；另一方面，如果直接剔除时空距离的话，则又不会显现出真实历史的发展过程，也就无所谓历史了，充其量成为黑格尔式的历史哲学。由此，西方的历史研究进入了二律背反的窘境。正基于此原因，“历史哲学”成为西方现代史学界中饱受非议的名词。需要指出的是，在近代历史研究领域中，这一难题不仅没有随着时代的进步被解决，反而与客观主义史学观念体系之间的矛盾变得更为尖锐，难于调和。因此，只有通过新的方法论才能解决这一尖锐矛盾，这一重担则落在了现代哲学和现代历史学的肩上。而德国的著名哲学家加达默尔所创立的哲学诠释学较之于其他哲学流派而言，其在努力回答并试图解决这一重要的难题方面表现了明显的优势。

不言而喻，诠释学的出现冲破了在传统的认识论模式中所存在的桎梏——即认识过程乃是主体向着客体的单向运动的认识误区，揭示了认识的过程是理解者或解释者与被理解对象间的对话和互动，这一互动的理解方式本质也被学者诠释和理解为是以“主体间性”为突出特征的主体与主体之间的对话与相互理解[①]。从这一诠释学的基本观念出发，其效果历史意识则被西方学者赞誉为标志着加达默尔对“精神科学”的理论基础进行思考的最高成就[②]。正如伽达默尔本人对此所解说的：“真正的历史对象根本就不是对象，而是自己和他者的统一体，或一种关系，在这种关系中同时存在着历史的实在以及历史理解的实在。一种名副其实的诠释学必须在理解本身中显示历史的实在性。因此我就把所需要的这样一种东西称之为‘效果历史’。理解按其本性乃是一种效果历史事件。”[③] 当然，这种引起效果意识的因素，即理解者和文本所处的时代、生活环境的不同从而必然与其特定的时空有着紧密关联，因此，“视域融合不仅是历时

① 潘德荣：《从主客关系到主体间性》，成中英主编：《本体与诠释：中西比较》，上海：上海社会科学院出版社，2003年，第399页。

② （法）保罗·利科尔：《诠释学的任务》，洪汉鼎主编：《理解与解释》，北京：东方出版社，2001年，第430页。

③ （德）伽达默尔：《真理与方法》，洪汉鼎译，上海：上海译文出版社，2004年，第387页。

性的，而且也是共时性"① 的。显然，伽达默尔诠释学所谓的理解实质，乃是通过理解者和被理解者之间的对话来超越他们自身的有限视域，从而使对话双方都能达到一种具有普遍意义的更高的新境界。

总而言之，诠释学所具有的主体间性理论特征以及所倡导的效用意识较之于西方传统的思辨的主客体认识模式而言，无疑是一个重要的历史进步。这一进步对于中西史学比较而言也有着重要影响。这一影响的重要表现之一，就在于它对解决中西史学比较何以可能这一重要问题提供了一种较为可行的理论和途径。

其一，主体间性的原理打破了陈旧的时空的界限，使得时空的距离由原先历史研究的障碍转而成为历史比较研究的必要前提，由此，诠释学为我们提供了将中西历史加以比较的可能性和必要性的理论依据。毋庸讳言，中西史学两者都存在着很长的时间和很大的空间隔阂，如果从传统的哲学和历史观念出发，中西关山险隔，文化判为胡越，发展轨迹独特，历史比较难以进行。但从诠释学的观念出发，其结果却与近代哲学和史学观念截然相反。在伽达默尔看来，只要是理解，人们就总是以不同的方式在理解，而产生这种不同的方式正是由于解释者与原作者之间的时间距离造成的，究其原因在于这种对话和理解正是以两者的不同处境为前提的，是以两者之间的距离为依据的。这样，中西史学比较研究，其本质就必然由主体对客体的单向的认知和审视转化为具有主体间性特质的中西之间的研究者和被研究者的对话和相互理解。在这一背景下，时间距离也就不再是一种由于其分开和远离而必须被克服的鸿沟，相反乃是现在沟通过去历史的唯一通道，并构成古今贯通、融为一体的根本基础，由此，时间距离在其中就具有了独特而重要的新的意义。正因为如此，伽达默尔认为："每一时代都必须按照它自己的方式来理解历史流传下来的文本。"② 所以，伽达默尔一再强调理解在诠释和人类认识中所发挥的重要的创造性作用。他认为，"重要的问题是在于把时间看成是理解的一种积极的创造性的可能性。时间距离不是一个张着大口的鸿沟，而是由习俗和传统的连续性所填满，正是由于这种连续性，一切流传物才向我们呈现出来。在这里，无论怎么讲一种事件的真正

① 洪汉鼎：《译者序言》，（德）伽达默尔：《真理与方法》，洪汉鼎译，上海：上海译文出版社，2004年，第8页。

② （德）伽达默尔：《真理与方法》，洪汉鼎译，上海：上海译文出版社，2004年，第383页。

的创造性也不过分。每一个人都知道，在时间距离没有给我们确定的尺度时，我们的判断是出奇的无能。”[①] 伽达默尔还指出：“时间距离除了能遏制我们对对象的兴趣这一意义外，显然还有另一种意义。它可以使存在于事情里的真正意义充分地显露出来。不过，对一个文本或一部艺术作品里的真正意义的汲舀是永无止境的，它实际上是一种无限的过程。”[②] 所以，伽达默尔对时间距离予以高度评价，甚至认为“时间距离才能使诠释学的真正批判性问题得以解决”[③]。

需要说明的是，对于历史认识中的时间和空间隔阂问题，伽达默尔更侧重于对时间距离的阐述。正如潘德荣教授所指出的：“伽达默尔的‘间距’概念主要是指‘时间间距’”[④]，“从诠释学的角度来看，间距意味着异化、疏远化。这种‘间距’的大小并不取决于时空中的现实距离。”[⑤] 也就是说，人们虽然处在不同的历史境遇，理解者或者解释者与文本不但有着时间的距离，而且还有着空间的隔离，即使在哲学诠释学的理论体系中，仍可以感受到这种空间隔离的存在，但加达默尔并没有将空间置于一个确定的位置，而是倾向于将时间作为理解交流的唯一平台，空间距离则在历史时间的洪流中被融解，并最终由时间无形地统一起来。由此出发，对于中西史学比较而言，中西史学进行比较和对话的过程，即意味着我们与中西的历史存在着某种联系，意味着我们已把我们自身置于中西的历史视界之中，也同时意味着我们已把我们自身自然地置于具体的中西时空中，从而使中西史学的融合和比较成为可能。这样看来，一向饱受争议而无处安身的时空间隔在诠释学的相互理解的理论框架下，面目为之一新，不再成为历史研究无法克服的阻力和障碍，转而成为开展中西史学比较不可或缺的前提条件，为中西比较史学的开展提供了可能性的这一重要的理论依据。

其二，诠释学的效果历史意识为中西史学比较成为科学提供了必要的“合法性”的证明。可以这样讲，时间距离的存在为中西史学的研究提供了前提和条件，而中西史学日益强烈的自身现实发展的要求却是开展中西史学比较的真正动力。较之于传统的哲学而言，诠释学将过去和现实的对立关系在历史的理

---

① （德）伽达默尔：《真理与方法》，洪汉鼎译，上海：上海译文出版社，2004 年，第 384 页。
② （德）伽达默尔：《真理与方法》，洪汉鼎译，上海：上海译文出版社，2004 年，第 385—386 页。
③ （德）伽达默尔：《真理与方法》，洪汉鼎译，上海：上海译文出版社，2004 年，第 386 页。
④ 潘德荣、彭启福：《当代诠释学中的间距概念》，《哲学研究》1994 年第 8 期，第 56 页。
⑤ 潘德荣、彭启福：《当代诠释学中的间距概念》，《哲学研究》1994 年第 8 期，第 53 页。

解视域中结合起来，则更强调了昔日历史与当今现代历史和当代历史间的内在关联性，在诠释学的理论体系中，历史成为一个不断流动的相互联系的发展过程，历史是一个不断变化着的社会存在。由此出发，我们对历史的真实性的理解和认识也正是通过以今知古和以古知今的这两种方式进行的。马克·布洛克对此也有深刻的认知。他说："古今之间的关系是双向的。对现实的曲解必定源于对历史的无知；而对现实一无所知的人，要了解历史也必定是徒劳无功的。"① 对此，德国著名哲学家卡西尔也有相类似的观点，他认为历史意识是"'对立面的统一'，它把时间的相反两端连接起来，从而使我们感受到人类文化的连续性"②。

正是在对历史的古今一体并不断发展的这一认识背景下，马克·布洛克曾认为较之于传统的历史研究而言，"比较历史给予我们的可能是最明确，而且是最有意义的教导就在于，它使我们意识到，打破那些陈旧的地形范畴的时候已经到了，我们不能硬要以此来区分社会现实"③。也就是说我们不应拘泥于传统的历史研究观念和方法，使历史被动地适应陈旧缺乏创新的历史观念，而应该用新的历史观念和方法来研究并适应这已经变化了的活的社会历史现实本身。对此，伽达默尔也指出："这里我们必须摆脱一种有害于理解的历史思维而要求一种更好地进行理解的历史思维。一种真正的历史思维必须同时想到它自己的历史性。只有这样，它才不会追求某个历史对象（历史对象乃是我们不断研究的对象）的幽灵，而将学会在对象中认识自己的他者，并因而认识自己和他者。"④ 所以，中西历史发展的客观历史进程同历史学进一步发展的需要，特别是同现在比较史学发展的实际需要相结合，是中西史学比较能够成为现实的最深厚的基础。著名史学家刘家和先生认为：对于比较的历史现象而言，其"事物的本质并非完全外在于比较者的客观存在，它同时也有赖于比较者的理论构想"⑤；这样看来，史论结合，即历史学的理论和方法必须同鲜活的历史进程相

---

① （法）马克·布洛克：《历史学家的技艺》，张和声、程郁译，上海：上海社会科学院出版社，1992年，第36页。

② （德）恩斯特·卡西尔：《人论》，甘阳译，上海：上海译文出版社，2004年，第380页。

③ （法）马克·布洛克：《比较史学之方法》，项观奇编：《历史比较研究法》，济南：山东教育出版社，1986年，第132页。

④ （德）伽达默尔：《真理与方法》，洪汉鼎译，上海：上海译文出版社，2004年，第387页。

⑤ 刘家和、陈新：《历史比较初论：比较研究的一般逻辑》，《北京师范大学报》（哲学社会科学版）2005年第5期，第67页。

结合，不仅是历史学研究的基本方法论，而且反映了历史学的本质。对于中西史学比较的产生和发展而言，更是如此。

这样一来，在新的不同于传统哲学和史学观念的指导下，借助一种新的诠释学的认识方法，通过比较研究的方式将原来互不联系的被时空所阻隔的中西历史融为一体，以探讨两者的异同，并对异同现象进行深入的历史探讨，其结果自然有助于获得中西历史的发展真相。需要强调的是，这不但是中西历史进程的客观发展结果，也是现代历史学观念更新和发展所产生的结果。诚如法国马克·布洛克所言："尽管我们必然属于过去，并永远只能通过昔日的'轨迹'来了解过去，我们对过去的了解还是要比它本身愿意告诉我们的更多。这才是我们的成功之处，确切地说，这就是精神对物质的胜利。"[①] 应该说，这也是比较史学和中西比较史学的成功之处。

三、对诠释学理解的再诠释

哲学诠释学的创立者加达默尔在上世纪60年代出版了《真理与方法》这部名著之后，很快就引起了国际学术界的广泛关注，因其理论本身与历史学二者之间所存在的亲缘性，故对历史学的发展产生了重要而直接的影响。经过了半个世纪的历史过滤，我们在汲取诠释学的精华并运用其理论对中西史学比较的理论和方法进行诠释的同时，也有必要运用我们独特的历史视域同诠释学本身进行对话。概言之，如果将诠释学和其以前及同时代的哲学流派来比较的话，其有着突出的特点，这表现在伽达默尔所一再强调的历史性，特别表现在他所强调的历史的时间性方面，其结果是将历史从纵向层面上将古今统一起来。但另一方面，其局限性也表现得非常突出，就文本而言，伽达默尔哲学诠释学的弱点在于它为了突出其理解的历史性的历时性特征，而弱化了历史本身还具有的共时性这一客观性。换言之，就是他对历史的空间缺乏明确的历史定位，没有看到理解本身是由不同的但又有确定尺度的时空所构成的诠释过程，没有把时空在对立的基础上将两者又辩证地统一起来，更没有将两者统一在现实的社会历史运动的过程中。其结果必然使历史的研究又表现出了某些不确定性、随

① （法）马克·布洛克：《历史学家的技艺》，张和声、程郁译，上海：上海社会科学院出版社，1992年，第51页。

意性——相对主义的趋向。因而对诠释学的再诠释，以形成新的更为广泛的普遍合理性，从而更好地推动历史学科的发展，这不仅是诠释学理论的内在逻辑的发展结果，而且也是保持诠释学的精义之所在，更是中西史学进行正常比较的客观要求。

其一，从哲学而言，时间与空间的关系是人文与自然科学都需要面对的重大课题，对于两者的关系问题自古以来就争论不休。但表现在历史研究领域内，从总体来说，大体可分为两大流派：一是重视空间的共时性的史学流派，其主要特点在于否定历史的连续性，强调历史的共时性。代表性流派，如普世史学，用共时的观念将罗马的历史扩大成为其所认知的整个世界史，借用克罗齐的话就是“一切历史都是现代史”。二则是重视时间序列的历时性史学流派，这一流派的主要特点在于肯定历史的变化性和延续性。主要代表就是被称为历史主义的近代西方史学，借用柯林武德的话来说就是“一切历史都是思想史”，哲学诠释学的史学观念也可以归入这一流派。但需强调的是，二种流派都是以时空的对立而立论的，都是以解决时空矛盾为目的的，但结果都是以否定对方作为其史学的归宿。因此，从现代西方哲学的发展趋向来看，其明显的特征之一就是致力于在时间与空间的矛盾运动中将两者统一起来，但由于并没有真正理解两者间的辩证关系，在统一两者的实践中，往往采取的都是弱化、淡化乃至于消弭其中的矛盾方式以解决这种对立的矛盾，最终，两者都难以了解历史的真谛。加达默尔的哲学诠释学也未能例外。

对于马克思主义哲学而言，它是以时空之间的相互联系，且被纳入到物质的范畴为前提展开的。马克思在《剩余价值学说史》里谈到了空间问题，认为“指示它二物的距离并比较他们二者的，是空间的延长，是一定的长度。但还不止于此，如果我们把距离当做二物间的一种关系来说，我们已以某种‘固有物’，物的某种‘性质’为前提了；这种性质，使它们可以互相距离。”[①] 显然，在马克思的观念中，空间距离绝不仅仅是“空间的延长”或“一定的长度”这样一些表面的含义，而是包含着某种内在的、物质的“东西”。这样看来，马克思是把空间看成为物质之间的实在联系。1876 年恩格斯提出了他的著名观点：“一切存在的基本形式是空间和时间，时间以外的存在像空间以外的存在一样，

① 马克思：《剩余价值学说史》第 1 卷，上海：生活·读书·新知三联书店，1957 年，第 166 页。

是非常荒诞的事情。"[1] 当然，恩格斯强调这个观点的实质主要是为了批判杜林把空间和时间割裂开来的形而上学观点，但他在当时所以能做出这样带有预测性的论断，乃因为其所拥有的辩证的理论思维这一重要的理论武器。现代著名物理学家爱因斯坦从其相对论观点出发，认为："空间—时间未必能被看做是一种可以脱离物理实在的实际客体而独立存在的东西。物理客体不是在空间之中，而是这些客体有着空间的广延。因此，关于'空虚空间'这概念就失去了它的意义"。[2] 爱因斯坦晚年的这一经典性的名言不仅集中体现了现代时空观念的发展成果，也进一步证明马克思主义的辩证的时空观的正确性。从现在自然科学发展的趋向来看，科学家们在确认时空所具有的物质性的基础上，进一步研究时空所具有的物质结构及其形态问题，也出现了许多引人注目的成果，如比利时著名的科学家普利高津（Ilya Prigogine）所提出的"耗散结构"理论（Dissipative structure theiry）[3] 就是典型的事例。而与此相适应的是，现代的科学哲学则对现代科技进一步归纳，以探讨物质世界所具有的与观念不可分离的另一面，即理论观念对物质世界研究所发挥的重要作用。如著名美国科学史家托马斯·库恩在《科学的革命》中所提出的"范型"理论，就是从科学史的角度概括了自然科学发展的内在原因及其进程，强调了理论在对物质性的自然科学（当然包括时空）研究中所具有的重要指导作用。究根结蒂，现代西方科学界所表现的趋向还是努力从物质的层面和观念的角度将时空中所存在主客两方面在物质的基础上统一起来。

因而，对于历史学而言，历史不仅是间断的或连续性的统一，历史也是时间和空间的统一，不可能存在只有时间的历史，也不存在只有空间的历史，只能是将时间的连续性、间断性和空间的广延性、多维性两个方面有机、有差别地统一于历时性的关系之中，也就是说要将两者辩证地统一于历史进程之中，这样一来自然能够体现历史的独特的真实感和鲜活性。用吴于廑先生的话来说

---

① 《马克思恩格斯选集》第 3 卷，北京：人民出版社，1995 年，第 392 页。

② （美）爱因斯坦：《爱因斯坦文集》第 1 卷，许良英等译，北京：商务印书馆，2010 年，第 749 页。

③ 普利高津认为，只有在非平衡系统中，在与外界有着物质与能量的交换的情况下，系统内各要素存在复杂的非线性相干效应时才可能产生自组织现象，并且把这种条件下生成的自组织有序态称之为耗散结构。所谓耗散，指系统与外界有能量的交换；而结构则说明并非混沌一片，而是在时间与空间上相对有序。耗散结构理论就是研究系统怎样从混沌无序的初始状态向稳定有序的组织结构进行演化的过程和规律。

就是："纵向发展制约着横向发展。纵向发展所达到的阶段和水平，规定着横向发展的规模和广度。""横向发展一方面受纵向发展的制约，一方面又对纵向发展具有反作用。"① 著名史学家刘家和先生通过对中国史学的突出特征——"通史"传统的分析，以司马迁的《史记》为例证精辟地指出了历史研究中共时性和历时性两者间的关键之所在——两者间发展联系的辩证关系。他指出："在《史记》里，三代时期和春秋战国时期的历史人物，没有由于经过作者的反思而变得抽象、干瘪、像汉代人一模一样，而是经过反复思索，写出三代时人不同于春秋战国时人，春秋战国时人不同于汉代的人，可是相互间又是可以沟通理解的。这就是古今有变而又相通，使得古代历史具备了直接性与间接性的统一。""《史记》写先秦历史，讲天子与诸侯、诸侯与卿大夫，华夏与夷狄，写秦汉历史讲天子与诸侯，中央与地方、华夏与夷狄、中国与外国。古今纵向历时性之变，正是这些内外横向共时性之变的结果；而一切时代的横向的共时性的结构，又正是纵向的历时性发展的产物。纵向的历时性的发展与横向的共时性的变化是一而二、二而一的。"② 刘家和先生的这一观念对于指导我们在史学研究中，如何正确理解时间和空间、历时性和共时性两者间的辩证关系这一问题具有重要的启示。

其二，中西史学比较何以可能的最深厚根源在于中西社会经济、政治和文化所发生的重要而深远的历史进程中。从中西史学比较的历史来看，中西史学比较产生于19世纪末或20世纪初，其很大程度上是随着近代中西交流的日益广泛而发展起来的一个相对较新的研究领域。不言而喻，中西历史学产生两千多年后，经过长期平行的独立发展，而在19世纪末开始交流，这一事实本身就承载着很多值得深入探讨的社会历史内容。当然，在中西史学交流之初，在西方列强对中国实行殖民侵略的这一大的时代背景下，一方面西方中心主义、西方史学优越论甚嚣尘上，另一方面中国史学独特的历史地位被贬低、乃至被否定，被沦为论证西方史学优越论的道具。其结果，从比较史学而言，中国历史失去了历史比较所需要的基本的理解者地位，中西史学比较自然不可能正常进行。由此，著名历史学家杜维运在20世纪中叶就提出了一个重要问题："在比较文学、比较艺术、比较教育、比较法律等比较学问炙手可热的今天，比较史学的

① 吴于廑：《世界史》总序，北京：高等教育出版社，1994年，第11—13页。

② 刘家和：《论通史》，《史学史研究》2002年第4期，第9—10页。

被漠视，是令人不解的。”① 其实，杜维运先生在提出这个问题的同时，已对这一问题给出了答案，在他看来，比较史学，当然包括中西史学比较长期得不到正常发展的最重要的原因就在于西方历史优越论这一观念本身。他是这样说的：“西方论史学的著作里面，往往出现比较历史与历史的比较研究，而比较史学则未被提及。认为整个世界只有西方有史学，亚洲、非洲等西方以外的地区，只有历史而没有史学，比较史学自然就没有提倡的必要。”② 应该说这是造成比较史学（实际上也包括中西比较史学）在西方相较于其他学科发展相对缓慢的重要原因之一。

当然，特别需要指出的是，在这种西方史学优越论盛行之际，在我国还出现了一些具有生命力的学术观点和许多代表人物，如周谷城、雷海宗、陈翰生等著名学者，他们在开始关注西方的历史观念的同时，对中国传统史学进行反思，以取精用弘的方法论来构建最初的中西史学比较的观念，从事最初的中西历史比较实践。对此，杜维运先生加以肯定，他指出：“发现对方史学的价值，积极予以吸收，且有意与自己所固有者作比较，首先在中国而不在西方。”③ 究其重要原因之一，在中国的知识分子看来，对中西历史的分析和比较，其目的和意义并不仅仅局限在历史的学术领域之中，而且还同中华民族前途命运的思考，还同救亡图存的济世宗旨结合在一起。因而，较之于西方史学家而言，中国的历史学家的比较史学从理论角度来讲具有更丰富的历史厚重感，从实践角度来讲，自然也就具有更多的积极主动性和现实迫切性。特别是在第二次世界大战后，中西史学比较的大背景发生了很大的变化。一方面伴随着众多的对世界格局产生重大而深远影响的历史事件的发生，中国的崛起和西方的衰落则成为影响世界历史发展格局的最为突出的重大事件，在中国对世界的影响力越来越大的同时，较之于过去，人们对中国在世界历史中的地位有了明显不同的新看法；另一方面，随着全球一体化进程的加快，人类历史和文化的交往早已超出了狭隘的民族和国家之间的范围，人们对世界历史发展的观念也开始改变，全球史更是史学发展的亮点，它代表了现代世界历史发展的一个重要趋向。但在全球史中，中西在世界政治事务和经济文化中的地位

① 杜维运：《史学方法论》，北京：北京大学出版社，2006年，第257页。
② 杜维运：《史学方法论》，北京：北京大学出版社，2006年，第257页。
③ 杜维运：《史学方法论》，北京：北京大学出版社，2006年，第255页。

日益重要，由此，人们出于对中西的现状、未来和世界历史的整体发展这一长远思考，自然就迫切希望中西两者互相加以理解，而史学比较则是中西互相理解的最好的途径之一。当然，中西史学比较的目的从根本来讲，并不是为了历史比较而去进行历史比较的，更重要的是希望从中西历史中为现实和未来的中西发展及其趋向寻找参考答案。毫无疑问，中西这一重要的社会历史变化，也就为新的史学观念，如中西史学比较观念的产生和发展奠定了坚实的社会历史基础。

其三，中西史学比较的真正动力和生命力，其根源在于中国和西方学者对当代中国、当代西方和当代世界复杂的现实问题的思考。纵览这一百余年的中西史学比较的发展历程，概言之，其大体包括两方面的内容：一方面是中西历史进程中所表现出的具有可比性的一般的中西历史过程和与这些过程密切相连的理论问题；另一方面则是中西史学自身发展中种种需要深化和进一步探讨的具体问题，等等。对于中西史学比较而言，如史学家于沛先生所说的："无论是上述哪一种类型的比较，其目的都是为了在历史研究中不断地提出问题和回答问题。"① 正因为如此，历史研究中的中西史学比较，就不仅仅是一个史学研究的方法问题，而是与一种新的历史观念联系在一起的新兴历史研究领域，这一新兴历史研究领域它不仅根植于具有极其深厚的中西社会历史的土壤之中，而且更重要的是它还包含了对中西历史发展前途趋向的深入探寻。马克·布洛克在论述第一种史学比较类型的作用时说到，"受到比较的启示后，可以开拓新的研究方向。"② 也就是说，受到远距离的历史比较的启发和影响，自然可以为历史学催生出新的研究方法和新的研究领域。事实上，对中西历史现状及其发展趋向的强烈感受及其进一步的探求，是这一学科产生并发展的最重要的推动力，换言之，中西史学比较的产生本身就是受到比较启示后的产物。刘家和先生在谈到世界古代文明的比较研究时曾精辟指出："如果以狭隘的实用眼光来看，世界古代文明史的内容从时、空两方面说都很遥远；如果以面向世界、面向未来的眼光来看，它又在眼前。"③ 其实这对于中西史学比较而言，也是如此。张广

① 于沛：《史学思潮和社会思潮》，北京：北京师范大学出版社，2007年，第127页。

② （法）马克·布洛克：《比较史学之方法》，项观奇编：《历史比较研究法》，济南：山东教育出版社，1986年，第106页。

③ 刘家和、廖学盛：《世界古代文明史研究导论》，北京：北京师范大学出版社，2010年，第20页。

智先生曾明确指出，“百年来的中西史学交汇的历史也是色泽丰富与颇具开拓性的学术课题。中西史学无论对哪一方面来讲，都为对方提供了一个不可多得的价值参照系，这就为两者的比较研究创造了前提。”①

这样一来，对中西史学比较研究的必然要求就是应将比较研究的出发点置于现实的社会历史发展过程中，而不是其他。因此，对于现代中西史学比较研究而言，如何将现实中西社会的重要变动与其悠远的历史发展进程紧密地结合起来，从而进行中西史学比较研究，显然是这一研究领域的重点，当然也是难点之所在。也就是说，进行中西史学比较，其关键是要回答时代所提出的现实和理论问题，即回答所比较的中西历史认识客体所以异同的社会历史原因，并在对深刻的社会历史原因的探讨中，获得中西历史发展的深层次的具有规律性的认识，从而对中西的现实和未来的发展给予启示。“如果不是这样的话，比较的结果只能是一般性地描述比较对象的异同，那就是为了‘比较而比较’，是一种盲目徒具形式的比较，这样，就必然和所以要进行比较的初衷相悖。”② 这样看来，所谓中西史学比较研究作为史学“新的研究领域”的突出特点，恰恰是在回答颇具时代特色的问题过程中体现出来的，借用年鉴学派的著名史学口号就是“没有问题就没有史学”。所以，不论是提出问题或是回答问题，都必然要与鲜活而具体的中西社会历史进程紧紧相连，如果将比较仅仅停留在“考证”或“考实”的水平上，没有进行恰如其分的价值判断，只是满足于“提出问题”，而不去回答问题，即没有回答出所比较的历史认识客体之所以异同的本质原因的话，这种比较从比较结构来讲是不完整的；再从比较的意义来讲也只是停留在历史比较的表面上，因而，从中西史学比较研究的趋向来看，中西历史进程中所蕴含的真实而深刻的内涵客观上要求人们进一步去挖掘、去探讨，这才是中西史学比较得以保持生机的源泉之所在。

四、结论

如上所述，中西史学比较得以可能的问题是中西史学比较研究的根本性问题，而通过诠释学来对中西史学比较这一问题进行诠释以及我们对其再诠释，

---

① 张广智：《关于深化西方史学研究的断想》，《社会科学》1992 年第 3 期，第 48 页。

② 于沛：《史学思潮和社会思潮》，北京：北京师范大学出版社，2007 年，第 127 页。

无疑有助于对这一问题的进一步理解。

其一，从诠释学的时空理论出发的话，即我们首先应该承认马克·布洛克的历史比较理论和观点所具有的历史合理性，这一合理性是建立在其所处的特定的时代背景下。在20世纪20年代，世界上各民族和各地区的联系还不是很紧密，中西史学比较的观念也刚刚开始，而要真正进行远距离的大跨度的中西史学比较的事业，从理论和实践上也需要一个逐步的由局部到全局的发展积累过程。对此，马克·布洛克论述道："全面的比较只能放到后面去做；没有初步的地方性的研究，全面比较就是一句空话；但是只有全面比较，才能从杂乱的、臆测的原因中理出那些具有某种普遍作用的、真正的原因。"① 而这一过程用诠释学的话来讲就是："我们必须从个别来理解整体，而又必须从整体来理解个别。"伽达默尔将其称之为"诠释学的准则"。② 具体于中西史学和文明的研究，"我们要进行比较的研究，要看出纵向发展与横向发展之间的内在关系，其坚实的基础不在于宏观的思维，而在于现实的微观的研究。古代世界文明研究不等于各个具体文明研究之和，却离不开个别文明微观研究之基础。"③ 这对于中西史学比较的研究而言，其情形何尝不是这样的呢？

其二，我们还应该看到，中西史学比较研究不仅是一个认识问题，更重要的是一个实践问题，它的产生和发展，归根结蒂是中西人们努力进行社会历史实践而产生的重要历史研究结果。由此我们可以深切感受到，变化发展的中西史学比较观念，其实包含了极为丰富而具有生命力的社会历史的实践内容。如果依此观点对诠释学及其历史观念进行分析的话，就会发现诠释学的理解观念及其历史的观念绝对不只是一种概念游戏过程，或在游戏中所启发的灵机一动的神来之笔，也不仅仅是观念逻辑演绎的产物，更重要的是它受到了深沉而厚重的社会历史本身不断推动而逐渐形成的历史硕果。因此，对诠释学和中西史学比较背后的这一社会历史文化内容的深入探讨，不但会使我们深刻感受到社会文化发展的历史性，还可以显示出观念的产生或变化的内在的质的规定性，

---

① （法）马克·布洛克：《比较史学之方法》，项观奇编：《历史比较研究法》，济南：山东教育出版社，1986年，第117页。

② （德）伽达默尔：《真理与方法》，洪汉鼎译，上海：上海译文出版社，2004年，第376页。

③ 刘家和、廖学盛：《世界古代文明史研究导论》，北京：北京师范大学出版社，2010年，第18页。

即马克思所讲的:“人应该在实践中证明自己思维的真理性,即自己思维的现实性和力量。”[①] 也就是说,只有将中西史学比较的观念建立在实践的基础上,才能够有效地克服诠释学中,诸如由于忽视或淡化空间的地位和作用而产生的相对主义和主观随意性的种种弱点;才能构建起坚实而严密的中西史学比较的理论体系,从而使中西史学比较不仅成为可能,并在现实的历史进程中促进中西史学比较获得更好的发展。这不仅是中西史学比较的诠释学意义之所在,更重要的是中西史学比较的历史唯物论的实践意义之所在。

总之,中西史学比较的产生及其发展不仅与中西史学和哲学的发展进程相关联,更重要的是因为它建立在中西历史发展的基础上,与中西社会历史所发生的重要而深刻的变化紧紧相连。以此为据,我们不仅会对马克·布洛克昔日关于历史比较的分析及其意义有一种更为深入的看法,也会对诠释学的效果历史观念做出更进一步的理解,还会在此基础上对史学比较观念的内涵及其变化有一个比较全面的认识,具体中西史学比较而言,而且会对其何以可能这一根本性问题有一个更为深刻地思考与把握。

(原载《陕西师范大学学报》2012 年第 6 期)

① 《马克思恩格斯选集》第 1 卷,北京:人民出版社,1995 年,第 58 页。

第三编 原始社会史研究

达尔文的人类起源说与原始社会史研究

在人类探索自身历史的漫长进程中，达尔文的人类起源说具有划时代的历史意义，这一学说彻底推翻了“上帝造人”的神学桎梏，奠定了唯物主义人类起源研究的基础，从而推动了人类早期历史的深入研究。

一、达尔文人类起源说之内涵

1859 年，在法国学者拉马克生物进化思想的基础上，达尔文发表了《物种起源》一书，创立了完整的进化论。达尔文的进化论受到了西方进步学者的有力支持。恩格斯称颂《物种起源》一书“写得简直好极了”（1859 年 12 月 11 日给马克思的信），并把进化论列为 19 世纪自然科学的三大发现之一[①]。英国生物学家赫胥黎在达尔文进化论的基础上，从比较解剖学、胚胎学、古生物学等学科成就出发，论证了动物与人类的关系，并于 1863 年出版了《人类在自然界中的位置》一书，证明了人类和类人猿是近亲，首次提出了人猿同祖论。1871 年，达尔文在其《物种起源》一书的基础上，吸收了其他学者的科研成果，出版了《人类的由来》这一名著，发展了进化论思想，创立了较前完整的人类起源说。

达尔文的人类起源说的基本要点是，其一，坚持人类起源的一元论，反对二元论，并以大量的资料证明了人类是由一种已经灭绝的高度发展的古猿演化

① 《马克思恩格斯选集》，第 4 卷，北京：人民出版社，1972 年，第 241 页。

而来，人类和现代类人猿有一个共同的祖先。达尔文在书中指出："人类是由一个种或几个种构成的问题是近年来人类学家们讨论得很多的问题。他们由此分成两派，一元论者（monogenist）和多元论者（polygenist）。那些不承认进化论的人不得不把各个种看作逐一分别创造出来的东西"，而另一方面，"那些接受进化论原理的自然学家，而如今大多数青壮年学者都已经接受了这一原理，无疑地都会感觉到，人的一切种族者是从一个单一的原始的祖系传下来的。"① 在此前提下，达尔文论述了人类和猿类的关系问题。达尔文说："从一个谱系学的观点来看，人既然是属于狭鼻的或旧世界的这一个支系，我们就不得不得出结论，当初我们的远祖也会这样地被列为一种猿或一种猴，反正是什么，就叫什么。"② 达尔文并由此推论："类人猿这一亚类中的某一个古代的成员是人所由出生的根源。"③

其二，正是在人类起源说的一元论基础上，达尔文根据古猿的习性，特别是人类近亲人猿的生活环境，对人类的历史、故乡做出了有价值的推测。达尔文说："我们很自然地要问，人的出生地在哪里，也就是说，我们的远祖辈是在什么地方从狭鼻类的祖系分歧出来的呢？我们的远祖辈属于这一祖系的这个事实清楚地说明了他们的原籍是在旧世界之内，但根据地理分布的一些法则而加以推论，旧世界的澳大利亚洲和任何远洋岛屿却没有份，在世界上的每一个大区域里，现今存在的各种哺乳动物和同区域之内已经灭绝了的一些物种有着密切的渊源关系。因此，有可能的是，在非洲从前还存在过几种和今天的大猩猩与黑猩猩有着近密关系而早就灭绝了的类人猿；而这两种猩猩现在既然是人最为近密的亲族，则比起别的大洲来，非洲似乎更有可能是我们早期祖先的原居地。"④ 同时，达尔文还指出，最早的人类"当时所居住的大概是个气候炎热的地区。根据与其他动物类比的情况而加以判断，他当时大概是以果实为生的，而这样一个气候自有利于提供这一方面的食料。"⑤ 但是，令达尔文感到遗憾的是，他所推测的"哪些最有希望提供足以把人和某种已灭绝的猿一般的动物联

① （英）达尔文：《人类的由来》，潘光旦、胡寿文译，北京：商务印书馆，1983年，第273—274页。

② （英）达尔文：《人类的由来》，潘光旦、胡寿文译，北京：商务印书馆，1983年，第241页。

③ （英）达尔文：《人类的由来》，潘光旦、胡寿文译，北京：商务印书馆，1983年，第240页。

④ （英）达尔文：《人类的由来》，潘光旦、胡寿文译，北京：商务印书馆，1983年，第242页。

⑤ （英）达尔文：《人类的由来》，潘光旦、胡寿文译，北京：商务印书馆，1983年，第243页。

系起来的遗物的地区，至今还没有得到地质学家的发掘。”毕竟“化石遗物的发现一直是一个很缓慢而要碰运气的过程”。[①] 但不管怎么说，在达尔文看来，既然人的若干种族在心理性能上，身体结构上的相似之点不像是各自独立地取得的，那么他们也只能从具有这些同样性状的祖先那里遗传而来，这样，“对于人的早期状态，早到他还没有一步步地遍布于地球各处之前。”[②]

通过以上所述，可以清楚地发现，达尔文的人类起源学说是建立在进化论的基础之上，从生物学的角度论述了由猿向人转变的过程；奠定了人类起源研究中的唯物主义理论基础，因而在人类起源的研究史是一个具有划时代意义的贡献。同时，我们还要看到达尔文的人类起源说仅仅从生物进化论的角度，把人从上帝手中还给了自然界，并没有从社会历史把人同动物分开，只承认量变，没有看到质变、飞跃，因而也就最终未能够全面地彻底解决人类的起源问题。正如达尔文在书中所说的：“原始人，当他还只具有很少几种生活与生产艺术，而这些又是十分粗糙的时候……在长长的一系列的生物类型里，下自某种猿一般的动物起，上至今天所存在的那样的人，而在逐级上升之际，又没有太多的迹象可寻，要在这其间认定具体的一个点，而说从这一点而上我们应该用‘人’这个名词来称呼，那将是不可能的。”[③] 由此可以看到达尔文人类起源论的不彻底性，究其原因就在于达尔文并没有真正认识到劳动在从猿向人转变过程中所起的关键作用，这正如恩格斯所指出的：“甚至达尔文学派的最富有唯物精神的自然科学家还弄不清楚人是怎样产生的。因为他们在唯心主义的影响下，没有认识到劳动在这中间所起的作用。”[④] “人类社会区别于猿群的特征又是什么呢？是劳动”，而“劳动是从制造工具开始的。”[⑤] 这才是人类起源的正确答案。

尽管如此，达尔文的人类起源学说毕竟是建立在19世纪自然科学成就的基础之上，而且这一学说对于人类历史的开端做了极有价值的论证和推测，从而为学者们冲破考古学成就的束缚，深入探索人类历史的开端，创立新的、更为科学的人类早期分期法，提供了理论基础，推动了人类早期历史研究的发展。

---

① （英）达尔文：《人类的由来》，潘光旦、胡寿文译，北京：商务印书馆，1983年，第244页。
② （英）达尔文：《人类的由来》，潘光旦、胡寿文译，北京：商务印书馆，1983年，第279页。
③ （英）达尔文：《人类的由来》，潘光旦、胡寿文译，北京：商务印书馆，1983年，第280页。
④ 《马克思恩格斯选集》第3卷，北京：人民出版社，1995年，第515页。
⑤ 《马克思恩格斯选集》第3卷，北京：人民出版社，1995年，第513页。

二、人类起源说推动了蒙昧低级阶段理论的确立

如上所述，在达尔文时代，考古学家在欧洲和其他大陆已发现了可靠的人类化石和石器工具。但达尔文以其创立的进化论为前提，创立了人类起源的学说，这一学说的主要观点是：其一，人类是由一种早已灭绝了的古猿转化而来，并根据古猿的特性和现代类人猿的生活习性，达尔文认为最早的发祥地是在热带雨林、果树繁多的非洲大陆，而气候凉爽、甚至寒冷的欧洲大陆绝对不可能成为人类的故乡；其二，人类要从其诞生地来到其他大陆，并不可能一蹴而就，中间必须经历一个比较漫长的阶段。达尔文的这一理论尽管在当时尚处于推测阶段，并无石器证明，但因其学说是以进化论为基础，以生物学成就为依据的，因而对于指导学者进一步探索早期的人类历史，具有深远的历史意义。

达尔文的《人类的由来》一书发表后，在世界学术界引起了极大的轰动。美国历史学家、民族学家摩尔根敏锐地发现了达尔文这一理论在探索人类历史源头中的特殊作用，并及时地加以吸收，从而创立了蒙昧低级阶段学说，将人类历史向前追溯了一大步。

摩尔根在其巨著《古代社会》中，首先肯定了考古学在研究早期人类史所具有的特殊作用，他指出“丹麦学者之‘石器时代’、‘青铜时代’和‘铁器时代’等名称，从某些目的来说一直是非常有用的，而且对古代技术工具的分类仍有好处”，“因此这种生存技术作为上述分期的基础也许最能够使我们满意”，但是，“我们在各个大陆上都发现处于蒙昧社会状态中燧石器和石器遗物，其中有充分的资料足以证明上述人类迁移的事实。当人类还依靠果实之类的天然食物时，要想从原地向外移是不可能的。”① 面对这种考古学同其他科学成就之间的矛盾，摩尔根从达尔文的人类起源论出发，认为当时“我们在这方面的研究深度还不足以提供必要的资料。其他方面的一些发明或发现却能够提供充分的进步标准”②，所以正是摩尔根在达尔文学说的基础上，创立了蒙昧社会低级阶段学说。

---

① （美）路易斯·亨利·摩尔根：《古代社会》上册，杨东莼等译，北京：商务印书馆，2012年，第23页。

② （美）路易斯·亨利·摩尔根：《古代社会》上册，杨东莼等译，北京：商务印书馆，2012年，第9页。

对于蒙昧低级阶段，摩尔根认为："这一期始于人类的幼稚时期，而其终点可以说止于鱼类食物和用火知识的获得。这时候，人类生活在他们原始的有限环境内，依靠水果和坚果为生。音节分明的语言即开始于这一期。自有历史以来，人类各部落中已见不到处于这种社会状态的例子了。"①

那么，蒙昧低级阶段在早期人类史的地位如何呢？摩尔根认为，在蒙昧低级阶段，人类要从一无所有的环境中想创造出最简单的发明是极其困难的。因此，"人类在最早一个阶段的进步速度最慢……人类在整个蒙昧阶段的进步，就其对人类整个进步过程的关系而言，要大于在此后野蛮阶段三期中的进步，"②同时，摩尔根还根据人类社会发展按几何比例的理论，对蒙昧时代的时间做了大致推测，即"假定人类生存在地球上的时间为 10 万年……至少要把 6 万年划归蒙昧阶段。"③ 由此我们可以类推，蒙昧低级阶段在蒙昧时代的相对长度、地位。蒙昧低级阶段在人类整个历史中的长度与地位——是一个相当漫长、但又极其重要的历史阶段。

摩尔根的蒙昧低级阶段学说，集中体现了 19 世纪人类早期历史研究的最新成果。恩格斯在《家庭、私有制和国家的起源》中着意保留、吸收了摩尔根的蒙昧低级阶段学说，恩格斯在书中称该阶段为"人类的童年，人还住在自己最初居住的地方，即住在热带或亚热带的森林中。他们至少是部分地住在树上，只有这样才可以说明，他们在大猛兽中间还能生存，它们以果实、坚果、根茎作为食物，分节语的产生是这一时期的主要成就。在有史时期所知道的一切民族中，已经没有一个是处于这种原始状态的了。当然这一状态大概延续了好几千年之久，但我们却不能根据直接的证据去证明它；不过，我们既然承认人是起源于动物界的，那么，我们就不能不承认这种过渡状态了。"④ 所以，恩格斯在此不仅承认了蒙昧低级阶段存在的可能，而且还强调了这一阶段存在的历史必然性。

---

① （美）路易斯·亨利·摩尔根：《古代社会》上册，杨东莼等译，北京：商务印书馆，2012 年，第 10 页。

② （美）路易斯·亨利·摩尔根：《古代社会》上册，杨东莼等译，北京：商务印书馆，2012 年，第 40 页。

③ （美）路易斯·亨利·摩尔根：《古代社会》上册，杨东莼等译，北京：商务印书馆，2012 年，第 40 页。

④ 《马克思恩格斯选集》，第 4 卷，北京：人民出版社，1972 年，第 17—18 页。

同时，在《起源》中，恩格斯对摩尔根所提供的蒙昧低级阶段说的理论根据也持赞同态度，并在书中加以概述，即蒙昧时代“中级阶段，从采用鱼类和使用火开始，这两者是互相联系的……而自从有了这种新的食物以后，人们便不再受气候和地域的制约了；他们沿着河流和海岸，石器时代早期粗制的、未加磨制的石器，即所谓旧石器时代的石器（这些石器完全或大部分都属于这一阶段）散布于一切大陆上，就是这一移居的证据。”①

从19世纪末到20世纪初，在达尔文的人类起源理论和蒙昧低级阶段学说的指导下，学者们逐渐把注意力集中到了非洲大陆，并取得了一系列丰硕的成果。在欧洲发现“克人”的基础上，又发现了许多“尼人”化石，把人类的历史追溯到了10万—20万年前，之后，学者们又发现比尼人更为古老、更为原始的人类化石。其中首先发现的是“爪哇猿人”，但由于爪哇人的原始头盖骨和比较发达的大腿骨之间的矛盾，从而引发了旷日持久的爪哇人到底是猿还是人的激烈争论。直到20世纪20—30年代，“北京猿人”的发现以及大量的石制品，用火痕迹和动物化石的出土，从而结束了这场长达数十年的大论战。猿人在人类进化系统中的位置最终得到确立，人类的历史开始突破了欧洲早期人类所能包容的历史阶段。

本世纪中期，在非洲，考古学家又找到了比“爪哇人”更早、形态更原始的人类化石。1972年，在东非肯尼亚的特卡纳湖（旧称鲁道夫湖）东岸发现了KNm——ER1470号人的头盖骨。这一头盖骨形态和现代人相似，没有明显的突出的眉脊，脑容量为700多毫升，地质测定年代为290万年前。

从1960年起，在东非坦桑尼亚西部的奥杜韦峡谷又发现了“能人”化石，脑容量为680毫升，头盖骨较薄，眉脊不明显，下肢能直立行走。在发现能人的地质层位，还发现了砾石工具，据测定，能人生存的年代距今约为180万年。

总之，在本世纪，考古学家为我们提供了一些距今200多万年前制造的工具、狩猎动物和肉食及建立群体生活基地的证据，并根据有关资料推论，在群体内部存在着区别、年龄、劳动分工和分享食物等行为。当然，这一方面的资料主要来自非洲东部。这就以无可辩驳的事实证明了达尔文人类起源学说的科学性，并证明了建立在达尔文学说基础之上的蒙昧低级阶段历史学说的正确性，

① 《马克思恩格斯选集》，第4卷，北京：人民出版社，1972年，第17—18页。

从而将人类的历史向前推进了一大步。另一方面，考古学家和古人学家还在非洲地区找到了从猿向人过渡的中间环节的一系列化石，如“南方古猿”、“腊玛古猿”，这就更有力地证明了达尔文人类起源学说对人类历史研究正确的指导作用。

三、人类起源学说在人类历史研究中的现实意义

达尔文的人类起源学说以古猿变人为根据，揭示了考古学在探索人类早期历史的不足，实际上否定了考古学作为研究远古人类的唯一手段，因而其学说对于当代继续探索人类的开端，仍具有极其重要的现实指导意义，事实上，正是在钻研达尔文人类起源学说的基础上，“先木器论”问世了。

“先木器论”的基本观点是：既然达尔文揭示了人类起源于猿类，那么，由猿转变人的过程必然同时也是使用天然木棒到制造木器的过程，绝不可能是首先制造石器的过程；人类最初使用的工具是木器——木棒、木矛，决非石器，人类最早的时代是木器时代，决非石器时代。

首先，就人类对于事物的认识规律来看，当古猿在树上生活时，爬上爬下，吊荡攀援，构木为巢，所要接触的首先是树木；下地之后，对抗猛兽，所要使用的首先还是树棒（现代猿亦然），后来，当人类感到天然棍棒不好用时，就顺手使用他们已经开始使用的天然石片（硬质材料）加以修整，使之成为适用的木棒、木矛这是合乎逻辑的；反之，如果使用天然棍棒这种软质材料去加工天然石片这种“硬质材料”则于理不通。

其次，就人类的制造与加工技术的发展规律来看，当人类树居时就已长期接触和使用木材，下地之后，又世世代代的使用棍棒，因此，他们通过长期实践最先熟悉木材的性质，并首先加以改造，使之成为木器是合理的。反之，石头与木材相比，接触甚晚，获得不易，加工更难，因此，人类对于木材的利用与加工应比对石材的加工为早。尽管人类形成时期，木材、石材、天然铜（孔雀石）、天然青铜、天然铁（陨铁、铁矿石等）均已存在，但软质材料木器却是最先发明的，而绝不可能是石器。生产工具发明史表明，正是因为钢比铁硬，铁比铜硬，青铜比石头硬，因此，人类对它们利用的先后顺序才是石、铜、铁、钢，而不是相反。那么，如果将木材与石材相比较孰硬孰软的话，其结果是不言而喻的。因为越是“硬质材料”反而加工较晚是合乎规律的，因为其间还有

一个制造与加工技术的成长过程。

其三，由早期社会人类获取生活资料的手段来看，旧石器时代初期，人类赖以生存的门类只有采集与狩猎。所谓采集，大致就是打野果，挖块根，采集某些植物的嫩芽。而从事这些活动的现代落后部族，一概使用木棒或尖木矛，或者直接用手采集，而不用石器。如在赤道非洲的原始森林中生活的侏儒种族——苔克人，靠采集与狩猎度日，他们仅有的财富是矛、弓和用坚硬笔直的芦苇秆制成的箭，至今仍无石器①；在南美洲，长期处于原始状态的查科印第安人，也是仅有木器而无石器。他们的“果实和嫩芽是用沉重的长木棍打落的”②；狩猎时就用木棒把野兽打死，或用木棒矛把野兽刺死，③ 等等，就连猿类也都知道使用木棒挖掘食物④。何况，“万物之灵”的人类呢？至于狩猎，如果用猿人初期的任何石器与猛兽——狮、象、虎、豹厮杀，无异于去送死；相反，猿人使用木棒却能置猛兽于死地。甚至猿类都知道使用木棒与狮、豹等猛兽血战⑤。何况人乎！

其四，再就人类学与考古学和其他学科的研究成果来看，确定为人类的化石资料已超过了300万年，甚至还有500万年以上的。比如，1973—1977年，在埃塞俄比亚哈达尔地区发现的人类化石。经测定为距今350万年；在坦桑尼亚共和国伽鲁西河流域发现的人类上下颌骨与牙齿化石，定年距今359万—377万年，1965年，布・帕特森在肯尼亚的图尔卡纳湖西南的卡纳坡发现的肱骨化石，年代测定为400万年之前；1982年美国加里福尼亚大学的科学家，在埃塞俄比亚的阿瓦什河谷发现的相当完整的人类化石，定年约在400万年之前⑥；1984年，在东非肯尼亚发现的古人类颚骨化石，定年则为500万年之前⑦；但在这些地区均未发现石器，这一状况显然说明，石器时代之前，有木器时代。

① 颜思久编：《世界民族风情录》，成都：四川民族出版社，1983年，第89页。

② （苏）A. B. 叶菲莫夫、C. A. 托卡列夫主编：《拉丁美洲各族人民》上，北京：生活・读书・新知三联书店，1978年，第442页。

③ （苏）A. B. 叶菲莫夫、C. A. 托卡列夫主编：《拉丁美洲各族人民》上，北京：生活・读书・新知三联书店，1978年，第442页。

④ 云少青：《古猿怎样变成人》，北京：中国青年出版社，1977年，第44页。

⑤ （英）珍妮・古多尔：《黑猩猩在召唤》，北京：科学出版社，1980年，第46—49页；（英）赫胥黎：《人类在自然界中的位置》，北京：科学出版社，1973年，第4页。

⑥ 《约四百万年前的原始人骨骼》，《人民日报》，1982年8月11日，第7版。

⑦ 《五百年前的人类化石》，《光明日报》，1984年10月12日。

总之，达尔文的人类起源学并未过时，正在推动着原始社会史的深入研究，而“先木器论”的出现，也正是现代学者们在进一步探讨完善达尔文人类起源学的基础上所得出的必然结论。

（原载《烟台师范学院学报》1996 年第 2 期）

恩格斯的蒙昧低级阶段是人类社会的低级状态学说之探析

恩格斯在《家庭、私有制和国家的起源》（以下简称《起源》）中提出的人类蒙昧低级阶段的性质问题，是史学界长期争论不休的难题。之所以如此，其主要原因就在于应该如何理解在蒙昧低级阶段有无生产工具问题。如有的学者认为，恩格斯认为“尚不存在人工制造工具的蒙昧时代低级阶段，应属于从猿到人的‘正在形成中的人’阶段”，“蒙昧时代低级阶段和从猿到人的过渡时期是同一个历史范畴。”① 而有的学者则认为“不能说恩格认为蒙昧时代低级阶段是完全没有石器的。”所以“可以明确断定蒙昧时代低级阶段是属于人类社会最早阶段。而绝不是从猿到人的过渡阶段”。② 各执己见，争论不已。本人认为，双方观点的出发点都是孤立地从恩格斯对蒙昧低级阶段论述的文字中寻找答案，并没有把恩格斯的蒙昧阶段学说同摩尔根的这一阶段学说联系起来加以考察，更没有把这一学说置于19世纪中后期科学研究的基础上加以分析，其结果必然难以弄清恩格斯蒙昧低级阶段学说的本意。

研究这个问题对于了解恩格斯对原始社会分期的认识过程，特别是西方在19世纪对原始社会分期的研究状况，以促进我们对原始社会初期阶段的深入研究都具有十分重要的意义。本文拟从摩尔根的《古代社会》与恩格斯《起源》之间的关系为突破口，来探讨恩格斯的蒙昧低级阶段是人类社会的低级状态

① 毛昭晰：《蒙昧时代低级阶段是从猿到人的过渡时期》，《世界历史》1983年第3期，第20—26页。

② 陈国强：《论人类的童年——群》，《世界历史》1979年第5期，第70—76页。

学说。

一、摩尔根蒙昧低级阶段说之内涵

摩尔根在其1877年出版的巨著《古代社会》中一开始就提出了他的不同于以往的原始社会的研究方法和分期法。摩尔根认为："丹麦考古学家所提出的'石器时代'、'青铜时代'和'铁器时代'等名称，从某些目的来说一直是非常有用的，并且对于古代技术工具的分类仍有好处。但是由于知识的进步，就必须提出与此不同的、更进一步的分期法了。"① 同时，摩尔根也承认，以上的"以这些生存技术作为上述分期的基础也许最能使我们满意。不过，我们在这些方面的研究深度还不足以提供必要的资料，"但"其他方面的一些发明发现却能够提供充分的进步标准，来标志人类文化顺序相承诸阶段的起点，就我现有的知识来说，运用这些发明和发现可以达到主要的目的。即使认为这些分期只是暂定的，也会对我们方便有利。"②

根据这一崭新的研究方法，摩尔根把人类社会按其发展程度的高低分为蒙昧、野蛮、文明三大时代，蒙昧时代也分为低级阶段、中级阶段和高级阶段。

对于蒙昧低级阶段，摩尔根认为这一时期是"始于人类的幼稚时期，而其终点可以说止于渔类食物和用火知识的获得。这时候人类生活在他们原始的有限环境内，依靠水果和坚果为生。"③ 由此，摩尔根推测原始人类诞生在热带或亚热带的果木林中。

在摩尔根看来，"有一项发明是属于这个时代，那就是语言，"但是自有历史以来，"人类各部落中已见不到处于这种社会状态的例子了。"④ 摩尔根还认为，在蒙昧低级阶段，人类要从一无所有的环境中创造出最简单的发明，或者在几无借助的情况下开动脑筋，发现任何可资利用的物质力量或自然力量是极

① （美）路易斯·亨利·摩尔根：《古代社会》，杨东莼等译，北京：商务印书馆，1987年，第8页。

② （美）路易斯·亨利·摩尔根：《古代社会》，杨东莼等译，北京：商务印书馆，1987年，第8—9页。

③ （美）路易斯·亨利·摩尔根：《古代社会》，杨东莼等译，北京：商务印书馆，1987年，第19页。

④ （美）路易斯·亨利·摩尔根：《古代社会》，杨东莼等译，北京：商务印书馆，1987年，第9页。

其困难的。因此，“人类在最早一个阶段的进步速度最慢，在最近一个阶段的进步速度最快。”[①] 尽管如此，“人类在蒙昧阶段的进步，就其对人类整个过程的关系而言，要大于在此后野蛮阶段三期的进步。”[②]

摩尔根根据人类的发展速度遵循着几何比例和古代技术遗迹的渐进比例，对蒙昧时代在人类文化史的地位作了大致估计，即假定人类生存在地球上的时间为10万年，至少要把6万年划归蒙昧阶段。摩尔根一再强调“这一结论在人类学上是极重要的，”而且，“上面所说的蒙昧阶段的相对长度，看来很可能偏短而不会偏长。”[③] 自然，我们也可以依此类推蒙昧低级阶段在整个蒙昧时代的相对长度是一个相当漫长的历史阶段。

由上可见，其一，摩尔根的蒙昧低级阶段是人类社会，而绝非动物的群体，只不过是人类社会最低阶段罢了。其二，摩尔根之所以提出人类在蒙昧低级阶段的主要成就是语言的发明，而没有提及生产工具，并不是摩尔根本意就否认蒙昧低级阶段存在生产工具，或对生产工具在人类最早的历史阶段所起的具有决定意义的作用不屑一顾，恰恰相反，摩尔根对生产工具在人类历史上的分期地位非常重视，他说：“顺序相承的各种生产技术每隔一段长时间就出现一次革新，它必然对人类的生活状况产生很大的影响，”[④] 遗憾的是由于当时的考古学和人类学研究的深度还不足以提供必要的资料——生产工具的证据，但其他方面的一些发明和发现却能够提供充分的进步标准。正因为如此，摩尔根在其蒙昧低级阶段学说中就不可能像前人那样，采用生产工具作为标志，而只能另辟蹊径，利用当时的语言学成就来标志了。

另外，只要仔细推敲一下摩尔根的文字，就会证明上述结论的正确性。摩尔根说：“如果说，人类初诞时既无经验，又无武器，而周围到处都是凶猛的野兽。那么，为了保障安全，他们很可能栖息在树上，至少部分人是如此。”“从生理结构来看，人类是杂食动物。……在那个时代（蒙昧低级阶段——作者注）

---

① （美）路易斯·亨利·摩尔根：《古代社会》，杨东莼等译，北京：商务印书馆，1987年，第34页。

② （美）路易斯·亨利·摩尔根：《古代社会》，杨东莼等译，北京：商务印书馆，1987年，第34页。

③ （美）路易斯·亨利·摩尔根：《古代社会》，杨东莼等译，北京：商务印书馆，1987年，第35页。

④ （美）路易斯·亨利·摩尔根：《古代社会》，杨东莼等译，北京：商务印书馆，1987年，第8页。

他们是否积极地寻找动物作为食物，这一点只有付诸于猜测了。”[①] 显然，摩尔根在这里用词都是极其审慎的，虽然在当时并没有考古证明，但他对生产工具的存在却留有广阔的余地。值得强调的是，摩尔根对蒙昧低级阶段的设想，并非他本人的臆造或假想，而是建立在19世纪原始社会史发展的基础上。

自19世纪中叶，达尔文的《物种起源》发表后，进化论受到了进步人士的有力支持。英国生物学家赫胥黎从比较解剖学、胚胎学、古生物学等学科详细地论证了动物和人类的关系，证明了人类和类人猿是近亲，而且首次提出了人猿同祖论，达尔文于1871年在《物种起源》的基础上，又出版了《人类起源与性的选择》一书，进一步指出，人类和现代类人猿有着共同的祖先，人类是从已经灭绝的古猿转化而来，而且达尔文根据古猿的习性，特别是人类近亲类人猿的生活习性及生存环境，认为人类最早的故乡很可能在气候炎热湿润、森林茂密的东非地区。此后，学者们便逐渐地把注意力集中到类人猿，特别是黑猩猩身上，以此作为研究早期人类的重要模特儿。

达尔文的人类故乡学说在当时受到进步学者的普遍赞同。也同现代科学成就相吻合，但很遗憾，当时的考古学并没有在东非一带发掘到年代久远的人类化石，相反，却在并不适合最早人类生活的各大陆都发现了处于蒙昧社会状态（即蒙昧中级阶段）中的燧石器和石器遗物，其中有充分的资料足以证明上述人类迁移的事实。在摩尔根看来，“当人类还依靠果实之类的天然食物时，要想从原地向外迁移是不可能的。”[②] 这一事实显然表明，19世纪中期的考古成就同人类最早的历史还有一段距离。正是以此为出发点，摩尔根吸取了其他学科的成就，辅之必要的推理，认为在当时考古学所能提供的证据——石器之前，人类还有一个更早、更原始的阶段，尽管这一阶段还缺乏考古学的有力证明，但摩尔根却利用其他学科成果大胆地加以设想，称其为蒙昧社会低级阶段。

总之，摩尔根的蒙昧低级阶段的学说，集中体现了19世纪中后期原始社会史研究的最新成就，其实质就是将人类由当时考古学所能证明的历史向前大大地推进了一步，从而对世界原始社会史的深入研究产生了深远的影响。

---

① （美）路易斯·亨利·摩尔根：《古代社会》，杨东莼等译，北京：商务印书馆，1987年，第19页。

② （美）路易斯·亨利·摩尔根：《古代社会》，杨东莼等译，北京：商务印书馆，1987年，第19—20页。

二、恩格斯的学说源于摩尔根

摩尔根的《古代社会》一书所采用的崭新的分期法和研究方法，突出地体现了当时世界原始社会史的最新成果。该书的发表对马克思、恩格斯的影响很大，马克思为《古代社会》专门写了详细摘要，准备用“唯物主义的历史研究所得出的结论来阐述摩尔根的研究成果，并且只是这样来阐明这些成果的全部意义。”① 但未能如愿便去世了。恩格斯为了补偿他的“朋友未能完成的工作。”于1884年写下了《起源》这一历史唯物史观的经典作品。在《起源》中，恩格斯对摩尔根的科学成果给予高度评价，称摩尔根“是第一个有专门知识而想给人类的史前史建立一个确定系统的人，”并认为“他所提出的分期法，在没有大量增加的资料认为需要改变以前，无疑依旧是有效的。”② 正是在此前提下，恩格斯吸收了摩尔根蒙昧低级阶段学说的基本内涵，并对这一历史阶段加以概述。

恩格斯在《起源》中称这一阶段是“人类的童年”，当时“人们还住在最初居住的地方，即住在热带或亚热带的森林中，他们至少是部分地居住在树上，只有这样才可以说明，为什么他们在大猛兽中间还能生存，他们以果实、坚果、根茎作为食物；分节语的产生是这一时期的主要成就，在有史时期所知道的一切民族中，已经没有一个是处在这种原始状态的了。虽然这一阶段状态大概延续了好几千年之久，但我们却不能根据直接的证据去证明它，不过，我们既然承认人是起源于动物界的，那么，我们就不能不承认这种渡状态了。”③

如果认真推敲一下，就可以清楚地看出恩格斯在蒙昧低级阶段中确实没有提及生产工具，更没有把石器作为人类社会开端的标志，只是认为“分节语的产生是这一时期的主要成就”，直到蒙昧中级阶段，才开始谈到生产工具，而中级阶段的生产工具是否也包括低级阶段，这是争论的焦点，对此我们必须加以分析。恩格斯说：“中级阶段，从采用鱼类（虾类、贝壳类及其他水栖动物都包括在内）作为食物和使用火开始，这两者是互相联系着的，……自从有了这类食物以后，人们便不再受气候和地域的限制了，他们沿着河流和海岸，甚至在蒙昧状态中可以散布在大部分地面上了。石器时代早期的粗制的、未加磨制的

① 《马克思恩格斯选集》第4卷，北京：人民出版社，1972年，第1页。

② 《马克思恩格斯选集》第4卷，北京：人民出版社，1972年，第17页。

③ 《马克思恩格斯选集》第4卷，北京：人民出版社，1972年，第17—18页。

石器，即所谓旧石器时代的石器（这些石器完全用于或大部分都属于这一阶段）遍布于一切大陆上，就是这一移居的证据。新移居的地带以及不断活跃的探索欲。……以及随着最初武器即棍棒和标枪的发明而间或取得的附加猎物……即在今日，澳大利亚人和许多波利尼西亚人还是处在蒙昧时代的这个中级阶段上。”①

有的学者认为：“从恩格斯讲到蒙昧时代中级阶段中‘石器时代早期的粗制的、未加磨制的石器（这些石器完全或大部分都属于这一阶段）’……因此，如果旧石器时代大部分属于蒙昧时代中级阶段，则还有一部分应属于蒙昧低级阶段……故我们还不能就说恩格斯认为在蒙昧低级阶段是完全没有石器的。”②

对此问题，正如有的学者已经指出的，“旧石器时代的石器”和“旧石器时代”是两个不同的概念，前者指的是物，后者指的是时间，两者虽有关系，但不可混淆。如果说蒙昧时代低级阶段成了旧石器时代的一部分，或者说“有一部分”旧石器时代是在蒙昧时代的低级阶段。那么，恩格斯在论述这一阶段时居然漏掉了这一最重要的事实，这就使人难以理解，另外一个问题，应该如何理解“最初的武器棍棒和标枪”，即“最初的”含义包括不包括蒙昧低级阶段。

对于这一问题，首先应该理清楚“棍棒和标枪”是不是和石器一样属于早期的人类的生产工具？这一问题容易回答，恩格斯在《劳动在从猿到人转变过程中的作用》一文中就已明确指出，“人类最古老的生产工具是什么？是打猎的和捕鱼的工具，而前者又是武器。”③“棍棒和标枪”正是打猎的武器，自然应属于最古老的生产工具了，由于棍棒是单一的工具，标枪是复合工具，考古学早已证明，单一的工具发明在前，复合工具在后，复合工具是单一工具发展的结果。但这一问题的关键是恩格斯在这里是否认为棍棒这一木器属于蒙昧低级阶段的生产工具。

有的学者在解释恩格斯的这一论述时说：“诚然，恩格斯虽多次提到‘最初的’武器是‘棍棒和标枪’，但切莫忽略，恩格斯在论述蒙昧中级阶段首先提到的是‘石器时代的粗制的、未加磨制的石器’”④。简言之，恩格斯先提到石器，

---

① 《马克思恩格斯选集》第4卷，北京：人民出版社，1972年，第18页。
② 陈国强：《论人类的童年——群》，《世界历史》1979年第5期，第70—76页。
③ 《马克思恩格斯选集》第4卷，北京：人民出版社，1972年，第513页。
④ 戴尔俭：《人类历史上究竟有没有木器时代》，《史前研究》1984年第3期。

而在后才提到“棍棒”，所以石器在前，棍棒在后。显然，上述的论证方法仅以恩格斯行文的先后为根据来证明孰先孰后，的确难以服人，何况又怎样理解“最初的”含义呢？

众所周知，恩格斯的这一论点渊源于摩尔根，了解摩尔根这一观点的真实含义，对正确理解恩格斯的这一论点的本意将具有很大的帮助。

摩尔根认为，“我们根据一系列必要的推论，将人类追溯到这样一个时候，那时，人类对于火是无知的，他们没有清楚的语言，也没有特制的武器，像野兽一样，依靠地上自生的果实为生。他们以几乎觉察不到的缓慢速度进入蒙昧社会，从手势和不完全的声音发展到语音清楚的语言；由作为最早的武器的棍棒发展到以燧石为锋尖的矛，并最终发展成为弓箭；由燧石刀和凿发展到石斧和石槌，使之成为能用火煮食物的容器，最后掌握了制陶术，从而产生了耐火的容器。”①

由上可知，摩尔根在这里只是列举了各种不同发明的序列罢了，并无先后之意，“棍棒”仅作为武器序列之先。那么，“最早的武器棍棒”或“燧石刀”属于哪个阶段的发明？是不是属于蒙昧低级阶段？答案是否定的。

其一，上述引文的“将人类追溯到这样一个时候，……从手势和不完全的声音发展到语音清楚的语言。”在这一蒙昧低级阶段里，摩尔根并没有提到“棍棒”或“燧石刀”，而下文提到的“棍棒”和“燧石刀”显然指的已是蒙昧中级阶段的发明。

其二，摩尔根在论述蒙昧低级阶段时，明确表示“有一项发明是属于这个时代的，那就是语言”，而未提及“棍棒”或“燧石刀”，其自然不属于蒙昧低级阶段。

其三，摩尔根在论述蒙昧中级阶段时，才开始谈到生产工具和武器，摩尔根这样说，到了蒙昧中级阶段，“我们在各个大陆上都发现处于蒙昧社会中燧石器和石器遗物”。“弓箭的发明晚于戈矛和作武器的棍棒。”② 另外，摩尔根还列举了整个蒙昧时代人类的知识成就，他采取的是倒叙法：“氏族、胞族和部落的

① （美）路易斯·亨利·摩尔根：《古代社会》下册，杨东莼等译，北京：商务印书馆，1987年，第446页。

② （美）路易斯·亨利·摩尔根：《古代社会》，杨东莼等译，北京：商务印书馆，1987年，第20页。

形成……以燧石作锋刃的长矛和用于战斗的棍棒；粗糙的燧石工具；血婚制家族，单音节语言：拜物教；吃人的风俗；使用火的知识；最后还有手势语言。”①摩尔根认为中级蒙昧阶段开端的标志是“鱼类食物和用火知识的获得”。② 所以，“最早的武器棍棒”和“燧石刀”是出现于蒙昧中级阶段，如果再仔细推敲上述引文，还可以得出这样一个结论，“用于战斗的棍棒”出现的时间似乎要在“粗糙的燧石工具”之后，但肯定不会在前。

由上可知，在摩尔根《古代社会》中，“棍棒”出现于蒙昧中级阶段，甚至比石器还晚，而从恩格斯对此的论述及行文来看，恩格斯并没有补充和修订摩尔根这一论点的含义，而属转述性质。因此，恩格斯的“最初的武器棍棒”和摩尔根的观点是一致的，并不包括蒙昧时期的低级阶段。

总之，恩格斯在《起源》中的蒙昧低级阶段是没有提到任何生产工具——石器或木器，但这是不是就意味着恩格斯否认蒙昧低级阶段存在生产工具，进而就像某些学者所断言的这一阶段是“正在形成中的人”阶段，而不属于人类社会。恰恰相反，恩格斯同摩尔根一样确实认为蒙昧低级阶段是人类社会的低级阶段，他之所以在这一阶段没有提到生产工具，仅仅是因为在当时还没有充分可靠的考古证据，对此原因，摩尔根早在《古代社会》中已作了详细说明，恩格斯在《起源》中仅仅以简短的篇幅概述了摩尔根这一大胆的“构想”，而对其长篇的说明不加赘述，这是能够理解的。

三、恩格斯的蒙昧低级阶段学说之本意

如上所述，恩格斯的蒙昧低级阶段学说来源于摩尔根的蒙昧低级阶段观点。在恩格斯看来，蒙昧低级阶段的确属人类的最低级阶段，而且他和摩尔根一样，并没有否认这一历史阶段有生产工具，之所以在这一历史阶段没有论述生产工具，只是苦于当时尚未发现生产工具的确切证据。而这一阶段生产工具的证据主要应在考古学和古人类学中寻找，但 19 世纪中后期的科学成就对此还无能为力。尽管恩格斯也认为，从 1877 年到 1891 年 14 年间的关于原始社会史的资料

---

① （美）路易斯·亨利·摩尔根：《古代社会》，杨东莼等译，北京：商务印书馆，1987 年，第 33 页。

② （美）路易斯·亨利·摩尔根：《古代社会》，杨东莼等译，北京：商务印书馆，1987 年，第 9 页。

已大大丰富起来，但当时能对该学说起决定作用的科学资料尚未出现，或者刚刚出现，还没有引起科学界的注意。[①] 正如恩格斯所说的，“新搜集的资料，不论在什么地方，都没有导致必须用其他的原理来代替他的基本观点。”[②] 所以，恩格斯在这一历史背景下吸收摩尔根的这一当时最先进的科学成果，也就不奇怪了。

但恩格斯的蒙昧低级阶段学说和摩尔根蒙昧低级阶段学说的一致性，决不意味着恩格斯就全盘接受了摩尔根的整个原始史的观点，而是恩格斯对摩尔根的分期法是有保留地加以接受。如恩格斯在《起源》的第一章，既没有采用摩尔根的“各种发明和发现所体现的智力发展”这一总标题，也未采用“人类文化的几个发展阶段”的小标题，而是改为“有史以前的诸文化阶段”的标题，这一改动显然是对摩尔根的自发唯物主义史观的批判。这一改动，其理由无非是由于当时人们对蒙昧时代的人类社会的研究非常肤浅，缺乏资料和证据，难以勾画出蒙昧时代，特别是低级阶段的丰富多彩的特征。正如恩格斯在《起源》中所评价的那样，蒙昧时代的“这幅图景跟我们研究终了时将展现在我们前的那幅图景比较起来，就要显得太暗淡和可怜了。”[③] 对于蒙昧时代，特别是蒙昧低级阶段的研究，在当时还是带有猜测性质的，最后的结论还有待于考古学和古人类学的证明。

同在这一章中，恩格斯还特地指出摩尔根的分期法直到日益增多的资料认为需要改变时为止。也就是说，随着有关问题的科学资料的日益增多之后，摩尔根的这一分期法便失去了效用，而需要被另外一种更为科学的分期法所代替。就在《起源》中，恩格斯也在许多问题上对摩尔根的观点作了补充和更正，比如恩格斯在序言中说：“经济方面的论证，对摩尔根来说已经很充分了，对我的目的来说就完全不够，所以我把它全部重新改写了。”[④] 现代学者也认为“摩尔根所用的那一套术语，什么蒙昧人、野蛮人等，都是还有语病的”，是“资产阶级的术语和偏见，当然不能作为原始社会史的分期之用”。[⑤] 据学者统计，恩格

① 李季译：《马克思恩格斯通讯集》第 3 卷，北京：生活·读书·新知三联书店，1958 年，第 159 页。

② 《马克思恩格斯选集》第 4 卷，北京：人民出版社，1972 年，第 16 页。

③ 《马克思恩格斯选集》第 4 卷，北京：人民出版社，1972 年，第 23 页。

④ 《马克思恩格斯选集》第 4 卷，北京：人民出版社，1972 年，第 3 页。

⑤ 杨堃：《谈从摩尔根的原始社会分期法到马克思主义的原始社会史分期法》，《史前研究》1983 年第 1 期，第 9 页。

斯对《起源》也先后随着科学资料的不断丰富先后修改过144处。①

总之，恩格斯对摩尔根的原始社会史的分期法在吸收的基础之上，又保留了许多自己不同的看法，尽管如此，“当他于1891年对《起源》作最后修改时，因当时科学资料的局限，尚不能提出一整套马克思主义的原始社会史分期法。尽管他不满意摩尔根的分期法，也只好暂时地采用它。若说恩格斯自己有一套分期法，显然是不符合实际的。”② 同样我们可以这样说，如果恩格斯在那时就已明确地用现代人类起源的三段论来批判摩尔根的蒙昧时代低级阶段学说，并突破时代的限制，明确认为蒙昧阶段有生产工具或无生产工具，并依此论证蒙昧低级阶段是属于“正在形成中的人”，或“完全形成中的人”，那显然违背了恩格斯的思想实际和社会发展状况的，因为当时还没有充分的科学材料使恩格斯推翻摩尔根对蒙昧低级阶段的基本观点，况且恩格斯《起源》的副标题就是“就路易斯·亨利·摩尔根的研究成果而作”。赞誉之词，跃然纸上。

马克思说“富兰克林给人下的定义是制造工具的动物（a tool making animal)。”③ 恩格斯说“人类社会区别于猿群的特征又是什么呢？是劳动。”“劳动是从制造工具开始的。”④ 由于时代科学资料的限制，使得恩格斯和摩尔根一样不能从生产工具方面为蒙昧低级阶段提供有力的佐证资料，尽管如此，恩格斯对摩尔根的试图冲破时代的限制而采取的新的研究方法，以及大胆吸取其他学科成就而设想的蒙昧时代低级阶段的这一结论是持赞许态度的。虽然这一学说有明显的弱点，但毕竟这一学说是19世纪中后期的最新的科学成就，所以恩格斯也就加以吸收，并把对这一结论的最后评判权留给后人。

正如恩格斯在《自然辩证法》中所讲的：“我们在我们时代的条件下进行认识，而且这些材料达到什么程度，我们便认识到什么程度。”⑤ 这对摩尔根是这样，对恩格斯也不例外。在这里，我们就更加清楚了恩格斯在《起源》中所强调的“哪些是摩尔根的，哪些是我新补充的，”“凡是没有明确引证摩尔根而作

① 宋兆麟：《开创史前研究的新局面》，《史前研究》1984年第4期，第15页。

② 杨堃：《谈从摩尔根的原始社会分期法到马克思主义的原始社会史分期法》，《史前研究》1983年第1期，第10页。

③ 《马克思恩格斯全集》第23卷，北京：人民出版社，1972年，第202页。

④ 《马克思恩格斯选集》第3卷，北京：人民出版社，1972年，第513页。

⑤ 《马克思恩格斯选集》第3卷，北京：人民出版社，1972年，第562页。

出的结论，当然都由我负责”话语的深刻含义，而且恩格斯同时指出，对此，“读者大体上很容易辨别出来”①，这是不是意味着恩格斯本人也承认他的蒙昧低级阶段的学说是来源于摩尔根，并同摩尔根的蒙昧低级阶段学说的观点相一致呢？在作者看来，确实如此。

四、结论

（1）恩格斯的蒙昧低级阶段学说并非恩格斯个人的创造结果，而是在吸收了摩尔根的蒙昧低级阶段观点的基础之上创立的，要了解恩格斯对这一阶段性质的真实看法，就必须把这一学说置于19世纪中后期原始社会中研究状况的背景之下加以考察，特别是要把这一学说同摩尔根的蒙昧低级阶段学说联系起来加以论证。这是弄清恩格斯这一学说性质的根本方法。

（2）19世纪的考古学、古人类学等学科尚处于不发达阶段，但摩尔根从进化论出发，根据当时各大陆都发现处于旧石器时代的石器这一事实，推断在当时人们所知道的历史之前，曾经有一个更原始的社会发展阶段，即蒙昧低级阶段。由于该阶段的尚无考古学或生产工具的证明，摩尔根在此阶段也就不可能提供生产工具的任何证据，为此，摩尔根特意作了长篇说明。因此，摩尔根的蒙昧低级阶段确实没有提到任何生产工具，但摩尔根也确实认为该阶段为人类社会，绝非动物群体。

（3）恩格斯对摩尔根的蒙昧低级阶段观点非常赞赏，在《起源》中对摩尔根的这一观点加以吸收。同摩尔根一样，恩格斯在此阶段也没有提供任何生产工具的例证，只是列举了摩尔根在该阶段提到的语言学成就。其原因仍在于恩格斯时代的考古学、古人类学等学科仍没有提供有力的证据，民族学的力著也尚未问世。尽管如此，恩格斯和摩尔根一样，也认为蒙昧低级阶段属于人类社会，只不过是低级阶段罢了。

（4）恩格斯在《起源》中吸收摩尔根蒙昧低级阶段的观点，并不意味着恩格斯就全盘接受摩尔根的原始社会史观点，而是有保留地加以接受，这一点在野蛮时代和文明时代表现得最为明显，即使对于蒙昧低级阶段的观点，恩格斯赞赏之余，也不是十分满意的。之所以如此，就是因为摩尔根（当然也包括恩

---

① 《马克思恩格斯选集》第4卷，北京：人民出版社，1972年，第3页。

格斯本人）当时并不能为这一历史阶段提供生产工具这一决定性的证据，所以，与其说恩格斯对摩尔根的蒙昧低级阶段观点有所不满，还不如说恩格斯是对19世纪的科学现状表示不满。尽管如此，恩格斯认为蒙昧低级阶段是人类社会的这一观点是显而易见的。所以，仅仅简单地从恩格斯对蒙昧低级阶段的论述中寻找是否有生产工具的证据，并以此来判断恩格斯本人对这一阶段性质的看法，都背离了恩格斯的对该阶段性质看法的本意。

（原载《天水师范学院学报》2003年第1期）

论妇女在由群婚向对偶婚转变中的作用

史学界普遍认为，由群婚向对偶婚的转变是妇女推动的结果，而男子的功劳只在于推动由对偶婚向一夫一妻制的过渡。那么，为什么说妇女是推动群婚向对偶婚转变的主要推动者？妇女是怎样推动群婚向对偶婚转变的呢？这都是史学界长期关注与争论的重大问题，本文拟就这一问题作些讨论。

一、对恩格斯有关论断的质疑

最早提出由群婚向对偶婚转变的主要推动者是妇女这一观点是巴霍芬，他在《母权论》这部书中提供了许多民俗学资料作为佐证。恩格斯在《家庭、私有制和国家的起源》中对巴霍芬的这一观点着意保留，并对其原因加以剖析。恩格斯说："古代遗传下来的两性间的关系，愈是随着经济生产条件的发展，从而随着古代共产制的解体和人口密度的增大，而失去素朴的原始的性质，就愈使妇女感到屈辱和难堪；妇女也就愈迫切地要求取得保持贞操，暂时地或长久地只同一个男子结婚的权利作为解救的办法。"① 所以由群婚转向对偶婚，主要应归功于妇女。对于巴霍芬和恩格斯所坚持的妇女是推动群婚向对偶婚过渡的主要力量这一观点，我们是赞同的；但对恩格斯所述转变的原因，笔者是持有不同见解的。

（1）正如许多学者所指出的，恩格斯对他所说的"古代遗传下来的两性间的关系……失去素朴的原始性质"并未给予详尽的解释，使我们难以理解两性

---

① 《马克思恩格斯选集》第4卷，北京：人民出版社，1972年，第48页。

关系的原始素朴性质到底是什么？而且失去它以后两性关系所呈现的状态怎样使（而且是愈使）妇女感到屈辱和难堪。难怪直至今日仍然无人对此进行辩解，仍然没有一种拥有可靠证据的令人信服的解答。实际上，贞操观念是在对偶婚向一夫一妻制转变过程中形成的，是男子强加于妇女的一副枷锁。而由群婚向对偶婚转变时并没有产生这一观念。至少还不明确。而恩格斯将贞操观念置于由群婚向对偶婚过渡的这一环节中，虽然不符合历史实际。

（2）我们知道，"古代共产制"在群婚时代不可能解体，甚至在整个对偶婚阶段也并未解体。许多民族直到金石并用时代，随着私有制的产生，"古代共产制"才逐渐解体。但恩格斯在这里却将古代共产制的解体置于对偶婚出现之前，自然是欠妥的。

（3）在母系氏族社会，甚至到了它的繁荣阶段，虽然是男女平等，但事实上妇女的地位是高于男子的。两性关系建立的主动权是掌握在妇女手中，与妇女发生性关系的必然是取悦于她的男子；而且，发生性关系毕竟不是同时与许多男子进行，人数多少、间隔期限也必须尊重妇女的意愿。再者，群婚关系，即使更高阶段的对偶关系所存在的基础也仅是需要和便利，并非爱情。所以，这时期的妇女与众多男子发生性关系，不会像文明社会的妇女那样，处于被动、被凌辱的地位；而是以义务和便利为基础，为满足她们自身的生理要求而有所选择进行的。屈辱之说难以成立。

（4）由于恩格斯的这一论述过于简略，非常费解，其原义如何至今未见专文阐述。而从相连的下语则得出这样的推论：即在生产力发展，人口增加的前提下所形成的对偶婚，对于妇女来讲，似乎只是为了保持贞操、为了拯救自己于屈辱和难堪的境地，而采取的权宜之计；而且仅仅是为了自己的特殊利益而采取的不得已措施。这样的话，不但与妇女在群婚时期的地位不相符，而且也没有揭示出妇女在这一转变过程中所扮演的推动者的形象，更没有反映出对偶婚形态所包含的深远的社会进步意义。从而和恩格斯正确的结论相背离。

（5）"我们探求某种思想的根源，就不应当在人们的头脑中去探求，不应当在他们的幻想中去探求，而应当在他们所处的经济条件的发展去中探求。"[①] 人类的情感，荣辱观念是历史的产物，是逐渐发生和发展起来的，它在人类婚姻

① 《斯大林全集》第1卷，北京：人民出版社，1954年，第301页。

发展中也起了重要作用，但是必须依赖于特定的经济条件。经济生活方式在婚姻形式的转变中起着决定性作用。

总之，恩格斯关于妇女推动群婚向对偶婚过渡原因的论述是值得重新研究的。关于这一点，恩格斯也在1891年6月13日致劳拉·拉法格的信中谈到自己“不是很有把握的。”[①] 鉴于这种情况，笔者认为此问题仍有继续探讨之必要。

二、妇女推动群婚向对偶婚转变之原因

在群婚时代，妇女在社会生产中占据重要地位。妇女发明并从事的原始农业，比起男子所从事的狩猎经济更为牢靠、更经常化。它不仅使人们变漂泊不定的生活为定居生活，进而出现了定居村落，而且逐渐地把妇女推向母系氏族社会生产中的主力军地位。再从人类自身再生产这一方面来讲，由于当时生产力还极端低下，对生育缺乏科学的知识，所以面对妇女能够生育子女的这一直观现实，他们自然将妇女作为繁衍后代的主要承担者，子女知其母，不知其父。其结果，自然使妇女受到人们的普遍尊重。

正因为妇女在群婚时代的氏族社会中，既是物质资料生产的主力军，又是母系氏族繁衍、生息的主要承担者，所以妇女不仅在群婚时代母系氏族中具有崇高的威望，而且在社会生活中也起着举足轻重的作用。这主要表现在以下两个方面。

（1）母系氏族的首领通常由妇女担任，她们可以代表氏族处理一切内外事务。即使妇女不当氏族的酋长，但“当选的酋长不称职时，本族妇女有教训及弹劾之权”，[②] 而且“可以毫不犹豫地撤换酋长，把他贬为普遍的战士”。[③]

在云南永宁纳西族的母系家庭里，首领一般由年长、有威望和能干的妇女担任，负责生产计划、劳动分工、财产管理、生活安排、宗教祭礼。另外，她们还“可以代表自己的家庭处理一切对外事务，同任何人缔结贷款、抵押、租佃和买卖关系，少数家庭虽由男子出面，但是他是按照家庭的意见，在家长的指挥下去办事的”，[④] 同时“支配着男子”[⑤]。

---

① 《马克思恩格斯选集》第38卷，北京：人民出版社，1972年，第110页。
② （美）罗维：《初民社会》，吕叔湘译，北京：商务印书馆，1987年，第228页。
③ 《马克思恩格斯全集》第4卷，北京：人民出版社，1972年，第44页。
④ 詹承绪等：《永宁纳西族的阿注婚姻和母系家庭》，上海：上海人民出版社，1980年，第164页。
⑤ （德）缪勒利尔：《家族论》，北京：商务印书馆，1990年，第163页。

(2) 妇女在群婚时代不仅管理氏族的内外事务，而且婚姻之事也“操于妇女”。[①] 在男子和女子这一对矛盾中，妇女是这一矛盾的主导方面。妇女的主导作用，决定了婚姻关系的性质及发展趋势。当然，这种主导地位是建立在真正的崇敬与信赖的基础上，而不是建立在压迫与凌辱的基础上。

综上所述，只有妇女才能领导并推动由群婚向对偶婚的过渡，而男子则由于其特殊的社会地位只能适应这一转变。那么妇女推动群婚向对偶婚过渡的原因是什么呢？这必须进一步分析母系社会中的妇女特点。

母系氏族社会的妇女具有二重性：其一、她们是氏族的主体，是氏族各项事务的主要管理者，在她们身上集中体现了整个氏族的利益，她们是母系氏族的化身。其二、她们在氏族社会的婚姻中，又是同男性相对的另一半，是具有生理上不同于男性的女性，她们有着不同于男性的要求。一般来讲，氏族的利益在什么时候都是第一位的，妇女的利益是第二位的。氏族的根本利益决定了妇女的独特要求以及所追求的婚姻形式，无疑婚姻形式也必须从属于氏族的利益。如果妇女所追求的婚姻形式只代表她们自身的要求，而同氏族的根本利益相冲突，则肯定是行不通的；相反，如果妇女只代表了母系氏族的根本利益，而没有自身要求亦不符合历史实际。这里，我们所要说明的是，在母系氏族中，妇女所追求的新的婚姻形式——对偶婚同氏族的根本利益融为一体，氏族的根本利益正是通过妇女所追求的新的婚姻形式表现出来。因而这种婚姻形式的转变就包含了更多的社会内容，这也正是妇女推动群婚向对偶婚姻转变的真实原因所在。

那么，氏族的根本利益是什么？即氏族的生产发展和人丁兴旺，归根结底是氏族的两种生产：“一方面是生活资料，即食物、衣服、住房以及为此所必需的工具的生产，另一方面是人类自身的再生产，种的繁衍。”[②] 从第一种再生产来看，如上所述，随着复合工具和弓箭的发明，生产力不断提高，一方面使人们的劳动生产单位相对缩小，而且其趋势是愈来愈小；另一方面，由于劳动生产单位越来越小，人们的经济生产单位也随着相对缩小，而且其趋势也愈来愈小。所以生产力的发展允许并要求生产过程的个体化，而对偶婚在一定程度上又能适应这一要求，并且可以强化这一过程，从而促进生产力的发展。所以，

---

① （美）罗维：《初民社会》，吕叔湘译，北京：商务印书馆，1987年，第163页。

② 《马克思恩格斯选集》第4卷，北京：人民出版社，1972年，第2页。

对偶婚的产生首先是生产力发展的要求和结果。从第二种再生产来看，对偶婚的形式，不仅为家庭生活提供了许多便利条件，强化了生产过程的个体化，为母系氏族社会创造出更多财富；更重要的是它能为氏族生产并抚养出远离血亲婚配、头脑发达、体魄健壮的具有较高智慧的生产者，从而保证母系氏族的繁荣兴旺。这种趋势是婚姻形态发展的必然结果，因为没有血缘关系的氏族之间的婚姻能够创造出在体质上和智力上都更强健的人种。在这一关系到氏族生死存亡的大事上，作为母系氏族的主要领导者和管理者的妇女，就自然比男性要敏感地加以关注。

为了氏族的生产发展和人丁兴旺，母系氏族，首先应该是妇女就不断地限制婚配范围，"在易洛魁人和它们的亲属制度中所承认的一切亲属关系之间都禁止结婚，其数多至数百种，由于这种婚姻禁例日益错综复杂，群婚就越来越不可能"，① 终于使"任何群婚形式终于在实际上成为不可能了。结果，只剩下了一对结合得不牢固的婚配，即一旦解体就无所谓婚姻的分子"②。妇女就是这样，为了氏族的根本利益，一步一步地推动群婚向对偶婚方向发展。对偶婚形成后，婚姻生活稳定了，使男性更多地参与了对方氏族的生产与生活，促进了母系氏族生产力的发展。其次，从妇女自身的要求分析，人类最初的社会分工是"由于性别和年龄的差别，也就是在纯生理的基础上产生了一种自然分工"。这种自然分工使加工饭食、料理家务、抚育子女和照顾老人成为妇女的传统职责。农业生产产生后，妇女不但必须进行种类繁多的、勉为其难的农业生产活动，而且还要更多地参与并管理氏族的事务。对此，恩格斯曾指出："决定两性间的分工的原因，是同决定妇女社会地位的原因完全不同的，有些民族的妇女所做的工作比我们欧洲人所设想得要多得多，这些民族常常对妇女怀着比我们欧洲人要多的真正尊敬。外表上受尊敬的、脱离一切实际劳动的贵妇人，比起野蛮时代辛苦劳动的妇女来，其社会地位是无比低下的，后者在本民族中被看做真正的贵妇人，而就其社会性质来说，她们也确是如此。"③ 妇女通过自己的辛勤劳动在氏族中赢得了崇高的社会地位。

但另一方面，繁重的社会生产和氏族的各项事务却使妇女终日忙碌不堪。

---

① 《马克思恩格斯选集》第4卷，北京：人民出版社，1972年，第42页。
② 《马克思恩格斯选集》第4卷，北京：人民出版社，1972年，第42页。
③ 《马克思恩格斯选集》第4卷，北京：人民出版社，1972年，第44页。

特别是锄耕农业逐步地代替了原始的点种农业之后，大大地加重了妇女的劳动强度，更使妇女疲惫不堪。年轻的妇女在没有子女牵挂、不承担氏族重担的情况下，精力充沛，对群婚生活还不反感。但她们一旦进入中年，不但体力每况愈下，而且身上的担子愈来愈重。然而传统的走访婚，仅仅是暮合晨离的单纯的性关系，使男性不但不能全副身心地投入到氏族的生产活动中去；不能较多地为“妻子”和姐妹们排忧解难，减轻劳动强度，往往却加重了妇女的负担，给生活带来很大的不便，也影响了氏族的正常生产活动。这一切自然引起妇女的不满，使妇女的繁重劳动与不稳定的走访婚之间的矛盾逐步激化。

而作为男子来讲，因为传统分工，他们劳动单纯，门类较少，精力旺盛；同时他们又不是家务和氏族事务的主要管理者，不会像妇女那样更多地考虑氏族的生计问题，自然不会也不愿放弃群婚的便利。所以，为了自身的利益，作为母系氏族主体的妇女就迫切要求抛弃传统的群婚形式，而建立一种新的比较稳定的婚姻形式，以减轻自身的负担。对偶婚就这样应运而生了。

在这里，我们可以看到妇女自身所追求的婚姻形式，妇女对自己切身利益的考虑，完全符合氏族的根本利益。换句话说，氏族的根本利益正是通过妇女所要求的新的婚姻形式表现出来。面对这样一种社会趋势，男子尽管不乐意，但也只能被动地逐渐适应，使对偶婚得以形成。谢苗诺夫认为，“不仅每一个做母亲的女人，而且整个社会的一切人，都存在这样一种客观上的利益，即要求在做母亲的女人与至少一个成年男子之间保持这类比较经常的经济联系，以便使做母亲的人通过这种联系得到比她所提供的更多的食品。换句话说，把至少一个成年男子作为供养者、抚养者合并到以母亲为中心的供养集团中，对社会来说是客观利益的要求。”①

同时，这种新的婚姻形式也反映了妇女要求男子承担起抚养子女的强烈愿望。在永宁纳西族那里，妇女是农业生产和家庭劳务的主力军。男子从事的活动主要有念经、赶马运输和为封建土司服务。实际直接参加农业生产的成年男子皆不到其成年男子总人数的一半，仅有的这不到一半的男子也不是安心生产，他们考虑的中心问题则是如何结交阿注。其结果，不仅繁重的农业劳动不得不落到妇女身上外，而繁杂的家务、抚养子女之责更是非妇女莫属。这一切，足

① （俄）谢苗诺夫：《婚姻和家庭的起源》，蔡俊生译，北京：中国社会科学出版社，1983年，第237—238页。

使妇女终日疲于奔命、难以支撑。所以，面临着如此具体的现实问题，妇女对仅是性关系的临时阿注越来越不满，而倾向于建立长期稳定的、在生产和生活上能减轻负担的长期“阿注”关系。这一要求随着年龄的增长则愈强烈。据统计，在永宁纳西族的忠实、忠克、八株三村的48个50岁以上老人的阿注经历中，有34人是随着年龄增长而使阿注关系日趋稳定，占总人数的70%。在34人中，妇女有22人，占总人数2/3。[①] 在这些稳定的阿注同居中：(1) 多系男女志愿组合。(2) 同居前双方都经历了一段时期的阿注异居生活。(3) 双方都有一定的生活阅历，能较好地处理生活和生产问题。

由此可见，由群婚向对偶婚过渡的确是妇女为了氏族和自身的经济目的考虑而采取的一项重大措施。它在一定程度上减轻了妇女的负担，有利于家庭的生产和生活，促进了母系氏族的发展。所以，在群婚向对偶婚过渡的这一环节中，起关键作用的并不是妇女的荣辱观念，更不是个人感情发展的结晶。相反，起关键作用的倒是妇女所追求的生产和生活便利这一经济活动。在永宁纳西族那里，根本不存在诸如“爱情”、“钟情”之类的词汇，但却存在利用阿注关系建立生产协作的“依底”组织。正如摩尔根所指出的，在对偶婚姻制度下，“男子寻找妻子，并不像文明社会中那样出于爱情。他们对爱情一无所知，他们还没有发展到足以理解爱情的地步。因此，婚姻不是以感情，而是以方便和需要为基础。”[②] 北美的印第安人是这样，我国云南的永宁纳西族也不例外。

三、由转变的方式看妇女的作用

既然由群婚向对偶婚的过渡归功于妇女的要求与推动，那么，妇女是采取怎样的方式逐渐完成这种转变的呢?

在母系氏族社会的初期、中期阶段、婚姻形式是族外群婚制，其典型形态是普那鲁亚婚姻，“亦即可以用来最容易地说明向更高形式过渡的那种形式”[③]。普那鲁亚婚姻已经排除了同胞兄弟姊妹之间的婚姻关系，进而禁止旁系兄弟和

---

① 严汝娴、宋兆麟：《永宁纳西族的母系制》，昆明：云南人民出版社，1983年，第127页。

② (美) 路易斯·亨利·摩尔根：《古代社会》，杨东莼等译，北京：商务印书馆，1977年，第460页。

③ 《马克思恩格斯选集》第4卷，北京：人民出版社，1972年，第41页。

姊妹之间的婚姻关系，也就是说，某一血统的兄弟们的共同妻子只能是另一血统的姊妹们，反之也是如此。这种婚姻形式使妇女在氏族中处于主体地位，而男子只是“客人”而已，从而开辟了一条由群婚向对偶婚过渡的道路。恩格斯在《家庭、私有制和国家的起源》中说：“某种或长或短的成对配偶制，在群婚制度下，或更早的时候就已经发生了，一个男子在许多妻子中有一个主妻（还不能称为爱妻），而他对于这个女子来讲，也是她丈夫中的一个主夫。”① 当然，这只是对偶婚的萌芽阶段。

但随着生产力的发展，产品略有剩余，结果“或长或短”的对偶之间就开始交换食物，而后又交换劳动产品，从而开始了将本氏族的物质产品向另一氏族输送的可能性和现实性。自然，婚姻关系也就同原来的纯粹的性交关系，一跃变为一种带有经济活动内容的性交关系。因为在没有剩余产品的情况下，母系氏族绝不会允许任何一个成员除把食物用作个人消费外再作别的用项。婚姻史证明，对偶婚的缔结固然有许多特殊的仪式，但交换礼品则是其中最重要的内容之一。既然婚姻关系带上了经济活动的内容，开始突破了氏族财产不外传的围墙，那么，这时人们的一切考虑就自然会带上经济因素，从而开始了将外氏族的成员留在本氏族的可能性和现实性。因为他们不但能生产出够他自己消费的食物，而且也能够生产出略有剩余的产品。只有到这时，对偶婚才开始形成。既然妇女在母系氏族社会中拥有那么多优越条件，自然促使婚姻关系沿着男子嫁到女子方向发展，从而为实现男子到女方居住的对偶家庭提供了有效的途径。这一点，也可以通过永宁纳西族的房屋建筑得到说明。

在永宁纳西族那里，几乎每家都有自己传统的双层楼房“尼扎意”。楼下放置农具等物，楼上则隔成2至4个房间，每个房间大约10平方米。这是青壮年妇女专门接待男阿注住宿之处。凡能过性生活的妇女，每人一间。一些妇女比较多的家庭，这类小房间的数目，同该家能过性生活的妇女人数基本相等。每间卧室内均设有小火塘，置有卧具和煮茶的用品，女子本人的衣物也放在这里。当她们年老之后，便自动搬出“尼扎意”，到正房的中心火塘旁住宿，把房间让给她的女儿、姨侄女和成年的外孙女。青壮年男子因为晚上去阿注家过夜，自

① 《马克思恩格斯选集》第4卷，北京：人民出版社，1972年，第41页。

己家中就没有专门的卧室。如果不外出走访阿注，一般便与老年舅舅同住一室，或宿于畜厩上层的草楼中。所以，永宁纳西族妇女“有自己的客房，而男子则要随女子而居，四处寻找配偶，在自己母亲亲族连专门的住所都没有，更不要说可以把女配偶引进母亲亲族中居住了”[①]。

当然，实现群婚向对偶婚的过渡是一个长期的过程，它需要妇女长期不断地推动。如永宁纳西族由群婚向对偶婚的发展主要经历了三个阶段：①阿注异居（走访婚）。虽然此婚姻形态还带有许多群婚残余，但已不同于群婚。最主要的区别是群婚时所固定的婚姻集团已不复存在，但没有组成共同家庭，所以这种婚姻形态是属于对偶婚的初级阶段。②阿注同居。指双方共同组成一个家庭的阿注关系，这无疑是在阿注异居基础上发展起来的高级形式。其特点是男女双方共居一定，已有了共同的经济生活，共同承担起抚养子女之责。③招赘和娶妻。则是对偶婚的后期阶段。这种婚姻的特点是，凡缔结该种婚姻，都要经过媒人说合，举行迎亲仪式。在此以前，只要双方志愿即可，根本不需要这一形式。而且，这种婚姻带有极其明显的经济目的。女方招赘，是企图从男子身上得到劳动力；男子娶妻则是用重金聘娶一个会生儿育女的工具。

永宁纳西族就是这样一步一步地由群婚向对偶婚过渡。自然，这一过渡的形式是多样的，不单有实行妻方居住的对偶婚，而且也有实行男方居住的对偶婚，但妻方居住的对偶婚无疑具有普遍意义。因为这种发展变化，在当时是最现实的途径。它是从传统的群婚形态中脱胎出来的，阻力最小，而且通婚的双方氏族都有这一要求，对双方也没有什么大的伤害。一出一进，相得益彰。其结果，主要将男子这一“流动”人口变稳定的常住人口，使男女双方都安心于生产和家务活动，促进了母系氏族社会的繁荣。

四、男性不可能推动群婚的转变

对偶婚对于妇女来讲，相对减轻了负担。特别是在农业生产方面，尤为明显。从此，男子不仅仅在其传统生产项目——畜牧业方面发挥作用，而且在妇女的传统生产项目——农业生产方面也开始发挥重要作用，而成为母系氏族社

① 严汝娴、宋兆麟：《永宁纳西族的母系制》，昆明：云南人民出版社，1983年，第125页。

会生产的一支生力军。推动了母系氏族社会生产的发展。

但对偶婚对于男子来讲，不仅仅意味着使他们更多地参与了母系氏族的生产和生活，同时也意味着使男子丧失了许多在群婚时期的便利，因而这一进步自然也就不同程度地遭到男性的抗拒和抵制。永宁纳西族的许多男子即如此。永宁忠实忠克村阿马纳·梭拉老人的思想就很典型，他说："以前（指民主改革前）我家女的多，地里活路都靠她们做，所以我家不缺粮，我自己很少做活路，但在家有吃的、有穿的，就像当'官'一样"①；洛水乡洛水下村软亨·顶子老人说："我们摩梭人（纳西族——作者注）和汉族不同，男子对女子当家是完全佩服的，像我们这样大的家庭，如果没有我的母亲直马、姐姐直马采尔、大甥女拉珠当家，把大家团结在一起，恐怕早就四分五裂了，我家的妇女，生产干得比男人多，办事比我们男的强，生活全靠她们操持。在民主改革前，我们兄弟几人，只想找找女阿注就行了，没有人想讨老婆的，这样的生活，对我们几个兄弟来说，实在是再好不过了"②；而拖支乡拖支村的修巴·札石则说得更露骨："我现在才知识结婚太不好了，我一到家，小的哭，大的叫，又要背，又要抱，背水、推磨、煮饭、喂猪，样样都得干。"③

所以，永宁纳西族男子之所以留恋阿注婚姻，抵制结婚，除了传统习惯作祟外，主要是不愿参与家庭繁重、琐碎的经济生活，不愿放弃群婚的便利。这一心态应看作由群婚向对偶婚过渡时期带有普遍性的男子心态。面对男子的这一思想状况，许多民族的妇女，为了顺利地实现这一过渡，往往也采取某种妥协、缓和的办法，以便把自己从传统的群婚制下"赎"出来。"当直接利益发生冲动时，就寻找一个缝隙以便在传统的范围内打破传统。"④ 即采取逐步削减多数男性享有她们的时间、次数与范围的办法。金蝉脱壳、摆脱群婚。最初，她们是每年都抽出一定时间献身于众多男性，让他们像群婚时代那样拥有她们（如：巴比伦妇女每年都有一次到迈利塔神庙去献身），后来则改为终生只献身一次；最初是妇女婚后长期实行杂婚，后来则改为只在姑娘时代杂婚一段时间；从前的献身是在婚后长期进行，而现在只是婚前献身（如前亚细各民族要自己

① 詹承绪等：《永宁纳西族和阿注婚姻和母系家庭》，上海：上海人民出版社，1980年，第297页。
② 詹承绪等：《永宁纳西族和阿注婚姻和母系家庭》，上海：上海人民出版社，1980年，第163页。
③ 詹承绪等：《永宁纳西族和阿注婚姻和母系家庭》，上海：上海人民出版社，1980年，第107页。
④ 马克思：《摩尔根〈古代社会〉一书摘要》，北京：人民出版社，1965年，第138页。

的姑娘到安娜吉斯神庙去献身数年等）；从前的献身是毫无限制地献身于一切男性，而现在则是献身于一定范围之内的男子。正如巴霍芬在《母权论》、恩格斯在《家庭、私有制和国家的起源》中所提到的巴比伦人、古色雷斯、克尔特人现代印度许多土著居民、马来西亚各民族、太平洋地区的居民以及许多印第安人——姑娘嫁前性自由，特别是南美洲的节日性放纵即如此。

所以恩格斯一再强调由群婚向对偶婚的过渡是妇女的功劳："我们已经看到巴霍芬认为由群婚向对偶个体婚的这一进步主要归功于妇女是多么正确"①，"这个进步绝不可能发生在男子方面，这完全是由于男子从来不会想到甚至今天也不会想到，放弃事实上群婚的便利"。②

五、结论

由群婚向对偶婚的转变是妇女长期努力推动的结果。但妇女推动这一转变的原因并不是为了保持贞操、免除屈辱和难堪之感而采取的应急措施；也不是妇女仅仅为了自身特殊的利益而采取的不得已之举；更不是妇女灵机一动的产物。而是深深地根植于母系氏族社会的经济发过程中，是生产力发展的要求和结果。

妇女推动由群婚向对偶婚转变的前提在于妇女所处的社会地位。（1）由于群婚所造成的妇女作为繁衍后代的主要承担者的这一现实。（2）更由于妇女所发明的稳定可靠的农业经济成果。（3）妇女在性关系矛盾中的主导地位。妇女推动这一转变的主要原因在于发挥男子的生理特点，将男子这一"流动"生产者，吸引到氏族的社会生产中来，使男子全副身心地投身于氏族的社会生产。更具体地讲，是把男子吸引到农业生产的领域中来，为氏族创造出更多的财富，为生活提供便利，使妇女减轻劳动重负。在这一点上，妇女所要求的婚姻形态同氏族的根本利益完全一致，因而具有雄厚的社会基础和广泛的社会进步意义。

群婚已经包含了对偶婚的萌芽，否则这一转变将是无本之木、无源之水。但这种萌芽并不等于对偶婚，中间还有很长的路要走。这需要妇女长期不懈的

① 《马克思恩格斯选集》第4卷，北京：人民出版社，1972年，第78页。

② 《马克思恩格斯选集》第4卷，北京：人民出版社，1972年，第48页。

努力与推动。而男子在这一重大的转变面前，以传统为根据，不愿放弃群婚的便利。事实证明男子没有，也不可能成为由群婚向对偶婚转变的积极推动者，反过来更说明把推动群婚向对偶婚转变归功于妇女的这一论断是“绝对正确的。”[①] 不愧为“推动群婚向对偶婚过渡的主要社会力量。”[②]

（原载《陕西师范大学学报》1994 年第 1 期）

---

① 《马克思恩格斯选集》第 4 卷，北京：人民出版社，1972 年，第 47 页。

② 任凤阁、吴平凡：《婚姻春秋》，乌鲁木齐：新疆大学出版社，1988 年，第 34 页。

论摩尔根蒙昧低级阶段说在原始社会史研究中的地位

自1833年丹麦博物馆馆长，考古学家汤姆逊提出将原始社会划分为石器、青铜器和铁器三大时期后，这种以生产工具划分历史时期的研究方法就一直指导着人类对原始社会史的继续探索，从而形成了一个被普遍接受的原理，即人类是随着石器工具的发明而形成的；人类最早的历史只能追溯到石器时代，除此之外，便不成为人的历史。但是，首先向这种理论体系挑战的是美国民族学家摩尔根，摩尔根根据19世纪最先进的科学成果，从生物学、人类学等学科出发，提出了在石器时代之前，人类历史应该增加一个新阶段——蒙昧时代低级阶段。本文拟对摩尔根的这一蒙昧低级阶段学说加以探讨，并试图论述这一学说在原始社会史研究中的地位。

一、摩尔根蒙昧低级阶段学说之内涵

摩尔根在其1877年出版的《古代社会》一书中，开宗明义地阐述了他的不同于汤姆逊为代表的考古学研究的新方法。他在《古代社会》中说："丹麦考古学家所提出的'石器时代'、'青铜时代'和'铁器时代'等名称，从某些目的来说一直是非常有用的，而且对古代技术工具的分类仍有好处，但是由于知识的进步，就必须提出与此不同的、更进步的分期法了。"① 尽管，考古学"在这

① （美）路易斯·亨利·摩尔根：《古代社会》上册，杨东莼等译，北京：商务印书馆，1981年，第8页。

方面的研究深度还不足以提供必要的资料，”但“其他方面的一些发明或发现却能提供充分的进步标准”，“就我们现有的知识来说，选用这样一些发明和发现可以达到目的。”[①] 根据这一新的研究方法，摩尔根把人类社会按其发展程度高低分为蒙昧、野蛮、文明三大时期；蒙昧时代也分为三个阶段：低级蒙昧阶段、中级蒙昧阶段、高级蒙昧阶段。本文主要探讨的就是摩尔根的蒙昧低级阶段说。

对于蒙昧低级社会，摩尔根坦率地承认：“我们对蒙昧阶段的初期知道很少。”这一时期“始于人类的幼稚时期，而其终点可以说止于鱼类食物和用火知识的获得。这时候人类生活在原始的有限环境内，依靠水果和坚果为生。”[②] 由此，摩尔根推测原始人诞生在热带或亚热带的果木林中[③]。摩尔根还认为，当人类出现时，动物在数量和质量上正处于全盛时期，“如果说，人类初诞生时既无经验，又无武器（着重号为作者所加），而周围到处都是凶猛的野兽，那么，为了保障安全，他们很可能栖息在树上，至少部分人是如此。”[④] 在这一时期，他们是否积极地寻找动物作为食物，这一点只有付诸于“猜测”了。[⑤]

在摩尔根看来，“有一项发明是属于这个时代，那就是语言”[⑥]，但是，“自有历史以来，人类各部落中已见不到处于这种社会状态的例子了。”[⑦] 同时，摩尔根认为，在蒙昧低级阶段，人类要从一无所有的环境中想创造出最简单的发明，或者在几无借助的情况下开动脑筋，发现物质力量或自然力量是极其困难的，因此，“人类在最早一个阶段的进步速度最慢，在最近一个阶段的进步速度最快”[⑧]。但是，“人类在蒙昧阶段的进步，就其对人类整个进步过程的关系而

① （美）路易斯·亨利·摩尔根：《古代社会》上册，杨东莼等译，北京：商务印书馆，1981年，第8—9页。

② （美）路易斯·亨利·摩尔根：《古代社会》上册，杨东莼等译，北京：商务印书馆，1981年，第9页。

③ （美）路易斯·亨利·摩尔根：《古代社会》上册，杨东莼等译，北京：商务印书馆，1981年，第19页。

④ （美）路易斯·亨利·摩尔根：《古代社会》上册，杨东莼等译，北京：商务印书馆，1981年，第19页。

⑤ （美）路易斯·亨利·摩尔根：《古代社会》上册，杨东莼等译，北京：商务印书馆，1981年，第19页。

⑥ （美）路易斯·亨利·摩尔根：《古代社会》上册，杨东莼等译，北京：商务印书馆，1981年，第19页。

⑦ （美）路易斯·亨利·摩尔根：《古代社会》上册，杨东莼等译，北京：商务印书馆，1981年，第9页。

⑧ （美）路易斯·亨利·摩尔根：《古代社会》上册，杨东莼等译，北京：商务印书馆，1981年，第34页。

言，要大于在此后野蛮阶段三期中的进步”。[①] 摩尔根并根据人类发展速度循着几何比例和古代技术遗迹的渐进比例，对蒙昧时代的人类文化史的地位作了大致估计，即假定人类生存在地球上的时间为十万年，至少要把六万年划归蒙昧阶段，两万年划归野蛮阶段的初期。野蛮的中后期为一万五千年，而文明阶段只剩下五千年左右，摩尔根一再强调“这一结论在人类学上是极端重要的。”而且，“上面所说的蒙昧阶段的相对长度，看来很可能偏短而不会偏长”。[②] 自然，我们也可以依此类推蒙昧低级阶段在整个蒙昧时代的相对长度——是一个相当漫长的历史阶段。

值得特别注意的是，摩尔根在论述其所创立的蒙昧低级阶段中，只字未提生产工具的发明，仅仅把语言的发明作为该阶段的标志。但同在《古代社会》一书中，摩尔根却认为最早的武器是“棍棒”[③]，对此，学者们意见纷纭，争论不已。这一问题是摩尔根蒙昧低级阶段学说的疑点，它直接关系到该学说在原始社会史中的地位，为了彻底搞清楚这一问题，我们就必须探讨一下摩尔根的这一“最早”的含义是什么？“最早”是否包括蒙昧低级阶段？最早的“武器”是否就是最早的生产工具？

摩尔根说：“我们根据这一系列必要的推论，将人类追溯到这样一个时期，那时，人类对于火是无知的，他们没有清楚的语言，也没有手制武器，像野兽一样，依靠地上自生的果实为生。他们以几乎觉察不到进展的缓慢速度进入蒙昧社会，以手势和不完全的声音发展到语音清楚的语言；由作为最早的武器的棍棒发展到以燧石为锋尖的矛，并最终发展到弓箭；由燧石刀和凿发展到石斧和石槌；由柳条和藤条编的篮子发展到涂有黏土的篮子，使之成为能用火煮食物的容器；最后掌握了制陶术，从而产生了耐火的容器。”[④] 由上可知，摩尔根的“最早的武器是棍棒”显然是把“棍棒”列为武器序列之首，而“武器”即是武器，并不是生产工具，在摩尔根心目中，“燧石刀和凿”方为生产工具。那

① （美）路易斯·亨利·摩尔根：《古代社会》上册，杨东莼等译，北京：商务印书馆，1981年，第34页。

② （美）路易斯·亨利·摩尔根：《古代社会》上册，杨东莼等译，北京：商务印书馆，1981年，第35页。

③ （美）路易斯·亨利·摩尔根：《古代社会》上册，杨东莼等译，北京：商务印书馆，1981年，第34页。

④ （美）路易斯·亨利·摩尔根：《古代社会》下册，杨东莼等译，北京：商务印书馆，1981年，第543页。

么，“最早的武器是棍棒”（或“燧石刀”）属于哪一阶段的发明？是不是属于蒙昧低级阶段？

其一，上述引文的“将人类追溯到这样一个时候，……从手势和不完全的声音发展到语音清楚的语言。”在这一低级蒙昧阶段里，摩尔根并没有提到“棍棒”或“燧石刀”，而下文提到的“棍棒”或“燧石刀”显然指的已是蒙昧中级阶段的发明。

其二，摩尔根在论述蒙昧低级阶段时，明确表示“有一项发明是属于这个时代的，那就是语言”。“如果说，人类初诞生时既无经验又无武器，那么，为了保障安全，他们很可能栖息在树上，至少部分人是如此。”

其三，摩尔根在论述蒙昧中级阶段时，方开始谈到生产工具和武器。摩尔根这样说：到了蒙昧中级阶段，“我们在各个大陆上都发现处于蒙昧社会状态中的燧石器和石器遗物。”[①]“弓箭的出现晚于戈矛和作武器用的棍棒。”[②] 另外，摩尔根还列举了整个蒙昧时代人类的知识成就，他采取的是倒叙法：“民族、胞族和部落的形成；……以燧石作锋刃的长矛和用于战斗的棍棒；粗糙的燧石工具；血婚制家族；单音节语音；拜物教；吃人风俗；使用火的知识；最后还有手势语言。”[③] 摩尔根认为中级蒙昧阶段开端的标志是“鱼类食物和用火知识的获得。”[④] 所以，“最早的武器棍棒”和“燧石刀”是出现于蒙昧中级阶段。由于可知，摩尔根以为在蒙昧低级阶段，人类是没有生产工具的，但蒙昧低级阶段有无武器——棍棒，他并未明确否定，在他看来，棍棒出现于蒙昧中级阶段，而和石器出现于同一阶段是可以肯定的，如果再仔细地推敲上述引文，还可得出这样一个结论，即“用以战斗的棍棒”出现的时间似乎要在“粗糙的燧石工具”之前，至少和石器同时，但肯定不会在后，否则，“最初的”一词将难以解释。

综上所述，摩尔根以当时的科学发展为依据，加上必要的推论，认为人类形成的标志并不是当时人所称道的石器，而是语言。之所以如此，是因为摩尔

---

① （美）路易斯·亨利·摩尔根：《古代社会》上册，杨东莼等译，北京：商务印书馆，1981年，第20页。

② （美）路易斯·亨利·摩尔根：《古代社会》上册，杨东莼等译，北京：商务印书馆，1981年，第20页。

③ （美）路易斯·亨利·摩尔根：《古代社会》上册，杨东莼等译，北京：商务印书馆，1981年，第33页。

④ （美）路易斯·亨利·摩尔根：《古代社会》上册，杨东莼等译，北京：商务印书馆，1981年，第9页。

根看到当时的石器分期法，把人类最早的一个历史阶段——蒙昧低级阶段没有包容进去；同时，摩尔根以人类学理论为根据，确信蒙昧时代是一个漫长的历史阶段，而作为蒙昧时代最初阶段的低级社会，其所占据的时间肯定大大超过其后的中、高级阶段。那么蒙昧低级阶段的生产工具是什么呢？并非石器，在这里，摩尔根之所以构想蒙昧低级阶段的真实意图也说就不言而喻了：即在众所周知的石器工具之前，人类曾经出现过尚无石器发明且无武器的低级社会阶段，而且这一阶段又是那样漫长。石器分期法显然漠视了这一阶段存在的重大价值。因此，摩尔根认为，突破考古学石器论的局限，将人类的历史向前大大推进了一步是合理的。可以这样说，摩尔根的蒙昧低级阶段学说，是19世纪中期科学研究的新成就，它体现了摩尔根忠于科学的首创精神，而对其学说的深入研究，必将推动原始社会史研究的新进展。

二、蒙昧低级阶段说的局限性及重大意义

如上所述，摩尔根之所以大胆设想人类历史最初的社会阶段——蒙昧低级阶段，就是因为他看到考古学石器论在追溯人类历史之源方面的不足，并努力摆脱石器论的束缚，独辟蹊径，创立了新的历史分期法，从而把人类历史探索到一个尚不能被考古学证明的新阶段。但很遗憾，摩尔根所设想的这一蒙昧低级阶段只有语言，并没有生产工具的发明，因而其学说有明显的弱点和漏洞。

其一，摩尔根既然认为蒙昧低级阶段为人类社会，却没有提供蒙昧低级阶段的任何生产工具的证据或猜测，那么，蒙昧低级阶段的人们怎样生存？如果仅靠爬树躲避野兽，不但不能使人类发展，反而使人类退化。试问，人类怎样由蒙昧低级阶段发展到中级阶段？恩格斯在《古代社会》出版前一年撰写了《劳动在从猿到人转变过程中的作用》一文。在该文中，恩格斯全面阐述了人与猿的最根本区别是劳动。恩格斯说："动物仅仅利用外部自然界，单纯地以自己的存在来使自然界改变；而人则是通过他所作出的改变来使自然界为自己的目的服务，来支配自然界。这便是人同其他动物的最后的本质的区别，而造成这一区别的还是劳动。"[①] "劳动是从制造工具开始的"[②]，马克思说"富兰克林给人

---

① 《马克思恩格斯选集》第3卷，北京：人民出版社，1972年，第517页。

② 《马克思恩格斯选集》第3卷，北京：人民出版社，1972年，第513页。

下的定义是《a tool making animal》，制造工具的动物”。[①]

其二，摩尔根由于没有从劳动的学说出发，来考察蒙昧低级阶段，而仅从语言——这一从劳动中获得的结果来作为人与动物的最终区别，其结果，最终未能使其蒙昧低级阶段说学说建立在坚实的物质基础之上。因为“首先是劳动，然后是语言和劳动一起，成了两个最主要的推动力。”[②] 而“语言是从劳动中并和劳动一起产生的，这是唯一正确的解释。”[③] 显然，摩尔根的蒙昧低级阶段说，在理论和事实面前确实存在着漏洞和不完善之处。之所以造成这一结果，究其原因，其一，由于摩尔根是自发的唯物主义者，还没有真正理解劳动、生产工具在人类早期阶段所具有的决定性作用。正如恩格斯所提出的，“甚至达尔文学派的最富有唯物精神的自然科学家还弄不清楚人类是怎样产生的，因为他们在唯心主义的影响下，没有认识到劳动在这中间所起的作用”。[④] 其二，人类认识自身历史的能力，归根到底是时代的产物。19 世纪的科研成就并未为摩尔根的蒙昧低级阶段学说提供任何生产工具的准确证据，正如摩尔根在其《古代社会》一书中所申明的那样，考古学“在这方面研究的深度还不足以提供必要的资料”，“我们对蒙昧时代初期知道得很少”。因此，摩尔根在当时也难以证明其创立的蒙昧低阶段的生产工具是什么。其三，摩尔根本人受到石器论的局限，其学说无形地被笼罩在石器工具论的氛围之中。他虽然看到了蒙昧中级阶段的武器——棍棒，但没有把这一观点贯彻到蒙昧低级阶段形成木器时代思想，并最终形成、完善的蒙昧低级阶段说，其结果导致了摩尔根的这一学说从试图突破石器工具论的束缚开始，最后不得不返回到石器工具论的必然结局。

尽管摩尔根的蒙昧低级阶段说还存在着上述的种种缺陷和不完善之处。但该学说毕竟是建立在 19 世纪自然科学成就的基础之上，集中体现了 19 世纪历史研究的新成果。因此，摩尔根的蒙昧低级阶段说对于推动人们更进一步研究、探索人类最初的历史，具有深远的历史意义和极其重要的现实意义。

其一，摩尔根的蒙昧低级阶段学说率先科学地预测了当时石器工具论所无法达到的人类历史新阶段，从而将人类历史向前推进了一大步。那么，摩尔根

---

① 《马克思恩格斯全集》第 23 卷，北京：人民出版社，1972 年，第 513 页。

② 《马克思恩格斯选集》第 3 卷，北京：人民出版社，1972 年，第 512 页。

③ 《马克思恩格斯选集》第 3 卷，北京：人民出版社，1972 年，第 511 页。

④ 《马克思恩格斯选集》第 3 卷，北京：人民出版社，1972 年，第 515 页。

在一无石器证据，二无民族学依据的背景下，是怎样设想他所创立的蒙昧低级阶段学说的呢？事实上，摩尔根的这一学说并非凭空杜撰、标新立异，而是建立在19世纪自然科学成就的基础之上，而且他对这一阶段的论述在很大程度上同今天的科学成就相一致。

1871年，达尔文在其进化论的基础上，进一步研究了人类的起源这一重大问题，发表了巨著《人类的由来》。在该书中，达尔文以进化论为理论依据，从人类起源的一元论出发，论证了人类起源于一种早已灭绝了的古猿；并根据古猿的特点以及现代类人猿的生活习性，认为“非洲似乎更有可能是我们早期祖先的原居地。”① 人类的历史要“早到他还没有一步步地遍布到地球上各处之前。”② 但是，正如摩尔根所指出的，在19世纪中期，“我们在各个大陆都发现处于蒙昧社会状态中燧石器和石器遗物，其中有充分的资料足以证明上述人类迁移的事实。当人类还依靠果实之类的天然食物时，要想从原地向外迁移是不可能的。”③ 所以，摩尔根在19世纪中期考古学成就所划定的人类历史时代同生物学成就之间的尖锐矛盾面前，不惧传统，从科学依据出发，勇于创新，敢越“雷池”一步，大胆地预测了当时石器论所尚未达到的人类历史新阶段，创立了蒙昧时代低级阶段说，从而推动了人类历史研究的新进展。

摩尔根的蒙昧低级阶段说问世后，引起了学者们的极大注意。恩格斯对这一学说也持肯定态度。在《家庭、私有制和国家的起源》一书中，恩格斯强调指出，对于蒙昧低级阶段，虽然我们“不能根据直接的证据去证明它；不过，我们既然承认人是起源于动物界的，那么，我们就不能不承认这种过渡状态了。”④ 同时，各门学科也纷纷把目光转到了从未发生兴趣的“黑暗大陆”——非洲，以寻求人类历史的开端。经过长期不懈地探索、研究，自东非发现“能人”之后，考古发现可以确定为打制石器的考古资料及化石资料，已远远地突破了欧亚大陆所能包容的年代，人类的历史已由摩尔根所假设的10万年追溯到距现代的近300万年；而且这些考古发现的新材料主要集中在热带雨林的东非地区。事实证明了摩尔根所预测的漫长的蒙昧低级阶段说的正确。

---

① （英）达尔文：《人类的由来》，北京：商务印书馆，1983年，第242页。

② （英）达尔文：《人类的由来》，北京：商务印书馆，1983年，第279页。

③ （美）路易斯·亨利·摩尔根：《古代社会》上册，杨东莼等译，北京：商务印书馆，1981年，第23页。

④ 《马克思恩格斯选集》第4卷，北京：人民出版社，1972年，第18页。

其二，虽然摩尔根的蒙昧低级阶段没有提及生产工具的发明，但其学说是建立在达尔文古猿进化人类学说的基础上，这就自然启发了学者们必须在从猿向人转变的特定的时代背景下，来研究人类最早的生产工具是什么这一重大问题；同时，摩尔根所认为的"棍棒"是人类最早的"武器"这一观点，为人们更进一步认识、探索棍棒在蒙昧中级阶段的作用，归根到底就为探讨木器在人类早期历史中的地位，提供了必要的前提和理论基础。

原始社会史研究表明，人类最初的生产工具是"万能工具"，既能生产，又能狩猎。恩格斯在《劳动在从猿到人转变过程中的作用》一文中早已明确指出："人类最古老的工具是什么呢？是打猎的工具和捕鱼的工具，前者同时又是武器。"① 所以，在人类早期，武器是生产工具，生产工具也是武器，这符合人类早期的社会状况的，因此，摩尔根所认为的最早的武器——棍棒也就自然进入了人类生产工具的殿堂。

那么，蒙昧低级阶段的生产工具是什么？是众所周知的石器还是鲜为人知的木器？

（1）人类生产工具发展史表明，生产工具的专业化分工的前提在于人类发展到一定阶段，随着征服自然能力的提高和生产工艺的进步，生产工具才逐步专业化，正如摩尔根所指出的，人类在蒙昧中级阶段才出现了生产工具和武器的较专业化分工，但在蒙昧低级阶段，只能是集采集、狩猎为一体的生产工具，而这种生产工具只能是由天然棍棒转变而来的木器——木棒、木矛，不可能是石器；生产工具发展史还表明，越是"硬质材料"反而加工较晚是合乎规律的。因为其间还存在一个制造与加工技术的成长过程。正因为钢比铁硬、铁比铜硬、青铜比石头硬、石头比木头硬，因此，人类对它们利用的顺序才是木、石、青铜、铁、钢，而绝不可能是钢、铁、铜、石、木。

（2）人类学资料表明，现代猿类不但可以用木棒同野兽搏斗②，还可以由地下挖掘食物③，而且还可以折下树棍，捋掉叶芽、折去枝杈和多余部分，钓吃白蚁。如果树棍弯了不好用时，黑猩猩还会折去弯曲部分，继续再用；甚至黑猩

① 《马克思恩格斯选集》第3卷，北京：人民出版社，1972年，第513页。

② 《马克思恩格斯选集》第3卷，北京：人民出版社，1972年，第509页。

③ （英）珍妮·古多尔：《黑猩猩在召唤》，刘后一、张峰译，北京：科学出版社，1980年，第46—47页，（英）赫胥黎：《人类在自然界的位置》，北京：科学出版社，1977年，第4页。

猩还可以把两根短木棒的一端啃尖、中间套上一段空心管子，接成长木棒，用以拨取食物①，同时，人类学最新资料还证明，黑猩猩还围猎动物，分食兽肉等②。从人类学提供的这些例证可以推断人类早期状况。即使用天然棍棒的古猿，逐渐地进化到跨进人类大门的时候，首先是改造天然棍棒而成为木器——木棒和木矛，这是很自然的，因为既然我们承认人类起源于猿类动物，因而转变为人类的过程必然是木器的创造和发明，从而进入蒙昧低级阶段。

这样就弄清楚了摩尔根蒙昧低级阶段没有武器的真实含义是“没有手制的武器”，即使用天然棍棒。显然，摩尔根由于受石器论的影响，把木器同天然工具混为一谈。

（3）如果对考古发现的二三百万年前的石器进行分析，就会发现那时人类制造的石器，“数量既少”③，质量“粗陋”，以至于“要正确鉴定人类制造的最初工具是一件十分困难的事”，“人类最早尝试用石块制造的工具与自然力量破碎而成的没有多少差别。”④ 在这种状况，人类使用如此粗糙的石器从事采集、打野兽、挖块根，根本无济于事。倒是木棒或木矛却完全可以达到这个目的，否则，他们便无法生存下来。既然旧石器初期石器既贫乏又粗陋，在那时的采集和狩猎中不起决定作用，而广泛使用并起决定作用的确是木器，离开木器人类便无法生存，那么旧石器初期自然也应属木器时代⑤。所以，考古学石器论的发展不但没有给石器论提供有力的证据，借以暴露摩尔根蒙昧时代低级阶段说的荒谬，反而使摩尔根蒙昧时代低级阶段思想更受到人们的关注。

其三，摩尔根蒙昧低级阶段学说在实际上否定了考古学作为追溯远古历史的唯一手段，显示了历史科学所特有的预见性，从而大大扩展了历史研究的新领域，丰富了历史研究的方法，对于今天继续研究人类的历史，仍具有现实意义。

根据古人类学化石形态研究和功能鉴别法，确定为人类的化石资料已大大

---

① （英）珍妮·古多尔：《黑猩猩在召唤》，刘后一、张峰译，北京：科学出版社，1980 年，46—47 页，（英）赫胥黎：《人类在自然界的位置》，北京：科学出版社，1977 年，第 4 页。

② （英）珍妮·古多尔：《黑猩猩在召唤》，刘后一、张峰译，北京：科学出版社，1980 年，46—47 页；（英）赫胥黎：《人类在自然界的位置》，北京：科学出版社，1977 年，第 4 页。

③ 余继林：《原始社会简史》上册，成都：四川人民出版社，1981 年，141 页。

④ （英）K. P. 奥克莱：《石器时代文化》，周明镇译，北京：科学出版社，1965 年，第 3—4 页。

⑤ 任凤阁、王成军：《木器先于石器说申论》，《陕西师范大学学报》（哲学社会科学版）1995 年第 1 期，第 67—71 页。

超过了300万年，甚至还有500万年以上的化石资料。1982年美国加里福尼亚大学的科学家们，在埃塞俄比亚的阿瓦什河谷发现的相当完整的原始人类化石，定年约在四百万年之前。① 1984年，在肯尼亚发现的古人类颚骨化石，定年更在五百万年前，等等②。但在这些地区均未发现石器，这种情况显然说明，早在石器发明之前，人类实际早已形成。既然那么多地区都没有石器发现，而古人类学家则又确认这些出土物就是“人类化石”，而人类形成的标志又是工具的制造，那么，结论就只能是：石器之前有木器，有木器时代。

所以现代的社会科学仍然存在着一个摩尔根所设想的人类蒙昧低级阶段。在那个阶段，仍然没有考古学所证明的石器，这又是一次新的挑战，显然应该像摩尔根那样，不惧权威和传统，以科学事实为依据，坚信在石器发明前，人类曾经有一个没有石器工具的时代。但这个时代绝不是没有任何生产工具，而这个时代的生产工具不管从理论上，或是民族学、人类学或古生物学上都可证明是木器③。

总之，摩尔根的蒙昧低级阶段学说集中体现了19世纪中后期原始社会史研究的新成果。这一学说不仅在世界原始社会研究中有其深远的历史意义，而且对于现代的世界原始社会史的研究，仍具有极其重要的现实指导意义——革命导师马克思和恩格斯对摩尔根的原始社会史体系给予高度评价，当然也包括其蒙昧低级阶段学说在内。恩格斯在《起源》中几乎全部接受了摩尔根的蒙昧低级阶段学说。恩格斯在书中这样写道：“在论述社会的原始状况方面，现在有一本像达尔文学说对于生物学那样具有决定意义的书，这就是摩尔根的《古代社会》”④。

恩格斯于1891年在其《家庭、私有制和国家的起源》第四版序中指出，自从摩尔根的《古代社会》发表后，随着原始社会资料的丰富，仍没有导致必须用其他的原理来代替他的基本观点。“他给原始历史研究所建立的系统，在基本要点上，迄今仍是有效的。甚至可以说，愈是有人力图隐瞒摩尔根是这一伟大

① 《约四百万年前的原始人骨骼》，《人民日报》1982年8月11日，第7版。

② 《五百万年前的人类化石》，《光明日报》1984年10月12日。

③ 任凤阁、王成军：《木器先于石器说申论》，《陕西师范大学学报》（哲学社会科学版）1995年第1期，第67—71页。

④ 《马克思恩格斯全集》第36卷，北京：人民出版社，1974年，第112页。

进步的奠基者，他所建立的这个系统就愈将获得大家的公认。”① 恩格斯对摩尔根的评价，对我们今天评价摩尔根蒙昧低级阶段学说仍具有重要的指导意义。

三、结论

（1）摩尔根在其《古代社会》一书中的最重要贡献之一，就是他突破了先石器学说的束缚，根据那时的科学成就将人类历史追溯到一个没有石器发明的更早阶段——蒙昧低级阶段。在这一历史阶段，居民以果实、根茎为生，居住在范围有限的森林中，其主要成就是语言的发明。摩尔根还认为，由于这一历史发展程度低，时间也就最长，但摩尔根的蒙昧低级阶段并没有生产工具的证据及论述，其结果使这一学说并没有建立在坚实的基础之上。

（2）正由于摩尔根的蒙昧低级阶段没有生产工具，尽管他在中级阶段提到了最早的武器是棍棒，其结果使摩尔根的这一学说最终未能摆脱先石器论的局限，不自觉地但必然地又回到了其努力想摆脱的先石器论的藩篱之中。之所以造成摩尔根预料不到的后果，究其原因，就是摩尔根将其最早武器的棍棒，并未追溯到最早阶段，并未了解木器在人类之初的历史中所扮演的重要角色。

（3）摩尔根的蒙昧低级阶段学说所暴露的弱点证明，木器、木器时代是冲破先石器论束缚，建立新的科学体系的唯一坚实基础。现代科学成就表明，蒙昧低级阶段的生产工具是木棒和木矛，只有木棒和木矛才能使早期人类得以存在，并发展到中级阶段，旧石器时代早期的任何粗陋石器都不足以使蒙昧人得以生存，更谈不上发展。如果认识不到这一点，就等于否定了摩尔根的这一学说，就等于没有认识到摩尔根这一学说所包含的深远的历史意义和广博的历史内容，就等于将摩尔根的这一学说建立在沙滩上。

（4）摩尔根的蒙昧低级阶段思想对人类早期历史的研究有重要的历史意义和现实意义。这一学说为各门学科探索人类历史之源开辟了新的道路，同时也推动了考古学的进一步发展，使考古学的石器论愈来愈和蒙昧低级阶段相一致，人类的年龄已大大增大，由摩尔根所假设的十万年已经增加到近三百万年。但

① 《马克思恩格斯选集》第4卷，北京：人民出版社，1972年，第16页。

摩尔根的这一学说的意义并未消失，即现在仍然存在一个没有石器证明的新阶段，即人类历史很可能突破三百万年。对此，我们将怎样重新评价摩尔根的蒙昧低级阶段学说呢？

（原载《松辽学刊》1995 年第 2 期）

木器先于石器说申论

1979年笔者于高教部在开封召开的“高等院校教材审稿会”上，与1982年中国世界古代史研究会在杭州召开的“学术讨论会”上，发表了“先木器”观点，散发了《木器先石器问世考》一文，但对此问题，长期未遇争议，深感遗憾。近日拜读戴尔俭同志于《史前研究》1984年第3期，对拙文提出的异议论文——《人类历史上究竟有没有木器时代》（下称戴文），受到不少启发。本文拟就下列问题就教于专家学者：一、原始人造木器必用石器吗？二、早期社会最具决定意义的工具是木器。

一、原始人造木器必用石器吗？

先石器论者一致认为，原始人“伐木、断木……均需以比木材更硬的东西方能胜任…主要还是靠石器”（戴文），“无论是木材、骨片，都需要坚硬的石器才能加工”，因此，“最初和最主要的工具，肯定还是石器”①；或者说：“就是使用木棒，也需要加以修理，只有在使用石器的基础上才能更好地利用木棒”。②果真如此，先石器说就是正确的；先木器论与先木器时代论就不能成立。但历史实际情况并非如此。

首先，无论猿类或猿人，伐木、断木或削尖木棒并不使用石器。人类的祖先古猿以及现代类人猿黑猩猩等，都要弄断树木“构木为巢”，或者折断树棍钓吃白蚁；还有像古籍上所记载的“野人”（实即猿类）那样，也要拔掉或“折断

---

① 余继林：《原始社会简史》上册，成都：四川人民出版社，1981年，第141页。

② 中国科学院考古研究所：《考古学基础》，北京：科学出版社，1958年，第4页。

树枝”，用树枝做“睡窝”，“找东西吃”[①]，但都一律不用石器去砍。猿类虽“用木棒驱赶狮子”[②]，痛打大象[③]，挖掘食物[④]，但也从不使用石器断木。猿类所用的树棒，或者来自自然倒伏的树木，或者是暴风刮断的，或者是它们直接折断的[⑤]，从未用过石器。

当猿人尚未发明石器之前，古猿已使用木棒对抗野兽。那么，猿人的木棒由何而来？既然他们的祖先可以弄来大棒与狮象搏斗，可以折断树枝构木为巢，那么模仿能力很强的猿人只需简单地由他们祖先那里继承下来也就行了。如果猿人（或古猿）感到木棒不足，那么，他们顺手使用早已使用的天然石片去砍制木棒，进而砍尖他们早已使用的天然木棒而为木矛，从而转化为人，进入“木器时代”这也是顺理成章合乎逻辑的。戴尔俭同志说得好：“人工制造工具是使用天然工具长期发展的必然结果，而天然工具是最有可能首先被用来加工它物制造人造工具的，这种以物克物的最初最简单的方式，莫过于石制天然工具加工制作比石头软的木制工具”。反之，使用天然木棒去加工天然石块则无可能。无论如何，木器时代既然尚未发明石器，那么再说“断木……主要还是石器”那就很难讲通。当然伐木、断木使用石器，在人类历史上确曾存在，不过它的发生只能是在石器发明之后，因此，它决不应作为先石器论的根据。

不仅如此，就是在石器发明之后的相当年月里（旧石器时代初期），原始人断木也不一定非用石器不可。比如，大洋洲的某些土著居民砍断树木就一直使用天然石片（详后），某些落后民族，如查科印第安人，他们从未发明也并未使用过石器，但却大量使用木器——工具和武器，至于他们如何弄断树枝，不得而知，但却从来不用石器去砍伐是可以肯定的（详后）。

说是“为了把木棒削尖……必须使用石器”，其实，历史实际并非如此。

人类学资料表明：猿类能够选择树棍将其折断，弄短，去掉枝杈叶芽，钓吃

---

① 《归顺直隶州志·物产篇》，清光绪己亥年（1899）刻本；《野人史料点滴》，《知识》1984年第4期，第12页；《野人继续在某些地区出没》，《化石》1984年第4期，第7页。

② （英）珍妮·古多尔：《黑猩猩在召唤》，刘后一、张峰译，北京：科学出版社，1980年，第46—49页。

③ （英）赫胥黎：《人类在自然界的位置》，北京：科学出版社，1971年，第4页。

④ 云少青：《古猿怎样变成人》，北京：中国青年出版社，1977年，第41页。

⑤ 《猩猩国奇遇》，《科学与文化》1985年第1期，第17—18页。

白蚁。树棍弯了不好用时，就折掉弯曲部分，继续再用；还会将两根短木棒之一端啃尖，中间套上一段空心管子，制成长木棒，用以取食。[①] 既然现代类人猿不用石器就能改造树棍，弄尖木棒。难道比猿类进步的猿人反而做不到这一点吗？

考古资料表明，“我国旧石器的主要特色是剥离下来未经加工的石片制品占重要比例……旧石器时代早期的石器类型以刮削器为主。”[②] 在北京猿人的石器中，刮削器占70%以上；在黔西观音洞遗址的石器中，刮削器占80%。此外，肯尼亚图尔卡纳湖以东发现的石器，也以刮削器为主，英国“克拉克当石器的制作者主要从事石片工具的生产”[③]，在这里，凹刃削器出土（也）较多；非洲“最早的旧石器遗迹”也以刮削器、刮具、两面斧与石刀为主；英国学者奥克莱（K. P. Oakley）依据大量考古资料指出，“在欧洲东部和中部，石片文化在整个旧石器时代早期时都占主要地位”。[④] 迄今为止，世界上所出土的最古老的48件石器也全部都是石片制品。[⑤] 那么，旧石器时代早期为什么会有那么多的石片制品与刮器呢？考古学与民族学的资料都告诉我们，这些石片制品与刮削器中的相当一部分，特别是那些凹型或半月形的刮削器，是专门用来制造木器的。既然旧石器时代早期有那么多的石片工具用以制造木器，那么，自然也就证明：（1）旧石器时代早期木器的使用是相当广泛的。（2）在旧石器时代早期人类大量制造石片工具之前，肯定已经知道天然石片是可以加工木器的。从而可知，旧石器时代之前，人类已经使用天然石片砍制木器。既然腊玛古猿就已使用天然石块敲骨吸髓，现代类人猿能够用天然石块砸吃胡桃，那么，比猿类进步的猿人使用天然石片砍尖木棒自然也无可疑。甚至，直到20世纪50年代，大洋洲有些部落的人们，还留有“曙石器时代遗风”，“偶尔还选取带有利刃的天然破裂的石块来砍伐树木制造木制工具。”[⑥] 既然砍制木器或制造木质工具是用天然石片，那就不好说是“为了把木棒削尖……必须使用石器”了。

民族学资料表明，在南美洲，“整个查科地区完全没有石头和金属”[⑦]，可是世

---

① 《会使用工具的动物》，《科学画报》1982年第5期，第22页。

② 周国兴：《人怎样认识自己的起源》下册，北京：中国青年出版社，1980年，第212页。

③ （英）K. P. 奥克莱：《石器时代文化》，周明镇译，北京：科学出版社，1965年，第47—48页。

④ （英）K. P. 奥克莱：《石器时代文化》，周明镇译，北京：科学出版社，1965年，第47—48页。

⑤ 林耀华：《原始社会史》，北京：中华书局，1984年，第53—54页。

⑥ （英）K. P. 奥克莱：《石器时代文化》，周明镇译，科学出版社，1965年，第3—4页。

⑦ （苏）A. B. 叶菲莫夫、C. A. 托卡列夫主编：《拉丁美洲各族人民》上册，林毅夫译，上海：生活·读书·新知三联书店，1978年，第442页。

世代代居住在那里，处于原始状态的印第安人，用以点穴下种的木棒却是相当尖锐的。前苏联科学院人类学和民族学博物馆收藏的查科人的木棍标本，手柄通常是圆的，尖端被磨得扁平锋利，所收藏的挖掘各种块根所用的木棒也都十分尖锐，不过稍微短些罢了。此外，南美密林中的原始人，尽管没有石器，可是，他们使用的木制长矛等却也十分锋利。可见，原始人不用石器，同样可以首先制造木器，制造木器不一定“必须使用石器”。

考古资料还表明，人类用火可能是在150万年之前①或170万年之前②，普罗米修斯种南猿用火的可能不能排除③。人类学资料表明，猿类可以大胆地从火圈内取出它所需要的东西；可以用一只手去扑灭另一只手上正烧着毛的火④，猿类喜欢玩火⑤，并不怕火。马克思认为，人类用火要在“发音分明的语言”的发明与制造工具之前，⑥ 恩格斯认为，人类用火要在石器发明之前。⑦ 那么人类在长期使用天然火的过程中，自然就会发明现长树枝可以烧断、烧短，可以烧得比天然树枝更适宜于同其他野兽搏斗。自然就会发现它们经常使用的烧火棍由于经常拨火，竟会一天天地变成锐利硬的尖木棒。于是，它们为了对抗野兽，再进一步有目的地烧制更多的尖木棒（晚后的克拉克当遗址曾有烧制木矛出土；澳大利亚土人也用火硬化木矛与掘土棒），从而转化为人，进入木器时代是完全可能的。既然用火烧断树棍，烧制木矛比起使用石器去砍，既省力，速度又快，又可造出硬度更大的矛尖，有什么必要必须使用石器?!

二、早期社会最具决定意义的工具是木器

戴文认为：“早期人类社会……并不是以木器为主”，“石器确是当时最具决定意义……的工具”。也“是当时直接广泛用于生产……的工具”。其实，这并不符合历史实际。

首先，由早期社会人类获取生活资料的手段进行分析。旧石器时代初期，人

---

① 《苏联发现一百四十万年前人类遗迹》，《史学情报》1982年第2期。
② 云南元谋猿人遗址有碳质与动物烧骨出土。
③ 周国兴：《狼孩·雪人·火的化石》，天津：天津人民出版社，1979年，第179页。
④ 周国兴：《狼孩·雪人·火的化石》，天津：天津人民出版社，1979年，第179页。
⑤ 吴汝康等：《人类发展史》，北京：科学出版社，1978年，第281页。
⑥ 马克思：《摩尔根〈古代社会〉一书摘要》，北京：人民出版社，1965年，第49—50页。
⑦ 恩格斯：《家庭、私有制和国家的起源》，北京：人民出版社，1954年，第22页。

类赖以生存的生产方式只有采集和狩猎，所谓采集，大致就是打野果，挖块根，采食某些植物的嫩叶和幼芽。而从事这些生产活动，现代落后部族一概是用木棒或尖木棒（澳大利亚土人不久前仍如此），或者用手直接采摘，没有使用石器的，使用石器也不能解决问题；就连猿类也都知道使用木棒挖掘食物，使用树枝打落野果；何况人为"万物之灵"。至于狩猎，如用猿人初期的任何石器去与猛兽——狮、象、虎、豹等厮杀，无疑等于送死！倒是猿人个个手执木棒、木矛却可以置猛兽于死地。难怪后代的落后部族，如南美印第安人、苔克人等，在狩猎时，一律用木棒、木矛，而不使用石器；甚至，就连猿类也知道使用木棒与狮、象等猛兽血战，何况人乎。

既然人类在那时仅有的生产活动——采集与狩猎中，广泛使用木器，很少使用石器，那么，再说石器是那时"最具决定意义的工具"或者说"石器是当时直接广泛用于生产……的工具"就很难讲通。因为，石器在猿人初期采集与狩猎中的使用既不"直接"，也不"广泛"，更不"具决定意义"。反之，那时的生产是以木器为主，最具决定意义的倒是木器。

再由考古资料进行分析。如前所述，在我国，"旧石器时代早期的石器类型以刮削器为主"；在非洲，"最早的旧石器遗迹"中，刮削器、刮具等也占重要比例；"在欧洲东部和中部，石片文化在整个旧石器时代早期都占主要地位"。可见，在早期猿人的石器中，用以制造木器的石片与刮削器等工具是相当多的，与其他石器相比，在有些遗址中，竟然多达70%—80%。可以肯定，用这种工具制造出来的木器要比这些工具本身多得多，在这里，如果说木器在数量上超过了石器是可以讲通的；反之，如果说"从数量上说，石器绝不是少量的"（戴文）似乎就有些勉强。

如果再由250万年前人类制造的石器进行分析，结论也是相同的。因为，那时人类制造的石器"数量既少"[①]，质量"粗陋"以至"要正确鉴定人类制造的最初的工具是一件十分困难的事"，"人类最早尝试用石块制造的工具与自然力量破碎而成的没有多少差别"。[②] 在此情况下，人类从事采集、打野果、挖块根、或者对抗野兽，就只有使用木棒木矛。如果用那样粗陋的石器对抗猛兽无疑自取灭亡！如果用它们去打野果、挖块根绝对不能胜任。因此，石器绝不可能是"最具决定意义的工具"。甚至，某些"曙石器时代遗民"在"制造木质工具"时，也根

① 余继林：《原始社会简史》上册，成都：四川人民出版社，1981年，第130页。

② （英）K. P. 奥克莱：《石器时代文化》，周明镇译，北京：科学出版社，1965年，第3—4页。

本不用石器，而是使用“带有利刃的天然破裂的石块”。大洋洲南部的“曙石器时代遗民”辟杰达特加拉人，直到本世纪中期，依然使用“带天然利刃的未加修制的石块砍伐树木”。[①] 既然在旧石器时代初期的采集和狩猎中并不多用石器，甚至，砍伐树木、制造木制工具也是仅用天然石片。那么，在那时石器就不可能是“最具决定意义的工具”。反之，最具决定意义的工具倒是木棒与木矛。

恩格斯说：“在人用手把第一块石头做成刀子以前，可能已经经过很长很长一段时间。和这段时间相比，我们所知道的历史时间就显得微不足道了”。[②] 在这里，恩格斯十分明确地告诉我们：第一，在用石头制成工具之前，人已经形成了。第二，由人类形成，到开始制造第一件石器，中间可能经历了“很长很长一段时间”。那么，在这“很长很长一段时间”人类的主要生产工具是什么？

恩格斯在《家庭、私有制和国家的起源》中，曾把蒙昧时代的低级阶级称为“人类的童年时代”（或译“人类的幼年时代”），在人类的童年时代恩格斯并没有提到石器的发明，而是到蒙昧时代中级阶段才提出了“早期石器”或“太古石器”。显然，在恩格斯所说的“人类的童年时代”是没有石器的。同样，“人类的童年时代”的主要生产工具又是什么？

对此，恩格斯在《家庭、私有制和国家的起源》一书里指出蒙昧时代里“最初的武器是棍棒和标枪”；马克思在谈到原始时代工具和武器发明的顺序时说：“由木棒这种最初的武器进到具有石尖的矛，最后到弓和箭；由石刀和石凿进到石斧和石槌”[③]。在这里，革命导师明确告诉我们：人类最初的武器是“棍棒”和“木棒”，而不是石器。

由上可知，马克思与恩格斯认为：在石器发明前，人类已经经历了很长很长的“童年时代”，在这段时间里，人类没有石器，使用的武器是棍棒、长矛。简言之，即石器发明前，人类主要的生产工具是木器，人类曾经有一个漫长的木器时代。

三、结论

（1）原始人不用石器完全可以弄断树木并制造木器。他们弄断树木并制造

① （英）K. P. 奥克莱：《石器时代文化》，周明镇译，北京：科学出版社，1965 年，第 3—4 页。

② 恩格斯：《劳动在从猿到人转变过程中的作用》，《自然辩证法》，北京：人民出版社，1971 年，第 2 页。

③ 马克思：《摩尔根〈古代社会〉一书摘要》，北京：人民出版社，1965 年，第 50 页。

木器有时用天然石片去砍；有时用天然火去烧；有时直接用手去折；当然还可能有其他办法，如塔斯马尼亚人“用贝壳刮磨枪矛”。[①] 可知“必须使用石器”之说不能成立。

(2) 早期人类社会最具决定意义的工具是木器而不是石器。因为，在那时的采集和狩猎中，木棒、木矛具有决定意义；考古资料表明，旧石器时代早期，制造木器用的石片制品与刮削器在石器中比例最大；石器发明前——人类的童年时代，木器具有决定意义更无可疑。因此，石器是早期社会“最具决定意义的武器”的结论，需要重新研讨。

(3) 人类历史的开端是木器时代，而不是石器时代。因为石器发明前，人类已经经历了漫长的“童年时代”，那时，人类所用的工具只能是木器；直至近日，世界上还有一些根本没有发明和使用过石器的部族，他们世世代代使用木器，因此，它们的这段历史只能称为“木器时代”；人类社会之初，无论采集与对抗猛兽，离开木器无法生存，考古发掘之任何石器都不足以战胜猛兽，保存人类，倒是木棒、木矛却可以达到这个目的。因此，“木器时代没有过，也不可能有”，或者“木器时代从未有过”的结论还需研究。

(原载《陕西师范大学学报》1995年第1期)

① 林耀华：《原始社会史》，北京：中华书局，1984年，第164页。

第四编　教学心得与体会

学习·探索·再学习·再探索

凝聚着我校教师心血和智慧的教学研究专著《讲授艺术论》终于问世了。这部专著以新颖、生动的形式对高校教学的各个方面、各个环节做了深入地探讨，特别是把教学上升到讲授艺术的高度，耳目为之一新，精神为之一振。这无疑有助于推动我校教师更加深入地探索讲授规律，提高我校的教学水平。自己从这部书中获益匪浅。本着以《讲授艺术论》为宗旨，自己谈谈给大一新生教学的体会，抛砖引玉，诚盼斧正。

一、因材施教

（一）熟悉中学教材

我们高校的学生都是高中毕业后经过高考筛选出来的优秀中学生，他们的知识体系都还紧紧地局限在中学教材的范围内，所以熟悉中学教材很有必要。其一，有助于我们正确判断学生的基础、对高校教材的接受能力，从而对症下药，确定自己讲授的方法、重点、节奏等等，使学生较容易、较快地吸收新知识，这是我们的出发点。其二，我校是师范大学，培养的学生绝大部分要回到中学去任教。如果不了解中学教材的话，无的放矢，就很难完成培养合格中学教师这一教学的根本任务，这是我们的落脚点，具体地来讲，即对中学教材涉及的问题要多讲、深讲；对中学教学所必需的教学技能要一丝不苟，严格训练。自然，高校教育同中学教育毕竟是两个不同的层次，但归根结蒂，高校教育必须为基础教育服务。

（二）调查研究新生的学习基础

总的来讲，新生的学习基础比较扎实，学习热情高昂，试设想，在我国高淘汰率的升学制度下，千军万马过独木桥，过五关斩六将终于如愿以偿，他们能不珍惜这来之不易的求学深造的机会吗？他们欢欣鼓舞，奉老师为“神灵”，目的只有一个，就是祈求这些“艺术大师”给他们以更多的知识。神灵固然没有，但他们的这种热情是能够理解的，是对人类工程师的一种希冀，也是对我们教师的一种鼓励和支持，这是我们成功教学的重要保证。所以我们必须特别爱护和保护学生这种学习热情。

另一方面，他们又带着极其明显的学习弱点踏进大学的校门。其一，在学习方法上，习惯于中学的灌输式，对高校的自学方式——放鸟出笼根本就不习惯，从而感到茫然，不知所措，这时候就要求我们特别细致地帮助学生渡过学习方法上的转折点。其二，独立思考的能力差。对这方面的了解首先来自于高考阅卷，因为是给新生上课，所以自己每年都积极地参加阅卷，注意高考的题型、难度、考生的得失。如这几年，题越出越灵活，对能力的要求越来越高，而考生恰巧就在这方面明显薄弱，普遍存在的问题就是条理混乱，没有重点，没有时空观念，只讲数量不讲质量，对此中学教师已经呼吁：应该对中学生“运用归纳方法训练学生的综合能力，运用列举法培养学生的概括能力，运用比较法训练学生的分析能力”。中学老师的呼吁从一个侧面也指出了我们高校教育应该重点解决学主能力差的这一普遍性的弱点。

对学生的情况胸中有数后，我便采取了下列对策：（1）开始讲得慢点，避免劈头盖脸、倾盆大雨。（2）紧扣课本，避免平步青云、天马行空。（3）多布置课外思考题，按时批改作业，避免只管打雷、不见下雨。（4）少而精地指导学生阅读史料，避免蜻蜓点水、华而不实。这样使新生比较顺利地完成了这一过渡。

二、讲授艺术是教学的中心环节

教师要上好课，首先必须备好课，但备好课只不过是万里长征走完了第一步。过去自己以为找了大量资料，旁征博引，点滴不漏的写好讲稿就万事大吉了，但其结果往往适得其反，究其原因，最根本的就是自己没有搞清楚什么是备课，什么是教学，什么是教学的关键。写好教案仅是基础，而教学的关键是讲授，讲授的艺术性，即在课堂上能把自己精心设计的教案以学生容易接受的方式讲出来。教案有教案的特点，教案不同于讲课。教案以书面语言为多，而讲课则是口语；教案以理论系统性见长，而讲课则以生动活泼取胜；教案一般呆板简练，而讲课则随机应变，丰富多彩。也就是说，讲课时根据课堂情形，该强调的反复强调，该联系的多方位联系，难点节奏放慢，易点则频率加快；重点语调铿锵昂扬，次点则语调平稳流畅，既忠于教案，又不拘泥于教案；和同学们打成一片，更重要的是高出同学；如果仅仅满足于备好教案，那就未免把教学看得太简单了。

很显然，人们心里想的东西并不是每个人都能讲出来的，讲出来的东西并不是人们所乐于接受的，难点就在于如何把自己心中的教学内容用清晰明快的语言，生动活泼的形式讲出来，所以教学活动不仅存在着教师和学生这一矛盾，而且教师亦是矛盾的统一体。这就足以反映出讲课的重要性和特殊规律性，更显得讲授本身确实是一种艺术，而提高我们的讲授艺术性更是我们研究的中心课题。

三、讲授的技巧

讲授知识确实是一种艺术，它为我们教师探索讲授艺术开辟了无穷广阔的天地。《讲授艺术论》对此已作了大量的论述，结合自己的教学实际，体会最深的有以下两点。

（一）挖掘教材，精心寻找“兴趣点”

高校授课一般偏重于深刻的理论问题。因为讲授理论实际上就是教给学生这一学科的正确的思维方法。恩格斯曾讲过，一切理论问题归根到底就是方法问题。谁都知道，给学生猎枪远比给学生面包重要得多，但这只是重要的一面；另一方面就是，理论和方法并不是凭空出现的，它是建立在具体的、活生生的事实之上。如果我们没有处理好这两者的关系，那么讲课就不得不付出生动性和淳朴性的代价，理论成为无源之水，无本之木。课堂气氛就会深沉、凝重，学生易于疲劳不易理解，教学效果事倍功半，教学目的事与愿违。

对于难点，我在讲授《世界上古史》这一教材时，特别注意解决这一矛盾，即在讲授某些重大的理论问题时，通过挖掘这些问题的“兴趣点”，从而保证了教学任务的顺利完成.

所谓“兴趣点”，我认为应具备以下几个特点：(1) 存在于教学内容中的事实或史实，而不是强行从教学内容外输入的牵强附会的史实。(2) 对理解教材有重要帮助的典型史实，而不是无关宏旨的琐碎事例。(3) 这种事实或史实本身具有生动性和趣味性，能很快转换课堂的沉闷空气，活跃课堂气氛，达到调动同学们积极思维的效果，而不是灵机一句，心血来潮，仅仅为了博得全场一笑，借以摆脱自己尴尬处境的道听途说。

如我在讲公元前 12—前 9 世纪古希腊原始社会末期的社会经济特点时，发现教学内容枯燥艰涩，难以调动学生的学习热情，我就通过挖掘“兴趣点”的办法，把本来在希腊文化重点中的荷马史诗调到这一节，利用荷马史诗中许多生动典型的足以反映这一时期社会经济特点的神话故事加以说明，使同学们在轻松愉快的课堂气氛中，掌握了教学内容。

（二）在教学过程中适当运用研究方法

我们在教学中一般都采用的是叙述的方法。所谓叙述的方法，最主要的特点就是正面介绍研究成果，这种方式的优点在于扬弃了许多不必要重走的弯路，使学生们在较短的时间，较快地有系统性地学到大量知识，为他们以后更进一步搞科研打下基础。在课堂中，适当运用研究方法，讲授课程内容，强调起点和过程，使同学们既深刻地理解和掌握教学内容，又初步了解了科研的基本特点，掌握了怎样从事科研。

譬如，在讲授班辈婚姻这一人类最早的群婚形态时，我先介绍了一下班辈婚的内容、特点，然后话题一转，提出问题，运用层层剥皮的办法，从问题的发现、解决的途径、过程及最终结果，详细阐述，并陈述了摩尔根为了研究印第安人的历史、民俗状况，深入易洛魁人塞纳卡部落的事迹。结果不仅使同学们掌握了摩尔根创立的这一婚姻形态，而且也使学生们看到了献身科学事业的无比伟大。

但这些事例同摩尔根所探索的这种婚姻制度还有一定的偏差，从而一再引起后人对这一问题的反复争论，尽管如此，摩尔根创立的这一婚姻形态仍具有顽强的生命力。

课后同学们反映，这种讲法他们爱听、易懂、收获大。

总之，教学活动是一项十分重要，但又十分艰巨的工作。教学环节中，了解学生是前提，备课是基础，讲授是中心，是艺术，总复习是画龙点睛无韵绝唱，不断提高自己的讲授水平，使之达到“讲授艺术”的高度，这是学生对我们的希望，亦是我们人类灵魂工程师神圣而光荣的职责，作为一名青年教师，需要的不是其他，而是不断地学习，探索，再学习，再探索。

（原载《教学研究》1992 第 4 期）

学习写作毕业论文方法漫谈

撰写毕业论文是本科班学员在毕业前的最后一项重要内容，是考察学员们分析问题、解决问题的主要手段，其目的在于培养学员们初步的科研能力，为以后的科学研究打下基础。基于此，本文拟对学员在写作毕业论文时所存在的一些问题，并结合自己的科研经历谈谈体会，以期抛砖引玉，共同提高。

一、如何发现问题

许多学员在准备毕业论文时，常常苦于找不到自己满意的论题，感到无处下笔，苦恼之余，临时应付，草草了事没有达到写毕业论文的目的。其实关键在于要善于发现问题。怎样发现问题呢？我现在介绍一种最简单的但又极其见效的方法——对比法。假如要继续研究秦始皇、李世民，或其他历史事件的话，只要找两本不同作者的论著或两篇不同作者的论文加以对照，立即就会发现，两本书、两篇论文在材料的取舍上、在论点上、在对人物的评价上都不尽一致，有的甚至针锋相对，这就是问题，下来就要进一步研究，两本书作者的观点为什么不一致呢？是因为史料运用的不同呢？还是因为作者的立场观点方法不同？如果是材料运用的不同的话，那就可以进一步追问，哪本书作者的材料更科学，更符合历史的真实性，更具有代表性，进而自己动手查找原材料，对原材料进行分析、比较，从而得出自己的看法，为了论证你自己的看法、观点，你就继续深入……。这样，在探索的过程中，你自己论文的思路就出来了，材料也基本收集齐了，至于论文也就水到渠成，呼之欲出了。因此，写论文不要耽于苦思冥想，而要脚踏实地去干，要从大处着想，小处着手，大处着想易，小处着手难。

二、如何选择论题

上面谈的是怎样发现问题的一般方法，但具体到每个学员的话，在选题方面我觉得有以下几点望学员们予以注意。

(1) 视野开阔。有些学员认为写毕业论文就必须紧紧围绕教材的中心问题，或者老师开列的一系列论文题目，不敢越雷池一步。这种看法显然有失偏颇，人的历史面有多宽，研究的面就应有多宽，论文也就有多广泛，论题也就有多复杂。在我国，由于传统史学的长期影响，人们把研究的中心置于政治、军事，而对人文的其他广阔面熟视无睹，西方史学研究也经历了这一痛苦过程，但西方自文艺复兴以来就开始把目光转向了文化，现在中国的学者也正在努力完成这一转变。由此，希望学员们不要被传统思维方法束缚，也不要让教师开列的论题捆住自己的手脚。政治、经济、文化、宗教、风俗、婚姻、礼仪、观念各个方面，无不在探讨之列，应该根据自己的特点、特长，扬己长，避己短，只有这样，才能文如其人，栩栩如生，富有朝气，别具一格。

(2) 尽量选择自己感兴趣的问题。写论文是一个极其复杂、艰巨的高强度的脑力劳动，而兴趣则是写好论文的重要动力之一，对于初学者更是如此。人常说，"兴趣是人生最好的教师"，因此，在选题方面，一定要同自己的兴趣结合起来。如果你的兴趣在军事方面，你就选择军事方面的，如果你的兴趣是在风俗方面的话，不妨在这方面下工夫，否则自己写得很痛苦，别人看得也很乏味。

(3) 选题要从自己的长处出发，不可盲目仿效，步人后尘。所谓长处，是指自己在某一领域看的书多，想得多，体会比较深刻，问题比较突出，基础比较扎实，写好毕业论文是需要多方面坚实的基础，而不是靠灵机一动，心血来潮。

(4) 选题尽可能贴近科研的前沿阵地。所谓前沿阵地，是指现代学术界普遍关注且热烈讨论的问题，因为时代不同，社会背景和社会需要的不同，人们自然要对其研究方面作出必要的选择，即对某一领域的某些问题有浓厚的兴趣，但这并不意味着其他问题不能研究。而是说研究这些前沿问题的意义更大、更贴近时代的主题，更能激起人们的共鸣和创作原动力。当然，我反对急功近利，但在这一方面作出努力还是必要的。

那么怎样弄清楚每一学科、领域的前沿阵地呢？这是一个很复杂的问题，需要对学术状况有深刻了解，但途径也很简单，那就是自己首先要深入到学术研究的大潮中。举例来说，如对中国现代的热门论题中，围绕香港回归恐怕是焦点；在这一方面可以写出很富有时代气息的好论文，如“一国两制与香港的顺利回归”，“1945 年蒋介石政府为什么不能收回香港主权的原因探析”，“1949 年中华人民共和国为什么没有立即收回香港的主权”，“一国两制理论探源”，等等。

（5）选题最好同教学重点、难点结合起来，以促进自己的教学。学员绝大多数来自教学第一线的骨干教师，我们不是为了纯粹搞科研而写论文的，我们是为了提高自己的教学水平而写论文的，教与学是相长的关系，科研与教学也不例外。因此，学员们如果把教学重点或难点纳入论文的思考之列，会有助于自己对教材的理解和教学的顺利进行，一箭双雕。其实，中学教材的许多内容还有待于我们进一步挖掘，这种挖掘并不只是技巧、经验的问题，更包含着知识水平在内。固然中学教材论述非常规范，但从内容的涵盖面上来讲是非常丰富广泛的。例如，在北美的奴隶制庄园中，教材讲的奴隶是黑奴，我们可以追问，除了黑奴之外还有没有其他奴隶，答案是有，如白奴，那么白奴和黑奴的区别是什么？这样一来，问题好像来了，为什么近在咫尺的印第安人没有能够成为奴隶主的奴隶，而非要舍近求远？答案是奴隶主在开始时曾试图把印第安人变成奴隶，但遭到了印第安人极其强烈的反抗，他们宁死不屈，迫使奴隶主不得不放弃这一企图。问题还没有完全解决，为什么印第安人的反抗会奏效，难道黑人没有反抗，没有斗争吗？为什么会有两种不同的结局呢？因为黑奴来自非洲的不同地区，语言、风俗习惯不一样，难以形成一股强大的反抗力量，而印第安人大部处于原始社会的末期，还深留着浓厚的氏族民主、自由传统，再以自己强大的部落为后盾，其冲击力就很大，等等。

再举中国史例子，在中国古代长期存在来自北方游牧民族的边患，这是为什么？再问西方古代有没有类似中国的问题？答案是有，如东西罗马帝国，那么结果怎样呢？显然不一样。西方文化在游牧民族的打击下，文化断层了，而中国文化却一直保持其特色，并向前发展，这又为什么呢？……只要我们进一步探索，多问几个为什么？问题就出来了，既提高了教学水平，又有利于自己的学术研究，两全其美。

（6）可以多采用乡土内容。要写好一篇毕业论文，是需要翻阅大量的图书资料的。考虑到学员们是在职学习，工作压力大，且有相当部分同学地处偏僻，资料条件受限等因素，我倒以为不妨因地制宜，就地取材。如一位达斡尔族同学就写了一篇论文为《达斡尔族婚礼仪式之探析》，很有新意。只要留心，处处皆学问。

（7）题目要大小适中。好多同学在选题时，往往没有经过深思熟虑，一味抓住大题目不放，以为只有大题目才是真正的论题，而小题目不能登大雅之堂。如有的学员论题是《论秦始皇在中国历史上的地位》、《评析英国资产阶级革命》等，自己没有心得，纯粹东抄西拼，成为败笔。请注意，题目太大，篇幅自然要求大。其一，自己没有如此充足的时间去研究，其二，自己又无法驾驭全文，只能草草交差。一般来说，思考面可以大一些，在面中取其中一二点加以深化。如《汉武帝外伐四夷之得失》、《李世民的用人政策》等，考虑到学员初写论文，题目太小难以成文，我认为学员们在选题时可以稍大，这样材料就多些，便于成文。但绝不可漫无边际，以保证毕业论文的按期完成。

三、如何搜集材料

有了一个大概的想法，然后就可以在想法的指导下搜集材料。

（1）大处着眼，小处着手。不管写什么题目，都必须一点一滴地收集材料，而不要寄希望于一夜之间将材料收集完毕，而应该积少成多。日积月累，勿以见小而不为。在收集材料时，不妨面宽些，内容丰富些，到用时就可以游刃有余，否则作茧自缚，画地为牢。

（2）顺藤摸瓜。即先从最基本的材料人手，然后根据基本材料所透露的各种信息，如引文引注、参考书等再进一步追踪，层层剥皮，步步深入。

（3）收集材料时应着重收集原始材料，如原始材料收集不到的话，应努力收集一些专业的权威资料，而不是街头小报或非专业的刊物论述。

（4）收集材料时要边收集边记录，特别要注明出处。否则时间一长，不知出处何在，白费工夫。传统的方法是记在卡片上，分门别类。如果有更先进的手段（如微机）则更好。收集材料很重要，材料收集的过程也是自己反复酝酿论文的过程，材料收集齐了也就意味论文即将大功告成。

四、如何写论文及注意事项

在材料基本收集好后，最后一点就是整理材料，书写论文。

(1) 先写大纲。大纲是论文的框架；在写大纲时，应特别注意大纲名目之间的逻辑关系，要环环相扣，节节相连，绝不可松散疏远。初写论文者，大纲越细越好，这样便于把握文章的内在联系，而不致失控，无的放矢，不知所云。

(2) 论文的基本结构为三段论。第一部分一般是讲自己论文的目的、意义及其方法，非常简略，一般不超过几百字。第二部分则是论文的核心，是论证，陈述自己的研究成果，篇幅最大。第三部分则是对自己的论文要点进行归纳，让读者加深对自己论点的了解，概括性强，一般也不超过几百字。

(3) 写论文的方法：研究方法与陈述方法并用。所谓研究方法，就是具体讲自己探索问题的思路，即怎样由一个大题目触及到小题目，或是怎样由一个普通常识深入到较深领域，并怎样发现本文这一论题以及自己怎样论证。陈述方法，就是自己在每一部分每一层次中首先讲明白自己的看法、观点，让读者易于把握自己的研究过程、研究成果。若单用陈述方法，无法说明、论证自己的问题；反之，单用研究方法，则又使读者容易坠入云雾中，晕头转向。因此两者的关系也就是逻辑学上的归纳、演绎的关系，互不可缺，要交替使用。

(4) 要善于处理论题和内容之间的矛盾。写论文时，固然已有大纲，已经理清了论文内在的逻辑关系，但创作过程是一个高度紧张、创造性的劳动。常常是这样，在灵感的照耀下，论者不觉妙笔生花，字字珠玑，偏离了大纲，甚至与大纲相左。怎样处理这一矛盾呢？记得著名的史学教授朱本源先生给我讲过多次，他说，题目是重要的，但又是次要的，不要被题目所束缚，关键要看内容如何，如果内容有新意，就不要变内容，只需换一个和内容相符的题目就行了，不必削足适履。他说他写文章就是兴之所至，直抒胸臆之后，根据内容选择一个合适的题目就可以了。当然，要达到朱先生的境界，谈何容易，但用这一例来说明处埋二者的关系的方法还是再合适不过了。

(5) 毕业论文的长度要求 8000 字左右。文章的价值是不应该用字数来衡量。古人讲："文不在长，中肯则行。"但具体于学员们实际及其毕业论文特点而言，8000 字左右为宜。作为教师，我们欢迎短小精悍之作，也欣赏言之有据，持之有故，内容充实，富有新意的长篇大作，衡量论文的标准是创新，而不是字数、长短。

（原载《函授教育》1997 年第 2 期）

训练写作的基本方法

做读书笔记是训练写作的基本方法，也是进行学术创作的最基础的途径，这是学术界众口一词的。因此，不管是本科学生们还是研究生都在进行这一方法的训练。不过，对于这一方法，尽管人们一直都在进行，但从成效来看，却有着极其明显的差别。最突出的表现就是在论文中无法显示出这一学习方式的成效。其原因固然甚多，但其中很重要的一个原因就在于好多人只是想当然地被动地进行这一学术基础工作，事实上并没有从理性上真正了解什么是读书笔记，为什么要做读书笔记和怎样去做读书笔记这些根本性的问题。归根结蒂就是没有搞清楚做读书笔记与自己将要进行的学术写作二者之间的内在关系。因此，一个首当其冲的任务就是要对读书笔记这一学术训练本身有一个正确的认识。

其一，读书笔记一定要读书。这是一个基本常识，但大家往往在常识上犯错误，主要表现就是对于书籍没有有意识有目的的研读，或者开始时读得较为认真，但愈后则愈粗心，只满足于了解这部书的大概内容而已，如果要作为学习成果上交老师的话，就泛泛地谈一下书的内容，更有甚者在网上找一下别人的观点或看法，稍加修改就交上去了。这样的读书笔记并没有建立在读书的基础上，这一作法显然是自欺欺人，最终糊弄的只能是自己。所以，认真读书是做笔记的起点。读书的要义之一就是首先要明白书中的意思是什么，如此就必须明白书的时代背景，针对的问题，作者的思想动机，作者的学术源泉等等。如果将这些问题弄明白了，这个书就读得有些深度了，自然容易明白作者书中或论文中的观点或主旨了。

其二，读书笔记一定要记。所谓读书笔记，就是在读书的时候，对书中的一些内容，特别是要点和观点进行深刻的记忆，为了帮助自己清楚并且长期了解作者的思想观念，而把这些观念记录下来。所以，读书笔记一定要有原书的大量摘要或作者的重要的观点及其论述。人家的成就就是人家的，人家的观点就是人家的，弄清楚了这一观点的真正来源，不但是一种认真的表现，也是一种对人家的尊重，是对人家成果的尊重，从更深的学术史的意义上来看，就是使自己牢固地站在学术的架梯上，使自己对学术，对自己有一个较为正确的认知。

其三，读书笔记不仅要有记的内容，还要有记的规范和要求，其目的是为记得准确无误，有根有据。因为读书笔记所记的大量名家观点的的确确是人家的观点，为了证明这些是人家的成果，就必须记录书中的原话，而不是自己想法，为了证明这是人家说的话，人家要负责，所以自己一定要标出这些内容的详实出处。这些出处一定要标明出版社，哪一年版的，哪一页。因为这的确是人家的看法，你对人家的这些话语特感兴趣，你看看，这些也都是论文的要素。这些也都是做学术和不做学术的根本性差别之一。人常说，要有根有据，恐怕就是与此相关的。

其四，读书笔记一定要涉及自己对作者重要观点的看法。这种看法是由两部分组成的，一部分就是对书内容的概括和总结，再一部分就是对书中内容的一种思考和深化。不言而喻，之所以能在书中摘出这些话，而且认为这些话很重要，是以你的知识和水平判定的结果，而且这些话语对你也有重要的启示，和你原先的知识产生了联系，并在这种联系中产生了共鸣的作用，使你的学术思想产生了深化，使你有感而发。换言之，之所以你对这一段话如此感兴趣，是因为它与你本身的学术观念有着紧密的关联，引起你的学术共鸣，那么，这种关联是什么呢？你应该将它写出来，不要小看这些关联，其实它本身就是你论文的萌芽，记住是萌芽，就是你学术的生长点。学术进程的第一步，很显然，达到这一步，就离论文只有一步之遥了。

其五，要正确处理摘记作者的原话和观点与自己对作者观点的看法这两者之间的关系。如何理解这两种层次呢？事实上，一切论文大概都出不了这两方面的内容，这就是做学问的基本功，人们常常看到这样一种现象，许多同学做的所谓的读书笔记，都是自己读书后对阅读书的一些概述和总结，而没有真正弄清楚这些重要观点的所在背景和准确的含义，更没有由此出发进一步接触到自己的学术实际情况，其结果，大量同学的读书笔记都只是呆板地停留在第一个层次上，更没有想到要到达第二个真正的学术意义的层次上。原因是什么呢，只是因为没有认识到看书的意义和作用，看书和写读书笔记只是为了自己的进一步研究，而不是其他，再就是一些同学不是认真扎实地去了解、明白作者对一些历史问题的观点及其依据，而是想当然，热衷于自己的总结和概括，其结果，自己的学问一直没有坚实的基础，总是浮在表面上，似是而非，大而化之，基础不扎实，认识也不会清楚，发现不了问题，当然也就解决不了问题，这样怎样进行研究呢？

其六，做读书笔记也要与时俱进。过去人们都用卡片做笔记，非常艰苦，效力不高，现在到了信息化时代了，人们都用的是计算机，寻找材料，再到记录材料，再到有感而发记录自己的心得体会，这个过程相较过去而言是快多了。由此，人们就以为现在的方式有百利而无一害，其实，总体而言，现代化是好多了，但也要看到现代进程中的一些弱点。它大大提高了速度，但是否可以大大提高人的思想质量呢，这里的具体问题是较多的，学问是要思考的，是需要沉淀的，是需要一定的时间来消化融通的，特别是人文领域的内容，它需要人生的经历和社会的进程来验证的，是需要触动人们的心灵的，至少在学问上，是需要扎实的。所以，现代做学问要用现代化的手段，但还要多思考，不能对现代化的手段产生依赖症，不能停留在字词上，不能满足于篇幅上，还要重视字词的意思，重视自己想要表达的含义。在此我想强调的是，在做笔记时，一定要有自己的想法，而且这个想法尽可能深刻一些，这样收效会更大。

读书笔记的核心是在读前人成果的同时，并对前人成果的一种思考，所以，从此出发，读书的过程就是一种思考的过程，而思考的过程同时又是读书的过程。没有读书的思想是空洞的，不能称为思想；只读不思，不能称之为读，读书和思考两者是紧密相连的，不可或缺的。这样一来，我想你们就理解了读书的意义了。

所以做读书笔记就是训练你打下坚实的学术根基，没有这个训练和根基，是不可能获得好的学术成果的。

一开始学习做学问，一定要养成一个好的习惯，不要浮在表面，要深扎下去，基本功的重要作用在初期未必能充分地时时表现出来，学问做到最后，其实就是拼基本功，这个基本功就是建楼的地基，它决定了这个楼最终能建立到多少层。这是最为人所看重的。尽管专业不同，但这些东西都可以明显看出来，切记！

附录

希洛制及其影响

希洛制是斯巴达独具特色的剥削制度，它产生于斯巴达对外征服过程中。公元前12世纪，多利亚人从北希腊南下，其中一支来到伯罗奔尼撒东南部的拉哥尼亚平原，在斯巴达一带定居下来，成为斯巴达人。约在公元前9世纪在斯巴达向国家过渡的同时，斯巴达向周围地区发动进攻。据说，其他地方的居民都顺服了，只有南方沿海的希洛居民坚决抵抗，斯巴达征服了希洛人，将其居民贬为希洛人，希洛制开始产生。公元前8世纪后半期，斯巴达对美塞尼亚发动了近20年的征服战争，把征服后的美塞尼亚人亦照例贬为希洛人。这样，希洛制度在整个斯巴达形成了。

那么希洛制的本质是什么？20世纪50年代在中国古代社会性质的讨论中亦涉及这一问题，大致有两种不同的看法；一是农奴，二是奴隶。坚持农奴说的主要是西方的学者，中国学者一般认为希洛制是斯巴达类型的奴隶制，希洛人是奴隶而不是农奴。

其一，从经济看，希洛人受斯巴达残酷剥削压榨，过着和一般奴隶相同的非人生活。斯巴达公民不参加生产活动，希洛人常被编成十到十五人一组，依附于一块公民份地，将其一年收获物的一半交给斯巴达人，而他们只享有收获物的另一半。必要时，斯巴达国家可以征集希洛人到军队中从事劳役或者作辅助兵员，所以希洛人的生活极其悲惨，经常处在死亡线上。斯巴达诗人特尔大厄斯用诗描述了希洛人的处境：

像驴子似地背着无可忍受的负担，
他们受着暴力的压迫；
从勤劳耕作中得来的果实，

一半送进主人的仓屋。①

其二，政治上，希洛人没有丝毫权力，是斯巴达国家的财产，斯巴达国家可以任意买卖、屠杀。希洛人常年被迫穿着表示身份低贱的衣裳，头戴狗皮帽，每年要挨一定次数的鞭打，目的是要希洛人时刻牢记着自己的奴隶身份。甚至斯巴达国家把随时屠杀希洛人当做维持其统治的重要手段。根据斯巴达人的传统，每年当选的监察官上任时，都必须代表国家向希洛人“宣战”，因为按照希腊人的宗教信仰，战争状态杀人无可非议，和平时期杀人则遭神怒。宣战之后，斯巴达国家将青年组成专门屠杀希洛人的“秘密勤务队”，四处侦察，昼伏夜出，对有反抗嫌疑，或众望所归的希洛人就地处死。当然，斯巴达有时也“释放”一部分希洛人，但那些被释放的希洛人其处境往往更加辛酸。如在伯罗奔尼撒战争期间，曾有一大批希洛人在战场上立了功，斯巴达国家不得不举行仪式将他们释放，但紧随其后的却是派军队秘密地将他们全部处死。因为被释放的这些希洛人在战场上表现得非常勇敢，并积累了战争经验，而遭到斯巴达的疑忌，所以在古希腊流行这样一种说法：在斯巴达，自由人比世界其他任何地方的自由人更像自由人，而奴隶也比其他任何地方的奴隶更像奴隶。看来确实如此。

由上所述，可以清楚地看到，希洛人的社会身份的确是奴隶，但希洛制奴隶制度较之开俄斯、雅典类型的奴隶制来说有其特点。

其一，国有的奴隶。希洛人是斯巴达国家的财产，国家对希洛人可以生杀予夺、随意处置，但斯巴达个人无权买卖、屠杀。斯巴达个人对其份地上的希洛人只有使用权而无所有权。不像雅典等工商业城邦的奴隶主要是私有的，奴隶主可以将其奴隶任意出租、买卖、杀戮而不受农业奴隶，希洛制奴隶所从事的生产是农业，它不像雅典等其他城邦，奴隶劳动的主要领域是工商业和海外贸易等。

其二，土著奴隶。希洛制奴隶是在被征服后就地沦为奴隶的，并不像开俄斯雅典等城邦主要是通过战争将异邦、异城的战俘沦为奴隶，或者用金钱从奴隶贩子手中购买的外籍奴隶。

斯巴达的希洛制奴隶制度之所以具有上述两个特点，其原因在于斯巴达社

---

① （英）J. B. 伯里：《希腊史》上册，北京：北京大学出版社，2009年，第121页。

会经济发展本身。斯巴达在发动征服拉哥尼亚战争时，已处于家内奴隶制阶段，工商业刚刚开始发展，而大模征服战争的结果，顷刻间就给斯巴达带来了大量的奴隶，经济落后，机构简陋的斯巴达在短时期内无法吸收众多的奴隶，只有采取就地奴役、剥削的原始办法；而且由于斯巴达的野蛮统治，斯巴达和希洛人之间的矛盾迅速激化，迫使斯巴达人不得不放弃他们原来所从事的工商业和农业，专门从事镇压希洛人的反抗活动。结果导致了斯巴达本来微弱的工商业停滞不前、私有制度的发展受到遏制，原始共有的残迹长期保存，而希洛人用于工商业的可能性也越来越小，希洛制奴隶制度自然就成为斯巴达的主要剥削方式。

希洛制奴隶制度形成后，对斯巴达社会产生了深远的影响，促使斯巴达城邦走上了军国主义轨道，而成为军国主义国家。希洛制产生前，斯巴达人还不是完全不事生产的职业军人，他们必须参加生产劳动以维持生计。但希洛制产生后，每户斯巴达的公民份地上都分配了若干数量的希洛人耕种，份地上的希洛人每年必须向他们缴纳 82 麦斗大麦以及一定数量的油和酒，这就使斯巴达人有了脱离生产领域，而成为专门镇压希洛人的职业军人的可能性，同时，由于希洛人是数目众多，散居农村的土著农业奴隶，相同的苦难、共同的语言、统一的目标，为他们团结起来、反抗斯巴达的统治提供了有利条件。事实上，希洛人正是利用了诸多有利条件，揭竿而起，规模之大，时间之久（第二次美塞尼亚战争持续了约 20 年）是希腊史所仅见的。亚里士多德曾说："斯巴达的希洛人像敌人，老是等待斯巴达发生灾难。"[①] 所以斯巴达知道自身处在一个随时可能爆发的火山口上。为了镇压和准备镇压希洛人的反抗，斯巴达人不但可以脱离生产活动，而且也必须脱离生产活动，成为维护其对希洛人统治的军事工具。

如果说，斯巴达像个大兵营，斯巴达国家像个大战车，那么，斯巴达人不过是天天围绕战车旋转的兵卒。斯巴达男子的毕生都要从事战争活动，斯巴达的妇女终生养育合格的战士，为战争而生，为战争而死，成为斯巴达人生活的唯一内容。军事生活畸形发展，走上了社会供吃供喝道路，结果又不得不失去社会生活多方面发展的自由。在斯巴达，曾出现许多视死如归的勇士，却没有

---

① （古希腊）亚里士多德：《政治论》，吴颂皋、吴旭初译，上海：商务印书馆，1934 年，第 4 页。

出现过像德谟斯梯尼那样雄辩的演说家，也没有出现像伯里克利那样长篇大论的政治家，更谈不到像埃斯库罗斯那享誉剧坛的艺术家和修昔底德那样造诣高深的史学家。在斯巴达人看来，培养公民成为能左右公民大会的政治家和丰富城邦文化生活的艺术家，远没有把全民训练成为武士、屠杀希洛人的刽子手更重要。与斯巴达强烈对照的则是以丰富的文化遗产而著称于世的雅典。雅典注重公民的全面发展，要求公民多才多艺、文采斐然，出口成章、语惊四座。所以雅典出现那么多杰出的哲学家、思想家、艺术家、演说家、政治家，以众多的不朽作品和永葆青春的艺术魅力而彪炳史册。斯巴达对此几无建树，斯巴达剥夺了希洛人的自由，成为被肆意宰杀的奴隶，而为了对付希洛人，斯巴达不得不终生过着单调、枯燥的军事生活，时刻处于临战状态。正如恩格斯所指出："任何民族当它还是压迫别的民族时，不能成为自由的民族。"① 希洛制在伯罗奔尼撒战后逐步出现危机。公元前 371 年，底比斯军队横扫伯罗奔尼撒，在底比斯军队的支持下，希洛制中心美塞尼亚获得独立，从此，斯巴达的希洛制日趋衰落。

---

① 恩格斯：《论波兰演说》，《马克思恩格斯全集》第 4 卷，北京：人民出版社，1958 年，第 410 页。

匈奴西迁与日耳曼民族大迁徙

匈奴西迁与日耳曼民族大迁徙乃世界古代史之大事。公元 91 年，匈奴退出漠北，转而西向，于三百年入东欧，成为世界民族大迁徙的一个重要因素。

一、匈奴西迁

匈奴，是发祥于中国北方蒙古高原一古老游牧民族。夏称“荤粥”，商称“鬼方”，西周称“猃狁”，春秋称“戎”、“狄”，至秦汉始有“匈奴”之称。公元前 209 年军事首领昌顿杀父自立为“撑犁孤涂单于”。自此，匈奴建立了军事奴隶制国家，完成了向阶级社会的过渡。

匈奴为掠夺人口和财富，四处攻掠，长期成为华夏之大患。秦筑长城以御之，汉高祖刘邦反击匈奴，在白登山被困七日，无可奈何，转而和亲。至武帝时，卫青、霍去病大败匈奴，边患暂解。公元 48 年，匈奴分裂为南北二部，南部归附，北部继续与汉为敌。东汉明帝时，窦宪、耿秉率军大破北匈奴，单于宰部西逃，开始了“匈奴西迁”。

公元 91—160 年，北匈奴向西逃至伊犁河和伊塞克湖一带的乌孙。“专制西域，入寇河西”，但遭到汉军的一再打击，此时中国北方鲜卑族崛起，公元二世纪鲜卑檀石槐“尽据匈奴故地”，在鲜卑的严重威胁下，北匈奴只有把掠夺的矛头再次转向西方。

160—290 年，北匈奴侵入锡尔河及其以北康居地区。公元 290—374 年匈奴人继续西向于顿河以东，黑海以北，侵入阿兰。

至 374 年，匈奴人从黑海附近的草原出发，进兵欧洲，连战连胜，日耳曼各部族，为了逃避兵锋，离开故土，迁徙到罗马帝国境内，从而引起了日耳曼民族的大迁徙。

从400年起，匈奴人在乌尔丁的带领下，又开始西攻，占领了整个多瑙河盆地，引起了日耳曼族的再次徙迁。至5世纪20年代，匈奴帝国版图西达莱茵河，东至黑海以北，北及波罗的海，南抵阿尔卑斯山，首府在今匈牙利的布达佩斯附近。450年，人称“上帝之鞭”的阿提拉率匈奴攻向罗马，与西罗马、西哥特联军大战于特洛伊城（今巴格黎东南）。战况惨烈，匈奴败退。453年，阿提拉死，匈奴帝国土崩瓦解，一部分匈奴人在多瑙河南定居下来。匈奴西迁的历程至此告终，但匈奴西迁所推动的日耳曼民族大迁徙却方兴未艾。

二、日耳曼民族大迁徙

据塔西陀《日耳曼尼亚志》和其他罗马史学家记载，公元1世纪，日耳曼人居住在多瑙河，莱茵河和维斯杜瓦河之间的广大地区，其社会制度正处于原始社会末期的军事民主制，组成了许多部落联盟，如东哥特人，西哥特人，法兰克人，汪达尔人等。称为军事民主制，是因为战争以及进行战争的组织现在已成为氏族生活的正常职能。为了掠夺土地和财富，日耳曼人经常袭击罗马的北方行省，使罗马帝国陷于困境。

日耳曼人向罗马帝国境内迁徙，由来已久，公元前2世纪基姆伯尔和特乌托涅斯人为了寻求土地，曾越过阿尔卑斯山，进入罗马故土，但被打退。到300年后的马尔库斯·奥利略时期，日耳曼部落再次入侵，强弩之末的罗马帝国只好允许一部分日耳曼人定居在多瑙河以南的帝国版图中。

然而日耳曼人的大迁徙运动，却是从公元4世纪后半期开始的。374年，匈奴大同盟数十万人在军事领袖巴兰姆伯尔率领下向西突进，黑海北岸的东哥特被打败后，逃奔西哥特。西哥特面对匈奴的强大攻势，不战自溃，退往多瑙河北岸，请求渡河到罗马帝国，并表示愿意为罗马边防军提供兵员。经罗马皇帝瓦伦斯同意，于376年春，浩浩荡荡的哥特人渡过多瑙河，由此开始了日耳曼民族大迁徙。

哥特人渡河东至帝国的麦西亚（今保加利亚）行省，罗马政府拒不履行供应粮食的诺言，反而勒索捐税，拐卖哥特人为奴，哥特人被迫反抗。378年，西哥特人在弗利提恩的率领下，同罗马皇帝瓦伦斯大战于阿德里亚堡近，结果瓦伦斯战死，罗马帝国受到沉重打击。

410年，西哥特人入侵意大利，攻破“永恒之城”——罗马后，以土鲁斯为首都，建立西哥特王国，在山南高卢和西班牙定居下来。此后，在匈奴连续大规模进攻下。除哥特人外，其他日耳曼民族为了躲避匈奴的兵锋，亦纷纷踏上民族大迁徙的征途，涌入罗马帝国。406年，汪达尔、苏维汇人在匈威胁下，被迫西移，侵入罗马，于439年攻陷北部的迦太基，建立了汪达尔王国。420年是法兰克人迁徙的开端，法兰克人通过蚕食方法，占领了高卢大部分领土，486年以苏瓦松为首都，建立了法兰克王国。5世纪中期，盎格鲁·撒克逊人在匈奴的压力下，渡海来到不列颠，开始了盎格鲁·萨克森在不列颠的统治。东哥特人于5世纪末在意大利建立了东哥特王国，首都拉温那。伦巴德人于572年在意大利北部的波河平原一带建立了伦巴德王国，首都帕维亚。伦巴德王国的建立，降下了民族大迁徙的帷幕。此后，他们都在已占据的罗马帝国的领土上定居下来，逐步过渡到封建社会。

三、民族迁徙的影响

匈奴人从亚洲的蒙古高原西侵欧洲，并建立了庞大的帝国，对欧洲社会历史产生了深远的影响。

首先，匈奴人入侵欧洲，推动了日耳曼各族的大迁徙，打破了欧洲原有的政治格局，现代欧洲各民族的地理分布，基本形成于此次社会大变动。

其次，匈奴西迁和在迁徙中攻击的最终对象是腐朽没落的东、西罗马，其掠夺和破坏，客观上加速了东罗马的衰落和西罗马的灭亡，促进了欧洲古典奴隶制的瓦解。

再次，日耳曼征服西罗马后，罗马的隶农制和日耳曼人的家内奴隶制相结合，在罗马帝国的废墟上，在奴隶制所奠定的生产力的基础上，逐步萌发了封建制。国王、军事贵族、亲兵成为大土地所有者，而日耳曼自由民纷纷破产，和以前的奴隶、隶农逐渐融为一体，形成了新的农民阶级。结果，在罗马因素和日耳曼因素的相互影响和激荡下，西欧社会逐步由古典奴隶制度到了封建制。

城邦制度简述

传统史学认为城邦即城市国家，是指一种以独立自主的城市为中心，结合其周围地区而形成的国家形态。随着十九世纪以来考古学、人类学、民族学、历史学和社会学的发展，现代学者在传统看法的基础上，进而对城邦的规模、范围、内部结构、经济基础和上层建筑等方面继续探索，使城邦制度的研究大大深入了一步。

一、城邦的规模

国内学者一般认为城邦是奴隶制国家的早期形式，认为“最早的国家就现在所知道的都是城市公社，城市国家或简称城邦，城邦本身是奴隶制的。”“奴隶制城邦是古代一切奴隶制国家的必经阶段。”[①] 城邦既然是早期的奴隶制形态，当其出现时，总有一个以某一城市公社为中心，而与周围的农村公社或较小的城市公社相结合的过程，即使有这样的结合，城邦的外形特征还是一个地域有限、人口有限的小国寡民的奴隶制国家。

城邦之所以处于小国寡民状态：其一，因为城邦是由原始社会末期的氏族公社脱胎而来的，它继承了氏族公社时代的狭隘的原始的公有制。这种公有制要求公民必须是城邦的土地所有者，只有城邦公民才有权利分得土地，而且占有土地的公民必须服兵役（自备武器和装备）和公役；另外公民的份地是不能买卖、转让的，这种公有制不但适应了城邦的保守性、封闭性，而且在客观上

---

① 《世界上古史纲》编写组：《世界上古史纲》上册，北京：人民出版社，1979 年，第 25 页。

限制了城邦的规模，限定了城邦的人口与土地一定的比例关系。如果公民的人数和土地不成比例的话，“剩余的可用土地用尽了，公有制也就衰落了。”[①] 那么奴隶制城邦就发展到了一个新阶段，城邦也就不成为城邦了，而终被奴隶制帝国所代替。其二，列宁在《论国家》中指出，当时的社会和国家比现在小得多，交通极不方便，没有交通工具，当时山河海洋所造成的障碍比现在大得多，所以国家是在比现在狭小得多的地理范围内形成起来的，技术薄弱的国家机构只能为一个版图较小、活动范围小的国家服务。像著名的乌尔城邦在早王朝时期有三个城市和若干村庄，面积不过90平方千米，人口才6000人，斯巴达、雅典亦如此。

二、城邦存在的地区

人们长期认为，城邦的三要素为城市、国家和公民团体，城邦只是古代希腊、罗马所特有的国家形式和制度。但近年来，随着埃及学、亚述学等学科的深入研究，以及考古新资料的不断涌现，死文字的不断识读，人们对古代东方的早期城市、国家和文明有了进一步的认识。国内外的许多学者也开始把城邦存在的地区扩大到了近东以至世界其他地区（包括中国），从而引起了广泛的争论。具体来说，人们关于西亚的苏美尔文明属于奴隶制城邦这一观点的分歧并不大，但埃及、印度、中国文明属于城邦形态则有很多不同的认识。如《世界上古史纲》认为，“不论是西方的还是东方的都一样，奴隶制城邦是古代一切奴隶制国家必经的阶段。”而有的人则认为，“照马克思的说法，古代苏美尔的拉格什、基什等，还有埃及的州，并不是真正的城市，只不过是王公的堡垒。”[②] 甚至认为古代埃及和两河流域最初建立的国家应称作村社国家，而不是城市国家。

我们认为之所以会产生如此尖锐的分歧，显然是对城市的定义理解不同。众所周知，不同的时代，衡量城市的标准不同，我们不能用现代人的目光去看待古代城市，更不能用希腊、罗马的城市标准来检验东方城市。如果这样，历史就无规律可言了。另外，我们都承认斯巴达是一个奴隶制城邦，但直到公元

---

① 《马克思恩格斯选集》第3卷，北京：人民出版社，1972年，第519页。

② 左文华：《关于奴隶社会中几个问题——与〈世界上古史纲〉编写小组商榷》，《吉林师范大学学报》1980年第2期，第98—103页。

前4世纪修昔底德写《伯罗奔尼撒战争史》时，斯巴达的所谓城市也只不过“是一些古老形式的村落的聚集”[①]，商业很不发达，如按上述观点，斯巴达理应排斥于城邦之外。事实上，东方的早期奴隶制城市，工商业是比较发达的，如古印度的哈拉帕文明，规范、严谨的城市构造，宽阔的大道，众多的人口，统一的度量衡，远达两河流域的贸易关系，这一切仅用村社国家是解释不通的。

所以，我们认为原始社会的普遍性决定了城邦的普遍性。只要是直接由原始社会产生而没有受到周围更先进地区影响的国家一般都是城邦。

三、城邦的经济基础

奴隶制城邦时期，属于奴隶制的早期阶段，私有制尚不发达，带有浓厚的原始农村公社土地所有制的痕迹。土地还未完全私有，一部分是城市公社所有，如苏美尔的神庙经济、雅典的罗立温银矿、罗马的公有地，一部分是公民家族私有，实际上就是国家公民共同私有，即份地。这种以份地为形式的小土地所有制，最初是作为公社所有制的残余继承下来的。份地开始是不能买卖的，只有在阶级分化到一定阶段后才可买卖。如罗马是在公元前111年，法律才规定土地可以买卖，所以小土地所有制和小手工业生产则构成了城邦的经济基础。马克思指出：“小农经济和独立的手工业生产，一部分构成封建生产方式的基础，一部分在封建生产方式瓦解以后又和资本主义生产并存。同时，它们在原始的东方公有制解体以后，奴隶制真正支配生产以前，还构成古典社会全盛时期的经济基础。”[②]“在最初的农民城市罗马，情形也是如此；而当罗马变成‘世界城市’，意大利的地产日益集中于人数不多的非常富有的所有者阶级手里的时候，农民人口才被奴隶人口所排挤。”[③]

所以，在一般情况下，奴隶制的发展总是大土地所有制发展的结果，总是同小土地所有制的瓦解密切联系的。随着城邦的经济基础被破坏，城邦本身就走向灭亡，这是历史发展的一条规律。

---

① （古希腊）修昔底得：《伯罗奔尼撒战争史》第1卷，谢德风译，北京：商务印书馆，1985年，第8—9页。

② 《马克思恩格斯全集》第23卷，北京：人民出版社，1972年，第371页。

③ 《马克思恩格斯选集》第3卷，北京：人民出版社，1972年，第200页

四、城邦的政治体制

古代城邦是从原始社会进入阶级社会最早的一种国家形式，因此它的政治体制的一个特点就是保留了大量的军事民主制的残余。这主要表现在三种政治机构上：由军事首领演化而来的城邦首领；由氏族长老议事会演化而来的氏族贵族会议；由氏族部落成员会议演化而来的公民男子战士全体大会。这三个机构的存在并不等于城邦都实行共和政体，或民主政体。亚里士多德研究过一百五十多个城邦的政治体制，将城邦的政体归纳为三类六种：君主政体及其变形僭主政体；贵族政体变形寡头政体；立宪政体及其变形极端民主政体。如果城邦首领由一人充任，并且实际上采取终身制或世袭制，则是君政体；如果城邦首领通过选举产生，就属于共和政体；只有当政权掌握在全体公民和公民大会手中时，才属于民主政体。每个国家应该采取什么政体，完全取决于该国的具体情况，取决于上述三结构之间力量的对比。如苏美尔城邦，由于其城邦统治者（恩·恩西和卢伽尔），既掌握了神庙经济，又得到了由神庙依附人员所组成的职业军队的上层分子以及反对氏族贵族势力的城邦公民的坚决支持，因而他们就拥有了比希腊、罗马城邦初期的国王大得多的权力，在王权与氏族贵族的斗争中击败后者。这就决定了苏美尔各邦虽然早期有一段与希腊罗马社会一样的经历，但之后并没有发展为奴隶制贵族共和国或民主共和国，而是继续朝着巩固君主政体的方向发展。但是，“奴隶占有制时代的国家，不论是君主制，还是贵族的或民主的共和国，都是奴隶占有制的国家。”①

总之，上古城邦以小国寡民和以城为邦为其外部特征，是阶级社会最早的一种国家形态，普遍存在于古代世界许多地区。城邦的实质是作为统治阶级的暴力机关；奴隶制城邦的经济基础是小农和小手工业所有制。城邦的上层建筑形式虽多样化，但都或多或少地保有城邦的首领、贵族会议和公民民主三种政治结构。当然，城邦问题是世界上古史教学研究中的一大难题，不少问题现在仍然没有完全解决，还有待于专家学者们继续探索。

（原载《函授教育》1993 年 1—2 期）

① 列宁：《论国家》，《列宁选集》第 4 卷，北京：人民出版社，1972 年，第 49 页。

读《朱本源史学文集》

朱本源先生在60年学术生涯中，在史学这块园地里辛勤耕耘，作出了突出的成就，受到学术界的广泛推崇。前不久，《朱本源史学文集》（陕西师范大学出版社，2005年版，以下简称《文集》）出版了。《文集》收集了朱本源先生近半个世纪以来所发表的一些具有代表性的论文。这部文集有两个突出特点，其一，朱先生学贯中西，博古通今，他所具有的马克思主义理论修养、严格的西方哲学的训练，使他对中外政治制度、思想文化的历史演变具有广阔的学术视野和非凡的洞察力。因而，这部文集对于我们了解朱先生在史学理论多个领域的观点、方法以及所取得的突出成就，具有重要作用。其二，《文集》也高度凝结了朱先生长达60余年来研究西方哲学和历史之经验，特别是朱先生明确而坚定的史学宗旨和目的："为本民族史学传统之改造与发扬光大"，对于我们坚持正确的史学理论和方法无疑具有重要的指导意义。鉴于此，本文拟就朱先生的史学理论的主要特色做一探析。

朱先生在《文集》自序中开宗明义地总结了自己的史学方法论。他说：我国近代的历史学大师梁启超、王国维、陈寅恪等人都是学贯中西而归结为本民族史学传统之改造与发扬光大，陈寅恪曾明确指出：王国维的治史方法的特点之一是"取外来之观念与〔我国〕固有之材料互相参证"（外来观念即西方近现代的历史的观念）。新中国成立后我国在历史学研究的方向大体就是这样：取马克思主义及西方近代的历史科学的发展趋势与我国固有的史学（即由孔孟开其端到司马迁而集大成的中国史学著作）相互参证。这一方法其实也成为我自己的治学的座右铭，贯穿在我的一生的研究活动中。正是在这一史学思想的指导下，朱先生继承了中国近现代前贤的优秀传统，将西方史学的研究同中国的优秀史学传统紧密联系起来，以发扬中华的优秀文化为己任，处逆境而不悔，上下求索不已，从而做出了突出的成就。当然，本文所关注的是，朱先生在继承前贤的基础上，更注重用马克思主义指导史学研究和在历史哲学的深层次上进行中西文化的比较，此外，在诠释学方面也有独到之处。他的研究特色主要表现在以下四个方面。

一、坚持以马克思主义的历史唯物论作为历史研究的指导思想

朱先生以其渊博的学识对马克思主义的史学理论作了持久而精深研究，特别是从方法论高度阐明了马克思主义怎样对西方的旧史学进行“批判性的改造”，以及今天我们对西方史学应持的科学态度。在此仅介绍朱先生的两篇文章，《马克思主义的历史理论的基本问题》[①] 和《西方历史认识论的形成和马克思恩格斯在该学科中的划时代作用》[②]，以作“管中窥豹”之谈。在这两篇文章中，朱先生紧紧地抓住历史理论的基本论题，也是被马克思称之为“历史之谜”的历史学的难题，深入探讨了马克思主义解决这一“历史之谜”的基本的方法论，并从基本论题出发，详解而深刻地论证了马克思主义在西方历史理论中所具有的划时代的重大意义。

朱先生认为：被马克思称之为“历史之谜”的问题是关于“存在和本质、对象化和自我确证、必然和自然、自由和必然、个体和类之间的斗争”关系问题。[③] 而在历史领域中，历史之谜有两个对立面，一面是“作为追求着自己目的的人的活动”的历史，另一方面则是作为“自然历史进程”的历史，也就是所谓的历史规律性和意志自由的问题。大体说来，在历史学的研究领域有两种思想倾向：一种是强调历史的客观律性，强调历史的自然进程性质；另一种则相反，强调人是历史的主体，强调历史是人们的有目的活动，作为历史之谜，它一直困惑着无数的学者，但在朱先生看来，马克思并没有把这两对立面看到是非此即彼的形式逻辑问题，而是把两者看成是辩证的对立统一关系，朱先生以此为方法论对这一问题进行了深入的探索，从而给这个历史之谜以科学的解答，

① 朱本源：《马克思主义的历史理论的基本问题》，《史学理论研究》1987年第4期，第62—79页。

② 朱本源：《西方历史认识论的形成和马克思恩格斯在该学科中的划时代作用》，《世界历史》1988年第5期，第123—149页。

③ 朱本源：《马克思主义的历史理论的基本问题》，《史学理论》1987年第4期，第62—79页。

它的谜底就是人，“作为历史主体的人”。① 这一探讨也集中体现了朱先生对马克思主义史学理论的正确理解，即用马克思主义所倡导的历史的、逻辑的、辩证统一的思想去分析研究历史问题，实事求是地评论各家的得失，反对任何割裂马克思主义的教条主义和相对主义，这一观点始终贯穿在朱先生的一切历史理论的研究过程中。

由这一马克思主义的方法论出发，朱先生对西方的历史哲学进行了深入的剖析，在对西方历史哲学的两大流派——思辨的和分析哲学产生和发展的内在原因、特点及其影响的分析的基础上，朱先生用以下三点充分论证了马克思主义的历史理论是具有划时代的历史观。第一，在道德大师康德的认识体系中，历史并没有在其中占据其应有的地位，而是被排除在他的认识论之外，因此，康德的思维范畴是永恒不变的，超历史的东西。黑格尔虽然把自然、历史和思维统一在一个发展过程中，但是“他不仅把整个物质世界变成了思想世界，而且把整个历史也变成了思想的历史”。② 只有马克思恩格斯才第一次从人类现实的历史出发，把自然界、社会和人类思维作为一个整体而揭示其客观的发展规律，从而为历史认识论奠定了科学基础；第二，马克思恩格斯不像实证主义史学家那样，把历史认识填入自然科学的认识模式中，也不像黑格尔那样，“历史不过是检验他的逻辑工具”。③ 而是相反地，把包括自然科学在内的一切认识都历史化。如马克思和恩格斯说：“我们知道一门唯一的科学，即历史科学。”④ 历史科学在古典的认识论中只能作为“准知识”而不能登知识的殿堂，而在马克思主义认识论中则君临一切；第三，康德的认识论主要是研究人的认识能力，因此他把作为认识主体的人看成仅仅是认识能力（感性与理性）的抽象载体，没有意志和感情，没有历史性和社会性。黑格尔的认识论把认识主体变成了“绝对观念”的表现形式，而不具有真正的认识主体性，而马克思第一次把认识主体由抽象还原为真实而具体的社会化的人。他并且指出，“甚至当我们从事科学之类的活动，即从事一种我只有在很少情况下才能同别人直接交往的活动的时候，我也是社会的，因为我是作为人活动的。不仅我的活动所需的材料，甚

---

① 朱本源：《马克思主义的历史理论的基本问题》，《史学理论》1987 年第 4 期，第 62—79 页。《马克思恩格斯全集》第 1 卷，北京：人民出版社，1956 年，第 650 页。

② 《马克思恩格斯全集》第 3 卷，北京：人民出版社，1960 年，第 16 页注释。

③ 《马克思恩格斯全集》第 1 卷，北京：人民出版社，1956 年，第 650 页。

④ 《马克思恩格斯全集》第 3 卷，北京：人民出版社，1960 年，第 20 页注释。

至思想家用来进行活动的语言本身，都是作为社会的产品给予我的，而且我本身的存在也是社会的活动。”①

从这一基本的理论点出发，朱先生发表了一系列重要文章，对马克思主义历史学中的许多重大的理论问题进行了深入探讨，澄清了一些长期以来所被人们忽视的理论误区，并对一些热点问题提出了自己的“一家之言”。需要指出的是，朱先生的这一系列文章主要发表在拨乱反正的历史时期，对于在历史学的领域内坚持马克思主义的历史理论，反对教条主义和其他非马克思主义的错误思想起了重要的作用。

二、中西比较的史学方法

朱先生特别着力于中西史学的比较研究，在比较史学领域中做出了卓越的贡献，而成为中西史学比较领域的领军人物之一。研究成果最主要表现在以下三篇论文中：《“〈诗〉亡然后〈春秋〉作”论》②、《孔子史学观念的现代诠释》③、《孔子历史哲学发微》④。这三篇宏文实际上是一组文章，它们缘起于驳斥以英国当代著名历史学家巴特费尔德（H. Butterfield）为代表的西方学者的根深蒂固的思想偏见：即认为在中国古代的文明中，虽然在自然科学和历史编纂学方面取得了卓越的成就，但是却缺乏近代西方科学中的理论思维。对此，朱先生用现代西方史学的理论和概念，重新解读中国历史学资料，从而显示出自孔子到乾嘉时代（即19世纪前期以前）的某些历史思维中的重大的理论思维。朱先生认为，孟子的“《诗》亡然后《春秋》作”的命题是关于中国历史学的起源和性质的原理，它是对历史思维本身的一种思维，用现代西方史学术语说，它是属于历史哲学中的历史认识论领域。第一次在西方阐明诗先于史的原理的，是西方历史学奠基人维科在他于1722年出版的《新科学》，这比起孟子来讲，已经迟了两千多年。所以这篇文章雄辩地说明孟子在论中国史学的起源与性质时所表现出高度的理论思维，以及孔子为什么是中国的科学历史（理性的历史学）

① 《马克思恩格斯全集》第42卷，北京：人民出版社，1972年，第122页。

② 朱本源：《“〈诗〉亡然后〈春秋〉作”论》，《史学理论研究》1992年第2—3期，第47—56、55—62页。

③ 朱本源：《孔子史学观念的现代诠释》，《史学理论研究》1994年第3—4期，第5—14、29—39页。

④ 朱本源：《孔子历史哲学发微》，《史学理论研究》1996年第1—2期，第29—37、18—27页。

的奠基人。

那么，孔子的史学观念是什么呢，朱先生以现代历史学理论为依据，从历史编纂学理论和元历史理论两个方面，主要以希腊、罗马的史学为比较参数，从《春秋》和《易经》两个方面对孔子的史学理论作出现代的与系统的再解释。

就孔子的历史编纂学理论而言，朱先生的重要贡献在于他在传统史学所重视孔子的历史理论的关于历史学的“训诲职能”（didactic function）的基础上，深入探索孔子史学的更为深刻也更为重要的史学内容，这也就是司马迁所揭示出的《春秋》之义的最高层次的含义：即孔子把“三代之礼”作为一个客观的历史发展过程来研究，而其最突出的成果就在于孔子由三代历史研究所总结出来的历史发展的趋势——“质胜文则野，文胜质则史。”

对于孔子的历史哲学，在朱先生看来，周礼本身具有历史的相对性，完全可以容纳在变易的世界观中，而孔子道德理想中的“仁义”这个范畴具有实质的绝对性，如果对它进行哲学的反思，就需把“仁义”从伦理学的概念上升为本体论的概念，即在变易的世界观中找出“不易”的普遍精神性实体，既可作为一切存在物的生化之理，又可作为价值实现之理，孔子称这个最高的哲学范畴为“性命之理”。朱先生认为，如果借用亚里士多德的术语说，“性命之理”是天、地、人三才之道的“最后原因”是“最先的不动的推动者”（the first unmoved mover）① 它与西方“逻各斯”的含义基本是一致的。但不同点则在于：希腊的逻各斯哲学的研究目的在求“真”，孔子的“性命之理”的研究目的在求“善”；前者是认识论的，是诉之于理论理性的；后者是伦理学的，是诉之于实践理性的，于是，孔子的天人合一的哲学在中国文明史上不曾导致自然科学和逻辑学的发达，而是导致道学（身心性命之学）和历史学的发达。

很显然，这一系列文章以雄辩的事实和理论，有力地批判西方对中国史学的偏见，弘扬自己了的民族文化。文章一经刊出，学界为之震动。诚如张广智教授所说的：朱先生“著文的旨趣既在于开展中西古代史学的比较研究，也藏深意，即批驳如巴特费尔德之类的西方学者的皮相之见，即他们认为中国古代史学缺乏近代西方科学中的理论思维。……朱文立论的大气，释论的精微，堪

① 朱本源：《孔子历史哲学发微》，《史学理论研究》1996年第1—2期，第29—37页、18—27页。

称为当代大陆学者从事中西史学研究的典范，西方学者如果能读到这些论文，不知他们将何言以对?”①

同时，根据朱本源先生的中西史学比较研究的实践，还可以归纳出其史学比较的基本理论和特点：其一，中西史学的比较实质首先是异中求同的历史过程。在朱先生看来，历史科学与自然科学有所不同，中西史学各有千秋，“历史知识是每一个民族的自我认识与自我确证，很难在全世界各民族中去寻找同一的历史思维形式”。如恩格斯所言：“每一个时代的理论思维……都是一种时代的产物，在不同的时代具有不同的形式，并因而具有非常不同的内容”。②“不过从比较史学来看，我们不难发现在19世纪前期以前的中国历史家中不少的人曾经以类似西方近代的历史思维方式‘历史地思维着’”③。如在《孔子历史哲学发微》中，朱先生完全根据《易传》阐发孔子历史哲学的理论，认为其形而上学的本体论——“性命之理”，虽然内容丰富，但从基本点而言，它与西方“逻各斯”的含义基本是一致的。所以，中西文化轨迹不同，但殊途同归。用朱先生的话来说：“它们与现代西方的‘历史的思维’可以具有不同的形式和内容，但同样‘历史地思维着’”。④

其二，朱先生在中西史学的比较中，既注意在比较中寻求同一性，又注意在比较中探求差异性。比如在《孔子历史哲学发微》中，朱本源在论证了孔子的“性命之理”和西方“逻各斯”基本一致的基础上，进一步探讨了两者在研究方法上所具有的根本的差异性，这一差异性使得东西哲学从一开始就具有不同的发展趋向。即刘家和先生所指出的，历史比较无非是同中求异，异中求同，反复过程，但其难点则在于“从同中再看出异来，看出那些各异的部分怎么样既互相拒斥又互相渗透地构成为有机的一体的。”⑤

其三，朱先生不是为了比较而比较，而是有着明确而执著的比较意识，这一意识就是他所论证的主题：“中国传统史学（指西方史学未传入的史学）不仅在历史编纂学方面为任何民族所不及，而且在历史理论方面也有可以媲美西方

---

① 张广智：《西方史学史》，上海：复旦大学出版社，2000年，第375页。

② 《马克思恩格斯全集》第3卷，北京：人民出版社，1972年，第465页。

③ 朱本源：《“〈诗〉亡然后〈春秋〉作”论》，《史学理论研究》1992年第2期，第47页。

④ 朱本源：《“〈诗〉亡然后〈春秋〉作”论》，《史学理论研究》1992年第2期，第49页。

⑤ 刘家和：《历史的比较研究与世界历史》，《北京师范大学学报》（社会科学版）2002年第4期，第48页。

近代历史思维之处，并非如巴特费尔德所武断的那样。”[1]

三、历史诠释的方法

历史学是对历史的理解，同时也是对历史的诠释与再诠释，自西方当代的哲学家加达默尔的《真理与方法》一书后，到了20世纪后半叶诠释学便蔚为大观，成为西方学术中的显学。对朱本源先生而言，他是我国现代史学界最早地自觉运用诠释学的理论从事历史研究的代表性学者之一。因而对诠释学的理解和运用，构成了朱先生史学方法论的重要部分。

朱先生在总结其中外古史研究的方法时说，从主观意图而言，他是尽可能以孔子的经典的“文本”（texts）为根据，做到“发前人之所未发”。但在理解和解释文本时，由于不可避免地受到当代的历史意识的影响，而带有时代和“主观”的色彩。对此，朱先生明确地指出：“我们在方法论上，主要是根据西方当代的‘诠释学’（也译‘解释学’，Hermeneutic）和我国的传统诠释学”。“我们仅就其基点而言之，即把诠释作为对传世的本文的理解和解释。就此而言，诠释者与本文作者之间存在着一定的时间距离，存在着历史文化水平的差异，‘文本’的真义也就超越了它们的作者本人的意念，而部分地被历史客观进程的总体性所规定，并与诠释者的时代兴趣统一起来。”[2]

显然，朱先生对诠释学的理解是深得其要义的。诠释学的出现冲破了在传统的认识论的模式中所存在的桎梏，即认识过程乃是主体向着客体的单向运动，揭示了认识的过程本质是主体与被理解对象的相互影响的互动，而理解现象从本质上来讲是以“主体间性”为前提的主体间的对话与相互理解，这种理解是通过“视界融合”而构成了一个包容了历史和现代的更为广阔的整体视界。并在这一过程中获得更高、更具普遍性的意义。这样，在此基础上的历史真实性也就同以往的，如兰克史学所宣扬的纯客观的观念而迥然不同。真实的历史乃是过去与当代的相互作用史。在确定的意义上，历史就是与我们进行着对话的另一方，历史的意义就在这对话过程中表现出来了。

所以朱先生说：从诠释学的方法论看，“诠释者对本文的理解与解释，并不

---

① 朱本源：《“〈诗〉亡然后〈春秋〉作”论》，《史学理论研究》1992年第2期，第48页。

② 朱本源：《孔子史学观念的现代诠释（续）》，《史学理论研究》1994年第4期，第37—38页。

是对本文的复制，而是对它作出精神的再生产，是把过去和现在融合在理解者的经验中。传世本文的历史意义是超越于它的作者的，所以诠释者甚至比本文作者更好地理解作者。”① 这也就是加达默尔所说的“真正的历史对象不是对象，而是自己和他者的统一体，或一种关系，在这种关系中同时存在着历史的实在以及历史理解的实在。一种名副其实的诠释学必须在理解本身中显示历史的实在性。因此我把所需要的这样一种称之为‘效果历史’。理解按其本性乃是一种效果历史过程。”②

在此基础上，朱先生运用诠释学的理论和方法用现代的文化和史学理论对中国孔子到司马迁的中国史学、经学，中国的文化进行了解构和重构，在历史资料的基础上，用诠释学的方法对其进行了新的梳理和解读，古为今用，洋为中用，中西合璧，古今相通，推陈出新，将西方史学的精华有机地吸收到中国的传统的文化之中，丰富和发展了中国的历史学理论，这对于进一步推动中国史学研究的深入进行无疑具有重要的意义。诚如法国年鉴派大师布洛赫所言：尽管历史学“只能通过昔日的‘轨迹’来了解过去，我们对过去的了解还是要比它本身愿意告诉我们的更多些，这才是我们的成功之处”。③

如果再仔细分析朱先生的诠释学的方法时，明显地可以看出和加达默尔的哲学诠释学有所不同，而是对加达默尔诠释学的一种再诠释。

其一，朱先生所具有的深厚的马克思主义的理论水平，使他在运用历史的辩证的统一方法方面更是得心应手，从而在理论上更能准确地把握诠释学的要义，更好地理解主客关系和主体与主体之间的对话关系，从而能自觉地避免加达默尔诠释学所表现出的“相对主义的偏向”④；使诠释学真正发挥其历史认识的本质作用，使古今真正的相通起来。

其二，不可否认，加达默尔的诠释学为我们提供了摆脱客观主义对史学束缚的一个锐利的思想武器，但它却无法从根本脱离西方文化发展的轨迹，即客观主义和主观主义两大流相互对立而无法真正统一的这一轨迹，因而加达默尔在强烈地批判了兰克的客观主义史学后，其历史观难免有滑向主观主义一边的

---

① 朱本源：《孔子史学观念的现代诠释（续）》，《史学理论研究》1994年第4期，第38页。

② （德）加达默尔：《真理与方法》，洪汉鼎译，上海：上海译文出版社，2004年，第387页。

③ （法）马克·布洛克：《历史学家的技艺》，张和声、程郁译，上海：上海社会科学院出版社，1992年，第51页。

④ 成中英主编：《本体与诠释：中西比较》，上海：上海社会科学院出版社，2003年，第11页。

弊端。而朱先生是以优秀的史学家的身份从事历史的诠释和研究，因而也就能把对历史的理解建立在真实的历史的基础上。

其三，朱先生在运用诠释学方法时将西方现代的诠释学同中国古代的孟子、司马迁等和近代的梁启超、王国维的诠释思想相结合，使两者相互“参证”，在历史的视域中通过对话而得到交融和提升，使诠释学真正地建立在历史的真实的视域基础上。

四、始终立足于本民族文化

19 世纪是实证主义思潮几乎笼罩了西方一切学术思想的领域的时代，让“事实如实地说明历史”成为客观主义史学的金科玉律，但 20 世纪西方史学的最大成就则表现在承认史学理论并不是一个纯粹的理论体系，它首先是一个价值结构，是具有价值负荷的选择，它是其理论体系的核心，它集中体现了史学家的研究目的并决定了其史学研究的方法。这一根本方法就是朱本源先生的明确而坚定的史学宗旨和目的：“为本民族史学传统之改造与发扬光大”。即将史学的研究坚定地立足在中国史学的热土之上，深入挖掘、探讨中国史学的精华，在积极汲取西方文化精华的同时，旗帜鲜明地反对欧洲中心主义思想，以弘扬民族精神和振兴中华的史学为己任，表现出中国史学家的深沉而执著的历史使命感和一个中国历史学家最可贵的“灵魂”。朱先生的这一方法论也为我们在新时期从事历史研究提供了一个楷模，从而具有极其重要的现实意义。

众所周知，在经济全球化的今天，随着世界经济一体化的加深和世界政治联系的越来越紧密，保持世界文化的多元性，构建“和而不同”的文化新秩序则是世界文化发展的大潮，因而在新形势下如何保持中国特色的历史研究则是时代的课题。对这一课题正确的回答应是：对整体的中国的史学，特别是中国的传统史学，绝不应采取虚无主义的态度，应“承认中国文化是充满生机的独立的文化，要看到复杂多变历史条件下的中国文化的‘根’和‘魂’。”[①] 这个根和魂就是《周易》所倡导的“天行健，君子当自强不息”的这一文化基因，但自强不息决不意味着故步自封，闭门造车，而是在首先立足本民族文化的基础

① 于沛：《反“文化全球化”经济全球化背景下文化多样性的思考》，《史学理论研究》2004 年第 4 期，第 26—37 页。

上，积极地有选择地学习外部先进的文化，即将“积极主动地消化与吸收外来文化的有益内容同积极抵御、防范外来文化的糟坯有机地统一在一起，”① 只有这样，才能在保持和发扬中华民族优秀的传统文化的进程中，进一步培育中国文化的特色，使中华文化通过不断汲取异质文化的有益营养，焕发出新的青春活力，因此，对这一史学方法论的阐述不但有助于我们对朱先生史学思想的理解，也有助于对中国优秀的史学传统的继承和发展，更有助于对中国当前的史学发展动态的准确把握。

按照加达默尔的诠释学理论，中西史学的比较问题按其本质而言是中西主体间性的问题，一种文化主体与另一种文化主体之间的一种对话与相互理解。即如利科看来，“为了面对自我之外的另一个人，首先要有一个自我”，② “只有忠实于自己的起源，在艺术、文学、哲学和精神性方面有创造性的一种有生命力文化，才能承受与其他文化的相遇，不仅能承受这种相遇，而且也能给予这种相遇一种意义。”③ 因而对文化主体性的构建不仅是前提，而且也是文化交流的目的，因为这种主体文化交流的结果并不会消融文化的主体性，而只会加强文化的主体性，从而更进一步增强世界文化的多样性和丰富性。因而对我国博大精深的历史宝库加以挖掘，并对优秀的史学传统加以弘扬，以彰显我们的文化主体性则是当务之急，更是我们义不容辞的历史责任，如果以此来看待朱先生的史学方法论的话，我们就不仅会为其所著的篇篇妙笔生花的论文而折服，而更多的则是为其自觉而承担的厚重而深远的道义而感动。

（原载《史学理论研究》2006 年第 3 期）

① 于沛：《反“文化全球化”经济全球化背景下文化多样性的思考》，《史学理论研究》2004 年第 4 期，第 26—37 页。

② （法）保罗·利科：《历史与真理》，姜志辉译，上海：上海译文出版社，2004 年，第 286 页。

③ （法）保罗·利科：《历史与真理》，姜志辉译，上海：上海译文出版社，2004 年，第 286 页。

古印度种姓制度剖析

所谓古代印度的种姓制度，实际上就是等级制度，它是许多民族在阶级社会早期曾经普遍存在过的一种社会制度。但古代印度的种姓制度表现得森严、复杂、持久。本文拟就这一问题作一简单的剖析。

一、印度的种姓制度是统治阶级借以实现更大规模分工的产物

印度雅利安人侵入南亚次大陆时尚处于军事民主制阶段。吠陀和梵书时代的部落首领罗惹尼亚，就是军事首长。“其所以称为军事民主制，是因为战争以及进行战争的组织现在已成为民众生活的正常职能，邻人的财富刺激了各民族的贪欲，在这些民族那里，获得财富已成为最重要的生活目的之一。”① 雅利安人正是在征服战争过程中形成了不同的等级和机构。而这些不同的等级和机构都是以不同的社会职能的自发分工为基础的。

部落首领作为战争的组织者和领导者，在部落里处于显赫的地位。在《梨俱吠陀》中就有一段赞颂国王②慷慨地给予一僧侣成百的金块、成百成千的牛马的诗句。特别值得注意的是这里还提到了同一僧侣从国王那里得到了“载有少女奴隶的十辆战车”③，说明在这一历史阶段奴隶制已出现了，而充当奴隶的则大部分是被征服的土著居民。

僧侣不仅在当时利用他们充当雅利安人同诸神的中介人这一特殊身份，独

① 《马克思恩格斯选集》第4卷，北京：人民出版社，1972年，第160页。

② 此时间的“国王”实质上就是部落首领。

③ （印）R.C.马江达：《印度人民的历史和文化》第1卷《吠陀时代》，孟买，1952年，第347页。

揽宗教事务，骗取人们的敬畏，而且还积极地参与了部落内的政治、军事等事务，甚至充当国王的顾问，这样，就构成了一个特殊的等级，高居于平民之上。

一般雅利安成员则由于贫富分化、国王和僧侣的压榨日益失去了昔日在部落里的平等地位，沦为雅利安社会的下层。同首陀罗一起构成一个被压迫的等级，被迫从事被认为是卑贱的职业。恩格斯曾经精辟地阐述了这一历史的必然性："当人的劳动生产率还非常低，除了必需的生活资料只能提供微小的剩余的时候，生产力的提高，交换的扩大，国家和法律的发展，艺术和科学的创立，都只有通过更大的分工才有可能，这种分工的基础是，从事体力劳动的群众向管理劳动、经营商业和掌管国事以及后来从事艺术和科学的少数特权分子之间的大分工，这种分工的最简单的完全自发的形式，正是奴隶制。"①

二、印度的种姓制度是印度早期阶级关系的具体表现

古代印度的种姓制度，表面上反映的是种族、等级的对立，是等级和种族之间的关系，但实际上反映的是阶级对立，阶级之间的关系。种姓的四个等级与奴隶制下两个阶级之间的差别只是划分范畴的不同：种姓制的四个种姓是从居民的等级范畴划分的，而奴隶制的两大阶级则是从剥削关系上划分的。两者既有联系又有区别：阶级的产生决定种姓制度的产生，种姓制度是阶级差别的一种形式。在四种姓中首先包含奴隶主与奴隶这两大对立阶级的阶级关系。奴隶主阶级主要由婆罗门与刹帝利这两种姓的人组成，而奴隶则主要是由首陀罗和下层吠舍分化出来的一部分人组成；特别是在奴隶社会早期，种姓制度刚刚发生，这种情形尤为明显。当然，这是就一般情况来划分的，并不意味着高级种姓中没有沦为奴隶的，更不意味着低级种姓中没有上升为奴隶主的。比如史诗《摩诃婆罗多》中就经常出现在同一种姓之内区别贫者与富者，甚至就在婆罗门经典中，贫富区别在社会上也是十分重要的。随着古印度社会的进一步发展，这种阶级的差别则愈来愈鲜明。

同时，我们还应看到印度种姓之间的严格区别。比如，首陀罗与奴隶同为古代印度阶级关系中最受压迫的阶级，但在这两者之中，首陀罗的身份是不变的，因为种姓在原则上不变。可是奴隶身份在一定条件下是可以改变的，特别是在奴

① 《马克思恩格斯选集》第3卷，北京：人民出版社，1972年，第221页。

隶制即将崩溃的时候，正是这种严格的种姓制度，才构成了印度阶级关系的特点。

三、印度种姓制度的基本特点是职业世袭和种姓内婚

公元前 3 世纪一位马其顿的学者美伽斯蒂尼就曾对印度的种姓制度作了最早的解释，并指出了它所具有的两个特点："和另一种姓的人缔结婚姻关系是不允许的，同时也不许从一种职业或行业转到了另一种，或一个人从事一种以上的职业，除非他是属于哲学家种姓时，为了保持他的尊严可以破例地获得允许。"即职业世袭和种姓内婚是印度种姓制度的两个基本特点。虽然人们对印度种姓制度的特征看法不尽相同，但在基本特征方面，人们是赞同这位两千多年前学者的真知灼见。马克思也曾指出："部落最极端、最严格的形式是卡司特制度，一个卡司特同另一卡司特有所区别，各卡司特之间不许因婚姻而混乱，各卡司特按其地位来说是完全不同的，每一卡司特有自己的独特不变的职业。"[①]观点的一致性是显而易见的。

种姓制度是分工和职业世袭化的产物，没有从事世袭的职业也就没有种姓制度，职业世袭是种姓制度的根基。同时，在职业世袭化过程中，人们的婚姻关系也自然以世袭化职业所形成的等级为基础，并通过同一等级的婚姻关系一方面把同一等级、同一种姓的人们紧密地联系起来，另一方面又同其他等级、种姓的人们严格区别开来，使得它成为一种制度，并将这一制度凝固化。

正是这两者最明显地表现出了原始以血缘关系为纽带的自然分工的落后痕迹，并由于阶级对立相伴随，也最明显地表现出了职业和婚姻关系上的浓厚的种姓压迫的特点，而且，职业世袭和种姓内婚从一开始就互相依存、密不可分。职业世袭客观上要求种姓内婚来保证，即有什么样的分工关系也就有什么样的婚姻关系与之相适应，而婚姻关系也反过来作用于职业世袭化过程。两者互相促进，相辅相成，而构成了种姓制度的核心。

四、印度种姓制度没有超越阶段社会初期阶级关系发生、发展的一般规律

当社会生产力已经发展到这样一种程度，即"人的劳动力所能生产的东西

---

① 马克思：《资本主义生产以前各形态》，日知译，北京：人民出版社，1954 年，第 13 页。

超过了单纯维持劳动力所需要的数量”，“战俘获得了一定的价值，因此，人们就让他们活下来，并且使用他们的劳动。”[①] 这样就发生了征服者与被征服者，全权者与无权者，甚至是自由民和奴隶的关系。在古印度不就是先发生了雅利安瓦尔那和达萨瓦尔那两个等级吗？

同时，在战俘奴隶的刺激下，统治者内部阶级分化加剧，产生了贵族和平民，脑力劳动者和体力劳动者，特权者和非特权者的分化。最后，贵族特权者再按照宗教职能与世俗职能作了权力再分配，把阶级关系通过等级制度固定下来。在古印度的统治阶级中难道不是划分为婆罗门和刹帝利两个特权阶层吗？

以上所述的是这一问题的一个方面，另一方面，在世界上许多民族中，都不同程度、不同时期地确实存在过类似种姓制度的等级制度。马克思指出：“印度人和埃及人借以实现分工的原始形态，在这些民族的国家和宗教中产生了等级制度。”[②]

总之，印度的种姓制度是雅利安人由原始社会向阶级社会过渡中产生，在阶级社会确立和巩固，并在印度这块历史的土壤里获得了典型发展的一种最普遍的社会组织形式，是统治阶级借以实现更大规模分工的产物，其实质是阶级压迫，尽管印度的种姓制度有其独特之处，但它仍然没有超越出阶级社会初期等级、阶级关系发生发展的规律。印度的“种姓制度则是印度进步和强盛道路上的基本障碍。”[③]

---

① 《马克思恩格斯全集》第 8 卷，北京：人民出版社，1972 年，第 219—220 页。

② 《马克思恩格斯全集》第 8 卷，北京：人民出版社，1972 年，第 44 页。

③ 《马克思恩格斯选集》第 2 卷，北京：人民出版社，1972 年，第 73 页。

略论欧洲民族国家的形成

欧洲民族国家主要指的是以英、法、俄国为典型，从11世纪开始到15世纪末最终形成的中央集权制的封建统一国家。这一中央集权制国家的形成，首先深深地根植于欧洲社会封建经济发展的过程之中，是欧洲中世纪各种社会矛盾发展、演化的必然结果。

一、生产交换范围的扩大、封建经济的繁荣

11世纪是欧洲，特别是西欧封建主义从形成到发展的一个转折点。尽管西罗马帝国灭亡之后，蛮族王国的形成，曾经引起西欧文化和生产力的暂时衰落，但毕竟新生的生产方式封建制优于过时的生产方式奴隶制，暂时的衰落反而为新生产力的发展开辟了前进的道路。封建制下的小农经济改善了直接生产者与生产劳动之间的关系，使得人们有可能熟悉技术、推广技术。生产力和生产关系在这一阶段，基本上保持和谐一致，欧洲封建社会进入了繁荣时期。

同时，11世纪也是欧洲社会封建经济出现显著变化的开端。其标志是，生产力的普遍增长，手工业和农业的分离以及商业中心城市的陆续产生。虽然在此以前，欧洲也有城市，但就其社会经济意义而言，与其说它们是经济中心，毋宁说它们为政治中心更为恰当；同样在此以前亦有手工业，但也只能理解为自然经济范畴以内的领地手工业，并不具有社会意义。当然，中古的欧洲城市是在封建社会的阶级对抗中成长起来，在整个中古期间，农村中被奴役的人口不断逃向城市，许多城市就是由逃亡农奴和手工业者逐渐发展起来，农村居民的斗争，对城市的兴起起了推动作用，正如马克思和恩格斯所讲的，城市“在

那些中世纪时代不是从过去历史中现成的继承下来的，而是由获得自由的农奴重新建立起来的”①。

随着城市经济的发展，13—14 世纪时，欧洲已形成南北两大主要商业区，一是地中海区，以意大利的城市，特别是威尼斯、热那亚、比萨等为中心，这些城市联系着西欧和东方的市场，成为东西方贸易的枢纽。另一商业区是北海和波罗的海区。它以佛兰德尔各城，特别是以布鲁日为中心，德国北部、尼德兰、英国、斯堪的纳维亚诸国、俄罗斯，都参加了这一地域的贸易。

这样，欧洲城市经济的发展、交换范围的扩大、各地经济联系的加强，都强烈地要求有与之相适应的社会组织形式，都强烈地要求废除由封建割据给社会生产所造成的重重桎梏。但“他们首先要求结束连绵不断、毫无意义的战争，停止那种总是引起内战——甚至外敌盘踞国土时还在内战的封建主之间的争吵，结束那种不间断地延续了整个中世纪的、毫无目的的破坏状态。这些居民本身还过于软弱，不能实现自己的愿望，所以就向整个封建制度的首脑即王权寻求有力的支持。”② 所以，在经济发展的基础上，封建的统一势在必行。

二、欧洲民族国家的形成是中世纪各种社会矛盾发展的结果

在欧洲中世纪社会经济发展的新的基础上，欧洲社会内部的各种矛盾更加尖锐、复杂化了。

一方面，由于封建生产方式的进一步发展，封建社会内部主要的阶级矛盾日益尖锐化，广大农奴和城市手工业者由于遭受农奴主残酷的剥削和压迫，特别是长期的封建战乱，给被压迫者带来深重的灾难，如长达百年的英法战争，使无数生灵涂炭，给社会生产力以极大的破坏，而受害最深的是农奴和城市平民。这必然会引起被压迫者的激烈反抗，如法国的扎克雷起义，英国的瓦特·泰勒起义，就是典型的例证。尽管这些起义失败了，但却沉重地打击了封建的农奴主阶级，震撼了封建的统治秩序。

在这种尖锐的阶级斗争形势下，封建主为了从根本上确保他们的阶级利益，镇压人民的反抗，也需要加强他们对农奴的统治，这自然极有利于王权的壮大

① 《马克思恩格斯全集》第 3 卷，北京：人民出版社，1960 年，第 57 页。
② 《马克思恩格斯全集》第 21 卷，北京：人民出版社，1960 年，第 451 页。

和民族国家的建立。

另一方面，从封建制度最后确立之日起，笼罩着整个欧洲的总的态势是封建分裂。国王只不过是其直属的附庸——公爵、伯爵、男爵和直接领地骑士的领主罢了。而真正发生作用的仍然是那样一条封建的法权准则：“我的附庸的附庸不是我的附庸。”例如，大胆查理在他的一部分土地上是皇帝的臣仆，而在另一部分土地上却是法兰西国王的臣仆；但另一方面法兰西国王，大胆查理的领主，在某些地区同时又是其附庸大胆查理的臣仆。“国王是整个封建等级制的最上级，是附庸不能撇开不要的最高首脑，而同时他们又不断反叛这个最高首脑。”① 所以，在中世纪，无休止的战乱，争权夺利的混战遍及整个欧洲。

大封建主是中央集权政策的反对者，他们竭尽全力来维护其政治独立的局面，以加强对领地居民的统治，他们和天主教会的上层狼狈为奸，独霸一方，但是大封建主之间经常发生敌对行动，每一方都唯恐制服不了对方，这样极有利于王权的壮大。

而并不拥有足够的超经济强制手段的中小封建主需要一个强大的王权，除了想以王权对付不驯服的农奴之外，还有对付更为强大的大封建主欺凌和压制的原因。

至于农奴，用马克思的话来说，“好像一袋马铃薯是由袋中一个个马铃薯所集成的那样……他们不能以自己的名义来保护自己的阶级利益……他们不能代表自己，一定要别人来代表他们。”② 特别是在失败的命运面前，为了摆脱封建主强加给他们的农奴地位，他们也对王权抱有幻想。

城市平民亦如此，因为只有王权的强大、封建主内讧的停止、国家的政治统一、对拦路打劫的剿灭，才能保证商路的安全，排除阻止手工业和商业发展的障碍，所以，他们把目光亦转向了王权。

总之，“在这种普遍的混乱的状态中，王权是进步的要素，这一点是十分清楚的，王权在混乱中代表着秩序，代表着正在形成的民族与分裂或叛乱的各附庸国的状态对抗，在封建主义表层下形成的一切革命因素都倾向于王权，正像王权倾向他们一样。”③ 值得强调的是，在中央集权化国家形成的过程中，城市

① 《马克思恩格斯全集》第21卷，北京：人民出版社，1960年，第451页。

② 《马克思恩格斯全集》第1卷，北京：人民出版社，1960年，第69页。

③ 《马克思恩格斯全集》第21卷，北京：人民出版社，1960年，第451页。

的兴起起着重要的作用。

三、封建的中央集权制——民族国家的形成

正是在上述历史条件下，从11世纪开始，欧美各国都不同程度地开始了统一的历程。最早出现的君权大国是英国。

随着英国各地经济联系的加强和经济中心的建立，特别是经过蔷薇战争后，古老的封建家族几乎毁灭殆尽。公元1485年，都铎王朝就在新贵族和新兴的资产阶级的支持下登上了王位。这是英国真正实现民族统一的开端。

次之是俄国，经过长期的兼并和征服，在伊万三世统治时期，统一了东北俄罗斯，同时伊万三世又利用金帐汗国的内部分裂，停止给蒙古人缴纳贡赋。这时俄罗斯已经成为一个封建的民族国家了。

法国从12世纪开始了中央集权的统一过程，其民族意识在反抗英国侵略的斗争中得到进一步加强。到15世纪末，各地的封建主的领地已被王室兼并。16世纪时，法国已成为西欧一个最大的拥有发达经济、富裕的城市和繁荣的中央集权制的国家，马克思称法国是“统一等级君主制的典型国家”①。

另外，在比利牛斯半岛，也形成了西班牙王国和葡萄牙王国，斯堪的纳维亚各国也已合并，波兰和立陶宛于1569年签订了卢布林条约，组成了波兰贵族共和国。正如恩格斯所讲的，“在欧洲各国地方，直到尚未走完封建制道路的边远的地区，王权都同时取得了胜利。”“欧洲只剩下了两个国家，那里没有王权，也没有那时王权便不可能实现的民族统一……这就是意大利和德意志。”②

总之，统一的中央集权制民族国家的形成，是欧洲历史发展中的一个重大的进步。尽管这种统一的中央集权制的民族国家的阶级实质，是加强对城市平民和广大农奴的统治，但不管怎样说，只有在民族国家的基础之上，才能谈得上发展真正的文化和促进经济的巨大进步，才有条件确保自身民族的独立和富强。所以，“日益明显日益自觉地建立民族国家的趋向，是中世纪的最重要的杠杆之一。”③

---

① 《马克思恩格斯全集》第1卷，北京：人民出版社，1960年，第69页。
② 《马克思恩格斯全集》第21卷，北京：人民出版社，1960年，第451页。
③ 《马克思恩格斯全集》第21卷，北京：人民出版社，1960年，第451页。

释迦牟尼与佛教的创立

恩格斯曾精辟地指出，“创立宗教的人必须本身感到宗教的需要，而且懂得群众对宗教的需要。”那么，释迦牟尼怎样创立佛教呢？

佛教的创立者乔达摩·悉达多（公元前563—前483），诞生于迦毗罗卫（今尼泊尔鲁明台），是部落首领释迦族净饭王之子，释迦牟尼是后人对他的尊称，意即“释迦族的圣人”。释迦牟尼生于王室之家，生活奢侈，有春、夏、雨三座宫殿，并受到了良好的教育。十六岁娶妃耶输罗，“贤妃美容貌，窈窕淑女姿，瑰艳若天后，同处日夜欢”（汉译本《佛所行赞》）。并生一子，名罗喉罗。但他为什么还要出家呢？其原因：

（1）释迦牟尼属于什么种族，人们的看法不尽一致，但一般人都认为他不属于雅利安种族。佛教经典曾多次说，释迦牟尼是紫铜色的肤色。另外，从当时的地理位置来看，迦毗罗卫国地处偏僻，又是小国（有人研究，认为它当时是拘萨罗国的附庸国），因此释迦牟尼的种族不是雅利安人的可能性较大。所以，释迦牟尼的出家同种姓压迫有关。

（2）在由于社会动荡，政治上的失意和经济上的破产，一部分上层分子感到人世忽兴忽衰、忽生忽死，充满了空幻和隐忧，从而丧失了精神寄托，只好寄望于天国，释迦牟尼大概即属于这类人。

（3）当时对于乔达摩·悉达多来讲，只有两条路可供选择：如果不做转轮王，即把本国的政治地位提高的话，就要做法轮工，即个人在学术思想上争得领导权。很显然，做转轮王对于乔达摩来讲已不现实，释迦国在霸主拘萨罗的威胁下，已岌岌可危。所以，乔达摩只有走第二条路——做法轮王了。后来释迦牟尼在拘萨罗宣道的时间特别长，期间曾两次有效地阻止了毗琉璃王对释迦族的进攻，用心可谓良苦。

（4）释迦牟尼的出家与他出身于刹帝利等级有着密切的关系。一方面，刹帝利当时亦是一个受婆罗门压迫的社会等级，同婆罗门等级有矛盾，释迦牟尼必然就要为刹帝利等级夺取种姓之首的地位而大造舆论；另一方面，刹帝利等级又属于当时的统治阶级，社会出现的混乱和人民大众的反抗斗争直接威胁到刹帝利的统治秩序。对此，释迦牟尼亦惊悸不定，所以，他就必然要把人民大众对社会的反抗情绪引到有利于刹帝利统治的方面来。而后来佛教的教义及佛教对“顺世派说”哲学的态度就足以证明这一点。

那么释迦牟尼是怎样发现群众的宗教需要的呢？

（1）当时印度社会处于剧烈的变革时期，旧的传统遭到破坏，社会上各种矛盾尖锐化。在这一转折时期，容易使许多人对未来怀有恐惧感，而丧失了面对现实的勇气。

（2）公元前6世纪，由于奴隶制经济的进一步发展，阶级分化，阶级压迫的加深，兼并战争的残酷进行，而使得下层人民处于水深火热之中。据传说，几乎与释迦牟尼同时代的拘萨罗国王毗琉璃，为了报复其在拜访母族释迦国时所受到的侮辱而发动了对释迦国的战争。按佛教的夸张说法，他共杀死了释迦国首都迦毗罗卫城9990万人。而受害最深的自然是下层被压迫者了。

（3）“宗教的苦难既是现实苦难的表现，又是对这种现实的苦难的抗议。”人们不能解释这苦难的原因何在，更无力改变这种残酷的现状，只好寻求精神上的安慰。所以当释迦牟尼弹起人生悲歌的时候，必然会在无数人心中激起共鸣，借以表达他们自己对现实生活的无力抗议，倾诉他们在现实中的不幸，以冀求摆脱现实的苦难。在当时的背景下，他们除了从宗教中寻找安慰外，还能有什么办法？

（4）我们还要注意到释迦牟尼是在其出家六年后才创立了佛教这一事实。那么，这六年他看到了什么呢？据说他曾对弟子讲，“你们经历了多少世代的烦恼，多少眼泪从你们眼里流出来，由你们倾洒出去，你们在人生的过程中仿徨漂荡，因为得到的是所厌恶的，所喜爱的却得不到，于是烦恼而又哭泣，你们的这些眼泪比四海之水还要多。”所以释迦牟尼出家只是从一个侧面反映了整个次大陆社会各层人民对现实社会所造成的苦难的一种无法解脱的苦闷心情。

正是由于以上基本原因，不仅促使释迦牟尼出家修行，而且决定了释迦牟尼势必会加入反婆罗门教的沙门行列。果然，释迦牟尼先去投奔沙门阿罗蓝加蓝和郁陀山，接着又去找五比丘。但苦行六年，奄奄一息，涅槃解脱，仍遥遥无望。这种出乎释迦牟尼意料之外的悲惨结局，迫使释迦牟尼不得不进行反思，“如是等妙法，悉由饮食生”。因而他接受了一牧羊女奉献的香乳糜。五比丘见此情景以为他已变心，决计不予理睬。迫不得已释迦牟尼最后独自坐于菩提树下，苦思解脱之首，终于在一个夜里，彻底顿觉而成佛陀。根据经典记载，释迦牟尼在鹿野苑第一次说法。他曾经讲了中道，避免两个极端，又讲了八正道和四圣谛，佛教把释迦牟尼第一次说法，叫做“初转法轮”。

佛教最根本的教义是所谓十二因缘、四圣谛、八正道。十二因缘的基础是苦，苦源在于无明（不了解，不明白）。四圣谛：苦、集、灭、道，也是以苦为中心。而八正道：正见、正思、正语、正业、正命、正精进、正念、正定，都是为了从苦中解脱而修行的方法。总之，他认为生老病死，一切皆苦。存在本身就是痛苦。他也相信报应，相信轮回。他的最高目标就是铲除无明，了解或认识存在的因果关系，从而跳出轮回，达到涅槃。所以，佛教的产生适应了印度公元前 6 世纪社会政治、经济发展的需要，是印度长期以来各种思想融合的结果。而释迦牟尼应运而生，独具慧眼，以现实的苦为基础，以抬高刹帝利种姓和部分富有吠舍为目的，以“种姓平等”“普度众生”为旗号，反对婆罗门教的特权地位，而受到人民大众的欢迎；又以大众流行的巴厘语传教，以轮回观念为核心，而为大众所接受；又提倡中道，反对苦行极端，出于沙门而又高于沙门，兼容并包，自成一体，由小到大，从印度到国外，而形成世界性的宗教。

（原载《函授教育》1995 年第 3 期）

原始社会史简介

一、原始社会史研究的对象、方法和特点

按照马克思主义的社会发展规律的学说，原始社会史是研究五种社会形态中最早的一种社会形态——原始公有制的发生、发展及其衰亡的历史；原始社会的学习方法，是用历史唯物主义的观点、立场，从生产力和生产关系、经济基础和上层建筑之间的关系中把握原始社会的历史全貌。

原始公有制社会，是人类社会发展的第一个社会形态，是世界上古史开宗明义的第一章。原始社会史的主要特点有：第一，起步较晚。“摩尔根是第一个具有专门知识给人类史前史建立一个确定系统的人。”① 而恩格斯的《家庭、私有制和国家的起源》才真正把原始社会史建立在坚实的基础之上，为原始社会史的研究开辟了广阔的天地。第二，无文字记载，多学科相交叉，难度颇大，不得不更多地借助于其他学科的成果来充实、完善其历史内容，这样就出现了人类学、考古学、民族学、民俗学等学科在原始社会中相互争雄的状况。第三，时间特别漫长，跳跃性强。如果说人类的历史为 300 万年的话，而原始社会史就占有据了 299.5 万年，由于这一时代无文字资料可供参考，大量研究课题尚待深入。因此，原始社会史的内容都是粗线条的，跳跃性的，问题很多，歧义颇大，疑点纷纭。尽管如此，经过几代人的努力，原始社会史的基本轮廓还是比较清楚的。

① 恩格斯：《家庭、私有制和国家的起源》，北京：人民出版社，1972 年。

二、基本线索和重点问题

(一) 人类的起源

人类的起源问题，曾经长期被笼罩在神学的氛围之中，随着近代自然科学的发展，经过瑞典的生物学家林奈、法国学者拉马克、英国学者达尔文等人的长期研究，终于证明了人类是由早已灭绝的古猿进化而来的，把人从神灵手中归还给自然界。而恩格斯则用历史唯物主义的观点，用劳动学说，把人又同生物界分离，最终解决了人类的起源问题。

恩格斯在《劳动在从猿向人转变过程中的作用》一文中，提出了三个关于人类起源的科学概念，即“攀树的猿群”，指成群的生活在树上的古代类人猿；“正在形成中的人”，指从猿到人的过渡期间的生物；“完全形成的人”，是指已经能够自觉劳动、制造生产工具的人。

据目前所知，攀树的猿其代表性化石为原上猿、埃及古猿、森林古猿。年代跨度为距今3500万到1000多万年之间。之后正在形成中的人的代表性化石为腊玛古猿和南方古猿。腊玛古猿发现于印度的西瓦立克山地，因而其名称特别选用了古印度著名史诗《腊玛延那》中的英雄人物腊玛来命名。腊玛古猿的最重要特点是手和脚有了初步分工、开始直立行走，从而迈开了由猿向人转变的第一步，所以南方古猿是最早的人类代表，之后由南方古猿转变为完全形成的人。

完全形成的人和正在形成的人的最根本区别在于前者能够有意识的制造工具，“劳动创造了人本身”。完全形成的人分为二大阶段：猿人（早期、晚期）和智人（早期、晚期）。所谓猿人，并非其亦猿亦人，半猿半人，而是说其实质是人类，还带有某些猿的属性罢了。一般认为猿人距今约300万年，其早期代表性化石为1960年在东非坦桑尼亚西北部奥杜威峡谷发现的“能人”（具有一定劳动技能的人），年代跨度为300万年到150万年间；而晚期猿人的代表性化石为1891年在爪哇发现的“直立人”（腿骨和人相似，说明已能较好的直立行走），年代跨度为距今150万年到20万年（或30万年）之间。智人的生存年代距今20—30万年到5万年。早期智人的代表性化石为1856年在德国杜塞尔多夫城附近的尼安德特河谷发现的“尼安德特人”。晚期智人距今5万年或4万年，其代表性化石为发现于法国克罗马农洞穴中的“克罗马农人”，“克人”的体质形态已和现代人没有多大的差别，前额升高，眉脊几乎消失，颌部退缩，下额明显，脑容量平均达 1400 毫升，人类体质的发展，到这时已达到最后完成阶段。而且，人类在“克人”时期已经分布于亚、非、欧、美、澳各洲，也开始形成了现代人种的四大种族——黄种人、白种人、黑种人、棕色种人。

（二）原始社会生产力水平的集中体现——石器、金石并用时代

恩格斯精辟地指出：“历史中的决定性因素，归根到底是直接生活的生产和再生产。但是，生产本身又有两种。一方面是生活资料即食物、衣服、住房以及为此所必需的工具的生产；另一方面是人类自身的再生产，即种的繁衍。一定历史时代和一定地区内的人们生活于其下的社会制度，受着两种生产的制约：一方面受劳动的发展阶段的制约，另一方面受家庭的发展阶段的制约，劳动愈不发展，劳动产品的数量、从而社会的财富愈受限制，社会制度就愈在较大程度上受血族关系的支配。”为了说明原始社会的全貌，就必须从“劳动的发展阶段”和“家庭的发展阶段”（后叙）着手。而“劳动的发展阶段的主要标志是生产工具，所以在原始社会时期必须注意对生产工具——石器、金石并用工具予以足够的重视”。

19 世纪 30 年代，丹麦考古学家汤姆逊根据丹麦发现的材料，将人类历史分为石器、青铜器和铁器时代。1865 年，英国学者刘波克又根据石器制作方法的不同，把石器时代分为旧石器时代和新石器时代，旧石器时代的特点是使用打制石器，新石器时代的特点是使用磨制石器。法国佩尔特又把旧石器时代分为早期、中期、晚期三个时期，后来法国的摩尔蒂耶和其他一些学者又根据地下发现的材料把旧石器时代分为六期。1892 年英国学者布朗在旧石器和新石器之间又确立了中石器时代。中石器时代的特点是以细石器为主，所谓细石器是用压制法由燧石之上剥离下来的小石块制造而成的。中石器时代的确立，使石器时代的分期更加完善。石器时代历史极其漫长，如果说，人类的历史是一本 6000 页的大书，那么按照时间比例来说，石器时代就占据了 599 页。

随着制造生产工具技术的进步，人类在原始社会的末期开始进入了金石并用时代，人类最先使用的金属是纯铜，但纯铜质地太软，不能在生产中发挥重要作用，因而石器仍在生产中占据主导地位，在冶炼纯铜的基础上，青铜时代

随之到来，与此相适应的则是原始社会的解体，奴隶制国家的建立。

需要指出的是，学习石器时代和金石并用时代的生产工具，并非仅仅要求掌握具体的某一生产工具的制作方法和特点，更重要的是，通过某一具体的生产工具的发明改造来把握该工具如何制约社会发展的各方面；换句话说，原始社会发展的深度和广度是如何受到生产工具——石器和金石并用工具的制约的，这才是问题的关键所在。

（三）婚姻形态的发展与原始社会制度的变迁

恩格斯说："有了人，我们就开始有了历史，"人类的历史是人类自身和人类社会的发展史。为了说明原始社会状况，教材中以民族学资料为依据，以人类婚姻发展为线索从而对原始社会的社会制度做了勾勒。

马克思在《摩尔根〈古代社会〉一书摘要》中写道："'血缘家族'是第一个社会组织形式。"① 血缘家族同时也是人类的第一种家庭形态和婚姻形态，在血缘家族内，婚姻是按照班辈来划分的，所有的祖父母都互为夫妻，他们的子女也互为夫妻，子女的子女也互为夫妻。在这里，不同辈分之间的婚姻被禁止了，这是血缘家族和实行杂交的原始群之间的不同之处。所以，班辈婚姻又称之为族内群婚。

到旧石器晚期，随着生产力的发展，人们转入相对定居的生活，这就决定和要求各集团之间保持一定的联系，于是分裂的集团相互间不再隔绝，而是保持密切的联系，于是，族外群婚制便产生了。族外群婚同血缘群婚的最明显的区别在于：集团内部的通婚被排斥了。其典型形式为普那鲁亚婚姻，只有到这时，原来的血缘家族才转化为氏族。所以氏族是由普那鲁亚婚姻直接建立的，两个互相通婚的氏族构成早期部落，由此可见，民族和部落是同时产生的。最初的氏族是母系氏族。

到了新石器时代，由于农业和畜牧业的发展，人们能够获得比过去多得多的食物，人口也有了较大的增长，于是，氏族组织不断分衍，使得维持氏族之间的群婚已很困难，婚姻制度便从普那鲁亚婚姻进入对偶婚。对偶婚已经有一对比较确定的夫妻，但是他们的结合是不牢固的，很容易离散。对偶婚的早期

① 马克思：《摩尔根〈古代社会〉一书摘要》，北京：人民出版社，1965年，第20页。

形式为“望门居”，一般是男方拜访女方，后期为“居妇家制”，男方居住在女方家中。

需要注意的是，由群婚转变为对偶婚是妇女长期努力推动的结果，对偶婚只不过是男女双方暂时的结合，并不能组成社会经济细胞。当时社会的经济细胞是母系氏族，对偶婚是由群婚向一夫一妻制的过渡环节。

到金石并用时代，出现了第一次社会大分工，畜牧业部落和农业部落相分离，原始的锄耕农业变为犁耕农业。过去从事狩猎的男子现在无论在犁耕农业和畜牧业中都占据主要地位。从前具有重要意义的妇女家务劳动，和现在男子的劳动相比较已成为无足轻重的附属品。随着私有制的产生，男子成了牲畜和奴隶等财富的所有者。做父亲的迫切要求改变旧的母系财产继承制，在这股社会力量的推动下，按母系计算世系的办法终于被推翻，代之而起的是父亲财产继承制，母系氏族终于让位给父系氏族了。

父系氏族由若干家长制大家族（或称家庭公社）所组成。家长制大家族是父系氏族社会的基本细胞。与此相适应的是，在婚姻关系方面，母系氏族的“居妇家制”变为“居夫家制”，不稳定的对偶婚变成一夫一妻制，对于这时的一夫一妻制，正如恩格斯所指出的，由于家庭奴隶制的存在，一夫一妻制对男子来讲则是一夫多妻制。

（四）原始社会的瓦解与国家的产生

第一次社会大分工产生了第一次大分裂，而第二次社会大分工（即农业和手工业的分离）使在前一阶段刚刚萌芽的奴隶制，逐渐成为社会制度中的重要组成部分。其结果加速了氏族内部的贫富分化，平等关系逐渐被破坏。贫富矛盾、斗争不断尖锐。以血缘关系和生产资料公有制结合起来的父系氏族的基本经济细胞——家长制大家族已处于分崩离析的境地，代之而起的是农村公社。

农村公社与父系家长制的不同点有：（1）居民杂居，并非以血缘为纽带组成村社。（2）土地公有，定期分配，但生产工具、牲畜、住宅私有。所以，农村公社具有二重性：公、私兼有。它是从公有制向私有制过渡的社会经济组织。而与农村公社相适应的上层建筑形式为军事民主制。军事首长、议事会和人民大会构成了发展为军事民主制的氏族社会各机关。其所以称为军事民主制，是因为战争以及进行战争的组织现在已成为民族生活的正常职能。军事民主制是从氏族到国家的过渡性的政治组织，这一切表明："氏族制度已经过时了，它被分工及其后果即社会之分裂为阶级所炸毁。它被国家所代替了。"

国家是阶级矛盾不可调和的产物，它同氏族的不同之处在于：（1）国家是以地域划分居民，而氏族则是以血缘关系为纽带联结起来。（2）国家有公共权力的设立，主要指军队、宪兵、警察、监狱、法庭等暴力机关，这些都是氏族社会所没有的。

人类最早的国家形态是奴隶制国家，奴隶制代替原始社会，"那我们就一定会说——尽管听起来是多么矛盾和离奇，在当时的条件下，采用奴隶制是一个巨大的进步。"其一，奴隶制突破了氏族极其狭隘的血缘纽带，使更大规模的社会生产成为可能；扩大了人们战胜自然的能力。其二，奴隶制使得更大范围内的社会分工得以实现，这种分工的最简单的完全自发的形式正是奴隶制。其三，由于奴隶制，战俘获得了一定的价值，因此人们就让他们活下来，并且使用他们的劳动。其四，正如恩格斯所说的："我们永远不应该忘记，我们的全部经济、政治和智慧的发展，是以奴隶制既为人所公认、同样又为人所必需这种状况为前提的。在这个意义上，我们有理由说：没有古代的奴隶制，就没有现代的社会主义。"

（原载《函授教育》1995 年第 1—2 期）